L'INGÉNIEUX CHEVALIER

DON QUICHOTTE

DE LA MANCHE

PAR

MIGUEL DE CERVANTÈS SAAVEDRA

TRADUCTION NOUVELLE

ILLUSTRATIONS PAR GRANDVILLE

TOURS

ALFRED MAME ET FILS, ÉDITEURS

L'INGÉNIEUX CHEVALIER

DON QUICHOTTE

DE LA MANCHE

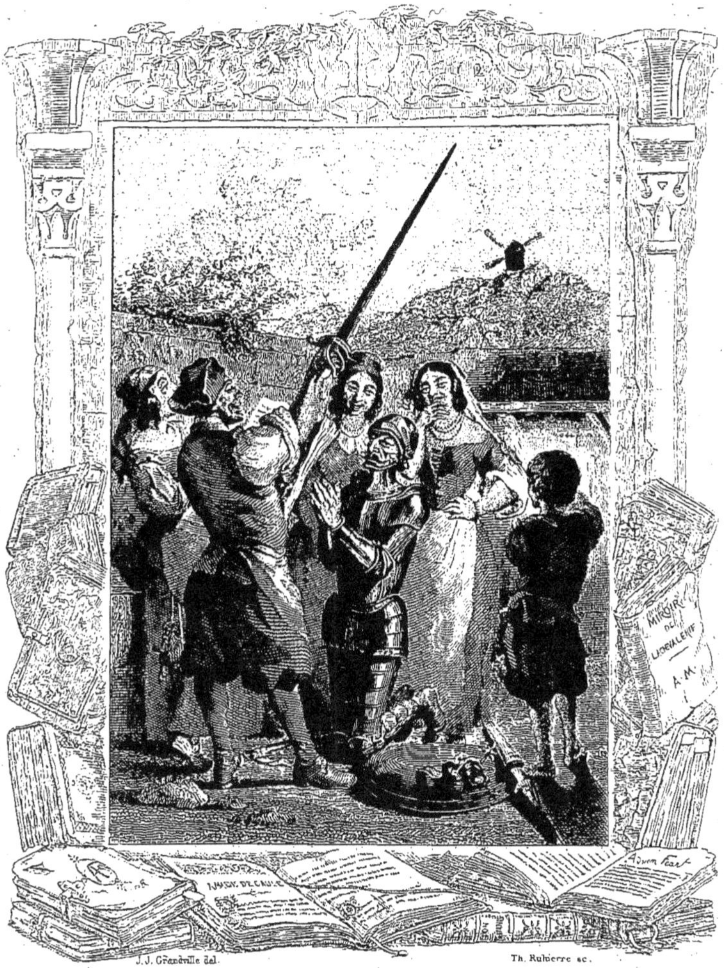

J. J. Grandville del. Th. Ruhierre sc.

L'hôte donna à Don Quichotte un grand coup du plat de l'épée sur l'épaule, marmottant toujours quelque chose entre ses dents.

Berthiau Imp.

L'INGÉNIEUX CHEVALIER

DON QUICHOTTE

DE LA MANCHE

PAR

MIGUEL DE CERVANTÈS SAAVEDRA

TRADUCTION NOUVELLE

ILLUSTRATION PAR GRANDVILLE

TOURS

ALFRED MAME ET FILS, ÉDITEURS

M DCCC LXXVII

AVIS DU TRADUCTEUR

Ce fut de tout temps une disgrâce commune aux plus nobles productions de l'intelligence, qu'alors qu'elles recevaient dans une autre langue le droit de cité, elles étaient astreintes, en touchant le sol de cette nouvelle patrie, à quitter les marques de leur origine et à renier en quelque façon leur caractère natif. Obliger l'hôte qu'on admet à son foyer à dépouiller tout d'abord son costume national et à s'affubler d'un vêtement étranger, ce n'est pas là une hospitalité très-digne : telle est pourtant la manière dont l'entendent et la pratiquent généralement les premiers traducteurs, qui s'emparent d'un texte comme on prend possession d'une terre conquise, réformant, au gré de leur caprice, tout ce qui n'est pas conforme à leurs idées et à leurs habitudes.

Pas plus qu'aucune autre œuvre réservée aux périlleux honneurs de la traduction, l'immortel roman de

Cervantès n'échappa à cette loi fatale. Sous l'inspiration malencontreuse de ses soi-disant interprètes, les couleurs chaudes et vives de l'original disparurent sous une teinte terne et monotone; ses images, de neuves et brillantes qu'elles étaient, devinrent pâles et triviales; don Quichotte se drapa en personnage de tréteaux; et les admirables adages de Sancho, cet illustre représentant de la *sagesse des nations,* se rabaissèrent aux vulgaires lazzi d'un familier des halles. Heureux encore quand ces atteintes se bornèrent à défigurer le style de l'auteur, et quand elles n'allèrent pas jusqu'à l'enrichir d'une continuation, lui qui de son vivant avait déjà subi avec tant d'amertume un pareil outrage.

Il faut le dire à la louange de la littérature actuelle, de notre temps les devoirs du traducteur ont été différemment compris. Les écrivains qui se sont voués à cette tâche consciencieuse et modeste ont professé le respect de l'original; ils se sont dit qu'un traducteur fidèle ne pouvait rien ajouter au mérite d'un grand auteur, mais qu'un traducteur inexact pouvait nuire beaucoup à sa gloire; enfin ils ont reconnu que ce n'était pas chose si facile que d'avoir plus d'esprit qu'un homme de génie. *Don Quichotte* a profité de cette heureuse réaction; depuis quelques années, d'estimables travaux lui ont restitué sa physionomie primitive, son cachet national, son allure propre, en un mot, autant que le permet le passage d'une langue à une autre, les qualités qui classent ce livre parmi les productions du premier ordre. C'est par cet esprit de retour à la vérité et aux convenances que nous avons été guidé dans notre tentative de traduction nouvelle; toutefois, nous nous empressons de l'avouer, telle n'a pas été notre fidélité, que nous ayons cru devoir reproduire certaines expressions, certaines peintures, autorisées par les mœurs (naïves ou grossières, comme on voudra les qualifier), de l'époque de Cervantès, mais dont la nôtre ne saurait s'arranger.

Il est une autre espèce d'infidélité que nous devons confesser également, et à laquelle nous avons été induit par Cervantès lui-même. Au début de sa seconde partie, il introduit dans le dialogue de don Quichotte et du bachelier Samson Carrasco la critique des épisodes étrangers au sujet, qui dans la première partie interrompent fréquemment la marche du roman, ralentissent l'action et refroidissent l'intérêt. Pour qui connaît les autres travaux de Cervantès, ce fait est facile à expliquer. Il excellait dans la *nouvelle*, genre de composition alors en vogue, et qui, à défaut du naturel, admettait la richesse des descriptions et toutes les ressources du style. Ayant jusque-là rencontré de graves difficultés pour produire ses œuvres au grand jour, le désir de les enchâsser dans un cadre amusant et plus assuré du succès, l'emporta chez lui sur la crainte de nuire à l'ensemble de sa merveilleuse histoire. De là cette œuvre mixte, qui révèle dans les épisodes un éminent écrivain, mais dans le fond du sujet seulement une philosophie, une analyse du cœur humain, une verve comique, qui en font un des grands maîtres de l'art, un peintre à la façon de Montaigne, de Shakspeare, de Molière et de la Fontaine.

Nous avons donc dégagé *Don Quichotte* de ces accessoires qui pesaient sur la conscience de son auteur, et qui pour la plupart des lecteurs étaient autant de causes d'impatience et de déplaisir [1]. Au demeurant, ces omissions peu regrettables, et qui laissent subsister dans son intégrité réelle l'histoire du valeureux chevalier de la Manche, nous ont permis de rendre accessible à tous les âges, sans que la moralité la plus délicate puisse concevoir la moindre alarme, le livre le plus amusant [2], et sans contredit un des plus remarquables de tous les siècles et de toutes les littératures. Sous ce rapport du moins, nous espérons avoir atteint notre but.

[1] Dans la seconde partie, quoiqu'elle ne soit pas dégagée de toutes longueurs et de toutes superfluités, Cervantès a évidemment cherché à éviter le reproche qu'on lui avait justement adressé à l'occasion de la première.

[2] On nous pardonnera de rapporter ici une anecdote fort connue, mais qui prouve que notre éloge est exempt de toute exagération. Philippe III, roi d'Espagne, étant un jour au balcon d'une fenêtre de son palais, aperçut un jeune homme en costume d'étudiant qui se promenait, un livre à la main, au bord du Manzanarès. L'étudiant semblait prendre le plus grand plaisir à cette lecture, qu'il interrompait fréquemment par de grands éclats de rire. « Ou ce jeune homme est fou, dit Philippe, ou c'est *Don Quichotte* qu'il lit. » Vérification faite par un des courtisans, la conjecture du roi se trouva confirmée; c'étaient bien les prouesses du chevalier et les saillies de Sancho qui excitaient la gaieté du promeneur.

L'INGÉNIEUX CHEVALIER

DON QUICHOTTE

DE LA MANCHE

PREMIÈRE PARTIE

CHAPITRE I

Qui traite de la condition et des occupations du fameux chevalier don Quichotte de la Manche.

Dans un village de la Manche que je ne nommerai pas, vivait naguère un chevalier, de ceux qui ont la lance au râtelier, une vieille rondache, un maigre roussin et un chien courant. Un pot-au-feu où il entrait plus de bœuf que de mouton, un hachis presque tous les soirs, le samedi des abatis, le vendredi des lentilles, et le dimanche quelque pigeonneau de supplément, consumaient les trois quarts de son revenu. Le reste était pour ses vêtements, justaucorps de drap léger, chausses de velours et pantoufles du même pour les jours de fête; et dans la semaine, habit de serge fine dont il se faisait honneur. Il avait près de lui une gouvernante qui passait la quarantaine, une nièce qui n'atteignait pas vingt ans, et un garçon qui servait à la ville et aux champs, sellant le roussin et maniant la serpette. L'âge de notre chevalier frisait les cinquante ; il était robuste de complexion, sec de corps, maigre de visage, très-matineux et grand chasseur. Quelques-uns lui donnent pour surnom Quijada ou Quesada (les auteurs qui en ont parlé varient sur ce point) ; il est plus vraisemblable qu'il s'appelait Quijana ; du reste peu importe à notre récit, pourvu qu'il ne s'écarte jamais de la vérité.

Il est bon de savoir que notre chevalier, dans ses moments de loisir, c'est-à-dire à peu près d'un bout de l'année à l'autre, s'occupait à lire des livres de chevalerie ; il y prit goût et se passionna à tel point, qu'il en vint à oublier presque complétement l'exercice de la chasse, et même l'administration de son bien. Son infatuation et son extravagance allèrent jusque-là qu'il vendit plusieurs arpents de terre pour acheter autant qu'il put de ces livres et les entasser dans sa maison. Mais de tous ces romans nul ne valait à ses yeux ceux qu'avait composés Félicien de Silva ; le style brillant de cet auteur et ses phrases enchevêtrées l'émerveillaient, surtout lorsqu'il arrivait aux passages de galanterie ou de défi, où se trouvaient ces mots : « La raison de la déraison qu'on fait à ma raison affaiblit tellement ma raison, que ce n'est pas sans raison que je me plains de votre beauté ; » ou bien encore : « Les hauts cieux qui de votre divinité divinement avec les étoiles vous fortifient, et vous font méritante des mérites que mérite votre grandeur. »

Avec tous ces amphigouris le pauvre chevalier s'en allait perdant le jugement ; il passait les nuits à les approfondir et à leur chercher un sens ; ce à quoi Aristote lui-même n'aurait pas réussi, eût-il ressuscité tout exprès. Il ne s'arrangeait pas des blessures que donnait ou recevait don Belianis, s'imaginant que, quelque habiles que pussent être les chirurgiens qui les pansaient, il était impossible qu'il n'eût pas le visage et tout le corps sillonnés d'estafilades et de cicatrices. Toutefois il admirait dans son auteur certaine manière de terminer le livre par la promesse de cette histoire interminable; plus d'une fois même il fut tenté de prendre la plume et de remplir cette promesse au pied de la lettre; et sans nul doute il l'aurait fait et en serait sorti avec succès, si d'autres pensées vastes et incessantes ne l'en avaient distrait. Il eut, en mainte occasion, maille à partir avec le curé de son endroit, homme de savoir et gradué à Sigüenza; il s'agissait entre eux de décider lequel avait été le meilleur chevalier, de Palmérin d'Angleterre ou d'Amadis de Gaule. Maître Nicolas, barbier du village, prétendait que nul ne s'élevait à la hauteur du chevalier de Phébus, et que si quelqu'un pouvait lui être comparé, c'était don Galaor, frère d'Amadis de Gaule, chevalier accompli de tout point, exempt d'afféterie, et non point larmoyant comme son frère, auquel d'ailleurs il ne le cédait en rien pour la vaillance. Enfin il s'enfonça si avant dans ces lectures qu'il y passait les jours et les nuits; si bien que, dormant peu et lisant beaucoup, il se dessécha le cerveau et en vint à perdre la raison.

Il se remplit l'imagination de tout ce qu'il voyait dans ses livres, enchantements, querelles, batailles, défis, blessures, galanteries, amours, tourments, et autres extravagances incroyables; et ce tissu d'inventions et de rêveries acquit dans sa pensée une telle consistance, qu'à ses yeux il n'existait au monde aucune histoire plus véritable. Suivant lui, le Cid Ruy Dias avait été un bon chevalier; mais il ne le mettait pas sur la même ligne que celui de l'Ardente-Épée, qui d'un seul revers avait coupé par le milieu du corps deux géants terribles et démesurés. Il aimait mieux Bernard de Carpio, parce qu'à Roncevaux il avait mis à mort Roland l'enchanté, se servant du moyen employé par Hercule lorsqu'il étouffa entre ses bras Antée, fils de la Terre. Il prônait beaucoup le géant Morgant, qui, seul de cette race orgueilleuse et discourtoise, était de bon ton et de bonnes manières. Mais l'objet de sa prédilection était Renaud de Montauban; avec quel bonheur il le voyait sortir de son château pour détrousser les passants, et voler outre-mer cette idole de Mahomet, qui était toute d'or, à ce que dit son histoire! Quant au traître Ganelon, pour le gourmer tout à son aise, il eût donné de bon cœur sa gouvernante, et sa nièce par-dessus le marché.

Enfin, son jugement se troublant de plus en plus, il tomba dans la plus étrange aberration qui jamais se fût logée en un cerveau détraqué. Il lui parut convenable et nécessaire, aussi bien pour l'accroissement de sa renommée que pour le service de son pays, de se faire chevalier errant, d'aller par tout le monde, avec son cheval et ses armes, chercher les aventures et pratiquer tout ce qu'avaient fait les chevaliers errants, redressant tous les torts, et s'exposant à toutes sortes de rencontres et de dangers pour en sortir couvert d'une gloire immortelle. Il s'imaginait, le pauvre chevalier, se voir déjà couronné par la force de son bras, et que c'était le moins qu'il pût prétendre que l'empire de Trébizonde.

Plein de ces agréables pensées, emporté par le plaisir qu'il y prenait et gonflé d'espérance, il ne songea plus qu'à exécuter promptement ce qu'il souhaitait avec tant d'ardeur. La première chose qu'il fit, fut de fourbir des armes qui avaient été à son bisaïeul, et que la rouille mangeait depuis longtemps dans un coin de sa maison. Il les nettoya et les redressa le mieux qu'il put; voyant qu'au lieu du casque complet il n'y avait que le simple morion, il fabriqua industrieusement le reste avec du carton, et attachant le tout ensemble, il s'en fit une espèce de casque, ou quelque chose au moins qui en avait l'apparence. Mais il arriva que, voulant éprouver s'il était assez fort pour résister au tranchant de l'épée, il tira la sienne, et brisa du premier coup ce qu'il avait eu bien de la peine à faire en huit jours. Cette facilité à se rompre ne lui plut pas dans un armet ; pour remédier à cet inconvénient il le refit de nouveau, et le garnit intérieurement de petites bandes en fer, ce qui le satisfit ; sans autre expérience il le tint pour une armure de fine trempe.

Il pensa ensuite à son cheval, et quoiqu'il eût autant de javarts que de jambes, et que le pauvre animal n'eût que la peau et les os, il lui parut en si bon état qu'il ne l'eût pas troqué pour le Bucéphale d'Alexandre ou le Babieça du Cid. Il fut quatre jours à chercher quel nom il lui donnerait, parce qu'il n'était pas convenable, se disait-il, que le cheval d'un si fameux chevalier n'eût pas un nom connu de tout le monde. Il essayait de lui en composer un qui pût faire connaître ce qu'il avait été avant d'appartenir à un chevalier errant, et ce qu'il était alors. Il croyait surtout qu'ayant changé d'état il était bien juste que son cheval changeât aussi de nom, et qu'il en prît un brillant et sonore, approprié à sa nouvelle profession. Après avoir bien rêvé, tourné, ajouté, diminué, fait et défait, il finit par le nommer Rossinante, nom grandiose, à son sens, éclatant et significatif, et bien digne du premier de tous les roussins du monde. Lorsqu'il eut trouvé pour son cheval un si beau nom, il pensa aussi à s'en donner un à lui-même ; et, après avoir passé huit autres jours à rêver, il prit enfin celui de don Quichotte, ce qui a fait croire aux auteurs de cette véritable histoire qu'il devait s'appeler Quijada, et non Quesada, comme d'autres l'ont dit. Mais notre héros, se ressouvenant que le vaillant Amadis ne s'était pas contenté de s'appeler Amadis tout court, qu'il y avait encore ajouté le nom de sa patrie pour le rendre célèbre, et s'était nommé Amadis de Gaule, ajouta pareillement au sien celui de son pays, et s'appela don Quichotte de la Manche, croyant par là que sa famille et le lieu de sa naissance allaient être connus par toute la terre.

Ayant donc bien fourbi ses armes, de son morion fait une

salade entière, donné un grand nom à son cheval, et en ayant choisi un pour lui-même, il crut qu'il ne lui manquait plus rien que de chercher une dame à aimer, parce que le chevalier errant sans amour est un arbre sans feuilles et sans fruits, un corps sans âme. Si par malheur, se disait-il, ou plutôt par bonne fortune, je viens à me rencontrer avec quelque géant, comme il arrive d'ordinaire aux chevaliers errants, et que du premier coup je le terrasse, ou que je le fende par la moitié, enfin que je le vainque, ne sera-t-il pas bon d'avoir à qui en faire présent, et qu'allant trouver ma dame, et se mettant à genoux devant elle, il lui dise d'une voix humble et respectueuse : Madame, je suis le géant Caraculiambro, seigneur de l'île Malindranie, que l'invincible et jamais assez loué chevalier don Quichotte de la Manche a vaincu en combat singulier; et c'est par son ordre que je viens me jeter aux pieds de Votre Grandeur, afin qu'elle dispose de moi comme de son sujet et de son esclave? Oh! que notre chevalier se sut bon gré quand il eut fait ce beau discours, et qu'il eut de joie ensuite quand il trouva qui rendre maîtresse de son cœur! Ce fut, à ce que l'on croit, une paysanne d'assez bonne mine, fille d'un laboureur des environs de son village, dont il avait été quelque temps amoureux, sans qu'elle l'eût jamais su ou qu'elle s'en fût souciée. Elle s'appelait Aldonza Lorenço, et ce fut à elle qu'il donna dès ce moment le titre de dame de ses pensées; puis, lui cherchant un nom qui ne fût pas en dissonance avec le sien, et qui sentît la princesse, il la nomma Dulcinée du Toboso, parce qu'elle était en effet de cet endroit-là; et ce nom lui parut harmonieux, distingué et expressif à l'égal de ceux qu'il avait déjà inventés pour sa monture et pour lui-même.

CHAPITRE II

Qui traite de la première sortie que fit don Quichotte.

Notre chevalier, ayant ainsi pris toutes ses mesures, ne voulut pas différer plus longtemps la réalisation de son projet, dont l'ajournement l'eût rendu coupable à ses propres yeux de tout ce qu'il y avait dans le monde d'injustices à réparer, de torts à redresser, de griefs à effacer, d'abus à corriger et de dettes à acquitter. Sans donner connaissance de ce qu'il méditait, et sans que personne le vît, un beau matin avant le jour, et au plus chaud du mois de juillet, il s'arme de pied en cap, monte sur Rossinante, embrasse son écu, prend sa lance, et par la petite porte d'une basse-cour sort dans la campagne, ravi de la facilité avec laquelle commençait l'exécution d'un si beau dessein. Mais à peine se vit-il à cent pas de sa maison, qu'un terrible scrupule, qui vint l'assaillir, faillit à le faire retourner sur ses pas et renoncer même entièrement à son entreprise. Il s'avisa qu'il n'était pas armé chevalier; que, suivant les lois de la chevalerie errante, il ne devait ni ne pouvait sans cela en venir aux mains avec aucun chevalier; et que, quand même il le serait, il devait porter des armes blanches comme un chevalier novice, sans devise sur l'écu, jusqu'à ce qu'il en eût conquis une par la force de son bras. Ces réflexions le firent chanceler dans sa détermination; mais, sa folie étant plus forte que tous ses raisonnements, il résolut de se faire armer chevalier par le premier qu'il rencontrerait, à l'imitation de beaucoup d'autres qui en avaient ainsi usé, comme il l'avait vu dans ses livres. Pour ce qui regardait la couleur des armes, il prétendait si bien fourbir les siennes, qu'elles seraient plus blanches que l'hermine. Par là il se mit l'esprit en repos, et poursuivit son chemin sans en choisir d'autre que celui qu'il plut à son cheval, croyant que c'était en cela que consistait l'essence des aventures.

En cheminant ainsi et se parlant à lui-même : Quelle joie, se disait-il, pour les siècles à venir, de connaître l'histoire de mes

illustres exploits, que le sage qui la doit écrire ne manquera pas d'attaquer de cette façon, en parlant de ma première sortie :
« A peine le lumineux Apollon commençait à répandre les tresses dorées de ses blonds cheveux sur la vaste surface de la terre, et

les petits oiseaux ne faisaient que de saluer de leur douce harmonie la venue de la belle et vermeille aurore qui, sortant du lit de son jaloux mari, venait se montrer aux mortels sur les balcons de l'horizon de la Manche ; quand le fameux chevalier don Quichotte, ennemi d'un lâche repos et fuyant les douceurs d'un lit oisif, monta sur son excellent cheval Rossinante, et entra dans l'ancienne et renommée campagne de Montiel. » C'était là, en effet, qu'il se trouvait alors. « Heureux âge, ajouta-t-il, et siècle heureux, qui mérite de voir mes grandes et incomparables actions, dignes d'être gravées dans le bronze et taillées dans le marbre, pour servir de monument à ma gloire et d'exemple aux races futures ! O toi, sage enchanteur, qui que tu sois, qui auras l'avantage d'écrire cette surprenante et véritable histoire, n'oublie pas, je te prie, de faire savoir à la postérité la vigueur et l'adresse de mon bon Rossinante, éternel compagnon de toutes mes aventures. » De ce discours il passait tout aussitôt à un autre, et comme s'il eût été véritablement amoureux : « O princesse Dulcinée ! s'écriait-il ; dame de ce cœur esclave, vous m'avez fait une grande injustice en me bannissant de votre présence, et en m'ordonnant avec tant de rigueur de ne me présenter jamais devant votre beauté. Souvenez-vous, ma dame, de toutes les peines que souffre pour l'amour de vous ce cœur qui vous est soumis. »

Il continuait cependant son chemin, occupé de ses rêveries et d'autres pareilles à ce qu'il avait lu dans ses livres, dont il imitait de son mieux le langage ; et il était si fort possédé de ces belles imaginations, qu'il ne s'apercevait pas que le soleil était déjà bien haut, et lui donnait d'aplomb sur la tête, au point de lui fondre la cervelle s'il lui en fût resté. Il marcha presque tout ce jour-là sans qu'il lui arrivât rien de digne d'être raconté ; ce qui le mettait au désespoir, tant il avait d'impatience d'éprouver la vigueur de son bras. Quelques auteurs prétendent que la première aventure qu'eut notre chevalier fut celle du port

Lapice; d'autres assurent que ce fut celle des moulins à vent; mais tout ce que j'ai pu découvrir sur ce sujet, et tout ce que j'ai trouvé dans les annales de la Manche, c'est qu'il marcha tout le long du jour, et que sur le soir son cheval et lui étaient demi-morts de faim, et si fatigués qu'ils ne pouvaient se soutenir. Cependant don Quichotte, regardant de tous côtés s'il ne découvrirait point quelque château ou quelque maison de paysan où il pût se retirer, avisa sur son chemin une hôtellerie, et ce fut pour lui comme l'étoile qui devait le conduire au port du salut. Il pressa son cheval malgré sa lassitude, et il arriva au moment où le jour commençait à tomber.

Il y avait par hasard sur la porte deux jeunes filles, qui se dirigeaient vers Séville; et comme notre aventurier avait l'imagination pleine de ses romans, et jugeait de toutes choses sur ce pied-là, il n'eut pas plutôt vu l'hôtellerie, qu'il se la représenta comme un château avec ses quatre tours, sans oublier le pont-levis et les fossés, et tous ces accessoires que les auteurs n'omettent jamais dans les descriptions. Il s'arrêta à quelques pas de cette nouvelle forteresse, attendant qu'un nain sonnât du cor au haut du donjon, pour avertir qu'il arrivait un chevalier; mais comme il trouva que le nain était trop long à paraître, et que Rossinante avait hâte d'arriver à l'écurie, il s'avança jusqu'à la porte de la maison, où il vit les deux jeunes filles, qui lui parurent deux demoiselles d'importance, prenant le frais à la porte du château. Il se rencontra même fort à propos qu'un homme qui gardait des pourceaux près de là, sonna deux ou trois fois de son cornet pour les rassembler; et don Quichotte ne manqua pas de se persuader, conformément à son attente, que c'était un nain qui donnait avis de sa venue. Aussitôt, avec une joie qu'on ne saurait exprimer, il s'approcha de la porte et de ces dames qui voulaient rentrer dans l'hôtellerie, effrayées de voir un homme armé jusqu'aux dents et portant lance et bouclier. Mais don Quichotte, qui attribua leur fuite à la frayeur, haussant sa visière de carton, et découvrant son sec et poudreux visage, leur dit d'un ton courtois et d'une voix adoucie : « Ne fuyez point, Mesdemoiselles, vous n'avez rien à craindre ; l'ordre de chevalerie dont je fais profession me défend d'offenser personne, et moins encore de nobles dames comme vous. »

Elles s'arrêtèrent, regardant avec ébahissement l'étrange figure de notre aventurier, à demi couverte par sa mauvaise visière ; mais comme elles s'entendirent appeler demoiselles, ce qui ne leur était jamais arrivé, elles ne purent s'empêcher de rire ; si bien que don Quichotte, qui n'en savait pas le sujet, se fâcha tout de bon, et leur dit : « La modestie sied à la beauté ; mais il y a de l'inconvenance à rire sans sujet. Je ne dis pas cela, Mesdemoiselle, pour vous chagriner ; car après tout je n'ai point d'autre dessein que de vous servir. » Un langage si nouveau pour elles augmentait leur envie de rire, et par suite le courroux de don Quichotte ; et sans doute il ne s'en serait pas tenu là, si dans le même temps il n'eût vu paraître l'hôte.

Celui-ci, avisant cette figure hétéroclite, et cet homme si bizarrement accoutré d'un corselet, d'un écu et d'une lance, eut pour le moins autant d'envie de rire que les demoiselles ; mais, craignant encore plus qu'elles tout cet appareil de guerre, il résolut d'en user respectueusement, et dit à don Quichotte : « Seigneur chevalier, si vous cherchez à loger, il ne vous manquera rien ici que le lit ; tout le reste s'y trouve en abondance. » Don Quichotte, voyant la civilité du gouverneur de la citadelle, car tels lui parurent et l'hôte et l'hôtellerie, lui répondit : « Pour moi, seigneur châtelain, la moindre chose suffit ; je ne me pique point de délicatesse, ni, comme vous voyez, de parure ; les armes sont tous mes ornements et tout mon équipage, et le combat mon seul repos. » L'hôte ne comprit pas bien d'abord pourquoi don Quichotte l'avait appelé châtelain ; mais comme c'était un matois d'Andalous, de la plage de San-Lucar, grand larron de son métier, et aussi malin qu'un écolier ou qu'un page : « A ce compte, seigneur, répliqua-t-il, les pierres seront un assez bon lit pour Votre Seigneurie, et je vois bien que vous dormez aussi peu qu'une sentinelle : cela étant, vous n'avez qu'à mettre pied à terre, et vous êtes assuré que vous trouverez ici de quoi passer non-seulement une nuit sans dormir, mais même toute l'année. » En disant cela, il alla tenir l'étrier à don Quichotte, qui descendit de cheval avec bien de la peine, comme un homme qui n'avait pas encore déjeuné.

Le chevalier pria l'hôte d'ordonner à ses gens d'avoir grand soin de son cheval, l'assurant qu'entre toutes les bêtes qui mangeaient du foin dans le monde, il n'y en avait pas une meilleure. L'hôte la considéra attentivement; mais elle ne lui parut pas aussi bonne que disait don Quichotte, pas même de moitié. Après avoir installé le cheval dans l'écurie, il vint voir ce que voulait notre chevalier, et il le trouva se faisant désarmer par les demoiselles, avec qui il s'était déjà réconcilié. Elles lui avaient ôté le corselet et la cuirasse; mais, quelque effort qu'elles fissent, elles ne purent désenchâsser le hausse-col ni dégager l'armure de tête, qui était attachée avec des rubans verts; elles ne pouvaient défaire les nœuds sans les couper, ce qu'il ne voulut jamais souffrir. Il passa donc toute la nuit avec son morion, ce qui lui faisait la plus étrange et la plus plaisante figure du monde; et comme il prenait les personnes qui le désarmaient pour les dames du château, il leur dit galamment : « Jamais chevalier hors de sa maison ne fut si bien servi des dames que don Quichotte; les demoiselles prennent soin de lui, et les princesses de son cheval. Rossinante est le nom de mon cheval, mes belles demoiselles; et don Quichotte de la Manche est le mien, que je n'avais dessein de découvrir qu'après avoir fait pour votre service quelque action qui le rendît recommandable. L'occasion qui m'a fait ressouvenir de ce vieux *romance* de Lancelot a été cause que vous l'avez su avant le temps; mais il en viendra un autre où j'espère que vous m'honorerez de vos commandements, et que je vous ferai voir, par mon obéissance et par la valeur de mon bras, le désir que j'ai de vous rendre mes très-humbles devoirs. »

Ces femmes, qui n'étaient pas accoutumées aux fleurs de rhétorique, et qui n'y entendaient rien du tout, n'y répondirent rien non plus; mais elles demandèrent à notre chevalier s'il ne voulait pas manger quelque chose. « De bon cœur, dit don Quichotte, et je crois que cela ne viendrait pas hors de propos. » C'était par malheur un vendredi, et il n'y avait dans toute l'hôtellerie que quelques morceaux d'une espèce de merluche dont le nom signifie petite truite. On lui demanda donc s'il en mangerait bien; et lui, croyant qu'il s'agissait de truitons : « Pourvu, dit-il, qu'il y en ait plusieurs, ils pourront valoir une truite; car la monnaie vaut la pièce; et peut-être même les truitons seront-ils comme l'agneau, qui est plus délicat que le mouton; mais, en un mot, que ce soit ce qu'il se pourra, pourvu que cela vienne tout de suite; le poids des armes et le travail ne laissent pas de fatiguer, et il est bon de prendre des forces. »

On lui mit la table à la porte de l'hôtellerie pour qu'il mangeât au frais, et l'hôte lui servit un morceau de cette merluche, mal frite et plus mal assaisonnée, avec un pain noir et moisi. C'était à mourir de rire de le voir manger; car, d'après la position de l'armet et la visière levée, il ne pouvait rien porter à la bouche, et force fut qu'une de nos demoiselles lui rendît cet office. Il mangea de fort grand appétit; mais il n'y avait pas moyen de boire, et il eût fallu s'en passer si l'hôte ne se fût avisé de percer un jonc, dont il lui mit un bout dans la bouche, en lui versant du vin par l'autre. Le pauvre chevalier prenait tout cela en patience, aimant encore mieux souffrir cette incommodité que de faire couper les rubans de son morion.

Pendant que cela se passait, il arriva à l'hôtellerie un porcher, qui donna d'abord quatre ou cinq coups de sifflet. Cette agréable harmonie acheva de confirmer don Quichotte dans la créance que cette hôtellerie était un château fameux. Il crut qu'on lui donnait la musique pendant le repas, la merluche lui en parut encore plus truite, et le pain bis plus que pain mollet; les jeunes filles devinrent des dames, et l'hôte fut plus que jamais un seigneur à qui le château appartenait. Ainsi il était ravi du résultat de sa détermination et de sa première sortie. Une seule chose le chagrinait, c'était de n'être pas encore armé chevalier, parce qu'en cet état il ne pouvait légitimement entreprendre aucune aventure.

CHAPITRE III

Où l'on raconte de quelle agréable manière don Quichotte se fit armer chevalier.

Tourmenté par cette pensée, don Quichotte abrégea son maigre repas, et, sortant de table assez brusquement, emmena l'hôte dans l'écurie, où, après avoir fermé la porte, il se jeta à ses genoux, et lui dit avec transport : « Je ne me relèverai point, valeureux chevalier, que Votre Seigneurie ne m'ait octroyé un don que j'ai à lui demander, et qui ne tournera pas moins à sa gloire qu'à l'avantage de tout l'univers. » Celui-ci, fort étonné de le voir à ses pieds et de s'entendre traiter de la sorte, le regardait sans savoir que faire ni que dire, et s'opiniâtrait à vouloir le faire lever; mais ce fut inutilement, jusqu'à ce qu'il l'eût assuré qu'il lui accorderait le don demandé. « Je n'attendais pas moins de votre courtoisie, répondit don Quichotte. La faveur que je sollicite de vous, et que vous me promettez si obligeamment, c'est que demain, dès la pointe du jour, vous me fassiez la grâce de m'armer chevalier, et que cette nuit vous me permettiez de faire la veillée des armes dans la chapelle de votre château : ainsi s'accomplira ce que je désire si ardemment, de pouvoir aller chercher des aventures par toutes les parties du monde, prêtant secours aux affligés et châtiant les méchants, selon les lois de la chevalerie errante, dont je fais profession. »

L'hôte, qui, comme je l'ai dit, était un matois, et qui soupçonnait déjà quelque chose de la folie du chevalier, acheva de se convaincre par ces dernières paroles, et, pour se préparer de quoi rire, résolut de lui donner contentement. Il lui dit donc qu'il avait très-bien rencontré dans son dessein, qu'il ne pouvait jamais mieux choisir, et que rien n'était plus digne des chevaliers d'importance tels qu'on le jugeait être à sa bonne mine; que lui-même en sa jeunesse s'était adonné à cet honorable exercice, allant en diverses parties du monde chercher des aventures, n'ayant pas laissé un coin dans les faubourgs de Malaga, dans les îles de Riaran, dans le compas de Séville, dans les marchés de Ségovie, dans l'oliverie de Valence, dans les rondes de Grenade, dans la plage de San-Lucar, au haras de Cordoue, et dans les moindres cabarets de Tolède, où il n'eût exercé la légèreté de ses pieds et la subtilité de ses mains, faisant de tous côtés du pis qu'il pouvait, courtisant les veuves, trompant les jeunes filles, dupant les niais, en un mot, signalant son nom dans presque tous les tribunaux d'Espagne; et qu'enfin il s'était retiré dans ce château, où il vivait de son revenu et de celui des autres, recevant tous les chevaliers errants, de quelque qualité et condition qu'ils fussent, par la seule affection qu'il leur portait, et pour partager avec eux ce qu'ils avaient en récompense de ses bonnes intentions. Il ajouta qu'il n'avait point de chapelle dans son château pour y faire la veillée des armes, parce qu'il l'avait abattue dans le dessein d'en bâtir une nouvelle; mais qu'il savait bien qu'en cas de nécessité on veillait où l'on voulait, et que cela pouvait se passer cette nuit dans une cour du château, qui était comme faite exprès; que le matin on achèverait la cérémonie, et qu'il pouvait être sûr d'en sortir aussi chevalier que chevalier qu'il y eût au monde.

« Portez-vous de l'argent? ajouta-t-il. — De l'argent! dit

don Quichotte, pas un maravédis; et je n'ai jamais lu en aucune histoire de chevalier errant qu'un seul en ait porté. — C'est en quoi vous vous trompez, dit l'hôte; car si l'on n'en trouve rien dans les livres, c'est que les auteurs ont cru que cela allait sans dire, et qu'on ne s'imaginerait jamais que des chevaliers errants eussent pu manquer de choses aussi nécessaires que de l'argent et des chemises blanches. Ainsi, ne doutez pas que tant de chevaliers errants, dont les livres sont pleins, n'eussent toujours la bourse bien garnie en cas de besoin, et qu'ils ne portassent aussi du linge et une boîte pleine d'onguent pour les blessures; car, se trouvant en des combats terribles au milieu des bois et des déserts, vous jugez bien qu'ils n'avaient pas toujours à point nommé quelqu'un pour les panser, à moins d'avoir pour ami quelque sage enchanteur, qui leur envoyât dans une nue quelque demoiselle ou quelque nain, avec une fiole pleine d'une eau de telle vertu, qu'en en mettant seulement une goutte sur le bout de la langue, ils se relèveraient aussi sains et aussi frais que s'ils n'eussent pas eu le moindre mal. Mais comme cela n'était pas sûr, ils ne manquaient jamais d'ordonner à leurs écuyers de se pourvoir d'argent et d'autres objets indispensables, comme d'onguent et de charpie; et même s'il arrivait qu'un chevalier n'eût point d'écuyer, ce qui était rare, il portait lui-même cette provision dans une petite besace, si proprement ajustée sur la croupe du cheval, qu'elle ne paraissait presque pas; car, à dire vrai, ce n'était pas chose bienséante pour des chevaliers que de porter besace, et en toute autre occasion que celle-là ils s'en seraient bien gardés. Ainsi, ajouta l'hôte, je vous conseille et vous ordonne même, comme à mon fils en chevalerie que vous allez bientôt devenir, de ne marcher jamais sans argent et sans les autres choses nécessaires; et vous verrez que vous vous en trouverez bien lorsque vous y penserez le moins. »

Don Quichotte l'assura qu'il suivrait son conseil, et aussitôt il se disposa à faire la veillée des armes dans une grande cour qui était à côté de l'hôtellerie. Il les réunit donc toutes, les posa sur une auge auprès d'un puits, et embrassant son écu, la lance au poing, il se mit à se promener devant l'auge d'un air martial. Il était déjà nuit quand il commença ce bel exercice ; et l'hôte, qui avait envie de se réjouir, apprit à tous ceux qui étaient dans l'hôtellerie la folie de notre homme, ce que c'était que la veillée des armes, et l'impatience qu'avait don Quichotte d'être armé chevalier. Tous ces gens, bien étonnés d'une si étrange espèce de folie, voulurent en avoir le plaisir, et, regardant de loin, ils virent don Quichotte qui, d'une contenance grave et posée, tantôt se promenait, et tantôt, appuyé sur sa lance, regardait du côté des armes, y tenant assez longtemps les yeux arrêtés. Cependant la nuit s'éclaircit, et la lune répandit une lumière si vive, qu'on put voir distinctement tout ce que faisait le chevalier.

Il prit en ce même temps-là fantaisie à un des muletiers qui étaient dans l'hôtellerie d'abreuver ses bêtes, et pour cela il fallait qu'il ôtât les armes de dessus l'auge ; mais don Quichotte, le voyant arriver, lui cria d'un ton altier : « Qui que tu sois, chevalier téméraire, qui as la hardiesse d'approcher des armes du plus vaillant de ceux qui ont jamais ceint l'épée, prends garde à ce que tu vas faire, et ne sois pas si imprudent que de toucher ces armes, si tu ne veux laisser la vie pour châtiment de ton audace. » Le muletier, pour son malheur, ne tint compte des menaces de don Quichotte ; au contraire, il prit les armes par leurs courroies, et les jeta aussi loin qu'il put. Alors don Quichotte leva les yeux vers le ciel, et s'adressant mentalement à Dulcinée : « Assistez-moi, Madame, s'écria-t-il, dans cette première offense que reçoit votre vassal ; ne me refusez pas votre protection dans ce premier péril. » En disant cela, il se défit de son écu, et prenant sa lance à deux mains, il en donna un si grand coup sur la tête du téméraire muletier, qu'il l'étendit à ses pieds et en si mauvais état, qu'un autre coup semblable l'eût dispensé des secours du chirurgien. Ce premier exploit achevé, don Quichotte ramassa ses armes, les remit sur l'auge, et recommença à se promener avec autant de calme qu'avant l'aventure.

Quelque temps après, un autre muletier, ne sachant rien de ce qui s'était passé, parce que le premier était encore à terre tout étourdi, s'en vint aussi dans le dessein d'abreuver ses mules ; et comme il prenait les armes pour débarrasser l'auge, don Quichotte, sans rien dire et sans implorer la faveur de personne, ôta une seconde fois son écu, une seconde fois prit sa lance à deux mains, et en déchargea trois ou quatre coups sur la tête du second muletier, et la lui ouvrit en trois ou quatre endroits Au bruit qui se fit, et aux cris du blessé, tous les gens de l'hôtellerie accoururent ; don Quichotte, les voyant venir, embrassa son écu, et mettant l'épée à la main : « Dame de la beauté, criat-il, soutien et vigueur de mon âme, il est temps que vous tourniez les yeux de Votre Grandeur sur le chevalier votre esclave, dans cette grande et terrible aventure. » Après cette invocation, il se sentit tant de courage et de force, que tous les muletiers du monde ne l'eussent fait reculer d'un pas.

Cependant les compagnons des blessés ne purent voir leurs camarades en si mauvais état sans en tirer vengeance ; ils firent pleuvoir sur don Quichotte une grêle de pierres, dont il se garait le mieux qu'il pouvait avec son écu, sans s'éloigner jamais de l'auge pour ne pas abandonner ses armes. De son côté, l'hôte criait à tue-tête qu'on le laissât ; qu'il les avait bien avertis qu'il était fou, et que comme tel il en sortirait toujours à bon marché, eût-il occis tous les muletiers d'Espagne. Mais notre héros criait encore plus fort que tout le reste, les traitant tous de lâches et de traîtres, et le seigneur du château de félon et de discourtois, puisqu'il souffrait qu'on maltraitât ainsi les chevaliers errants. « Et je vous ferais bien voir, disait-il, que vous êtes un déloyal, si j'avais reçu l'ordre de chevalerie. Pour vous autres, ajoutait-il, vous n'êtes que de la vile canaille, dont je ne fais nul cas : venez, approchez, faites rage ; vous verrez quel payement vous en recevrez, et le châtiment que j'infligerai à votre insolence. » Il disait cela avec tant de fierté et de résolution, qu'il inspirait de la terreur à tous ceux qui l'attaquaient ; si bien que la peur des muletiers et les cris de l'hôte firent cesser la grêle de pierres ; et don Quichotte, laissant emporter les blessés, retourna à la veillée des armes avec autant de sang-froid que s'il ne lui fût rien arrivé.

L'hôte commençait à trouver les plaisanteries de don Quichotte un peu trop fortes, et pour s'en délivrer il résolut de lui donner promptement ce maudit ordre de chevalerie. Ainsi, après s'être excusé de l'irrévérence de ces rustres, dont il n'avait rien su, et qui étaient si bien châtiés de leur audace, il lui dit qu'il n'y avait point de chapelle dans son château, comme il le lui avait déjà fait entendre, mais que c'était chose inutile pour ce qui restait à faire ; que pour armer un chevalier, toute la cérémonie consistait en l'accolade et le coup du plat de l'épée sur la nuque, autant qu'il se souvenait de l'avoir vu dans le cérémonial de l'ordre, et que cela pouvait aussi bien se faire au milieu d'un champ qu'ailleurs ; qu'au reste il avait accompli tout ce qui regarde la veillée des armes, où deux heures suffisent, et qu'il y en avait mis plus de quatre. Don Quichotte, qui était affamé de cet ordre, se laissa aisément persuader, et répondit au châtelain qu'il était prêt à obéir, et qu'il le priait d'achever promptement, parce que s'il se voyait une fois chevalier, et qu'on l'attaquât comme on avait fait, il ne laisserait pas un homme en vie dans ce château, hormis ceux qu'il lui commanderait d'épargner.

Peu rassuré par ces dispositions, l'hôte alla sur-le-champ querir le livre où il marquait la paille et l'orge qu'il donnait aux muletiers, et avec les deux demoiselles susdites, et un jeune garçon qui portait un bout de chandelle, il vint aussitôt retrouver don Quichotte, et le fit mettre à genoux. Puis, lisant dans son livre, comme s'il eût récité quelque oraison, il haussa la main au milieu de sa lecture, et lui en donna sur la nuque un grand coup qui lui fit baisser la tête, et du plat de l'épée un autre de même mesure sur l'épaule, marmottant toujours quelque chose entre ses dents. Cela fait, il dit à l'une des demoiselles de ceindre l'épée au chevalier ; ce qu'elle fit de fort bonne grâce, et toujours sur le point d'éclater de rire à chaque endroit de la cérémonie, si les prouesses que venait de faire notre chevalier n'eussent déjà fait voir qu'il n'entendait pas raillerie ; et en lui ceignant l'épée, la bonne personne lui dit : « Dieu vous fasse grâce, bienheureux chevalier, et vous soit en aide dans vos rencontres ! » Il la pria de lui apprendre son nom, afin qu'il sût à qui il avait l'obligation d'une si grande faveur, et qu'il pût partager avec elle la gloire qu'il acquerrait par la valeur de son bras. La belle répondit fort humblement qu'elle s'appelait Tolosa, qu'elle était fille d'un ravaudeur de Tolède, et qu'elle travaillait dans la boutique de Sancho Bienaya, et qu'en quelque lieu qu'elle se trouvât, elle serait toujours sa très-humble servante : « Je vous en prie pour l'amour de moi, dit don Quichotte, prenez le *don* à l'avenir, et appelez-vous dona Tolosa. » Ce qu'elle promit de faire. L'autre lui chaussa l'éperon, et il y eut entre eux le même colloque ; il lui demanda son nom ; elle dit qu'elle s'appelait la Meunière, et qu'elle était fille d'un honorable meunier d'Antequerre. Le nouveau chevalier l'obligea aussi de promettre qu'elle prendrait le *don ;* il lui fit mille remercîments et de grandes offres de services. Cette cérémonie, telle qu'on n'en avait jamais vu, ayant été expédiée au galop, don Quichotte, qui mourait d'impatience de se lancer à la recherche des aventures, s'en alla promptement seller Rossinante, et vint à cheval embrasser son hôte, le remerciant de la grâce qu'il lui avait faite de l'armer chevalier ; il ajouta des choses si étranges, que ce serait folie de prétendre pouvoir les retrouver. L'hôte, qui était ravi de s'en voir débarrassé, répondit à ses compliments dans le même style, mais en moins de paroles ; et, sans lui rien demander pour sa dépense, il le laissa partir de bon cœur.

CHAPITRE IV

De ce qui arriva à notre chevalier lorsqu'il fut sorti de l'hôtellerie.

Le jour commençait à paraître, quand don Quichotte sortit de l'hôtellerie, si plein de joie de se voir armé chevalier, qu'il n'y avait pas jusqu'à son cheval qui ne s'en ressentît ; mais, se ressouvenant des conseils de l'hôte touchant les choses dont il fallait nécessairement qu'il se pourvût, il résolut de s'en retourner chez lui chercher de l'argent et des chemises, et pour se donner un écuyer, emploi auquel il destinait déjà un laboureur de ses voisins, qui était pauvre et chargé d'enfants, mais fort propre pour l'office d'écuyer errant. Dans cette résolution, il prend le chemin de son village ; et comme si Rossinante eût deviné le projet de son maître, il se mit à trotter avec tant de légèreté et d'action, que ses pieds semblaient ne pas toucher à terre.

Don Quichotte n'avait pas fait deux cents pas, quand il crut entendre à sa droite une voix plaintive qui sortait de l'épaisseur d'un bois. A peine s'en fut-il assuré, qu'il rendit grâces au Ciel de ce qu'il lui envoyait sitôt des occasions d'accomplir ce qu'il devait à sa profession, et de recueillir le fruit de ses bons desseins. Ces plaintes, se disait-il, viennent sans doute de quelque infortuné qui a besoin de secours, je dois lui en donner ; et tournant bride du côté du bois, il y poussa Rossinante. Il n'y fut pas bien avant, qu'il vit un jeune garçon d'environ quinze ans, nu de la ceinture en haut et lié au pied d'un chêne. C'était lui qui poussait ces cris, et non sans sujet. Un paysan vigoureux lui déchargeait, à tour de bras, de grands coups de courroie, accompagnant chaque coup d'un conseil et d'une remontrance. « Les yeux alertes, disait-il, et bouche close. » A quoi le jeune garçon ne cessait de crier : « Je n'y retournerai plus, mon maître; pardon pour l'amour de Dieu; je ne dirai plus mot, et j'aurai une autre fois plus de soin du troupeau. »

Témoin de cette barbarie, don Quichotte cria au paysan d'une voix courroucée : « Discourtois chevalier, il est de mauvaise grâce d'attaquer un homme qui ne peut se défendre; montez

à cheval, et prenez votre lance (il croyait en voir une contre un chêne, qui sans doute devait être un bâton à deux bouts); je vous prouverai que votre action est celle d'un lâche. »

Le paysan, se croyant mort à la vue de ce fantôme armé, qui

lui tenait la lance sur l'estomac, lui répondit en tremblant :
« Seigneur chevalier, ce garçon que je châtie est un de mes
valets qui garde un troupeau de moutons dans ces environs ;
il en a si peu de soin qu'il ne se passe point de jour qu'il
n'en perde quelqu'un. Comme je me plains de sa négligence,
ou plutôt de sa malice, il dit que c'est pour ne pas lui payer
ses gages ; et, sur mon Dieu et mon âme, il ne dit pas la vérité.
— Un démenti en ma présence, insolent ! dit don Quichotte ;
par le soleil qui luit, je suis tenté de te passer ma lance au
travers du corps. Déliez ce garçon, et le payez sans réplique ;
sinon je jure Dieu que je vous anéantis sur l'heure. » Le
laboureur, baissant la tête sans répondre un seul mot, détacha
le berger, à qui don Quichotte demanda combien il lui était
dû. « Neuf mois, dit-il, à sept réaux chacun » Don Quichotte,
ayant compté, trouva qu'il y avait soixante-trois réaux, et il
ordonna au laboureur de les compter à l'instant, s'il ne voulait
mourir. Le paysan, demi-mort de peur, repartit que, par la
triste position où il se trouvait et par le serment qu'il avait
fait (quoiqu'il n'eût rien juré), il ne devait pas tant, et qu'il
fallait rabattre trois paires de souliers et un réal pour deux
saignées qu'on lui avait faites étant malade.

— A la bonne heure, dit don Quichotte ; mais les saignées et
les souliers lui demeureront pour les coups que vous lui avez
donnés sans raison. S'il a usé le cuir de vos souliers, vous
avez déchiré sa peau ; et si le chirurgien lui a tiré du sang
étant malade, vous lui en avez tiré étant sain ; ainsi l'un ira
pour l'autre. — Le malheur, dit le paysan, est que je n'ai pas
d'argent sur moi ; mais qu'André vienne à la maison, je le
payerai jusqu'au dernier sou. — Moi, m'en aller avec lui ! reprit
brusquement le berger, Dieu m'en préserve ; s'il me tenait seul,
il m'écorcherait comme un saint Barthélemi. — Non, non, il
n'en fera rien, dit don Quichotte ; il suffit que je le lui défende,
pour qu'il ne manque pas au respect qu'il me doit ; et, pourvu

qu'il me le jure par l'ordre de chevalerie qu'il a reçu, je le laisse aller libre, et je réponds du payement. — Seigneur chevalier, prenez bien garde à ce que vous dites, répondit le jeune garçon ; mon maître n'est pas chevalier, et n'a jamais reçu ni ordre ni demi ; c'est Jean Haldudo le Riche, qui demeure proche de Quintanar. — Cela n'y fait rien, répondit don Quichotte ; il peut y avoir des chevaliers parmi les Haldudos ; et d'ailleurs ce sont les bonnes actions qui anoblissent, et chacun est fils de ses œuvres. — Cela est vrai, dit André ; mais de quelles œuvres est-il fils, lui qui me refuse ce que j'ai gagné à la sueur de mon corps ? — Je ne le refuse pas, André, mon ami, répondit le laboureur, et encore une fois, s'il vous plaît de venir avec moi, je jure par tous les ordres de chevalerie qu'il y a au monde, de vous payer comme je l'ai dit, sans qu'il y manque une obole, et encore en réaux tout neufs. — Pour neufs, je t'en quitte ; paye-le seulement, et je serai content, reprit don Quichotte. Mais prends bien garde à la parole que tu me donnes et à ton serment ; sinon je jure à mon tour que je saurai bien te trouver, fusses-tu caché comme un lézard ; et, afin que tu saches à qui tu as affaire, apprends que je suis le vaillant don Quichotte de la Manche, le défaiseur de torts et le réparateur d'injures. Adieu encore une fois ; qu'il te souvienne de ta parole, ou je n'oublierai pas ce que je te promets. » En achevant ces mots, il piqua Rossinante et s'éloigna d'eux.

Le laboureur le suivit des yeux autant qu'il put, et quand il l'eut perdu de vue dans l'épaisseur du bois, il retourna au berger, et lui dit : « Viens, André, mon fils, que je te paye comme ce défaiseur de torts me l'a commandé. — Je jure, dit André, que si vous ne faites ce qu'a ordonné ce bon chevalier, à qui Dieu donne longue vie, pour sa valeur et sa justice ! je l'irai chercher en quelque endroit qu'il puisse être, et je l'amènerai pour vous châtier comme il l'a juré. — J'en suis content, dit le laboureur, et, pour te montrer combien je t'aime, je veux encore accroître la dette afin d'augmenter le paiement. » Et prenant en même temps André par le bras, il le rattacha au même chêne, et lui donna tant de coups qu'il le laissa presque pour mort. « Appelle maintenant le défaiseur de torts, disait le laboureur ; tu verras qu'il ne défera pas celui-ci, quoiqu'il ne soit que demi-fait ; car je ne sais qui me tient que je ne te fasse dire vrai et que je ne t'écorche tout vif. » A la fin, détachant ce malheureux : « Va, dit-il, chercher ton juge ; qu'il vienne exécuter sa sentence : tu auras toujours cela par provision. »

Don Quichotte avait marché près de deux milles, quand il découvrit une grande troupe de gens qui venaient par le même chemin ; c'étaient, comme on l'a su depuis, des marchands de Tolède qui allaient acheter de la soie à Murcie. Ils étaient six, bien montés, avec leurs parasols, quatre valets à cheval, et trois à pied qui conduisaient les mules. A peine don Quichotte les aperçut-il, qu'il s'imagina que c'était une nouvelle aventure ; et, pour imiter ses livres autant que possible, il la crut faite exprès pour une fantaisie qu'il avait dans l'esprit. Sur cela, d'un air fier et résolu, il s'affermit sur ses étriers, serre sa lance, se couvre de son écu, et, se campant au milieu du chemin, attend ceux qu'il prenait pour des chevaliers errants ; et quand ils furent assez proches pour le voir et l'entendre, il éleva sa voix et leur cria d'un ton arrogant : « Qu'aucun de vous ne prétende passer outre, s'il ne veut confesser que dans le reste du monde il n'y a pas une dame qui égale la beauté de l'impératrice de la Manche, l'incomparable Dulcinée du Toboso. » A ces paroles les marchands s'arrêtèrent pour considérer l'étrange figure de cet homme, et à la figure aussi bien qu'aux paroles, ils le prirent aisément pour ce qu'il était ; mais, voulant voir à quoi tendait l'aveu qu'il demandait et se donner du plaisir, l'un d'eux, qui était plaisant et non sans esprit, répondit : « Seigneur chevalier, nous ne connaissons point cette belle dame dont vous parlez ; faites-nous-la voir ; si elle est aussi belle que vous le dites, nous avouerons de bon cœur ce que vous nous demandez. — Et quand vous l'aurez vue, répliqua don Quichotte, quelle obligation vous aurai-je de reconnaître une vérité qui parle d'elle-même? L'important, c'est que vous le croyiez sans le voir, que vous en juriez, et que vous le souteniez les armes à la main contre qui que ce soit. Confessez-le donc tout à l'heure, gens orgueilleux et discourtois, ou je vous défie; vous n'avez qu'à venir l'un après l'autre, comme le demande l'ordre de chevalerie, ou tous ensemble, si vous voulez, comme c'est la coutume des gens de votre trempe. Je vous attends avec toute la confiance d'un homme qui a la raison de son côté. — Seigneur chevalier, répliqua le marchand, je vous supplie au nom de tout ce que nous sommes ici de princes, pour l'acquit de notre conscience, qui ne nous permet pas d'assurer une chose dont nous n'avons aucune connaissance, et qui blesse tout ce qu'il y a d'impératrices et de reines dans l'Algarie et dans l'Estramadure, que vous ayez la bonté de nous montrer le moindre portrait de votre dame; quand il ne serait pas plus grand que l'ongle, par l'échantillon on juge de la pièce; vous nous mettrez l'esprit en repos, et nous vous donnerons satisfaction. Nous sommes même déjà si portés pour elle, que quand ce portrait nous la représenterait avec un œil de travers, et l'autre distillant du vermillon et du soufre, nous ne laisserions pas de dire en sa faveur tout ce que vous voudriez. — Il ne distille rien, canaille infâme! s'écria don Quichotte furieux; il ne distille rien de ce que vous dites, mais du musc et de l'ambre; elle n'est ni louche ni bossue; elle est plus droite qu'un fuseau de Guadarrama; et vous me payerez tout à l'heure le blasphème que vous venez de proférer contre cette beauté sans pareille. »

En achevant ces mots, il court la lance baissée contre celui qui avait pris la parole, et si, de bonne fortune, Rossinante n'eût fait un faux pas au milieu de sa course, le téméraire marchand eût fort mal passé son temps. Rossinante tomba, et s'en alla rouler assez loin avec son maître, qui fit tout ce qu'il put pour se relever, sans en pouvoir venir à bout, tant il était embarrassé de son écu, de ses éperons et du poids de ses vieilles armes. Mais, pendant qu'il faisait de vains efforts, sa langue ne restait pas oisive. « Ne fuyez pas, criait-il, poltrons; attendez, lâches; c'est la faute de mon cheval, et non la mienne, si je suis à terre. » Un des muletiers de la suite des marchands, qui sans doute n'était pas endurant, ne put souffrir les injures et

les bravades du pauvre chevalier; lui arrachant sa lance, il la mit en morceaux, et de l'un d'eux il se prit à frapper sur don Quichotte avec tant d'action, que, malgré son armure, il le broya comme le blé sous la meule. Les marchands avaient beau lui crier qu'il s'arrêtât, cela ne faisait que le mettre en goût, et le jeu lui plaisait si fort qu'il ne pouvait se résoudre à le quitter. Enfin il se lassa, et les marchands poursuivirent leur chemin. Don Quichotte, se voyant seul, fit une nouvelle tentative pour se relever; mais s'il ne l'avait pu bien portant, comment l'aurait-il fait moulu et disloqué?

Sentant qu'il ne pouvait se remuer, il eut recours à son remède ordinaire, qui était de songer à quelque passage de ses livres, et sa folie lui remit aussitôt en mémoire celui de Baudouin et du marquis de Mantoue, quand Charlot laissa le premier blessé dans la montagne; histoire connue des petits et des grands, et véritable comme les miracles de Mahomet. Cette histoire lui paraissant faite exprès pour son état, il commença à se rouler par terre comme un homme désespéré, et à dire d'une voix faible ce que l'auteur fait dire au chevalier du Bois : « Où êtes-vous, ma dame, que mon mal vous touche si peu? Ou vous ne le savez pas, ou vous êtes fausse et déloyale. » En ce moment le hasard fit qu'il passa un laboureur de son village et voisin de sa maison, qui venait de mener une charge de blé au moulin, et qui, voyant un homme ainsi étendu, lui demanda qui il était, et ce qu'il avait à se plaindre si tristement. Don Quichotte, qui croyait être Baudouin, ne manqua pas de le prendre aussi pour le marquis de Mantoue son oncle, et lui répondit sur ce pied-là. Le laboureur, bien étonné d'entendre tant d'extravagances, lui ôta la visière toute brisée des coups du muletier, et, lui ayant lavé le visage qu'il avait plein de poussière, le reconnut. « Hé! bon Dieu, seigneur Quijada, s'écria-t-il (ce qui fait croire qu'il s'appelait ainsi quand il était dans son bon sens), qui vous a mis en cet état? » Mais, quoi qu'il pût dire, l'autre poursuivait toujours le roman, au lieu de répondre. Le bon homme, voyant qu'il n'en pouvait tirer autre chose, lui ôta le plastron et le corselet pour visiter ses blessures ; mais il ne trouva ni sang, ni marque de blessures ; et, après l'avoir levé de terre avec bien de la peine, il le mit sur son âne pour le mener plus doucement. Il n'oublia pas même les armes, ramassant jusqu'aux éclats de la lance ; et liant le tout sur Rossinante, qu'il prit par la bride, il toucha l'âne devant lui, et marcha vers le village dans ce bel équipage, croyant rêver et ne pouvant rien comprendre aux folies que disait don Quichotte. Celui-ci, de son côté, n'était pas moins embarrassé ; il était si rompu, qu'il ne pouvait même se tenir sur ce pacifique animal, et de temps en temps il poussait de grands soupirs qui allaient jusqu'au ciel, ce qui obligea encore une fois le laboureur à lui demander quel mal il sentait. Mais on eût dit que le diable s'en mêlait, et qu'il prenait plaisir à ramener dans la mémoire de don Quichotte tous les contes qui avaient quelque rapport avec l'état où il se trouvait.

Ces discours et d'autres du même genre les menèrent jusqu'au village, où ils arrivèrent comme le jour allait finir ; mais le laboureur, qui ne voulait pas qu'on vît notre gentilhomme si mal monté, attendit quelque temps ; et quand la nuit fut venue, il mena don Quichotte à sa maison, où tout était dans un grand trouble en l'absence du maître. Le curé et le barbier, ses bons amis, y étaient, et la gouvernante leur disait : « Eh bien, seigneur licencié Pero Perès, c'était le nom du curé, que dites-vous de notre maître ? Il y a six jours que nous ne l'avons vu, ni lui ni son cheval ; et il faut qu'il ait emporté son écu, sa lance et ses armes, car nous ne les trouvons point. Malheureuse que je suis ! Écoutez bien ce que je vous dis : Je ne suis pas née pour mourir, si les maudits livres de chevalerie qu'il lit d'ordinaire avec tant d'affection ne lui ont brouillé la cervelle. Je me souviens fort bien de lui avoir ouï dire souvent qu'il voulait se faire chevalier errant, et aller chercher les aventures par le monde. Que Satan et Barabbas puissent emporter tous les livres qui ont gâté la meilleure tête qui fût dans toute la Manche ! »

La nièce en disait autant de son côté, et davantage encore; s'adressant à maître Nicolas, qui était le barbier : « Il faut que vous sachiez, disait-elle, qu'il est souvent arrivé à mon oncle de passer deux jours et deux nuits de suite à lire ces dangereux livres; au bout de ce temps-là, tout transporté, il jetait le volume, et, mettant l'épée à la main, s'escrimait à grands coups contre les murailles; quand il était bien las, il prétendait avoir tué quatre géants plus grands que des tours, et la sueur que l'agitation lui faisait ruisseler de tout le corps était, assurait-il, le sang des blessures qu'il avait reçues dans le combat. Hélas! je n'osais dire cela, de peur qu'on ne crût que mon oncle avait perdu l'esprit; et c'est moi qui suis la propre cause de son malheur, pour ne vous en avoir pas donné avis. Vous y auriez remédié avant que le mal eût été plus grand, et tous ces excommuniés de livres auraient été brûlés comme autant d'hérétiques. — Ah! je jure, dit le curé, que la journée de demain ne se passera point sans qu'on les condamne au feu et qu'on en fasse un exemple : ils ont perdu le meilleur de mes amis; mais je leur promets qu'ils ne feront plus jamais de mal à personne. »

Don Quichotte et le laboureur arrivèrent dans ce moment-là. Notre gentilhomme fut déposé sur son lit; et comme on cherchait ses blessures sans en trouver aucune : « Je ne suis pas blessé, dit-il; je me sens seulement froissé, parce que mon cheval s'est abattu sous moi pendant que je combattais contre dix géants, et les plus vaillants qu'il y ait peut-être dans le monde. — Bon, bon, dit le curé, voici les géants qui entrent dans la danse; par la sainte croix que je porte, il n'en restera pas un demain avant qu'il soit nuit. »

On fit ensuite mille questions à don Quichotte; mais il ne répondit jamais autre chose, sinon qu'on lui donnât à manger et qu'on le laissât dormir; en effet, il n'y avait rien dont il eût plus de besoin. Il eut contentement, et le curé cependant s'informa en détail de la manière dont le laboureur l'avait trouvé. Celui-ci raconta la chose de point en point, avec toutes les extravagances que notre chevalier lui avait dites, et lorsqu'il l'avait rencontré, et en le ramenant; ce qui confirma encore le curé dans le dessein qu'il avait conçu pour le lendemain, et pour lequel il donna rendez-vous à maître Nicolas dans la maison de don Quichotte.

CHAPITRE V

De la grande et importante revue que firent le curé et le barbier
dans la bibliothèque de notre gentilhomme.
— Seconde sortie de don Quichotte.

Notre héros, fatigué, dormait profondément quand le curé et le barbier rentrèrent chez lui, et demandèrent à la nièce la clef de la chambre aux livres, qu'elle leur donna de bon cœur. Ils y entrèrent tous, jusqu'à la gouvernante, et trouvèrent plus de cent gros volumes et quantité de petits, tous bien reliés et bien conditionnés. La servante ne les eut pas plutôt vus, qu'elle sortit brusquement, et rentrant aussitôt avec une tasse pleine d'eau bénite : « Tenez, dit-elle, seigneur curé, répandez-en partout, de peur que quelqu'un des maudits enchanteurs dont ces livres sont pleins ne vienne nous ensorceler, par dépit de ce que nous voulons les chasser du monde. » Le curé sourit de cette simplicité, et dit au barbier de lui donner les livres l'un après l'autre, pour voir de quoi ils traitaient, parce qu'il s'en pourrait rencontrer qui ne mériteraient pas le supplice du feu. « Non, non, dit la nièce, il n'en faut pas épargner un seul : ils ont tous contribué à la perte de mon oncle. Il n'y a qu'à les jeter par la fenêtre et à en faire un monceau dans la cour pour les brûler tous ensemble, ou bien à les porter dans la cour de derrière et à faire là l'exécution pour éviter la fumée. » La gouvernante fut de cet avis, tant elles étaient toutes deux animées à la perte de ces pauvres innocents; mais le curé demeura ferme à vouloir pour le moins lire les titres. Toutefois il finit par se lasser de voir tant de livres, et conclut, sans plus d'examen, qu'on les jetât tous au feu.

Comme ils en étaient là, ils entendirent don Quichotte qui criait à pleine tête de son lit : « Ici, ici, valeureux chevaliers; c'est ici qu'il faut faire voir la vigueur de vos bras : voilà les courtisans qui emportent tout l'avantage du tournoi. » Il fallut interrompre l'exécution des livres pour accourir au bruit. Don Quichotte était levé quand les juges des livres entrèrent dans sa chambre, et il ne laissait pas de crier et de continuer ses rêveries, donnant de grands coups d'estoc et de taille contre les murs, mais pourtant les yeux ouverts, et tout aussi éveillé que s'il n'eût jamais dormi. Ils se jetèrent tous sur lui, et, l'ayant désarmé par force, le mirent au lit, où, après avoir un peu reposé et repris ses esprits, il se tourna du côté du curé, et lui dit : « Certes, seigneur archevêque Turpin, c'est une grande honte aux douze pairs de laisser si lâchement emporter la gloire du tournoi aux courtisans, après que nous autres aventuriers en avons eu tout l'honneur trois jours de suite. — Il faut prendre patience, seigneur compère, dit le curé ; le sort change, et ce qu'on perd aujourd'hui peut se regagner demain. Mais ne pensons qu'à votre santé présentement ; vous devez être extrêmement fatigué, si même vous n'êtes blessé. — Pour blessé, non, dit don Quichotte ; mais pour moulu et foulé, autant qu'on le peut être, parce que ce brutal Roland m'a roué de coups avec le tronc d'un chêne, d'envie et de rage de ce que je lui dispute seul la gloire d'être le plus vaillant ; mais je perdrai le nom de Renaud de Montauban, si, malgré tous ses enchantements, il ne me le paye bien cher dès que je pourrai sortir du lit. Pour l'heure, ajouta-t-il, qu'on m'apporte à déjeuner ; c'est de quoi j'ai le plus besoin, et du reste, qu'on me laisse le soin de ma vengeance. » On lui donna à manger ; après quoi il se rendormit encore une fois, et les autres sortirent tout abasourdis d'une si grande folie. Cette même nuit, la gouvernante brûla tous les livres qu'on avait jetés dans la cour et tout ce qu'il y en avait dans la maison.

Un des remèdes que le curé et le barbier jugèrent le plus efficaces pour la maladie de leur ami fut de faire murer la porte du cabinet où étaient ses livres, afin qu'il ne la trouvât plus quand il se lèverait ; ils espéraient que, la cause du mal cessant, l'effet en cesserait aussi ; on dirait qu'un enchanteur avait enlevé le cabinet et ses livres. C'est ce qui fut fait, et avec beaucoup de diligence. Deux jours après, don Quichotte s'étant levé, la première chose qu'il fit fut d'aller voir à ses livres; mais comme il ne trouva point le cabinet où il les avait laissés, il errait de côté et d'autre, cherchant et ne pouvant deviner ce qu'il était devenu; il allait cent fois où il avait vu la porte, et, tâtant avec les mains, il regardait partout, sans rien dire, et assurément sans rien comprendre à cette aventure. Enfin, après avoir bien cherché, il demanda à la servante de quel côté était le cabinet de ses livres. « Quel cabinet, seigneur? répondit la gouvernante, qui était bien instruite; et que cherchez-vous où il n'y a rien? Il n'y a plus ni cabinet ni livres dans cette maison : le diable n'a-t-il pas tout emporté? — Ce n'était point le diable, dit la nièce, mais bien un enchanteur qui vint dans la nuit sur un nuage, après que vous fûtes parti d'ici, et qui, descendant de dessus un dragon où il était monté, entra dans votre cabinet, où je ne sais ce qu'il fit; mais au bout de quelque temps il s'envola par le toit, laissant la maison toute pleine de fumée; et quand nous nous fûmes résolues à aller voir ce qu'il avait fait, nous ne vîmes plus ni le cabinet ni les livres, ni même les moindres marques qu'il y en eût eu. Je me souviens seulement, et la gouvernante s'en souvient bien aussi, que le méchant vieillard dit à haute voix, en s'en allant, que c'était par une inimitié secrète contre le maître des livres qu'il avait fait le désordre qu'on verrait. Il ajouta qu'il s'appelait le sage Mougnaton.

— Freston, et non pas Mougnaton, dit don Quichotte. — Je ne sais, reprit la nièce, si c'était Freton ou Friton; mais je sais bien que le nom finissait en *ton*. — Il est bien vrai, répliqua don Quichotte, que c'est un savant enchanteur et mon grand ennemi, et que l'aversion mortelle qu'il a pour moi vient de ce que son art lui apprend que je dois me trouver un jour en combat singulier contre un jeune chevalier qu'il aime et qu'il protége, mais qu'il voit que je vaincrai malgré toute sa science, et de dépit il me cause tous les déplaisirs qu'il peut; mais qu'il sache qu'il s'abuse, et qu'on n'évite point ce que le Ciel a ordonné. — Et qui peut douter de cela? dit la nièce. Mais, mon cher oncle, pourquoi vous engager dans tous ces démêlés et toutes ces batailles? Ne vaudrait-il pas mieux que vous demeurassiez paisiblement dans votre maison à jouir de votre bien et du plaisir de la chasse, sans vous fatiguer à courir par le monde? Mon oncle, on ne trouve point de meilleur pain que celui de froment; et il y a des gens qui vont chercher de la laine et qui reviennent tondus. — Oui-da, ma chère nièce, m'amie, répondit aussitôt don Quichotte, vous êtes un peu loin de compte; avant qu'on me tonde, j'aurai rasé et pelé quiconque aura l'audace de toucher la pointe d'un seul de mes cheveux. » Elles ne voulurent pas lui répliquer davantage, parce qu'elles virent bien qu'il commençait à se mettre en colère.

Notre chevalier demeura quinze jours entiers dans sa maison à se refaire des fatigues passées, sans donner la moindre marque qu'il pensât à de nouvelles folies. Pendant ce temps-là, le curé et le barbier eurent avec lui de fort plaisantes conversations, sur ce qu'il soutenait que ce dont on avait le plus besoin au monde, c'était de chevaliers errants, et que ce serait lui qui en rétablirait l'ordre. Quelquefois le curé le contredisait; quelquefois aussi il faisait semblant de se rendre, parce qu'autrement il n'y aurait pas eu moyen d'en avoir raison. Cependant don Quichotte sollicitait tous les jours en cachette un laboureur de ses voisins, homme de bien, si l'on peut parler ainsi de celui qui est pauvre, mais qui n'avait guère de cervelle dans la tête. Enfin, à force de belles paroles, il fit tant qu'il le décida à lui servir d'écuyer. Don Quichotte lui disait, entre autres choses, qu'il ne craignît point de venir avec lui, parce qu'il pourrait arriver tel événement par suite duquel en un tour de main il lui donnerait le gouvernement d'une île. Avec ces promesses et d'autres semblables, Sancho Pança, c'était le nom du laboureur, se laissa si bien séduire, qu'il abandonna sa femme et ses enfants, et suivit son voisin en qualité d'écuyer.

Don Quichotte s'occupa ensuite de ramasser de l'argent; vendant une métairie, en engageant une autre, et perdant sur tous les marchés, il se fit une somme de quelque importance. Il s'accommoda aussi d'une rondache, qu'il emprunta à un de ses amis; et, ayant refait son armure de tête le mieux qu'il put, il avertit son écuyer du jour et de l'heure où il voulait partir, afin que de son côté il s'équipât suivant son besoin; mais, sur toutes choses, il lui ordonna de se munir d'un bissac. Sancho répondit qu'il le ferait, et qu'il avait même envie, n'étant pas accoutumé à marcher beaucoup, d'emmener son âne, qui était de bonne force. Le nom d'âne arrêta un peu don Quichotte, qui ne crut pas devoir permettre à son écuyer d'en emmener un, parce qu'après avoir repassé dans sa mémoire tous les chevaliers qu'il connaissait, il n'en trouvait pas un seul dont l'écuyer eût été monté de la sorte. Il y consentit pourtant, avec le dessein de lui donner une plus honorable monture à la première occasion qu'il trouverait de faire vider les arçons à quelque chevalier discourtois.

Il se pourvut aussi de chemises et d'autres choses nécessaires, suivant le conseil que lui avait donné l'hôte; et, tout cela s'étant secrètement exécuté, Sancho, sans dire adieu à sa femme ni à ses enfants, et don Quichotte, sans parler de rien à sa nièce ni à sa gouvernante, sortirent une nuit de leur village, et gagnèrent tant de terrain, qu'au point du jour ils purent croire qu'on ne les attraperait plus si l'on se mettait en devoir de les suivre. Sancho Pança allait comme un patriarche sur son âne, avec son bissac et sa calebasse, et dans une grande impatience de se voir gouverneur de l'île que son maître lui avait promise. Don Quichotte prit la même route que dans sa première sortie, c'est-à-dire à travers la campagne de Montiel, où il marchait avec moins d'incommodité que l'autre fois, parce qu'il était encore fort matin, et que les rayons du soleil, donnant obliquement, ne le gênaient pas beaucoup.

Sancho Pança dit alors à son maître : « Seigneur chevalier errant, souvenez-vous, je vous prie, de l'île que vous m'avez promise; car je la gouvernerai à merveille, quelque grande qu'elle soit. — Écoute, ami Sancho, répondit don Quichotte, il faut que tu saches que ce fut une coutume pratiquée de tous temps par les chevaliers errants de donner à leurs écuyers le gouvernement des îles et des royaumes qu'ils conquéraient; et pour moi, je suis si bien résolu à ne pas laisser perdre cette louable coutume, que je prétends même pousser la chose plus loin; car ces chevaliers attendaient pour récompenser leurs écuyers qu'ils fussent vieux et déjà las de servir et de passer de mauvais jours et de pires nuits, et alors ils se contentaient de leur octroyer quelque province avec le titre de comte ou de marquis. Mais il pourra bien se faire, si nous vivons tous deux, qu'avant qu'il soit six jours je gagne un royaume de telle étendue, qu'il y en ait beaucoup d'autres qui en dépendent, et que je sois en état de te faire couronner roi d'un de ceux-ci. Et ne pense pas que ce soit là une chose si extraordinaire; de telles fortunes arrivent souvent aux chevaliers errants, et cela par des moyens si inconnus, et avec tant de facilité, qu'il se pourrait que je te donnasse beaucoup plus que je ne te promets. — A ce compte-là, dit Sancho, si j'étais roi par quelque miracle de ceux que vous savez faire, Juana Gutierrez, notre ménagère, serait pour le moins reine, et nos enfants infants. — Et qui en doute? répondit don Quichotte. — J'en doute un peu, répondit Sancho, et je tiens pour moi que quand il pleuvrait des couronnes, il ne s'en trouverait pas une qui s'ajustât à la tête de ma femme; en bonne foi, mon seigneur, elle ne vaut pas deux sous pour être reine; un comté lui viendrait beaucoup mieux, et encore avec l'aide de Dieu. — Recommande le tout à Dieu, dit don Quichotte; il te donnera ce qui te conviendra le mieux;

mais ne perds pas courage, et ne te rapetisse pas tant, que tu veuilles te contenter de moins d'un gouvernement. — Je vous en réponds, seigneur, dit Sancho, et m'en rapporte à vous, qui êtes bon maître, et qui saurez bien me donner ce qu'il me faut, selon ma portée. »

CHAPITRE VI

De l'heureux succès qu'eut le valeureux don Quichotte dans l'épouvantable et incroyable aventure des moulins à vent, et d'autres événements dignes de mémoire.

En ce moment-là, ils découvrirent trente à quarante moulins à vent qui se trouvaient dans cette plaine, et dès que le chevalier les aperçut : « La fortune, dit-il, nous guide mieux que nous ne pourrions le souhaiter ; ami Sancho, vois-tu cette troupe de démesurés géants? Je prétends les combattre et leur ôter la vie. Commençons à nous enrichir de leurs dépouilles ; cela est de bonne guerre, et c'est servir Dieu que d'ôter une si terrible engeance de dessus la face de la terre. — Quels géants? dit Sancho Pança. — Ceux que tu vois là, dit don Quichotte, avec ces grands bras, dont quelques-uns ont près de deux lieues de long. — Prenez-y garde, répondit Sancho, ce que vous voyez là ce ne sont pas des géants, mais des moulins à vent; et ce qui vous paraît des bras, ce sont les ailes que le vent fait tourner pour mettre la meule en mouvement. — Il paraît bien, dit don Quichotte, que tu n'es guère expert en fait d'aventures. Ce sont des géants; et si tu as peur, retire-toi d'ici, et te mets quelque part en oraison; pour moi, je vais les attaquer, si acharné et si inégal que puisse être le combat. »

En disant cela, il piqua Rossinante, et quoique Sancho se donnât au diable pour lui persuader que c'étaient des moulins à vent et non pas des géants, c'étaient tellement des géants

— Ce sont des géants, dit Don Quichotte, et si tu as peur, retire-toi d'ici et mets-toi quelque part en oraison. —

pour notre chevalier, qu'il n'entendait même pas les cris de son écuyer; et plus il s'approchait des moulins, moins il se désabusait. « Ne fuyez pas, poltrons, s'écriait-il à tue-tête; lâches et viles créatures, ne fuyez pas; c'est un seul chevalier qui entreprend de vous combattre. » Un peu de vent s'étant élevé au même instant, et ces grandes ailes commençant à se mouvoir : « Vous avez beau faire, dit le chevalier redoublant ses cris, quand vous remueriez plus de bras que n'en avait Briarée, vous me le payerez tout à l'heure. » En même temps il se recommande de tout son cœur à sa dame Dulcinée, la priant de le secourir dans un si grand péril; et, bien couvert de son écu, la lance en arrêt, il court de toute la force de Rossinante contre le plus proche des moulins, et rencontre une des ailes; de sorte que, le vent donnant avec furie, l'aile qui tournait emporta la lance et la mit en pièces, jetant loin de là le cavalier et le cheval sur le terrain et en très-mauvais état. Sancho accourut au grand trot de son âne, et vit que son maître ne pouvait remuer, tant la chute avait été lourde. « Eh! ventrebleu, dit Sancho, ne vous disais-je pas bien que vous prissiez garde à ce que vous alliez faire, et que c'étaient des moulins à vent! Et qui en pouvait douter, à moins d'en avoir d'autres dans la tête? — Tais-toi, ami Sancho, répondit don Quichotte, le métier de la guerre plus que tout autre est sujet aux caprices du sort et à son inconstance perpétuelle. Mais veux-tu que je te dise ce que je pense, ou plutôt ce qui est la vérité? c'est que l'enchanteur Freston, celui qui a enlevé mon cabinet et mes livres, a changé ces géants en moulins pour m'ôter la gloire de les vaincre, tant il a de haine et de rage contre moi; mais à la fin il faudra bien que toute sa science cède à la bonté de mon épée. — Dieu le veuille! » répondit Sancho; et, lui aidant à se lever, il fit tant qu'il le hissa sur Rossinante, qui était à demi épaulé.

Tout en s'entretenant de cette aventure, ils prirent le chemin du port Lapice, parce qu'il n'était pas possible, disait don Quichotte, que, ce chemin étant fort passant, ils n'y trouvassent bien des aventures. Mais il avait un regret extrême d'avoir perdu sa lance, et le témoignant à son écuyer : « Je me souviens, dit-il, d'avoir lu qu'un chevalier espagnol nommé Diego Perès de Vargas, ayant rompu sa lance dans un combat, arracha d'un chêne une grosse branche, avec laquelle il assomma tant de Mores, que le surnom d'*assommoir* lui en demeura; et lui et ses descendants se sont toujours depuis appelés Vargas y Machuca. Je te dis cela, Sancho, parce que je prétends arracher du premier chêne que je trouverai une branche aussi forte et aussi bonne que je m'imagine celle-là, et j'accomplirai de tels faits d'armes, que tu t'estimerais trop heureux d'avoir mérité de les voir, et d'être témoin d'actions si grandes qu'on aura de la peine à les croire. — Ainsi soit-il, dit Sancho; je le crois, puisque Votre Grâce me le dit; mais redressez-vous un peu, car vous allez tout de travers; c'est sans doute que vous êtes froissé de votre chute. — Cela est vrai, répondit don Quichotte; et si je ne me plains point, c'est qu'il n'est pas permis aux chevaliers errants de le faire, quand même les boyaux leur sortiraient du ventre. — Si cela est, je n'ai rien à dire, dit Sancho; mais Dieu sait si je ne serais pas bien aise que vous vous plaignissiez un peu quand vous avez du mal; car pour moi, je ne saurais m'en tenir, et je crierais comme un désespéré à la moindre égratignure, à moins que cela ne soit défendu aux écuyers errants aussi bien qu'à leurs maîtres. » Don Quichotte se mit à rire de la simplicité de son écuyer, et il l'assura qu'il pouvait se plaindre tant qu'il voudrait, qu'il en eût sujet ou non, et qu'il n'avait encore rien lu de contraire à cela dans les livres de chevalerie. « Seigneur, dit alors Sancho, ne serait-il point temps de manger? Il me semble que vous ne vous en avisez guère. — Je n'en ai pas besoin pour l'heure, répondit don Quichotte; pour toi, tu peux manger, si tu en as envie. » Avec cette permission, Sancho s'accommoda le mieux qu'il put sur son âne, et, tirant du bissac ce qu'il avait apporté, il allait mangeant derrière son maître, haussant de temps en temps la calebasse avec tant de plaisir, qu'il eût donné de l'envie au plus gourmet.

Ils passèrent cette nuit-là sous des arbres, où don Quichotte rompit une branche sèche assez forte pour lui servir de lance, et il y mit le fer qu'il avait arraché de l'autre. Toute la nuit s'écoula sans qu'il fermât l'œil, pensant toujours à Dulcinée, pour imiter ce qu'il avait lu dans les romans, où les chevaliers passent les nuits dans les forêts et dans les déserts à s'entretenir du souvenir de leurs dames. Mais Sancho, qui était un peu plus matériel, ne la passa pas ainsi. Comme il avait l'estomac plein d'autre chose que de vent, il fut bientôt assoupi, et ne fit qu'un somme depuis qu'il se fut étendu à terre jusqu'au lever du soleil, dont les rayons, qui lui donnaient dans les yeux, ne l'auraient pas même éveillé, non plus que le chant des oiseaux qui gazouillaient de tous côtés, si son maître ne l'avait appelé cinq ou six fois à haute voix. Ils reprirent le chemin du port Lapice, qu'ils découvrirent vers les huit heures du matin.

« C'est ici, ami Sancho, s'écria don Quichotte, que nous pouvons enfoncer le bras jusqu'au coude dans ce qu'on appelle aventures. Mais écoute, je t'avertis de prendre bien garde de mettre l'épée à la main, quand tu me saurais dans le plus grand péril du monde, à moins que par hasard tu ne me visses attaqué par de la canaille ou des gens de rien, car en ce cas tu peux bien me secourir ; mais contre des chevaliers, cela ne t'est permis en aucune manière par les lois de la chevalerie, jusqu'à ce que tu sois armé chevalier. — Faites état, seigneur, que je vous obéirai en cela ponctuellement, d'autant plus que je suis fort pacifique de mon naturel et ennemi juré des querelles. Pour ce qui est de me défendre quand on m'attaquera, je ne me soucierai guère de ces lois, puisque les lois divines et humaines permettent à chacun de défendre sa peau. — J'en suis d'accord, dit don Quichotte ; mais, quant à me secourir contre des chevaliers, tu n'as que des vœux à faire : du reste, il faut que tu tiennes en bride ta fougue naturelle. — Ne dis-je pas aussi que je le ferai ? repartit Sancho ; je vous promets de garder ce commandement comme celui du dimanche. »

En achevant cette conversation, ils virent venir vers eux deux religieux de l'ordre de Saint-Benoît, montés sur des dromadaires, c'est-à-dire sur des mules de haute taille, avec leurs parasols et des lunettes de voyage. Derrière eux venait un carrosse, avec quatre ou cinq cavaliers, et deux valets de mule à pied. Il y avait dans le carrosse, à ce qu'on a dit depuis, une dame de Biscaye qui allait retrouver son mari à Séville, d'où il devait passer dans les Indes avec un emploi considérable. A peine don Quichotte eut-il aperçu les religieux, qui n'étaient pas de cette compagnie, quoiqu'ils suivissent le même chemin, qu'il dit à son écuyer : « Ou je suis bien trompé, ami Sancho, ou voici une des plus fameuses aventures qui se soient jamais vues ; car ces fantômes noirs qui paraissent là-bas doivent être et sont sans nul doute des enchanteurs qui ont enlevé quelque princesse, et l'emmènent par force dans cette voiture. Il faut, à quelque prix que ce soit, que j'empêche une telle violence. — Cela m'a la mine d'être pis que des moulins à vent, dit Sancho en branlant la tête ; seigneur, vous n'y prenez pas garde, ce sont là des bénédictins, et le carrosse est sans doute à des gens qui voyagent : regardez bien à ce que vous allez faire, et que le diable ne vous tente pas. — Je t'ai déjà dit, ami, reprit don Quichotte, que tu ne te connais pas en aventures ; et tu vas le voir tout à l'heure. »

A ces mots, il s'avance et se campe au milieu du chemin par où devaient passer les moines, et quand ils furent assez près pour pouvoir l'entendre, il leur cria d'un ton impérieux : « Gens diaboliques et excommuniés, qu'on mette tout à l'heure en liberté les hautes princesses que vous emmenez dans cette voiture; sinon préparez-vous à recevoir une prompte mort pour le châtiment de vos mauvaises œuvres. » Les pères retinrent leurs mules, et non moins étonnés de l'étrange figure de don Quichotte que de ce discours : « Seigneur chevalier, répondirent-ils, nous ne sommes point des gens endiablés ni excommuniés, mais des religieux de Saint-Benoît qui voyageons; s'il y a dans le carrosse des princesses qu'on enlève, nous n'en savons rien. — Je ne me paye pas de belles paroles, dit don Quichotte, et je vous connais bien, perfides canailles. » Sans attendre de réponse, don Quichotte pique, la lance basse, contre un des religieux, avec tant de furie que si le père ne se fût promptement jeté à terre, il l'y aurait mis malgré lui, ou dangereusement blessé, ou peut-être sans vie; l'autre moine, qui vit de quelle sorte on traitait son compagnon, donna des deux à sa mule et s'enfuit au plus vite à travers champs.

Sancho Pança ne vit pas plutôt le religieux par terre, qu'il sauta prestement de son âne à bas, et, se jetant sur lui, il commençait déjà à le dépouiller, quand deux valets qui suivaient à pied les religieux accoururent et lui demandèrent pourquoi il lui ôtait ses habits. « Parce qu'ils m'appartiennent, dit Sancho, et que ce sont les dépouilles de la bataille que mon seigneur vient de gagner. » Les valets, qui n'entendaient pas la plaisanterie et ne comprenaient rien à ces mots de dépouilles et de bataille, lorsqu'ils virent don Quichotte assez loin et entretenant les gens du carrosse, se jetèrent sur Sancho, le renversèrent par terre et le laissèrent demi-mort de coups et presque sans barbe au menton.

Cependant le bénédictin, qui n'avait eu d'autre mal que la peur, sitôt qu'il voit don Quichotte s'éloigner, remonte promptement sur sa mule, et pique tout tremblant après son compagnon, qui l'attendait assez loin de là, regardant ce que devenait cette aventure. Peu curieux d'en voir la fin, ils poursuivirent tous les deux leur route, faisant plus de signes de croix que s'ils eussent eu le diable à leurs trousses. Don Quichotte était, comme nous l'avons dit, à la portière du carrosse, où il haranguait la dame biscayenne, qu'il avait abordée en ces termes : « Votre beauté, Madame, peut faire désormais tout ce qu'il lui plaira; vous êtes libre, et ce bras vient de châtier l'audace de vos ravisseurs. Et, afin que vous ne soyez pas en peine du nom de votre libérateur, sachez que je m'appelle don Quichotte de la Manche, chevalier errant, et l'esclave de la belle et incomparable Dulcinée du Toboso. Je ne vous demande autre chose pour le service que je vous ai rendu, si ce n'est que vous retourniez au Toboso, que vous vous présentiez de ma part devant cette excellente dame, et que vous lui appreniez ce que j'ai fait pour votre liberté. »

Un cavalier biscayen, de ceux qui accompagnaient le carrosse, écoutait attentivement tout ce que disait don Quichotte; et comme il vit qu'il ne voulait point laisser partir l'équipage et qu'il s'opiniâtrait à le faire tourner du côté du Toboso, il le provoqua en le tirant par sa lance. Don Quichotte, la jetant à terre, tire son épée, embrasse son écu, et attaque le Biscayen avec la résolution de ne le pas épargner. Le Biscayen, qui observait son ennemi, l'attendit de pied ferme, d'autant plus qu'il ne pouvait faire remuer sa mule, excédée de lassitude, outre qu'elle n'était pas dressée à ce manége. Don Quichotte venait, comme je l'ai dit, l'épée haute contre le rusé Biscayen, résolu à le pourfendre; et le Biscayen l'attendait aussi dans le dessein de n'en pas faire à deux fois. Tous les spectateurs se demandaient avec effroi quelle serait l'issue des épouvantables coups dont nos combattants se menaçaient; quant à la dame du carrosse, elle et ses femmes se vouaient à tous les saints d'Espagne, pour obtenir de Dieu le salut de leur écuyer et le leur propre.

Le premier qui déchargea son coup fut le courroucé Biscayen, et ce fut avec tant de force et de furie que, si l'épée ne lui avait tourné dans la main, un seul coup aurait terminé cet épouvantable combat et toutes les aventures de notre chevalier ; mais le sort, qui le réservait pour de plus grandes choses, fit que l'épée, tombant à plat sur l'épaule gauche, ne lui fit d'autre mal que de désarmer tout ce côté-là, après avoir emporté sur son chemin une grande partie de la salade et la moitié de l'oreille. Qui saurait exprimer la rage dont le héros de la Manche fut transporté quand il se vit traité de la sorte? Il se haussa et s'affermit sur les étriers ; puis, serrant son épée, il en déchargea un si furieux coup en plein sur la tête de son ennemi, que le Biscayen rendit du sang par le nez, par la bouche et par les oreilles, faisant mine de tomber, comme il eût fait sans doute s'il n'eût promptement embrassé le cou de sa mule. Mais, un moment après, il abandonna les étriers et étendit les bras ; alors la mule, épouvantée de ce coup et maîtresse de la bride, se mit à courir dans la campagne, et après quelques sauts jeta le cavalier par terre sans apparence de vie. Don Quichotte sans doute ne l'aurait pas ménagé dans la colère où il était, si la dame du carrosse, qui jusqu'alors avait regardé le combat tout éperdue, n'était venue lui demander avec beaucoup d'instance la vie de son écuyer. Notre héros, adoucissant un peu sa fierté, répondit gravement : « Je vous l'accorde, belle dame ; mais à condition que ce chevalier me donnera sa parole d'aller au Toboso, et de se présenter de ma part devant la sans pareille Dulcinée, afin qu'elle dispose de lui comme il lui plaira. » La dame, demi-morte de frayeur, sans savoir ce qu'il demandait et sans s'informer qui était cette Dulcinée, promit pour son écuyer tout ce qu'il plut à don Quichotte. « Qu'il vive donc, ajouta notre chevalier, sur votre parole, et qu'en faveur de votre beauté il jouisse d'une grâce dont sa témérité le rendait indigne. »

CHAPITRE VII

De la plaisante conversation qu'eurent don Quichotte et Sancho Pança.
— De ce qui arriva au chevalier de la Manche avec des chevriers.

SANCHO s'était relevé, après les rudes gourmades que lui avaient données les valets des bénédictins, et il avait attentivement considéré le combat de son maître, priant Dieu dans son cœur qu'il en sortît victorieux, et qu'il pût y gagner quelque île dont il le fît gouverneur, comme il le lui avait promis. Voyant donc le combat fini et don Quichotte prêt à monter à cheval, il courut vite pour lui tenir l'étrier; mais, avant qu'il montât, il se jeta à genoux devant lui, et lui baisant la main : « Mon seigneur et mon maître, lui dit-il, si vous avez pour agréable de me donner l'île que vous venez de gagner, je me sens en état de la gouverner, quelque grande qu'elle puisse être, et aussi bien que quiconque s'en soit jamais mêlé. — Ami Sancho, répondit don Quichotte, ce ne sont pas ici des aventures d'îles, ce ne sont que rencontres de grands chemins, où l'on ne gagne guère autre chose que de se faire casser la tête et de remporter une oreille de moins; mais prends patience, il s'offrira assez d'aventures qui me fourniront l'occasion de m'acquitter de ma promesse, et de te donner non-seulement un gouvernement, mais bien mieux encore. » Sancho se confondit en remercîments sur les nouvelles promesses de son maître, et, après lui avoir baisé la main et le bas de la cotte d'armes, il l'aida à monter à cheval; lui-même enfourcha son âne, suivant son maître, qui s'en alla à grands pas sans prendre congé des dames du carrosse, et entra dans un bois qu'il trouva sur son chemin. Sancho suivait comme il pouvait au grand trot; mais voyant que Rossinante marchait avec tant d'ardeur qu'il le laissait bien loin en arrière, il cria à son maître de l'attendre. Don Quichotte, à ce cri, retint la bride à Rossinante, et son écuyer harassé l'ayant rejoint : « Il me semble, seigneur, lui dit-il, que nous ne ferions pas mal de nous réfugier dans quelque église ; car celui que vous avez combattu est en fort mauvais état, et il ne faut qu'un malheur pour qu'on en avertisse la Sainte-Hermandad et qu'on se saisisse de nous, et quand une fois nous serons coffrés, il nous faudra suer sang et eau pour en sortir. — Tais-toi, dit don Quichotte : où as-tu jamais lu ou vu que chevalier errant ait été mis en justice pour ses homicides? — Je ne sais ce que c'est que vos omécilles, dit Sancho, je ne me souviens point d'en avoir jamais vu ; mais je sais fort bien que la Sainte-Hermandad châtie ceux qui se battent en duel ; du reste, je m'en lave les mains. — Ne t'inquiète de rien, ami, dit don Quichotte, je te tirerais des griffes des Arabes ; ne crains pas que je te laisse en celles de la justice. Mais dis-moi, en vérité, crois-tu qu'il y ait un plus vaillant chevalier que moi dans le reste du monde? As-tu lu dans les histoires qu'un autre ait jamais eu plus de résolution à entreprendre, plus de vigueur à attaquer, plus d'haleine à soutenir, plus de promptitude et d'adresse à frapper, et plus de force à renverser? — La vérité est, dit Sancho, que je n'ai jamais rien lu de semblable, car je ne sais ni lire ni écrire ; mais je jurerais bien que de ma vie je n'ai servi un maître plus hardi que vous, et Dieu veuille que cette hardiesse ne nous mène pas où je m'imagine. Mais si nous pansions votre oreille? il en sort beaucoup de sang, et j'ai heureusement de la charpie et de l'onguent blanc dans mon bissac. — Comme nous nous passerions de tout cela, dit don Quichotte, si je m'étais souvenu de faire une fiole du baume de Fierabras, et combien une seule goutte de cette liqueur nous épargnerait de temps et de remèdes! — Qu'est-ce donc que cette fiole et ce baume? dit Sancho. — C'est un baume, dit don Quichotte, dont j'ai la recette en ma mémoire, avec lequel on se moque des blessures et on nargue la mort. Aussi, quand je l'aurai fait et que je t'en aurai donné, s'il arrive que dans quelque combat tu me voies coupé d'un revers par le milieu du corps, comme il nous arrive souvent, tu n'as qu'à ramasser la moitié qui sera tombée et la rejoindre à l'autre avant que le sang se refroidisse, ayant toujours soin de les ajuster exactement; après cela, donne-moi seulement à boire deux gorgées de ce baume, et tu me verras aussi sain qu'auparavant. — Si cela est, dit Sancho, je renonce tout à l'heure au gouvernement que vous m'avez promis, et je ne demande autre chose, en récompense de mes services, que la recette de ce baume. Je suis assuré qu'en quelque lieu que ce soit il vaudra deux ou trois réaux l'once, et en voilà assez pour passer ma vie honorablement et en repos. Mais ce baume coûte-t-il beaucoup à faire? — On en peut faire six pintes pour trois réaux, répondit don Quichotte. — Miséricorde! s'écria Sancho; et qu'attendez-vous, seigneur, que vous ne me l'enseigniez sur-le-champ? — Doucement, ami Sancho, reprit don Quichotte; je te garde bien d'autres secrets et de plus grandes récompenses. Pour l'heure, pansons mon oreille; elle me fait plus de mal que je ne voudrais. »

Sancho tira de sa besace de l'onguent et de la charpie. Mais quand don Quichotte s'aperçut que sa salade était brisée, peu s'en fallut qu'il n'en perdît le jugement. Il mit l'épée à la main, et levant les yeux au ciel : « Je jure, dit-il, par le Créateur de toutes choses et par les quatre saints évangélistes, que, jusqu'à ce que j'aie tiré vengeance de celui qui m'a fait cette injure, je mènerai la même vie que le grand marquis de Mantoue, qui, ayant fait vœu de venger son cousin Baudouin, ne mangea jusque-là pain sur table, et observa quantité d'autres choses dont je ne me souviens pas et que pourtant je prétends qui soient comprises dans mon serment. — Seigneur, dit Sancho tout étonné de ce jurement effroyable, vous avez tort de vous fâcher; car si le chevalier fait ce que vous lui avez ordonné, et qu'il aille se présenter devant madame Dulcinée du Toboso, il en est quitte ; et à moins de quelque nouvelle offense, vous n'avez rien à lui demander. — Tu as touché juste, reprit notre chevalier, et ainsi j'annule le serment quant à la vengeance ; mais je le confirme et le renouvelle, et m'engage encore une fois à mener la vie que j'ai dit, jusqu'à ce que j'aie ôté par force à quelque chevalier une autre salade aussi bonne que celle-ci. Et ne t'imagine pas, Sancho, que je fasse ceci à la légère : j'ai un modèle à suivre ; car la même chose arriva pour l'armet de Mambrin, qui coûta si cher à Sacripant.

— Seigneur, répliqua Sancho, donnez au diable tous ces serments-là, qui troublent la conscience et la santé. Et dites-moi, je vous prie, si par hasard nous ne trouvons de longtemps un homme armé d'une salade, que ferons-nous en attendant? Tiendrez-vous votre serment en dépit de tous les accidents et de toutes les incommodités qui peuvent vous arriver, comme de dormir tout vêtu et de ne coucher jamais en ville, bourg ni village, et mille autres pénitences que contenait le serment de ce vieux fou de marquis de Mantoue? Remarquez bien qu'il ne passe point de gens armés en ces contrées, et qu'on n'y voit que des charretiers et des conducteurs de mules, gens qui ne portent point de salades et n'en ont peut-être jamais vu de leur vie. — Va, va, tu te trompes, ami, dit don Quichotte, et nous n'aurons pas été ici deux heures, que nous y verrons plus de gens en armes qu'il n'en vint devant la forteresse d'Albraque, à la conquête de la belle Angélique. — Soit, reprit Sancho, et Dieu veuille que tout réussisse, et que le temps arrive de gagner cette île qui me coûte si cher, quand je devrais mourir aussitôt après. — Je t'ai déjà dit, Sancho, dit don Quichotte, que tu ne te mettes pas en peine ; et quand l'île te manquerait, n'y a-t-il pas le royaume de Dinamarque et celui de Sobradise, qui ne sauraient te manquer, et, ce qui est meilleur, qui sont en terre ferme? Mais cela viendra en son temps ; pour le présent, regarde si tu as dans le bissac quelque chose à manger, afin que nous allions promptement chercher qnelque château où nous puissions nous retirer cette nuit et faire mon baume; car, pour ne pas mentir, l'oreille me fait grand mal. — J'ai ici un oignon et un bout de fromage avec deux ou trois bribes de pain, dit Sancho ; mais ce ne sont pas là des morceaux pour un vaillant chevalier comme vous. — Que tu l'entends mal ! répondit don Quichotte ; il faut que tu saches, Sancho, que c'est la gloire des chevaliers errants de passer des mois entiers sans manger ; et quand ils mangent, c'est, sans façon, de la première chose qu'ils trouvent : tu n'en douterais pas si tu avais lu autant d'histoires que moi ; car je puis bien te jurer que, quelque recherche que j'aie faite, je n'ai point encore trouvé que ces chevaliers mangeassent autrement que par aventure, et quand ils étaient invités à de somptueux banquets et à des fêtes royales ; car, pour le reste du temps, ils ne se repaissaient guère que de leurs pensées. Et comme il n'était pourtant pas possible qu'ils s'en privassent absolument, non plus que des autres nécessités, puisqu'ils étaient hommes comme nous, il faut croire que, passant leur vie dans les forêts et dans les déserts, et sans cuisinier, leurs repas ordinaires étaient des mets rustiques comme ceux que tu m'offres. Ainsi, ami Sancho, ne te chagrine point d'une chose qui me fait plaisir, et ne pense pas à créer un monde nouveau, ni à changer les coutumes de la chevalerie errante, établies depuis si longtemps. — Il faut me pardonner, mon seigneur, dit Sancho, parce que je ne sais ni lire ni écrire, comme je vous l'ai dit, et je n'ai jamais lu les règles de la chevalerie ; mais à l'avenir le bissac sera bien fourni de toutes sortes de fruits secs pour vous qui êtes chevalier ; et comme je n'ai pas l'honneur de l'être, j'achèverai de le remplir pour moi de quelque chose de plus nourrissant. — Je ne prétends pas, répliqua don Quichotte, que le chevalier errant soit obligé de ne manger que des fruits ; mais je dis que c'était leur manger ordinaire, avec quelques herbes encore qu'ils trouvaient par les champs, et qu'ils connaissaient toutes parfaitement, comme je les connais bien aussi. — C'est une science précieuse que celle de ces herbes, répondit Sancho, et si je ne me trompe, nous en aurons quelque jour besoin ; en attendant, voici ce que Dieu nous a donné, » ajouta-t-il. Et, ayant tiré les vivres de la besace, ils mangèrent avec appétit et de compagnie.

Ils eurent bientôt fait leur frugal repas, et montèrent aussitôt sur leurs bêtes pour aller chercher à se loger ; mais le soleil leur manqua, ainsi que l'espoir de trouver ce qu'ils souhaitaient, et ils s'arrêtèrent auprès de quelques cabanes de chevriers, où ils résolurent de passer la nuit. Autant il y eut d'ennui pour Sancho de n'être pas dans quelque bon village, autant don Quichotte trouva de plaisir à dormir à découvert, se figurant que tout ce qui lui arrivait de cette manière faisait foi de sa chevalerie.

Il fut très-bien reçu des chevriers, et Sancho, ayant promptement accommodé Rossinante et son âne le mieux qu'il put, se rendit à l'odeur de quelques morceaux de chèvre qu'ils faisaient rôtir pour leur souper. Le bon écuyer eût bien voulu sans retard les transvaser de la marmite dans son estomac ; mais il lui fallut, bon gré, mal gré, attendre que les chevriers, après les avoir tirés du feu, eussent étendu à terre quelques peaux pour servir de nappes. Ce rustique couvert étant mis, ils convièrent leurs hôtes à manger avec eux de bon cœur ce qu'ils leur offraient de même. Six d'entre eux s'accroupirent sur leurs talons autour de peaux de brebis, après avoir prié don Quichotte de s'asseoir sur une auge qu'ils avaient renversée. Sancho se tenait derrière lui, pour lui servir à boire dans une coupe de corne qu'avaient les chevriers. Son maître, le voyant debout, lui dit : « Afin que tu voies, Sancho, le bien qu'enferme en soi la chevalerie errante, et combien ceux qui la suivent sont en état d'être bientôt estimés et honorés dans le monde, je veux que tu te mettes à mon côté et que tu t'asseyes dans la compagnie de ces bonnes gens, que tu ne fasses qu'un avec moi, qui suis ton seigneur et ton maître, que tu manges au même plat et boives au même verre. — Grand merci, dit Sancho; mais si j'avais bien de quoi, j'aimerais mieux le manger seul et debout qu'assis au côté d'un empereur; et pour vous parler franchement, je m'accommode aussi bien d'un morceau de pain bis et d'un oignon, dans mon coin, sans façon et sans contrainte, que d'un coq d'Inde en bonne compagnie, où je suis obligé de mâcher lentement, de boire à petits coups, de m'essuyer à toute heure, sans oser tousser ni éternuer, quelque envie qu'il m'en prenne; changez donc, s'il vous plaît, mon seigneur et maître, en d'autres choses qui soient de plus de profit, l'honneur que vous voulez me faire pour la part que j'ai à la chevalerie errante comme écuyer de Votre Seigneurie; je vous en remercie et le tiens pour reçu, et j'y renonce dès à présent pour jusqu'à la fin du monde. — Avec tout cela, dit don Quichotte, encore faut-il que tu te mettes là, parce que Dieu élève celui qui s'humilie. » Et, le tirant en même temps par le bras, il le fit asseoir par force auprès de lui.

Les chevriers, qui n'entendaient rien à ce jargon d'écuyers et de chevaliers errants, mangeaient en silence, regardant sans rien dire leurs hôtes, qui avalaient de temps en temps des morceaux gros comme le poing. Le service de viandes achevé, on mit sur la table quantité de noisettes et un fromage qui n'était guère moins dur que s'il avait été de chaux et de ciment. Pendant tout ce temps-là, la corne n'était pas oisive; elle ne cessait d'aller et de venir à la ronde, se vidant et se remplissant tour à tour, et si souvent enfin qu'une outre de vin fut mise à sec.

Lorsque don Quichotte eut donné le nécessaire à son estomac, il prit une poignée de glands, et les regardant attentivement:

« Heureux âge, s'écria-t-il, siècles heureux, que ceux auxquels nos pères donnèrent le nom d'âge d'or ; non pas que l'or, qu'on estime tant dans ce siècle de fer, s'y trouvât plus communément ou qu'on le tirât avec moins de peine des entrailles de la terre, mais parce qu'on ne connaissait point alors ces deux mots, le *tien* et le *mien*. Toutes choses étaient communes dans ce saint âge, et les hommes n'avaient pas d'autre soin à prendre pour leur nourriture, que de cueillir le fruit que les arbres leur offraient libéralement, et de puiser avec la main les pures et délicieuses eaux que les ruisseaux et les fontaines leur présentaient en abondance. Les abeilles diligentes, enrichissant les fentes des rochers et les creux des arbres de la dépouille des fleurs, formaient sans crainte leur vigilante république, et permettaient aux hommes de recueillir l'agréable moisson de leurs fertiles travaux. De simples huttes tenaient lieu de maisons et de palais aux habitants de la terre, et les arbres, se dépouillant d'eux-mêmes de leurs écorces, leur fournissaient de quoi couvrir leurs cabanes et se garantir de l'intempérie des saisons. Tout alors était en paix ; on ne voyait qu'union et amitié. Jusque-là le soc et la bêche n'avaient point ouvert les entrailles de la terre ; cette bonne et féconde mère donnait gratuitement tous les fruits de son vaste sein, et ses heureux enfants y trouvaient à la fois ce qui était nécessaire à l'entretien et à l'agrément de la vie. Alors les naïves et gracieuses bergerettes allaient de vallée en vallée, de colline en colline, la tête nue et les cheveux tressés, sans autres vêtements que ceux que dans tous les temps la pudeur a prescrits, et que n'enrichissaient point encore la pourpre de Tyr, l'or ni la soie. Elles n'empruntaient aucune des ressources de l'art, et avec de simples guirlandes de fleurs ou de feuilles entrelacées elles étaient plus parées que ne le sont les dames de nos jours avec les riches inventions que le luxe et la vanité du siècle leur ont enseignées. Les tendres mouvements de l'âme se manifestaient avec une simplicité ingénue, sans chercher dans l'artifice des paroles une expression plus forte que celle de la nature. On voyait dans toutes les actions des hommes une sincérité naïve, exempte de tromperie et incapable de dissimulation. La justice restait dans son intégrité, ne connaissant ni la faveur ni l'intérêt, qui aujourd'hui la troublent et l'oppriment; la loi du caprice n'avait point encore pénétré dans l'esprit du magistrat, parce qu'il n'y avait ni homme ni chose à juger. L'honnêteté, comme je l'ai dit, était l'attribut des jeunes filles; elles allaient partout avec confiance, assurées des autres et d'elles-mêmes. Mais dans ces temps détestables il n'y a plus de sûreté pour elles, fussent-elles cachées dans le labyrinthe de Crète. Une malveillance vigilante pénètre partout, et une atmosphère contagieuse vient infecter tous les bons principes. C'est ainsi que, la première innocence s'étant éloignée de nous, et la corruption ayant fait des progrès continuels, a été institué l'ordre de la chevalerie errante, pour défendre les filles, protéger les veuves, assister les orphelins et secourir les malheureux. Je suis de cet ordre-là, mes amis, et je vous remercie de l'accueil que vous m'avez fait à moi et à mon écuyer; et quoique la loi naturelle oblige tout le monde à bien recevoir les chevaliers errants, néanmoins, comme vous m'avez bien traité sans me connaître, il est juste que ma bonne volonté réponde à la vôtre autant qu'il est en moi de le faire. »

Ce furent les glands qui rappelèrent l'âge d'or à la mémoire de notre chevalier, et lui inspirèrent ce beau discours, dont il aurait pu se dispenser, et qu'il débita au grand étonnement des chevriers, qui l'écoutaient avec une profonde et silencieuse attention. Sancho non plus ne disait mot; mais il mangeait des noisettes, et visitait de temps en temps la seconde outre, qu'on avait suspendue à un liége afin de tenir le vin frais. Le souper fini, un des chevriers, s'adressant à don Quichotte, lui dit : « Pour vous faire voir, seigneur chevalier, que rien ne manque à l'intention que nous avons de vous bien traiter et de vous divertir, nous vous ferons entendre tout à l'heure un de nos compagnons, qui sait lire et écrire comme un maître d'école, mais surtout qui chante et joue du rebec à ravir. » Mais Sancho, qui avait plus d'envie de dormir que d'écouter des chansons, dit à son maître qu'il était temps qu'il pensât à s'accommoder de quelque gîte pour passer la nuit, et que ces bonnes gens, qui travaillaient tout le jour, n'avaient pas besoin d'employer la nuit à chanter. « Je t'entends, Sancho, répondit don Quichotte, et je ne songeais pas qu'une tête pleine des vapeurs de la bouteille a plus besoin de sommeil que de musique. — Dieu soit béni, dit Sancho, mais chacun de nous y trouvera son compte. — J'en conviens, répliqua don Quichotte; couche-toi où tu voudras, et laisse-moi faire. Il sied mieux aux gens de ma profession de veiller que de dormir; mais auparavant panse-moi un peu mon oreille, qui me fait plus de mal que je ne voudrais. » Comme Sancho commençait à chercher de l'onguent, un des chevriers qui examina la blessure dit à don Quichotte de ne pas s'en mettre en peine, et qu'il l'aurait bientôt guérie. Aussitôt il alla querir quelques feuilles de romarin, et, après les avoir mâchées et mêlées avec du sel, il les lui mit sur l'oreille, l'assurant qu'il n'avait pas besoin d'autre remède : ce qui réussit en effet.

CHAPITRE VIII

De la désagréable aventure qu'eut don Quichotte
avec des muletiers Yangois.

QUAND don Quichotte eut pris congé de ses hôtes, il entra avec son écuyer dans un bois voisin. Bientôt ils se trouvèrent dans un pré couvert d'herbe fraîche; arrosé par un limpide ruisseau. Le doux murmure de l'eau, la beauté et la fraîcheur du lieu les invitant à y passer le moment de la sieste, don

Quichotte et Sancho mirent pied à terre ; laissant à Rossinante et à l'âne la liberté de paître à leur fantaisie, ils délièrent le bissac, et sans cérémonie mangèrent ensemble de ce qui s'y trouva.

Sancho ne s'était pas mis en peine de donner des entraves à Rossinante, connaissant son humeur pacifique. Cependant le sort, ou plutôt le diable, qui ne dort jamais, fit trouver mal à propos dans le même vallon une troupe de juments de Galice, appartenant à des muletiers Yangois, dont la coutume est de s'arrêter ainsi pendant la grande chaleur du jour dans les endroits où ils trouvent de l'eau et de l'herbe pour rafraîchir leurs bêtes.

Rossinante, comme nous l'avons dit, était de mœurs tranquilles ; cependant il lui prit fantaisie de tenir compagnie aux juments, et, sans en demander la permission à son maître, il s'en alla au petit trot déployer ses grâces devant elles ; mais comme elles avaient apparemment plus besoin de manger qu'envie de rire, elles ne reçurent le galant qu'avec leurs fers et leurs dents, et firent si bien qu'en moins de rien elles lui rompirent les sangles de sa selle et le laissèrent nu sur le pré. Pour surcroît de malheur, les muletiers accoururent avec de gros bâtons, et lui en donnèrent tant de coups sur les reins, qu'ils l'étendirent par terre. Don Quichotte et Sancho, qui aperçurent de loin le mauvais traitement qu'on faisait subir à Rossinante, coururent promptement de ce côté : « Ami Sancho, dit don Quichotte, à ce que je vois, ce ne sont pas ici des chevaliers, mais des rustres et de la canaille ; tu peux donc m'aider à tirer vengeance de l'outrage qu'ils m'ont fait en s'attaquant à mon cheval. — Quelle diable de vengeance pouvons-nous tirer ? répondit Sancho ; ils sont vingt, et nous ne sommes que deux, peut-être même un et demi. — J'en vaux cent moi seul, » répondit don Quichotte ; et, sans s'arrêter davantage, il met l'épée à la main et attaque vigoureusement les muletiers. Sancho, animé par l'exemple de son maître, fit comme lui.

Don Quichotte porta d'abord un si rude coup au premier qu'il trouva sous sa main, qu'il lui fendit un pourpoint de cuir et lui emporta une partie de l'épaule; il allait s'essayer sur un autre, quand les muletiers, se voyant ainsi malmenés par deux hommes, eux qui étaient en nombre, recoururent à leurs épieux, et, entourant le chevalier et l'écuyer, commencèrent à les travailler sans relâche. Dès la seconde décharge, Sancho tomba de son long par terre, et don Quichotte, malgré son courage et son savoir-faire, n'en fut pas quitte à meilleur

marché; le bon chevalier fut renversé aux pieds de Rossinante, qui n'avait encore pu se relever. Les muletiers, n'ayant plus rien à faire et craignant même d'en avoir trop fait, chargèrent promptement leurs voitures et poursuivirent leur chemin.

Le premier de nos aventuriers qui se reconnut après l'orage fut Sancho Pança, qui, se traînant auprès de son maître, lui dit d'une voix faible et dolente : « Seigneur don Quichotte ! ah ! seigneur don Quichotte ! — Que veux-tu, frère Sancho ? répondit le chevalier d'un ton pour le moins aussi lamentable. — N'y aurait-il pas moyen, dit Sancho, que vous me donnassiez deux gorgées de ce bon breuvage de Fierabras, si par hasard vous en avez sur vous ? Peut-être sera-t-il aussi bon pour des os rompus que pour d'autres blessures. — Eh ! ami, répondit don Quichotte, si j'en avais, que nous faudrait-il autre chose ? Mais je te jure, foi de chevalier errant, que, si je ne perds l'usage des mains, j'en aurai avant qu'il soit deux jours. — Deux jours ! repartit Sancho ; et dans combien de temps croyez-vous que nous soyons seulement en état de nous remuer ? — La vérité est, dit le moulu chevalier, que je ne saurais qu'en dire, d'après la manière dont je me sens ; mais aussi la chose m'est bien due, et je ne dois m'en prendre qu'à moi-même, qui vais mettre imprudemment l'épée à la main contre des gens qui ne sont pas armés chevaliers. Je ne doute point que la fortune n'ait permis que je reçusse ce châtiment pour avoir méprisé les lois de la chevalerie ; c'est pourquoi aussi, ami Sancho, je t'avertis une fois pour toutes, et dans notre intérêt commun, que, lorsque de semblables marauds nous feront insulte, tu n'attendes plus que je tire l'épée contre eux ; car assurément je n'en ferai rien ; mais comme c'est ton affaire, mets toi-même l'épée à la main et châtie-les comme tu l'entendras. Si par hasard il vient des chevaliers à leur secours, oh ! je te défendrai de la bonne sorte : tu sais quelle est la force de ce bras ; tu en as vu d'assez bonnes preuves. »

Sancho ne trouva pas l'avis de son maître si bon qu'il n'y eût quelque chose à redire : « Seigneur chevalier, répondit-il, je suis doux, tranquille et pacifique, et je sais, Dieu merci, pardonner une injure, parce que j'ai une femme et des enfants à nourrir et à élever ; tenez-vous donc pour dit, s'il vous plaît, que je ne mettrai l'épée à la main ni contre chevalier ni contre vilain, que je pardonne devant Dieu toutes les offenses passées et toutes celles à venir. — Si j'étais assuré, reprit don Quichotte, que l'haleine ne me manquât point et que la douleur que je sens au côté me laissât parler à mon aise, je te ferais bientôt comprendre ton erreur. Malheureux que tu es ! si la fortune, qui jusqu'ici nous a été contraire, vient à tourner pour nous, et si, enflant nos voiles, elle nous fait prendre terre en quelqu'une des îles dont je t'ai parlé, que sera-ce, dis-moi, quand, après l'avoir conquise, je t'en donnerai le gouvernement ? Pourras-tu en remplir dignement la charge, n'étant pas chevalier et ne te souciant point de l'être, n'ayant ni courage ni dignité pour repousser les injures et défendre ton état ? — Pour l'heure, repartit Sancho, je le dis franchement à Votre Grâce, j'ai plus besoin d'emplâtres que de remontrances. Mais voyons un peu si vous ne sauriez vous lever pour m'aider à mettre sur pied Rossinante, encore qu'il ne le mérite pas ; car c'est lui qui est cause que nous avons été roués de coups. En bonne foi, je n'aurais jamais pensé cela de Rossinante ; je le croyais sage et paisible, j'aurais juré pour lui comme pour moi. A qui se fiera-t-on après cela ? Croyez qu'on dit bien vrai, qu'il faut bien du temps avant de connaître les gens, et qu'il n'y a rien de certain dans cette vie. Et qui diantre eût dit, après vous avoir vu faire tant de merveilles contre ce malheureux chevalier errant de l'autre jour, que cette tempête de coups de bâton devait venir fondre sur nos épaules ? — Pour les tiennes encore, dit don Quichotte, elles doivent être faites à de semblables orages ; mais les miennes, qui n'y sont pas accoutumées, s'en ressentiront longtemps ; et n'était que je m'imagine, et qu'il est même certain, que toutes ces disgrâces sont attachées à la profession des armes, je me laisserais mourir de dépit à cette place. — Mais, répliqua Sancho, puisque toutes ces infortunes-là sont des revenus de la chevalerie, dites-moi, je vous prie, seigneur, si elles arrivent souvent, ou si cela finit dans un temps donné ; car si nous faisons encore deux semblables récoltes, nous ne serons point en état d'en voir une troisième, à moins que le bon Dieu ne nous assiste.

— Ne sais-tu pas, ami Sancho, répondit don Quichotte, que la vie des chevaliers errants est sujette à mille fâcheux accidents, à mille revers de fortune ? Il n'y en a point qui ne puissent d'un moment à l'autre devenir ni plus ni moins que rois et empereurs, comme cela se voit souvent dans les histoires dont j'ai parfaite connaissance ; et, sans la douleur que je ressens, je t'en citerais plusieurs qui se sont élevés au trône par la seule valeur de leur bras. Mais les mêmes hommes se sont trouvés, soit auparavant, soit depuis, en butte à des misères de tout genre. Ainsi le vaillant Amadis de Gaule s'est vu au pouvoir de l'enchanteur Archalaüs, le plus cruel de ses ennemis ; et l'on tient pour assuré que ce perfide nécromant lui donna, pendant sa captivité, deux cents coups d'étrivière, après l'avoir attaché à une colonne dans la cour de son palais. Un auteur discret et digne de foi raconte que le chevalier de Phébus, ayant été pris, en un certain château, à une trappe qui s'enfonça sous ses pieds, se trouva dans un profond souterrain les pieds et les mains liés, et que là on lui administra un lavement d'eau de neige mêlée de sable qui faillit le faire mourir ; et si un sage de ses amis ne l'eût secouru dans sa détresse, le pauvre chevalier aurait passé un mauvais quart d'heure. Ainsi, Sancho, je puis bien me mettre à l'unisson de ces braves gens, qui ont essuyé des affronts encore plus grands que le nôtre. Il est bon aussi que tu apprennes qu'on n'est point déshonoré par des blessures faites avec le premier instrument qui se trouve sous la main ; et l'on voit écrit, en termes explicites, dans la loi sur les duels,

que si le cordonnier frappe quelqu'un avec la forme qu'il tient à la main, quoique cette forme soit de bois, on ne dira pas pour cela qu'il ait donné des coups de bâton. Ainsi donc, Sancho, ne pense pas que, pour avoir été assommés de coups dans cette occasion, nous soyons déshonorés ; car les armes que portaient ces hommes, et avec lesquelles ils nous ont si rudement travaillés, n'étaient autres que leurs épieux, et aucun d'eux, que je sache, ne portait d'épée, de dague ni de couteau. — En vérité, répliqua Sancho, ils ne m'ont guère laissé le loisir de faire cet examen ; et je n'eus pas plutôt mis flamberge au vent que leurs gourdins se sont croisés sur mes épaules si dru et si menu que les yeux et les jambes m'en ont refusé service, et que je suis tombé à la place où je suis encore gisant. Je vous dirai franchement que si quelque chose me tourmente, ce n'est pas de savoir si j'ai été outragé ou non par cette bastonnade ; c'est uniquement la douleur provenant de ces coups, qui laisseront d'aussi longues traces dans ma mémoire que sur mes épaules.
— Quoi qu'il en soit, frère Pança, repartit don Quichotte, souviens-toi qu'il n'y a point de ressentiment que le temps n'efface, ni de douleur dont la mort ne guérisse. — Grand merci, répondit Sancho ; y a-t-il pire mal que celui qui a besoin du temps pour s'effacer et de la mort pour se guérir? Si du moins notre disgrâce d'aujourd'hui était de celles qui cèdent à une couple d'emplâtres, il n'y aurait que moitié mal ; mais je ne sais si tous les onguents d'un hôpital pourraient y mettre fin.

— Laisse là tous ces discours inutiles, dit don Quichotte, et tâchons tous les deux de nous tirer de notre détresse. Voyons un peu comment se porte Rossinante. Ce pauvre animal, à ce qu'il me paraît, a eu sa bonne part de l'aventure. — Le voilà bien malade, ma foi! reprit Sancho : pourquoi en serait-il exempt? est-il moins chevalier errant que les autres? Ce n'est pas là ce qui m'étonne ; c'est de voir que ma monture s'en soit sauvée sans qu'il lui en coûte seulement un poil, pendant qu'il ne nous reste pas à tous trois une côte entière. — Dans les plus grandes disgrâces, répliqua don Quichotte, la fortune laisse toujours quelque porte pour en sortir, et cette pauvre bête suppléera Rossinante pour me porter à quelque château où je me fasse panser. Je ne tiendrai pas même à déshonneur une telle monture ; car il me souvient d'avoir lu que le vieux Silène, le père nourricier du dieu Bacchus, était monté et fort à son aise sur un bel âne quand il fit son entrée dans la ville aux cent portes. — Cela serait bon, dit Sancho, si vous pouviez vous tenir comme lui ; mais il y a bien de la différence entre la posture d'un homme à cheval et celle d'un homme étendu en travers, comme serait un sac de farine ; car je ne pense pas que vous puissiez aller autrement. — Les incommodités qui peuvent rester des combats ne font jamais de déshonneur, reprit don Quichotte ; ainsi, ami Pança, ne me réplique pas davantage ; essaie seulement de te lever, mets-moi comme tu pourras sur ton âne, et partons d'ici avant que la nuit nous surprenne. — Mais n'ai-je pas ouï dire à Votre Grâce, reprit Sancho, que la coutume des chevaliers errants est de dormir en plein air, et que c'est pour eux une bonne fortune que de passer les nuits dans les champs et au milieu des bois et des déserts ? — Ils en usent ainsi, dit don Quichotte, quand ils ne peuvent mieux faire, ou quand ils sont amoureux. Et cela est si vrai, qu'on a vu tel chevalier rester deux ans entiers sur un rocher, exposé au soleil ou à l'ombre, aux excès du chaud et du froid, sans que sa dame en eût connaissance. Amadis fut un de ceux-là, lorsque, sous le nom du Beau Ténébreux, il se retira sur la Roche Pauvre, où il passa huit ans ou huit mois (je ne me rappelle plus lequel des deux), faisant pénitence pour je ne sais quel caprice de sa dame Oriane. Mais laissons cela, et fais ce que je t'ai dit, avant qu'il arrive quelque disgrâce à l'âne ainsi qu'à Rossinante.

— Ce serait bien le diable alors ! » dit Sancho ; puis, poussant trente à quarante soupirs entrelardés d'autant de ouf et de aïe, de jurements et de malédictions contre celui qui l'avait amené là, il fit tant d'efforts qu'à la fin il se leva sur ses pieds, demeurant pourtant à moitié chemin courbé comme un arc, sans pouvoir achever de se redresser. Dans cette étrange posture, il fallut encore qu'il courût après son âne, qui, profitant de la liberté de cette journée, s'en était allé assez loin de là. Quand l'âne fut préparé, Sancho vint relever Rossinante; mais ce ne fut pas sans peine pour l'un et pour l'autre. Sancho suait à grosses gouttes; et si le pauvre animal eût pu se plaindre, il eût encore fait chorus avec le maître et le valet. Enfin, après bien des efforts et des cris, Sancho mit don Quichotte en travers sur l'âne; puis, ayant attaché Rossinante à la queue, il prit l'âne par le licou, et s'en alla du côté où il crut trouver le grand chemin. Au bout de trois quarts d'heure, la bonne fortune leur fit découvrir une hôtellerie, selon Sancho, ou un château, au dire de don Quichotte, qui ne tenait compte de sa chétive apparence. L'un et l'autre soutenaient opiniâtrément leur avis, et la dispute durait encore quand ils se trouvèrent à la porte de la maison, où Sancho entra, sans autre examen, avec sa petite caravane.

CHAPITRE IX

De ce qui arriva à don Quichotte dans l'hôtellerie qu'il prenait pour un château.

LE maître de l'hôtellerie, surpris de voir cet homme en travers sur un âne, demanda à Sancho quel mal il avait; celui-ci répondit que ce n'était rien, qu'il était seulement tombé du haut d'une montagne, et qu'il avait les côtes un peu meurtries. La femme de l'hôte, contre l'ordinaire de celles de son métier, était charitable et prenait volontiers part aux peines du prochain ; aussi n'eut-elle pas plutôt vu don Quichotte, qu'elle pensa à le soulager, et se fit aider par sa fille, jeune personne de bonne mine. Dans la même hôtellerie servait une jeune Asturienne, qui avait le visage large, le derrière de la tête plat, le nez épaté, un œil louche, et l'autre en mauvais état ; du reste, la souplesse du corps suppléait à ce qui lui manquait d'agrément. Pour la taille, elle avait environ quatre pieds de haut, et les épaules lui chargeaient si fort le reste du corps, qu'elle avait bien de la peine à regarder en l'air. Cette gentille servante aida la fille de l'hôte à panser don Quichotte, et après cela elles lui dressèrent toutes deux un fort mauvais lit dans un galetas, qui selon toutes les apparences avait jusque-là servi de pailler.

Dans ce même lieu, un peu plus loin que don Quichotte, un muletier s'était aussi fait un lit des bâts et des couvertures de ses mulets ; mais ce coucher avait l'avantage sur celui du chevalier, composé seulement de trois ou quatre ais mal joints sur deux bancs inégaux, avec une manière de matelas qui n'était guère moins dur que les ais mêmes, et des draps qu'on eût plutôt pris pour du cuir que pour de la toile. C'est sur ce grabat que fut étendu don Quichotte, et aussitôt l'hôtesse et sa fille lui mirent des emplâtres depuis les pieds jusqu'à la tête, à la faveur d'une lampe que tenait Maritorne l'Asturienne.

L'hôtesse le voyant meurtri en tant d'endroits : « Vraiment, dit-elle, on dirait des coups plutôt qu'une chute. — Ce ne sont pourtant point des coups, dit Sancho ; mais le rocher avait beaucoup de pointes, et chacune a fait sa meurtrissure. Du reste, Madame, ajouta-t-il, gardez, s'il vous plaît, quelques étoupes ; nous trouverons bien à les employer, car les reins me font aussi un peu de mal. — Vous êtes donc aussi tombé ? reprit l'hôtesse. — Je ne suis pas tombé, reprit Sancho ; mais de la frayeur que j'ai eue de voir tomber mon maître, il m'a pris un tel je ne sais quoi par tout le corps, qu'il me semble qu'on m'a donné mille coups de bâton. — Cela ne m'étonne point, dit

la jeune fille ; car il m'est souvent arrivé de rêver que je tombais
du haut d'une tour et que je ne pouvais toucher terre ; en me
réveillant, je me trouvais aussi lasse et aussi rompue que si je
fusse tombée réellement. — Voilà justement l'affaire, dit Sancho ; toute la différence qu'il y a, c'est que sans avoir rien rêvé,
et qu'étant alors tout aussi éveillé que je suis à cette heure, je
ne me trouve pourtant pas moins meurtri que mon maître. —
Comment est-ce que vous l'appelez, votre maître? dit alors
Maritorne. — Don Quichotte de la Manche, répondit Sancho,
chevalier errant, et des plus francs qu'on ait vus depuis longtemps. — Chevalier errant? reprit l'Asturienne ; et qu'est-ce que
cela? — Quoi! vous êtes si neuve dans le monde! reprit Sancho ;
apprenez, chère sœur, qu'un chevalier errant est quelque chose
qui se voit toujours à la veille d'être empereur ou roué de coups
de bâton ; aujourd'hui la plus malheureuse créature qui vive,
demain avec trois ou quatre royaumes à donner à son écuyer. —
D'où vient donc, dit l'hôtesse, qu'étant écuyer d'un si grand
seigneur, vous n'avez pas, à ce qu'il me semble, pour le moins
quelque comté? — Oh! cela ne va pas si vite, répondit Sancho :
il n'y a pas plus d'un mois que nous cherchons des aventures,
et nous n'en avons pas encore trouvé de celles-là ; outre que
bien souvent en cherchant une chose on en trouve une autre.
Mais pour certain, si mon seigneur don Quichotte guérit de
ses blessures et que je ne sois point estropié des miennes, je
ne troquerais pas mes espérances contre le meilleur comté
d'Espagne. »

Don Quichotte, qui écoutait attentivement cette conversation,
crut qu'il était de la civilité d'y entrer ; et, se levant le mieux
qu'il put sur son séant, il prit la main de l'hôtesse, et lui dit :
« Croyez-moi, belle dame, vous n'êtes pas malheureuse d'avoir
eu occasion de me recevoir dans votre château. Je ne vous en
dis pas davantage, parce qu'il ne sied jamais bien de se louer
soi-même ; mais mon fidèle écuyer vous apprendra qui je suis.

Je vous dirai seulement que je conserverai la mémoire de vos bons offices le reste de ma vie, et que je ne perdrai jamais l'occasion de vous en témoigner ma reconnaissance. »

L'hôtesse, sa fille et Maritorne tombaient des nues au discours de notre chevalier, qu'elles n'entendaient pas plus que s'il eût parlé grec, quoiqu'elles se doutassent pourtant bien que c'étaient des compliments et des politesses ; et, ce langage étant tout nouveau pour leurs oreilles, elles ne faisaient autre chose que de se regarder, ou de le regarder lui-même, comme un homme d'une espèce particulière. Elles lui firent pourtant quelques remercîments de ses offres en termes d'hôtellerie de campagne, et après l'avoir salué fort humblement, elles se retirèrent. Mais auparavant Maritorne prit soin de panser Sancho, qui n'en avait pas moins besoin que son maître.

Sancho se coucha tout auprès de celui-ci, sur un lit composé d'une natte de jonc et d'une couverture qui ressemblait moins à de la laine qu'à du canevas. Le chevalier, vaincu par la fatigue, s'endormit, malgré la souffrance causée par ses blessures ; ce que son écuyer ne tarda pas à faire également. Mais il avint bientôt que don Quichotte, qui la nuit comme le jour ne rêvait qu'aventures, se leva précipitamment, demandant sa lance et son épée, comme s'il se fût trouvé en présence d'un de ces géants auxquels il croyait toujours avoir à livrer bataille. Le muletier, d'humeur peu endurante et même assez brutale, irrité de ce brusque réveil, se dirige vers le lit de don Quichotte, étend le bras et décharge un coup de poing furieux sur le visage du malencontreux chevalier ; après quoi il lui saute sur le corps, et avec ses larges pieds et ses souliers ferrés le lui parcourt lourdement trois ou quatre fois d'un bout à l'autre. Le lit, dont les fondements et la structure manquaient de solidité, ne put porter cette surcharge ; il s'enfonça sous le poids du muletier, et le bruit éveilla l'hôte, qui ne tarda pas à arriver sur le lieu du combat. En ce moment Sancho, s'éveillant à demi et sentant un poids qui l'étouffait (c'était le muletier qui, croyant regagner son lit, s'était égaré dans celui de l'écuyer), s'imagina que c'était le cauchemar, et commença à donner de droite et de gauche de grands coups de poing, dont le plus grand nombre tombèrent sur le muletier. Celui-ci prit sa revanche, et porta à Sancho de telles gourmades dans le visage et dans l'estomac, qu'il réussit à l'éveiller, quelque disposition qu'eût celui-ci à se reposer des fatigues de la veille.

Il y avait par hasard dans l'hôtellerie un archer, de ceux qu'on appelle de l'ancienne confrérie de Tolède, qui, s'étant éveillé au bruit de la lutte, s'en vint avec sa verge et la boîte de fer-blanc où étaient ses titres, et entra sans voir goutte dans le champ de bataille, criant : « Holà! arrêtez tous, de par le roi et la Sainte-Hermandad! » Le premier qu'il trouva fut le moulu don Quichotte, qui gisait étendu parmi les débris de son lit, la bouche ouverte et comme privé de sentiment; et, l'ayant pris à tâtons par la barbe, il ne cessait de crier : « Main-forte à la justice! » Mais enfin, n'apercevant aucun signe de vie chez celui qu'il tenait, il ne douta point qu'il ne fût mort et que ceux qui étaient là ne fussent les meurtriers; ce qui lui fit encore crier plus fort : « Qu'on ferme la porte de la maison, et que personne ne s'échappe! on a tué ici un homme. » Cette voix alarma les combattants; et, malgré qu'ils en eussent, l'affaire demeura indécise et dans l'état où l'archer l'avait trouvée. L'hôte se retira dans sa chambre, et le muletier sur ses bâts; quant à don Quichotte et à Sancho, ils demeurèrent dans leur place, et l'archer lâcha la barbe de notre chevalier pour aller querir de la lumière et revenir s'assurer des coupables. Mais l'hôte, en se retirant, avait exprès éteint la lampe de la porte, si bien que l'archer fut contraint de recourir à la cheminée, où il trouva si peu de feu, qu'il lui fallut souffler longtemps pour pouvoir allumer la lampe.

CHAPITRE X

Où se poursuivent les innombrables travaux que le brave don Quichotte, avec son bon écuyer Sancho Pança, eut à supporter dans la fatale hôtellerie que, pour son malheur, il avait cru être un château.

Sur ces entrefaites don Quichotte revint de son évanouissement, et, du même ton que son écuyer l'avait appelé le jour précédent, lorsqu'il était étendu dans la vallée des épieux, il l'appela à son tour, en lui disant : « Ami Sancho, dors-tu? Dors-tu, ami Sancho? — Eh! comment diable dormirais-je, répondit Sancho outré de colère, quand tous les démons de l'enfer ont été cette nuit après moi? — Tu as raison de le croire, dit don Quichotte; car, ou je n'y entends rien, ou ce château est enchanté. Tout à l'heure une main que je ne voyais point et qui venait je ne sais d'où, mais une main attachée au bras de quelque géant démesuré, est venue me décharger un si grand coup sur les mâchoires, que j'en suis tout en sang; et après cela le lâche, profitant de ma faiblesse, m'a donné tant de coups, que je suis encore pis que je n'étais hier quand les muletiers se prirent à nous des folies de Rossinante. Je conjecture de là que quelque More enchanté doit habiter ce château, et peut-être y garder quelque trésor de beauté pour un autre que pour moi. — Je ne crois pas que ce soit pour moi non plus, interrompit Sancho, car plus de quatre cents Mores se sont exercés sur ma peau de telle sorte que les coups d'épieux d'hier ne firent auprès de cela que de me chatouiller; mais, je vous prie, qu'est-ce que Votre Grâce, au point où nous en sommes, peut trouver de beau dans cette aventure? Diantre soit de moi, continua-t-il, et de qui m'a mis au monde! Je ne suis point chevalier, ni ne prétends jamais l'être; et s'il y a quelque malencontre, j'en ai toujours la meilleure part. — Comment! t'a-t-on maltraité aussi? dit don Quichotte. — Eh! ventrebleu! seigneur, reprit Sancho, qu'est-ce donc que je viens de vous dire? — Moque-toi de cela, ami, dit don Quichotte; je vais faire tout à l'heure le précieux baume de Fierabras, qui nous guérira en un clin d'œil. »

Ils en étaient là, quand l'archer, qui avait enfin allumé la lampe, vint pour trouver l'homme qu'il croyait mort. Sancho, qui le vit entrer presque nu, avec un mouchoir roulé autour de la tête et une figure équivoque, demanda à son maître si ce n'était point là le More enchanté qui venait voir s'il restait encore de la besogne à faire. — Cela ne peut être, répondit don Quichotte; car les enchantés ne se laissent voir à personne. — Ma foi, ils se font bien sentir, s'ils ne se laissent pas voir, dit Sancho; demandez plutôt à mes épaules. — Et crois-tu que les miennes n'en puissent donner des nouvelles? répondit don Quichotte; mais ce n'est pas un témoignage suffisant pour en conclure que ce soit ici notre More. » L'archer, entrant là-dessus, fut fort étonné de voir des gens s'entretenir si paisiblement; mais comme il avisa notre héros encore étendu tout de son long et dans la posture d'un homme fort incommodé, il lui dit : « Eh bien, bon homme, comment vous va? — Je parlerais mieux si j'étais à votre place, répondit don Quichotte; est-ce ainsi, lourdaud, que dans votre pays on parle aux chevaliers errants? » L'archer ne put souffrir ce traitement d'un homme de si pauvre mine; il jeta de toute sa force la lampe à la tête du malheureux chevalier, et, ne doutant pas qu'il ne la lui eût fracassée, se déroba incontinent à la faveur des ténèbres. « Allons, seigneur, dit alors Sancho, il n'y a plus moyen d'en douter; voilà justement le More qui garde le trésor pour les autres, et pour nous les gourmades et les coups de chandelier. — Pour cette fois, cela pourrait être, dit don Quichotte, et je t'avertis qu'il n'y a qu'à se moquer de tous ces enchantements, au lieu de s'en mettre en colère ; comme ce sont toutes choses fantastiques et invisibles, nous chercherions en vain de qui nous venger, et nous n'en aurions jamais raison. Sancho, lève-toi si tu peux, et va prier le gouverneur de ce château de me faire donner promptement un peu d'huile, de sel, de vin et de romarin, que je fasse mon baume ; car, entre nous, je ne crois pas pouvoir m'en passer plus longtemps, au sang qui sort de la plaie que ce fantôme m'a faite. »

Sancho se leva, mais ce ne fut pas sans crier plus d'une fois de la douleur qu'il sentait. Il alla trouver l'hôte, qui lui donna tout ce qu'il voulut ; celui-ci, l'ayant porté à son maître, le trouva la tête dans ses deux mains, et se plaignant du coup de lampe, qui ne lui avait heureusement fait d'autre mal que deux bosses assez fortes ; car ce qu'il prenait pour du sang n'était autre chose que l'huile de la lampe, qui lui coulait le long du visage. Don Quichotte mit tout cela dans un même vaisseau, et, l'ayant fait bouillir jusqu'à ce que la composition lui parût à son point, il demanda une bouteille pour le mettre. Il dit ensuite plus de cent *Pater*, autant d'*Ave*, de *Salve* et de *Credo*, accompagnant chaque parole d'un signe de croix, par forme de bénédiction. Cette admirable mixture étant faite, don Quichotte voulut l'éprouver sur l'heure ; il en avala la valeur d'un bon verre. Mais à peine eut-il pris cette dose, qu'il commença à vomir de si grande force, qu'il ne lui en resta rien dans l'estomac ; et les efforts qu'il fit lui ayant causé une sueur abondante, il demanda qu'on le couvrît et qu'on le laissât reposer. Il dormit, en effet, trois bonnes heures, au bout desquelles il se trouva si soulagé, qu'il ne douta point que ce ne fût là véritablement le précieux baume de Fierabras, et qu'avec ce secours il ne fût désormais en état d'entreprendre, sans rien craindre, les plus périlleuses aventures.

Sancho Pança, qui trouva la guérison de son maître miraculeuse, le pria instamment de lui laisser prendre ce qui restait dans le pot, et la dose était bonne. Don Quichotte le lui ayant donné, il le prit par les deux anses, et, de la meilleure foi du monde, s'en mit une bonne partie dans le corps, c'est-à-dire à peu près autant que son maître. Il fallait qu'il n'eût pas l'estomac si délicat; car, avant que le remède opérât, le pauvre homme eut des nausées et des sueurs si violentes, il souffrit des angoisses si excessives, qu'il ne douta point que sa dernière heure ne fût venue; et, dans ce pitoyable état, il ne cessait de maudire le baume et le traître qui le lui avait donné. « Ami

Sancho, lui dit gravement son maître, je crois que tout ceci t'arrive parce que tu n'es pas armé chevalier; et je tiens pour

certain que ce baume n'est bon qu'à ceux qui le sont. — Eh!
de par tous les diables, répliqua Sancho, que vous ai-je donc
fait pour m'en avoir seulement laissé goûter? » Dans ce temps-
là, le baume de Fierabras fit son effet, et le pauvre écuyer se
vida des deux côtés, et avec si peu de relâche qu'en un moment
il mit son matelas de jonc et sa couverture en état de ne servir
jamais à personne. Cette évacuation était accompagnée de si
violents efforts, que tous les assistants désespéraient de sa vie;
et au bout d'une heure que dura cette bourrasque, au lieu de
se sentir soulagé comme son maître, il se trouva si faible et si
abattu, qu'à peine pouvait-il respirer. Mais don Quichotte, qui
se sentait tout refait, ne voulut pas perdre un instant à se
mettre en quête des aventures. Il se croyait redevable de tous
les moments qu'il perdait à tout ce qu'il y avait de misérables
dans le monde; et, par la confiance que lui donnait désormais
son baume, il ne demandait que les dangers, et ne comptait
pour rien les plus terribles blessures. Dans cette impatience, il
dit à Sancho qu'il fallait partir, sella aussitôt lui-même Rossinante, mit le bât sur l'âne, et l'écuyer sur le bât, après l'avoir
aidé à s'habiller; puis, ayant enfourché son cheval, il se saisit
d'une demi-pique qu'il vit dans un coin pour lui servir de lance.

Dès que nos deux héros furent à cheval, don Quichotte,
s'arrêtant sur le pas de la porte, appela l'hôte, et d'une voix
grave et posée : « Seigneur châtelain, lui dit-il, je serais un
ingrat si je ne gardais souvenir de toutes les courtoisies que
j'ai reçues dans votre château, si je ne pouvais reconnaître tant
d'honnêtetés en vous vengeant de quelque outrage. Vous savez
bien que mon emploi est de secourir les faibles et de châtier
les traîtres : cherchez donc dans votre mémoire, et si vous avez
à vous plaindre de quelqu'un, vous n'avez qu'à le dire; je vous
promets, par l'ordre de chevalerie que j'ai reçu, que vous serez
bientôt satisfait. — Seigneur chevalier, répondit l'hôte, je n'ai,
Dieu merci, pas besoin que vous me vengiez de personne; et

quand on m'offense, je sais fort bien me venger moi-même.
Toute la satisfaction que je vous demande, c'est que vous me
payiez la dépense que vous m'avez faite cette nuit, et le foin et
l'avoine que vos bêtes ont mangés; car on ne sort pas ainsi de
l'hôtellerie. — Quoi! c'est ici une hôtellerie? répliqua don Quichotte. — Oui, sans doute, et des meilleures, dit l'hôte. — J'ai
été bien trompé jusqu'à cette heure, continua le chevalier; en
vérité, je l'ai toujours prise pour un château, et pour un château d'importance. Mais puisque c'est une hôtellerie, il faut que
vous me pardonniez si je ne vous paye point ma dépense; je ne
dois pas contrevenir à l'ordre des chevaliers errants, qui, je le
sais de science certaine, sans avoir jusqu'ici vu le contraire,
n'ont jamais payé quoi que ce fût dans les hôtelleries, parce
que la raison veut, aussi bien que la coutume, qu'on les héberge
partout gratuitement, en récompense des travaux incroyables
qu'ils souffrent à chercher des aventures de jour et de nuit,
l'hiver et l'été, à pied et à cheval, mourant de faim ou de soif,
de froid ou de chaud, et sans cesse exposés à toutes les incommodités qui se rencontrent sur terre. — Ce sont là des fadaises
de chevalerie dont je n'ai que faire, répliqua l'hôte; payez-moi
seulement ce que vous me devez, et laissons là ces contes; je
ne donne pas ainsi mon bien. — Vous êtes un sot et un mauvais
hôte, » dit don Quichotte; puis, baissant sa demi-pique et
donnant des deux, il sortit de l'hôtellerie sans que personne
pût l'en empêcher, et marcha quelque temps sans regarder si
son écuyer le suivait.

L'hôte, voyant qu'il ne fallait rien espérer de don Quichotte,
voulut se faire payer par Sancho; mais celui-ci jura qu'il ne
payerait pas plus que son maître, et qu'étant écuyer de chevalier
errant, on ne pouvait lui contester le même privilége. L'hôte
eut beau se mettre en colère et le menacer, s'il ne le payait, de
se payer lui-même par ses mains d'une manière que l'écuyer
se rappellerait longtemps, Sancho jura tout de nouveau, par

l'ordre de la chevalerie qu'avait reçu son maître, qu'il ne donnerait pas un sou quand même on devrait l'écorcher vif, et qu'il ne serait jamais dit que les écuyers à venir pussent reprocher à sa mémoire qu'un droit si beau et si juste se fût perdu par sa faute. Malheureusement pour l'infortuné Sancho, il y avait dans l'hôtellerie quelques drapiers de Ségovie et des fripiers de Cordoue, tous bons compagnons et lurons fieffés, qui, pris d'une même idée, s'approchèrent de lui, et le descendirent de son âne, pendant qu'un d'eux alla quérir une couverture. Ils mirent au beau milieu le pauvre Sancho, et, voyant que le dessous de la porte n'était pas assez haut pour leur dessein, ils passèrent dans la cour, où ils avaient de l'espace de reste. Quatre des plus forts prirent chacun un coin de la couverture et commencèrent à faire sauter et ressauter Sancho, jusqu'à douze et quinze pieds en l'air, avec le même plaisir que les cuisiniers se donnent des chiens qui dérobent leur viande. Les cris affreux que faisait le misérable berné allèrent jusqu'aux oreilles de son maître, qui crut d'abord que le Ciel l'appelait à quelque nouvelle aventure ; mais reconnaissant bientôt que ces hurlements venaient de son écuyer, il poussa de toute la vitesse de Rossinante vers l'hôtellerie, qu'il trouva fermée. Comme il en faisait le tour pour chercher quelque entrée, le mur de la cour, qui n'était pas très-élevé, lui laissa apercevoir Sancho montant et descendant à travers l'espace avec tant de grâce et d'agilité, que, sans la colère qui l'étouffait, il n'aurait pu s'empêcher d'en rire. Mais, le jeu ne lui plaisant pas, il essaya plusieurs fois de monter sur la muraille, et l'aurait fait s'il n'eût été tellement froissé qu'il ne fut pas même en son pouvoir de mettre pied à terre. Tout ce qu'il put faire, ce fut de dire, du haut de son cheval, force injures aux berneurs et de leur jeter force défis ; mais le malheureux Sancho n'y gagna rien, ni par prières, ni par menaces, que lorsque les berneurs, après s'être repris à deux ou trois-fois, le laissèrent de guerre lasse, et, l'enveloppant dans sa casaque, le remirent charitablement où ils l'avaient pris, c'est-à-dire sur son âne.

La compatissante Maritorne, le voyant si froissé, crut bien faire en lui apportant un pot d'eau fraîche qu'elle venait de tirer du puits. Sancho le prit et le porta à sa bouche ; mais il fut arrêté par les cris de son maître, qui lui disait : « Mon fils Sancho, ne bois pas de cette eau ; n'en bois pas, elle te fera mourir. Vois, j'ai ici le divin baume (et il lui montrait le vase) dont deux gouttes te guériront infailliblement. » A ces mots, Sancho, tournant les yeux de côté et parlant encore plus haut, répondit : « Votre Grâce a-t-elle donc oublié que je ne suis pas chevalier, et veut-elle que j'achève de rendre les boyaux qui me restent? Gardez votre liqueur, qui est bonne pour les diables, et me laissez en repos. » Il n'avait pas fini ces mots, que déjà il commençait à boire; mais à la première gorgée il reconnut que c'était de l'eau, et il s'arrêta tout court. Il pria Maritorne de lui donner du vin; ce qu'elle fit aussitôt, et de bonne grâce, et même sur son argent. Sancho, donnant des talons à sa bête, sortit fort content de n'avoir rien payé, quoique ce fût aux dépens de ses reins et de ses épaules, ses cautions ordinaires. Il est vrai de dire que son bissac demeura comme gage; mais le trouble dans lequel Sancho s'était enfui l'empêcha de s'apercevoir de cette perte. L'hôte, voyant Sancho dehors, voulut fermer la porte aux verrous; mais les berneurs n'étaient pas gens à se soucier de don Quichotte, quand même il eût été chevalier de la Table Ronde.

CHAPITRE XI

Où l'on rapporte le colloque de don Quichotte et de Sancho Pança et autres aventures dignes d'être racontées.

SANCHO vint joindre son maître, qui, le voyant si abattu qu'il n'avait seulement pas la force de faire aller son âne, lui dit : « C'est à ce coup, ami Sancho, que je ne doute plus qu'il n'y ait de l'enchantement dans cette hôtellerie, ou château, je ne sais franchement lequel; car qui pouvaient être ceux qui se sont cruellement joués de toi, sinon des fantômes et des gens de l'autre monde? Mais ce qui devra t'en convaincre comme moi, c'est que, dans le temps que je considérais ce triste spectacle par-dessus la muraille de la cour, il n'a jamais été en mon pouvoir d'y monter, ni seulement de descendre de cheval, parce qu'ils m'y tenaient enchanté. Et, pour dire vrai, ils n'ont pas mal fait de prendre cette précaution; car, s'il m'avait été permis de faire l'un ou l'autre, je t'aurais vengé de telle sorte, je te le jure, que ces garnements ne s'en seraient pas moqués; et, dans l'humeur où j'étais, j'aurais passé tout net par-dessus les lois de la chevalerie, qui, comme je t'ai dit souvent, ne permettent pas qu'un chevalier tire l'épée contre ceux qui ne le sont pas, si ce n'est pour la défense de sa vie et dans une extrême nécessité. — Je me serais bien vengé moi-même si j'avais pu, dit Sancho, chevalier ou non; mais, ma foi, cela n'a pas dépendu de moi; et pourtant je jurerais bien que les fainéants et les traîtres qui se sont réjouis à mes dépens ne sont point des fantômes ni des hommes enchantés, comme vous dites, mais de vrais hommes en chair et en os, comme nous. Et je me souviens fort bien qu'ils avaient chacun leur nom : il y en avait un nommé Pedro Martinez, un autre s'appelait Tenorio Fernandez, et j'ai bien entendu que l'hôte s'appelle Juan Palomèque le Gaucher. Des fantômes ne sont point baptisés, seigneur; n'allez donc pas dire que c'est un enchantement qui vous a empêché de passer par-dessus la muraille ou de mettre pied à terre. Pour moi, ce que je vois ici clair comme le jour, c'est qu'à force d'aller chercher les aventures, nous en trouverons à la fin qui nous donneront malencontre. Si Dieu ne nous aide, nous ne connaîtrons bientôt plus le pied droit d'avec le gauche. Voyez-vous, seigneur, le meilleur et le plus sûr, selon mon petit entendement, serait de nous en retourner à notre village, à présent que voici le temps de la récolte; aussi bien ne la faisons-nous pas bonne dans le champ d'autrui; et franchement cela va toujours de mal en pis et de fièvre en chaud mal. — Ah! mon pauvre Sancho, interrompit don Quichotte, que tu es ignorant en fait de chevalerie errante! Tais-toi, et prends patience; un jour viendra que tu seras convaincu par ta propre expérience des avantages de cette profession. Car enfin, dis-moi, y a-t-il quelque plaisir au monde qui égale celui de sortir vainqueur d'un combat et de triompher de son ennemi? Aucun sans doute. — Je le veux bien, répondit Sancho, encore que je n'en sache rien. Tout ce que je sais, c'est que depuis que nous sommes chevaliers errants, c'est-à-dire vous, car pour moi je ne mérite pas de figurer dans cette honorable compagnie, nous n'avons gagné de bataille que contre le Biscayen; et encore comment vous en êtes-vous tiré? avec la moitié d'une oreille de moins et votre salade fracassée. Depuis lors, ce n'a été que coups de poing et coups de bâton pour vous et pour moi; seulement j'ai eu l'avantage d'être berné par-dessus le marché, et encore par des gens enchantés, de qui je ne saurais me venger, pour goûter ce grand plaisir que vous trouvez à triompher de son ennemi. — Voilà ce qui fait ma peine, dit don Quichotte, et ce doit être la tienne aussi; mais laisse-moi faire, je te réponds que j'aurai, avant qu'il soit peu, une épée faite de tel art, que celui qui la maniera restera à l'abri de quelque enchantement que ce soit. Il pourrait même arriver que la fortune me mît entre les mains celle que portait Amadis quand il s'appelait le chevalier de l'Ardente-Épée, et qui fut assurément une des meilleures que jamais chevalier ait portées; car, outre qu'elle avait cette vertu, elle coupait encore comme un rasoir, et ne trouvait point d'armure si forte ni si enchantée qu'elle ne la brisât comme du verre. — Je suis si chanceux, dit Sancho, que, quand vous auriez une épée comme celle-là, elle ne servirait qu'à ceux qui sont armés chevaliers, de même que le baume; mais pour l'écuyer, va-t'en voir s'ils viennent. — Ne crains pas cela, dit don Quichotte, le Ciel te sera plus favorable. »

Nos aventuriers en étaient là, quand don Quichotte aperçut de loin une épaisse nuée de poussière, que le vent chassait de leur côté, et se tournant en même temps vers son écuyer : « Ami Sancho, lui cria-t-il, voici le jour qui fera voir ce que me garde la bonne fortune. Voici le jour, te dis-je, où va paraître plus que jamais la force de mon bras, et où je vais faire des exploits dignes d'être écrits dans les livres de la renommée, pour servir d'instruction aux siècles à venir. Vois-tu là ce tourbillon de poussière? il s'élève de dessous les pieds d'une armée innombrable, et qui est presque composée de toutes les nations du monde. — A ce compte-là, dit Sancho, il doit y avoir deux armées; car, de cet autre côté, en voilà tout autant. » Don Quichotte se tourna vivement, et, voyant que Sancho disait vrai, il sentit une joie inexprimable, croyant fortement que c'étaient deux grandes armées qui allaient se livrer bataille dans cette plaine. Deux grands troupeaux de moutons qui venaient de deux points différents vers le chemin qu'il tenait, soulevaient ces nuages d'une poussière si épaisse qu'on ne pouvait les distinguer à moins d'en être très-rapproché.

Don Quichotte assurait néanmoins que c'étaient des gens de guerre, et cela avec tant de confiance que Sancho en vint à le croire, et lui dit : « Eh bien! seigneur, qu'avons-nous à faire là, nous autres? — Ce que nous avons à faire? répondit don Quichotte; à secourir ceux qui en auront besoin. Mais afin que tu saches de quoi il s'agit, cette armée que tu vois venir à notre gauche est commandée par le grand empereur Alifanfaron, seigneur de l'île Taprobane; et celle que nous avons à la droite est l'armée de son ennemi, le roi des Garamantes, Pentapolin au Bras-Retroussé, qu'on appelle ainsi parce qu'il combat toujours le bras nu. — Et pourquoi, dit Sancho, ces seigneurs-là se font-ils la guerre? — Ils sont devenus ennemis, répondit don Quichotte, parce que cet Alifanfaron est tombé amoureux de la fille de Pentapolin, qui est à mon sens une des plus belles personnes du monde, et chrétienne; et comme Alifanfaron est païen, le père ne veut pas la lui donner qu'il ne renonce auparavant à son faux Mahomet et qu'il n'embrasse le christianisme.
— Par ma barbe, dit Sancho, Pentapolin fait fort bien, et je

l'aiderai de bon cœur en tout ce que je pourrai. — Tu ne feras en cela que ce que tu dois, répondit don Quichotte; aussi bien dans ces sortes d'occasions n'est-il point nécessaire d'être armé chevalier. — Non! dit Sancho; oh! alors laissez-moi faire. Où mettrai-je mon âne, pour être assuré de le retrouver après le combat? car je ne crois pas que je doive m'y fourrer sur une pareille monture. — Tu as raison, dit don Quichotte; mais tu n'as qu'à le laisser à l'aventure, quand il devrait se perdre; car nous aurons tant de chevaux à choisir quand nous aurons vaincu, que Rossinante même court risque d'être changé pour un autre. Écoute cependant, je veux t'apprendre qui sont les principaux chefs de ces deux armées avant qu'elles se rencontrent. Afin que tu puisses mieux les distinguer, montons sur cette petite éminence, d'où nous les découvrirons aisément. »
Ils montèrent, en effet, sur une hauteur, d'où ils auraient bien reconnu que c'étaient des troupeaux de moutons que notre chevalier prenait pour deux armées, si la poussière ne leur en eût ôté la vue; mais enfin don Quichotte, voyant dans son cerveau mille choses qui ne pouvaient être ailleurs, commença d'une voix élevée :

« Ce chevalier que tu vois là, avec des armes dorées, et qui porte sur son écu un lion couronné, étendu aux pieds d'une jeune fille, est le valeureux Laurcalque, seigneur du Pont-d'Argent. Celui qui a ces armes à fleur d'or, et qui porte trois couronnes d'argent en champ d'azur, c'est le redoutable Micocolembo, grand-duc de Quirocie. Cet autre qui marche à sa droite, avec sa taille de géant, c'est l'intrépide Brandabarbaran de Boliche, seigneur des trois Arabies; il est armé, comme tu vois, d'un cuir de serpent, et il a pour écu une porte, qu'on dit être une de celles du temple que Samson renversa, voulant se venger de ses ennemis aux dépens de sa propre vie. Tourne maintenant les yeux de ce côté, et tu verras à la tête de cette autre armée l'invincible vainqueur Timonel de Carcassonne, prince de la Nouvelle-Biscaye, qui porte des armes écartelées d'azur, de sinople, d'argent et d'or, et dans son écu un chat d'or en champ de gueules, avec ces quatre lettres, MIOU, formant la première syllabe du nom de sa dame, qui est, à ce qu'on dit, l'incomparable Mioulina, fille du duc Alphegniquen des Algarves. Cet autre, qui fait plier les reins à cette robuste cavale sauvage, et dont les armes sont blanches comme neige et sans devise, c'est un jeune chevalier français appelé Pierre Papin, seigneur des baronnies d'Utrique. Celui dont les armes sont semées de cloches d'azur et dont les étriers d'acier battent les flancs rayés de son zèbre agile, c'est le puissant duc de Nerbie, Espartafilando du Bocage, qui porte sur son écu un champ d'asperges, avec cette devise : Suivez ma fortune. »

Notre héros nomma encore je ne sais combien d'autres chevaliers de l'une et de l'autre de ces prétendues armées, leur donnant à tous les armes, les couleurs et les devises que lui fournissait sa fertile folie ; et sans s'arrêter il poursuivit de la sorte : « Ce corps que tu vois là en face de nous est composé d'une infinité de nations diverses. Ici sont ceux qui boivent les douces eaux du fleuve célèbre appelé Xanthe, là sont des montagnards qui cultivent les champs Massiliens ; ici ceux qui criblent l'or fin de l'Arabie Heureuse, là ceux qui goûtent la fraîcheur des rives si vantées du limpide Thermodonte ; ceux qui épuisent à l'envi le lit doré du Pactole ; les Numides inconstants et peu sûrs dans leurs promesses ; les Perses, si habiles dans le tir de l'arc ; les Mèdes et les Parthes, qui combattent en fuyant ; les Arabes, à la tente mobile ; les Scythes, à la peau blanche et au cœur féroce ; les Éthiopiens, qui se percent les lèvres, et mille autres nations que je vois et que je reconnais à leurs aspects divers, mais dont je n'ai pas retenu les noms. De cet autre côté, viennent ceux qui boivent le liquide cristal du Bétis aux bords plantés d'oliviers ; ceux qui se baignent dans les eaux dorées qui remplissent le lit du Tage ; ceux qui jouissent des flots fécondants du divin Genil; ceux qui foulent sous leurs pas les champs Tartésiens, si abondants en pâturages; ceux qui s'ébattent joyeusement dans les prés élyséens de Xérès; les riches Manchois, couronnés de blonds épis; ces hommes tout couverts de fer, reste du sang des anciens Goths; ceux qui se baignent dans la Pisuerga, fameuse par la tranquillité de son courant; ceux qui font paître leurs troupeaux dans les grasses prairies de la sinueuse Guadiana; ceux qui grelottent dans les froids vallons des Pyrénées ou sur les cimes neigeuses de l'Apennin; en un mot, tous les peuples que l'Europe nourrit sur sa vaste surface. »

Bonté divine! combien de provinces et combien de nations il passa en revue, en donnant à chacune d'elles, avec une merveilleuse précision, les attributs qui la caractérisent, tout imbu et tout coiffé qu'il était de ce qu'il avait lu dans ses livres mensongers! Sancho, étonné de ce flux de paroles, n'avait pas le mot à dire. Il ouvrait de grands yeux et suivait de la tête la main de son maître, cherchant à découvrir les chevaliers et les géants. Mais enfin, ne pouvant parvenir à rien voir : « Seigneur, dit-il à demi désespéré, je donne au diable l'homme, le chevalier ou le géant qui paraît, de ceux que vous avez nommés; car je n'en vois pas la queue d'un; peut-être tout cela se fait-il par enchantement comme les fantômes de cette nuit. — Comment es-tu donc fait? répondit don Quichotte : est-ce que tu n'entends pas le hennissement des chevaux, le son des trompettes, le bruit des tambours et des timbales? — Je n'entends rien, dit Sancho, si ce n'est des bêlements de moutons et de brebis. » Cela était parfaitement exact; car les troupeaux s'étaient rapprochés assez près pour être entendus. « Je vois bien, reprit don Quichotte, que tu as plus de peur que tu ne dis; car un des effets de la crainte, c'est de troubler les sens et de peindre les objets autrement qu'ils ne sont. Mais si le courage te manque, tiens-toi à l'écart et laisse-moi faire; c'est assez de moi pour

— Eh! quelle folie est la vôtre, Seigneur Don Quichotte! criait Sancho; vous vous trompez, il n'y a là ni géants ni chevaliers. —

porter la victoire où je porterai mon bras. » A ces mots, il donne des éperons à Rossinante, et, la lance en arrêt, fond comme un éclair du haut de la colline dans la campagne. Sancho lui criait à tue-tête qu'il s'arrêtât, et que c'étaient bien certainement des moutons; il prenait le Ciel à témoin, se donnait au diable, et cela fort inutilement. « Malédiction sur toute ma race! disait-il. Eh! quelle folie est la vôtre! Seigneur, seigneur don Quichotte, vous vous trompez, il n'y a là ni géants, ni chevaliers, ni chats, ni champ, ni écu parti ou entier, ni azur véritable ou ensorcelé; et qu'allez-vous faire! »

Don Quichotte ne s'arrêtait point pour cela; et, bien loin de l'écouter, il criait lui-même de toute sa force : « Courage, courage, chevaliers qui combattez sous les étendards du valeureux Pentapolin au Bras-Retroussé! suivez-moi seulement, et vous verrez que je l'aurai bientôt vengé du traître Alifanfaron de Taprobane. » En même temps il s'élance furieux au milieu de l'escadron de brebis, qu'il perce de tous côtés, et avec autant de courage et de vigueur que s'il eût eu affaire à ses plus cruels ennemis. Ceux qui conduisaient le troupeau se contentèrent d'abord de lui demander à qui il en avait et ce que lui avaient fait ces pauvres bêtes; mais enfin, voyant qu'ils ne gagnaient rien à crier, ils prirent leurs frondes, et commencèrent à saluer notre héros à coups de pierres un peu plus grosses que le poing, avec tant de diligence qu'un coup n'attendait pas l'autre. Mais lui, méprisant cette manière de combattre, ne daignait pas se mettre en garde, et ne cessait de courir de tous côtés, criant à haute voix : « Où es-tu, superbe Alifanfaron? A moi! à moi! je t'attends ici seul, pour éprouver tes forces et te punir de la guerre injuste que tu fais au valeureux Pentapolin. » De tant de pierres qui volaient autour de notre héros, une enfin l'atteignit dans les côtes et lui en enfonça deux. Il se crut mort, ou du moins dangereusement blessé;

mais, se souvenant de son excellent remède, il porte promptement à sa bouche le vaisseau de fer-blanc, et commence à avaler cette précieuse liqueur. Avant qu'il en eût pris ce qu'il jugeait nécessaire, une autre pierre vient briser le vaisseau dans sa main, et chemin faisant lui emporte trois ou quatre dents de la bouche et lui écrase deux doigts de la main. Ce double coup fut si violent, que le bon chevalier en fut jeté par terre, où il demeura étendu; et les bergers, le croyant mort, rassemblèrent vite leurs troupeaux, ramassèrent les moutons qui étaient demeurés sur la place au nombre de sept ou huit, sans comprendre les blessés, et s'éloignèrent en diligence.

Sancho, cependant, n'avait pas quitté la colline, d'où il contemplait les incroyables folies de son maître, et, s'arrachant la barbe à pleines mains, il maudissait cent fois le jour et l'heure où sa mauvaise fortune le lui avait fait connaître. Mais lorsqu'il le vit par terre et les bergers retirés, il courut à lui, et le trouvant en très-mauvais état, quoiqu'il n'eût pourtant pas perdu le sentiment : « Ah! seigneur don Quichotte, s'écria-t-il, ne vous disais-je pas bien de revenir, et que c'étaient des moutons, et non pas une armée, que vous alliez attaquer?
— Voilà, dit don Quichotte, comment le traître d'enchanteur qui m'en veut tourne et change toutes choses à sa fantaisie; car, mon pauvre Sancho, je te l'ai dit cent fois, ce n'est pas une affaire pour ces gens-là que de nous faire voir et croire tout ce qu'ils veulent; et le perfide nécromant, envieux de la gloire que j'allais acquérir, n'a pas manqué de métamorphoser ces escadrons d'ennemis et d'en faire des moutons, pour diminuer le prix de ma victoire. Mais veux-tu me faire un plaisir, et en même temps te désabuser une bonne fois? monte sur ton âne, et suis de loin ce prétendu bétail : je gage qu'ils n'auront pas fait mille pas, qu'ils reprendront leur première forme, et tu verras ces soi-disant moutons devenir des hommes faits et parfaits, comme je les ai dépeints d'abord. Mais non,

n'y va pas pour l'heure, j'ai besoin de toi ; approche et regarde combien il me manque de dents, car il me semble qu'il ne m'en reste pas une dans la bouche. »

Sancho s'approcha, et comme il regardait de si près qu'il avait quasi le nez dedans, le baume acheva d'opérer dans l'estomac de don Quichotte, de sorte qu'avec la force d'un coup d'arquebuse il lança tout ce qu'il avait dans le corps aux yeux et à la barbe du charitable écuyer. « Sainte Marie ! s'écria Sancho, mon maître est blessé à mort et rend le sang tout clair par la bouche ! » Cependant il y regarda de plus près, et la couleur, l'odeur et le goût lui firent connaître que ce n'était pas du sang, mais le baume qu'il lui avait vu boire ; ce qui lui donna un si grand soulèvement de cœur, que, sans avoir le loisir de tourner seulement la tête, il vomit à son tour tout ce qu'il avait dans les entrailles au nez de son maître, et ils demeurèrent tous les deux dans le plus plaisant état qu'on puisse imaginer. Sancho courut promptement à son âne chercher du linge pour s'essuyer et pour panser son maître ; mais, ne trouvant point son bissac, qu'il avait oublié dans l'hôtellerie, comme nous l'avons vu, peu s'en fallut que l'esprit ne lui tournât. Il se donna de nouveau mille malédictions ; il résolut dans son cœur de planter là son maître et de s'en retourner à son village, sans se soucier de la récompense de ses services, ni du gouvernement de l'île.

Don Quichotte, cependant, se leva avec bien de la peine, et mettant la main gauche dans la bouche, comme pour étayer le reste de ses dents, qui étaient fort ébranlées, il prit de la droite la bride du fidèle Rossinante et s'en alla du côté de Sancho, qu'il trouva demi-couché sur son âne et la tête dans ses mains, comme un homme enseveli dans une profonde tristesse. « Ami Sancho, lui dit-il en le voyant en cet état, sais-tu bien que tu n'es pas plus homme qu'un autre si tu ne fais plus qu'un autre ? Ces bourrasques qui nous arrivent, ne sont-ce pas des signes évidents que le temps va devenir serein et nos affaires meilleures? Ne sais-tu pas que le bien et le mal ont leur terme? et, s'il est vrai que les choses violentes ne sont pas de durée, ne devons-nous pas croire infailliblement que nous touchons du doigt les faveurs de la fortune? Cesse donc de t'affliger si profondément des disgrâces qui m'arrivent, et dont il ne tombe pas sur toi la moindre partie. — Comment donc! répondit Sancho, peut-être que celui qu'on berna hier était un autre que le fils de mon père? et le bissac qu'on m'a pris, avec tout ce qui était dedans, n'était peut-être pas à moi? — Quoi! tu as perdu le bissac, reprit brusquement don Quichotte. — Je ne sais pas s'il est perdu, dit Sancho; mais je ne le trouve point où j'avais coutume de le mettre. — Nous voilà donc réduits à jeûner aujourd'hui! repartit don Quichotte. — Assurément, dit Sancho, si nous ne trouvons dans les prés ces herbes que vous connaissez, et qui suppléent à toute autre nourriture pour les chevaliers malencontreux comme vous. — Pour te dire la vérité, continua don Quichotte, j'aimerais mieux, à l'heure qu'il est, un quartier de pain bis et deux têtes de sardines que toutes les herbes que décrit Dioscoride, même avec les commentaires de Laguna. Cependant monte sur ton âne, mon fils Sancho, et suis-moi; Dieu, qui pourvoit à toutes choses, ne nous manquera pas, surtout quand nous nous appliquons à le servir, comme nous faisons dans ce pénible exercice; lui qui n'oublie pas les moucherons de l'air, et qui prend soin des petits vermisseaux et des moindres insectes de la terre, qui fait luire son soleil sur les justes et sur les coupables, et qui répand sa rosée sur les méchants aussi bien que sur les bons.

— En vérité, seigneur, interrompit Sancho, je crois que vous seriez meilleur prédicateur que chevalier errant. — Il faut, reprit don Quichotte, que les chevaliers errants sachent de tout, et il y eut dans les siècles passés tel d'entre eux qui se mettait aussi hardiment à faire un sermon, ou quelque autre harangue, au beau milieu d'un grand chemin, que s'il eût été gradué à l'université de Paris : tant il est vrai que l'épée n'émousse point la plume, ni la plume l'épée. — A la bonne heure, dit Sancho, qu'il en soit comme il plaira à Votre Grâce ; mais éloignons-nous d'ici, et cherchons à loger pour cette nuit ; et Dieu veuille que ce soit dans un endroit où il n'y ait ni berne, ni berneurs, ni fantômes, ni Mores enchantés ; car, par ma foi, si j'en trouve, je dis adieu à la chevalerie, et je jette le manche après la cognée. — Ami, dit don Quichotte, prends le chemin que tu voudras, je te laisse pour cette fois le soin de nous loger. Mais donne-moi un peu ta main, et tâte avec le doigt combien il me manque de dents à la mâchoire d'en haut. » Sancho lui mit les doigts dans la bouche ; et, tâtant en haut et en bas, il lui demanda : « Combien de dents aviez-vous de ce côté-là ? — Quatre, répondit don Quichotte, sans compter l'œillère, toutes entières et bien carrées. — Faites attention, seigneur, à ce que vous dites, reprit Sancho. — Je dis quatre, si ce n'est même cinq, repartit don Quichotte ; car de ma vie il ne m'en est tombé ni on ne m'en a arraché une seule. — Oh bien ! dit Sancho, vous avez justement deux dents et demie dans la mâchoire d'en bas ; et pour celle d'en haut, il n'y a ni dent ni demie ; tout est ras comme la peau de la main. — Vraiment ! dit don Quichotte à cette triste nouvelle ; j'aimerais mieux qu'on m'eût coupé un bras, pourvu que ce ne fût pas celui de l'épée. Vois-tu, Sancho, une bouche sans dents est proprement un moulin sans meule, et une dent vaut mieux qu'un diamant ; mais c'est là notre partage, à nous qui faisons profession des austères lois de la chevalerie ; marche, ami, et guide-moi, j'irai le train que tu voudras. » Sancho prit le devant, et s'achemina du côté où il crut trouver à loger. Comme ils allaient fort lentement, parce que don Quichotte sentait une vive douleur, Sancho voulut l'entretenir pour charmer son mal ; et, entre autres choses, il lui dit ce qu'on verra dans le chapitre suivant.

CHAPITRE XII

De l'agréable conversation que Sancho eut avec son maître, et de la rencontre qu'ils firent d'un corps mort.

« Ou je me trompe fort, mon seigneur, commença Sancho, ou cette foule de disgrâces qui nous sont arrivées depuis quelques jours ne sont autre chose que la punition du péché que vous avez commis contre l'ordre de votre chevalerie, en violant le serment que vous aviez fait de ne point manger pain sur table, et tout ce qui s'ensuit, jusqu'à ce que vous eussiez gagné l'armet de ce Malandrin, ou quel que soit le nom de ce More, que j'ai oublié. — C'est fort bien dit à toi, répondit don Quichotte; mais cela m'avait échappé de la mémoire. Et toi, tu peux croire aussi que c'est pour avoir manqué à m'en faire ressouvenir, que tu as eu l'aventure de la berne; mais enfin pour moi, je réparerai ma faute, car dans l'ordre de chevalerie il y a accommodement pour tout. — Mais moi, seigneur, reprit Sancho, est-ce que j'ai fait des serments? — Cela n'y fait rien, dit don Quichotte; quoique tu n'aies pas juré, tu es participant au serment : ainsi il sera bon d'y mettre ordre. — Puisqu'il en est ainsi, dit Sancho, n'allez pas, s'il vous plaît, l'oublier comme vous aviez fait; car peut-être les fantômes voudraient-ils se réjouir encore une fois à mes dépens, et même aux vôtres, s'ils vous voyaient incorrigible. »

Pendant cette conversation, la fin du jour surprit nos gens au milieu du chemin, sans abri et mourant de faim. Il se fit nuit tout à fait, et ils ne s'arrêtaient pas, parce que Sancho s'imaginait qu'étant sur le grand chemin ils n'avaient tout au plus qu'une lieue ou deux à faire pour trouver une hôtellerie. Pendant qu'ils allaient dans cette espérance, ils virent à quelque distance d'eux quantité de lumières qui paraissaient autant d'étoiles mouvantes. Peu s'en fallut que Sancho ne s'évanouît à cette vue, et don Quichotte lui-même fut un peu surpris. L'un tira le licou de son âne, et l'autre retint la bride de son cheval ; et, s'arrêtant pour considérer ce que cela pouvait être, ils s'aperçurent que les lumières venaient droit à eux et grandissaient en s'approchant. La peur de Sancho en redoubla, et les cheveux se dressèrent sur la tête à don Quichotte, qui rappela pourtant son intrépidité. « Ami Sancho, dit-il, voici sans doute une très-grande et très-périlleuse aventure, et où j'aurai besoin de toute ma valeur. — Malheureux que je suis ! répondit Sancho, si c'est encore ici une aventure de fantômes, comme elle en a bien l'air, où diantre sont les côtes qui pourront y fournir ? — Fantômes tant qu'ils voudront, dit don Quichotte, je te réponds qu'il ne t'en coûtera pas un cheveu de la tête. S'ils te jouèrent un mauvais tour la dernière fois, c'est que je ne pus franchir le mur de la cour ; mais à présent que nous sommes en rase campagne, j'aurai la liberté de tirer l'épée. — Et s'ils vous enchantent encore, comme ils firent, dit Sancho, que me servira-t-il que vous ayez le champ libre ou non ? — Prends courage seulement, et l'expérience va te faire voir quel est le mien. — C'est ce que je ferai, s'il plaît à Dieu, » répondit Sancho. Et se retirant tous les deux un peu à l'écart, pour considérer ce que deviendraient ces lumières, ils découvrirent comme un grand nombre d'hommes tout blancs. Ce fut alors que Sancho perdit tout à fait la tramontane, et que les dents commencèrent à lui claquer. Le tremblement augmenta encore, et beaucoup, quand ils virent distinctement environ vingt hommes à cheval, qui paraissaient être en chemise, portant chacun une torche à la main, et marmottant quelque chose à voix basse et plaintive ; ensuite venait une litière de deuil, suivie de six cavaliers tout couverts de noir jusqu'aux pieds de leurs montures. Cet étrange spectacle, à une telle heure et dans un lieu si désert, aurait épouvanté un autre que Sancho, dont aussi toute la valeur fit naufrage en cette occasion. Quant à son maître, il s'imagina qu'il y avait dans la litière quelque chevalier mort, dont la vengeance lui était réservée. Sans autre réflexion, il met la lance en arrêt, se plante au milieu du chemin par où cette troupe devait passer, et leur crie d'une voix terrible : « Demeurez là, qui que vous soyez, et dites-moi qui vous êtes, d'où vous venez, où vous allez, et ce que vous menez dans cette litière. Apparemment vous avez fait outrage à quelqu'un, ou d'autres vous en ont fait ; et il faut que je le sache, ou pour vous punir, ou pour vous venger. — Nous sommes pressés, répondit un des cavaliers, l'hôtellerie est encore loin, et nous n'avons pas le temps de vous rendre compte de ce que vous demandez. » Il piqua en même temps la mule qu'il montait, et voulut passer outre. Mais don Quichotte, irrité de cette réponse, et saisissant les rênes de la mule : « Apprenez à vivre, rustaud, lui dit-il, et répondez tout à l'heure à ce que je vous demande, ou préparez-vous tous au combat. »

La mule était ombrageuse, et si fort, que, quand don Quichotte la prit par le frein, elle se cabra, et, mettant la croupe à terre, se renversa sur son maître fort rudement. Un valet qui était à pied, ne pouvant faire autre chose, jeta mille injures à notre chevalier, ce qui acheva de le mettre en colère ; et, sans s'amuser davantage à faire des questions, il courut de toute sa force sur un de ceux qui étaient couverts de deuil, et l'étendit par terre en fort mauvais état. De celui-ci il passa à un autre, et c'était une chose étonnante que la vigueur et la promptitude dont il y allait ; il semblait qu'en ce moment il fût venu des ailes à Rossinante, tant il avait de légèreté. Le métier de ces gens-là, qui étaient des ecclésiastiques, n'était pas d'être braves, ni de porter des armes ; aussi prirent-ils bientôt l'épouvante, et, s'enfuyant à travers champs avec leurs torches allumées, ils ressemblaient à des masques prenant leurs ébats dans une nuit de carnaval. Les gens de deuil, aussi troublés pour le moins, et de plus embarrassés de leurs longs manteaux, ne pouvaient seulement se remuer. Aussi don Quichotte, frappant tout à son aise, demeura maître du champ de bataille à fort bon marché, toute cette troupe épouvantée le prenant pour le diable, qui venait leur disputer un corps mort étendu sur la litière. Sancho cependant admirait la hardiesse de notre héros, et concluait, à part lui, qu'il fallait bien que son maître fût tout ce qu'il disait.

Après cette expédition, don Quichotte, apercevant celui sur qui la mule s'était renversée, à la lueur de sa torche qui brûlait encore, alla lui mettre la pointe de sa lance sur la gorge, et lui dit de se rendre, ou qu'il le tuerait. « Je ne suis que trop rendu, répondit l'autre, puisque je ne saurais me remuer, et que je crois avoir une jambe rompue. Je vous supplie, seigneur, si vous êtes un chevalier chrétien, de ne pas me tuer; vous commettriez un sacrilége, car je suis licencié, et j'ai reçu les premiers ordres. — Eh! qui diable vous amène donc ici, dit don Quichotte, si vous êtes homme d'Église? — Ma mauvaise fortune, comme vous voyez. — Elle pourra devenir pire encore, reprit don Quichotte, si vous ne répondez sur-le-champ à tout ce que je vous ai demandé. — Il ne me sera pas difficile de vous satisfaire, répondit l'autre. D'abord Votre Grâce saura que, bien que j'aie dit tout à l'heure que j'avais pris la licence, je ne suis encore que bachelier; je m'appelle Alonzo Lopez, natif d'Alcovendas; je viens de Baeça avec onze autres ecclésiastiques, qui sont ceux que vous avez fait fuir; nous accompagnons le corps d'un gentilhomme mort il y a quelque temps à Baeça, et qui a voulu être enterré à Ségovie, lieu de sa naissance. — Et qui l'a tué ce gentilhomme? demanda don Quichotte. — Dieu, répondit le bachelier, par une fièvre maligne qu'il lui a envoyée. — Cela étant, répliqua le chevalier, Notre-Seigneur m'a délivré du soin de venger sa mort, comme j'aurais dû le faire si quelque autre l'avait tué ; mais puisque c'est Dieu, il n'y a qu'à se taire et à plier les épaules, comme je ferais pour moi-même s'il m'infligeait le même sort. Sachez maintenant à votre tour, seigneur bachelier, que je suis un chevalier de la Manche, appelé don Quichotte, et que ma profession est d'aller par le monde, redressant les torts et défaisant les injures. — Je ne vois pas, répondit le bachelier, comment vous pouvez appeler cela redresser les torts ; car j'étais droit, et vous m'avez mis tout de travers en me cassant une jambe qui ne se redressera peut-être jamais. Voilà l'injure que vous avez défaite, et pendant que vous cherchez les aventures, vous m'avez fait trouver la pire de toutes. — Les choses ne vont pas toujours comme on le souhaite, dit don Quichotte ; et tout le mal que je vois en ceci, seigneur Alonzo Lopez, c'est que vous ne deviez point aller ainsi de nuit avec ces longs manteaux de deuil, ces surplis et des torches allumées, marmottant entre les dents et ressemblant à des gens de l'autre monde. Je n'ai pu m'empêcher de vous attaquer en cet état-là, étant ce que je suis ; et je vous aurais attaqués quand vous eussiez été autant de diables, comme je croyais, en effet, que vous l'étiez à vos habits et à votre mine. — Enfin, dit le bachelier, puisque mon malheur l'a ainsi voulu, je vous supplie seulement, seigneur chevalier errant, qui m'avez fait si mal errer, d'avoir la bonté de me dégager de dessous cette mule, où j'ai une jambe engagée entre l'étrier et la selle. — Que ne l'avez-vous dit plus tôt ? répondit don Quichotte ; et que tardiez-vous à me confier votre peine ? J'aurais parlé jusqu'à demain. »

Cette aventure ainsi menée à fin, il appela Sancho, qui ne se pressa pourtant pas de venir, parce qu'il était occupé à dévaliser un mulet chargé de vivres, et il fallut attendre qu'il eût fait de sa casaque une manière de sac, et qu'il l'eût chargée sur son âne après l'avoir farcie de tout ce qu'il put y faire entrer. Il courut ensuite à son maître, à qui il dit : « Pardi, seigneur, je ne puis pas être au four et au moulin. » Don Quichotte lui ordonna d'aller aider un de ceux qu'il avait renversés, ce qu'il fit, en le mettant sur sa mule et en lui rendant sa torche ; et don Quichotte lui dit qu'il n'avait qu'à suivre sa compagnie, à laquelle il le pria de présenter des excuses de sa part pour le traitement qu'il leur avait fait, et qu'il n'avait pu ni dû s'empêcher de leur faire. « Si par hasard, ajouta Sancho, ces seigneurs demandent quel est ce vaillant chevalier qui les a si bien ajustés, vous leur direz, s'il vous plaît, que c'est le fameux don Quichotte de la Manche, qui s'appelle autrement le chevalier de la Triste-Figure. »

Quand ces hommes furent partis, don Quichotte demanda à Sancho ce qu'il voulait dire avec son chevalier de la Triste-Figure. « Puisque vous voulez le savoir, répondit Sancho, c'est que je vous ai quelque temps considéré à la lueur de la torche qu'avait ce pauvre diable ; et, à vous dire le vrai, je vous ai trouvé la mine la plus effrayante que j'aie jamais vue, soit par suite de la fatigue du combat, soit à cause des dents qui vous manquent. — Tu n'y es pas, dit don Quichotte, et je vois bien que le sage qui doit écrire mon histoire a jugé à propos que j'eusse un surnom comme tous les anciens chevaliers ; car l'un s'appelait le chevalier de l'Ardente-Épée, l'autre de la Licorne, celui-ci des Demoiselles, celui-là du Phénix, un autre du Griffon, un autre de la Mort, et ils étaient connus sous ces noms-là par toute la terre. C'est lui sans doute, ce même sage, qui t'a suggéré le surnom de la Triste-Figure, que je prétends désormais porter ; et, pour cela, je suis résolu à faire peindre sur mon écu quelque figure fort étrange. — Ma foi, reprit Sancho, vous pouvez bien vous en épargner la dépense, et vous n'avez qu'à vous montrer ; tous ceux qui vous verront vous donneront ce nom. » Don Quichotte sourit de la plaisanterie de son écuyer, et résolut tout de bon de prendre le surnom qu'il lui avait donné, et de faire peindre son écu à la première occasion qu'il en aurait. « Mais, dit-il, sais-tu bien, Sancho, que je crains d'être excommunié pour avoir porté la main sur un ecclésiastique? La vérité est que je ne l'ai pas touché de la main, mais seulement de la lance; je ne croyais pas non plus que ce fussent là des prêtres, ni rien qui appartînt à l'Église, que j'honore et respecte comme fidèle chrétien catholique, mais des fantômes et des habitants de l'autre monde; et quand même je l'aurais su, je me souviens bien de ce qui arriva au Cid Ruy-Dias, quand il mit en pièces le siége de l'ambassadeur d'un certain roi en présence du pape, qui l'excommunia. Je trouve, pour moi, que le vaillant Rodrigue de Vivar ne fit rien cette fois-là que tout homme d'honneur et tout loyal chevalier ne doive faire. »

Le bachelier s'en étant allé, don Quichotte eut envie de savoir si ce que renfermait la bière était le corps entier du gentilhomme, ou seulement les os; mais Sancho s'y opposa, en lui disant : « Seigneur, qu'il soit dit une fois, je vous en supplie, que vous êtes sorti de quelque aventure sans y laisser des plumes. Il ne faut pas tenter le diable. Si ces gens viennent à reconnaître que c'est un seul chevalier qui les a si malmenés, ils peuvent revenir sur leurs pas et prendre leur revanche. Mon âne est en bon état, nous voici près de la montagne, la faim nous presse : qu'avons-nous de mieux à faire qu'à nous retirer bravement? Que le mort, comme on dit, s'en aille à la sépulture, et le vivant à la pâture. » En même temps il prit son âne par le licou et engagea son maître à le suivre, ce que don Quichotte fit sans répliquer, voyant que Sancho n'avait pas tout à fait tort.

CHAPITRE XIII

De l'aventure inouïe qu'acheva le vaillant don Quichotte,
avec aussi peu de danger qu'en ait jamais couru aucun chevalier fameux
en ce monde.

Après avoir marché quelque temps entre deux collines qu'ils ne distinguaient qu'à peine, ils se crurent un peu plus au large, et ils étaient, en effet, dans un grand vallon, où don Quichotte mit pied à terre; et là, étendu sur l'herbe fraîche, et sans autre sauce que leur appétit, ils déjeunèrent, dînèrent, goûtèrent et soupèrent tout à la fois de ce que Sancho avait trouvé en abondance dans les paniers des ecclésiastiques. Mais une disgrâce que Sancho trouva la pire de toutes, c'est qu'ils mouraient de soif, et qu'ils n'avaient pas même une goutte d'eau pour se rafraîchir la bouche. Cependant il remarqua qu'ils étaient dans un pré où l'herbe était très-fraîche; il en conclut qu'il devait se trouver quelque ruisseau dans le voisinage pour apaiser cette terrible soif qui les tourmentait et leur semblait alors plus difficile à souffrir que la faim. Don Quichotte le crut; il prit aussitôt Rossinante par la bride, et Sancho son âne par le licou; puis ils commencèrent à marcher en tâtonnant, parce que l'obscurité était si grande qu'ils ne voyaient rien du tout. Mais ils n'eurent pas fait deux cents pas, qu'ils entendirent un grand bruit, comme celui d'un torrent qui tomberait du haut d'une montagne. Ce bruit leur donna bien de la joie; cependant, comme ils écoutaient de quel côté il pouvait venir, ils en entendirent un autre qui diminua fort le plaisir que le premier leur avait fait, surtout pour Sancho, qui naturellement n'était pas fort courageux. C'étaient de grands coups redoublés avec un cliquetis de fers et de chaînes, et cela, joint au bruit du torrent, faisait un si grand tintamarre, que tout autre que notre héros en eût été épouvanté.

La nuit, comme nous l'avons dit, était fort obscure, et le hasard les conduisit sous de grands arbres dont un vent frais agitait les feuilles et les branches; si bien que l'obscurité, le bruit de l'eau, le murmure des arbres, et ces grands coups qui ne cessaient point, tout cela semblait fait pour donner de la terreur, d'autant plus qu'ils ne savaient où ils étaient et que le jour ne venait point. Mais l'intrépide don Quichotte, au lieu de s'épouvanter, se jeta légèrement sur Rossinante, et embrassant son écu : « Ami Sancho, lui dit-il, apprends que le Ciel m'a fait naître pour ramener l'âge d'or en ce maudit siècle de fer : c'est à moi que sont réservées les grandes actions et les périlleuses aventures; c'est moi, encore une fois, qui dois effacer la mémoire des chevaliers de la Table-Ronde, des douze pairs de France, des neuf preux, des Olivants, des Bélianis, des chevaliers du Soleil, et de cette multitude innombrable de chevaliers errants du temps passé, en faisant de si grandes choses qu'elles obscurciront tout ce dont ils ont pu se glorifier. Tu vois, loyal et fidèle écuyer, l'obscurité de cette nuit, ce profond silence, le sourd et confus murmure de ces arbres, l'épouvantable bruit de cette eau que nous sommes venus chercher, qui semble tomber des montagnes de la lune, et ce continuel battement qui nous blesse les oreilles. La moindre de ces choses suffirait pour étonner le dieu Mars lui-même, et à plus forte raison des gens qui ne seraient pas accoutumés à de semblables aventures. Cependant ce ne sont que des aiguillons qui réveillent mon courage, et je sens que le cœur me bondit comme pour aller au-devant du péril, que je suis d'autant plus résolu à affronter, qu'il me paraît plus grand et plus horrible. Serre donc les sangles à Rossinante, et demeure en la garde de Dieu. Si tu ne me vois dans trois jours, tu peux t'en retourner au village, et de là tu me feras bien le plaisir d'aller au Toboso, où tu diras à mon incomparable Dulcinée que le chevalier esclave de sa beauté est mort pour avoir voulu entreprendre des choses qui pussent le rendre digne d'elle. »

Quand Sancho l'entendit parler de la sorte, il se prit à pleurer avec la plus grande tendresse du monde, et lui dit : « Seigneur, je ne comprends pas pourquoi vous voulez tenter une aussi effroyable aventure. J'ai ouï dire souvent à notre curé que celui qui cherche le péril finit par y périr ; ainsi n'allez point offenser Dieu en entreprenant une aventure dont vous ne sauriez vous tirer sans miracle. Ne vous suffit-il pas, seigneur, que le Ciel vous ait garanti d'être berné comme moi, et que vous soyez sorti sain et sauf de votre combat contre ceux qui accompagnaient ce mort ? Mais si tout cela ne peut émouvoir votre cœur de roche, qu'il s'attendrisse au moins pour moi ; et songez, seigneur, que, dès que vous m'aurez abandonné, je suis capable, par pure frayeur, de jeter mon âme à qui voudra la ramasser. Souvenez-vous que j'ai quitté ma maison pour vous suivre ; que j'ai laissé femme et enfants pour me donner à vous ; qu'outre l'honneur de vous servir, j'ai cru faire par là leur profit comme le mien. Mais je vois présentement la vérité de ces paroles : Qui trop embrasse mal étreint. Voilà toutes mes espérances à vau-l'eau, au moment où je croyais tenir cette île de malheur que vous m'avez si souvent promise ; voilà que pour toute récompense vous voulez me laisser seul dans un lieu désert, où il ne passe ni bêtes ni gens. Pour l'amour de Dieu, mon seigneur et cher maître, n'ayez pas cette cruauté ; et si vous êtes résolu à entreprendre cette maudite aventure, attendez au moins qu'il soit jour. Il n'y a pas plus de trois heures à attendre, selon ce que j'ai appris lorsque j'étais berger ; car voilà la bouche de la Petite-Ourse au-dessus de la tête, et qui marque minuit dans la ligne du bras gauche. — Eh ! mon pauvre Sancho, interrompit don Quichotte, comment peux-tu voir cette ligne, cette bouche ou cette tête, puisque la nuit est si obscure qu'il ne paraît pas une étoile dans tout le ciel? — Cela est vrai, répondit Sancho ; mais la crainte a des yeux clairvoyants, et d'ailleurs il n'est point malaisé de reconnaître qu'il n'y a pas loin d'ici au jour. — Qu'il vienne tôt ou tard, il ne sera pas dit, répondit don Quichotte, que les prières et les larmes de personne m'auront empêché de faire mon devoir de chevalier : ainsi, Sancho, tout ce que tu dis est inutile. Le Ciel, qui m'a mis dans le cœur le dessein d'aborder sur-le-champ cette terrible aventure, saura bien m'en tirer, ou prendra soin de toi après ma mort. Tout ce que tu as à faire, c'est de bien sangler Rossinante et de m'attendre ici ; je reviendrai bientôt, mort ou vif. »

Sancho, voyant la dernière résolution de son maître, et que ses larmes ni ses conseils ne servaient à rien, prit le parti de l'obliger malgré lui d'attendre le jour ; et pour cela, avant de serrer les sangles à Rossinante, il lui lia, sans faire semblant de rien, les jambes de derrière avec le licou de son âne, en sorte que, quand don Quichotte voulut partir, son cheval, au lieu d'aller en avant, ne faisait que sauter. « Eh bien! seigneur, dit Sancho fort satisfait de son invention, vous voyez que le Ciel est de mon côté, il ne veut pas que Rossinante bouge d'ici ; et si vous vous opiniâtrez à tourmenter ce pauvre animal, ce sera, comme on dit, fâcher la fortune et regimber contre l'aiguillon. » Don Quichotte enrageait de tout son cœur ; mais, voyant que plus il piquait, moins Rossinante semblait disposé à se mouvoir, il résolut enfin d'attendre que le jour parût, ou que son cheval fût en humeur de marcher, sans qu'il lui vînt dans l'esprit que ce pût être un tour de son écuyer. « Puisqu'il plaît ainsi à Rossinante, dit-il, il faut bien que j'attende, quelque regret que j'en aie. — Eh! qu'y a-t-il là de si fâcheux? reprit Sancho ; je vous ferai des contes, et je m'engage à vous en fournir jusqu'au jour, à moins que Votre Grâce n'aime mieux mettre pied à terre, et dormir un peu sur l'herbe fraîche, à la manière des chevaliers errants, pour se trouver demain plus reposé et plus en état d'entreprendre cette épouvantable aventure. — Moi, mettre pied à terre et dormir! dit don Quichotte; est-ce que je suis par hasard de ces chevaliers qui se reposent quand il est question de combattre? Dors, toi qui es né pour dormir, ou fais ce que tu voudras; pour moi, je sais bien ce que j'ai à faire. — Ne vous fâchez pas, seigneur; je ne l'ai dit que pour rire, » ajouta Sancho; et, s'approchant en même temps très-près de son maître, il mit une main sur l'arçon de devant, et l'autre sur celui de derrière, en sorte qu'il lui embrassait la cuisse gauche et s'y tenait comme collé sans oser s'en détacher, tant il était épouvanté de ces coups qu'ils ne cessaient d'entendre. « Fais-moi quelque conte, lui dit son maître, en attendant le jour. — Je le voudrais bien, répondit Sancho, si le bruit que j'entends ne me coupait la parole. Avec tout cela, je vais tâcher de vous dire une histoire, et la meilleure peut-être que vous ayez jamais ouïe, si je la puis retrouver et si je n'en oublie rien. Écoutez-moi donc, je vais commencer.

« Il y avait une fois ce qu'il y avait... que le bien qui vient soit pour tout le monde, et le mal pour celui qui va le chercher... Remarquez, je vous prie, en passant, seigneur, que les anciens ne commençaient pas leurs contes comme on fait aujourd'hui, mais par ce proverbe d'un certain Caton l'encenseur romain, qui dit que le mal est pour celui qui va le chercher : ce qui vient ici à point nommé pour avertir Votre Seigneurie de se tenir tranquille, sans aller éveiller le chat qui dort, et que nous ferons bien de prendre une autre route, puisque personne ne nous force de continuer celle-ci, où l'on dirait que tous les diables nous attendent. — Poursuis seulement ton histoire, dit don Quichotte, et pour ce qui est du chemin que nous devons prendre, laisse-m'en le soin. — Je dis donc, reprit Sancho, qu'en un certain lieu de l'Estramadure il y avait un berger chevrier, c'est-à-dire qui gardait des chèvres; lequel berger ou chevrier, comme dit le conte, s'appelait Lope Ruiz; et ce berger

Lope Ruiz était amoureux d'une bergère nommée la Torralva ; laquelle bergère nommée la Torralva était fille d'un riche pasteur, qui avait un fort grand troupeau ; lequel riche pasteur, qui avait un fort grand troupeau... — Si tu t'y prends de cette manière, interrompit don Quichotte, et que tu répètes toujours deux fois la même chose, tu n'auras pas fait en deux jours ; conte ton histoire avec suite et en homme qui s'y entend, ou ne t'en mêle pas. — Toutes les nouvelles se content ainsi dans nos veillées, reprit Sancho, et je ne sais point conter d'une autre façon ; vous ne pouvez m'obliger, seigneur, à inventer des modes nouvelles. — Conte donc comme tu voudras, dit don Quichotte ; puisque mon mauvais sort veut que je t'écoute, tu n'as qu'à poursuivre. — Vous saurez donc, mon cher maître, continua Sancho, que ce berger, comme j'ai dit, était amoureux de la bergère Torralva, qui était une créature bouffie, farouche et un peu hommasse ; elle avait même un peu de barbe : m'est avis que je la vois en vous parlant. — Est-ce que tu l'as jamais vue ? demanda don Quichotte. — Point du tout, répondit Sancho ; mais celui de qui je tiens le conte m'a dit qu'il était véritable, et que, quand je le raconterais à d'autres, je n'avais qu'à jurer hardiment que j'avais tout vu. Tant y a donc que les jours allant et venant, comme dit l'autre, le diable, qui ne dort point et qui se fourre partout, fit en sorte qu'ils eurent noise, et que l'amour du berger se changea en haine ; et la cause de cela, disaient les mauvaises langues, ce fut une bonne quantité de petites jalousies que la Torralva lui donnait, mais, dame, qui passaient la raillerie. Depuis ce temps-là, le chevrier la prit si fort en grippe, qu'il ne pouvait plus la souffrir, et pour ne la revoir jamais il eut l'idée de s'en aller si loin qu'il n'en entendît parler de sa vie. Ainsi dit, ainsi fait ; mais la Torralva, qui se vit dédaignée de Lope Ruiz, se prit aussitôt à l'aimer plus qu'il n'avait jamais fait... — Voilà bien le naturel des femmes, interrompit encore don Quichotte ;

elles méprisent qui les aime, et elles aiment ceux qui les haïssent; poursuis, Sancho.

— Il arriva donc, continua Sancho, que le berger partit poussant ses chèvres devant lui, et s'achemina, par les champs de l'Estramadure, droit vers le royaume de Portugal. La Torralva eut vent de son départ, et incontinent la voilà sur sa piste, à pied, ses souliers dans une main, un bourdon dans l'autre, et au cou un petit sac où il y avait, à ce qu'on dit, un morceau de miroir et un demi-peigne, avec une petite boîte de fard et d'autres brinborions pour s'enjoliver; mais il y avait ce qu'il y avait, cela ne m'importe guère à moi. En fin finale, le berger Lope Ruiz, avec son troupeau de chèvres, arriva sur le bord du Guadiana, dans un moment où il avait crû presque au point de déborder; et dans l'endroit où le berger arriva, il n'y avait ni bateau, ni batelier pour le passer, lui et son troupeau; ce dont il enrageait, parce qu'il sentait déjà la Torralva sur ses talons, et qu'elle allait l'assaillir de ses pleurs et de ses criailleries. Mais à la fin il regarda tant de tous côtés, qu'il aperçut un pêcheur qui avait un bateau, mais si petit qu'il ne pouvait y passer qu'un homme et une chèvre. Cependant il était pressé, et il fit marché avec le pêcheur pour le faire passer, lui et trois cents chèvres qu'il conduisait. Le pêcheur amène donc le bateau, et passe une chèvre; il revient, et en passe une autre; il revient encore, et en passe une troisième... Retenez bien, seigneur, continua Sancho, combien le pêcheur a passé de chèvres; car je vous avertis que, s'il vous en échappe une seulement, le conte finira là tout court, sans qu'on puisse retrouver un seul mot. Or la rive de l'autre côté était escarpée, boueuse et glissante, ce qui faisait que le pêcheur était fort longtemps à chaque traversée. Avec tout cela, il allait toujours; il passa encore une chèvre, et puis une autre, et encore une autre... — Que ne dis-tu tout d'un coup qu'il les passa toutes, s'écria don Quichotte, sans le faire aller et venir de cette manière? tu n'achèveras d'un mois, à ce train-là. — Combien y en a-t-il de passées à cette heure? demanda Sancho. — Et qui diable le saurait? répondit don Quichotte : penses-tu que j'y aie pris garde? — Et voilà ce que je vous avais dit, reprit Sancho; vous n'avez pas voulu compter, aussi mon conte est achevé; il n'y a pas moyen de passer outre. — Comment! dit don Quichotte, est-il donc si indispensable de savoir au juste le compte des chèvres qui sont passées, que, si l'on se trompe d'une seule, tu doives t'arrêter? — Oui, seigneur, répondit Sancho; à telles enseignes que dans le moment où je vous ai demandé combien il y avait de chèvres passées, et que vous avez répondu que vous n'en saviez rien, j'ai perdu tout aussitôt ce que j'avais à dire, et, par ma foi, c'est dommage, car c'était le meilleur. — De façon, dit don Quichotte, que l'histoire est finie? — Finie comme ma mère, dit Sancho. — En vérité, continua notre chevalier, voilà bien le plus étrange conte et la plus bizarre manière de raconter qu'on puisse jamais imaginer; mais que pouvais-je attendre autre chose de ton esprit? Sans doute ce tintamarre incessant t'a troublé la cervelle? — Cela pourrait bien être, répondit Sancho; mais quant à l'histoire, je sais qu'elle finit toujours là où l'on manque le compte des chèvres. — Qu'elle finisse où il te plaira, dit don Quichotte; voyons si Rossinante voudra marcher. » En disant cela, il donne des deux; mais le cheval répond par un saut, ne pouvant bouger de place, tant Sancho l'avait bien lié.

Sur ces entrefaites, soit par l'effet de la fraîcheur de la nuit, soit que Sancho eût mangé en soupant quelque chose de laxatif, soit simplement que la nature opérât en lui, il se sentit pressé de déposer un fardeau dont il était impossible qu'un autre le soulageât; mais il avait si grand'peur, qu'il n'osait s'éloigner tant soit peu de son maître. Il fallait pourtant apporter remède à un mal si pressant, et que chaque instant redoublait; de sorte que, pour accorder toutes choses, il tira doucement la main droite dont il tenait l'arçon de derrière, et, se mettant à son aise le mieux qu'il put, il détacha son aiguillette. Sancho, étant parvenu jusque-là, crut avoir fait le plus difficile; mais comme il voulut essayer le reste, il désespéra d'en pouvoir venir à bout sans faire quelque bruit, et il commença à serrer les dents et les épaules, retenant son haleine autant qu'il pouvait; malgré tous ses efforts, il fut si malheureux, qu'il ne put s'empêcher de faire un peu de bruit, bien différent de celui qui les importunait depuis si longtemps. « Qu'est-ce que je viens d'entendre? dit brusquement don Quichotte. — Je ne sais, seigneur, répondit Sancho; pourtant ce doit être quelque chose de nouveau; car les aventures ne commencent jamais pour si peu. »

Sancho fut obligé de faire une nouvelle tentative, qui lui réussit à tel point, que, sans le moindre éclat, il se trouva enfin délivré du fardeau qui l'incommodait. Mais don Quichotte avait l'odorat aussi fin que l'ouïe, et comme Sancho était cousu à ses côtés, certaines vapeurs, qui montaient presque en ligne droite, ne manquèrent pas d'arriver jusqu'à ses narines. A peine en fut-il frappé, qu'il courut au remède, et se serrant le nez avec les doigts : « Il me semble, dit-il, Sancho, que tu as grand'peur? — J'en conviens, seigneur, répondit Sancho; comment ne faites-vous que de vous en apercevoir? — C'est, reprit notre chevalier, que tu ne sentais pas si fort que tu fais présentement, et ce n'est pas l'ambre. — Peut-être bien, dit Sancho, mais ce n'est pas ma faute; pourquoi me tenez-vous à une telle heure dans un lieu comme celui-ci? — Éloigne-toi de trois ou quatre pas, ami, reprit don Quichotte en se pinçant le nez, et désormais prends un peu plus garde à toi et à ce que tu me dois; je vois bien que la trop grande liberté que je te donne te fait oublier ce que nous sommes l'un à l'autre. — Je gage, répliqua Sancho, que Votre Grâce s'imagine que j'ai fait quelque chose qui ne se doit pas faire? — Laisse, dit don Quichotte, il vaut mieux n'y pas revenir. »

Le chevalier et son écuyer passèrent la nuit dans ces discours et quelques autres, et Sancho, pensant qu'enfin le jour allait poindre, délia tout doucement les jambes de Rossinante, qui, se voyant libre, donna quelques signes de vivacité. Il se mit à lever deux ou trois fois les pieds de devant, et il eût probablement fait des courbettes s'il en avait été capable ; son maître, le sentant en état de marcher, en tira bon augure, et crut y voir un signal donné par sa bonne fortune pour aborder cette formidable aventure. Le jour achevait alors de paraître, et les objets devenaient distincts ; don Quichotte vit qu'il était dans un bois de châtaigniers, mais sans deviner d'où pouvait venir ce bruit qui continuait toujours. Il résolut d'en aller chercher la cause, sans attendre davantage ; il fit donc sentir l'éperon à Rossinante, dit encore une fois adieu à son écuyer, et lui ordonna de l'attendre en cet endroit trois jours au plus ; après quoi, si Sancho ne le voyait pas revenir, il pourrait regarder comme certain que son maître avait laissé la vie dans cette périlleuse entreprise. Il répéta de nouveau ce que Sancho devait dire de sa part à sa Dulcinée ; enfin il ajouta qu'à l'égard du payement de ses gages, Sancho ne s'en mît point en peine, parce qu'avant de quitter sa maison il y avait pourvu par un testament, d'après lequel il se trouverait rémunéré et gratifié en raison de la durée de ses services. « Mais s'il plaît au Ciel, continua-t-il, que je sorte sain et sauf de cette passe difficile, fais état que le moins que tu puisses attendre, c'est l'île que je t'ai promise. » Sancho ne put retenir ses pleurs en entendant le tendre adieu de son maître, et il lui jura qu'il le suivrait jusqu'au bout dans cette aventure. Une résolution si louable attendrit don Quichotte, qui, pour ne pas témoigner la moindre faiblesse, se dirigea aussitôt du côté où l'appelait le bruit de l'eau et des coups ; et Sancho le suivit à pied, menant par le licou le fidèle compagnon de sa bonne et de sa mauvaise fortune.

Après avoir marché quelque temps entre les châtaigniers,

ils arrivèrent dans un pré bordé de rochers, du haut desquels tombait le torrent qu'ils avaient d'abord entendu. Au pied de ces rochers on voyait quelques cabanes mal bâties, et qui ressemblaient plutôt à des masures qu'à des habitations, d'où ils reconnurent que partaient ces coups terribles qui duraient encore. Ce bruit si violent et si voisin épouvanta Rossinante; mais notre chevalier, le flattant de la main, s'approcha peu à peu des cabanes, se recommandant du fond de son cœur à sa dame, et la suppliant de le favoriser de son secours dans cette effroyable entreprise; parfois aussi il invoquait l'aide de Dieu. Pour Sancho, il se tenait à côté de son maître, allongeant le cou de temps en temps, et regardant entre les jambes de Rossinante pour voir s'il ne découvrirait point ce qui lui causait tant de trouble et d'émoi. Mais à peine eurent-ils fait encore cent pas, qu'ayant tourné un rocher qui s'avançait un peu, ils virent clairement la cause de tout ce tapage, qui les tenait en de si étranges alarmes. C'étaient (quelque regret que le lecteur en puisse éprouver) six marteaux de moulin à foulon qui produisaient ce vacarme par leurs coups alternatifs.

A cette vue, don Quichotte demeura muet, et pensa défaillir; Sancho le regarda, et le vit la tête basse, et dans la consternation d'un homme outré de honte et de dépit. Don Quichotte regarda aussi Sancho, et voyant qu'il avait les deux joues enflées comme un homme qui crève d'envie de rire, il ne s'en put tenir lui-même, malgré tout son déboire; de sorte que Sancho, ravi que son maître eût commencé, lâcha la bonde, et se mit à rire si démesurément, qu'il fut obligé de se serrer les côtes avec les poings. Quatre fois il s'arrêta, et quatre fois il reprit avec la même force. Mais ce qui poussa à bout la patience de don Quichotte, ce fut lorsque Sancho, prolongeant la raillerie, lui dit avec un ton et des gestes qui rappelaient ceux de son maître : « Apprends, ami Sancho, que le Ciel m'a fait
« naître pour ramener l'âge d'or en ce maudit siècle de fer;

« c'est à moi que sont réservées les grandes actions et les pé-
« rilleuses aventures. » Pour le coup notre chevalier n'y tint
plus, et, ne pouvant souffrir davantage que son écuyer se moquât
de lui, il leva sa lance et lui en assena sur les épaules deux
coups tellement forts, que, s'ils fussent aussi bien tombés sur
la tête, le pauvre écuyer aurait laissé à ses héritiers le soin de
faire le compte de ses gages. Sancho, voyant que ces plaisanteries lui réussissaient mal, et craignant que son maître ne
continuât, lui dit d'un ton fort contrit : « Eh quoi! seigneur,
voulez-vous me tuer? ne voyez-vous pas que je raille? — C'est
parce que vous raillez que je ne raille pas, moi, dit don Quichotte. Venez un peu ici, monsieur le plaisant : si ç'avait aussi
bien été une aventure réelle, est-ce que je n'ai pas montré tout
le courage qu'il fallait pour l'entreprendre et pour l'achever?
Suis-je obligé, comme chevalier, de connaître tous les sons et
de distinguer s'ils viennent d'un moulin à foulon ou d'autre
chose, et surtout si je n'ai jamais vu de ces moulins, comme
c'est la pure vérité? Cela vous appartient à vous, qui n'êtes
qu'un rustre et un vilain, né et nourri dans ces sortes de choses;
mais changez ces six moulins en autant de géants, jetez-les-
moi à la tête l'un après l'autre, ou tous ensemble, peu m'importe; et si je ne leur fais mordre à tous la poussière, raillez
alors tant qu'il vous plaira. — Maître, répondit Sancho, en
voilà assez, et j'avoue que je suis allé trop loin; mais, en
bonne foi, dites-moi, maintenant que la paix est faite (que
le Ciel vous tire aussi heureusement de toutes vos aventures!),
n'y a-t-il pas de quoi rire et de quoi faire un beau conte de la
frayeur que nous avons eue; au moins moi, car, pour vous, je
sais bien que la peur ne vous est pas connue, même de nom.

— Je veux bien, répondit don Quichotte, que dans ce qui vient
de nous arriver il y ait matière à rire, mais non à raconter,
parce que tout le monde ne sait pas prendre les choses comme
il faut, ni en faire un bon usage. — Par ma foi, seigneur,

reprit Sancho, on ne dira pas cela de vous. Vous savez prendre
la lance comme il faut, et vous en servir de la bonne manière ;
et si, en me visant la tête, vous m'avez donné sur les épaules,
ce n'est pas votre faute : c'est grâce à Dieu et au mouvement
que j'ai fait à gauche. Mais passe : tout cela s'en ira à la première lessive ; et, comme on dit, qui bien aime, bien châtie ;
outre qu'un bon maître n'a jamais manqué de donner des nippes
à son serviteur après l'avoir maltraité en paroles. Véritablement
je ne sais pas bien ce qu'il donne quand il est allé jusqu'aux
coups de bâton ; mais je m'imagine que les chevaliers errants
doivent octroyer en pareil cas des îles ou des royaumes en terre
ferme. — Écoute, dit don Quichotte, ainsi pourrait tourner la
chance, qu'il arrivât une bonne partie de ce que tu viens de
dire. En attendant, pardonne-moi le passé ; tu sais que l'homme
n'est pas maître des premiers mouvements. Mais je t'avertis d'une
chose, afin qu'à l'avenir tu t'observes et que tu t'abstiennes de
prendre avec moi de trop grandes libertés : c'est que dans tous
les livres de chevalerie que j'ai lus, et certes le nombre en est
grand, je n'ai jamais trouvé qu'aucun écuyer ouvrît aussi hardiment que toi la bouche devant son maître. Et, à dire vrai,
nous avons tort tous les deux : toi, de ne pas montrer assez de
respect pour moi ; et moi, de n'en pas exiger assez. Car enfin,
quoique Gandalin, écuyer d'Amadis, fût comte de l'Ile-Ferme,
il se lit pourtant de lui qu'il ne parlait jamais à son maître
que la toque à la main, la tête baissée et le corps à demi courbé,
à la manière des Turcs. Mieux que cela ; Gasabal, écuyer de
don Galaor, fut si discret, que, pour instruire la postérité de son
merveilleux silence, l'auteur ne le nomme qu'une seule fois
dans toute cette longue et véritable histoire. Ce que je viens
de dire vous prouvera, Sancho, qu'il doit y avoir une distance
entre le maître et le valet, le seigneur et le vassal, le chevalier
et l'écuyer. Ainsi, encore une fois, vivons désormais dans une
plus grande réserve et sans nous faire la guerre l'un à l'autre ;

car, après tout, si je me fâche contre vous, ce sera tant pis pour le pot de terre. Les récompenses que je vous ai promises viendront en leur temps ; et s'il vous fallait vous en passer, les gages au moins ne vous manqueraient pas, comme je vous l'ai déjà dit. — Tout ce que vous dites est parfait, seigneur, répliqua Sancho ; mais si par hasard le temps des récompenses n'arrivait jamais, et qu'il fallût s'en tenir au salaire, apprenez-moi, de grâce, ce que pouvait gagner un écuyer de chevalier errant, et s'il faisait marché au mois, ou bien à la journée, comme les manœuvres des maçons. — Je ne crois pas, répondit don Quichotte, que jamais les écuyers aient été à gages, ils étaient toujours à merci ; et si je t'ai autrement traité dans mon testament, c'est qu'on ne sait ce qui peut arriver : peut-être la chevalerie aura-t-elle de la difficulté à prévaloir dans ce misérable temps, et je ne voudrais pas que pour si peu de chose mon âme fût en peine dans l'autre monde. Nous en avons assez de toutes sortes, nous autres aventuriers ; et tu sauras, ami, qu'il n'y a sur la terre métier plus scabreux que celui de chercheur d'aventures. — Je m'en doute bien, répliqua Sancho, puisque le seul bruit des marteaux à foulon a pu troubler et démonter un cœur aussi valeureux que le vôtre ; mais tenez-vous pour assuré qu'à l'avenir je me garderai de rire de ce qui vous touche, et que je n'ouvrirai la bouche que pour vous honorer comme mon maître et mon véritable seigneur. — C'est le moyen que tu vives longtemps et tranquillement sur la face de la terre, dit le chevalier, parce qu'après les parents on doit respecter les maîtres comme s'ils avaient la même qualité. »

CHAPITRE XIV

Qui traite de la haute aventure et de la riche conquête de l'armet de Mambrin, avec d'autres choses arrivées à notre invincible chevalier.

Ils furent surpris au milieu de cet entretien par une petite pluie; et Sancho eût bien voulu se mettre à couvert en entrant dans le moulin; mais don Quichotte l'avait en telle aversion depuis sa méprise, qu'il n'y voulut jamais entrer. Il tourna donc à droite, et se trouva bientôt sur un chemin semblable à celui de la veille. Peu d'instants après, il avisa un cavalier qui portait sur sa tête quelque chose de brillant, comme si c'eût été de l'or. A peine l'eut-il aperçu qu'il se tourna du côté de Sancho, et lui dit : « Ami Sancho, sais-tu bien qu'il n'y a rien de si vrai que les proverbes, qui sont des maximes tirées de l'expérience, et particulièrement celui qui dit que, quand une porte se ferme, une autre s'ouvre? Si la nuit dernière nous avons été abusés par le bruit de ce maudit moulin, et si l'aventure que nous cherchions s'est évanouie, il s'en présente une à l'heure qu'il est; et si je ne l'entreprends, ce sera ma faute; il n'y a ni bruit inconnu, ni obscurité, que j'en puisse accuser. En un mot, Sancho, voici venir, selon toutes les apparences, un homme qui porte sur sa tête l'armet de Mambrin; et tu sais le serment que j'ai fait à cet égard. — Seigneur, répondit Sancho, prenez garde, s'il vous plaît, à ce que vous dites, et plus encore à ce que vous allez faire. Ne seraient-ce point ici d'autres moulins à foulon, qui achèveraient de vous fouler le jugement? — Que le Ciel te confonde! interrompit don Quichotte; quel rapport y a-t-il entre des foulons et un armet? — Je ne sais, répondit Sancho; mais si j'osais parler comme autrefois, peut-être vous ferais-je voir que Votre Grâce se trompe. — Et comment veux-tu que je me trompe, misérable incrédule? Ne vois-tu pas ce chevalier qui vient droit à nous sur un cheval gris pommelé, et qui porte en tête un armet d'or? — Ce que je vois et revois, répliqua l'écuyer, c'est un homme monté sur un âne gris comme le mien, et qui porte je ne sais quoi de luisant sur la tête. — Eh bien! dit don Quichotte, ce je ne sais quoi c'est l'armet de Mambrin. Éloigne-toi de quelques pas et laisse-moi seul; tu verras que, sans perdre de temps en discours inutiles, j'achève cette aventure en un moment, et demeure maître de ce précieux armet que j'ai tant souhaité. — Pour me tenir à l'écart, répliqua Sancho, ce n'est pas une affaire; mais, encore une fois, Dieu veuille que ne soit pas ici une nouvelle manière de foulons! — Je vous ai déjà dit, frère, reprit don Quichotte en fureur, que je ne voulais plus entendre parler de foule ni de foulons, et je jure que, si vous m'en rompez davantage la tête, je vous foulerai l'âme dans le corps. » Sancho se tut tout court pour ne pas obliger son maître à accomplir le serment que celui-ci venait de lui jeter roide comme balle.

Il est bon de savoir ce que c'était que cet armet, ce cheval et ce chevalier, que voyait don Quichotte. Il y avait dans ce canton deux villages, dont l'un n'avait point de barbier; le barbier du plus grand village, qui se mêlait aussi de chirurgie, desservait tous les deux. Il était donc arrivé que, dans le plus petit, un malade avait eu besoin d'une saignée et quelque autre de se faire faire la barbe : si bien que le barbier s'y acheminait, lorsque, surpris par la pluie, aussi bien que nos héros, il avait mis son bassin sur sa tête pour garantir un assez méchant couvre-chef; et comme le bassin était de cuivre et tout neuf, on le voyait reluire d'une demi-lieue. Ce barbier montait un bel âne gris, comme avait fort bien remarqué Sancho; et tout cela faisait justement pour don Quichotte un chevalier sur un coursier gris pommelé, avec un armet d'or.

Voyant donc approcher le soi-disant chevalier, il courut sur lui à bride abattue et la lance basse, résolu à le percer de part en part; et sur le point de l'atteindre : « Défends-toi, lui cria-t-il, chétive créature, ou rends-moi tout de suite ce qui m'appartient à si bon droit. » Le barbier, qui vit fondre si brusquement sur lui cette espèce de fantôme, et sans savoir pourquoi, ne trouva d'autre moyen, pour éviter le coup, que de se laisser aller de son âne à terre, où il ne fut pas plutôt que, se relevant prestement, il enfila la plaine avec plus de vitesse qu'un daim. Don Quichotte, voyant que le bassin lui demeurait, n'en voulut pas davantage, et se tournant vers son écuyer : « Ami, lui cria-t-il, le païen n'est pas bête; il a fait comme le castor, à qui la nature enseigne à se sauver des chasseurs en se coupant lui-même ce qui les anime après lui : ramasse cet armet. — Par mon âme, dit Sancho, en considérant ce prétendu armet, le bassin n'est pas mauvais; il vaut une piastre comme un réal. » Puis il le donna à son maître, qui le mit aussitôt sur sa tête, le tournant de tous côtés pour trouver l'enchâssure. Mais comme il n'en pouvait venir à bout : « Parbleu, dit-il, le mécréant pour qui cette fameuse salade fut forgée devait avoir la tête bien grosse; mais le pire, c'est qu'il en manque la moitié. » Sancho ne put entendre sans sourire qu'on appelât salade un bassin de barbier, et il eût éclaté si ses épaules ne se fussent encore ressenties de la colère de son maître. « De quoi ris-tu, Sancho? demanda notre chevalier. — Je ris, répondit Sancho, de la furieuse tête que devait avoir le maître de cette salade, qui ressemble à un bassin de barbier comme un œuf à un autre. — Sais-tu bien ce que je pense? reprit don Quichotte; c'est qu'assurément cet incomparable armet sera tombé par hasard entre les mains de quelqu'un qui n'en a pas connu la valeur; et, sans savoir ce qu'il faisait, il en aura fondu la moitié, voyant que c'était de l'or fin, pour en tirer profit, et, du reste, en a fait faire ceci, qui, comme tu dis, ne ressemble pas mal à un bassin de barbier. Quoi qu'il en soit, pour moi qui en connais le prix, je m'inquiète peu de cette métamorphose; je

ferai fort bien raccommoder la salade au premier endroit où il y aura une forge, et je prétends qu'elle ne cédera en rien à celle que Vulcain forgea pour le dieu de la guerre. En attendant, je la porterai telle qu'elle est; elle vaudra toujours mieux que rien, et sera bonne pour le moins contre les coups de pierres. — Oui, dit Sancho, pourvu quelles ne soient pas tirées avec la fronde, comme celles qui volaient au combat des deux armées, qui vous accommodèrent si bien la mâchoire, et rompirent le pot du bienheureux breuvage qui pensa me faire rendre tripes et boyaux. — Je ne me soucie guère de cette perte, dit don Quichotte, puisque je sais par cœur la recette du baume. — Je la sais bien aussi par cœur, répondit Sancho ; mais s'il m'arrive jamais d'en faire et surtout d'en goûter, que ce soit maintenant ma dernière heure. A la vérité, je ne crois pas me mettre en état d'en avoir besoin ; je suis bien résolu d'employer mes cinq sens naturels à me garantir de toute nouvelle blessure, comme aussi je renonce de bon cœur à blesser jamais personne. Pour ce qui est d'être berné encore une fois, je n'en dis rien, parce qu'il n'est pas aisé de prévoir de semblables accidents ; et si par malheur j'y retombe, je n'y sache pas d'autre remède que de serrer les épaules, retenir mon haleine, et me laisser aller les yeux fermés au gré du sort de la couverture.

— Tu n'es pas un bon chrétien, Sancho, dit don Quichotte ; jamais tu n'oublies une injure. Apprends qu'il est d'un cœur noble et généreux de mépriser de semblables bagatelles. De quel pied es-tu boiteux, quelle côte as-tu rompue, et quelle tête cassée, pour ne te ressouvenir jamais de cette plaisanterie qu'avec amertume ? car, après tout, ce ne fut en réalité qu'un jeu et un passe-temps. Si je ne l'avais pris ainsi, je serais retourné sur les lieux, et j'aurais fait pour ta vengeance plus d'esclandre que n'en firent les Grecs après l'enlèvement de leur Hélène, qui au reste, ajouta-t-il avec un grand soupir, n'aurait pas une aussi haute réputation de beauté, si elle était venue en ce temps-ci, ou ma Dulcinée dans le sien. — Eh bien, dit Sancho, va pour une plaisanterie, puisque aussi bien il n'y a pas moyen de s'en venger ; mais je ne laisse pas de savoir à quoi m'en tenir, et je m'en souviendrai tant que j'aurai des épaules. Mais n'en parlons plus, et dites-moi, s'il vous plaît, seigneur, ce que vous voulez que nous fassions de ce cheval gris pommelé, qui ressemble à un âne gris, qu'a laissé sans maître ce pauvre diable errant que vous avez renversé. D'après la manière dont il a gagné au pied, il n'a pas envie de revenir, et, par ma barbe! le grison n'est pas mauvais. — Je n'ai pas coutume, répondit don Quichotte, de rien ôter à ceux que j'ai vaincus, à moins qu'ils ne l'aient perdu dans le combat. Ainsi, Sancho, laisse là ce cheval ou cet âne, comme tu voudras; celui qui l'a perdu ne manquera pas de venir le reprendre dès que nous nous serons éloignés. — En bonne foi, dit Sancho, je voudrais pourtant bien emmener cette bête, ou sinon la troquer pour la mienne. Malepeste! les lois de votre chevalerie sont étroites, si elles ne permettent pas seulement de troquer un âne contre un âne. Me serait-il du moins permis de troquer le bât? — Je n'en suis pas trop assuré, répondit don Quichotte; mais je crois, jusqu'à ce que je m'en sois mieux informé, que tu peux t'en accommoder, pourvu toutefois que tu en aies absolument besoin. — Autant que si c'était pour ma propre personne, » répondit Sancho.

Autorisé par son maître, il fit l'échange des harnais, ajustant celui du barbier sur son âne, qui lui en parut une fois plus beau, et meilleur de la moitié. Cela fait, ils déjeunèrent du reste de leur souper, et montèrent sur leurs bêtes après ce léger repas; et, sans choisir un autre chemin, pour mieux imiter les chevaliers errants, ils se laissèrent conduire par Rossinante, que l'âne suivait toujours de la meilleure amitié du monde, et se trouvèrent insensiblement sur le grand chemin, où ils marchèrent à l'aventure.

Comme ils cheminaient ainsi tout doucement, Sancho dit à son maître: « Seigneur, Votre Grâce veut-elle bien me permettre de deviser un peu avec elle? Depuis que vous m'avez fait cette rude défense de parler, il m'est pourri quatre ou cinq bonnes choses dans l'estomac, et j'en ai présentement sur le bout de la langue une à laquelle je regretterais de voir faire une si mauvaise fin. — Dis-la, Sancho, répondit don Quichotte, mais en peu de paroles; les longs discours sont toujours ennuyeux.

— Je vous dirai donc, seigneur, que j'ai considéré depuis quelques jours le peu qu'on gagne aux aventures de forêts et de grands chemins, où les plus périlleuses que vous puissiez entreprendre et achever ne sont ni vues ni sues de personne, et tous vos bons desseins et vos vaillants exploits sont autant de bien perdu, dont il ne vous revient ni profit ni honneur. Il me semble donc qu'il serait beaucoup plus à propos, sauf meilleur avis, que nous nous missions au service de quelque empereur ou de quelque autre grand prince qui fût en guerre, et qui vous fournît l'occasion de faire voir votre valeur, votre force et l'excellence de votre jugement. Au bout de quelque temps il faudrait bien qu'on nous récompensât, chacun selon notre mérite, s'entend. Vous ne manqueriez pas non plus de gens qui prendraient soin d'écrire tout ce que vous feriez, pour en perpétuer la mémoire. Je ne parle point de mes faits à moi, car je sais bien qu'il ne faut pas les mesurer à la même aune ; quoique pourtant, si c'était l'usage de mentionner aussi les prouesses des écuyers errants, les miennes ne dussent pas rester au fond de l'écritoire.

— Ce n'est pas trop mal à toi, reprit don Quichotte ; mais avant d'en venir là, il faut aller par le monde, cherchant les aventures, comme pour faire ses preuves, afin d'acquérir un nom et de se rendre célèbre ; il faut enfin que lorsque ce chevalier arrivera à la cour de quelque grand prince, il soit déjà connu par ses œuvres, et qu'ayant à peine dépassé la porte de la ville, les enfants s'assemblent autour de lui dès qu'il paraîtra, et crient en courant après lui : C'est le chevalier du Soleil, ou celui du Serpent, ou de quelque autre emblème sous lequel il aura accompli ses incomparables exploits. C'est celui-là, dira-t-on, qui a vaincu en combat singulier l'indomptable géant Brocabruno, et celui qui a désanchanté le grand Mameluc de Perse du terrible enchantement où il était enseveli depuis près de neuf cents ans. C'est ainsi que de proche en proche ses hauts faits se répèteront ; et au bruit que feront les enfants, et bientôt le peuple tout entier, le roi ne manquera pas de se mettre à une fenêtre de son palais. Reconnaissant d'abord le nouveau venu à ses armes ou à la devise de son écu, il s'écriera aussitôt : En avant, gentilshommes de ma cour ! allez recevoir la fleur de chevalerie qui arrive. Les courtisans se précipiteront à ces mots, et le roi lui-même descendra la moitié des degrés de son palais, il embrassera étroitement le chevalier ; puis, le prenant par la main, il le conduira aux appartements de la reine, où se trouvera l'infante sa fille, qui doit être nécessairement la plus belle et la plus parfaite personne du monde.

« Mais ce qui ne manquera pas d'arriver, c'est que, dans le même instant que l'infante et le chevalier jetteront les yeux l'un sur l'autre, ils seront saisis d'une admiration réciproque, comme des personnes plus divines qu'humaines, et, sans savoir ni pourquoi ni comment, se trouveront pris et enlacés dans les rets inextricables de l'amour, et éprouveront une angoisse indicible de ne savoir comment se découvrir leurs peines. Ensuite, comme tu dois le croire, on mènera le chevalier dans un des plus beaux appartements du palais, où l'on aura, tout exprès, tendu les plus riches meubles de la couronne ; et là, après l'avoir désarmé, on lui mettra sur les épaules un manteau d'écarlate, tout couvert d'une riche broderie ; et s'il avait bonne mine sous les armes, combien ne paraîtra-t-il pas plus galant encore en habit de cour ! La nuit venue, il soupera avec toute la famille royale, et aura toujours les yeux sur l'infante, mais de telle manière pourtant que personne ne puisse l'observer, comme elle le regardera aussi à la dérobée et sans faire semblant de rien ; car c'est, comme je l'ai dit, la plus sage personne du monde. Le souper achevé, on verra entrer un petit nain tout contrefait, suivi d'une très-belle dame flanquée de deux géants, laquelle proposera une certaine aventure combinée par un ancien sage, et si difficile à achever, que celui qui en aura l'honneur sera tenu pour le meilleur chevalier de la terre. Aussitôt le roi voudra que tous ceux de sa cour éprouvent l'aventure ; mais ce sera pour eux peine perdue, et le nouveau venu pourra seul la mettre à fin ; ce qui accroîtra encore sa gloire et la satisfaction de l'infante, qui s'estimera heureuse d'avoir mis ses pensées en si bon lieu.

« Le meilleur de l'affaire, Sancho, c'est que ce roi, ou ce prince, ou tout ce que tu voudras, est en guerre avec un de ses voisins aussi puissant que lui ; de sorte que le chevalier, après avoir séjourné quelques jours dans son palais, lui demandera la permission de le servir dans cette guerre, ce que le roi lui accordera de reste ; et l'autre lui baisera les mains, pour le remercier de tant de faveur et de courtoisie. Cette nuit même il prendra congé de l'infante par une fenêtre grillée de son appartement, qui donne sur le jardin, et où il lui a déjà parlé plusieurs fois : tout cela par l'entremise d'une damoiselle en qui la princesse a une entière confiance. Il soupirera, elle s'évanouira ; la damoiselle apportera vite de l'eau pour la lui jeter au visage, et s'inquiètera fort, parce que le jour est près de paraître, et qu'elle ne voudrait pas que l'honneur de sa maîtresse reçût la moindre tache.

« Enfin l'infante reviendra de son évanouissement, et passera à travers la grille ses mains blanches, que le chevalier baisera mille et mille fois et trempera de ses larmes. Ils conviendront ensuite de la manière dont ils se donneront des nouvelles l'un de l'autre, et la princesse priera le chevalier de revenir le plus tôt qu'il pourra ; ce qu'il ne manquera pas de lui promettre avec de grands serments. Il lui baisera encore une fois les mains, et s'attendrira de telle sorte, en lui disant adieu, qu'il sera près d'en mourir. De là, il se retirera dans sa chambre, et se jettera sur son lit, où il ne lui sera pas possible de fermer l'œil. Il sera donc debout dès la pointe du jour, pour aller prendre congé du roi et de la reine ; il demandera aussi à saluer l'infante ; mais on lui dira qu'elle est indisposée, et qu'elle ne peut le recevoir ; et lui, qui ne doute pas que ce ne soit à cause de son départ, en est si touché, que peu s'en faut qu'il ne trahisse le secret de sa douleur. Cependant la damoiselle confidente a tout vu et va sur-le-champ en rendre compte à sa maîtresse, qu'elle trouve tout en larmes, et qui lui dit que sa plus grande peine est de ne pas savoir quel est son chevalier, et s'il est ou non fils de roi. Mais la confidente affirme qu'on ne saurait avoir tant de courtoisie, de grâce et de valeur, à moins d'être d'une naissance illustre. Cette assurance console un peu la pauvre princesse, qui cherche à dissimuler son affliction, tant elle craint que le roi et la reine ne conçoivent des soupçons ; et au bout de quelques jours elle se laisse voir en public.

« Cependant le chevalier est parti et entré en campagne ; il combat, il défait les ennemis du roi, il prend je ne sais combien de villes et gagne autant de victoires. Il retourne à la cour, et paraît tout couvert de gloire devant l'infante ; ils arrêtent ensemble qu'il demandera sa main en récompense de ses services. Le roi ne veut point entendre à ce mariage, parce qu'il ne connaît pas la naissance du chevalier ; mais avec tout cela, soit qu'il enlève l'infante, soit d'une autre façon, ils se marient, et le roi finit par se réjouir et se glorifier de cette union, parce qu'on découvre que son gendre est fils d'un puissant roi, de je ne sais quel royaume ; car je crois qu'il ne doit pas être sur la carte. Le père meurt bientôt, l'infante hérite ; et voilà le chevalier devenu roi. C'est alors qu'il pense à récompenser son écuyer et tous ceux qui peuvent avoir contribué à sa haute fortune ; et tout d'abord il marie son écuyer avec une damoiselle de l'infante, qui sera sans doute la médiatrice de ses amours, et fille d'un duc des plus considérables du royaume.

PREMIÈRE PARTIE

— Allons donc, s'écria Sancho, nous y voilà, et vogue la galère ! Par ma foi, seigneur, c'est comme si nous le tenions déjà, pourvu que vous preniez le nom de chevalier de la Triste-Figure. — N'en doute point, mon fils, répliqua don Quichotte ; car voilà à la lettre la route que suivent les chevaliers errants, et les degrés par lesquels ils montent jusqu'au rang de rois ou d'empereurs. Nous n'avons donc plus qu'à chercher quelque roi chrétien ou païen qui soit en guerre, et qui ait une belle fille. Mais nous avons le temps d'y penser ; et, comme je te l'ai dit, il faut d'abord se faire un fonds de réputation, avant d'aller se présenter à la cour de ce prince. Ce n'est pas là du reste ce qui m'inquiète ; mais il me manque une chose à laquelle je ne connais pas de remède : c'est que, quand j'aurai trouvé ce roi et cette infante et que j'aurai acquis une immense renommée, je ne vois pas comment il pourra se faire que je sois de race royale, ou pour le moins arrière-cousin de quelque empereur ; car le roi ne voudra jamais me donner sa fille, qu'il ne soit entièrement assuré du fait, quelque prix me méritent mes prouesses ; et je crains bien, à défaut de preuves, de perdre ce que j'aurai conquis par la valeur de mon bras. Pour gentilhomme, je le suis, de race ancienne et bien connue, et jouissant des droits et immunités de ma condition ; et que sais-je même si le sage qui doit écrire mon histoire ne débrouillera point et n'agencera si bien ma généalogie que je ne me trouve cinquième ou sixième petit-fils de roi ? Car il faut que tu saches, Sancho, qu'il y a dans le monde deux sortes de races. Les uns tirent leur origine de rois et de princes ; mais peu à peu le temps et la mauvaise fortune les ont fait déchoir, et ils finissent en pointe comme les pyramides ; les autres, partis de bas, ont toujours été en montant, jusqu'à devenir de très-grands seigneurs : de manière que la différence qui existe entre eux, c'est que les uns ont été ce qu'ils ne sont plus, et que les autres sont ce qu'ils n'étaient pas. Ainsi je puis bien être de ceux dont l'origine a été grande et fameuse, ce qui, venant à se vérifier, contenterait sans doute le roi mon beau-père. Mais quand cela ne serait pas, l'infante devra m'aimer de façon que, malgré la résistance de son père, elle sera résolue à m'épouser, alors même que je serais fils d'un porteur d'eau. Autrement, ce serait le cas de l'enlever et de l'emmener où bon me semblerait, jusqu'à ce que le temps ou la mort eût calmé la colère de ses parents.

— Et par ma foi, seigneur, reprit Sancho, vous avez raison; comme disent certains vauriens : A quoi bon demander de gré ce qu'on peut prendre de force? ou bien, ce qui vient encore plus à propos : Mieux vaut le saut du buisson que les prières des bonnes âmes. Je veux dire que si le roi votre beau-père ne veut pas vous donner madame l'infante, il n'y aura, comme dit Votre Grâce, qu'à l'enlever et à la mettre en lieu de sûreté. Tout le mal que j'y trouve, c'est qu'en attendant que la paix se fasse entre le beau-père et le gendre, et que vous jouissiez paisiblement du royaume, le pauvre écuyer court grand risque de mettre ses dents au croc et de mourir de faim dans l'expectative des récompenses; à moins toutefois que la confidente, qui doit devenir ma femme, ne plie bagage avec l'infante, et que je ne me console avec elle en attendant mieux; car j'imagine, seigneur, que le chevalier peut bien marier sur-le-champ la damoiselle avec son écuyer.

— Et qui l'en empêcherait? dit don Quichotte. — S'il en est ainsi, dit Sancho, nous n'avons donc plus qu'à nous recommander à Dieu, et à laisser rouler la boule, qui peut-être s'arrêtera au but. — Dieu le veuille, répondit don Quichotte, suivant ton désir et mon besoin; et ce n'est rien valoir que de ne s'estimer rien. — Ainsi soit-il encore une fois, reprit Sancho; parbleu, je suis de vieux chrétiens : n'est-ce pas assez pour être comte? — C'est plus qu'il n'en faut, dit don Quichotte; et quand tu ne le serais pas, cela ne fait rien à l'affaire; car, sitôt que je serai roi, je puis t'anoblir, sans que tu achètes la noblesse ni que tu la tiennes de tes services. Dès que tu seras comte, te voilà d'emblée chevalier ; on dira ce qu'on voudra, toujours est-il qu'on te traitera de Seigneurie, malgré qu'on en ait. — Après tout, dit Sancho, croit-on que je n'en vaudrais pas bien un autre ? J'ai eu l'honneur d'être une fois dans ma vie bedeau d'une confrérie, et tout le monde me trouvait assez bonne mine avec ma robe de bedeau pour devenir marguillier. Que sera-ce donc quand j'aurai sur le corps un manteau ducal, ou que je serai tout cousu d'or et de perles, comme un comte étranger ? Ou je me trompe fort, ou l'on viendra me voir de cent lieues à la ronde. — Tu seras sans doute très-beau à voir, dit don Quichotte ; mais il faudra que tu te fasses raser ; car, avec cette barbe épaisse, inculte et négligée, on te devinerait à une portée d'escopette, si tu n'y passais le rasoir pour le moins tous les deux jours. — Eh bien, reprit Sancho, il n'y a qu'à prendre un barbier à gages, qui demeurera dans ma maison, et qui, au besoin, marchera derrière moi, comme l'écuyer d'un grand seigneur. — Et comment sais-tu, demanda don Quichotte, que les grands mènent les écuyers après eux ? — Je vais vous le dire, répondit Sancho. Il y a quelques années, j'allai passer un mois à la cour ; là je vis un jour un tout petit homme, qu'on disait être un grand personnage ; il se promenait, et un autre homme le suivait à cheval, pas à pas, s'arrêtant quand le seigneur s'arrêtait, et marchant quand il marchait, ni plus ni moins que s'il eût été son ombre. Je demandai à quelqu'un pourquoi celui-ci ne rejoignait pas l'autre, au lieu de rester toujours derrière lui. On me dit que c'était un écuyer, et que c'était l'usage des grands de se faire suivre ainsi. Voilà comment je l'ai su, et je ne l'ai pas oublié. — Tu as raison, Sancho, dit don Quichotte, de vouloir mener ton barbier après toi. Les modes n'ont pas été inventées tout d'un coup, et tu seras le premier comte qui aura mis cela en usage ; d'ailleurs l'office de

9

barbier est un poste de confiance encore plus que celui d'écuyer.
— Pour ce qui est du barbier, reposez-vous-en sur moi, dit Sancho, et que Votre Grâce songe seulement à devenir roi et à me faire comte. — Ainsi ferai-je, » répondit don Quichotte.

CHAPITRE XV

De la liberté que don Quichotte rendit à bon nombre de malheureux qu'on emmenait, contre leur gré, là où ils n'avaient pas envie d'aller.

Après cette intéressante conversation qu'ils eurent ensemble, don Quichotte, levant les yeux, vit venir environ douze hommes à pied, enfilés comme des grains de chapelet dans une longue chaîne qui les prenait par le cou, et portant tous des menottes. Ils étaient accompagnés de deux hommes à cheval et de deux autres à pied, les premiers avec des arquebuses à rouet, et les autres armés de piques et d'épées. Dès que Sancho vit cette triste caravane : « Voilà, dit-il, la chaîne des forçats qu'on mène servir le roi aux galères. — Comment? s'écria don Quichotte, des forçats? est-il possible que le roi fasse violence à quelqu'un? — Je ne dis pas cela, répondit Sancho; je dis que ce sont des gens qu'on a condamnés pour leurs crimes à servir le roi dans les galères. — Quoi qu'il en soit, dit don Quichotte, ces gens-là sont forcés et ne vont pas de leur gré. — Pour cela, je vous en réponds, dit Sancho. — Puisqu'il en est ainsi, reprit don Quichotte, cela me regarde, moi dont la profession est d'empêcher les violences et de secourir tous les misérables. — Hé! ne savez-vous pas, seigneur, repartit Sancho, que ni le roi ni la justice ne font aucune violence à ces garnements, et qu'ils n'ont que ce qu'ils méritent? »

Cependant la chaîne arriva près d'eux, et don Quichotte pria les gardes, d'un ton poli, de vouloir bien lui dire pour quel sujet on menait ainsi ces pauvres gens. « Ce sont, répondit un des cavaliers, des forçats qui vont servir sur les galères du roi; je n'ai rien de plus à vous dire, et vous, je pense, rien de plus à me demander. — Vous m'obligeriez pourtant, répliqua don Quichotte, de me laisser apprendre de chacun en particulier quelle est la cause de sa disgrâce. » Il ajouta à cela tant de civilités, que l'autre garde à cheval lui dit : « Nous avons bien ici les sentences de ces misérables; mais le temps manque pour les lire, et cela ne vaut pas la peine de défaire nos valises. Vous n'avez qu'à les interroger vous-même; ils ne manqueront pas de vous satisfaire, car ces honnêtes gens ne se font pas prier pour raconter leurs méfaits. »

Avec cette permission, que don Quichotte aurait bien prise de lui-même si on la lui avait refusée, il s'approcha de la chaîne, et interrogea successivement les forçats sur les crimes que chacun d'eux avait commis pour être ainsi traité. Après en avoir entendu toutes les explications qui les concernaient personnellement, se tournant vers eux, il leur dit : « Mes frères, par tout ce que vous m'avez exposé je vois clairement que, quoique la peine à laquelle on vous a condamnés soit le châtiment de vos fautes, vous ne la souffrez pas cependant sans chagrin; que vous n'avez guère d'envie d'aller aux galères, et que c'est entièrement contre votre volonté qu'on vous y mène; or le Ciel ne m'a mis au monde, et ne m'a fait embrasser la profession de la chevalerie errante, que pour secourir les affligés et délivrer les petits de l'oppression des grands. Toutefois, comme il est de la prudence de faire les choses doucement et sans violence quand on le peut, je prie monsieur le commissaire et messieurs vos gardes de vous détacher et de vous laisser aller libres; il se trouvera assez d'autres gens pour servir le roi dans les occasions; et, pour dire le vrai, c'est une chose bien dure de vouloir rendre esclaves des gens qui sont nés avec la liberté. Il y a une justice au ciel qui prend assez soin de châtier les méchants quand ils ne se corrigent pas, et il n'est pas bienséant à des hommes qui ont de l'honneur d'être les bourreaux des autres hommes. Messieurs, je vous demande cela avec douceur et civilité, et si vous me l'accordez, je vous en serai redevable; mais si vous ne le faites pas de bonne grâce, cette lance et cette épée, et la vigueur de mon bras, vous le feront faire par la force. — Oh! la bonne plaisanterie! répond le commissaire; que ne le disiez-vous tout de suite? Cela n'est pas mal imaginé, en effet, de nous demander la liberté des forçats du roi, comme si nous avions le droit de les délivrer, et lui-même le pouvoir de nous le prescrire! Allez, seigneur, allez, poursuivez votre chemin, et redressez le bassin que vous avez sur la tête, sans vous inquiéter de savoir si notre chat n'a que trois pattes. — C'est vous qui êtes le chat, le rat et le goujat! » repartit don Quichotte; et en même temps il l'attaque avec tant de promptitude, que, sans lui donner le loisir de se mettre en défense, il le renverse à terre dangereusement blessé d'un coup de lance; et le bonheur voulut que ce fût l'homme à l'arquebuse.

Les gardes, d'abord surpris d'un assaut aussi brusque, attaquèrent tous ensemble don Quichotte, les uns avec leurs épées, les autres avec leurs piques, et ils lui auraient fait mal passer le temps, si les forçats, voyant une si belle occasion de recouvrer leur liberté, n'eussent fait des efforts pour rompre leurs chaînes. La confusion fut si grande alors parmi les gardes, que, tantôt accourant aux forçats qui se détachaient, et tantôt à don Quichotte qui ne leur donnait point de repos, ils ne purent rien faire de bon. Sancho cependant aidait un des galériens, Ginès de Passamont, surnommé Ginésille de Parapilla, qui, se voyant libre et dégagé, se jeta sur le commissaire; et, lui ayant ôté l'épée et l'arquebuse, il les visa tous successivement, sans tirer pourtant; il montra enfin tant de résolution, que, les autres forçats le secondant à coups de pierres, les gardes prirent la fuite et quittèrent le champ de bataille.

Sancho n'eut pas trop de joie de ce grand exploit, parce qu'il ne douta point que les gardes n'allassent à l'instant même informer la Sainte-Hermandad et demander main-forte pour revenir chercher les coupables. Dans cette appréhension, il dit à son maître qu'il était à propos de s'éloigner du chemin et de se cacher dans la montagne la plus voisine. « Soit, dit don Quichotte ; mais je sais ce qu'il convient de faire avant tout. » Puis il appela les forçats, qui venaient de dépouiller le commissaire et l'avaient laissé tout nu ; ils s'approchèrent de lui, et se mirent en rond pour apprendre ce qu'il voulait. « C'est le fait des gens bien nés, leur dit-il, d'avoir de la reconnaissance des bienfaits qu'ils reçoivent, et l'ingratitude est un des vices dont le Ciel est le plus offensé. Vous voyez, Messeigneurs, ce que je viens de faire pour vous, et l'obligation que vous m'avez ; je suis persuadé que je n'ai pas servi des ingrats, et c'est à vous de me faire voir ce que vous êtes. Je vous demande, pour toute reconnaissance, que vous repreniez la chaîne que je vous ai ôtée, et qu'en cet état vous alliez dans la cité du Toboso, vous présenter devant madame Dulcinée, lui dire que c'est de la part de son esclave le chevalier de la Triste-Figure, et lui raconter mot pour mot tout ce que j'ai fait en votre faveur, jusqu'à vous remettre en liberté. Après cela je vous en laisse maîtres, et vous pourrez faire tout ce que vous voudrez. »

Ginès de Passamont répondit pour tous, et dit à don Quichotte : « Seigneur chevalier notre libérateur, il nous est impossible de faire ce que vous ordonnez ; car nous n'oserions nous montrer tous ensemble en l'état que vous dites, de crainte d'être aussitôt reconnus ; au contraire, il faut que nous nous séparions, et que nous fassions si bien, en nous déguisant, que nous ne retombions plus entre les mains de la justice, qui sans doute va mettre des gens à nos trousses. Mais ce que Votre Seigneurie peut faire, et ce qui est juste, c'est de changer votre ordre, et de commuer le tribut que nous devons à madame Dulcinée du Toboso en une certaine quantité de prières que nous dirons à son intention. C'est une chose que nous pourrons accomplir sans risque, et aussi bien de nuit que de jour, en marche ou au repos, en paix comme en guerre; mais de penser que nous nous exposions encore une fois à manger de la soupe d'Égypte, je veux dire à reprendre la chaîne, il n'y a pas d'apparence, et je ne crois pas que vous y ayez bien réfléchi. — Et, par le Dieu vivant! dit don Quichotte enflammé de colère, don Ginésille de Parapilla, don mal-appris, ou qui que vous puissiez être, vous irez tout seul, et chargé de la chaîne et de tout le harnais que vous aviez sur votre noble corps. » Passamont, qui n'était pas né fort patient, et qui n'avait pas une haute opinion du bon sens de don Quichotte après l'action que celui-ci venait de faire, ne put souffrir qu'on le traitât de la sorte; il fit signe des yeux à ses compagnons, qui s'écartèrent aussitôt les uns des autres, et firent pleuvoir tant de pierres sur don Quichotte, qu'il ne pouvait se couvrir avec sa rondache, ni faire avancer Rossinante, lequel ne se souciait pas plus de l'éperon que s'il eût été de bronze. Sancho s'abrita derrière son âne, et par ce moyen évita la tempête; mais son maître ne put si bien se garantir qu'il n'attrapât dans les reins quatre ou cinq cailloux, qui le jetèrent par terre. Un des galériens fondit aussitôt sur lui, et lui enlevant le bassin, lui en donna cinq ou six coups sur les épaules, et autant contre une pierre, où il le mit presque en pièces. Les autres forçats lui prirent une casaque qu'il portait par-dessus ses armes, et lui auraient ôté jusqu'à ses chausses, si les cuissards et les genouillères n'en eussent empêché. Pour ne pas laisser l'ouvrage imparfait, ils déchargèrent aussi Sancho de son manteau, et, l'ayant laissé en justaucorps, ils partagèrent entre eux les dépouilles du combat; et chacun s'en alla de son côté, avec plus de soin d'éviter la Sainte-Hermandad que d'envie de connaître madame Dulcinée. L'âne, Rossinante, Sancho et don Quichotte demeurèrent seuls sur le champ de bataille : l'âne, la tête basse, et secouant de temps en temps les oreilles, croyant sans doute que la pluie des cailloux durait encore ; Rossinante étendu près de son maître et froissé de deux grands coups de pierre ; Sancho mourant de peur de tomber entre les mains de la Sainte-Hermandad ; don Quichotte, enfin, triste et courroucé de se voir maltraité par ceux auxquels il venait de faire tant de bien.

CHAPITRE XVI

De ce qui arriva au fameux don Quichotte dans la Sierra-Morena, une des plus rares aventures que raconte cette véridique histoire.

Don Quichotte, se voyant ainsi maltraité, dit à son écuyer : « J'ai toujours ouï dire, Sancho, que c'est porter de l'eau à la mer que de faire du bien à des méchants. Si je t'avais cru, j'aurais évité ce déplaisir ; mais enfin cela est fait : patience, et que l'expérience nous rende sages désormais. — Vous deviendrez sage comme je suis Turc, dit Sancho ; mais puisque vous me dites que, si vous m'eussiez cru, vous auriez évité ce déplaisir, croyez-moi à cette heure, et vous en éviterez un plus grand ; car je vous avertis que toutes vos chevaleries sont inutiles avec la Sainte-Hermandad, et qu'elle ne fait pas plus cas de tous les chevaliers errants du monde que de deux maravédis. Tenez, il me semble que j'entends déjà ses flèches me siffler aux oreilles. — Tu es naturellement poltron, Sancho, dit don Quichotte ; mais, afin que tu ne dises pas que je suis opiniâtre et que je ne me rends jamais à tes avis, je veux bien t'en croire pour cette fois-ci, et m'éloigner de cette terrible vengeance que tu crains si fort; mais ce sera à une condition, que, ni mort ni vif, tu ne diras jamais à personne que je me suis retiré, et que j'ai esquivé le danger par peur, mais seulement à ta prière et pour te faire plaisir. Si tu dis autre chose, tu mentiras, et maintenant comme alors, et alors comme maintenant, je te démens, et dis que tu as menti, et mentiras toutes les fois que tu le diras et penseras. Et ne me réplique pas davantage, car à la seule pensée que je m'éloigne de quelque péril apparent, et surtout de celui-ci où il peut y avoir quelque chose à craindre, je suis tenté de demeurer ici jusqu'au jour du jugement, et d'attendre de pied ferme non-seulement cette sainte confrérie que tu dis, mais encore toute la fraternité des douze tribus d'Israël, les sept Machabées, Castor et Pollux, et tous les frères, confrères et confréries du monde. — Seigneur, dit Sancho, se retirer n'est pas fuir; mais attendre est encore moins sagesse, quand le péril surpasse l'espérance; et il est de l'homme prudent de se garder aujourd'hui pour demain, sans aventurer tout en un jour. Écoutez, quoique rustique et lourdaud, je me suis toujours piqué de ce qu'on appelle une bonne gouverne; ainsi ne vous repentez point d'avoir pris mon conseil. Montez seulement sur Rossinante si vous le pouvez, sinon je vous aiderai; et suivez-moi, je vous prie : quelque chose me dit qu'il ne fait pas bon ici, et que nous avons plus besoin de nos pieds que de nos mains. »

Don Quichotte monta à cheval, sans rien ajouter; et Sancho prenant le devant, sur son âne, ils entrèrent dans la Sierra-Morena, le bon écuyer ayant grande envie de la traverser tout entière et d'aller jusqu'au Viso ou Almodovar-del-Campo, et se cacher là quelques jours, pour ne pas tomber entre les mains de la justice. Ce qui le portait à cette résolution, c'est qu'il avait sauvé de la bataille et des mains des forçats toutes les provisions qui étaient sur son âne; et ce fut véritablement une espèce de miracle, tant ces gens-là furetèrent pour enlever tout ce qu'il y avait de bon à prendre.

Nos aventuriers arrivèrent cette nuit-là au milieu de la Sierra-Morena, et dans l'endroit le plus désert, où Sancho conseilla à son maître de passer quelques jours, tout le temps que dureraient leurs provisions. Ils s'installèrent, pour cette nuit, entre deux coteaux, sous des liéges, où ils se crurent en sûreté. Mais la fatalité, qui, aux yeux de ceux que n'éclairent point les lumières de la véritable foi, règle toutes choses suivant ses lois, voulut que Ginès de Passamont, cet insigne scélérat dont la valeur insensée de don Quichotte avait brisé la chaîne, craignant et fuyant la Sainte-Hermandad, songeât à aller aussi se cacher dans ces rochers, et arrivât justement au même lieu où étaient don Quichotte et Sancho, qu'il reconnut à leurs paroles, et qu'il laissa s'endormir profondément; et comme les méchants sont toujours ingrats, et que d'ailleurs la nécessité pousse au mal[1], Ginès, qui n'avait ni reconnaissance ni bonnes intentions, s'accommoda, pendant leur sommeil, de l'âne de Sancho, préférablement à Rossinante, qui ne lui parut pas être de défaite; et avant qu'il fût jour, il était déjà trop loin pour qu'on pût le rejoindre.

Cependant l'aurore vint réjouir la terre, et attrister Sancho. Quand il se vit sans son âne, il poussa des gémissements si lamentables, que don Quichotte s'en éveilla, et entendit qu'il disait : « O cher fils de mes entrailles, né dans ma maison, jouet de mes enfants, délices de ma femme, envie de mes voisins, soulagement de mes travaux, enfin nourricier de la moitié de ma personne, puisque, avec vingt-six maravédis que tu me rapportais chaque jour, tu fournissais à la moitié de ma dépense ! » Don Quichotte, devinant par ces lamentations le sujet de la douleur de Sancho, tâcha de le consoler par le raisonnement, et l'engagea à prendre patience, en lui promettant de lui donner une lettre de change pour trois ânons à prendre sur cinq qu'il avait dans sa maison. Sancho s'apaisa; il essuya ses larmes, arrêta ses soupirs et ses sanglots, et fit un grand remercîment à son maître de la faveur qu'il lui accordait.

Don Quichotte se réjouit de se voir au milieu de ces montagnes, ne doutant point que ce ne fût un lieu propre à trouver les aventures qu'il cherchait. Sancho n'avait guère de souci non plus, depuis qu'il se voyait en sûreté, et il ne songeait qu'à se remplir la panse des restes qu'il avait sauvés. Il allait derrière son maître avec le bissac qu'avait porté son âne, tirant de temps en temps quelques morceaux qu'il avalait de bon cœur, sans se soucier des aventures. En ce moment il s'aperçut que son maître était arrêté, et qu'il tâchait d'enlever avec la pointe de sa lance quelque chose qui était tombé à terre. Il se pressait pour aller lui offrir de l'aider ; mais quand il arriva, don Quichotte tenait déjà au bout de sa lance un coussin et une valise attachés ensemble, le tout en fort mauvais état et à demi pourri, mais si pesant qu'il fallut que Sancho s'en mêlât pour le soulever. Il regarda vite ce que c'était, et il vit que la valise était bien fermée avec une chaîne et son cadenas ; mais, par les trous que la pourriture avait faits, il tira quatre chemises de Hollande très-fines et d'autre linge propre et recherché, et dans un mouchoir une bonne quantité d'écus d'or. « Béni soit le Ciel, dit Sancho à cette vue, puisque enfin nous rencontrons une fois en notre vie une aventure profitable. » En cherchant encore, il trouva des tablettes richement garnies. « Je retiens cela pour moi, dit don Quichotte ; garde l'argent pour toi, Sancho. — Grand merci, seigneur, » répondit-il en lui baisant les mains ; et il mit le tout dans son bissac. « Il faut sans doute, Sancho, dit don Quichotte, qu'un homme se soit égaré dans ces montagnes, et que des voleurs l'aient assassiné et enterré quelque part parmi ces rochers. — Impossible, répondit Sancho ; si c'étaient des voleurs, ils n'auraient pas laissé là cet argent. — Tu as raison, dit don Quichotte, et je ne devine plus ce qu'il peut en être. »

Pendant que son maître feuilletait les tablettes, Sancho revisitait la valise ; il ne laissa pas le moindre repli, ni dans le coussin non plus, où il ne fît une recherche exacte, tant il avait été alléché par la découverte des écus d'or, dont il avait empoché au moins une centaine. Il n'y trouva rien de plus, ce qui ne l'empêcha pas de s'estimer bien dédommagé des sauts et du bernement, du vomissement et des tranchées du baume de Fierabras, de la grêle d'épieux des voituriers, des coups de poing du muletier, de la perte du bissac et de l'âne, du vol de son manteau, de la faim, de la soif, et de toute la fatigue qu'il avait soufferte au service de son bon maître, l'indemnité lui paraissant convenable.

Don Quichotte et Sancho, l'un à cheval, l'autre à pied, prirent leur chemin par le plus rude de la montagne. Ils marchèrent quelque temps sans rien dire, et Sancho était demi-mort d'envie de deviser ; mais il n'osait commencer, pour ne pas contrevenir aux ordres de son maître. Voyant enfin que don Quichotte ne parlait pas, et ne pouvant supporter un si long silence : « Seigneur, lui dit-il, je supplie Votre Grâce de me donner sa bénédiction et mon congé, afin que je m'en aille sur-le-champ retrouver ma femme et mes enfants, avec qui je pourrai au moins parler et discuter quand j'en aurai envie ; car pour vous suivre par ces déserts, de jour et de nuit, sans dire un seul mot, j'aimerais autant qu'on m'enterrât tout vif. Si les bêtes parlaient, comme au temps de Guisope, encore passe, je m'entretiendrais avec Rossinante de tout ce qui me viendrait en fantaisie, et les paroles ne me pourriraient pas dans le corps. Mais c'est une chose insupportable que d'aller toujours cherchant des aventures, et de ne trouver jamais que des gens qui vous bernent, qui vous volent, qui vous assomment à coups de poings et à coups de pierres, et, avec tout cela, d'avoir la bouche cousue, comme si l'on était né muet. — Je t'entends, Sancho, répondit don Quichotte, tu ne saurais tenir longtemps ta langue captive.

« Il faut que tu saches que le fameux Amadis de Gaule fut un des plus parfaits chevaliers errants du monde ; que dis-je, un ? il fut le seul, ou au moins le premier, et le prince de tous ceux qui avaient existé avant lui ; que les Bélianis ni aucun autre ne prétendent point entrer en comparaison avec lui : ils se tromperaient du blanc au noir, et il n'y en a pas un qui mérite d'être son écuyer. Cela étant, comme assurément cela est, je trouve, ami Sancho, que le chevalier errant qui l'imitera le mieux approchera le plus de la perfection. Or une des choses en quoi le grand Amadis fit davantage éclater sa sagesse et sa valeur, sa fermeté et son amour, ce fut de se retirer sur la Roche-Pauvre, pour y faire pénitence sous le nom du Beau-Ténébreux, nom significatif et admirablement approprié à la vie qu'il voulait mener, et qu'il avait lui-même choisie. Et comme il m'est beaucoup plus aisé de l'imiter en sa pénitence que de fendre des géants démesurés, de couper des serpents, de tuer des endriagues, de mettre des armées en déroute, de disperser des flottes, et de détruire des enchantements ; que d'ailleurs ces lieux sauvages sont tout propres pour un tel dessein, je ne veux pas laisser perdre l'occasion qui s'offre si favorablement. — Mais enfin, seigneur, dit Sancho, qu'est-ce donc que vous voulez faire dans un lieu si désert ? — Et ne t'ai-je pas dit, répondit don Quichotte, que je prétends imiter Amadis, faisant ici l'insensé, le désespéré, le furieux ; imiter aussi en même temps le valeureux Roland, dans les folies qu'il fit quand il sut qu'Angélique l'avait trahi ; ce qui lui donna tant de chagrin, qu'il devint fou, arracha les arbres, troubla les eaux des fontaines, ravagea les troupeaux, tua les bergers, brûla leurs cabanes, déroba leurs juments, et fit cent mille autres extravagances dignes d'une éternelle mémoire ? Et quoique je ne sois pas résolu à imiter exactement Roland, Orland ou Rotoland (car il avait ces trois noms-là) en toutes ses folies, je veux pour le moins choisir les plus essentielles. Peut-être aussi me contenterai-je d'imiter seulement Amadis, qui, ne faisant pas de folies nuisibles, mais simplement de plaintives et de sentimentales, acquit autant de réputation et de gloire que personne.

— Il me semble, seigneur, dit Sancho, que les chevaliers qui faisaient ces folies ou ces pénitences en avaient quelque sujet ; mais vous, quelle raison avez-vous pour devenir fou ? Votre dame vous a-t-elle dédaigné, et quelles preuves avez-vous trouvées qu'elle vous ait préféré More ou chrétien ? — Eh ! voilà le point important, s'écria don Quichotte, c'est là le fin de l'affaire : qu'un chevalier errant ait un motif pour devenir fou, on ne lui en saura aucun gré ; mais perdre le jugement sans sujet, c'est faire voir à sa dame de quoi il est capable dans l'occasion. Au reste, le long espace de temps depuis lequel je me suis éloigné de l'incomparable Dulcinée n'est-il pas un motif suffisant ? Ainsi donc, ami Sancho, ne perds point tes peines à vouloir me détourner d'une imitation si rare, si heureuse et si extraordinaire. Je suis fou, et fou je prétends rester, jusqu'à ce que tu sois de retour avec la réponse d'une lettre que je veux que tu portes à madame Dulcinée : et si je la trouve digne de ma foi, je cesse au même moment d'être fou et de faire pénitence ; mais si cela se passe autrement, je demeurerai fou, et dans cet état-là je ne sentirai rien. Ainsi, quoi qu'elle me réponde, je me tirerai toujours d'affaire, soit en jouissant en homme sage du bien que j'espère de ton retour, soit comme un insensé, ne sentant pas le mal que tu m'auras apporté. Mais dis-moi, Sancho, as-tu sauvé l'armet de Mambrin ? J'ai vu que tu l'as ramassé après que cet ingrat eut fait tous ses efforts pour le mettre en pièces, ce qui fait bien voir la finesse de sa trempe. — Vive Dieu ! Seigneur chevalier de la Triste-Figure, s'écria Sancho, je ne saurais souffrir certaines choses que vous dites ; et elles me font croire que tout ce que vous contez des chevaleries, de gagner des royaumes et des empires, et de donner des îles et d'autres récompenses à la mode des chevaliers errants, tout cela n'est que fumée et mensonge, et qu'autant en emporte le vent. Eh ! qui diable, Dieu me pardonne, pourrait vous entendre dire qu'un bassin de barbier est l'armet de Mambrin, et cela au bout de quatre jours comme le premier, sans penser que vous avez perdu le jugement? J'ai le bassin dans mon bissac, tout enfoncé et tout aplati, et je l'emporte pour le faire raccommoder et m'en servir à me faire la barbe, si Dieu m'accorde la grâce de me retrouver jamais avec ma femme et mes enfants. — Sancho, dit don Quichotte, par le Dieu vivant que tu viens de jurer, je jure à mon tour que tu es bien l'écuyer du plus mince entendement qu'il y ait jamais eu au monde. Est-il possible que, depuis le temps que tu es avec moi, tu ne te sois pas encore aperçu que toutes les affaires des chevaliers errants semblent des chimères, des folies et des extravagances, et qu'elles paraissent toutes marcher au rebours des autres? non pas pour cela qu'elles soient ainsi, mais parce qu'il y a toujours parmi nous une troupe d'enchanteurs, qui changent et bouleversent tout à leur guise, et selon qu'ils ont envie de nous nuire ou de nous favoriser. C'est justement là ce qui fait que ce qui m'apparaît comme l'armet de Mambrin est pour toi un bassin de barbier, et qu'il semblera autre chose à un autre. J'admire en cela la prévoyance du sage qui est dans mon parti, d'avoir fait que tout le monde prenne cet armet de Mambrin pour un bassin de barbier, parce qu'étant une des plus précieuses choses du monde, il m'aurait fallu soutenir mille combats pour le défendre, tandis qu'avec cette apparence trompeuse personne ne s'en soucie : témoin cet étourdi qui a essayé de le rompre, et qui n'a pas même voulu s'en charger, ce dont il se serait bien gardé s'il en eût connu la valeur. Garde-le, ami, je n'en ai pas besoin pour l'heure ; au contraire, je veux me désarmer entièrement et me mettre tout nu comme je suis venu au monde, si toutefois je trouve qu'il soit à propos d'imiter la pénitence de Roland plutôt que celle d'Amadis. »

CHAPITRE XVII

Qui traite des étranges choses qui arrivèrent dans la Sierra-Morena
au vaillant chevalier de la Manche, et de l'imitation qu'il fit de la pénitence
du Beau-Ténébreux.

Tout en causant ainsi, ils arrivèrent au pied d'une roche fort haute qui était détachée des autres et comme taillée à pic. Un petit ruisseau coulait doucement le long de la pente, et venait en serpentant arroser un pré qui l'entourait. L'herbe fraîche et tendre, et la quantité d'arbres sauvages, de plantes et de fleurs dont la roche était couverte, rendaient ce lieu fort agréable. Ce fut là l'endroit que le chevalier de la Triste-Figure choisit pour faire sa pénitence, et il en prit possession en s'écriant, comme s'il eût entièrement achevé de perdre la raison : « Voici, ô cieux ! le lieu que je choisis pour pleurer le triste état où vous m'avez réduit ! Je veux que mes larmes grossissent les eaux de ce ruisseau, et que mes soupirs incessants et profonds agitent les feuilles et les branches de ces arbres, en témoignage du cruel tourment que souffre mon cœur ulcéré. O vous, qui que vous soyez, dieux champêtres, seuls habitants de ces déserts, écoutez les plaintes d'un malheureux amant, qu'une longue absence et des motifs imaginaires de jalousie ont amené dans ces âpres lieux pour se lamenter sur son mauvais sort et gémir sur les rigueurs d'une belle ingrate, le parangon et le dernier terme de la beauté humaine. O vous, Napées et Dryades, qui avez coutume d'habiter l'épaisseur des forêts, aidez-moi à déplorer mes infortunes, ou pour le moins ne vous lassez pas de les entendre ! O Dulcinée du Toboso, jour de mes nuits, gloire de mes peines, boussole de mes voyages, étoile de ma fortune, que le Ciel te la donne toujours heureuse en ce qu'il te plaira de lui demander; considère le lieu et la situation où m'a placé ta cruelle absence, et réponds par une décision favorable à la constance de ma foi! O vous, arbres solitaires qui devez désormais me faire compagnie dans mon isolement, indiquez-moi par le doux murmure de votre feuillage que ma présence ne vous est pas désagréable. Et toi, mon cher écuyer, aimable et fidèle compagnon de mes succès et de mes revers, considère attentivement tout ce que tu me verras faire, afin de le raconter exactement à celle qui en est l'unique objet. »

En achevant ces mots, il mit pied à terre, ôta promptement la selle et la bride de son cheval, et lui donnant de la main sur la croupe, il lui dit en soupirant : « Reçois la liberté de celui qui l'a perdue, ô cheval aussi excellent par tes œuvres que malheureux par ta destinée; va-t'en où tu voudras; tu portes écrit sur ton front que jamais l'hippogriffe d'Astolphe, ni le renommé Frontin qui coûta si cher à Bradamante, n'ont égalé ta légèreté ni ta vigueur. — Bien en a pris, s'écria alors Sancho, à celui qui m'a délivré du soin de débâter mon âne; les caresses ne lui manqueraient pas, ni de belles paroles à sa louange; mais s'il était ici, je ne permettrais à personne de lui ôter son bât. Qu'aurait-il à voir aux affaires des amoureux et des désespérés, puisque son maître, qui était moi, n'a jamais été ni l'un ni l'autre? Mais, seigneur chevalier de la Triste-Figure, si mon voyage et votre folie sont véritables, croyez-vous qu'il soit mal à propos de seller Rossinante, afin qu'il supplée mon grison? S'il me faut aller à pied, je ne sais trop quand j'arriverai ni quand je serai de retour, car je suis un fort méchant piéton. — Fais comme tu voudras, Sancho, répondit don Quichotte; ton idée ne me semble pas mauvaise. Tu partiras dans trois jours; d'ici là je veux que tu voies ce que je fais pour ma dame, et que tu puisses le lui redire. — Et que puis-je voir davantage après ce que j'ai vu? dit Sancho. — Vraiment, tu es loin de compte, repartit don Quichotte; il me reste encore à déchirer mes habits, à disperser mes armes pièce à pièce, à faire des culbutes sur des rochers, et mille choses semblables qui te donneront de l'admiration. — Pour l'amour de Dieu, seigneur, dit Sancho, prenez bien garde à la manière dont vous ferez tous ces sauts; vous pourriez donner de la tête en tel endroit et de telle façon que dès le premier coup vous auriez achevé toute cette histoire de pénitence. Et je suis d'avis, moi, si ces soubresauts sont nécessaires et que l'œuvre ne puisse s'en passer, que vous vous contentiez, puisque tout cela est une affaire d'imitation ou de plaisanterie, de les faire dans l'eau ou sur quelque chose de doux comme du coton; cela ne m'empêchera pas de dire à madame Dulcinée que vous l'avez fait sur des roches pointues et dures comme du diamant. — Je te remercie de ta bonne intention, ami, répondit don Quichotte; il faut que tu saches que ceci n'est point une plaisanterie, mais une chose très-sérieuse; parce qu'autrement ce serait pécher contre les lois de la chevalerie, qui nous défendent de mentir sous peine d'être déclarés indignes de l'ordre; or faire une chose pour une autre, c'est mentir; ainsi il faut que mes culbutes soient réelles, effectives, sincères et véritables, sans aucune supercherie ou restriction. Et il sera bon que tu me laisses de la charpie pour mettre sur mes blessures, puisque nous avons perdu le baume. — Le malheur est d'avoir perdu l'âne, dit Sancho, puisqu'il portait le baume, la charpie et tout le reste; mais je prie Votre Seigneurie de ne me parler jamais de ce maudit breuvage; car, à l'entendre seulement nommer, je me sens l'âme à l'envers et l'estomac pareillement. Je vous prie aussi de regarder comme révolus les trois jours que vous aviez pris pour me faire voir vos folies, que je tiens pour vues et accomplies avec force de chose jugée. Je dirai des merveilles à madame, laissez-moi faire; écrivez seulement, et dépêchez-moi; car je grille déjà d'être revenu, pour vous tirer du purgatoire où je vais vous laisser. — Tu appelles cela un purgatoire, Sancho? dis plutôt un enfer, et quelque chose de pis, s'il est possible. Mais où prendrons-nous de quoi écrire là lettre? — Et le mandat des ânons? ajouta Sancho. — Je ne l'oublierai pas, reprit don Quichotte; et puisque je n'ai point de papier, il serait bon de l'écrire sur des feuilles d'arbre ou sur des tablettes de cire, comme faisaient les anciens. Tu auras soin de faire transcrire le tout en belles lettres, au premier bourg où tu trouveras un maître d'école; sinon, par un sacristain de paroisse; mais donne-toi bien de garde de le faire écrire par un homme de loi, car le diable lui-même ne le lirait pas. — Oui, mais comment faire pour la signature? répondit Sancho. — Jamais Amadis ne signait ses lettres, dit don Quichotte. — Bon pour cela, dit Sancho; mais le mandat, il faut bien qu'il soit signé; et s'il est transcrit, ils diront que le seing est faux, et me voilà sans ânons. — Quand ma nièce verra mon nom, elle ne fera aucune difficulté de l'acquitter. Pour ce qui est de la lettre, tu feras mettre au bas : *A vous jusqu'à la mort, le chevalier de la Triste-Figure.* Il ne faut point s'inquiéter si l'écriture est d'une main étrangère, parce que, si je m'en souviens bien, Dulcinée ne sait ni lire ni écrire, et de sa vie n'a vu ni de mes lettres ni de mon écriture. Nos amours ont toujours été platoniques, et n'ont jamais passé les bornes d'un honnête regard; et cela même si rarement, que je puis bien jurer que, depuis douze ans qu'elle m'est plus chère que ma vie, je ne l'ai pas vue quatre fois, et peut-être même ne s'est-elle jamais aperçue que je la regardasse, tant Laurent Corchuelo, son père, et Aldonza Nogalès, sa mère, l'ont bien élevée et la surveillent de près. — Tiens, tiens! s'écria Sancho, c'est la fille de Laurent Corchuelo, autrement dite, Aldonza Lorenço, qui est madame Dulcinée du Toboso? — C'est elle-même, répondit don Quichotte, et certes elle mérite d'être la souveraine de toute la terre. — Oh! je la connais bien, dit Sancho, et je sais qu'au jeu elle jette la barre aussi rudement que le plus robuste garçon du village. Vive Dieu! quelle commère!

comme elle est faite et parfaite! Par ma foi, elle peut tenir tête à tout chevalier errant ou à errer qui en fera la dame de ses pensées. Jarni, quels poumons vigoureux et quelle voix elle vous a! Un jour elle monta au clocher de notre village, et se mit à appeler les valets de son père qui étaient à plus d'une demi-lieue de là ; ils l'entendirent aussi bien que s'ils eussent été au pied de la tour. Elle n'est point non plus trop dédaigneuse ; elle rit volontiers avec tout le monde, tant elle est de bonne humeur. Oh! vraiment, à l'heure qu'il est, seigneur chevalier de la Triste-Figure, vous pouvez bien faire pour elle autant de folies que vous voudrez, vous pouvez vous désespérer et vous pendre ; il n'y a personne qui ne dise que vous aurez bien fait, quand même le diable vous aurait emporté. Je voudrais déjà être en route pour la voir ; car il y a longtemps que je ne l'ai vue ; elle doit être changée : tous les jours aux champs, en plein soleil et au grand air, cela gâte fort le visage des femmes. Il faut que je vous avoue une chose, seigneur don Quichotte, c'est que jusqu'ici j'ai vécu dans une grande ignorance. J'aurais juré que madame Dulcinée était quelque princesse dont vous êtes amoureux, ou quelque autre dame d'importance digne des riches présents que vous lui avez envoyés, comme celui du Biscayen vaincu, des forçats délivrés, et tant d'autres du temps que je n'avais pas l'honneur d'être votre écuyer. Mais après avoir considéré que c'est la dame Aldonza Lorenço, je veux dire la dame Dulcinée du Toboso, devant qui ceux que vous avez vaincus doivent aller fléchir le genou, je pense qu'ils pourraient bien arriver alors qu'elle peignerait du chanvre ou qu'elle battrait du blé dans la grange ; dans ce cas peut-être se fâcheraient-ils en la voyant, ou se moquerait-elle elle-même de votre présent.

— Je te l'ai déjà dit plusieurs fois, Sancho, répliqua don Quichotte, tu es un grand parleur, et tu veux te mêler de faire de l'esprit comme si tu n'étais pas un lourdaud ; mais, mon cher ami, je te prouverai que je suis encore plus sage que tu n'es sot. Apprends donc que pour ce que je souhaite de Dulcinée du Toboso, elle vaut la plus grande princesse de la terre. Crois-tu que les Amaryllis, les Philis, les Silvies, les Dianes, les Galathées, qui remplissent les livres, les romans et les théâtres, aient été des créatures en chair et en os? Non assurément, ce sont des inventions des poëtes. Il suffit donc que, pour moi, Aldonza Laurenço soit belle et honnête; quant à ce qui est de sa naissance, je ne m'en mets pas en peine; et, sans l'examiner, j'en suis aussi content que si je la savais de haut rang. En un mot, je m'imagine que cela est tout ainsi que je le dis, sans qu'il s'en faille la moindre chose; je m'en suis fait une idée au gré de mes souhaits, et je me la représente telle, que ni les Hélènes, ni les Lucrèces, ni toutes les héroïnes des siècles passés, grecques, latines et barbares, n'en ont jamais approché. — Votre Grâce, dit Sancho, a raison en tout et partout, et je ne suis qu'un âne. Mais pourquoi diable ce mot-là me vient-il à la bouche? il ne faut pas parler de corde dans la maison d'un pendu. Maintenant, seigneur, écrivez vos lettres, et que je plie bagage. »

Don Quichotte tira les tablettes qu'il avait trouvées et dont il se ressouvint alors, et après s'être un peu écarté pour écrire, il appela Sancho, et lui dit qu'il voulait lui lire sa lettre, afin qu'il l'apprît par cœur, pour le cas où elle se perdrait en chemin. « Écrivez-la plutôt deux ou trois fois sur les tablettes, dit Sancho, car de penser que je la loge dans ma mémoire, c'est folie; je l'ai si mauvaise, que bien souvent j'oublie mon nom. Pourtant je vous prie de la lire; je m'imagine qu'elle est faite au moule, et je serai bien aise de l'entendre. — Écoute donc, » reprit don Quichotte.

LETTRE

DE DON QUICHOTTE A DULCINÉE DU TOBOSO

« Souveraine et haute dame,

« Le blessé par la pointe de l'absence dans le tissu le plus
« délicat du cœur, très-douce Dulcinée du Toboso, te souhaite
« la santé dont il ne jouit pas. Si ta beauté me dédaigne, si ton
« mérite me refuse guerdon, si tes rigueurs m'accablent, encore
« que j'aie accoutumé de souffrir, onques ne saurais tenir à de
« telles angoisses, qui, pour être fortes, n'en sont pas moins
« durables. Mon bon écuyer Sancho te rendra un compte fidèle,
« ô belle ingrate, ô ennemie adorée, de l'état où je suis à cause
« de toi. S'il te plaît de me secourir, tu sais que je t'appartiens;
« sinon, que ta fantaisie se satisfasse : en cessant de vivre,
« j'aurai fait raison à ta cruauté et à mes désirs.

« Celui qui est à toi jusqu'à la mort,

« Le Chevalier de la Triste-Figure. »

— Par la vie de mon père, s'écria Sancho, voilà bien la plus belle chose que j'aie jamais entendue! Comme vous dites bien tout ce que vous voulez dire, et comme vous avez habilement enchâssé dans le parafe *le chevalier de la Triste-Figure!* Par ma foi, je vous le dis, vous êtes le diable en personne, et il n'y a rien que vous ne sachiez. — Il faut tout savoir, répondit don Quichotte, dans la profession que j'exerce. — Maintenant, reprit Sancho, écrivez donc au revers la cédule pour les trois ânons, et signez bien nettement, afin qu'on reconnaisse tout d'abord votre écriture. — Avec plaisir, » dit don Quichotte, et après avoir écrit, il lut :

« Il vous plaira, madame ma nièce, remettre par cette pre-
« mière de change à Sancho Pança, mon écuyer, trois ânons
« sur les cinq qui sont restés à la maison, et dont vous êtes dé-
« bitée ; lesquels trois ânons je lui fais délivrer et payer, valeur
« pour solde de pareil nombre reçus ici comptants, et qui, par
« la présente et sur sa quittance, seront dûment portés à votre
« décharge.

« Fait au cœur de la Sierra-Morena, le 22 août de l'année
« courante. »

« Fort bien, seigneur, dit Sancho ; vous n'avez plus qu'à signer. — Mon parafe suffit, répondit don Quichotte, et vaut ma signature, pour trois ânons comme pour trois cents. — Je m'en fie à vous, dit Sancho ; laissez-moi aller seller Rossinante ; préparez-vous à me donner votre bénédiction, car je partirai tout à l'heure, sans voir les folies que vous voulez faire ; et je dirai que j'en ai vu tout ce qu'on peut imaginer. — Je veux pour le moins, dit don Quichotte, en faire devant toi une ou deux douzaines ; ce sera l'affaire d'une demi-heure ; quand tu auras vu celles-là de tes propres yeux, tu pourras en toute sûreté de conscience en ajouter tant que tu voudras ; et jamais, je te le jure, tu n'en mettras autant que j'en compte faire. — Pour l'amour de Dieu, repartit Sancho, s'il faut absolument que je voie quelques-unes de vos folies, faites-les vite, courtes et les premières venues ; car ce sera autant de pris sur mon voyage, et je serai plus longtemps à reporter la réponse que vous attendez. Sur mon honneur, madame Dulcinée peut bien se préparer à me la donner bonne ; si elle ne répond pas comme la raison le veut, je lui tirerai de l'estomac une réponse convenable à beaux soufflets comptants et à grands coups de pied dans le ventre. Comment! je souffrirai qu'un chevalier errant, aussi fameux que l'est Votre Grâce, devienne fou, sans rime ni raison, pour une... Qu'elle ne me le fasse pas dire, la bonne dame, et qu'elle aille seulement droit en besogne; autrement je lui en lâcherai à la douzaine, et je lui dirai son fait sans le lui mâcher. Ah! elle a bien trouvé son homme vraiment; je ne suis pas aussi bonasse qu'elle se l'imagine; si elle me connaissait, elle ne manquerait pas de jeûner la veille de ma fête. — En bonne foi, Sancho, dit don Quichotte, à ce qu'il me paraît, tu n'es guère plus sage que moi. — Je ne suis pas si fou, répliqua Sancho, seulement je suis plus prompt à prendre feu; mais laissons cela. De quoi vivrez-vous, seigneur, jusqu'à ce que je sois de retour? — Que cela ne te mette pas en peine, dit don Quichotte; quand j'aurais de quoi choisir, je suis résolu à ne me nourrir que des herbes de ces prés et des fruits de ces arbres; et le fin de mon affaire consiste à ne pas manger, et en d'autres austérités de ce genre.

— Savez-vous bien, seigneur, dit Sancho, que j'appréhende fort de ne point retrouver cet endroit-ci quand je reviendrai, tant il est caché? — Remarque-le bien, répondit don Quichotte; pour moi, je ne m'éloignerai pas de ces alentours, et je monterai de temps en temps sur le plus haut des rochers, afin de te découvrir quand tu reviendras. Mais, pour plus de sûreté, tu n'as qu'à couper des branches de genêt, et à les semer de distance en distance, jusqu'à ce que tu arrives à la plaine; cela te servira d'indice et de guide, comme le fil qui aidait Thésée à sortir du labyrinthe de Crète. — Ainsi ferai-je, » dit Sancho; et, après avoir coupé sa charge de genêt, il vint recevoir la bénédiction de son seigneur, et, non sans larmes versées de part et d'autre, il monta sur Rossinante, que don Quichotte lui recommanda en lui disant d'en prendre soin autant que de sa propre personne. Sancho dit encore une fois adieu à son maître, et se mit en chemin, semant les branches de genêt, ainsi que cela lui avait été conseillé.

Il n'avait pas fait cent pas, qu'il revint, et don Quichotte lui ayant demandé ce qui le ramenait : « Seigneur, répondit-il, Votre Grâce avait raison ; pour que je puisse jurer en toute sûreté de conscience que je vous ai vu faire des folies, il est bon que j'en voie au moins une, sans compter celle dont j'ai déjà été témoin et qui vous pousse à rester ici. — Ne te le disais-je pas bien, Sancho? dit don Quichotte. Attends un peu, et dans le temps d'un *Credo* j'en aurai fait une demi-douzaine. »

Alors, défaisant ses chausses et ne gardant que sa chemise, il fit deux cabrioles, se donnant du talon dans le derrière ; puis deux culbutes, la tête la première et les pieds en haut, découvrant de telles choses, que Sancho tourna promptement bride pour n'en pas voir davantage, et s'en alla satisfait de pouvoir jurer sans scrupule que son maître était fou. Laissons-le cheminer jusqu'au retour, qui ne sera pas éloigné.

CHAPITRE XVIII

Où se continuent les raffinements d'amour que fit don Quichotte dans la Sierra Morena.

POUR revenir à ce que fit le chevalier de la Triste-Figure lorsqu'il se trouva seul, l'histoire rapporte qu'après avoir fini ses sauts et ses culbutes, voyant que Sancho était parti sans attendre d'autres extravagances, il gravit le sommet d'une roche escarpée, et là se mit à réfléchir sur une question qui déjà maintes fois avait occupé sa pensée, mais qu'il n'avait pas encore résolue, à savoir lequel était préférable d'imiter Roland dans sa fureur, ou Amadis dans sa mélancolie. Il se disait : Que Roland ait été un chevalier aussi brave et aussi vaillant qu'on le dit, quoi d'étonnant ? il était enchanté, on ne pouvait lui donner la mort qu'en lui enfonçant une aiguille sous la plante du pied, et il portait toujours des souliers à sept semelles de fer. Et pourtant ces moyens furent inutiles avec Bernard del Carpio, qui les découvrit et l'étouffa entre ses bras à Roncevaux. Mais, sans toucher à sa vaillance, comment pourrais-je l'imiter dans ses folies, moi qui n'ai pas les mêmes raisons que lui ? Je vois d'un autre côté qu'Amadis de Gaule, sans perdre le jugement et sans faire de folies éclatantes, a acquis en amour autant de réputation que lui ; car, suivant son histoire, se voyant dédaigné par Oriane, qui lui avait défendu de paraître devant elle jusqu'à ce qu'elle le rappelât, il se borna à se retirer sur la Roche-Pauvre auprès d'un ermite, et là il versa des larmes en abondance, jusqu'à ce que le Ciel lui envoyât du secours au plus fort de son affliction et de sa détresse. Cela étant, pourquoi donc me donner la peine de courir ainsi à moitié nu? pourquoi m'en prendre à ces arbres qui ne m'ont fait aucun mal, et troubler l'eau de ces ruisseaux qui me doit désaltérer? Vive, vive la mémoire d'Amadis! qu'il soit imité de don Quichotte de la Manche en tout ce qu'il pourra, et qu'on dise de celui-ci ce qu'on dit de l'autre : que s'il n'a pas achevé de grandes choses, il est mort pour les avoir entreprises. Et d'ailleurs, si je ne suis pas dédaigné et rebuté par Dulcinée, ne suffit-il pas que je sois loin d'elle? Courage donc, mettons la main à l'œuvre; revenez à mon souvenir, admirables actions d'Amadis, et enseignez-moi par où je dois commencer à suivre votre exemple. Je me rappelle que la prière occupait la plus grande partie de ses journées : j'en ferai autant. Et il cueillit dix pommes de liége, qu'il enfila en guise de chapelet. Ce qui le chagrinait, c'était de n'avoir pas à sa main un ermite qui le confessât et le consolât. Il s'entretenait de ses pensées, se promenant dans la prairie, écrivant sur le sable et sur l'écorce des arbres des vers analogues à la tristesse de sa situation, et tous à la louange de Dulcinée.

Telles étaient les occupations de notre amoureux chevalier dans sa solitude, comme aussi de soupirer et d'appeler les Faunes et les Sylvains de ces bois, les Nymphes des ruisseaux et des fontaines, ainsi que la plaintive Écho, les conjurant tous de l'écouter, de lui répondre et de le consoler. Puis il cherchait des herbes pour se nourrir, attendant avec impatience le retour de son écuyer. Celui-ci revint au bout de trois jours; et s'il eût aussi bien tardé trois semaines, il aurait trouvé le chevalier de la Triste-Figure défiguré au point d'être méconnu par la mère qui l'avait mis au monde. Laissons notre héros plongé dans ses vers et dans ses soupirs, pour dire ce qu'avait fait Sancho dans son ambassade.

Dès qu'il eut gagné la grande route, il demanda le chemin du Toboso, et le lendemain il se trouva près de l'hôtellerie où lui était arrivée la disgrâce de la berne. Il ne l'eut pas plutôt reconnue, qu'il s'imagina voyager encore une fois par les airs. Il était donc tenté de passer outre, quoiqu'il fût l'heure de dîner, et que depuis plusieurs jours le pauvre écuyer n'eût rien pris de chaud. Cependant, la nécessité le pressant, il avança jusqu'auprès de l'hôtellerie; et, comme il doutait encore s'il entrerait ou non, il en sortit deux hommes qui le reconnurent. L'un d'eux dit à l'autre : « Seigneur licencié, n'est-ce pas là Sancho Pança, celui que notre aventurier, au dire de sa gouvernante, a emmené pour lui servir d'écuyer? — C'est lui-même, répondit l'autre, et voilà le cheval de don Quichotte. » C'était justement le curé et le barbier de son village, ceux qui avaient fait l'examen et l'auto-da-fé de ses livres. Quand ils furent bien sûrs de leur fait, le curé, appelant Sancho par son nom, lui demanda où il avait laissé don Quichotte. Sancho les reconnut aussitôt, et résolut de cacher le lieu et l'état où il avait laissé son maître. Il leur dit que celui-ci était occupé, en certain endroit, d'une affaire de grande importance, qu'il n'oserait révéler quand il irait de sa vie. — A d'autres, Sancho Pança, dit le barbier; si vous ne nous dites où vous avez laissé le seigneur don Quichotte, nous croirons, comme déjà nous pouvons le croire, que vous l'avez tué pour lui voler son cheval. En un mot, dites-nous où est votre maître, ou prenez garde à vous. — Pas tant de menaces, repartit Sancho; je ne suis pas de ceux qui tuent ni qui volent; mon maître est au fond de la montagne, où il fait pénitence tant qu'il peut. » Et d'un seul trait et sans reprendre haleine il leur dit où et comment il était, et les aventures qui lui étaient arrivées; et qu'il allait de sa part porter une lettre à madame Dulcinée du Toboso, fille de Laurent Corchuelo, dont il était éperdument amoureux.

Les nouveaux venus demeurèrent ébahis de ce que leur dit Sancho, et, bien qu'ils connussent le genre de folie de don Quichotte, leur surprise était toujours la même lorsqu'ils en entendaient parler. Ils demandèrent à voir la lettre que don Quichotte écrivait à Dulcinée; à quoi Sancho répondit qu'elle était écrite sur des tablettes, et qu'il avait ordre de son maître de la faire transcrire sur du papier au premier village qu'il rencontrerait. Et, sur ce que le curé lui promit de la transcrire lui-même en beaux caractères, il mit la main dans son sein pour chercher les tablettes; mais il n'avait garde de les y trouver, car il avait oublié de les prendre, ou don Quichotte de les lui remettre. Quand Sancho vit qu'il les cherchait inutilement, il lui prit une sueur froide, et il devint pâle comme un mort. Il se fouilla de la tête aux pieds, tâta et retourna ses habits : voyant que c'était sans espoir, il s'empoigna la barbe à deux mains, s'en arracha la moitié, et tout d'un temps se donna une demi-douzaine de coups de poing sur les mâchoires et dans le nez, qu'il se mit tout en sang.

Le curé et le barbier, qui n'avaient pu être assez prompts pour l'en empêcher, lui demandèrent ce qu'il avait à se traiter de la sorte. « Ce que j'ai? répondit Sancho; je viens de perdre en un tour de main trois ânons, dont le moindre valait un château. — Comment cela? dit le barbier. — J'ai perdu, reprit Sancho, les tablettes où était la lettre pour Dulcinée, et une lettre de change signée de mon maître, par laquelle il mandait à sa nièce de me délivrer trois ânons, sur quatre ou cinq qui sont à la maison. » Il raconta aussi la perte de son âne. Le curé le consola, en l'assurant qu'il lui ferait donner par son maître un autre mandat, et sur papier, suivant les us et coutumes, attendu que, faits sur des tablettes, ils ne pouvaient être ni acceptés ni payés. Sancho dit que, puisqu'il en était ainsi, il s'inquiétait peu d'avoir perdu la lettre à Dulcinée; qu'il la savait presque par cœur, et qu'il pourrait la faire transcrire quand il voudrait. « Dites-nous, Sancho, ce qu'elle contenait, reprit le barbier, et nous la transcrirons. » Sancho chercha à se rappeler les termes de la lettre ; il se gratta le derrière de la tête pour s'en ressouvenir ; il se mit sur un pied, puis sur l'autre, regarda quelque temps le ciel, après cela la terre ; enfin, après s'être rongé plus d'à moitié l'ongle d'un doigt : « Je veux mourir tout à l'heure, dit-il, seigneur licencié, si je me rappelle un mot de cette lettre, sinon qu'il y avait au commencement : « Haute « et souterraine dame. » — Il ne pouvait pas y avoir *souterraine,* mais *surhumaine* ou *souveraine.* — C'est cela, dit Sancho ; ensuite, si je ne me trompe, il disait... Il parlait de santé et de maladie qu'il envoyait ; puis il s'en allait discourant, et enfin il terminait par : « Celui qui est à toi jusqu'à la mort, le « chevalier de la Triste-Figure. » La mémoire si exacte de Sancho divertit fort ses deux auditeurs. Il raconta toutes les aventures de son maître, se donnant bien de garde de dire un seul mot de son bernement dans l'hôtellerie dont il répugnait à franchir le seuil. Il dit encore que, dans le cas où il rapporterait une bonne réponse de madame Dulcinée, don Quichotte était résolu à se mettre en campagne pour aller se faire empereur, ou pour le moins monarque, et qu'ils l'avaient ainsi arrêté entre eux ; cela n'était pas fort difficile pour son maître, qui avait tant de force et de valeur, que, la chose une fois faite, il devait le marier (parce qu'alors sans doute il serait veuf) avec une demoiselle de l'impératrice, héritière d'un grand État en terre ferme, sans aucune île ou îlot, parce qu'il en était déjà las. Sancho disait cela avec autant de calme que de déraison ; le curé et le barbier ne revenaient pas de leur étonnement, et se demandaient combien devait être violente la folie de don Quichotte, pour avoir entraîné avec elle la raison de ce pauvre homme. Ils ne voulurent point perdre de temps à le désabuser, voyant qu'il n'y avait rien en tout cela qui fît péricliter sa conscience; à vrai dire, ils n'étaient pas fâchés non plus de se divertir de ses extravagances. Le curé lui dit donc qu'il priât seulement Dieu pour la santé de son maître, et qu'avec un peu de temps ce n'était pas une affaire que de devenir empereur, ou pour le moins archevêque, ou quelque autre chose de semblable. « Seigneur curé, répondit Sancho, si les choses allaient de telle sorte que mon maître n'eût plus envie de se faire empereur, et qu'il lui prît la fantaisie d'être archevêque, dites-moi, je vous prie, ce que les archevêques errants donnent à leurs écuyers. — Ils ont coutume, dit le curé, de leur donner un office de sacristain, ou quelque bénéfice simple, ou même une cure qui leur assure un bon revenu, sans compter le casuel, qui se monte bien aussi haut. — Mais pour cela, dit Sancho, il faudrait que l'écuyer ne fût pas marié et qu'il sût pour le moins servir la messe. Si cela est, me voilà dans de beaux draps, moi qui ai femme, et qui ne sais pas seulement la première lettre de l'A B C. Eh! que sera-ce de moi, misérable, si mon maître va se mettre en tête de se faire archevêque, et non empereur, suivant la coutume des chevaliers errants? — Que cela ne vous inquiète pas, ami Sancho, dit le barbier, nous lui en parlerons, et le seigneur curé lui ordonnera, sous peine de péché, de se faire plutôt empereur qu'archevêque; cela lui conviendra bien mieux, car il a plus de valeur que de science. — C'est ce qu'il me semble aussi, dit Sancho, quoique, à vrai dire, il soit propre à tout. Pour moi, je m'en vais prier Notre-Seigneur de lui envoyer ce qui lui sera le plus convenable, et lui offrira le moyen de me donner les meilleures récompenses.

— Vous parlez en homme sage, dit le curé, et vous agissez ainsi en bon chrétien. Ce qui presse le plus en ce moment, dit le curé, c'est de tirer votre maître de cette inutile pénitence qu'il fait là-bas, dites-vous; et pour y penser à loisir, aussi bien que pour dîner, car l'heure en est venue, entrons dans l'hôtellerie.

— Entrez-y, s'il vous plaît, vous autres, dit Sancho ; pour moi, j'attendrai dehors, et je vous dirai tantôt pourquoi je ne veux pas y entrer ; mais, je vous prie, envoyez-moi quelque chose de chaud à manger, et de l'orge pour Rossinante. »

Ils entrèrent, et peu d'instants après le barbier lui apporta à dîner ; puis il retourna trouver le curé ; et lorsqu'ils eurent bien délibéré ensemble sur les moyens de faire réussir leur dessein, le curé dit qu'il en avait trouvé un au goût de don Quichotte. « Je pense, dit-il au barbier, qu'il faut que je me déguise en demoiselle errante, et que vous vous arrangiez le mieux que vous pourrez pour me servir d'écuyer. En cet état j'irai me présenter devant don Quichotte, feignant d'être une demoiselle affligée qui cherche du secours, et je lui demanderai un don qu'il ne pourra me refuser en sa qualité de chevalier errant. Je le prierai de m'accompagner, pour me venger d'une injure que m'a faite un chevalier félon, le suppliant en même temps de ne point exiger que je lève mon voile jusqu'à ce qu'il m'ait fait justice de ce discourtois chevalier. Soyez assuré que don Quichotte fera tout ce qu'on voudra en le prenant de la sorte : ainsi nous le tirerons du lieu où il est, et l'emmènerons chez lui, où nous verrons à loisir s'il n'y a point de remède à sa folie. »

Le barbier ayant approuvé le plan du curé, ils résolurent de l'exécuter sur l'heure. Ils demandèrent à l'hôtesse une jupe de femme et des coiffes, laissant en gage une soutane toute neuve ; et le barbier se fit une grande barbe d'une queue de vache qui servait à l'hôte pour accrocher son peigne. L'hôtesse leur demanda ce qu'ils prétendaient faire de ces nippes. Le curé lui ayant appris en peu de mots la folie de don Quichotte et la nécessité de ce déguisement pour le tirer de la montagne, l'hôte et l'hôtesse devinèrent que c'était l'homme au baume et à l'écuyer berné ; ils racontèrent alors tout ce qui s'était passé dans leur maison, sans omettre ce que Sancho taisait avec tant de soin. Enfin l'hôtesse habilla le curé de telle façon qu'on n'eût pu rien voir de mieux. Elle lui mit une jupe de drap avec des bandes de velours noir larges d'un demi-pied, toutes tailladées, et un corsage de velours vert, garni de petites bandes de satin blanc, le tout du temps du roi Wamba. Le curé ne voulut pas souffrir qu'on le coiffât en femme ; il mit seulement un petit bonnet de toile piquée dont il se servait la nuit, et le serra sur le front avec une jarretière de taffetas noir, se faisant de l'autre une espèce de masque dont il se couvrit la barbe et le visage. Pardessus son bonnet il mit son chapeau, qui était assez grand pour lui servir de parasol ; et, se couvrant de son manteau, il monta sur sa mule à la manière des femmes. Le barbier étant aussi monté sur la sienne, avec sa barbe de queue de vache qui lui venait jusqu'à la ceinture, ils prirent congé de l'hôte et de l'hôtesse, et de la bonne Maritorne, qui promit de dire un rosaire, quoique grande pécheresse, pour le succès d'une entreprise si chrétienne.

Ils n'étaient pas encore à cinquante pas, qu'il prit un scrupule au curé de s'être mis de la sorte. Il pensa que c'était une chose inconvenante pour un prêtre de se déguiser en femme, encore que ce fût à bonne intention ; et il dit au barbier : « Mon compère, changeons de costume, je vous prie ; il vaut mieux que vous soyez la demoiselle, et moi l'écuyer ; je ne profanerai pas mon caractère. » Il ajouta que sans cet échange il était décidé à ne pas aller plus loin.

Sancho arriva sur ces entrefaites, et ne put s'empêcher de rire en voyant leur accoutrement. Le barbier ne fit aucune difficulté de se déguiser en femme ; et pendant qu'il se déshabillait, le curé l'instruisait de ce qu'il devait dire à don Quichotte pour l'engager à quitter sa pénitence et à venir lui prêter secours. Le barbier répondit qu'il saurait remplir son rôle sans prendre de leçon, et il ne voulut point s'habiller qu'ils ne fussent près de la montagne.

Le jour suivant, ils arrivèrent à l'endroit où Sancho avait semé des branches pour retrouver son chemin ; le reconnaissant, il leur dit que c'était là l'entrée, et qu'il était temps de se déguiser, s'ils croyaient que cela servît pour la délivrance de son maître. Ils lui avaient déjà dit leur dessein, en lui défendant de montrer devant don Quichotte qu'il les reconnût. Ils l'avertirent que lorsqu'il lui demanderait, comme il n'y manquerait pas, s'il avait donné sa lettre à Dulcinée, il répondît affirmativement ; mais que ne sachant pas lire elle lui mandait de vive voix, et sous peine d'encourir sa disgrâce, qu'il se rendît sur-le-champ auprès d'elle, et que c'était ce qu'elle souhaitait le plus. Ils ajoutèrent qu'avec cette réponse, et ce qu'ils diraient de leur côté, ils étaient assurés qu'il changerait de vie, et qu'il se mettrait aussitôt en chemin pour aller se faire empereur ou monarque. « Il sera bon, ajouta Sancho, que j'aille un peu en avant chercher mon maître, et lui dire la réponse de sa dame, qui aura peut-être assez de vertu pour le tirer de là, sans que vous preniez tant de peine. » Après qu'ils lui eurent promis d'attendre son retour, il entra par une ouverture de la montagne, laissant le curé et le barbier au bord d'un petit ruisseau, où quelques arbres et des rochers donnaient une ombre fraîche et agréable ; ils trouvèrent ce lieu d'autant plus commode que c'était au mois d'août et vers trois heures de l'après-midi, et que la chaleur était excessive.

CHAPITRE XIX

Qui traite de la nouvelle et agréable aventure qui arriva au curé et au barbier dans la même Sierra-Morena.

Tandis que le curé et le barbier étaient tranquillement assis à l'ombre, une voix arriva à leurs oreilles, qui, sans être accompagnée d'aucun instrument, modulait des sons doux et mélodieux; ils s'étonnèrent que de pareils accents vinssent frapper les échos d'un lieu aussi désert, quoi qu'en disent les poëtes, qui font retentir les champs et les forêts des admirables voix des bergers; mais ce sont de pures fictions et des embellissements à leur usage. Le chant qu'ils entendaient fut suivi d'un profond soupir, dont ils voulurent connaître la cause. Ils n'eurent pas longtemps à chercher, et au détour d'une roche ils aperçurent un jeune homme d'une figure douce et mélancolique, qui, après quelque hésitation, se décida à leur raconter les événements qui l'avaient poussé à trouver une retraite dans cette contrée sauvage.

Cardenio (tel était son nom) achevait le récit de sa longue et douloureuse histoire, et le curé se disposait à lui adresser quelques mots de consolation, lorsqu'il en fut distrait par une voix plaintive qui, à l'instar de Cardenio, appelait le Ciel à son aide pour soulager ses infortunes, et se félicitait d'avoir rencontré dans l'âpre solitude des montagnes un repos et une sécurité que lui avait ravis la société des hommes.

Le curé et ses compagnons, qui entendirent ces lamentations, jugèrent qu'ils n'étaient pas éloignés de la personne qui les proférait, et ils se levèrent pour la voir. A peine eurent-ils fait vingt pas, qu'il aperçurent derrière un rocher, au pied d'un frêne, un jeune garçon vêtu en paysan, dont ils ne purent voir le visage, parce qu'il le baissait en baignant ses pieds dans un ruisseau. Ils approchèrent si doucement de lui, qu'il ne les entendit point, occupé qu'il était à laver ses pieds, tellement blancs qu'on les eût pris pour deux morceaux de cristal. Cette blancheur et cette beauté les surprirent chez un homme qu'ils avaient cru d'abord, à voir ses vêtements, habitué à marcher nu-pieds dans des sillons. Cette remarque doublant leur curiosité, ils se cachèrent derrière le rocher, d'où ils observèrent soigneusement le jeune garçon, et virent qu'il portait un mantelet gris foncé à deux pans, avec une espèce d'écharpe de toile blanche qui le serrait par-dessus. Il avait aussi des chausses de drap brun, et sur la tête un petit bonnet de même étoffe. Après qu'il eut fini de laver ses pieds, il prit dans son bonnet un linge pour les essuyer, et secouant deux ou trois fois la tête, il en tomba une épaisse et longue chevelure, qui leur fit reconnaître que ce qu'ils avaient pris pour un paysan était une charmante jeune fille, et la plus belle personne qu'ils eussent jamais vue. Au mouvement qu'ils firent en se levant, la jeune fille tourna la tête; écartant ses cheveux qui lui couvraient le visage, elle regarda du côté où elle avait entendu le bruit; mais à peine eut-elle aperçu ces trois hommes, que, sans se donner le temps de rassembler ses cheveux, et sans songer qu'elle avait les pieds nus, elle prit seulement un petit paquet de hardes et s'enfuit pleine de trouble et d'émotion. Mais elle n'alla pas loin; ses pieds tendres et délicats ne pouvaient supporter la dureté des pierres, elle tomba, et, ceux qu'elle fuyait étant accourus près d'elle, le curé lui cria :

« Arrêtez-vous, Madame, vous n'avez rien à craindre, et nous n'avons d'autre intention que de vous servir. Ce n'est pas sans doute un motif peu important qui vous oblige à prendre ce costume si indigne de vous, et à vous retirer au fond de cette solitude où nous sommes heureux de vous rencontrer, si ce n'est pour apporter un remède à vos maux, du moins pour vous assister de nos conseils. Si donc vous n'avez pas renoncé à toute consolation et à tout secours humain, apprenez-nous votre bonne ou votre mauvaise fortune, sûre que vous nous trouverez déjà disposés à prendre part à vos malheurs. »

Pendant que le curé parlait ainsi, la jeune fille demeurait interdite. Mais enfin, le curé ayant continué à lui parler dans le même sens, elle poussa un profond soupir, et rompit le silence :

« Puisque vous souhaitez, dit-elle, d'entendre le récit de mes infortunes, j'aurais mauvaise grâce à vous le refuser après les offres courtoises et obligeantes que vous m'avez faites; mais je crains bien, en vous les racontant, de vous inspirer autant de douleur que de compassion, et vous jugerez sans doute qu'elles n'admettent ni remède ni consolation. D'ailleurs ce n'est pas sans peine que je vais révéler des secrets que j'avais résolu d'ensevelir avec moi dans le tombeau, et que je ne puis dévoiler sans confusion; mais je ne veux pas vous laisser en doute sur mes desseins et sur ma conduite, moi jeune femme, alors que vous m'avez trouvée seule et sous les habits d'un homme, dans un lieu si écarté. »

Après ces paroles débitées d'une voix douce, avec autant de facilité que de grâce, et sur les nouvelles instances qui lui furent faites, la charmante fille, ayant repris sa chaussure et relevé ses cheveux, se mit à raconter l'histoire de sa vie. Son père, riche cultivateur en Andalousie, était vassal d'un seigneur qui avait le titre de duc et de grand d'Espagne. Unique héritière de ses parents qui la chérissaient et lui laissaient le soin de toutes leurs affaires, Dorothée coulait ses jours dans les douceurs du repos et de l'innocence. Le bruit de sa beauté se répandit, quelque peine que sa mère eût prise pour la dissimuler à tous les regards; et Fernand, le second fils du duc, parvint un jour à la voir sans qu'elle s'en aperçût. Peu à peu, à force de stratagèmes et de captations, il s'introduisit dans la maison et jusqu'auprès de la jeune fille, à laquelle il adressa de grandes protestations d'amour et des offres pressantes de mariage; mais, peu de temps après, elle eut la douleur d'apprendre que Fernand avait épousé dans une ville voisine une fille très-belle et de bonne maison, appelée Luscinde. Dans le récit que fit Dorothée des événements qui étaient venus troubler sa vie, elle n'omit aucune des circonstances qui pouvaient satisfaire l'intérêt de ses auditeurs et les éclairer sur la vérité des faits. Elle ajouta que le désespoir où l'avait jetée l'abandon de Fernand, et le besoin de s'éloigner du voisinage des hommes, lui avaient inspiré la pensée de s'ensevelir dans ce désert jusqu'à ce que la mort ou l'aide du Ciel vînt l'en arracher.

Dorothée avait à peine cessé de parler, lorsqu'ils entendirent appeler ; et ils reconnurent la voix de Sancho, qui, ne les trouvant point au rendez-vous, criait à tue-tête. Ils allèrent au-devant de lui, et lui demandèrent des nouvelles de don Quichotte ; à quoi il répondit qu'il l'avait trouvé nu en chemise, pâle, maigre, défait, mourant de faim, et soupirant toujours pour sa dame Dulcinée ; et qu'il avait eu beau lui dire qu'elle lui ordonnait de quitter ces lieux et de se rendre au Toboso où elle l'attendait ; que don Quichotte était résolu à ne point se présenter devant sa beauté, jusqu'à ce qu'il eût mérité sa bonne grâce par des actions d'éclat ; que cependant, si cela durait davantage, son maître courait risque de ne jamais devenir empereur, ce à quoi il s'était obligé, ni même archevêque, ce qui était le moins qu'il pût prétendre ; et qu'ils vissent donc ce qu'il y avait à faire pour le tirer de là.

Le curé dit à Sancho de ne pas se mettre en peine, et qu'on l'en tirerait malgré lui ; puis, se tournant vers Cardenio et Dorothée, il leur exposa ce qu'ils avaient imaginé, le barbier et lui, pour la guérison de don Quichotte, ou tout au moins pour l'obliger de retourner chez lui. Dorothée s'offrit à faire la demoiselle affligée, en disant qu'elle remplirait ce rôle plus au naturel que le barbier, et qu'elle avait avec elle un costume de femme ; qu'au reste elle saurait représenter ce personnage suivant le besoin, parce qu'elle avait assez lu de livres de chevalerie pour en connaître le style, et pour savoir de quelle manière les demoiselles affligées demandaient des dons aux chevaliers errants. « A la bonne heure, Madame, dit le curé, il ne s'agit plus que de mettre la main à l'œuvre. » Dorothée tira aussitôt de son paquet une jupe de très-belle étoffe et un riche mantelet de brocart vert, avec un collier de perles et d'autres bijoux renfermés dans une cassette ; et, après s'en être parée, elle leur parut à tous une riche et grande dame ; si bien qu'ils ne cessaient de l'admirer, et d'accuser don Fernand de peu de goût, pour avoir dédaigné cette belle personne. Mais le plus étonné de tous était Sancho Pança, qui de sa vie n'avait vu une aussi gracieuse créature; il demanda au curé qui elle était et ce qu'elle cherchait dans ces contrées. « Cette belle dame, frère Sancho, répondit le curé, n'est rien moins que l'héritière en ligne droite et masculine du grand royaume de Micomicon, qui vient à la recherche de votre maître pour le prier de lui octroyer un don, lequel a pour objet de venger une injure que lui a faite un géant malintentionné; et, sur la renommée de vaillant chevalier dont votre maître jouit dans le monde entier, cette princesse n'a pas craint de venir de Guinée pour le chercher. — Heureuse quête et heureuse trouvaille, reprit Sancho, surtout si mon maître est assez favorisé pour redresser ce tort et venger cette injure, en tuant ce grand escogriffe de géant que vous venez de dire. Et il le tuera s'il le rencontre, pourvu que ce ne soit pas un fantôme; car mon maître ne peut rien contre ces gens-là. Mais, seigneur licencié, je vous supplie de veiller à une chose : c'est à ce que mon maître n'ait pas la fantaisie de se faire archevêque, ce que je crains par-dessus tout; conseillez-lui de se marier tout de suite avec cette princesse, afin qu'il ne soit plus en état de recevoir les ordres archiépiscopaux, et qu'il arrive promptement à être empereur, ce qui comblerait tous mes vœux. Décidément j'y ai bien réfléchi, et je trouve en fin de compte qu'il ne me convient pas que mon maître soit archevêque, parce que je ne suis pas propre pour l'Église, étant marié, et d'aller prendre des dispenses pour occuper des bénéfices, ayant femme et enfants : ce ne serait jamais fait. Ainsi, seigneur, le point important est que mon maître épouse promptement cette dame que je ne nomme point, parce que je ne connais pas son nom. — Elle s'appelle, répondit le curé, la princesse Micomicona, et elle doit s'appeler ainsi, car son royaume s'appelle Micomicon. Pour ce qui est du mariage de votre maître, croyez que j'y emploierai tout mon pouvoir. » Sancho demeura fort satisfait de la promesse du curé, et le curé encore plus étonné de la simplicité de Sancho, et de voir combien sa cervelle avait laissé un facile accès aux folies de son maître.

Dorothée était déjà montée sur la mule du curé, et le barbier ayant accommodé sa fausse barbe de queue de vache, ils dirent à Sancho de les mener où était don Quichotte ; mais qu'il se donnât bien de garde de témoigner devant lui qu'il connût ni le curé ni le barbier, parce que, s'il venait à les reconnaître, il se douterait de ce qu'ils avaient à lui dire, et perdrait ainsi l'occasion de se faire empereur. Le curé, voyant l'inutilité de sa présence, demeura avec Cardenio, non sans donner quelques instructions à Dorothée, qui le pria de s'en reposer sur elle, et l'assura qu'elle suivrait exactement les prescriptions des livres de chevalerie. La princesse Micomicona, son écuyer et le grand Sancho, ayant fait environ trois quarts de lieue, aperçurent entre des rochers don Quichotte, déjà habillé, mais non armé.

CHAPITRE XX

Qui traite de l'agréable artifice qu'il y eut à employer pour tirer notre amoureux chevalier de la rude pénitence qu'il s'était imposée.

Dès que Dorothée fut avertie que c'était lui, elle pressa son palefroi, suivie du barbier barbu ; et lorsqu'ils arrivèrent auprès de don Quichotte, l'écuyer mit promptement pied à terre, prit entre ses bras et descendit de cheval sa maîtresse, qui courut se jeter aux pieds de don Quichotte, et, malgré les efforts de celui-ci pour la relever, lui adressa ces paroles : « Je ne me relèverai point, vaillant et invincible chevalier, que votre courtoisie ne m'ait octroyé un don qui tournera à votre gloire et à l'avantage de la plus affligée, de la plus inconsolable demoiselle que le soleil ait jamais éclairée. Et s'il est vrai que la valeur de ce bras redoutable réponde à ce qu'en publie la renommée, vous êtes obligé de secourir l'infortunée qui vient des régions lointaines, guidée par le retentissement de votre grand nom, chercher en vous un remède à ses malheurs. — Vous n'aurez pas de moi un seul mot, répondit don Quichotte, et je ne prêterai aucune attention à vos paroles, tant que vous resterez dans cette position humiliante. — Et moi, seigneur, je ne me lèverai point, répondit la dame affligée, que votre courtoisie ne m'ait octroyé le don que j'implore. – Eh bien, je vous l'octroie et vous le concède, repartit don Quichotte, sous la condition qu'il n'aura rien de contraire à l'intérêt et à l'honneur de mon roi, de mon pays, et de celle qui règne sur mon cœur et sur ma liberté. — Mon bon seigneur, ce que j'ai à vous demander ne sera ni au préjudice ni au déshonneur de ceux que vous dites, » reprit la dolente princesse.

Sancho, s'approchant alors de don Quichotte, lui dit à l'oreille : « Allez, allez, Votre Grâce peut bien lui accorder ce qu'elle vous demande, ce n'est qu'une bagatelle. Il est seulement question d'assommer un malotru de géant; et celle qui vous en prie est la princesse Micomicona, reine du grand royaume de Micomicon, en Éthiopie. — Qu'elle soit ce qu'elle voudra, répondit don Quichotte, je ferai ce que je dois, et ce que ma conscience et les règles de ma profession demandent. » Et, se tournant du côté de la demoiselle : « Levez-vous, je vous prie, Madame, lui dit-il, je vous accorde le don qu'il plaira à votre merveilleuse beauté d'exiger de moi. — Ce que je vous demande, repartit Dorothée, c'est que votre magnanime personne vienne sur-le-champ avec moi où je voudrai la mener, et que vous me promettiez de ne vous engager dans aucune autre aventure ni querelle jusqu'à ce que vous m'ayez vengée d'un traître qui, contre les lois divines et humaines, a usurpé mon royaume. — Je vous le promets, très-haute dame, répondit don Quichotte ; vous pouvez donc désormais prendre courage et chasser la tristesse qui vous accable : j'espère, avec l'aide du Ciel et la force de mon bras, vous remettre dans peu en possession des États qui vous appartiennent, en dépit de tous les lâches brigands qui voudront s'y opposer ; et mettons promptement la main à l'œuvre, car, comme on dit, c'est dans le retard qu'est le danger. »

La belle affligée se débattit beaucoup pour baiser les mains au courtois chevalier, qui n'y voulut jamais consentir. Il la fit relever, l'embrassa de bonne grâce, et dit en même temps à Sancho de seller Rossinante et de lui donner ses armes, qui étaient suspendues à un arbre en manière de trophée ; et quand don Quichotte se vit armé : « Allons, dit-il, avec l'aide de Dieu, prêter secours à cette grande princesse. » Le barbier, qui était toujours resté à genoux, prenant bien garde de rire ou de laisser tomber sa barbe, de peur de gâter tout le mystère, se leva, et aida don Quichotte à mettre la princesse sur sa mule. Le chevalier monta aussitôt sur Rossinante, le barbier sur sa monture, et ils se mirent en marche. Le pauvre Sancho les suivait à pied, ce qui renouvela ses regrets de la perte du grison. Cependant il prenait son mal en patience, voyant son maître en chemin de se faire bientôt empereur ; car il ne doutait point qu'il ne se mariât avec cette princesse, et qu'il ne fût pour le moins roi de Micomicon. Une seule pensée troublait son bonheur, c'était que ce royaume se trouvait en terre de nègres, et que les gens que son maître lui donnerait à gouverner seraient noirs ; mais il trouva sur-le-champ un remède à cet inconvénient. Et que m'importe, se dit-il, que mes vassaux soient noirs ? je n'aurai qu'à les transporter en Espagne, où je les vendrai fort bien et en tirerai de bon argent comptant, dont je pourrai acheter quelque office, pour vivre sans souci le reste de mes jours. Croyez-vous donc qu'on se mouche du pied, et qu'on ne sache pas son pain manger ? Et de quoi s'agit-il ?

De vendre trente ou dix mille vassaux, comme des bottes de paille. Qu'on me laisse faire, je me charge de les rendre blancs ou jaunes, fussent-ils plus noirs que le diable. Venez, et vous verrez si je boude. Avec ces agréables réflexions Sancho marchait content, et charmait ainsi l'ennui qu'il avait d'aller à pied.

Le curé et Cardenio regardaient à travers les broussailles tout ce qui se passait, et ne savaient comment s'y prendre pour se joindre aux autres ; mais le curé, qui était inventif, trouva promptement un expédient. Il tira des ciseaux de sa poche, et, après avoir coupé la barbe à Cardenio, il lui fit prendre sa soutanelle et un manteau noir qu'il portait, se réservant seulement pour lui-même son pourpoint et ses chausses. Ce nouveau vêtement changea Cardenio à tel point qu'il ne se serait pas reconnu dans un miroir. Cela étant fait, ils gagnèrent le grand chemin, et n'attendirent pas longtemps sans que don Quichotte et sa compagnie sortissent de la montagne ; le curé alors, jetant les yeux sur don Quichotte, se mit à le considérer attentivement, faisant comme un homme qui croyait le reconnaître. Après l'avoir bien examiné, il s'en alla à lui les bras ouverts, et en criant : « Qu'il soit le bien trouvé, le miroir de la chevalerie, mon cher compatriote don Quichotte de la Manche, la fleur et la crème de la galanterie, le rempart des affligés, la quintessence des chevaliers errants ! » Et, en disant cela, il tenait embrassée la jambe gauche de don Quichotte, qui, tout étonné de ce qu'il voyait faire à cet homme, le regarda quelque temps, et, le reconnaissant enfin, fut bien surpris de le voir là, et fit tout ce qu'il put pour se jeter à terre. Mais le curé l'en empêchant : « Eh ! seigneur licencié, dit-il, je vous en prie, il n'est pas juste que je sois à cheval, pendant que Votre Révérence est à pied. — Je ne consentirai point à ce que vous descendiez, répondit le curé. Que Votre Grandeur demeure à cheval, où elle fait tant de merveilles ; ce sera assez pour moi de prendre la croupe d'une de ces mules, si vos compagnons veulent le souffrir. Je ne serai que trop bien, et je croirai avoir pour monture le cheval Pégase, ou le zèbre sur lequel chevauchait ce fameux More Musarraque, qui est encore aujourd'hui enchanté sur le coteau de Zulema, auprès de la grande Compluto. — Je ne m'en avisais pas, seigneur licencié, répondit le chevalier. Je crois que madame la princesse aura bien la bonté, pour l'amour de moi, d'ordonner à son écuyer de vous donner la selle de sa mule, et de se contenter de la croupe. — Oui, sans doute, répondit la princesse, et mon écuyer n'attendra pas mes ordres pour offrir la selle; il est trop courtois et trop parfait courtisan pour souffrir qu'un ecclésiastique aille à pied, pouvant l'empêcher. — Assurément, » dit le barbier. Et en même temps, sautant à bas, il présenta la selle au curé, qui la prit sans se faire beaucoup prier. Par malheur, la mule était de louage, et partant une assez méchante bête. Le barbier ne fut donc pas plutôt en croupe, qu'elle leva brusquement le derrière, et, faisant quatre ou cinq ruades, elle ébranla si fort notre homme, qu'il ne put se tenir; il tomba assez rudement, et dans ce désordre, reconnaissant qu'il avait perdu sa barbe, il ne trouva point d'autre remède que de se porter les deux mains au visage, et de crier de toute sa force qu'on lui avait cassé les mâchoires.

« Vive Dieu! s'écria don Quichotte, qui aperçut ce gros paquet de barbe sans chair ni sang, voilà qui est miraculeux. » Alors le curé, qui vit son invention en danger d'être découverte, alla promptement ramasser la barbe; puis, s'approchant de maître Nicolas, qui ne cessait de crier et de se plaindre, il lui prit la tête, qu'il approcha de son estomac, et marmottant quelques paroles, qu'il dit être un charme ayant la vertu de faire reprendre la barbe, comme on allait le voir, il la lui attacha, et l'écuyer parut aussi sain et aussi barbu qu'auparavant. Don Quichotte, encore plus émerveillé de cette cure, pria fort sérieusement le curé de lui apprendre le charme quand il en aurait le loisir, ne doutant point que sa vertu ne s'étendît plus loin qu'à recoller des barbes, puisqu'il était impossible qu'elles fussent ainsi arrachées tout d'un coup sans que la chair fût aussi emportée, et que cependant il n'y paraissait pas du tout. Tout le désordre étant donc réparé, il fut arrêté que le curé monterait pour le moment seul sur la mule, et que Cardenio et le barbier se relayeraient, montant l'un après l'autre, jusqu'à ce qu'ils fussent arrivés à l'hôtellerie, qui était à environ deux lieues de là.

Ils allaient donc trois à cheval, savoir : don Quichotte, la princesse Micomicona, et le curé ; Cardenio, le barbier et Sancho étaient à pied. Le chevalier dit alors à la princesse : « Que Votre Grandeur nous mène désormais où il lui plaira, Madame. » Le curé, prenant la parole avant qu'elle répondît : « Vers quel royaume, dit-il, voulez-vous aller présentement, Madame? Serait-ce vers celui de Micomicon? » Dorothée, qui avait de la présence d'esprit, vit bien quelle devait être sa réponse. « C'est justement là, seigneur, dit-elle. — Cela étant, dit le curé, il faut que nous passions au beau milieu de notre village, et de là Votre Grâce prendra la route de Carthagène, où elle pourra s'embarquer ; et si vous avez le vent bon, vous serez avant qu'il soit neuf ans aux Palus-Méotides, d'où il n'y a pas plus de cent journées jusqu'au royaume de Votre Altesse. — Il faut que vous vous trompiez, seigneur, dit-elle ; car il n'y a pas encore deux ans que j'en suis partie, et sans avoir eu un temps trop favorable. Enfin je suis parvenue à trouver celui que je désirais tant, le chevalier don Quichotte de la Manche, dont la renommée a retenti à mes oreilles dès que j'ai eu mis le pied sur la terre d'Espagne ; et j'en ai ouï dire des choses si grandes et si extraordinaires, que j'ai conçu le dessein de me confier à sa courtoisie et à la valeur de son bras invincible. — C'en est assez, Madame, dit don Quichotte ; faites trêve à ces louanges ;

je suis ennemi de toute espèce de flatterie ; et de semblables discours, quand ils ne diraient que la vérité, n'en blessent pas moins mes chastes oreilles. Tout ce que je puis vous dire, Madame, c'est que, vaillant ou non, je suis prêt à verser pour vous jusqu'à la dernière goutte de mon sang. Et maintenant je vous supplie de trouver bon que j'apprenne du seigneur curé ce qui l'amène ici seul, à pied, et ainsi vêtu à la légère, ce dont je suis tout effrayé. — Pour vous le dire en peu de mots, répondit le curé, il faut que vous sachiez, seigneur don Quichotte, que maître Nicolas, notre ami et barbier, et moi, nous allions à Séville, pour y recevoir de l'argent qu'un de mes parents m'envoie des Indes, et la somme en vaut la peine, car elle se monte à soixante mille piastres. Hier, en passant près d'ici, nous avons été attaqués par quatre voleurs, qui nous ont tout pris jusqu'à la barbe ; de telle sorte que le barbier est contraint d'en porter une postiche. Ils ont aussi dévalisé ce jeune homme que vous voyez là, dit-il en montrant Cardenio ; et on dit que ces brigands sont des forçats qu'un vaillant chevalier a tirés de la chaîne malgré la résistance du commissaire et des gardes. Il faut cependant que ce chevalier soit un fou, ou qu'il ne vaille pas mieux que les scélérats qu'il a délivrés, puisqu'il ne se fait point de conscience de livrer les brebis au loup, les poules au renard et le miel aux frelons ; puisqu'il viole le respect dû au roi et à la justice, et se fait le protecteur de ceux qui détruisent la sûreté publique ; qu'il prive les galères de ceux qui les font marcher, et met en émoi la Sainte-Hermandad, qui se reposait depuis bon nombre d'années ; puisque enfin il expose sa vie et le salut de son âme. » Le curé avait appris de Sancho l'aventure des galériens ; c'est pour cela qu'il en parlait si sérieusement, afin de voir ce que dirait don Quichotte, qui changeait de couleur à chaque parole, et n'osait s'avouer le libérateur de cette honnête engeance. « Voilà, ajouta le curé, les braves gens qui nous ont mis en cet état ; que Dieu, dans sa miséricorde, pardonne à celui qui a empêché qu'ils ne reçussent le juste châtiment de leurs crimes ! »

CHAPITRE XXI

Qui traite de l'adresse de la belle Dorothée, avec d'autres choses pleines de charme et d'agrément.

Le curé n'avait pas achevé de parler, que Sancho lui dit : « Par ma foi, seigneur licencié, c'est mon maître qui a fait ce bel exploit, malgré tout ce que je pus lui dire, et quoique je l'avertisse bien que c'était un grand péché de donner la liberté à de pareils misérables. — Imbécile ! s'écria don Quichotte, est-ce aux chevaliers errants à s'assurer si les gens affligés, enchaînés ou opprimés, qu'ils rencontrent sur les grands chemins, sont maltraités pour leurs fautes, ou si on leur fait injustice ? Ne doivent-ils pas les secourir et considérer seulement leurs misères sans s'informer de leurs actions ? J'ai trouvé une troupe de malheureux, enfilés comme des grains de chapelet, et j'ai fait pour les soulager ce que ma religion m'ordonne, et ce que demande ma profession. Quiconque le prendra mal, sauf le seigneur licencié, dont je respecte la personne et le saint caractère, je lui ferai voir qu'il n'entend rien aux affaires de la chevalerie et qu'il ment comme un rustre malappris. » Don Quichotte, en disant cela, s'affermit sur ses étriers, et baissa son morion ; car pour l'armet de Mambrin il le portait pendu à l'arçon de sa selle, depuis que les forçats l'avaient si fort maltraité.

Dorothée, qui avait l'esprit fin et enjoué, qui d'ailleurs connaissait le côté faible de don Quichotte et savait que tout le monde s'en moquait, hors Sancho Pança, voulut aussi prendre sa part du divertissement. Voyant la colère où était don Quichotte : « Seigneur chevalier, lui dit-elle, que Votre Grâce se souvienne de la parole qu'elle m'a donnée, suivant laquelle vous ne pouvez entreprendre aucune aventure, quelque pressante qu'elle puisse être, que vous ne m'ayez rétablie dans mes États. Apaisez-vous donc, de grâce, et croyez que si le seigneur licencié eût su que c'est votre valeur qui a délivré les forçats, il se serait mis trois fois le doigt sur la bouche et se serait mordu trois fois la langue plutôt que de rien dire qui vous déplût. — Je vous l'assure bien, dit le curé. — Il suffit, Madame, dit don Quichotte, je n'en parlerai pas davantage, et ne me mêlerai de rien jusqu'à ce que j'aie satisfait à ce que je vous ai promis. Mais je vous supplie, en revanche, de m'apprendre, si vous le trouvez bon, quels sont vos griefs ; quelles, en quel nombre et de quelle sorte sont les personnes dont j'ai à vous donner raison, satisfaction, vengeance pleine et entière. — Bien volontiers, répondit Dorothée, si vous ne craignez pas d'entendre des plaintes et de tristes aventures. — Que rien ne vous arrête, Madame, repartit don Quichotte. — En ce cas, prêtez-moi votre attention. » A ces mots, Cardenio et le barbier se rangèrent à côté de la princesse pour entendre l'histoire supposée qu'elle allait débiter ; et Sancho, non moins abusé que son maître, s'approcha aussi et écouta de toutes ses oreilles. Quant à Dorothée, elle se plaça sur la mule le mieux qu'elle put pour parler à son aise, et, après avoir avec beaucoup d'aplomb toussé et pris toutes les précautions d'usage, elle commença sa narration en ces termes :

« Premièrement, seigneurs, vous saurez que je m'appelle... » Ici elle fit une pause, parce qu'elle ne se souvenait pas du nom que lui avait donné le curé ; mais celui-ci, qui la vit embarrassée, accourant au secours : « Ce n'est pas une chose surprenante, Madame, lui dit il, que Votre Grandeur se trouble dans le récit de ses infortunes ; c'est un effet ordinaire du malheur de brouiller la mémoire à ce point qu'on oublie son propre nom : témoin

Votre Grandeur, qui dans ce moment ne se rappelle plus qu'elle se nomme la princesse Micomicona, légitime héritière du grand royaume de Micomicon. Avec ce renseignement, vous pouvez facilement remettre vos souvenirs attristés sur la voie de ce que vous avez à dire. — Cela est vrai, reprit Dorothée, et j'espère que dorénavant on n'aura rien à me souffler, et que j'arriverai sans encombre au bout de ma véridique histoire.

« Vous saurez donc, seigneurs, que le roi mon père, qui s'appelait Tinacrio le Sage, et qui fut très-versé dans la magie, connut par sa science que la reine Xaramilla, ma mère, devait mourir avant lui, et que, lui-même mourant bientôt après, je demeurerais orpheline. Mais ce qui l'affligeait davantage, c'était de savoir, par les lumières infaillibles de son art, qu'un géant démesuré, seigneur d'une grande île qui touche presque aux confins de mon royaume, Pandafilando de la Vue-Sombre (ainsi surnommé parce qu'il regarde toujours de travers comme s'il était louche, ce qu'il ne fait que par malice et pour effrayer ceux qu'il regarde); mon père, dis-je, connut que ce géant, dès qu'il me saurait orpheline, devait entrer avec une grande armée dans mes États, et m'en dépouiller entièrement, sans me laisser le moindre village pour me retirer; mais que je pourrais éviter cette disgrâce si je consentais à l'épouser, à quoi il voyait pourtant bien que je ne pourrais jamais me résoudre. Mon père avait raison de le penser; car je n'ai jamais voulu me marier avec ce géant, et ne me marierais pour tous les biens du monde avec quelque autre géant que ce fût, quand il serait deux fois plus grand et plus terrible. Mon père me dit aussi qu'après qu'il serait mort, et quand je verrais Pandafilando commencer à faire des courses sur mes terres, je ne songeasse nullement à me mettre en défense, parce que ce serait ma perte totale; mais que sans résistance je lui laissasse le royaume, si je voulais sauver ma vie et empêcher la ruine de mes pauvres sujets; et que choisissant parmi eux les plus fidèles pour m'accompagner, je passasse incontinent en Espagne, où je trouverais un puissant protecteur dans la personne d'un fameux chevalier errant, connu sur toute la terre par sa valeur et sa force, et qui se nommerait, si je m'en souviens bien, don Chicote, ou don Gigote... — Dites don Quichotte, s'il vous plaît, Madame, interrompit Sancho, autrement le chevalier de la Triste-Figure. — Vous avez raison, dit Dorothée, c'est don Quichotte. Mon père ajouta qu'il devait être grand, sec de visage, et qu'il avait sous l'épaule gauche, ou tout auprès, un signe brun tout couvert d'une espèce de crin. »

Don Quichotte fit approcher Sancho, et lui dit : « Tiens, mon fils Sancho, aide-moi promptement à me déshabiller, que je sache tout à l'heure si ce n'est pas de moi que ce sage roi voulait parler. — Pourquoi voulez-vous vous déshabiller, seigneur chevalier? dit Dorothée. — C'est pour voir si je n'ai point le signe que vous dites, répondit don Quichotte. — Il ne faut pas vous déshabiller pour cela, dit Sancho; je sais bien que vous avez une marque comme cela dans l'épine du dos, et c'est un signe de force. - Il suffit, dit Dorothée, entre amis on n'y regarde pas de si près; et peu importe que le signe soit à droite ou à gauche, puisque après tout c'est la même chair. Enfin je vois que mon père a rencontré juste en tout ce qu'il a prédit; et moi j'ai encore mieux rencontré en m'adressant au seigneur don Quichotte, dont la taille et le visage s'accordent si bien avec ce que m'en a dit mon père, et dont la réputation est si répandue, non-seulement dans l'Espagne, mais encore dans toute la Manche, qu'à peine ai-je eu débarqué à Osuna, que j'en ai entendu dire merveilles; et dès lors mon cœur m'avertit que c'était le chevalier que je cherchais.

— Mais comment se peut-il faire, Madame, dit don Quichotte, que vous ayez débarqué à Osuna, qui n'est pas un port de mer? — Madame la princesse, interrompit le curé, veut dire qu'après avoir débarqué à Malaga, le premier endroit où elle apprit de vos nouvelles fut Osuna. — C'est ce que je voulais dire, seigneur, répondit Dorothée. — Sans aucun doute, repartit le curé ; et maintenant que Votre Majesté veuille bien poursuivre. — Je n'ai rien à ajouter, reprit Dorothée, si ce n'est qu'enfin ma bonne fortune m'a fait rencontrer le seigneur don Quichotte, et que je me regarde déjà comme rétablie sur le trône de mes pères, puisqu'il a eu la courtoisie de me promettre de venir avec moi où je voudrai le mener ; et ce sera contre le traître Pandafilando de la Vue-Sombre, dont j'espère qu'il me vengera entièrement, en lui ôtant la vie et le royaume dont il m'a si injustement dépouillée. J'oubliais de vous dire que le roi Tinacrio me laissa un papier écrit en lettres grecques ou arabes, que je ne saurais lire, par lequel il m'ordonnait que si, après que le chevalier m'aurait rétablie dans mes États, il me demandait en mariage, j'y consentisse aussitôt et sans remise, et que je le misse tout d'un coup en possession de mon royaume et de ma personne.

— Eh bien, que t'en semble, ami Sancho? dit don Quichotte ; vois-tu ce qui se passe? et ne te l'ai-je pas dit? Regarde maintenant si nous n'avons pas un royaume à gouverner et une reine à épouser. — Vraiment oui, dit Sancho, et foin de celui qui n'ira vite couper le gavion du seigneur Pend-du-fil-en-haut, et qui n'épousera tout aussitôt mademoiselle la princesse! Mais elle n'est pas assez jolie, peut-être? Par ma foi, ceux qui le trouveraient seraient bien dégoûtés. » En disant cela, il fit deux sauts en l'air, se frappant le derrière avec les talons, en signe de joie ; et allant se mettre à genoux devant Dorothée, il la supplia de lui donner sa main à baiser, en signe qu'il la reconnaissait dès lors pour sa reine et maîtresse. Il eût fallu être aussi peu sage que le maître et le valet pour ne pas rire de la folie de l'un et de la simplicité de l'autre. Dorothée donna sa main à baiser à Sancho, et lui promit de le faire grand seigneur dans ses États, sitôt qu'elle y serait rétablie. Sancho la remercia en des termes si extravagants, qu'ils recommencèrent à rire.

« Voilà, seigneurs, reprit Dorothée, l'histoire de mes malheurs; je n'ai rien à ajouter, si ce n'est que de tous ceux qui sortirent de mon royaume pour me suivre, il ne m'est resté que ce seul écuyer à la longue barbe; tous les autres ont péri dans une grande tempête en vue du port; et moi et mon écuyer nous sommes sauvés chacun sur une planche, par un miracle qui me fait croire que le Ciel nous garde quelque bonne aventure. — Elle est déjà trouvée, très-haute dame, dit don Quichotte : je confirme le don que je vous ai accordé; je jure de nouveau de vous suivre jusqu'au bout du monde, et de ne point me séparer de vous, que je ne me sois vu aux mains avec votre cruel et injuste ennemi, à qui je prétends, avec l'aide du Ciel et de mon bras, couper sa tête orgueilleuse, fût-il aussi vaillant que Mars lui-même. Et, après vous avoir mise en possession de votre royaume, je vous laisserai en pleine liberté de disposer de votre personne; car, tant que ma volonté sera assujettie aux lois de celle..., je n'en dis pas davantage, il m'est impossible de penser à me marier, fût-ce avec le phénix. »

Sancho Pança fut tellement offusqué des dernières paroles de son maître, qu'il ne put s'empêcher d'en témoigner hautement son déplaisir. « Mort de ma vie! dit-il, seigneur don Quichotte, il faut que vous ayez entièrement perdu l'esprit. Comment est-il possible que vous doutiez encore si vous épouserez cette grande princesse? Est-ce que vous pensez trouver de semblables occasions à tout bout de champ? Madame Dulcinée est peut-être plus belle? Non certes, pas même de moitié, et elle n'est pas digne de dénouer les souliers à celle-ci. C'est bien par ce chemin-là que j'attraperai ce comté que j'attends depuis si longtemps et que vous m'avez tant promis, si vous vous amusez à chercher des perles dans les vignes. Mariez-vous, mariez-vous, de par tous les diables! prenez-moi ce royaume qui vous tombe dans la main; et quand vous serez une fois roi, faites-moi vite marquis ou gouverneur, et que le diable emporte tout le reste ! »

Don Quichotte ne put souffrir les blasphèmes que Sancho venait de proférer contre sa dame Dulcinée; il leva sa lance sans rien dire, et en déchargea sur la tête de l'indiscret écuyer de si rudes coups, qu'il le jeta par terre; sans Dorothée, qui lui cria de s'arrêter, il l'aurait assommé sur place. « Pensez-vous, dit-il, misérable manant, que je sois toujours d'humeur à souffrir vos insolences, et que vous n'ayez jamais qu'à pécher, et moi qu'à pardonner? Cessez de le croire, veillaque excommunié; oui, excommunié sans doute, puisque vous avez ouvert la bouche contre la nonpareille Dulcinée. Ne savez-vous pas, faquin, maroufle, bélître que vous êtes, que c'est d'elle que j'emprunte ma force, et que sans elle je ne serais pas capable de tuer une puce? Dites-moi un peu, langue de vipère, qui pensez-vous qui a conquis ce royaume, qui a coupé la tête à ce géant et qui vous a fait marquis, car je tiens tout cela pour accompli, si ce n'est la valeur de Dulcinée même, qui a pris mon bras pour instrument de ces hauts faits? C'est elle qui combat en moi et qui remporte mes victoires, comme moi je vis et respire en elle, et c'est d'elle que je tiens l'être et la vie. Pendard mal avisé, il faut que vous soyez bien ingrat; il n'y a qu'un moment que je vous ai élevé de la poussière au rang des plus grands seigneurs, et pour reconnaissance vous vous emportez à dire du mal de ceux qui vous font du bien. »

Sancho n'était pas en si mauvais état, qu'il n'entendît bien tout ce que son maître disait. Il se leva le plus prestement qu'il put, et alla se mettre derrière le palefroi de la princesse; c'est de là qu'il répondit à don Quichotte : « Or ça, seigneur, dites-moi un peu, n'est-il pas vrai que si vous ne vous mariez pas avec cette princesse, son royaume ne sera pas à votre disposition? Et, cela étant, quelle récompense avez-vous à me donner? Voilà ce dont je me plains. Et pourquoi faites-vous difficulté de vous marier avec cette reine, pendant que vous l'avez là comme tombée du ciel? Ce sera toujours autant de pris, et ne pourrez-vous pas bien retourner après avec votre Dulcinée? Pour ce qui est de la beauté, je n'en parle plus; et, pour dire la vérité, elles m'ont paru fort belles l'une et l'autre, encore que je n'aie jamais vu madame Dulcinée. — Comment, traître imposteur! tu ne l'as jamais vue? dit don Quichotte. Et ne m'apportes-tu pas à l'instant même une réponse de sa part? — Je dis que je ne l'ai pas assez vue, répondit Sancho, pour remarquer sa beauté en détail; mais en gros je l'ai trouvée fort belle. — A présent je te pardonne, dit don Quichotte; pardonne-moi aussi ce petit déplaisir que je t'ai causé; les premiers mouvements ne dépendent pas des hommes. — Je le sens bien, répondit Sancho, et l'envie de parler est toujours en moi un premier mouvement auquel je ne saurais résister : il faut que je dise une fois pour le moins ce qui me vient sur la langue.

— Avec tout cela, Sancho, ajouta don Quichotte, prends bien garde à l'avenir de quelle manière tu parleras; car, après tout, tant va la cruche à l'eau...; je ne t'en dis pas davantage. — Eh bien, soit, répondit Sancho, Dieu est au ciel qui voit nos fautes, et il jugera entre nous deux qui fait plus de mal, ou moi en ne parlant pas bien, ou Votre Seigneurie en n'agissant pas mieux. — C'est assez, dit Dorothée. Sancho, allez baiser la main de votre seigneur et maître, demandez-lui pardon, et souvenez-vous une autre fois de louer et de blâmer avec plus de retenue. Surtout ne dites jamais de mal de cette dame du Toboso, que je ne connais point, mais que de bon cœur je voudrais servir; et fiez-vous en Dieu pour avoir une bonne seigneurie où vous vivrez comme un prince. » Sancho s'en alla la tête basse demander la main à son seigneur, qui la lui présenta avec beaucoup de gravité; et, après qu'il l'eut baisée, don Quichotte lui donna sa bénédiction; puis il s'écarta un peu et lui dit de le suivre, parce qu'il désirait causer avec lui de choses de grande importance.

Ils prirent donc les devants; et quand don Quichotte se vit assez loin de la compagnie : « Ami Sancho, dit-il, depuis ton retour je n'ai pas eu le loisir de t'entretenir touchant ton ambassade; raconte-moi, je te prie, exactement tout ce qui s'est passé, et informe-moi de toutes les particularités que je vais te demander. — Demandez tout ce que vous voudrez, seigneur, et vous allez être satisfait; mais, je vous en supplie, une autre fois ne soyez pas si vindicatif. — Pourquoi dis-tu cela, Sancho? — Je le dis, parce que ces deux coups de lance me viennent de la querelle que le diable a suscitée entre nous l'autre nuit, et non de ce que j'ai dit sur madame Dulcinée, que j'honore et révère comme une relique, qu'elle le mérite ou non, parce que c'est un bien qui vous appartient. — Sancho, dit don Quichotte, une fois pour toutes laissons là ce sujet, qui me cause du déplaisir; je t'ai pardonné tout à l'heure, et tu sais qu'on dit : A péché nouveau, nouvelle pénitence. »

Comme ils en étaient là, ils virent venir devant eux un homme monté sur un âne, et qu'ils prirent pour un bohémien. Mais Sancho, qui depuis la perte de son âne n'en voyait point sans que ses yeux s'y portassent avec son cœur, n'eut pas plutôt vu cet homme qu'il le reconnut pour Ginès de Passamont, comme ce l'était en effet. Celui-ci s'était déguisé en bohémien, entendant parfaitement ce jargon, pour n'être pas découvert et pour vendre l'âne. Sancho l'eut à peine envisagé qu'il s'écria à tue-tête : « Ah! voleur de Ginésille, laisse-moi mon bien, mon repos et ma vie; rends-moi mon âne, mon plaisir et ma joie; fuis, fuis, brigand, décampe, larron, et lâche ta prise. » Il ne faut point tant de paroles à qui entend à demi-mot; dès la première, Ginès sauta à bas, et, avec un trot précipité qui approchait fort du galop, il fut en un moment très-loin de la compagnie. Sancho courut à son âne, et l'embrassant avec tendresse : « Eh bien, lui dit-il, comment te portes-tu, mon enfant, grison de mon âme, mon cher compagnon, mon fidèle ami? » En disant cela, il le baisait et le caressait, comme une personne qu'il aurait chèrement aimée. A tout cela l'âne ne savait que dire, et se laissait baiser et caresser sans répondre une seule parole. Toute la compagnie arrivant là-dessus, chacun témoigna de la joie à Sancho de ce qu'il avait retrouvé son âne; entre autres don Quichotte, qui l'assura qu'il n'annulerait pas pour cela le mandat des trois ânons : libéralité dont Sancho parut être fort reconnaissant.

Pendant que le chevalier et son écuyer s'étaient écartés pour s'entretenir, le curé conversait aussi avec Dorothée. « Vous m'avez paru, Madame, lui dit-il, bien inspirée et fort habile dans l'histoire que vous avez composée : j'admire la facilité que vous avez à vous exprimer dans les termes de chevalerie, aussi bien que votre concision. — Vraiment, répondit Dorothée, j'ai assez feuilleté de romans pour en savoir le style; mais je connais moins bien la carte, et j'ai dit assez mal à propos que j'avais débarqué à Osuna. — Cela n'a rien gâté, dit le curé, et le facile remède que j'y ai apporté à tout réparé. Mais n'admirez-vous pas, Madame, la crédulité de ce pauvre gentilhomme, qui accueille tous ces mensonges, parce qu'ils ressemblent aux extravagances qu'il a lues dans les romans? — Assurément, dit Cardenio, c'est chose surprenante et inouïe, et je crois qu'on ne saurait forger des fables si déraisonnables et si éloignées de l'apparence, qu'il n'y ajoutât foi. — Ce qu'il y a de merveilleux en ceci, repartit le curé, c'est que, sauf l'absurdité de ce bon gentilhomme sur les matières de chevalerie, il n'y a point de sujet dont il ne discoure pertinemment, et où il ne fasse voir qu'il a l'entendement net et délicat; de telle sorte que, pourvu qu'on ne touche point cette corde sensible, il n'y a personne qui ne le prenne pour un homme de sens et de jugement. »

Pendant que ses compagnons devisaient de la sorte, don Quichotte continuait la conversation avec son écuyer. « Ami, Sancho, lui disait-il, oublions nos démêlés, et parlons sans dépit et sans rancune. Où, quand et comment as-tu trouvé Dulcinée? que faisait-elle? que lui dis-tu? qu'est-ce qu'elle te répondit? de quelle façon reçut-elle ma lettre, et qui te l'avait transcrite? Enfin dis-moi tout, sans ajouter pour me faire plaisir, comme sans retrancher pour diminuer ma satisfaction. — Seigneur, répondit Sancho, s'il faut dire la vérité, personne ne m'a transcrit de lettre, car je n'en ai point emporté. — Tu as raison, dit don Quichotte; deux jours après ton départ, je trouvai les tablettes; et je fus fort en peine de ce que tu pourrais faire; mais je crus toujours que tu reviendrais les chercher. — Je l'aurais bien fait aussi, dit Sancho, si je n'eusse pas su la lettre par cœur; mais je l'avais apprise pendant que vous me la lisiez, et je la dis tout entière à un sacristain qui l'écrivit, et la trouva si bonne, qu'il jura qu'il n'en avait jamais vu de meilleure en toute sa vie, quoiqu'il eût vu cent fois des lettres d'excommunication. — Et t'en souviens-tu encore? dit don Quichotte. — Non, seigneur, répondit Sancho; car quand je la vis une fois écrite, je me mis à l'oublier. Si je m'en rappelle quelques mots, c'est seulement cette souterraine, je veux dire souveraine dame, et la fin: Celui qui est à vous jusqu'à la mort, le chevalier de la Triste-Figure; et dans l'intervalle j'ai mis plus de trois cents fois *mon âme, ma vie* et *mes yeux.* »

CHAPITRE XXII

Du plaisant entretien qu'eut don Quichotte avec Sancho Pança, son écuyer, et d'autres incidents.

« Jusqu'ici tout va bien, dit don Quichotte; poursuis. Sancho, quand tu arrivas, que faisait cette reine de la beauté? Tu la trouvas sans doute enfilant des perles, ou brodant quelque riche écharpe avec l'or et la soie pour ce chevalier son esclave? — Je la trouvai, répondit Sancho, qui criblait deux boisseaux de blé dans une cour. — Mais ne t'aperçus-tu pas, dit don Quichotte, que chaque grain se convertissait en perle en touchant ses belles mains, et ne pris-tu pas bien garde si c'était du froment pur? — Ce n'était que de l'orge mêlée avec de l'avoine, répondit Sancho. — Assurément, dit don Quichotte, étant vannée par ses belles mains, elle aura fait le plus beau et le meilleur pain du monde ; mais passons outre. Quand tu lui remis ma lettre, ne la baisa-t-elle point, et ne témoigna-t-elle pas une joie extrême? Que fit-elle, en un mot? — Le crible était plein, répondit Sancho, quand je lui présentai la lettre, et elle était dans le coup de feu de son travail, si bien qu'elle me dit : « Mon garçon, mettez votre lettre sur ce sac, je ne saurais la « lire que je n'aie achevé de cribler tout ce que vous voyez là. » — Voilà une discrétion admirable, dit don Quichotte ; car elle le faisait pour lire la lettre à loisir et en jouir tout à son aise. Et pendant qu'elle poursuivait sa besogne, de quoi t'entretenait-elle? Ne te demanda-t-elle rien de moi? et que lui répondis-tu? Achève, sans omettre le moindre détail. — Elle ne me demanda rien, répondit Sancho ; mais moi, je lui ai appris de quelle manière je vous avais laissé dans ces montagnes, faisant pénitence pour son service, à demi nu, vivant comme un sauvage, dormant sur la terre, ne mangeant point sur nappe, ne vous peignant jamais la barbe, pleurant comme un veau, et maudissant votre fortune. -- Tu as eu tort, reprit don Quichotte, de dire que je maudissais ma fortune, parce qu'au contraire je la bénis, et la bénirai tous les jours de ma vie pour m'avoir rendu digne d'aimer une si haute dame que Dulcinée du Toboso. — Oh! pour cela, elle est très-haute, dit Sancho; elle a bien un demi-pied de plus que moi. -- Eh quoi! dit don Quichotte, t'es-tu mesuré avec elle, pour en parler ainsi? — Je me mesurai avec elle, répondit Sancho, en lui aidant à mettre un sac de blé sur son âne; nous nous trouvâmes si proches l'un de l'autre, que je vis bien qu'elle avait la tête de plus que moi. — Mais, n'est-il pas vrai, dit don Quichotte, que cette riche taille est accompagnée d'un million de grâces, tant de l'esprit que du corps? Il y a du moins une chose que tu ne nieras pas, Sancho : quand tu t'es approché d'elle, n'as-tu pas senti une odeur merveilleuse, un agréable composé des plus excellents aromates, un je ne sais quoi de doux qu'on ne saurait nommer, une vapeur délicieuse, une exhalaison qui t'embaumait, comme si tu avais été dans la boutique du plus habile parfumeur? — Tout ce que je saurais vous dire, répondit Sancho, c'est que j'ai senti une certaine odeur qui approchait de celle d'un homme; cela tient sans doute à ce qu'elle était échauffée et à ce qu'elle suait à grosses gouttes. — Cela ne peut être, dit don Quichotte; c'est que tu étais enrhumé, ou que tu te sentais toi-même; car je sais bien ce que doit sentir cette rose parmi les épines, ce lis des champs, cet ambre dissous. — Cela est bien possible, repartit Sancho; mais cette odeur m'avait semblé venir de Sa Seigneurie madame Dulcinée. Au surplus, il n'y a là rien d'extraordinaire; un diable ressemble à un autre. — Eh bien, reprit don Quichotte, elle nettoya son froment et l'envoya au moulin, et que fit-elle en lisant ma lettre? — Votre lettre, répondit Sancho, elle ne la lut point, car elle dit qu'elle ne savait ni lire ni écrire; au contraire, elle la mit en mille pièces, en disant qu'elle ne voulait pas que personne vît ses secrets, et qu'elle se contentait de ce que je lui avais dit touchant l'amour que vous lui portez et la pénitence excessive que vous faites à son intention. Finalement elle m'ordonna de dire à Votre Seigneurie qu'elle lui baise les mains, et qu'elle a plus d'envie de vous voir que de vous écrire; qu'ainsi donc elle vous supplie, et vous commande bien humblement, qu'aussitôt la présente reçue, vous quittiez ces rochers sans faire plus de sottises, et que vous vous mettiez vite en chemin pour vous rendre au Toboso, à moins que quelque affaire de grande importance ne vous en empêche, parce qu'elle meurt d'envie de vous revoir. Elle faillit crever de rire quand je lui dis que vous vous nommiez le chevalier de la Triste-Figure. Je lui demandai si le Biscayen de l'autre fois était allé la trouver ; elle m'assura qu'il l'avait fait, et que c'était un galant homme. Je lui parlai aussi des forçats ; mais elle me dit qu'elle était encore à en voir un. — Tout est au mieux, dit don Quichotte ; mais, Sancho, quel présent en as-tu reçu quand tu pris congé d'elle, pour les bonnes nouvelles dont tu étais porteur ? car c'est une ancienne coutume entre les chevaliers errants et leurs dames, de donner quelque riche bague aux écuyers, aux demoiselles ou aux nains, pour récompense de leurs messages. — Cela peut être, répondit Sancho, et ce n'est pas moi qui désapprouve cet usage ; mais sans doute cela ne se pratiquait qu'au temps passé ; à présent on se borne à donner un morceau de pain et de fromage ; au moins voilà tout ce que madame Dulcinée me donna par-dessus la muraille de la cour, quand je partis ; à telles enseignes que le fromage était de lait de brebis.

— Oh ! elle est extrêmement libérale, dit don Quichotte ; et si elle ne te donna pas quelque joyau d'or, c'est qu'elle n'en avait pas sur elle, mais ce qui est différé n'est pas perdu ; je la verrai, et elle te satisfera. Maintenant sais-tu ce qui m'étonne, Sancho ? c'est qu'on dirait que tu es allé et revenu en l'air ; car tu n'as pas été plus de trois jours en route ; et pourtant il y a trente bonnes lieues d'ici au Toboso. Cela me fait croire que le sage nécromant qui prend soin de mes affaires (et il faut bien que j'en aie un, sous peine de ne pas être un véritable chevalier errant) t'a sans doute aidé à marcher, quoique tu ne t'en sois pas aperçu ; car il y a tel de ces gens-là qui vous prend un chevalier errant tout endormi dans son lit, et celui-ci se trouve le lendemain matin, sans savoir comment, à plus de mille lieues de l'endroit où il s'était couché la veille au soir. S'il en était autrement, jamais les chevaliers ne pourraient se secourir les uns les autres, comme ils le font à toute heure. Il arrivera qu'un chevalier se trouvera dans les montagnes de l'Arménie, combattant un endriague ou quelque autre monstre, ou bien encore un chevalier qui le serre de près et le met en danger de mort; voilà qu'au moment où il y pense le moins, il voit arriver sur une nue, ou sur un char de feu, un chevalier de ses amis qu'il savait être en Angleterre, et qui lui sauve 'a vie. Le soir même, le chevalier se retrouvera chez lui attablé et soupant tout à son aise ; et parfois cependant d'un pays à l'autre il n'y a pas moins de deux à trois mille lieues. Tout cela se fait par la science et l'habileté de ces sages enchanteurs qui veillent sur les chevaliers errants. Aussi, ami Sancho, n'ai-je aucune peine à croire que tu sois allé au Toboso ; quelque enchanteur de mes amis t'aura transporté par les airs à ton insu. — Cela se peut bien, répliqua Sancho ; car Rossinante allait d'un tel pas, qu'on eût dit un âne de bohémien avec du vif-argent dans les oreilles. — Bien mieux que cela, répondit don Quichotte, toute une légion de diables ; et Dieu sait comment ces gens-là vous font marcher, et si jamais ils se lassent. Mais revenons à nos affaires ; que crois-tu, Sancho, que je doive faire touchant l'ordre de madame Dulcinée de l'aller trouver? Car, si je suis obligé de lui obéir ponctuellement, je me suis aussi engagé avec la princesse ; or les lois de la chevalerie veulent que je tienne ma parole, et placent l'honneur avant le plaisir. D'une part, je me sens pressé d'un ardent désir de voir ma dame ; d'un autre côté, ma foi donnée et la gloire m'appellent. Mais voici ce que je vais faire : c'est de m'en aller vite chercher le géant ; je lui couperai la tête, et je rétablirai aussitôt la princesse sur son trône, et lui rendrai ses États pacifiés. Cela fait, je pars au même instant, et je viens retrouver cette étoile brillante qui illumine mes sens. Je lui donnerai des excuses si légitimes, qu'elle me saura gré du retard, parce qu'elle verra bien que tout cela doit tourner au profit de sa gloire et de sa renommée; en effet, tout l'honneur que j'ai jamais acquis, que j'acquiers tous les jours, et que j'acquerrai dans l'avenir, me vient de celui que j'ai d'être à elle, et de la faveur qu'elle me donne. — Aïe ! dit Sancho, que Votre Grâce est faible de cervelle! Voulez-vous donc faire tout ce chemin-là pour rien, et laisser perdre l'occasion d'un mariage si riche et si important, qui vous apporte en dot un royaume, et quel royaume, s'il est vrai, comme on me l'a dit, qu'il ait plus de vingt mille lieues de tour, qu'il regorge de toutes les choses nécessaires à la vie, et qu'il soit à lui seul plus grand que la Castille et le Portugal réunis! En vérité, seigneur, vous devriez mourir de honte des choses que vous dites. Allez, suivez mon conseil, et mariez-vous au premier village où il y aura un curé! sinon, voici le nôtre qui fera votre affaire. Voyez vous, je suis assez vieux pour donner des avis; et celui que je vous donne vous va comme un gant : moineau en main vaut mieux que grue qui vole ; et qui a le bien et choisit le mal, si mal lui en vient ne doit pas se plaindre. — Sancho, répondit don Quichotte, tu ne prends pas garde que ce qui fait que tu me conseilles tant de me marier, c'est afin que je sois vite roi, pour te donner les récompenses que je t'ai promises ; mais sache que sans cela j'ai un moyen facile de te contenter, parce que je mettrai dans mes conditions, avant d'entrer en lice, que si je sors vainqueur, on me donnera, que je me marie ou non, une partie du royaume, pour en disposer comme il me plaira ; et quand j'en serai le maître, à qui la donnerai-je, si ce n'est à toi ? — Cela est certain, répondit Sancho ; mais, seigneur, songez bien, je vous prie, à choisir le côté qui est près de la mer, afin que si je ne suis pas content de ce régime, je puisse embarquer mes sujets noirs, et en faire ce que j'ai dit tantôt. Et ne vous mettez pas actuellement en peine de votre visite à madame Dulcinée ; mais allez-moi assommer le géant, et finissons promptement cette affaire, qui donnera autant d'honneur que de profit.

— Je te réponds, Sancho, dit don Quichotte, que je suivrai ton conseil, et je ne pense pas à voir Dulcinée que je n'aie ramené et rétabli la princesse dans ses États. Pour toi, qu'il te souvienne de ne rien dire à personne au monde, pas même à ceux qui viennent avec nous, de la conversation que nous venons d'avoir, parce que Dulcinée est si réservée, qu'elle ne veut pas qu'on sache rien de ses secrets, et j'aurais mauvaise grâce à les découvrir. — Mais si cela est, dit Sancho, à quoi pensez-vous, seigneur, quand vous envoyez à madame Dulcinée tous ceux que vous avez vaincus ? N'est-ce pas leur dire que vous en êtes amoureux ? Est-ce bien là garder votre secret et le sien, que de forcer les gens d'aller se jeter à deux genoux devant elle, et de se mettre de votre part à sa discrétion ? — Que tu es simple et nigaud ! s'écria don Quichotte. Ne vois-tu pas que tout cela tourne à sa gloire ? Ne sais-tu pas encore qu'en matière de chevalerie c'est un grand honneur pour une dame d'être servie par plusieurs chevaliers errants, sans que pour cela ils prétendent d'autre récompense de leurs offices que l'avantage de les lui rendre, et qu'elle daigne les recevoir pour ses chevaliers ? — Je pense que vous plaisantez, seigneur, dit Sancho ; c'est de cette manière-là que j'ai ouï prêcher qu'il faut aimer Dieu seulement à cause de lui, et sans tenir compte du paradis ni de l'enfer, quoique pour ma part je m'arrangeasse de l'aimer et de le servir du mieux que je pourrais. — Diantre soit du vilain ! s'écria don Quichotte ; tu as parfois des mots pleins de sens, et l'on dirait que tu as fait des études. — Et pourtant, dit Sancho, je ne sais pas même lire. »

Ils en étaient là de leur dialogue, quand maître Nicolas leur cria d'arrêter, parce que la compagnie voulait se désaltérer à une source qui se trouvait sur le chemin. Don Quichotte fit halte, en effet, à la grande satisfaction de Sancho, qui était las de mentir, et craignait qu'à la fin son maître ne le prît sur le fait ; car, encore qu'il sût que Dulcinée était fille d'un laboureur du Toboso, il ne l'avait jamais vue. Cardenio s'était vêtu pendant ce temps-là des habits que portait Dorothée quand ils la rencontrèrent ; et, quoiqu'ils ne fussent pas des meilleurs, ils valaient cependant mieux que ceux qu'il venait de quitter. Ils mirent donc tous pied à terre auprès de la source, et avec ce que le curé avait apporté de l'hôtellerie ils calmèrent un peu la faim qui les pressait.

Pendant qu'ils mangeaient, il passa sur la route un jeune garçon qui s'arrêta pour les regarder ; un moment après, il s'approcha de don Quichotte, et lui embrassant les jambes : « Hélas ! seigneur, dit-il en pleurant, ne me reconnaissez-vous pas ? Ne vous souvient-il plus d'André que Votre Grâce trouva attaché à un chêne, et qu'elle détacha ? » Don Quichotte le reconnut à ces paroles ; le prenant par la main, il se tourna vers la compagnie, et dit : « Vos Seigneuries peuvent voir ici de quoi justifier l'importance et la nécessité des chevaliers errants pour remédier aux torts et aux dommages occasionnés par des hommes pervers et malveillants. Il y a quelque temps, passant auprès d'un bois, j'entendis des cris et des plaintes lamentables ; je courus aussitôt de ce côté-là, poussé par le sentiment de mon devoir. Je trouvai ce jeune garçon qui est devant vous, et qui pourra en rendre témoignage lui-même. Il était attaché à un chêne et nu de la ceinture en haut ; un paysan brutal le déchirait à coups d'étrivière. Je demandai au paysan pourquoi il le traitait avec tant de cruauté ; le rustre me répondit que c'était son valet, et qu'il le châtiait pour des friponneries et des négligences qui sentaient plus le larron que le paresseux. « Mon« sieur, repartit celui-ci, il me fouette parce que je lui demande « mes gages. » Son maître voulut me donner quelques excuses, dont je ne fus pas content. En un mot, je fis détacher le pauvre garçon, et je fis faire serment au paysan qu'il l'emmènerait chez lui et le payerait jusqu'au dernier réal. Tout cela n'est-il pas vrai, André, mon ami ? Te souvient-il avec quelle autorité je gourmandai le paysan, et avec combien d'humilité il me promit d'accomplir tout ce que je lui ordonnais ? Réponds tranquillement sans te troubler, et suivant la vérité, afin que ces seigneurs apprennent par cet exemple de quelle utilité peut être dans le monde la chevalerie errante.

— Tout ce qu'a dit Votre Seigneurie est véritable, répondit le jeune garçon ; mais l'affaire a tourné tout autrement que vous ne le pensez. — Comment ! répliqua don Quichotte, est-ce que le vilain ne te paya pas sur-le-champ ? — Non-seulement il ne me paya pas, répondit André ; mais sitôt qu'il vit que vous aviez traversé le bois et que nous étions seuls, il me rattacha au chêne, et me donna tant de coups, que je ressemblais à un saint Barthélemi. Il accompagna même chaque coup de tant de plaisanteries, en se moquant de vous, que j'aurais ri de bon cœur si je ne les eusse reçus. Enfin il me mit en tel état, que j'ai toujours été depuis dans un hôpital, où j'ai eu bien de la peine à me remettre. Et c'est vous qui en êtes la cause ; car si vous eussiez passé votre chemin, sans venir où l'on ne vous appelait pas, j'en eusse été quitte pour une vingtaine de coups, après quoi mon maître m'eût payé ce qu'il me devait. Mais vous allâtes lui dire tant d'injures, et si mal à propos, que vous le mîtes en fureur, et, ne pouvant se venger sur vous, il s'en prit à mes épaules. — Le mal est, dit don Quichotte, que je m'en allai trop tôt ; je ne devais point partir qu'il ne t'eût entièrement payé ; car les paysans ne sont guère sujets à tenir leur parole, à moins d'y trouver leur compte. Mais tu te souviens, André, comme je jurai que s'il manquait de te satisfaire, je saurais bien le retrouver, fût-il caché dans le ventre d'une baleine ? — Cela est vrai, seigneur chevalier, répondit André ; mais à quoi cela sert-il ? — Tu verras tout à l'heure si cela sert à quelque chose, » répondit don Quichotte. A ces mots, il se leva brusquement, en ordonnant à Sancho de brider Rossinante, qui, pendant que la compagnie dînait, s'était mis à paître. Dorothée demanda à don Quichotte ce qu'il voulait faire. « Partir à l'instant, dit-il, pour aller châtier ce brutal de paysan, et lui faire payer, jusqu'au dernier maravédis, ce qu'il doit à ce pauvre garçon, en dépit de tous les vilains du monde qui voudraient s'y opposer. — Mais, seigneur chevalier, dit Dorothée, après la promesse que vous m'avez faite, vous ne pouvez entreprendre aucune aventure que vous n'ayez achevé la mienne; remettez donc celle-là, je vous prie, jusqu'à ce que vous m'ayez rétablie dans mon royaume. — Cela est juste, Madame, répondit don Quichotte, et il faut nécessairement qu'André attende mon retour; mais je jure de nouveau de ne jamais reposer que je ne l'aie vengé, et qu'il ne soit entièrement satisfait. — Je me fie comme je le dois à ces serments, dit André; mais j'aimerais autant quelque pièce d'argent, pour me rendre à Séville, que toutes les vengeances du monde. Faites-moi donner à manger, si vous le pouvez, et quelques réaux pour mon voyage, et Dieu vous conserve, vous et tous les chevaliers errants du monde; puissent-ils être tous aussi chanceux pour eux qu'ils l'ont été pour moi! » Sancho tira un quartier de pain et un morceau de fromage, et le donnant à André : « Tenez, frère, lui dit-il, il est juste que chacun ait sa part de votre mauvaise aventure. — Et qu'est-ce qu'il vous en coûte à vous? dit André. — Ce pain et ce fromage que je vous donne, répondit Sancho : Dieu sait s'il me fera faute; car afin que vous le sachiez, André, mon ami, nous autres écuyers de chevaliers errants, nous sommes toujours à la veille de mourir de faim et de soif, sans compter beaucoup d'autres accidents qu'on sent bien mieux qu'on ne les dit. »

André prit le pain et le fromage, et, voyant qu'on ne lui donnait rien autre chose, il baissa la tête et tourna le dos à la compagnie. Mais, en partant, il dit à don Quichotte : « Pour l'amour de Dieu, seigneur chevalier, ne vous mêlez pas une autre fois de me secourir; quand vous me verriez mettre en pièces, laissez-moi à ma mauvaise fortune; elle ne saurait être pire que celle que m'attirerait Votre Seigneurie, que je prie Dieu de confondre aussi bien que tous les chevaliers errants qu'il y ait au monde. » Don Quichotte se levait pour châtier André; mais celui-ci s'étant mis à courir de telle façon qu'il eût été difficile de l'attraper, notre chevalier demeura sur place, tellement courroucé de la mauvaise plaisanterie d'André, que personne de la compagnie n'osa rire, quelque envie qu'ils en eussent tous, de crainte de l'irriter davantage.

CHAPITRE XXIII

Qui traite de ce qui arriva dans l'hôtellerie à toute la compagnie de don Quichotte.

Le repas étant fini, on sella les montures, et le lendemain, sans incident nouveau, ils arrivèrent à cette hôtellerie que Sancho ne pouvait regarder d'un bon œil, mais où il ne pouvait se dispenser d'entrer. L'hôte, l'hôtesse, leur fille et Maritorne, qui reconnurent de loin don Quichotte et son écuyer, s'avancèrent au-devant d'eux avec de grandes marques de joie. Notre chevalier les reçut avec beaucoup de gravité, et leur dit de lui préparer un lit meilleur que la dernière fois. A quoi l'hôtesse répondit que, pourvu qu'il payât mieux, elle lui donnerait un lit de prince. Don Quichotte l'ayant promis, on lui en dressa un passable dans le même endroit où il avait déjà couché, et il alla s'y jeter sur-le-champ, aussi fatigué de corps que de tête.

Cependant l'hôtesse, ayant reconnu le barbier, alla lui sauter au visage, et, le prenant par sa barbe postiche : « Sur mon honneur, dit-elle, vous ne vous en parerez pas davantage; il est bien temps que vous me rendiez ma queue, et c'est une honte que le peigne de mon mari n'ait pas été nettoyé depuis que vous l'avez emportée. » L'hôtesse avait beau tirer, le barbier ne voulait pas lâcher sa barbe ; enfin le curé dit à maître Nicolas qu'il pouvait la rendre, que ce déguisement n'était plus de saison, et que rien ne l'empêchait désormais de paraître sous sa forme naturelle ; il lui suffirait de dire à don Quichotte qu'après avoir été dévalisé par les forçats, il était venu toujours courant jusqu'à l'hôtellerie. Si le chevalier demandait ce qu'était devenu l'écuyer de la princesse, on lui répondrait qu'il avait pris les devants pour annoncer son retour dans ses États avec l'assistance de son libérateur. Après cela, le barbier ne fit plus difficulté de rendre la queue à l'hôtesse, avec toutes les nippes qu'elle leur avait prêtées.

Tous ceux qui étaient dans l'hôtellerie trouvèrent Dorothée admirablement belle ; Cardenio leur parut aussi un berger de fort bonne mine. L'hôte, sur la parole du curé, et sur la bonne opinion qu'il eut de la compagnie, alla leur préparer un dîner assez convenable. Don Quichotte dormait cependant de toute sa force, et l'on fut d'avis de ne pas l'éveiller, parce que le sommeil lui valait mieux que la table. Pendant le dîner on s'entretint de l'étrange folie du pauvre chevalier et de la manière dont on l'avait trouvé. L'hôtesse raconta ce qui était arrivé à notre héros avec le muletier et l'archer de la Sainte-Hermandad ; et, voyant que Sancho n'était point dans la chambre, elle ajouta l'histoire de la couverture, qui réjouit fort toute la société. Le curé, trouvant l'occasion de déplorer le malheur du pauvre gentilhomme, en accusa les livres de chevalerie, et dit que c'était dommage qu'ils lui eussent ainsi troublé le jugement. « Et comment cela pourrait-il être? interrompit l'hôte ; il n'y a pas au monde une meilleure lecture. J'ai là deux ou trois de ces livres, et je puis bien jurer qu'ils m'ont rendu la vie, non-seulement à moi, mais encore à beaucoup d'autres. Dans la saison où l'on coupe les blés, il vient céans les jours de fête quantité de moissonneurs ; comme il s'en trouve toujours quelqu'un qui sait lire, nous nous mettons vingt à trente autour de lui, et cette lecture nous divertit si fort qu'elle nous ôte des cheveux blancs. Pour ma part, quand j'entends parler de ces terribles coups que portent ces chevaliers errants, je meurs d'envie d'aller chercher les aventures, et je ne me lasserais pas d'entendre lire jour et nuit. — Quant à moi, je ne m'y opposerais pas, dit l'hôtesse ; car je n'ai jamais de meilleur temps dans la maison que quand vous êtes à votre lecture ; vous ne songez pas alors à gronder, tant vous y êtes attentif. — Oh ! c'est vrai que cela est bien amusant, dit la bonne Maritorne ; mais ce que j'y trouve de mieux, c'est de voir une belle dame, qui est là sous des orangers causant avec un seigneur chevalier, pendant que sa duègne fait le guet, à demi morte de peur et d'envie. — Et à vous, que vous en semble, ma belle demoiselle ? dit le curé en s'adressant à la fille de l'hôtesse. — Sur mon âme, je ne le sais pas bien, seigneur, répondit-elle ; j'écoute comme les autres, et j'y prends quelquefois plaisir encore que je ne comprenne guère, parce que je m'imagine que cela doit être tout à fait plaisant. Mais ce ne sont pas ces grands coups dont parle mon père qui me divertissent ; ce sont les lamentations que font ces pauvres chevaliers quand ils sont loin de leurs dames ; cela me fait si grande pitié, que j'en pleure bien souvent. — Je suppose donc, dit Dorothée, que vous en auriez encore plus de pitié si c'était pour vous qu'ils souffrissent, et que vous ne les laisseriez pas se désoler si longtemps. — Vraiment je ne sais ce que je ferais, répondit la jeune fille ; mais, à ce que je vois, il y a de ces dames qui sont si cruelles, que les chevaliers les appellent lionnes, tigresses, et mille autres vilenies. Ah ! Jésus ! quelles sont donc ces personnes sans cœur et sans conscience, qui laisseraient mourir un honnête homme, ou le verraient de sang-froid devenir fou, plutôt que de le regarder? Et à quoi bon toutes ces façons? Que ne se marient-elles avec ces seigneurs, qui ne demandent pas mieux? — Taisez-vous, petite, dit l'hôtesse, en voilà trop sur ce sujet; il ne convient pas à votre âge d'en savoir si long et de tant babiller. — Mais, ma mère, répondit la jeune fille, puisque ce seigneur m'interroge, il faut bien que je lui réponde.

— Maintenant, seigneur hôte, reprit le curé, apportez-moi un peu vos livres que je les voie. — Bien volontiers, » répliqua l'hôte. Il sortit un instant et rapporta de sa chambre une vieille malle fermée avec un cadenas, qu'il ouvrit et d'où il tira trois gros volumes et quelques manuscrits d'une belle écriture. Le curé prit les livres, et le premier qu'il ouvrit fut Don Cirongilio de Thrace; l'autre, Félix-Mars d'Hyrcanie; et le dernier, l'histoire du grand capitaine Gonsalve Diego de Cordoue, avec la vie de Garcia de Paredès. Sitôt que le curé eut vu le titre des deux premiers: « Compère, dit-il en s'adressant au barbier, il ne nous manque ici que la nièce et la gouvernante de notre ami. — Nous n'en avons pas besoin, répondit le barbier; je les jetterai par la fenêtre aussi bien qu'un autre, et sans aller plus loin, il y a assez bon feu dans la cheminée. — Comment, seigneurs, s'écria l'hôte, est-ce que vous voulez brûler mes livres? — Ces deux-ci seulement, répondit le curé, Don Cirongilio et Félix-Mars. — Eh quoi! reprit l'hôte, est-ce que par hasard ils seraient hérétiques ou flegmatiques, mes livres, que vous les condamnez au feu? — Vous voulez dire schismatiques, ami, dit le barbier. — Tout comme il vous plaira, répondit l'hôte; mais si vous avez envie d'en brûler quelqu'un, je vous livre celui du grand capitaine et de ce Diego Garcia; quant aux autres, je laisserais plutôt brûler ma femme et mes enfants.

— Mais, mon maître, reprit le curé, ces deux livres ne sont

qu'un tissu de mensonges et de sottises ; tandis que l'autre est le récit véritable des faits et gestes de Gonsalve de Cordoue, qui, par ses fameux exploits, mérita le surnom du *Grand capitaine,* qu'aucun autre n'a jamais reçu ; et pour Diego Garcia de Paredès, c'était un chevalier d'une brillante valeur, natif de la ville de Trujillo, dans l'Estramadure, vaillant soldat et d'une vigueur telle, que d'un seul doigt il arrêtait une meule de moulin lancée de toute sa force. On dit que, s'étant une fois placé à l'entrée d'un pont avec une épée à deux mains, il empêcha le passage de toute une armée ; il a fait du reste, en mainte occasion, tant de prouesses, que si elles avaient été écrites par un historien, au lieu d'être rapportées par lui-même, qui en parle avec une extrême modestie, ses exploits auraient fait oublier ceux d'Hector, d'Achille et de Roland. — Pardieu ! s'écria l'hôte, voilà un beau miracle, et il y a bien de quoi se récrier ! Arrêter une roue de moulin ! Lisez-moi un peu ce que j'ai entendu lire, moi, de Félix-Mars d'Hyrcanie, qui d'un seul revers coupa cinq géants par le milieu du corps, comme s'ils eussent été taillés dans une rave à la manière des moinillons que font les enfants ; et qui, une autre fois, attaquant tout seul une grande et formidable armée, tailla en pièces seize cent mille soldats armés de pied en cap, comme s'il eût eu affaire à un troupeau de moutons. Et que direz-vous encore de don Cirongilio de Thrace, si audacieux et si intrépide, comme vous le verrez dans son histoire, que, naviguant sur je ne sais quelle rivière, il vit sortir tout à coup du sein des eaux un grand dragon de feu ; qu'il lui sauta sur le corps en se tenant à califourchon sur sa croupe couverte d'écailles, et lui serra si fort la gorge de ses deux mains, que le dragon, ne pouvant plus respirer, plongea au plus creux de l'eau sans que le brave chevalier voulût jamais lâcher prise ? Puis, quand il fut là-bas tout au fond, il se trouva dans un grand palais entouré des plus beaux jardins du monde ; le dragon se changea en un vieillard vénérable, qui lui conta des choses merveilleuses à entendre. Allez, allez, seigneur curé, n'en dites pas de mal; car si vous assistiez à ces lectures, je crois que vous deviendriez fou de plaisir; mais nargue de l'histoire de ce *Grand capitaine* et de ce Garcia de Paredès! »

Dorothée se penchant alors vers Cardenio : « Que vous semble de tout ceci? lui dit-elle à demi-voix; croyez-vous qu'il s'en manque de beaucoup que notre hôte puisse faire la paire avec don Quichotte? — Il me paraît être d'une bonne force, répondit Cardenio; de la façon dont il parle, il n'y a pas un mot dans ses livres qu'il ne croie comme article de foi, et je défierais à tous les carmes déchaussés de lui mettre d'autres idées en tête. — Mais, notre hôte, continuait cependant le curé, remarquez donc qu'il n'y a jamais eu au monde de Cirongilio de Thrace, ni de Félix-Mars d'Hyrcanie, ni aucun des chevaliers de cette trempe, dont parlent les livres de chevalerie. Tout cela n'est que fictions inventées par des imaginations oisives, qui les ont composées dans le seul but que vous dites, celui d'un agréable passe-temps; c'est à ce titre qu'ils plaisent à vos moissonneurs. Je vous le jure par tout ce qu'il y a de plus vrai, non, jamais semblables chevaliers n'ont existé, jamais ils n'ont fait de tels exploits ni de telles extravagances. — A d'autres, seigneur curé, répondit l'hôte, cherchez un autre chien pour ramasser votre os, comme si je ne savais pas compter jusqu'à cinq, et où mon soulier me blesse; je ne suis plus d'âge à manger de la bouillie, et ne comptez pas me montrer mon béjaune. Ah bien! vous me la baillez belle en voulant me faire croire que tant de bons livres, en lettres moulées, ne contiennent que des mensonges et des rêveries; comme si messeigneurs du conseil royal étaient gens à accorder leur licence pour qu'on imprimât des faussetés, des batailles et des enchantements à en perdre la tête! — Je vous ai déjà dit, mon ami, répliqua le curé, que tout cela n'est fait que pour remplir nos heures de désœuvrement;

et de même que dans les républiques bien gouvernées on permet certains jeux, comme les échecs, la paume, le billard et d'autres encore, pour le divertissement des personnes qui ne peuvent, ne veulent ni ne doivent travailler, de même aussi on permet d'imprimer ces sortes de livres, parce qu'il ne peut point se rencontrer de gens assez simples, assez crédules pour prendre au sérieux aucune des histoires qui s'y racontent. Si j'en avais le temps, et que la compagnie le trouvât bon, je dirais sur les romans de chevalerie, et sur la manière dont ils doivent être composés pour être bons, telles choses qui pourraient n'être dépourvues ni d'utilité ni d'intérêt ; mais cela viendra en son temps, et j'espère en conférer quelque jour avec ceux qui ont le pouvoir d'y mettre ordre. En attendant, seigneur hôte, croyez ce que je vous ai dit, reprenez vos livres, tâchez d'y faire le discernement des vérités et des mensonges, et grand bien vous fasse ; et surtout Dieu veuille que vous ne clochiez pas du même pied que le seigneur don Quichotte ! — Oh ! pour cela non, répondit l'hôte, je ne serai pas assez fou pour me faire chevalier errant ; je vois clairement que les choses ne se passent pas aujourd'hui comme au temps où ces fameux chevaliers couraient, dit-on, par le monde. »

Sancho, qui avait assisté à une partie de cette conversation, resta tout interdit et tout penaud quand il eut entendu dire que la chevalerie errante n'était plus en usage, et que tous ces romans n'étaient que folies et mensonges. Il résolut en lui-même d'attendre encore à quoi aboutirait le voyage de son maître, puis, au cas où il ne réussirait pas au gré de son espoir, de le planter là, et de s'en aller trouver sa femme et ses enfants pour reprendre ses travaux ordinaires.

CHAPITRE XXIV

*De la terrible et sanglante bataille que don Quichotte
livra à des outres de vin rouge.*

La conversation s'était prolongée quelque temps sur les mêmes matières, l'hôte persistant à prendre la défense de ses livres, qui étaient fort de son goût, et le curé continuant à lui démontrer la vanité de ces lectures, lorsque Sancho sortit tout épouvanté du galetas où était don Quichotte, et criant à tue-tête : « Venez tous, venez vite secourir mon maître, que je viens de laisser au milieu de la plus terrible et de la plus sanglante bataille que j'aie jamais vue. Vive Dieu ! il a porté à l'ennemi de madame la princesse Micomicona un si furieux coup de taille, qu'il lui a coupé la tête au ras du cou, comme si c'était un navet. — Que dites-vous là, Sancho, s'écria le curé ; vous n'êtes pas dans votre bon sens : le géant est à plus de deux mille lieues d'ici. » Au même instant, on entendit la voix de don Quichotte, qui de son taudis criait avec force : « Arrête, larron, malandrin, brigand ! Ah ! je te tiens à la fin, et ton cimeterre ne te servira de rien. » Et cela était accompagné de coups d'épée qui retentissaient contre les murailles. « Eh ! seigneurs, criait toujours Sancho, à quoi vous amusez-vous, et que ne venez-vous séparer les combattants, quoique je pense qu'il n'en soit pas besoin, car le géant doit être allé rendre compte à Dieu de sa mauvaise vie. J'ai vu couler le sang comme une rivière, et la tête qui roulait par la place ; sur ma foi, elle n'est pas moins grosse qu'un muid.
— Que je meure, s'écria l'hôte, si don Quichotte, ou don diable, n'a donné des coups d'estoc aux outres qui sont dans sa chambre ; et c'est le vin qui en sort que ce brave homme a pris pour du sang. »

Il courut au galetas, suivi de toute la compagnie; et ils trouvèrent don Quichotte dans le plus singulier équipage du monde. Il n'avait que sa chemise; elle était si courte qu'elle ne lui venait par devant que jusqu'à la moitié des cuisses, et il s'en fallait d'un demi-pied qu'elle ne fût de même longueur par derrière; ses jambes étaient longues et sèches; il portait sur la tête un bonnet si gras, qu'à peine pouvait-on deviner qu'il avait été rouge. Autour de son bras gauche était roulée cette couverture de lit, objet de la rancune très-légitime de Sancho; et de

la main droite il tenait l'épée nue dont il frappait à tort et à travers, comme s'il eût effectivement combattu quelque redoutable ennemi. Le meilleur de la chose, c'est qu'il avait les yeux fermés; car il dormait, et songeait sans doute qu'il était aux mains avec le géant Pandafilando. Son imagination étant remplie de l'entreprise dont il s'était chargé, il lui avait peu coûté en dormant de faire le voyage de Micomicon, où il croyait être aux prises avec son ennemi et lui donner tous les coups qu'il portait; mais par malheur la plupart étaient tombés sur des outres de vin, et la chambre en était inondée. L'hôte entra dans une telle fureur quand il vit ce désordre, qu'il se lança à corps perdu sur don Quichotte et l'accabla de gourmades; et il eût bientôt mis fin à la guerre du géant, si Cardenio et le curé ne lui eussent ôté des mains notre héros. Pour si peu le gentilhomme ne s'éveillait point, et il aurait dormi jusqu'au lendemain, si le barbier ne lui eût jeté sur le corps un plein seau d'eau froide, qui l'éveilla, mais pas assez pour qu'il s'aperçût de l'état où il était. Dorothée entra dans ce moment; mais voyant son défenseur si légèrement vêtu, elle retourna promptement sur ses pas, et n'en voulut pas voir davantage.

Pendant tout ce tumulte, Sancho ne cessait de chercher la tête du géant qu'il avait vue tomber par terre; et ne la pouvant trouver : « Maintenant, dit-il, je vois bien que tout se fait par enchantement dans cette maison; voici le même endroit où l'on me donna, il n'y a pas longtemps, force coups de pieds et coups de poings, sans que je pusse savoir d'où ils venaient et sans que je visse personne; et à présent je ne saurais mettre la main sur cette tête, moi qui de mes propres yeux l'ai vu couper et le sang ruisseler comme une fontaine. — Que veux-tu dire, ennemi de Dieu et des saints? s'écria l'hôte; ne vois-tu pas, traître, que la fontaine et le sang ne sont autre chose que mes outres, qui sont percées comme des cribles, et le vin dont la chambre est noyée? Puissé-je voir bientôt nager en enfer l'âme de celui qui me fait tout ce dégât! — Je n'y comprends rien, repartit Sancho; tout ce que je sais, c'est que si j'ai le malheur de ne pas trouver cette tête, mon comté va se fondre comme le sel dans l'eau. »

L'hôte se désespérait de voir le flegme de l'écuyer après le désordre que venait de lui faire le maître ; il jurait que l'affaire ne se passerait pas comme l'autre fois qu'ils s'en étaient allés sans payer, et que, malgré les priviléges de leur chevalerie, ils lui payeraient les outres, le vin et jusqu'aux moindres réparations. Le curé tenait par les mains don Quichotte, qui, croyant avoir mené l'affaire à fin et se trouver alors auprès de la princesse Micomicona, se jeta à genoux devant elle, et lui dit : « Votre Grandeur est maintenant en sûreté, belle princesse ; vous n'avez plus à craindre le tyran qui vous persécutait ; et pour moi, je suis quitte de ma parole, puisque, avec le secours du Ciel et la faveur de celle pour qui je vis, mon bras vous remet en possession de vos États.

— Eh bien ! seigneurs, que vous ai-je dit ? s'écria alors Sancho ; j'étais ivre, n'est-ce pas ? voyez si mon maître n'a pas couché le géant sur le pré. Par ma foi, l'affaire est dans le sac, et mon comté va de cire. » Tout le monde riait à gorge déployée des folies du maître et du valet ; l'hôte seul se donnait à tous les diables. Enfin le curé, Cardenio et le barbier obligèrent don Quichotte à se remettre au lit, où il demeura dans le plus grand calme ; mais ils eurent de la peine à venir à bout de l'hôte, qui était désespéré de la mort subite de ses outres. L'hôtesse, de son côté, jetait les hauts cris. « A la male heure, disait-elle, ce diable errant est entré dans ma maison ; il n'y est venu que pour me ruiner, le traître. L'autre fois il m'emporta sa dépense et celle de son écuyer, d'un cheval et d'un âne, sous prétexte qu'ils sont chevaliers aventuriers (que le Ciel les confonde tous !) et qu'il s'était obligé à ne jamais rien payer d'après les statuts de la chevalerie errante. Aujourd'hui il me crève mes outres, et me perd tout mon vin. Mort de ma vie ! il n'en sera pas quitte à si bon marché qu'il pense ; il me les payera, ou je perdrai le nom que je porte, et je ne serai pas une honnête femme. » Pendant que l'hôtesse exhalait ses plaintes, Maritorne faisait écho ; la fille seule ne disait mot, et on la voyait sourire.

Enfin le curé apaisa tout, en promettant à l'hôte de le défrayer de ses outres et de son vin, sans oublier le loyer de sa queue de vache, dont sa femme avait aussi fait grand bruit. Dorothée, de son côté, consola Sancho, et l'assura que, puisqu'il paraissait avéré que le chevalier son maître avait coupé la tête au géant, elle lui donnerait le meilleur comté de son royaume dès qu'elle s'y verrait rétablie. Sancho, content de cette promesse, lui jura qu'il avait vu tomber la tête en question, à telles enseignes qu'elle avait une barbe qui allait jusqu'à la ceinture ; et que ce qui faisait qu'on ne la trouvait pas, c'est que tout se passait par enchantement dans cette hôtellerie, comme il l'avait lui-même éprouvé d'autres fois. Dorothée repartit qu'elle n'en doutait point, mais qu'il ne se mît en peine de rien, et que tout lui réussirait à bouche que veux-tu.

Au moment où le calme achevait de rentrer dans les esprits, l'hôte, qui était sur le pas de la porte, s'écria : « Voici une bonne troupe de gens : s'ils s'arrêtent ici, la journée ne sera pas perdue. — De quelle espèce sont-ils ? demanda Cardenio. — Ce sont quatre chevaliers, répondit l'hôte, avec le bouclier et la lance, et qui portent chacun un masque noir ; il y a au milieu d'eux une dame à cheval, vêtue de blanc, qui a aussi le visage couvert, et par derrière deux valets de pied. — Et sont-ils près ? dit le curé. — Les voilà qui arrivent, » répondit l'hôte. Dorothée mit aussitôt son masque ; et Cardenio, ne se trouvant pas en état de paraître, entra dans la chambre de don Quichotte. En même temps les chevaliers arrivèrent, et, mettant pied à terre, allèrent descendre cette dame ; l'un d'eux, l'ayant prise entre ses bras, la mit sur une chaise qui se trouvait à l'entrée de la chambre où Cardenio venait de se retirer. Jusque-là personne de la troupe n'avait encore quitté le masque, ni dit aucune parole; cette dame poussa seulement un grand soupir en s'asseyant, laissant aller ses bras comme une personne évanouie; le curé, dont ce déguisement et ce silence excitaient la curiosité, alla trouver les valets à l'écurie, et demanda à l'un d'eux ce qu'étaient ses maîtres. « Dame, seigneur, je serais bien en peine de vous le dire, répondit le valet; il faut pourtant que ce soient des gens de condition, particulièrement celui qui a descendu de cheval cette dame que vous avez vue; les autres lui portent beaucoup de respect : voilà tout ce que j'en sais. — Et la dame, qui est-elle? reprit le curé. — Je n'en sais pas davantage là-dessus, repartit le valet; car dans tout le voyage je n'ai pu entrevoir sa figure. Mais, en revanche, je l'ai bien entendue soupirer et se plaindre; on dirait à tout moment qu'elle va rendre l'âme. Au reste, seigneur, il n'est pas étonnant que nous ne soyons pas mieux instruits : il n'y a que deux jours que nous sommes au service de ces seigneurs, mon camarade et moi; nous les avons rencontrés en chemin, et ils nous ont priés de les suivre jusqu'en Andalousie, en nous promettant de nous bien payer. — N'en avez-vous pas ouï nommer quelqu'un? demanda le curé. — Non vraiment, seigneur, répondit le garçon; ils voyagent comme des chartreux, sans rien dire; et nous n'avons rien entendu depuis que nous les servons, que les soupirs et les plaintes de cette pauvre dame, qui paraît être emmenée malgré elle. Pour moi, à voir son costume, je pense que c'est une religieuse, ou qu'elle va l'être; et c'est peut-être parce qu'elle n'aime pas le couvent qu'elle est si mélancolique. — Cela pourrait bien être, » dit le curé. Et en sortant de l'écurie il alla chercher Dorothée, qui, ayant entendu soupirer cette dame masquée, s'était approchée d'elle pour lui offrir tous les soins qu'on peut attendre d'une femme. Mais, quelques efforts qu'elle fît, elle ne put jamais l'obliger à lui répondre, jusqu'à ce que le cavalier qui l'avait descendue de cheval s'approcha d'elle et dit à Dorothée : « Ne perdez pas votre temps, Madame, à faire des honnêtetés à une personne qui ne sait ce que c'est que la reconnaissance ; et ne la forcez pas de parler, si vous n'avez envie d'entendre dire des mensonges. — Je n'en ai jamais dit, repartit fièrement la dame affligée, et ce n'est que pour avoir été trop sincère que je me trouve réduite au fâcheux état où je suis ; mais je n'en veux point d'autre témoin que vous-même, puisque c'est ma sincérité qui a fait de vous un fourbe et un imposteur.

— Dieu ! quelle voix vient de frapper mon oreille ! » s'écria Cardenio, qui avait entendu bien distinctement tout ce qui venait de se dire très-près de lui. A cette exclamation de Cardenio, la dame, toute troublée et ne voyant pas celui qui parlait, leva la tête et voulut entrer dans la chambre d'où cette voix était partie ; mais elle en fut empêchée par le cavalier qui était auprès d'elle. Dans l'agitation où elle se trouvait, son masque tomba et laissa voir un visage d'une merveilleuse beauté, malgré sa pâleur et son égarement ; car ses regards étaient rapides et mobiles comme ceux d'une personne privée de raison, ce qui émut vivement Dorothée et tous les assistants. Le cavalier, qui appuyait fortement ses deux mains sur les épaules de la dame, était si occupé à la retenir de crainte qu'elle ne se levât, qu'il laissa aussi tomber son masque sans pouvoir y porter la main. En ce moment Dorothée, ayant levé les yeux sur lui, vit que c'était don Fernand, et ne l'eut pas plutôt reconnu qu'elle poussa un grand cri et s'évanouit ; sans le barbier, qui la soutint, elle serait tombée par terre. Le curé s'approcha promptement pour la secourir, et quand il lui eut découvert le visage pour lui jeter de l'eau, don Fernand la reconnut et resta à cette vue comme frappé de mort. Malgré sa surprise, il ne lâcha point Luscinde, qui faisait tous ses efforts pour s'arracher de ses bras, depuis qu'elle avait reconnu la voix de Cardenio. Cardenio, de son côté, ayant entendu le cri de Dorothée, et croyant que c'était Luscinde, qu'il avait déjà reconnue, s'élança hors de sa chambre ; mais son trouble s'accrut quand il vit Luscinde entre les bras de don Fernand, qui lui-même se trouva, non sans effroi, en présence de Cardenio. Tous les quatre restèrent muets et immobiles comme s'ils n'eussent pu se rendre compte de ce qui leur arrivait. Enfin, après qu'ils se furent regardés quelque temps les uns les autres, Luscinde rompit la première le silence, et s'adressant à don Fernand :

« Seigneur don Fernand, lui dit-elle, laissez-moi, je vous en prie : au nom de ce que vous vous devez à vous-même, à défaut d'autre considération, laissez le lierre retourner au mur d'où n'ont pu l'arracher vos instances, vos menaces, vos promesses ni vos libéralités. Voyez comme le Ciel m'a rapprochée par des voies inconnues de mon véritable époux ; vous avez appris, par mille expériences qui nous ont coûté cher, que la mort seule pourrait le bannir de ma mémoire. Que votre amour se change en haine, vos désirs en dédains (si vous êtes inaccessible à d'autres sentiments) ; ôtez-moi la vie devant mon époux bien-aimé, qui saura que je lui ai gardé ma foi jusqu'au dernier soupir. » Dorothée, qui avait repris ses sens, reconnut Luscinde à ces paroles ; voyant que don Fernand ne la laissait pas s'échapper et ne répondait pas non plus à ses prières, elle alla se précipiter à ses pieds, et, versant des torrents de larmes qui l'embellissaient encore, elle lui dit :

« Seigneur, si votre âme est susceptible de pitié, tournez les yeux sur Dorothée, qui se jette à vos genoux ; ne refusez pas d'écouter une personne que vous avez aimée, et que vous rendez aujourd'hui misérable. J'étais heureuse dans la maison de mon père, contente de ma condition et d'une fortune médiocre, sans ambition et sans envie, quand vous vîntes troubler mon repos. Vous vous en souvenez, seigneur, je ne me rendis qu'à l'honneur d'être votre femme, et sur la foi que vous me donnâtes, après avoir pris le Ciel à témoin par des serments que vous ne pouvez violer. Depuis lors, qu'ai-je fait pour me voir abandonnée? Me haïssez-vous parce que je vous ai trop aimé, et m'abandonnez-vous parce que vous m'avez rendue malheureuse? Trahirez-vous tout d'un coup tant d'amour, et, je puis le dire, tant de vertu? Mais enfin vous ne pouvez vous donner à Luscinde, puisque vous êtes à moi; et Luscinde ne saurait être à vous, puisqu'elle est à Cardenio. Rendez-les donc l'un à l'autre, comme un bien sur lequel vous n'avez aucun droit; et rendez-moi don Fernand, que j'ai conquis par des voies légitimes. »

Dorothée prononça ces paroles d'une manière si touchante, et les accompagna de tant de larmes, que tout le monde en fut attendri. Don Fernand l'écouta sans rien dire, jusqu'à ce que, voyant qu'elle recommençait à pleurer et qu'elle s'affligeait de telle sorte qu'elle semblait près de mourir de douleur, il se sentit si vivement touché, que, ne pouvant plus résister au mouvement de son cœur, il s'en alla à elle les bras ouverts, et lui cria : « Vous avez vaincu, belle Dorothée, vous avez vaincu. » Cependant Luscinde, que don Fernand avait quittée lorsqu'elle ne s'y attendait pas, fut sur le point de tomber; mais Cardenio, qui s'était toujours tenu derrière don Fernand, la retint et lui dit : « Belle Luscinde, puisque le Ciel vous rend enfin le repos et la liberté, vous n'en sauriez mieux jouir qu'auprès de celui qui vous a toujours si tendrement aimée. »

Don Fernand, qui avait l'âme véritablement généreuse, acheva de vaincre des sentiments où la passion avait eu jusque-là plus de part que l'honneur : « Levez-vous, Madame, dit-il à Dorothée, je ne saurais souffrir à mes pieds une personne à qui j'ai donné mon cœur avec ma main, et qui fait voir tant de vertu et de dévouement; oubliez les déplaisirs que je vous ai causés et l'injustice que j'ai commise envers vous : mes remords et la beauté de Luscinde me serviront d'excuse; et puisque enfin je trouve en vous tout ce que je pouvais souhaiter, que Luscinde soit heureuse avec Cardenio, je n'y mets plus d'obstacle.

Quant à moi, la belle Dorothée va faire le bonheur de ma vie. » Et don Fernand embrassa sa chère Dorothée, mais avec de si véritables sentiments de tendresse et de repentir, qu'il eut bien de la peine à retenir ses larmes. Cardenio et Luscinde, et tous ceux qui étaient présents, furent tellement sensibles à la joie de ces époux, qu'ils ne purent non plus contenir leur attendrissement. Il n'y eut pas jusqu'à Sancho qui pleura de bon cœur quand il vit pleurer les autres; mais il convint depuis que c'était du regret de voir que Dorothée n'était pas reine de Micomicon, et qu'il se trouvait par là privé des récompenses qu'il en espérait.

CHAPITRE XXV

Où se poursuit l'histoire de la fameuse infante de Micomicona, avec d'autres aventures plaisantes.

Sancho Pança était donc désespéré de voir s'en aller en fumée toutes ses espérances de fortune, depuis que la princesse de Micomicon s'était changée en Dorothée, et le géant Pandafilando en don Fernand; et tandis que ces métamorphoses s'accomplissaient, don Quichotte dormait sur ses deux oreilles, sans s'inquiéter de ce qui se passait. Dorothée regardait ces événements comme un songe; Cardenio et Luscinde doutaient également de leur bonheur. Don Fernand, de son côté, rendait grâces au Ciel de l'avoir tiré d'une passe où sa réputation et son salut pouvaient faire naufrage; enfin tous les habitants de l'hôtellerie éprouvaient un contentement véritable de voir se dénouer heureusement une situation si compliquée et si désespérée à l'apparence. Le curé, en homme sage et adroit, donnait à toute chose un coup d'œil vigilant, et félicitait chacun de la part qu'il avait prise au bien-être général. Mais personne ne témoignait plus de joie que l'hôtesse, à qui Cardenio et le curé avaient promis de payer tous les dommages et intérêts portés au compte de don Quichotte.

Seul, comme on l'a déjà dit, Sancho était malheureux et désolé; il entra, la mine allongée, dans la chambre de don Quichotte, qui venait de s'éveiller : « Votre Grâce, lui dit-il, seigneur de la Triste-Figure, peut bien dormir tout à son aise, sans s'inquiéter de géant à tuer ou de princesse à remettre sur son trône; car tout cela est fait et parfait. — Je n'en saurais douter, dit don Quichotte, car j'ai livré à ce géant le combat le plus terrible et le plus acharné que de ma vie je puisse jamais avoir livré; et d'un seul revers, crac, j'ai fait tomber sa tête, d'où le sang coulait comme une fontaine. — Dites plutôt, seigneur, comme un torrent de vin rouge, dit Sancho; car, pour que vous le sachiez, le géant était une outre que vous avez percée, et le sang qui coulait, six mesures de vin qu'elle avait dans le ventre; quant à la tête coupée, autant en emporte le vent. Et au diable toute l'affaire! — Que dis-tu, fou? as-tu perdu la tête? repartit don Quichotte. — Vous n'avez qu'à vous lever, seigneur, reprit Sancho; vous verrez le beau chef-d'œuvre que vous avez fait, et qu'il ne nous reste plus qu'à payer. Vous verrez aussi la reine changée en une simple bourgeoise nommée Dorothée, et enfin beaucoup d'autres choses qui vous étonneront si vous y entendez goutte.

— Vraiment je n'ai garde de m'en étonner, répliqua don Quichotte; ne te souvient-il plus de ce que je t'ai dit la première fois que nous vînmes ici, que tout s'y passait par enchantement? Pourquoi n'en serait-il pas ainsi aujourd'hui? — Je croirais à tout cela, dit Sancho, si mon bernement était de même nature; mais il a été bien réel et bien véritable; j'ai fort bien vu que l'hôte qui est ici présent tenait un des coins de la couverture, et qu'il me lançait dans l'air de toutes ses forces et en riant aux éclats. Or, dans ma simplicité, je tiens que, quand on reconnaît les gens, il n'y a point d'enchantement; mais bien positivement des coups à gagner et de mauvaises chances à courir. — Eh bien, soit, dit don Quichotte, Dieu y remédiera. En attendant, donne-moi mes habits, que je me lève, et que j'aille voir ces incidents et ces transformations dont tu parles. »

Pendant que don Quichotte s'habillait, le curé instruisait don Fernand et les autres des extravagances du chevalier, et de l'artifice dont il avait voulu se servir pour l'arracher de la Sierra-Morena, où il s'était retiré à cause des prétendus mépris de sa dame. Il leur raconta aussi toutes les aventures que Sancho lui avait apprises, et dont ils rirent tous de bon cœur, sans cesser d'admirer une folie d'un genre si extraordinaire. Après qu'ils s'en furent donné à cœur joie, le curé dit qu'il fallait chercher une nouvelle invention pour obliger don Quichotte à retourner chez lui, puisque le changement de condition de la belle Dorothée empêchait qu'on achevât ce qu'on avait commencé. Cardenio répondit qu'il fallait suivre le même plan, et que Luscinde prendrait la place de Dorothée. Mais don Fernand voulut que Dorothée achevât ce qu'elle avait entrepris, et dit qu'il serait bien aise de contribuer à la guérison du pauvre gentilhomme, puisqu'ils n'étaient pas loin de sa demeure.

Don Fernand parlait encore, quand don Quichotte parut armé de toutes pièces, l'armet de Mambrin en tête, quoique tout fracassé, sa rondache au bras et sa lance à la main. Cette étrange figure surprit extrêmement don Fernand et tous les nouveaux venus; ils considérèrent quelque temps ce visage long d'une aune, sec et basané, le bizarre assemblage de ses armes, et cette contenance fière; et ils attendirent en silence ce qu'il avait à leur dire. Don Quichotte, arrêtant ses yeux sur Dorothée, lui dit d'une voix grave et d'un ton sérieux :

« Madame, je viens d'apprendre par mon écuyer combien Votre Grandeur s'est ravalée, puisque de reine que vous étiez vous n'êtes plus qu'une simple dame. Si cela s'est fait par l'ordre du grand enchanteur le roi votre père, qui a craint que je ne fusse point capable de vous donner tout le secours nécessaire, je n'ai rien à dire, si ce n'est qu'il n'en savait pas long et qu'il était peu versé dans les histoires de chevalerie; car, s'il les eût lues et repassées aussi souvent et avec autant d'attention que je l'ai fait, il aurait vu que quantité de chevaliers de moindre réputation que moi ont mené à fin des entreprises incomparablement plus difficiles. Ce n'est pas un si grand miracle que de venir à bout d'un géant, petit ou grand; il n'y a pas longtemps que je me suis mesuré avec un de ceux-là, et je n'en dis pas davantage, car je ne voudrais pas qu'on m'accusât de mensonge avant que le temps, ce révélateur de toutes choses, ait pris soin de me justifier. — Vous vous êtes mesuré avec deux outres de vin, et non pas avec un géant, » s'écria l'hôte. Il en eût dit bien davantage, si don Fernand ne l'eût fait taire. Don Quichotte poursuivit : « Je dis enfin, très-haute et déshéritée dame, que si c'est pour cette raison que le roi votre père a fait cette métamorphose en votre personne, vous ne devez nullement y ajouter foi, car il n'y a point de danger sur la terre dont je ne vienne à bout avec cette épée; et c'est par elle que, mettant à vos pieds la tête de votre redoutable ennemi, je vous rétablirai dans peu sur le trône de vos ancêtres. »

Don Quichotte se tut pour attendre la réponse de la princesse; et Dorothée, connaissant le désir de don Fernand que cette fiction se prolongeât jusqu'au retour du chevalier dans son manoir, lui répondit avec aisance et d'un air sérieux : « Quiconque vous a dit que je suis transformée, vaillant chevalier de la Triste-Figure, ne vous a assurément pas dit la vérité; car je suis aujourd'hui la même que j'étais hier. Il est bien arrivé quelque heureux changement dans ma fortune; mais cela n'empêche pas que je ne sois ce que vous m'avez vue, et que je n'aie toujours la même envie de me servir de la valeur de votre bras invincible. Ainsi, seigneur chevalier, ayez la bonté de faire réparation à mon père, et ne doutez plus de sa prudence et de ses lumières, puisqu'il a trouvé dans sa science un moyen si facile et si sûr de remédier à mes malheurs ; et en vérité, sans votre rencontre, je ne me serais jamais vue dans l'heureux état où je me trouve : je crois que tel est l'avis de la plupart des personnes ici présentes. Mais enfin ce qui nous reste à faire, c'est que demain nous nous mettions en chemin ; car aujourd'hui il est trop tard, et nous n'avancerions guère ; pour ce qui est de l'événement, je le laisse entre les mains de Dieu, et m'en fie à votre courage. »

Lorsque Dorothée eut fini de parler, don Quichotte se tourna du côté de son écuyer, et, le regardant d'un air courroucé : « Mon petit Sancho, lui dit-il, vous êtes le plus grand bélître et le plus franc maraud qu'il y ait dans toute l'Espagne. Dites-moi un peu, vaurien, vagabond, ne venez-vous pas de me dire tout à l'heure que la princesse n'était plus qu'une simple demoiselle, appelée Dorothée, et que la tête du géant que j'ai coupée s'en était allée à tous les diables, et mille autres sottises qui m'ont rempli de confusion ? Par le Dieu vivant ! je ne sais qui me tient que je ne te mette en tel état que tu serves d'exemple à tous les écuyers menteurs qui auront jamais l'honneur de suivre des chevaliers errants.

— Seigneur, répondit Sancho, que Votre Grâce se calme. Il peut bien se faire que je me sois trompé pour ce qui est du changement de mademoiselle la princesse Micomicona ; mais pour ce qui est de la tête du géant, ou des outres percées, et que le sang n'était que du vin rouge, ah ! par ma foi, je ne me trompe point. Les outres sont encore toutes couvertes de blessures au chevet de votre lit, et le vin rouge qui en est sorti forme un lac dans la chambre ; vous le verrez quand on en viendra au fond, je veux dire quand l'hôte vous demandera le paiement du dégât que vous lui avez fait. Du reste, je me réjouis de toute mon âme de ce que la reine n'a point changé, parce que j'aurai ma part du gâteau. — Eh bien, Sancho, répliqua don Quichotte, mettons que tu n'es qu'une tête sans cervelle; pardonne-moi le reste, et n'en parlons plus.

— C'est assez, comme vous le dites, seigneur chevalier, dit don Fernand; et puisque madame la princesse veut qu'on remette le voyage à demain, parce qu'il est déjà tard, à la bonne heure, ne songeons qu'à passer la nuit à converser agréablement en attendant le jour, et nous accompagnerons tous le seigneur don Quichotte, pour être témoins des grandes et merveilleuses actions qu'il doit faire dans le cours de cette entreprise. – C'est moi qui aurai l'honneur de vous accompagner et de vous servir, répondit don Quichotte; je suis très-reconnaissant envers toute la compagnie de la bonne opinion qu'elle a de moi, et je tâcherai de ne pas la démentir, dût-il m'en coûter la vie, et, s'il se peut, davantage. »

CHAPITRE XXVI

Qui traite de ce qui se passa dans l'hôtellerie, et de beaucoup d'autres choses dignes d'être connues.

Le jour commençait à baisser, la nuit lui succéda. Après le souper, qui fut suivi d'une conversation générale, dans laquelle le chevalier de la Manche étonna tous les convives par son savoir, chacun se retira dans la pièce où il devait passer la nuit. Bientôt tout demeura en repos et en silence dans l'hôtellerie; il n'y eut d'éveillé que la fille de l'hôtesse et Maritorne, qui, connaissant bien la faiblesse de don Quichotte, songèrent à lui jouer quelque tour, pendant que le chevalier, monté sur

Rossinante et armé de pied en cap, faisait sentinelle à la porte de l'hôtellerie.

Il n'y avait dans toute la maison d'autre fenêtre qui regardât sur la campagne qu'une lucarne de grenier, par où l'on jetait la paille pour l'écurie. De cet endroit, les deux donzelles aperçurent don Quichotte immobile sur son coursier et languissamment appuyé sur sa lance, poussant de temps en temps de profonds et douloureux soupirs, comme s'il eût été près de rendre l'âme. « O madame Dulcinée du Toboso! disait-il d'une voix amoureuse et tendre, dernier terme de la beauté, comble de la sagesse, trésor d'agréments et de grâces, dépôt de toutes les vertus, en un mot, parangon de tout ce qu'il y a d'honnête, d'utile et de délectable au monde! que fait Votre Grâce à cette heure? Penseriez-vous par bonheur à ce chevalier captif, qui, de sa seule volonté, et uniquement pour vous servir, s'expose à de si grands périls? O toi, déesse aux trois visages, donne-moi de ses nouvelles. Je m'imagine qu'à l'heure qu'il est, tu la considères avec envie, soit qu'elle se promène dans quelque riche galerie d'un de ses magnifiques palais, soit qu'appuyée sur un balcon doré, elle rêve aux moyens de calmer la tourmente de mon âme, sans préjudice pour son honneur et pour sa dignité; d'accorder un noble prix à mes peines, une trêve à mes soucis, un salaire à mes services, enfin une vie à ma mort. Et toi, Soleil, qui te hâtes sans doute d'atteler tes coursiers pour rendre à ma dame une visite matinale, salue-la de ma part, je t'en prie, dès que tu la verras; mais garde-toi bien de lui donner un baiser en la saluant, car je ne serais pas moins jaloux de toi que tu ne l'as pu l'être de cette légère et ingrate beauté qui te fit suer et courir dans les plaines de la Thessalie, ou sur les rives du Pénée : je ne me souviens pas bien lequel des deux. »

Don Quichotte eût prolongé ce discours pathétique s'il n'avait été interrompu par la fille de l'hôtesse, qui, l'appelant à voix basse, lui dit : « Approchez-vous un peu d'ici, seigneur chevalier, je vous en prie. » A cette voix, le chevalier tourna la tête, et reconnut, à la clarté de la lune, qu'on l'appelait par la lucarne, qu'il prenait pour une fenêtre à treillis d'or, comme en ont tous les fameux châteaux dont il avait l'imagination remplie ; puis il se mit dans l'esprit que c'était la fille du seigneur du château, qui, charmée par son renom et passionnée d'amour, le sollicitait d'apaiser son martyre. Dans cette pensée, ne voulant pas paraître discourtois et ingrat, il s'approcha de la fenêtre, où, voyant les deux jeunes filles : « En vérité, dit-il, ma belle demoiselle, je vous plains d'avoir placé d'aussi tendres sentiments là où il n'est pas possible qu'on y corresponde conformément à votre mérite et à vos charmes ; n'en faites aucun reproche à ce misérable chevalier errant, qui n'est plus maître de sa volonté, et que l'amour tient enchaîné depuis le moment qu'une autre s'est rendue maîtresse absolue de son âme. Mais si vous trouvez en moi quelque autre chose que l'amour qui puisse payer celui que vous me témoignez, demandez-le hardiment ; je jure, par les yeux de cette belle et ardente ennemie, que je vous le donnerai sur l'heure, fût-ce une tresse des cheveux de Méduse, qui n'étaient que couleuvres, ou les rayons mêmes du soleil renfermés dans une fiole. — Ma maîtresse n'a pas besoin de tout cela, seigneur chevalier, répondit Maritorne. — Et que lui faut-il donc, respectable duègne ? reprit don Quichotte. — Donnez-lui seulement une de vos belles mains, dit Maritorne, pour calmer un peu l'ardeur qui la consume et qui l'a amenée en ce lieu, aux risques et périls de son honneur, et à l'insu de son père, qui la hacherait en mille morceaux. — C'est ce que je voudrais voir ! repartit don Quichotte ; mais il s'en gardera bien, s'il n'a envie de faire la plus terrible fin qu'ait jamais faite un père pour avoir porté la main sur les membres délicats de son amoureuse fille. »

Maritorne ne douta point que don Quichotte ne donnât sa main après le serment qu'il avait fait ; pensant aussitôt à ce qu'elle en devait faire, elle alla querir le licou de l'âne de Sancho, et retourna vite sur ses pas, pendant que le courtois chevalier s'était mis tout debout sur la selle de son cheval, pour atteindre jusqu'à la fenêtre où il voyait la demoiselle passionnée. Il tendit la main de bonne grâce, en disant : « Tenez, Madame, voilà cette main que vous me demandez, ou plutôt ce fléau des méchants ; cette main, dis-je, que jamais aucune dame n'a eu l'avantage de toucher, pas même celle qui peut disposer entièrement de ma personne. Je ne vous la donne pas pour que vous la baisiez, mais afin que vous admiriez l'enlacement de ses nerfs, la contexture de ses muscles, la grosseur et la plénitude de ses veines ; et que vous jugiez par là de la force du bras auquel tient une pareille main. — Nous allons bien voir, » dit Maritorne ; et ayant fait un nœud coulant à l'un des bouts du licou, elle le jeta au poignet de don Quichotte, et attacha fortement l'autre bout au verrou de la porte.

Le chevalier sentant la dureté de ce lien : « Il me semble, ma belle demoiselle, dit-il, que vous avez plus d'envie de déchirer ma main que de la caresser : épargnez-la, de grâce ; elle n'a point de part au tourment que je vous fais souffrir. » Don Quichotte perdait tous ces beaux propos, que personne n'écoutait ; car, dès que Maritorne l'eut attaché de telle sorte qu'il ne pût se dégager, les deux espiègles se retirèrent en pouffant de rire. Il demeura donc debout sur son cheval, le bras tout entier dans la lucarne, et fortement attaché par le poignet, mourant de peur que Rossinante ne fît quelque mouvement à droite ou à gauche, quoiqu'il le connût doué d'une patience et d'une longanimité à se tenir tout un siècle en place sans bouger.

Après être ainsi resté quelque temps, voyant que les dames

Il demeura fortement attaché par le poignet, mourant de peur que
Rossinante ne fit quelque mouvement à droite ou à gauche.

n'y étaient plus, il commença à croire qu'il y avait de l'enchantement, comme le jour où il avait été roué de coups dans le même château par le More enchanté, c'est-à-dire par le muletier ; et il maudissait l'imprudence qu'il avait commise en s'exposant une seconde fois, après avoir été si maltraité la première, quoiqu'il sût à n'en pas douter qu'un chevalier errant qui tente une aventure sans en venir à bout ne doit pas renouveler l'épreuve, parce que le succès est réservé à un autre. Il ne cessait de tirer son bras, mais avec précaution, de peur de faire remuer Rossinante ; toutefois son adresse fut inutile, et tous ses efforts ne firent que serrer le nœud davantage, de sorte que le pauvre homme était dans une grande angoisse, contraint de se tenir sur la pointe des pieds, et ne pouvant se mettre en selle sans s'arracher le poignet. Combien de fois souhaita-t-il en cet état la tranchante épée d'Amadis, qui défaisait toutes sortes d'enchantements ! Combien maudit-il sa mauvaise fortune, qui, privant toute la terre du secours de son bras, tant qu'il serait enchanté, le privait aussi lui-même des occasions d'acquérir de la gloire ! Combien de fois invoqua-t-il le nom de Dulcinée du Toboso, et appela-t-il son fidèle écuyer, qui, étendu sur le bât de son âne et enseveli dans le sommeil, ne se souvenait seulement pas alors de la mère qui l'avait mis au monde ! Combien de fois aussi demanda-t-il du secours aux sages Lirgandée et Alquife, et implora-t-il sa chère amie Urgande ! Enfin l'aurore le surprit dans un tel état de confusion et de désespoir, qu'il mugissait comme un taureau ; il était si convaincu de son enchantement, que semblait confirmer l'incroyable tranquillité de Rossinante, qu'il ne douta plus que lui et son cheval ne dussent demeurer quelques siècles de la sorte, sans boire, manger ni dormir, jusqu'à ce que le charme fût fini, ou qu'un plus savant enchanteur vînt le défaire.

A peine le jour commençait à paraître, que quatre cavaliers bien armés, bien équipés et portant l'escopette à l'arçon, arrivèrent à la porte de l'hôtellerie, qui n'était pas encore ouverte, et frappèrent à grands coups. Don Quichotte, qui n'avait pas renoncé à faire sentinelle, leur cria d'une voix haute et arrogante : « Chevaliers ou écuyers, ou qui que vous puissiez être, vous ne devez pas frapper à la porte de ce château ; ne savez-vous pas qu'à l'heure qu'il est ceux qui sont dedans reposent, et qu'on n'a pas coutume d'ouvrir les forteresses avant le lever du soleil ? Retirez-vous, et quand il fera grand jour on verra si l'on peut ou non vous ouvrir. — Eh ! quelle diable de forteresse ou de château y a-t-il donc ici, dit l'un des cavaliers, pour nous obliger à toutes ces cérémonies ? Si vous êtes l'hôte, faites-nous ouvrir promptement ; car nous sommes pressés, et nous ne voulons que faire donner l'avoine à nos chevaux pour suivre notre chemin. — Chevaliers, repartit don Quichotte, est-ce que par hasard j'aurais la mine d'un aubergiste ? — Je ne sais de quoi vous avez la mine, répondit l'autre ; mais je sais bien que vous rêvez d'appeler ceci un château. — C'en est un, répliqua don Quichotte, et des meilleurs de toute la province ; et il y a dedans telle personne qui s'est vu le sceptre en main et la couronne sur la tête. — Dites donc le sceptre sur la tête et la couronne en main. Les gens dont vous parlez sont sans doute des rois de théâtre ; car, dans un endroit de si piètre apparence, je ne soupçonne pas d'autres têtes couronnées. — Vous savez bien peu des choses de ce monde, repartit don Quichotte, puisque vous ignorez les merveilles de la chevalerie errante. »

Les compagnons du questionneur, fatigués de la conversation qui se prolongeait entre celui-ci et don Quichotte, recommencèrent à frapper avec une telle force qu'ils éveillèrent tout le monde, et que l'hôte alla voir qui était à la porte. Il arriva en même temps que la jument d'un des cavaliers s'en vint flairer Rossinante, qui, tout triste et les oreilles basses, soutenait sans se remuer le corps allongé de son maître ; le cheval, qui n'était pas de bois autant qu'il le paraissait, voulut répondre aux avances de la jument; mais il ne se fut pas plutôt remué, que les deux pieds glissèrent à don Quichotte ; et il serait tombé lourdement à terre, s'il n'avait été solidement attaché par le bras. Le pauvre chevalier ressentit une telle douleur de cette secousse, qu'il crut qu'on lui arrachait le poignet; la violence du coup et le poids de son corps lui firent presque toucher la terre, et ce fut pour lui un nouveau genre de supplice; car, se sentant si voisin du sol, il faisait de grands efforts pour prendre pied, comme ceux qui subissent l'estrapade et qui accroissent leur souffrance en s'allongeant vainement pour atteindre le point d'appui.

CHAPITRE XXVII

Où se poursuivent les étranges événements de l'hôtellerie, et où l'on achève d'éclaircir le doute sur l'armet de Mambrin et sur le bât de l'âne, avec d'autres aventures non moins véritables.

Aux cris que fit don Quichotte, l'hôte, tout effrayé, ouvrit promptement la porte, et, suivi des cavaliers qu'il y trouva, alla voir ce que cela pouvait être. Maritorne, éveillée par les mêmes cris, et n'ayant pas de peine à deviner ce que c'était, courut au grenier, et, ayant détaché le licou, rendit la liberté au chevalier, qui tomba à terre à la vue des cavaliers et de l'hôte. Ceux-ci lui demandèrent ce qu'il avait à crier de la sorte ; mais lui, se relevant prestement sans rien dire, sauta sur Rossinante, embrassa son écu, mit la lance en arrêt, et, prenant du champ, revint au petit galop en s'écriant : « Quiconque dit que j'ai été justement enchanté ment par la gorge, et je lui en donne le démenti ! et si madame la princesse de Micomicon veut

me le permettre, je le défie et l'appelle en combat singulier. »
Les voyageurs restèrent ébahis en entendant les paroles de don
Quichotte; mais l'hôte leur ayant appris quel était le personnage, ils ne s'y arrêtèrent pas plus longtemps.

Il faisait déjà grand jour, et la rumeur qu'avait occasionnée
don Quichotte avait mis sur pied tous les habitants de l'hôtellerie. Il avint en ce moment que deux hommes qui y avaient
passé la nuit, voyant tous les gens de la maison préoccupés par
la confusion qui y régnait, voulurent s'en aller sans payer;
mais l'hôte, qui pensait plus à son compte qu'aux affaires d'autrui, les arrêta sur le pas de la porte et leur demanda le payement de leur dépense, et cela avec un tel accompagnement
d'injures, que les autres lui répondirent à coups de poing, et ils
le chargèrent finalement de telle sorte que le pauvre homme fut
contraint de crier au secours. L'hôtesse et sa fille accoururent;
reconnaissant qu'elles ne pouvaient rien faire, la fille, qui en
passant avait remarqué que don Quichotte était dans l'inaction
et en état de donner de l'aide, revint sur ses pas, et lui dit:
« Seigneur chevalier, je vous en supplie par la valeur que Dieu
a mise en vous, venez secourir mon père, que deux méchants
hommes battent comme plâtre. — Belle demoiselle, répondit
don Quichotte gravement et sans s'émouvoir, il m'est impossible de faire droit présentement à votre requête, parce que j'ai
donné ma parole de n'entreprendre aucune aventure que je n'en
aie achevé une autre à laquelle je me suis engagé. Voici ce que
je puis faire pour votre service, et le conseil que j'ai à vous
donner : courez promptement dire à votre père qu'il se ménage
et s'entretienne dans le combat le mieux qu'il pourra, sans se
laisser vaincre; pendant ce temps-là j'irai demander à la princesse de Micomicon une licence pour lui venir en aide, et soyez
assurée, si je l'obtiens, qu'il sortira de ce mauvais pas. — Merci
de ma vie! s'écria Maritorne qui était présente, avant que Votre
Seigneurie ait la permission que vous dites, mon maître ne

sera-t-il pas dans l'autre monde? — Que j'obtienne cette permission, Madame, répartit don Quichotte, et quand une fois je l'aurai, peu importe qu'il soit dans l'autre monde, je l'en arracherai en dépit de celui-ci, ou du moins je tirerai telle vengeance de ceux qui l'y auront envoyé, que vous ne serez pas à demi satisfaite. »

Sans ajouter un mot, il alla se jeter à genoux devant Dorothée, et, avec les termes les plus exquis de la chevalerie errante, il supplia très-humblement Sa Grandeur de lui permettre d'aller secourir le seigneur du château, qui se trouvait dans un pressant danger. La princesse lui en donna la permission, et le valeureux chevalier, mettant l'épée à la main et embrassant son écu, courut promptement à la porte de l'hôtellerie, où le combat s'échauffait toujours aux dépens de l'hôte; mais en arrivant il s'arrêta tout d'un coup et demeura comme immobile, quoique Maritorne et l'hôtesse le harcelassent en lui demandant ce qui l'empêchait de secourir leur maître et mari. « Ce qui m'en empêche, dit don Quichotte, c'est qu'il ne m'est pas permis de tirer l'épée contre des écuyers; appelez Sancho Pança, qui est le mien, c'est à lui qu'appartient une pareille vengeance. » Voilà ce qui se passait à la porte de l'hôtellerie, où les gourmades tombaient dru et menu sur la tête de l'hôte, pendant que Maritorne, l'hôtesse et sa fille enrageaient de la froideur de don Quichotte et lui reprochaient sa poltronnerie.

Toutefois ce démêlé eut un terme; et par des moyens persuasifs, plutôt que par des menaces, don Quichotte amena les deux étrangers à payer leur dépense. Tout commençait donc à se pacifier, quand le diable, qui ne dort jamais, fit entrer dans l'hôtellerie le barbier à qui don Quichotte avait ôté l'armet de Mambrin, et Sancho Pança le harnais de son âne à titre d'échange. Le barbier menait son âne à l'écurie, et, ayant d'abord reconnu Sancho qui accommodait le bât du sien, il l'entreprit vigoureusement : « Ah! don larron, dit-il en se jetant sur lui, je vous tiens enfin, et il faut me rendre sur l'heure mon bassin, mon bât et tout l'équipage que vous m'avez volé. » Sancho, qui se vit ainsi attaqué à l'improviste, et qui s'entendit apostropher si vivement, saisit d'une main le bât que lui disputait le barbier, et de l'autre lui donna une telle gourmade qu'il lui mit les mâchoires tout en sang. Le barbier ne lâchait point prise pour si peu ; mais il se mit à crier de telle sorte, que tous ceux qui étaient dans l'hôtellerie accoururent au bruit. « Justice, au nom du roi ! disait-il ; ce voleur de grands chemins veut m'assassiner, parce que je reprends ce qu'il m'a volé. — Tu en as menti, répliqua Sancho, je ne suis point un voleur de grand chemin, et c'est de bonne guerre que mon seigneur don Quichotte a gagné ces dépouilles. »

Don Quichotte était témoin de la valeur de Sancho, et il éprouvait une joie indicible en voyant avec quelle vigueur le bon écuyer savait attaquer et se défendre ; il le tint toujours depuis pour un homme de courage, et résolut de l'armer chevalier à la première occasion, ne doutant point que l'ordre n'en tirât avantage. Le barbier se défendait bien plus de la langue qu'à coups de poing, et disait, entre autres choses : « Seigneurs, ce bât est à moi comme ma vie est à Dieu, et je le reconnais comme si je l'avais mis au monde. Si cela est faux, mon âne est là pour me démentir ; qu'on le lui essaie, et s'il ne lui va pas comme de cire, que je passe pour un infâme. Mais ce n'est pas tout ; car, le même jour qu'il me fut volé, on me prit encore un bassin de cuivre tout neuf, qui n'avait jamais servi, et qui valait un bon écu. » En cet endroit don Quichotte prit la parole, et, se mettant entre les deux combattants, il posa le bât à terre, afin qu'il fût vu de tout le monde et que la vérité fût clairement reconnue.

« Seigneurs, dit-il, il faut que vous voyez vous-mêmes, à n'en pas douter, l'erreur de ce bon écuyer, qui appelle un bassin ce qui a été, est et sera toujours l'armet de Mambrin ;

je le lui ai enlevé de bonne guerre, et je le tiens en juste et légitime possession. Pour ce qui est du bât prétendu, je ne m'en mêle point ; tout ce que j'ai à vous dire là-dessus, c'est qu'après que j'eus vaincu ce poltron, Sancho mon écuyer me demanda permission de prendre le harnais de son cheval pour le mettre sur le sien ; je le lui permis, et il s'en accommoda. Comment ce harnais s'est changé en bât, c'est ce que j'ignore ; mais ces sortes de transformations se voient fort communément dans la chevalerie errante. Et pour confirmer ce que j'avance, Sancho, mon enfant, va querir l'armet que ce pauvre homme appelle un bassin. — En bonne foi, seigneur, dit Sancho, si nous n'avons pas de meilleure preuve, nous pourrions bien perdre notre procès ; l'armet de Mambrin est aussi bien un bassin que le harnais de ce bonhomme est un bât. — Fais seulement ce que je t'ordonne, repartit don Quichotte ; il n'est pas croyable que tout ce qui se fait dans ce château soit toujours conduit par enchantement. »

Sancho alla querir le bassin, et don Quichotte le prenant : « Voyez, dit-il, seigneurs, comment il est possible que cet écuyer ose soutenir que ce n'est pas là un armet. Je jure, par l'ordre de chevalerie dont je fais profession, que c'est le même que je lui ai ôté, sans y avoir ajouté ni retranché la moindre chose. — Oui, sur l'honneur, ajouta Sancho, et depuis que mon maître l'a en sa possession, il ne l'a porté qu'en une seule bataille, lorsqu'il délivra ces misérables forçats ; et, en bonne foi, bien lui prit d'avoir ce bassin-armet, car il lui garantit le chef de bien des coups de pierres en cette rencontre. — Eh bien ! seigneurs, s'écria le barbier, que vous semble de ces honnêtes gens, qui ont l'effronterie de soutenir que c'est là un armet et non pas un bassin ! — A qui osera dire le contraire, dit don Quichotte, je ferai bien voir qu'il ment, s'il est chevalier, et, s'il n'est qu'écuyer, qu'il a menti et rementi mille fois. »

Maître Nicolas, qui était là présent, voulut appuyer la folie de don Quichotte et pousser le jeu plus loin pour divertir la compagnie ; s'adressant donc à son confrère : « Seigneur barbier, lui dit-il, ou qui que vous soyez, savez-vous bien que nous sommes de même métier, vous et moi ; qu'il y a plus de vingt ans que j'ai mon diplôme d'examen, et que je connais fort bien tous les instruments qui servent à barbifier, depuis le premier jusqu'au dernier? De plus, j'ai été soldat dans ma jeunesse, et l'on ne m'apprendra pas ce que c'est qu'un armet, un morion, une salade, ni rien de ce qui concerne le service et les armes de guerre ; et je dis, sauf meilleur avis et tout disposé à m'y rendre, que cette pièce qui est entre les mains du seigneur chevalier n'est pas plus un bassin que le blanc n'est le noir ; je dis que c'est un armet, incomplet à la vérité. — Oui certes, répondit don Quichotte ; car il manque la mentonnière. — Est-ce que quelqu'un en doute? » dit le curé, qui comprenait l'intention de maître Nicolas. Cardenio, don Fernand et tous les assistants confirmèrent cette opinion.

« Miséricorde ! dit le barbier persiflé, est-il possible que tant d'honnêtes gens s'accordent à déclarer que c'est un armet, et non pas un bassin ! En vérité, il y aurait de quoi dérouter la science de la première université du monde ; et puisque le bassin est un armet, le bât pourra bien aussi être un harnais de cheval, comme ce seigneur vient de le dire. — Pour moi, dit don Quichotte, il me semble que c'est un bât ; mais je vous ai déjà dit que ce n'était pas mon affaire. — Seigneur don Quichotte, dit le curé, c'est à vous de décider cette question ; car, en matière de chevalerie, ces seigneurs et moi nous vous cédons le pas. — Pardieu, messeigneurs, repartit don Quichotte, il m'est arrivé dans ce château, les deux fois que j'y ai logé, tant et de si étranges aventures, que je n'oserais rien affirmer de quoi que ce soit qui s'y rencontre ; car je m'imagine que tout s'y fait par enchantement. La première fois que j'y vins, je fus harcelé par un More enchanté, et Sancho ne fut pas mieux traité par les gens de sa suite. Hier au soir, je suis resté près de deux heures suspendu par un bras, sans avoir pu deviner d'où me venait cette disgrâce. Vouloir me prononcer sur des faits aussi confus, ce serait porter un jugement téméraire. J'ai déjà dit mon sentiment pour ce qui est de l'armet; mais je ne me hasarderai point à décider si c'est là un bât d'âne ou un harnais de cheval; c'est un soin que je laisse à Vos Seigneuries. Peut-être que, pour n'être pas armés chevaliers comme moi, les enchantements ne pourront rien sur vous, et que vous jugerez plus sainement de tout ce qui se passe en ce château. — Le seigneur don Quichotte a raison, dit alors don Fernand, c'est à nous de régler la contestation; et, pour y procéder avec ordre et dans les formes, je vais prendre le sentiment de chacun de ces seigneurs, et je donnerai pleine et entière connaissance du résultat. » Tout ceci était un grand sujet de divertissement pour ceux qui connaissaient l'humeur de don Quichotte; mais les autres le prenaient pour une grande folie, notamment un jeune seigneur, nommé don Louis, récemment arrivé dans l'hôtellerie, et trois autres nouveaux venus qui avaient la mine d'archers, comme ils l'étaient en effet.

Le barbier se désespérait de voir son bassin se changer en armet, et il ne doutait pas que le bât de son âne n'eût bientôt une fortune pareille. Tous les autres riaient de voir don Fernand qui parlait à l'oreille de chacun des assistants et semblait recueillir sérieusement les voix. Après qu'il eut pris le vote de tous ceux qui connaissaient don Quichotte, il dit tout haut en s'adressant au barbier : « Mon brave homme, je suis las de demander tant de fois la même chose, et de voir que tous me répondent que c'est folie de les consulter pour savoir si c'est là un bât d'âne, tandis que c'est une selle de cheval, et de cheval fin; car, en dépit de votre âne et de vous, c'est une selle, et votre allégation est complétement dénuée de preuves. — Que le paradis me soit à jamais fermé, dit le pauvre barbier, si vous ne vous trompez tous tant que vous êtes ; et puisse paraître mon âme devant Dieu, comme cela me paraît un bât! mais ainsi vont les lois... Je n'en dis pas davantage; quoique, après tout, je ne sois pas ivre, et que je me trouve encore à jeun, si ce n'est de pécher. » Les naïvetés que débitait le barbier ne prêtaient pas moins à rire que les folies de don Quichotte, qui dit pour conclure : « Il ne reste donc plus rien à faire, sinon que chacun prenne son bien. »

Là-dessus un des valets de don Louis voulut se mêler de donner son avis. « Si ce n'est là, dit-il, une plaisanterie concertée, je ne puis me persuader que des hommes de jugement sain, comme semblent l'être toutes les personnes ici présentes, osent nier que ceci est un bassin et cela un bât. Ce n'est assurément pas sans mystère que l'on conteste une chose aussi évidente; mais, par les cornes du diable, je défie le monde entier de m'empêcher de croire que voilà un bassin de barbier, et que voici un bât d'âne. — Ne jurez pas, dit le curé ; ce pourrait bien être celui d'une ânesse. — Comme vous voudrez, repartit l'autre; mais enfin c'est toujours un bât. »

Un des archers qui venaient d'entrer avait entendu la fin de la contestation; il s'écria d'un ton courroucé : « Parbleu ! c'est un bât comme je suis un homme, et quiconque dit le contraire est soûl comme le vin. — Tu en as menti, veillaque et manant que tu es! » répondit don Quichotte. Et, haussant en même temps la lance qu'il ne quittait jamais, il allait lui en décharger sur la tête un tel coup, que si l'archer ne se fût détourné, il tombait étendu par terre. La lance fut mise en pièces, et les autres archers, qui virent maltraiter leur compagnon, commencèrent à faire grand bruit, demandant main-forte pour la Sainte-Hermandad. A cette parole, l'hôte, qui était de la confrérie, rentra vite dans la maison, et, revenant aussitôt avec sa verge et son épée, se rangea du côté des archers; les gens de don Louis, chargés de veiller sur lui, l'entourèrent; et le barbier voulut profiter du trouble général pour ressaisir son bât, que Sancho ne perdait point de vue.

Cependant don Quichotte mit l'épée à la main et attaqua vigoureusement les archers; don Louis criait à ses gens de le laisser et d'aller au secours de don Quichotte, de don Fernand et de Cardenio, qui s'étaient mis de la partie; le curé parlait à haute voix, l'hôtesse criait, sa fille pleurait, Maritorne enrageait, Dorothée était interdite, Luscinde effrayée; un auditeur, nouveau venu dans l'hôtellerie, était stupéfait, et sa jeune fille, donna Clara, à demi évanouie. Le barbier gourmait Sancho, et Sancho le rouait de coups; d'un autre côté, don Louis, se voyant saisi par un des valets, lui donna un si grand coup de poing dans les dents, qu'il le mit tout en sang et lui fit lâcher prise. L'auditeur courait au secours de don Louis; don Fernand tenait sous lui un archer et le foulait aux pieds; et Cardenio frappait tantôt sur l'un, tantôt sur l'autre, pendant que l'hôte ne cessait de crier au secours de la Sainte-Hermandad : de telle sorte que dans toute l'hôtellerie ce n'étaient que rumeur, épouvante, cris, pleurs, hurlements, gourmades, horions, coups d'épée, coups de poing, coups de pied, coups de bâton, contusions et force sang répandu.

Au milieu de ce chaos, de cette mêlée générale, don Quichotte s'imagina subitement qu'il assistait à la discorde du camp d'Agramant; et, d'une voix qui ébranla toute l'hôtellerie, il s'écria : « Arrêtez ! remettez tous l'épée au fourreau ! et que chacun m'écoute s'il tient à la vie! » Tous s'arrêtèrent à la voix de don Quichotte, qui continua ainsi : « Ne vous ai-je pas dit, seigneurs, que ce château était enchanté, et que quelque légion de diables en faisait sa demeure? Pour confirmer ce que je vous dis, je veux que vous voyiez de vos propres yeux ce qui se passe ici, et comment s'est introduite parmi nous la discorde du camp d'Agramant. Ici l'on combat pour l'épée, là pour le cheval, d'un côté pour l'aigle, d'un autre pour l'armet; enfin nous nous battons tous sans savoir pourquoi. Approchez, seigneur auditeur ; et vous aussi, seigneur curé : que l'un de vous représente le roi Agramant, et l'autre le roi Sobrin, et tâchez de nous mettre tous en paix ; car, au nom de Dieu, c'est une chose trop honteuse que tant de gens de qualité que nous sommes ici s'entretuent sous des prétextes si futiles. »

Les archers, qui n'entendaient rien aux phrases de don Quichotte, et que Cardenio, don Fernand et leurs compagnons avaient rudement étrillés, ne voulaient point cesser le combat. Pour le pauvre barbier, il ne demandait pas mieux ; car son bât était brisé, et à peine lui restait-il un poil de la barbe. Sancho s'était arrêté dès qu'il avait entendu la voix de son maître ; les valets de don Louis se tinrent tranquilles, voyant qu'ils ne gagneraient rien à ne pas le faire ; l'hôte seul s'opiniâtrait à vouloir faire châtier ce fou, qui à tout moment mettait la division et le trouble dans sa maison.

Enfin les querelles s'apaisèrent, ou du moins il y eut suspension d'armes ; le bât demeura harnais, le bassin armet, et l'hôtellerie château dans l'imagination de don Quichotte. C'est ainsi que l'autorité d'Agramant et la prudence du roi Sobrin mirent fin à tous les discords ; c'est-à-dire que, grâce aux soins de l'auditeur et du curé, tous redevinrent amis, ou du moins en firent semblant. Mais l'irréconciliable ennemi de la paix ne put se résigner à être joué de cette façon, et à se voir enlever le fruit qu'il comptait recueillir de cette confusion générale ; il résolut de tenter un nouvel effort et de ranimer les débats.

Les archers, voyant que ceux à qui ils avaient affaire étaient gens de qualité, et qu'il n'y avait là que des coups à gagner, se retirèrent doucement de la mêlée. Mais l'un d'eux, celui qui avait été si malmené par don Fernand, se souvint que parmi les mandats qu'il avait à exécuter contre quelques délinquants, il s'en trouvait un contre don Quichotte, que la Sainte-Hermandad ordonnait d'appréhender au corps, pour avoir mis en liberté des forçats qu'on menait aux galères, ordre que Sancho redoutait, non sans raison. Il voulut vérifier si le signalement de ce don Quichotte ne s'appliquait pas à l'homme qu'il avait devant les yeux. Il tira donc un parchemin de sa poche, et tout en l'épelant, parce qu'il ne savait pas trop bien lire, à chaque mot il jetait les yeux sur don Quichotte, et confrontait les traits de son visage avec les termes du mandat. Il reconnut enfin que c'était bien là l'homme qu'il cherchait ; et il n'en fut pas plutôt assuré, que, tenant son parchemin de la main gauche, il porta l'autre au collet de don Quichotte, et le saisit jusqu'à lui ôter la respiration, en même temps qu'il criait : « Main-forte à la Sainte-Hermandad ! et, afin que personne ne prétende cette fois cause d'ignorance, voilà le mandat qui ordonne de mettre la main sur ce voleur de grands chemins. »

Le curé prit le parchemin, et reconnut que l'archer disait vrai; mais le chevalier, qui se vit traiter ainsi par ce manant, entra dans une si furieuse colère, que les os lui craquaient par tout le corps; il saisit comme il put l'archer à la gorge avec ses deux mains, et il l'aurait étranglé plutôt que de lâcher prise, si ses compagnons ne l'eussent secouru. L'hôte fut obligé de venir en aide à ses confrères; et l'hôtesse, qui vit son mari encore une fois jeté dans la bagarre, recommença à crier de plus belle, pendant que sa fille et Maritorne, enchérissant sur le ton, imploraient la faveur du Ciel et de tous ceux qui se trouvaient là.

« Vive Dieu ! s'écria Sancho en voyant ce nouveau désordre, mon maître a raison de dire que ce château est enchanté; tous les diables y sont déchaînés, et il n'y a pas moyen d'y vivre une heure en repos. » Don Fernand sépara don Quichotte et l'archer, au grand soulagement de tous les deux, qui s'étranglaient réciproquement. Toutefois l'escouade des archers ne laissait pas de demander son prisonnier; ils criaient qu'on les aidât à le garrotter, et qu'on le remît entre leurs mains; qu'il y allait du service du roi et de la Sainte-Hermandad, au nom de qui ils demandaient instamment secours et assistance pour s'assurer de ce brigand, de ce détrousseur de passants.

Don Quichotte souriait à ces propos, et leur dit sans emportemen : « Venez donc, gens mal nés et mal-appris; appelez-vous détrousseur de passants celui qui brise les chaînes et ouvre les prisons, relève ceux qui sont à terre, secourt les malheureux et protége les opprimés ? Race infâme, indigne par la bassesse de votre entendement que le Ciel vous communique le courage qu'enferme en soi la chevalerie errante, et qu'il vous tire de l'erreur et de l'ignorance où vous êtes en refusant votre hommage non-seulement à la présence, mais encore à l'ombre de tout chevalier errant! Venez, escouade de larrons et non d'archers, voleurs de grands chemins brevetés de la Sainte-Hermandad; dites-moi, je vous prie, quel est l'ignorant qui a pu signer un mandat d'arrêt contre un chevalier comme moi, et qui ne sait pas que les chevaliers errants ne sont gibier de justice, qu'ils ne connaissent d'autre loi que leur épée, d'autres décrets que leurs exploits, d'autre code que leur volonté? Quel est l'impertinent, je le répète, qui en est encore à apprendre que nul titre de noblesse ne confère les priviléges et les immunités qu'obtient un chevalier errant, le jour où il se fait armer et où il se dévoue à cet illustre et pénible exercice? Quel chevalier errant a jamais payé taille, gabelle, aides, impôts, ceinture de la reine, monnaie foraine, octrois ou péage? Quel tailleur lui a jamais demandé la façon d'un habit? Quel châtelain lui a jamais refusé l'entrée de son château, ou fait payer aucune dépense? Où est le roi qui ne l'a pas reçu à sa table, et la dame qui n'a pas été charmée de son mérite? Enfin y a-t-il jamais eu et verra-t-on jamais un chevalier errant assez dépourvu de cœur pour ne pas administrer lui seul quatre cents coups de bâton à quatre cents archers qui prétendraient lui résister? »

CHAPITRE XXVIII

De la remarquable aventure des archers, et de la grande colère de notre bon chevalier don Quichotte.

PENDANT que don Quichotte parlait de la sorte, le curé cherchait à convaincre les archers que cet homme avait perdu l'esprit, comme ils pouvaient en juger eux-mêmes par ses actions et par ses paroles, et qu'il était inutile de pousser plus loin les choses, parce que, quand ils l'auraient pris et emmené, ils le relâcheraient aussitôt comme fou. Le porteur du mandat répondait qu'il ne lui appartenait point de prononcer sur la folie du personnage, mais seulement d'exécuter les ordres supérieurs, et que, quand il aurait arrêté don Quichotte, on pourrait ensuite le relâcher trois cents fois pour une. « Vous ne l'emmènerez pourtant pas cette fois, dit le curé; je vois bien qu'il n'est pas d'humeur à y consentir. » En effet, le curé sut si bien dire, et don Quichotte fit tant d'extravagances, que les archers eussent été plus fous que lui s'ils n'eussent pas vu qu'il avait perdu le sens. Ils se calmèrent donc par force, et même ils intervinrent auprès du barbier et de Sancho, qui se regardaient toujours de travers et mouraient d'envie de recommencer. Comme membres de la justice, ils se constituèrent arbitres dans cette affaire, qui s'arrangea à la satisfaction, sinon complète, au moins relative, des parties : les bâts furent échangés, mais non les licous ni les sangles; et pour ce qui regardait l'armet de Mambrin, le curé donna sous main, et sans que don Quichotte s'en aperçût, huit réaux au barbier, qui en fournit quittance, se déclarant bien et dûment désintéressé.

L'hôte, dont l'œil clairvoyant avait bien aperçu ce qui s'était passé entre le curé et le barbier, voulut à son tour se faire indemniser de ses outres percées, du vin répandu, et enfin de l'écot de don Quichotte; il jura qu'il ne laisserait sortir ni Rossinante, ni l'âne de Sancho, s'il n'était payé jusqu'au dernier maravédis. Le curé régla encore ce compte, et don Fernand paya, quoique l'auditeur s'offrît de fort bonne grâce à le faire. Ainsi se rétablit la paix générale; et à la discorde du camp d'Agramant on vit succéder, suivant l'expression de don Quichotte, l'ère calme et paisible du règne d'Auguste. Tout le

monde demeura d'accord dans l'hôtellerie que ce résultat était
dû à la prudence du curé et à la libéralité de don Fernand.

Don Quichotte, se voyant libre et débarrassé de toute querelle, tant des siennes que de celles de son écuyer, crut qu'il
était à propos de continuer son voyage et d'achever cette grande
aventure pour laquelle on l'avait choisi. Dans cette pensée, il
alla se jeter à genoux devant Dorothée, qui ne voulut point
consentir à ce qu'il lui parlât dans cette position ; il se releva
donc, et lui dit : « Suivant un proverbe très-sensé, belle et illustre dame, la diligence est mère de la bonne fortune. L'expérience a fait voir en des rencontres importantes que la vigilance
mène à bonne fin des affaires difficiles ; mais cette vérité n'est
nulle part plus évidente qu'à la guerre, où la promptitude à
prévenir les desseins de l'ennemi nous en fait quelquefois
triompher avant qu'il se soit mis en défense. Si je vous dis
cela, très-haute et très-digne princesse, c'est qu'il me semble
que non-seulement un plus long séjour dans ce château est
désormais inutile, mais qu'il pourrait même nous devenir
funeste et nous causer des regrets. Qui sait si le géant notre
ennemi n'aura pas appris par des espions habiles et diligents
que je suis à la veille d'aller l'exterminer, et si, se prévalant
du temps que nous perdons, il ne se sera point enfermé dans
quelque forteresse inexpugnable, contre laquelle la vaillance de
mon bras et toutes mes attaques seraient impuissantes ? Prévenons donc, comme je l'ai dit, ses desseins par notre diligence,
et partons, s'il vous plaît, Madame ; car l'accomplissement de
vos vœux ne tient qu'à ce que je puisse me trouver en présence
de votre adversaire. »

Don Quichotte se tut, et attendit gravement la réponse de la
belle infante, qui, avec une contenance imposante et un langage accommodé au style du chevalier, lui répondit de cette
façon : « Je vous rends grâces, seigneur chevalier, du désir
que vous faites paraître de me soulager dans ma détresse,

comme un brave chevalier, auquel il appartient de secourir les orphelins et les affligés ; Dieu veuille que vos souhaits et les miens réussissent, afin que je vous prouve qu'il y a au monde des femmes reconnaissantes. Pour ce qui est de mon départ, je n'ai point d'autre volonté que la vôtre ; disposez donc de moi comme il vous plaira : celle qui a mis entre vos mains ses intérêts et la défense de sa personne, a bien fait voir sa confiance absolue dans votre prudence. — Allons à la garde de Dieu, reprit don Quichotte ; puisqu'une si grande princesse ne craint pas de s'abaisser devant moi, ne perdons point l'occasion de la relever, et rétablissons-la promptement sur son trône héréditaire. Partons donc sur-le-champ ; car je me sens stimulé par le désir et par la distance, et, comme on dit, dans le retard est le péril. Ainsi, puisque le Ciel n'a jamais rien créé, ni l'enfer rien produit, qui puisse m'épouvanter, selle Rossinante, Sancho ; prépare ton grison et le palefroi de la reine ; prenons congé du châtelain et des seigneurs ici présents, et mettons-nous en route en toute hâte.

— Ah ! seigneur, dit Sancho en hochant la tête, il y a bien plus de mal au village qu'on ne pense, soit dit sans offenser personne. — Et quel mal, vilain, peut-il y avoir en aucun village ou en aucune ville du monde qui tourne au préjudice de mon honneur ? — Si vous vous fâchez, seigneur, repartit Sancho, je me coudrai la bouche, et vous ne saurez point ce que j'aurais à vous dire, étant votre écuyer, et ce que tout fidèle serviteur doit dire à son maître. — Dis tout ce que tu voudras, répliqua don Quichotte, pourvu que tes paroles ne tendent point à m'effrayer ; si tu as peur, fais comme tu l'entendras ; pour moi, qui suis sans crainte, j'agirai en conséquence. — Eh ! ce n'est rien de tout cela, dit Sancho ; ce qu'il y a et ce que je tiens pour certain, c'est que cette dame qui se dit reine du grand royaume de Micomicon, ma foi, l'est tout autant que ma défunte mère ; et si elle était ce qu'elle dit, elle n'irait pas à chaque minute et à tout bout de champ chuchoter, pour ne rien dire de plus, avec quelqu'un de la compagnie. »

Dorothée rougit des paroles de Sancho, parce qu'il était vrai que son époux don Fernand prenait quelquefois à la dérobée quelques gages de la tendresse de sa femme et des récompenses de la sienne; Sancho, qui s'en était aperçu, ignorant les droits de don Fernand, ne trouvait pas ce procédé très-digne d'une grande princesse. Dorothée, un peu confuse, ne sut donc que répondre, ou ne voulut pas le faire. Et Sancho, continuant son discours : « Je vous dis cela, seigneur, ajouta-t-il, parce que, quand nous aurons erré par monts et par vaux, passant de mauvaises nuits et de pires journées, s'il faut qu'un pilier de taverne vienne recueillir le fruit de nos travaux, je n'ai que faire de me presser de seller Rossinante et le palefroi de la reine, ni vous de battre le buisson pour qu'un autre attrape les oiseaux. Mieux vaut que nous demeurions en repos, que chaque commère file sa quenouille, et que nous nous en allions du côté de la soupe. »

Bonté divine! de quel courroux effroyable fut saisi don Quichotte, quand il entendit les paroles incongrues de son écuyer ! Tel était son état, que, lançant des éclairs par les yeux, il s'écria d'une voix altérée par la fureur : « O vilain, rustre mal-appris, impertinent bavard, ignorant mal embouché, médisant et calomniateur effronté, est-ce bien en ma présence, et devant ces illustres dames, que tu as osé tenir un pareil langage, et loger dans ton imagination déréglée d'aussi impudentes malhonnêtetés! Délivre-moi de ta vue, monstre de nature, cloaque de mensonges, réservoir de fourberies, arsenal de malices, inventeur de méchancetés, colporteur de sottises, contempteur du respect qu'on doit aux personnes royales; va-t'en, et ne parais jamais devant moi, sous peine de ma colère. » En disant cela, il fronçait les sourcils, s'enflait les naseaux et les joues, roulait de tous côtés des yeux menaçants et frappait du pied la terre : marques évidentes de la fureur qui bouillonnait dans ses entrailles.

A ces paroles accompagnées de gestes foudroyants, Sancho demeura tremblant et atterré, au point qu'il eût voulu en ce moment que la terre s'ouvrît pour l'engloutir ; ne sachant que faire, il tourna doucement les épaules et se déroba aux regards irrités de son maître. Mais la sage Dorothée, qui commençait à bien connaître l'humeur de don Quichotte, lui dit pour l'apaiser : « Ne vous fâchez point, seigneur chevalier de la Triste-Figure, des impertinences que vient de débiter ce bon écuyer ; car peut-être ne les a-t-il pas dites sans motifs ; et l'on ne peut soupçonner son bon sens et sa conscience de chrétien d'avoir voulu nuire à quelqu'un par un faux témoignage. Il faut donc croire, sans en pouvoir aucunement douter, comme Votre Grâce l'a déjà dit, que, tout se faisant par enchantement dans ce château, Sancho aura aussi vu par cette voie diabolique les choses qu'il a dites au grand préjudice de mon honneur.

— Par le Dieu tout-puissant, créateur de l'univers ! s'écria don Quichotte, Votre Grandeur a touché juste ; quelque mauvaise vision aura troublé ce pécheur de Sancho, et lui aura fait voir ces choses, qui ne pouvaient être vues que par enchantement ; car je connais assez la simplicité et l'innocence de ce malheureux, pour être persuadé qu'il ne voudrait pas rendre un faux témoignage. — Il faut que cela soit ainsi, dit don Fernand, et par conséquent Votre Seigneurie ne doit pas faire difficulté de lui pardonner et de le rappeler au giron de vos bonnes grâces, comme il y était avant que ces visions lui eussent brouillé le jugement. — Je lui pardonne, » dit don Quichotte. Le curé alla aussitôt chercher Sancho, qui vint humblement se prosterner aux pieds de son maître et lui demanda sa main pour la baiser. Don Quichotte la lui donna avec sa bénédiction, en lui disant : « Tu n'en douteras plus à présent, mon fils Sancho, de ce que je t'ai dit tant de fois, que la magie conduit tout ce qui se passe ici. — Je n'en doute plus, répondit Sancho, excepté toutefois mon bernement, qui a eu lieu au naturel. — Désabuse-toi de ceci comme du reste, dit don Quichotte ; s'il en eût été ainsi, je t'aurais vengé dès lors, et je le ferais encore à cette heure ; mais alors comme aujourd'hui je ne pus voir sur qui venger ton affront. »

Toute la compagnie voulut savoir l'histoire de la couverture, et l'hôte leur conta de point en point les sauts aériens de Sancho : chacun s'en divertit beaucoup ; mais Sancho s'en serait fortement courroucé, si son maître ne lui eût assuré de nouveau que ce n'était qu'un enchantement. Après tout, sa folie n'alla jamais si loin qu'il pût prendre cette aventure pour une illusion ; jamais il ne douta que ce ne fût un fait très-réel, exécuté par des hommes en chair et en os, et non pas par des fantômes, comme le croyait son maître.

Il y avait deux jours entiers que cette brillante compagnie séjournait dans l'hôtellerie ; jugeant tous qu'il était temps de se retirer, ils pensèrent aux moyens de diriger don Quichotte vers sa demeure, où le curé et maître Nicolas pourraient plus aisément tenter sa guérison, sans donner à don Fernand et à Dorothée la peine de faire le voyage sous le prétexte de réinstaller la princesse de Micomicon dans ses États. Voici à quoi l'on s'arrêta : on fit marché avec un conducteur de charrette à bœufs qui passait par là ; on construisit avec des bâtons croisés une espèce de cage, de dimension telle qu'un homme pût y tenir à l'aise. Don Fernand et ses compagnons, les gens de don Louis, les archers et l'hôte prirent divers déguisements, sur l'avis et sous la direction du curé, de manière à paraître d'autres personnages que ceux que don Quichotte avait vus dans ce qu'il appelait le château.

Cela fait, ils allèrent en grand silence dans la chambre où don Quichotte se délassait de ses fatigues passées. Ils s'approchèrent doucement de lui, pendant qu'il dormait d'un profond sommeil, bien éloigné de penser à une telle aventure, et lui lièrent si bien les pieds et les mains, que lorsqu'il s'éveilla il ne put faire un mouvement, et envisagea avec étonnement les étranges figures qui l'entouraient. Il ne manqua pas de croire alors ce que son extravagante imagination lui représentait à toute heure, que c'étaient là des fantômes de ce château enchanté, et qu'il était enchanté lui-même, puisqu'il ne pouvait ni se défendre ni même se remuer. Tout cela tourna justement comme l'avait pensé le curé, qui était l'inventeur de cette machination.

De tous ceux qui étaient présents, Sancho avait seul conservé sa figure ordinaire et son sérieux ; et, quoiqu'il s'en fallût peu qu'il ne fût aussi fou que son maître, il ne laissa pas de reconnaître tous ces personnages travestis; mais il n'osa ouvrir la bouche, jusqu'à ce qu'il eût vu où tendait le tour qu'on faisait à don Quichotte, qui de son côté attendait sans rien dire le dénoûment de sa disgrâce. On apporta la cage, et on le mit dedans, après en avoir cloué les planches de telle sorte qu'il eût fallu de violents efforts pour la rompre ; les fantômes le chargèrent sur leurs épaules, et au sortir de la chambre on entendit une voix forte et éclatante, autant que put la faire maître Nicolas le barbier, qui dit :

« O chevalier de la Triste-Figure, ne t'afflige point de ta captivité ; car elle doit mener à plus prompte fin l'entreprise où t'a engagé la grandeur de ton courage. On verra le terme de cette grande aventure quand le furieux lion de la Manche et la blanche colombe Tobosine ne feront plus qu'un, et quand ils auront courbé leurs têtes superbes sous le joug d'un doux hyménée, d'où sortiront un jour à la lumière du monde de braves lionceaux à la griffe redoutable comme celle de leur valeureux père. Et cela doit arriver avant que celui qui poursuit la nymphe fugitive ait, par deux fois, suivant son cours naturel et rapide, visité les brillantes images du zodiaque. Et toi, ô le plus noble et le plus docile écuyer qui ait jamais ceint l'épée, eu barbe au menton et odorat aux narines, ne t'afflige ni ne te démonte de voir ainsi enlever de devant tes yeux la fleur de la chevalerie errante; car bientôt, s'il plaît au grand architecte de la nature, tu te verras porté si haut que tu ne te reconnaîtras plus toi-même : et alors s'accompliront les promesses de ton bon seigneur. Je t'assure, au nom de la sage Mentironiane, que tes travaux ne demeureront point sans récompense. Va donc sur les vestiges du valeureux et enchanté chevalier; car il faut que tu l'accompagnes jusqu'au terme qu'a prescrit la destinée; et comme il ne m'est pas permis d'en dire davantage, adieu, je m'en retourne où je sais bien. »

Sur la fin de la prédiction, le barbier renforça sa voix ; puis il l'affaiblit par degrés et avec tant d'art, que ceux mêmes qui étaient avertis de la plaisanterie doutèrent presque si ce n'était point une vérité. Don Quichotte demeura tout consolé par les promesses de l'oracle, en ayant compris le sens, qui lui faisait espérer de se voir un jour uni par les sacrés nœuds d'un légitime mariage avec sa bien-aimée Dulcinée du Toboso, dont le sein fécond mettrait au monde des lionceaux ses enfants, à la gloire perpétuelle de la Manche. Et, croyant tout cela avec la foi la plus ferme, il poussa un grand soupir, et s'écria d'une voix forte :

« O toi, qui que tu sois, qui m'as annoncé un si brillant avenir, conjure, je te prie, de ma part, le sage enchanteur qui conduit mes affaires, de ne pas me laisser périr dans cette prison où l'on m'emmène, jusqu'à ce que je voie l'accomplissement des réjouissantes et incomparables promesses que tu viens de me faire ; que cela arrive, je tiendrai mes chaînes pour légères et glorieuses ; et bien loin de regarder comme un rude champ de bataille le lit dur et étroit où je suis couché, je le considèrerai comme une molle et délicate couche nuptiale. Quant aux consolations que j'attends de Sancho Pança, mon écuyer, sa fidélité et son affection me garantissent qu'il ne m'abandonnera pas plus dans ma mauvaise que dans ma bonne fortune ; s'il arrivait, pour son malheur ou pour le mien, que je ne pusse pas lui donner l'île que je lui ai promise ou quelque autre chose de même importance, il est toujours assuré de ses gages ; car j'ai eu soin de déclarer par mon testament ce que je veux qu'on lui donne ; si cela n'est pas digne de la grandeur de ses services, c'est tout ce que je puis faire selon ma fortune présente. » Sancho Pança fit une grande révérence et baisa les deux mains à son maître, n'en pouvant pas prendre une seule, car elles étaient attachées ; ensuite les fantômes chargèrent la cage sur leurs épaules, et la mirent dans la charrette.

CHAPITRE XXIX

De l'étrange manière dont fut enchanté don Quichotte de la Manche, avec d'autres événements fameux.

Don Quichotte, se considérant ainsi encagé et conduit sur la charrette : « J'ai lu, dit-il, bien des histoires de chevaliers errants ; mais je n'ai encore jamais lu, ni vu, ni ouï dire en toute ma vie, qu'on menât de la sorte les chevaliers enchantés, avec la lenteur habituelle de ces lourds et paresseux animaux. On a coutume de les enlever à travers les airs avec une extrême rapidité, enveloppés dans quelque nuage sombre, ou bien portés par un chariot de feu, un hippogriffe, ou quelque autre monstre semblable; mais qu'on me mène, moi, dans une charrette traînée par des bœufs, vive Dieu ! c'est à mourir de honte. Peut-être, après tout, la chevalerie et les enchantements ne suivent-ils pas aujourd'hui la même marche qu'autrefois ; et il se pourrait faire aussi que, comme je suis un chevalier nouveau dans le monde, et le premier de ce temps qui ait ressuscité la profession de la chevalerie errante tombée dans l'oubli, on eût inventé pour moi de nouveaux genres d'enchantements et de nouvelles manières de mener les enchantés. Que t'en semble, ami Sancho? — Je ne sais ce qu'il m'en semble, répondit Sancho, car je n'ai pas lu autant que vous dans les écritures errantes; mais je jurerais que toutes ces visions qui rôdent autour de nous ne sont pas trop catholiques. — Catholiques! bon Dieu! dit don Quichotte; eh! comment seraient-elles catholiques, si ce sont autant de démons qui ont pris des corps fantastiques pour me mettre en cet étrange état? Mais si tu veux t'en assurer par toi-même, touche-les seulement, Sancho, et tu verras que c'est de l'air et qu'ils n'ont qu'une apparence de corps. — Par ma foi, seigneur, repartit Sancho, je les ai déjà touchés, et je n'en suis plus à me convaincre que celui qui se démène tant est bien en chair. Il a encore une autre propriété bien différente de celles qu'ont les démons, qui sentent toujours le soufre à pleine bouche et d'autres méchantes odeurs; car il sent l'ambre à une demi-lieue. » Sancho disait cela de don Fernand, qui, en sa qualité de grand seigneur, devait être parfumé. « Ne t'étonne point de cela, ami Sancho, dit don Quichotte, les diables en savent plus que tu ne penses; et quand ils porteraient des odeurs sur eux, ils ne peuvent rien sentir, étant de purs esprits; ou s'ils sentent, ce ne peut être que quelque chose de puant et de désagréable; quand donc tu t'imagines que ce démon sent l'ambre, ou tu te trompes, ou il veut te tromper, afin de t'empêcher de le reconnaître pour ce qu'il est. »

Pendant ce colloque du maître et du serviteur, don Fernand et Cardenio, craignant que Sancho ne découvrît la supercherie dont il tenait déjà la piste, voulurent y mettre ordre en partant sans retard. Ils ordonnèrent donc à l'hôte d'aller promptement seller Rossinante et bâter l'âne, ce qui se fit en toute diligence.

En même temps le curé fit marché avec les archers pour accompagner jusqu'à son village le chevalier enchanté. Cardenio attacha le bassin et la rondache à la selle de Rossinante, que Sancho prit par la bride en montant sur son âne, pendant que deux archers armés de leurs escopettes se placèrent de chaque côté du chariot. Avant que les bœufs se missent en marche, l'hôtesse, sa fille et Maritorne sortirent pour prendre congé de don Quichotte, faisant mine d'être fort affligées de sa disgrâce. « Ne pleurez point, mes bonnes dames, leur dit-il; toutes ces infortunes sont attachées à la profession que j'exerce, et si je ne les avais éprouvées, je ne me tiendrais pas pour un parfait chevalier errant, parce que de semblables choses n'arrivent jamais à ceux de peu d'importance et de réputation, qu'on laisse dans leur obscurité; ceci est le partage des chevaliers illustres dont la valeur et le mérite donnent de la jalousie à d'autres, qui, ne pouvant les surpasser ni les égaler, s'efforcent de les perdre. Mais la vertu a tant de force par elle-même, qu'en dépit de toute la magie qu'inventa Zoroastre, elle surmontera ces obstacles, et répandra autant de lumières dans le monde que le soleil dans les cieux. Pardonnez-moi, mes belles dames, si, sans le vouloir, je vous ai causé quelque déplaisir; je vous supplie de faire des vœux pour ma liberté, qu'un enchanteur malintentionné et ennemi de ma gloire a enchaînée dans cette misérable prison; et je vous proteste que, si jamais j'en sors, je me souviendrai de toutes les grâces que j'ai reçues dans votre château, pour les reconnaître comme elles le méritent. »

Pendant que le courtois chevalier faisait ses compliments aux dames du château, le curé et le barbier prirent congé de don Fernand et de ceux qui l'accompagnaient; ils dirent adieu à l'auditeur, et se confondirent en civilités avec Dorothée et Luscinde, avec lesquelles ils avaient fait plus ample connaissance. Ils s'embrassèrent tous, et se promirent de se donner réciproquement de leurs nouvelles. Don Fernand indiqua au curé le moyen de lui écrire, l'assurant qu'il ne saurait lui procurer un plus grand plaisir que de l'instruire de tout ce que ferait don Quichotte; il lui promit en revanche de lui mander tout ce qu'il croirait pouvoir l'intéresser, tel que la rentrée de Luscinde dans la maison paternelle. Puis ils s'embrassèrent encore avec de nouvelles protestations de dévouement.

Le curé et le barbier montèrent à cheval, un masque sur le visage, afin de n'être pas reconnus de don Quichotte, et se mirent derrière la charrette, accompagnée, comme nous l'avons dit, de deux archers qui marchaient aux deux côtés avec leurs escopettes. Sancho suivait immédiatement, monté sur son âne, et tenant Rossinante par la bride. Le cortége marchait d'un pas grave et majestueux, approprié à la lenteur des bœufs qui traînaient la charrette. Quant à don Quichotte, il était assis dans sa cage, le dos appuyé contre les barreaux, les mains attachées et les pieds étendus, avec la même immobilité et le même silence que s'il eût été de pierre. Ils marchèrent en cet état environ deux lieues, au bout desquelles ils arrivèrent dans un vallon où le charretier voulut faire paître ses bœufs; mais le barbier dit qu'il fallait aller plus avant, parce qu'au revers d'un coteau qu'ils découvriraient alors, il savait une vallée où l'herbe était plus abondante et meilleure.

Ils continuèrent donc leur chemin; et, en tournant la tête, le curé vit six ou sept hommes à cheval qui venaient derrière eux. Ils étaient bien équipés, et ils les eurent bientôt joints, étant montés sur de bonnes mules de chanoines, et allant le train de gens qui se pressaient d'arriver à l'hôtellerie la plus proche, à une bonne lieue de là, pour y faire la sieste.

Ils échangèrent un salut avec courtoisie, et un des nouveaux venus, qui était chanoine de Tolède et chef de toute la troupe, voyant cette étrange procession et un homme renfermé dans une cage, ne put s'empêcher de demander pourquoi on emmenait cet homme de la sorte, s'imaginant, à voir les archers, que c'était quelque fameux brigand dont le châtiment appartenait à la Sainte-Hermandad. « Seigneur, répondit l'archer à qui le chanoine avait fait la demande, c'est à ce chevalier lui-même à vous apprendre pourquoi on le conduit de la sorte ; car pour nous, nous n'en savons rien. — Seigneurs chevaliers, leur cria don Quichotte, qui avait entendu la question, seriez-vous par hasard versés et compétents en matière de chevalerie errante ? Dites-le-moi, parce que, s'il en est ainsi, je n'hésiterai pas à vous apprendre mes disgrâces ; autrement, il est inutile que je me rompe la tête à vous dire des choses que vous n'entendriez point. — En vérité, mon frère, répondit le chanoine, j'ai lu presque autant de livres de chevalerie que de théologie ; et s'il n'y a que cela qui vous arrête, vous pouvez me communiquer tout ce que vous voudrez. — A la bonne heure, répliqua don Quichotte. Il faut donc que vous sachiez, seigneur chevalier, que je suis enchanté dans cette cage par la fourberie jalouse des maudits enchanteurs, la vertu étant toujours plus ardemment persécutée par les méchants qu'elle n'est soutenue par les bons. Je suis chevalier errant, et non de ceux dont la renommée n'a pris nul soin d'éterniser la mémoire, mais de ceux qui, en dépit de l'envie, et malgré tout ce qu'il y a jamais eu de magiciens en Perse et de brahmanes dans les Indes, gravent leurs noms et leurs exploits au temple de l'immortalité, pour servir, dans les siècles à venir, d'exemples, de règles et de modèles aux chevaliers errants qui voudront monter jusqu'au faîte de la gloire des armes.

— Le seigneur don Quichotte de la Manche n'a rien avancé que de très-vrai, dit alors le curé ; il est enchanté et conduit dans cette charrette, non par sa faute ni par ses mauvaises actions, mais par la surprise et l'injuste violence de ceux à qui la valeur et la vertu donnent de l'ombrage et de l'irritation. Vous voyez devant vous ce chevalier de la Triste-Figure, dont vous aurez sans doute ouï parler quelque part, dont les faits héroïques et les exploits inouïs brilleront à jamais sur le marbre et sur le bronze indestructibles, quelques efforts que fassent l'envie pour en ternir l'éclat, et la malice pour les étouffer. »

Le chanoine et sa suite étaient tous étonnés de voir que celui qui était libre parlait le même langage que le prisonnier, et ils ne savaient qu'en penser; mais Sancho Pança, qui s'était approché pour entendre ce qu'on disait, voulut expliquer l'affaire. « Ah çà! seigneurs, dit-il, qu'on prenne bien ou mal ce que je vais vous dire, ce qu'il y a de certain c'est que mon seigneur don Quichotte est enchanté tout autant que ma mère; il est dans son bon sens, il boit et mange, et fait toutes ses nécessités comme les autres hommes, et comme il faisait hier avant qu'on le mît en cage; et, cela étant, comment me fera-t-on croire qu'il est enchanté? Comme si je ne savais pas bien que ceux qui le sont ne mangent, ni ne dorment, ni ne parlent; or, si on lui lâche la bride, il va parler plus que trente procureurs. »

Puis se tournant vers le curé : « Ah! seigneur curé, seigneur curé, continua-t-il, vous imaginez-vous que je ne vous connaisse point, et que je ne devine pas où tendent ces enchantements? Vous avez beau vous cacher le visage, je vous connais parfaitement, et j'ai découvert vos fourberies; allez, allez, là où règne l'envie, la vertu n'y saurait vivre. Diantre soit de la rencontre! sans Votre Révérence mon maître allait épouser mademoiselle l'infante de Micomicon, et j'aurais pour le moins été comte; car je ne pouvais attendre moins de la bonté de mon seigneur de la Triste-Figure et de l'importance de mes services; mais je vois bien qu'on a raison de dire que la roue de la fortune va plus vite que celle d'un moulin, et que ceux qui étaient hier sur le pinacle sont aujourd'hui à terre. Ce qui me fâche, ce sont ma femme et mes enfants, qui me verront rentrer comme un palefrenier, quand ils pouvaient et devaient s'attendre à voir leur mari et leur père revenir gouverneur ou viceroi de quelque île ou de quelque royaume de terre ferme. Ce que je vous dis là, seigneur curé, c'est parce que votre paternité devrait se faire conscience du tour qu'on joue à mon maître; et prenez garde que Dieu ne vous demande compte dans l'autre vie de tout le bien qu'on l'empêche de faire pendant le temps que durera sa captivité.

— Bon, bon, nous y voilà, interrompit le barbier; quoi! Sancho, vous êtes donc aussi de la confrérie de votre maître? Vive Dieu! il me semble que vous pourriez bien lui tenir compagnie dans sa cage, et que vous n'êtes pas moins enchanté que lui à l'endroit de la chevalerie. Ne seriez-vous pas par hasard gros de l'île qui vous tient si fort au cœur, et par malheur auriez-vous pris ses promesses pour argent comptant? — Je ne suis gros de rien, repartit Sancho en colère, et personne ne m'en fera accroire, fût-ce un roi. Je suis pauvre, mais j'ai de l'honneur comme un vieux chrétien, et je ne dois rien à personne; si je souhaite des îles, les autres souhaitent pis, et chacun est fils de ses œuvres; et après tout, puisque je suis homme, je puis devenir pape, et mieux encore gouverneur d'île, si mon maître en gagne tant qu'il ne sache à qui les donner. Faites attention à vos paroles, seigneur barbier; ce n'est pas tout que de faire des barbes, et il y a Pierre et Pierre; nous nous connaissons bien, Dieu merci, et ce n'est pas à moi qu'il faut donner de faux dés. Pour ce qui est de l'enchantement de mon maître, Dieu en sait le fin mot; mais laissons tout cela, car il ne fait pas bon le remuer. »

Le barbier ne voulut pas répondre à Sancho, de crainte que celui-ci n'en dît davantage, et ne fît connaître ce que lui et le curé avaient tant d'envie de cacher. Le curé, qui partageait cette appréhension, avait pris les devants avec le chanoine et ses gens, à qui il apprenait le mystère de la cage, et d'autres choses faites pour les divertir. Il les informa de la condition du chevalier, de sa vie et de ses habitudes, racontant en peu de mots l'origine et la cause de ses rêveries extravagantes, et la suite de ses aventures, jusqu'à celle de la cage, ainsi que le dessein qu'ils avaient de le ramener chez lui, pour essayer si sa folie était susceptible de remède. Le chanoine et sa troupe n'écoutèrent pas sans admiration l'histoire de don Quichotte.

Le curé l'ayant achevée : « En vérité, seigneur curé, dit le chanoine, je trouve que les livres de chevalerie sont non-seulement inutiles, mais encore très-préjudiciables à la république. Quoique, poussé par l'oisiveté et par un faux goût, j'aie commencé de lire presque tous ceux qui se sont imprimés jusqu'à ce jour, je n'ai pourtant jamais pu me résoudre à en achever aucun, parce qu'il me semble que c'est toujours la même chose, et qu'il n'y a rien de plus à apprendre dans l'un que dans l'autre. Ce genre de composition se rapproche de celui des fables milésiennes, qui n'étaient que des contes bouffons, inventés uniquement pour amuser et non pour instruire, au rebours des apologues, qui enseignent et divertissent tout ensemble. Et encore ces mêmes livres, dont le but est de divertir, n'y réussissent guère, à mon sens ; car ils ne sont remplis que de sottises monstrueuses. Les jouissances de l'esprit naissent de la convenance, de l'harmonie qu'il trouve dans les choses qui s'offrent à la vue ou à l'imagination ; tout ce qui ne porte en soi qu'énormité et incohérence est impropre à lui causer aucun plaisir : la difformité et le désordre ne peuvent jamais le charmer.

« Or quelle beauté peut-il y avoir, quelle proportion des parties avec le tout et du tout avec les parties, dans un livre, ou plutôt dans une fable, où un jouvenceau de seize ans, d'un seul revers, coupe en deux un géant haut comme une tour, ni plus ni moins que s'il était en pain d'épice ? S'agit-il d'une grande bataille, il faudra, bon gré, mal gré, nous résigner à entendre dire que notre héros, seul contre un millier d'ennemis, a remporté la victoire par la seule valeur de son bras. Que dirons-nous de la facilité avec laquelle nous voyons une reine, ou l'héritière de quelque grand empire, se jeter dans les bras du premier venu des chevaliers errants? Quel esprit assez dénué de sens et de goût pourra se plaire à lire qu'une grande tour remplie de chevaliers vogue sur la mer comme un vaisseau poussé par un bon vent; que le soir elle aborde en Lombardie, et le lendemain à la pointe du jour sur les terres du Preste-Jean des Indes, ou en d'autres contrées que n'a jamais décrites Ptolémée, ni visitées Marc-Paul? On répondra peut-être que les auteurs de ces livres, ne les donnant que pour des mensonges, ne sont pas tenus à tous les scrupules de la vérité; à quoi je répliquerai que la fiction est d'autant plus agréable qu'elle se rapproche davantage de la vraisemblance, que son principal mérite est de laisser place au doute et d'être réputée possible.

« Il me semble que les fables doivent être composées de façon à entrer facilement dans l'esprit de ceux qui les lisent; que les choses impossibles y paraissent seulement difficiles, et les choses extraordinaires, naturelles; que, tenant l'esprit en suspens, elles le surprennent, l'émeuvent, le ravissent, et lui causent toujours autant de plaisir que d'admiration : c'est ce qu'on ne fera jamais si l'on fuit la vraisemblance et l'imitation de la nature, qui sont les plus éminentes qualités de l'écrivain. Je n'ai point encore vu de livre de chevalerie qui fît un corps de fable entier et pourvu de tous ses membres, tel enfin que le milieu répondît au commencement, et la fin au commencement et au milieu. Au contraire, on les compose toujours de tant de membres divers, qu'il semble qu'on ait eu dessein de façonner une chimère ou tout autre monstre, plutôt qu'une figure régulière.

« Outre ce défaut, leur style est dur, leurs exploits incroyables, leurs amours déshonnêtes, leur courtoisie malséante, leurs batailles interminables, leurs raisonnements niais, leurs voyages extravagants; en un mot, ils sont complétement dépourvus de tout artifice ingénieux, et méritent d'être bannis de la chrétienté comme tout au moins inutiles. »

Le curé, qui avait prêté aux paroles du chanoine une attention soutenue, le tint pour un homme de bon sens, et tout ce qu'il avait avancé lui semblait parfaitement raisonnable. Il lui dit qu'il partageait son sentiment sur ce sujet, et son aversion pour les livres de chevalerie; il ne lui cacha pas non plus qu'il avait fait brûler tous ceux de don Quichotte, lesquels étaient fort nombreux. Il lui raconta de quelle manière il avait procédé à leur égard, et comment il les avait tous condamnés au feu sans exception ni examen; ce qui divertit infiniment le chanoine. Celui-ci ajouta que, malgré le mal qu'il avait dit de ces livres, il y trouvait pourtant quelque chose de bon, savoir, cette vaste carrière qu'ils ouvraient à l'esprit, et où il pouvait s'exercer et s'ébattre en pleine liberté.

« Là, dit-il, la plume peut courir sans entrave, décrivant des tempêtes et des naufrages, des rencontres et des batailles; elle peut dépeindre un vaillant capitaine avec toutes les qualités qu'exige ce grand caractère : habile à déjouer les ruses de l'ennemi, sachant par sa parole éloquente persuader ou dissuader ses soldats, sage dans le conseil, prompt dans l'exécution, aussi ferme dans l'attente que résolu dans l'attaque. L'auteur racontera tantôt une catastrophe lamentable et tragique, tantôt un événement gai et inattendu. Il fera figurer dans ses tableaux, ici une dame belle, honnête, sage et distinguée; là un chevalier chrétien, vaillant et courtois; tantôt un insolent et brutal fanfaron; tantôt un prince affable, valeureux et humain.

« Il représentera la loyauté d'un fidèle vassal, la libéralité d'un seigneur magnanime. Il pourra se montrer tour à tour astrologue, cosmographe, musicien, versé dans les affaires d'État ; parfois même il trouvera l'occasion, s'il veut la saisir, de faire ses preuves comme nécromant. Il peut retracer les ruses d'Ulysse, la piété d'Énée, la vaillance d'Achille, les malheurs d'Hector, les trahisons de Sinon, l'amitié d'Euryale, la générosité d'Alexandre, la valeur de César, la clémence et la sincérité de Trajan, la fidélité de Zopyre, la sagesse de Caton, en un mot, toutes les conditions diverses qui peuvent faire un héros accompli, soit qu'il les réunisse sur un seul personnage, soit qu'il les répartisse entre plusieurs. Que cela soit écrit dans un style facile et coulant, et composé avec habileté, en visant toujours au vrai, alors l'auteur aura formé un tissu nuancé des plus riches couleurs ; son œuvre, une fois achevée, atteindra par sa beauté et par sa perfection le but le plus élevé auquel un écrit puisse tendre, celui d'instruire et de plaire en même temps. »

CHAPITRE XXX

Où le chanoine entreprend de discourir avec don Quichotte
sur les livres de chevalerie.

Le curé et le chanoine auraient prolongé leur conversation si le barbier, s'approchant d'eux, n'eût dit au curé : « Voici le lieu que je vous ai désigné comme étant convenable pour la sieste, en même temps que les bœufs y trouveront une herbe fraîche et abondante. — C'est ce qu'il me semble, » répondit le curé. Et en même temps il demanda au chanoine ce qu'il comptait faire. Le chanoine répondit qu'il serait bien aise de demeurer avec eux, pour jouir de la beauté d'un petit vallon qui s'offrait à leur vue et de la conversation du curé, et aussi pour apprendre en détail les hauts faits de don Quichotte. Il commanda aussitôt à ses gens d'aller à l'hôtellerie chercher de quoi manger, afin de passer en cet endroit toute l'après-dînée. On lui répondit que le mulet de bagage, qui était bien pourvu de vivres, devait être arrivé; il envoya donc son équipage seulement à l'hôtellerie, et en fit venir le mulet avec les provisions.

Pendant ce temps-là, Sancho, voyant que le curé et le barbier ne l'empêchaient plus d'entretenir son maître, s'approcha de la cage et lui dit : « Seigneur, pour l'acquit de ma conscience, je veux vous dire ce qui se passe ici au sujet de votre enchantement : ces deux hommes qui viennent avec nous, le visage masqué, sont le curé et le barbier de notre village; et je me figure qu'ils ont comploté de vous emmener de la sorte par pure envie contre vous, et parce que vos exploits vous placent bien au-dessus d'eux; et puisqu'il en est ainsi, j'en conclus que vous n'êtes pas enchanté, mais mystifié et traité comme un nigaud. Pour m'en assurer davantage, je veux vous faire une question; et si vous me répondez dans le sens que je suppose, cela vous fera toucher la fourberie au doigt et à l'œil, et vous verrez qu'au lieu d'être enchanté, vous n'avez que la cervelle brouillée. — Demande ce que tu voudras, mon fils, répondit don Quichotte, et je te satisferai; quant à ce que tu dis que ceux qui viennent avec nous sont le curé et le barbier nos compatriotes, il se peut bien qu'ils te paraissent tels; mais qu'ils le soient effectivement, n'en crois rien, je t'en prie. Ce que tu dois penser, s'il est vrai que ces deux hommes te semblent ce que tu dis, c'est que ceux qui m'ont enchanté, et qui peuvent se transformer à leur gré, ont pris la ressemblance de nos amis, afin de t'abuser et de te jeter dans un labyrinthe d'imaginations dont tu ne sortirais pas quand tu aurais le fil de Thésée, et aussi pour me troubler l'esprit et m'empêcher de deviner l'auteur de cette perfidie. Effectivement je ne sais où j'en suis : d'un côté, tu me dis que ce sont là le curé et le barbier de notre village; et, d'un autre côté, je me vois renfermé dans une cage,

moi qui sais que toute force qui ne serait pas surnaturelle n'aurait pu venir à bout de le faire. Que dois-je donc croire autre chose, si ce n'est que mon enchantement dépasse tous ceux que j'ai lus dans l'histoire de la chevalerie errante? Ainsi tiens-toi l'esprit en repos sur ce point-là, car ce sont eux comme je suis Turc; et du reste demande-moi tout ce que tu voudras, je suis prêt à te répondre jusqu'à demain. — Sainte Vierge! s'écria

Sancho, est-il possible que vous ayez la tête si dure et si vide de cervelle, que vous ne reconnaissiez point que ce que je vous dis est la vérité pure, et qu'il entre dans votre disgrâce plus de méchanceté que de magie! Eh bien, je vais vous prouver clair comme le jour que vous n'êtes point enchanté. Dites-moi, s'il vous plaît, seigneur... que Dieu vous délivre de votre peine et vous transporte aux pieds de madame Dulcinée quand vous y penserez le moins... — Cesse de m'exorciser, interrompit don Quichotte : ne t'ai-je pas dit que je te répondrais ponctuellement? — C'est ce que je demande, répliqua Sancho : or donc, dites-moi, sans ajouter ni retrancher, mais en toute sincérité, comme doivent parler tous ceux qui font profession des armes en qualité de chevaliers errants... — Je jure encore une fois que je ne mentirai en rien, repartit don Quichotte; mais achève, pour l'amour de Dieu, car tu m'excèdes avec tes salamalecs et tes préambules. — Soit, dit Sancho, je ne doute pas de la franchise de mon maître. Puisque cela me vient à l'idée, je vous demanderai, seigneur, parlant par révérence, si d'aventure, depuis que vous êtes, à votre avis, enchanté dans cette cage, vous n'avez pas eu envie de faire, comme on dit, du gros et du menu? — Je n'entends pas, Sancho, dit don Quichotte; explique-toi mieux, si tu veux que je te réponde. — Vous n'entendez pas ce que veut dire faire du gros et du menu? reprit Sancho; eh! c'est la première chose qu'on apprend à l'école. Je vous demande si vous n'avez point eu envie d'aller où vous ne sauriez envoyer personne pour vous. — Bien, bien, je t'entends, Sancho; oui vraiment, plus d'une fois, et même en ce moment; ainsi tire-moi de presse, autrement les affaires se gâteraient.

— Ah! pour le coup, vous êtes pris, cria Sancho, voilà tout ce que je tenais à savoir, sur ma vie. Vous ne pouvez nier, seigneur, ce qu'on dit communément par ici, quand on voit une personne mal disposée : Qu'est-ce qu'a un tel? dit-on, il ne mange, ni ne boit, ni ne dort, et ne sait jamais ce qu'on lui demande ; on dirait qu'il est enchanté. Il faut donc croire que ceux qui ne boivent, ne mangent, ne dorment, ni ne font leurs fonctions naturelles, sont enchantés ; et non pas ceux qui ont l'envie qui vous presse à l'heure qu'il est, qui boivent et mangent quand ils ont de quoi, et qui répondent à toutes les questions. — Tu n'as pas tort, Sancho, répondit don Quichotte ; mais ne t'ai-je pas dit aussi qu'il y a plusieurs sortes d'enchantements, et que la mode en a pu changer, de telle façon que les enchantés fassent aujourd'hui tout ce que je fais et ce qu'ils ne faisaient pas précédemment ? Cela étant, on ne peut point en tirer de conséquences ; et il n'y a rien à dire contre l'usage ; enfin, je tiens pour ma part, et je crois fermement que je suis enchanté, et cela suffit pour la décharge de ma conscience ; car autrement je me ferais grand scrupule de demeurer ainsi enseveli dans une lâche oisiveté, pendant que le monde est plein de malheureux qui doivent avoir le plus urgent besoin de mes secours et de mon appui. — Avec tout cela, seigneur, répliqua Sancho, je voudrais pour plus de sûreté que vous essayassiez de sortir de votre prison, et je m'oblige à vous en tirer et à vous remonter sur votre bon Rossinante, qui me paraît aussi être enchanté, tant il est triste et mélancolique. Cela fait, nous irions encore une fois chercher les aventures ; et si nous n'y réussissions pas, nous en reviendrions à la cage, où je promets et je jure, foi de loyal et bon écuyer, de m'enfermer avec vous s'il arrive que vous soyez assez malheureux et moi assez simple pour ne pouvoir venir à bout de ce que je pense. — J'accepte ta proposition, ami Sancho, répondit don Quichotte, et dès que tu verras l'occasion favorable, tu n'as qu'à mettre la main à l'œuvre, je t'obéirai en tout et pour tout ; mais tu verras, mon pauvre Sancho, que tu te trompes sur la nature de ma disgrâce. »

Le chevalier errant et son fidèle écuyer s'entretinrent de cette sorte jusqu'à ce qu'ils furent arrivés à l'endroit où le curé, le chanoine et le barbier avaient mis pied à terre et les attendaient. Les bœufs dételés, on les laissa paître en liberté, et Sancho pria le curé de trouver bon que son maître sortît de la cage quelques instants, de peur qu'il n'arrivât un accident, et qu'elle ne devînt malpropre et indigne d'un chevalier comme lui. Le curé comprit Sancho, et lui répondit qu'il s'y prêterait de bon cœur, s'il ne craignait que son maître ne fît des siennes quand il se verrait libre, et qu'il ne s'en allât si loin qu'on ne le revît jamais. « Je vous réponds de lui, repartit Sancho. — Et moi aussi, dit le chanoine, pourvu qu'il donne sa parole de chevalier qu'il ne s'éloignera de nous qu'autant que nous le voudrons. — Je la donne, dit don Quichotte, et d'autant plus facilement que celui qui est enchanté n'a pas la liberté de faire ce qu'il veut, puisque celui qui le tient en cet état peut vouloir qu'il ne bouge de la même place pendant trois siècles entiers, et que, s'il se sauvait, on le fît revenir plus vite que le vent. Ainsi, seigneurs, ajouta-t-il, vous pouvez me relâcher en toute sûreté, et chacun y trouvera son compte ; car si vous vous y refusez et que vous restiez près de moi, vous ne manquerez pas de vous en apercevoir. »

Sur sa parole, le chanoine lui tendit la main, l'aida à sortir de prison, ce dont le pauvre homme eut une joie extrême. La première chose qu'il fit fut de s'étirer les membres ; puis il alla droit à Rossinante, et lui donnant deux petits coups sur la croupe : « J'espère en Notre-Seigneur et en sa mère bénie, dit-il, miroir et fleur des coursiers, que nous nous verrons bientôt l'un et l'autre dans la position à laquelle nous aspirons ; toi monté par ton maître, et moi pressant tes flancs, dans l'exercice de la profession pour laquelle Dieu m'a mis au monde. » En achevant ces mots, don Quichotte se retira avec Sancho dans un lieu écarté, d'où il revint plus léger, et désireux de mettre à exécution le plan de son écuyer.

Le chanoine observait avec le plus grand étonnement le pauvre chevalier, et cette étrange folie qui lui laissait l'esprit libre et le jugement sain sur toutes sortes de sujets, mais qui lui faisait vider les arçons quand il s'agissait de chevalerie. Le malheur de notre gentilhomme le toucha, et il voulut essayer de le guérir par le raisonnement. Pendant que la compagnie était assise sur l'herbe en attendant les provisions, il parla ainsi à don Quichotte :

« Est-il possible, seigneur, que cette oiseuse et insipide lecture des romans vous ait troublé l'esprit au point que vous croyiez être enchanté, et d'autres extravagances du même genre, qui sont si éloignées de la vérité? Comment peut-il se trouver au monde un esprit assez simple pour s'imaginer qu'il y ait jamais eu tous ces Amadis, et cette multitude infinie de chevaliers errants; ces empereurs de Trébizonde, ces Félix-Mars d'Hyrcanie, tant de palefrois, tant de demoiselles errantes, tant de monstres et de géants, tant d'aventures extraordinaires et impossibles; tous ces enchantements, ces défis, ces combats, ces rencontres étonnantes, ces princesses amoureuses, ces écuyers comtes, ces nains bouffons, ces dames vaillantes et guerrières, en un mot, tout ce fatras de rêveries absurdes que racontent les livres de chevalerie? Pour moi, j'avoue franchement que quand je les lis, sans faire réflexion qu'ils sont pleins de mensonges, ils ne laissent pas de me donner quelque plaisir; mais lorsque je viens à considérer ce qu'ils sont en réalité, je jetterais le meilleur d'entre eux contre la muraille, et même au feu si j'en avais près de moi, comme un châtiment mérité de leur fausseté et de leur imposture, qui les placent hors des conditions naturelles. Ce sont des inventeurs de sectes nouvelles et de nouvelles façons de vivre, qui font croire au vulgaire ignorant et lui font prendre pour vraies toutes les niaiseries qu'ils débitent. Tel est leur degré d'audace, qu'ils vont jusqu'à troubler l'esprit des gentilshommes les plus sages et les mieux nés : témoin l'effet qu'ils ont produit sur Votre Grâce, qu'on a été obligé d'enfermer dans une cage et d'emmener sur une charrette à bœufs, comme on traîne, de village en village, un lion ou un tigre qu'on fait voir aux gens pour de l'argent. Allons, seigneur don Quichotte, ayez pitié de vous-même ; rentrez dans le giron du bon sens, et servez-vous de cette prudence et de ces heureuses ressources d'esprit que le Ciel vous a données, pour choisir de meilleures lectures, qui tournent au profit de votre âme et de votre considération. Si, après tout, votre inclination naturelle vous pousse à rechercher la lecture des hauts faits de la chevalerie, prenez l'Écriture sainte et le livre des Juges ; là vous trouverez des actions grandioses et non moins véritables qu'éclatantes. La Lusitanie a eu un Viriathe ; Rome, un César ; Carthage, un Annibal ; la Grèce, un Alexandre ; la Castille, le comte Fernand Gonzalès ; Valence, le Cid ; l'Andalousie, Gonsalve de Cordoue ; l'Estramadure, Diego Garcia de Paredès ; Xerès, Garci-Perès de Vargas ; Tolède, Garcilaso ; Séville, don Manuel de Léon : les vaillants exploits de tous ces guerriers suffisent pour distraire, instruire, amuser et étonner les esprits les plus élevés. Voilà la seule lecture digne de votre haute intelligence, mon seigneur don Quichotte ; celle dont vous sortirez savant dans l'histoire, épris de la vertu, éclairé sur le bien, affermi dans la moralité, vaillant et non téméraire, prudent et non pusillanime ; le tout pour la gloire de Dieu, et pour votre profit, et pour l'honneur de la Manche, où je sais que Votre Grâce a vu le jour. »

Don Quichotte avait écouté avec une religieuse attention les paroles du chanoine. Quand il vit que celui-ci avait fini de parler, il fixa quelque temps ses regards sur lui ; puis il lui dit à son tour : « Si je ne me trompe, seigneur, le discours de Votre Grâce tend à un but manifeste, qui est de me détourner de croire qu'il y ait jamais eu au monde de chevaliers errants ; que tous les livres de chevalerie sont faux, mensongers, préjudiciables, par conséquent inutiles dans l'État ; que j'ai mal fait de les lire, que j'ai fait pis de les croire, et fort mal de les imiter en me mettant à suivre la rude profession de chevalier errant qu'ils enseignent ; et cela par la raison que vous niez qu'il y ait eu sur terre des Amadis de Gaule ou de Grèce, et aucun de ces nombreux chevaliers dont fourmillent les livres de ce genre.

— Tout cela est parfaitement exact ainsi que vous venez de l'exposer, répondit le chanoine. — Votre Grâce a encore ajouté, poursuivit don Quichotte, que ces livres m'avaient fait beaucoup de tort en me troublant la raison et en m'amenant dans cette cage où je suis enfermé ; et que je ferais bien de m'amender, de changer de lectures, et d'en adopter d'autres plus véridiques, plus propres à instruire en amusant. — C'est cela même, dit le chanoine.

— Eh bien, reprit don Quichotte, je tiens pour ma part que c'est vous qui êtes le privé de sens et l'enchanté, vous qui avez proféré de tels blasphèmes contre une chose tellement reçue dans le monde, reconnue pour si véritable, que celui qui la nie, comme Votre Grâce par exemple, mériterait le châtiment que vous réservez à ces livres qui vous déplaisent. Pourquoi vouloir donner à entendre qu'Amadis n'a pas existé, non plus que ces autres chevaliers qui remplissent les histoires de leurs aventures ? C'est vouloir prouver que le soleil n'éclaire pas, que la glace n'est pas froide, que la terre n'est pas solide. Qui entreprendrait de démontrer que l'histoire de l'infante Floripe avec Guy de Bourgogne n'est pas vraie, non plus que celle de Fierabras sur le pont de Mantible, au temps de Charlemagne ? Quant à moi, je jure que cela est vrai comme il fait jour à cette heure. Si ce sont là des mensonges, il est donc faux aussi qu'il y ait eu un Hector, un Achille, une guerre de Troie, les douze pairs de France, et un Artus roi d'Angleterre, qui est encore aujourd'hui sous la figure d'un corbeau, et qui est attendu à chaque instant dans son royaume ? Que ne dit-on encore que l'histoire de Guérin le Mendiant est controuvée, comme aussi celle de la recherche du Saint-Grial; que les amours de don Tristan et de la reine Iseult sont apocryphes, voire même celles de la belle Genièvre et de Lancelot; quoiqu'il reste dans le monde des gens qui se souviennent presque d'avoir vu la duègne Quintagnone, qui eut le don de se connaître en vins mieux que le meilleur gourmet de la Grande-Bretagne? Et cette histoire est si avérée, que je me rappelle, moi qui vous parle, que ma grand'mère du côté de mon père me disait toujours, quand elle voyait de ces vénérables matrones à grand voile : « Vois-tu bien, mon enfant, en voici une qui ressemble « à la duègne Quintagnone; » et d'où j'infère qu'elle devait la connaître, ou qu'elle avait pour le moins vu son portrait. Il ne resterait plus qu'à contester l'histoire de Pierre de Provence et de la belle Maguelone, pendant qu'on voit aujourd'hui même, dans l'arsenal du roi, la cheville qui dirigeait le cheval de bois monté par ce chevalier, et qui est un peu plus grosse qu'un timon de charrette; à telles enseignes qu'elle est auprès de la selle de Babieça, la cavale du Cid. On voit aussi à Roncevaux la trompe de Roland, qui n'est pas moins grande qu'une solive. Tout cela prouve qu'il y a eu douze pairs de France, un Pierre de Provence, un Cid, et d'autres chevaliers de même espèce, qu'on appelle aventuriers. A votre compte, on pourrait dire encore que Jean de Merlo, ce vaillant Portugais, n'était pas chevalier errant, qu'il ne se battit pas en Bourgogne contre le fameux Moïse-Pierre, seigneur de Charny, et depuis à Bâle contre Henri de Remestan, et qu'il ne remporta pas la victoire dans ces deux rencontres. Il ne manquerait plus que cela, et de traiter de contes en l'air les combats et les aventures que soutinrent en Bourgogne les deux vaillants Espagnols Pierre Barba et Gutierre Quijada (duquel je descends en ligne droite par les mâles), qui se signalèrent par la défaite des fils du comte de Saint-Pol. Je voudrais bien qu'on me niât aussi que don Fernand de Guevare soit allé chercher des aventures en Allemagne, où il combattit messire Georges, chevalier de la maison du duc d'Autriche. Et qu'on dise enfin que ce ne sont que des fables que les joutes de Suero de Quignonès et du Pas, celle de Louis de Falces contre don Gonzalo de Guzman, chevalier castillan, et mille autres glorieux faits d'armes de chevaliers chrétiens de ce royaume et des pays étrangers, lesquels sont si authentiques et si véritables, que pour les nier il faut, je le répète, avoir perdu la raison et le discernement. »

CHAPITRE XXXI

Fin de l'intéressante discussion qui eut lieu entre don Quichotte et le chanoine.

Grande était la surprise avec laquelle le chanoine observait ce mélange confus que faisait don Quichotte de l'histoire et de la fable, et ses connaissances si étendues sur tout ce qu'on avait écrit touchant la chevalerie errante. « Je ne puis nier, seigneur don Quichotte, lui dit-il, qu'il y ait du vrai dans ce que vous venez de dire, et particulièrement en ce qui concerne les chevaliers errants d'Espagne; je vous accorde aussi qu'il y a eu douze pairs de France; mais, en conscience, je ne saurais croire tout ce qu'en a raconté le bon archevêque Turpin. Ce qu'il y a de vrai, c'est que ce furent des chevaliers choisis par les rois de France, et qu'on appela *pairs* parce qu'ils tenaient tous un même rang, et qu'ils étaient tous égaux en valeur et en naissance, ou du moins devaient-ils l'être. C'est un ordre de l'espèce à peu près de celui de Saint-Jacques ou de Calatrava en Espagne, où l'on suppose que ceux qui le professent doivent être vaillants et d'illustre race; et de même qu'on dit chevalier de Saint-Jean ou d'Alcantara, on disait, en ce temps-là, un des Douze Pairs.

Qu'il y ait eu un Cid, il n'en faut pas douter, ni d'un Bernard de Carpio non plus ; mais qu'ils aient fait tout ce qu'on leur attribue, je crois qu'on leur a mis la mesure un peu trop forte. Quant à la cheville du cheval de Pierre de Provence, que vous dites se trouver dans l'arsenal du roi, près de la selle de Babieça, je confesse mon ignorance et le défaut de ma vue, car je n'ai jamais remarqué cette cheville, toute grande que vous la dites.
— Elle y est pourtant, répliqua don Quichotte ; à telles enseignes qu'on l'a mise dans un fourreau de cuir pour la conserver. — Cela peut être, repartit le chanoine ; mais, par les saints ordres que j'ai reçus, je ne me souviens pas de l'avoir vue. Au surplus, en vous accordant qu'elle s'y trouve, je ne m'engage pas pour cela à croire aux histoires de tous ces Amadis, et de cette tourbe de chevaliers dont on nous rebat les oreilles ; et tout de bon, c'est une chose étonnante qu'un homme d'honneur et de mérite comme vous l'êtes, et, de plus, doué d'un jugement exquis, considère comme des réalités ce ramassis de folies étranges que renferment ces extravagants ouvrages de chevalerie.

— Voilà une bonne chose ! s'écria don Quichotte ; des livres imprimés avec la licence des rois et avec l'approbation de leurs délégués, lus avec une satisfaction générale, vantés par les petits et les grands, les pauvres et les riches, les savants et les ignorants, les plébéiens et les gentilshommes, enfin par toute espèce de gens, de toutes les conditions et de tous les états, ne seraient que mensonges, tandis qu'ils ont toute l'apparence de la vérité, puisqu'ils citent le père, la mère, les parents, la patrie, l'âge de tel ou tel chevalier, et le lieu où il a accompli tels exploits ; tout cela de point en point et jour par jour ? Allons, seigneur, que Votre Grâce cesse de proférer de tels blasphèmes, croyez-moi ; c'est le meilleur conseil que puisse recevoir un homme bien avisé : sinon, lisez-les ; et vous verrez le plaisir que vous causera cette lecture. Dites-moi, je vous en prie, connaissez-vous rien de plus amusant que de voir, comme qui dirait là devant nous, un grand lac de poix bouillant à gros bouillons, dans lequel nagent et se croisent en tous sens des serpents, des couleuvres, des lézards et une infinité d'autres animaux féroces et effroyables ; et que d'entendre tout à coup une voix dolente qui sort du milieu du lac et qui s'exprime ainsi :

« O chevalier, qui que tu sois, qui contemples ce lac épou-
« vantable, si tu veux posséder le riche trésor qui est caché
« sous ses noires eaux, montre l'intrépidité de ta grande âme
« en te plongeant au milieu de ces ondes enflammées; autre-
« ment, tu es indigne de voir les merveilles incomparables
« qu'enferment les sept châteaux des Sept Fées, qui sont enfouis
« sous ces obscurs et profonds abîmes ? »

« La voix redoutable a à peine achevé ces mots, que le chevalier, sans se consulter, sans considérer le danger, sans même prendre le temps de déposer sa pesante armure, se recommandant seulement à Dieu et à sa dame, se précipite tête baissée dans l'onde bouillante ; et lorsqu'il ne sait où il en est ni ce qui l'attend, il se trouve au milieu de bosquets fleuris, avec lesquels les champs Élysées ne sauraient entrer en ligne. Il lui semble que l'air est plus transparent, et que le soleil y brille d'un éclat tout nouveau ; un bois paisible et silencieux s'offre à sa vue, ses arbres verdoyants et touffus égaient les regards par leur feuillage ; l'oreille y est charmée par les chants gracieux et naturels d'une infinité de petits oiseaux, aux couleurs vives, variées, qui voltigent à travers les branches enlacées. Ici il découvre un ruisseau dont les eaux fraîches, semblables à un cristal liquide, coulent en frémissant sur un sable fin, semé de blancs cailloux, qui semblent un fond d'or émaillé de perles. Là s'élève une fontaine élégamment construite en jaspe nuancé et en marbre poli ; plus loin une autre fontaine, mais d'un genre rustique, est revêtue des coquilles de la moule et des tortueuses enveloppes blanches et jaunes du colimaçon, qui, disposées sans symétrie, mais non sans calcul, et relevées par l'éclat de pierres brillantes, forment une œuvre variée où l'art, en imitant la nature, semble l'avoir surpassée. Par ici l'on voit apparaître subitement un château fort ou un magnifique palais, dont les murs sont d'or massif, les créneaux de diamants, les portes d'hyacinthe; enfin telle est son admirable structure, que, bien qu'entièrement formé de topazes, d'escarboucles, de rubis, de perles, d'émeraudes et d'or, la matière en est encore moins précieuse que la façon.

« A quoi doit-on s'attendre, après toutes ces merveilles, si ce n'est à voir sortir par la porte du château bon nombre de demoiselles, dont les costumes riches et galants, si je voulais les décrire tels qu'ils se trouvent dans les histoires, me prendraient un temps à ne jamais finir? Aussitôt celle qui paraît la principale d'entre elles s'approche du hardi chevalier qui s'est jeté dans les eaux enflammées du lac, elle le prend par la main, et le conduit silencieusement dans l'intérieur du château fort ou du riche palais. Là, par ses soins, le chevalier est soulagé du poids de ses armes, plongé dans des eaux tièdes et parfumées des odeurs les plus exquises; on le revêt d'une chemise du plus fin tissu, et on lui jette sur les épaules un manteau qui vaut toute une ville, si ce n'est même davantage. Qu'arrive-t-il ensuite? Que les dames le font passer dans une autre salle, où il trouve une table servie avec un faste dont il est ébloui; qu'on lui verse sur les mains une eau où l'ambre et les fleurs odorantes ont été distillés; qu'on le fait asseoir sur un siége en ivoire; que toutes les demoiselles le servent à l'envi dans un profond silence; qu'on lui apporte tant de mets exquis et savoureux, que l'appétit et la main ne savent auquel se prendre; que la musique joue pendant qu'il mange, sans qu'il sache de qui ni d'où viennent ces accords mélodieux. Enfin, le repas achevé et la table desservie, pendant que le chevalier se délasse étendu dans son fauteuil, et peut-être le cure-dent à la bouche, suivant l'usage, voilà que tout à coup entre dans la salle une demoiselle plus belle qu'aucune des premières ; elle s'assied à côté du chevalier, et se met à lui raconter quel est ce château, comment elle s'y trouve enchantée, avec mille autres détails qui surprennent le chevalier et qui transportent ceux qui lisent son histoire.

« Je ne veux pas m'étendre davantage sur ce sujet ; mais de ce que j'ai dit on peut conclure que, quelque passage qu'on lise d'une histoire quelconque de chevalier errant, il y aura pour le lecteur agrément et admiration. Que Votre Grâce, je le répète, veuille bien m'en croire ; lisez ces livres, qui bannissent la mélancolie et améliorent votre disposition d'esprit, si par hasard elle est mauvaise. Pour mon compte, je puis bien dire que, depuis que je suis chevalier errant, je suis devenu brave, poli, libéral, affable, généreux, courtois, hardi, facile, patient, résigné à souffrir les fatigues, les prisons, les enchantements ; et quoique naguère enfermé dans une cage comme un fou, je pense, par la valeur de mon bras, avec l'aide du Ciel, et si la fortune ne m'est pas contraire, me voir en peu de jours souverain de quelque royaume, et montrer la magnanimité que j'ai dans le cœur. Car, en vérité, seigneur, le pauvre est impuissant à prouver sa libéralité, à quelque degré qu'il en soit pourvu ; et la bienveillance réduite au désir est une chose morte, comme la foi sans les œuvres. Voilà pourquoi je voudrais que le sort m'offrît promptement quelque occasion de devenir empereur ; mon cœur alors se montrerait à nu par le bien que je ferais à mes amis, et particulièrement à ce pauvre diable de Sancho Pança, mon écuyer, qui est le meilleur homme du monde ; je voudrais lui donner un comté, que je lui ai promis il y a déjà du temps ; j'ai peur seulement qu'il n'ait pas toute l'habileté nécessaire pour gouverner son État. »

Sancho eut à peine entendu ces paroles de son maître, qu'il lui dit : « Que Votre Grâce travaille, seigneur don Quichotte, à me donner ce comté tant promis par vous et tant attendu par moi; et je vous garantis que l'habileté ne me manquera pas pour le gouverner. D'ailleurs, si elle me manquait, j'ai entendu dire qu'il se trouvait des gens pour prendre en fermage les domaines des seigneurs ; ils font à ceux-ci un revenu de tant par an, et se chargent des soins du gouvernement; pendant ce temps-là, le seigneur reste les jambes étendues et les bras croisés, mangeant sa rente et n'ayant cure de tout le reste. C'est ce que je ferai ; je ne me casserai pas la tête pour le plus ou le moins ; mais je lâcherai tout, et je jouirai de mon revenu comme un duc, quoi qu'on en puisse dire. — Ceci, frère Sancho, s'entend fort bien quant à ce qui regarde la rente ; mais l'administration de la justice n'appartient qu'au seigneur ; et c'est là que viennent à point l'habileté, la droiture du jugement, et surtout l'intention de bien faire ; car si elle pèche sur les principes, elle s'égarera infailliblement sur les moyens et sur la fin. Aussi Dieu se plaît-il à seconder les bons désirs du simple, et à confondre les mauvais desseins de l'homme éclairé.

— Je n'entends rien à ces philosophies, répondit Sancho ; ce que je sais, c'est que je voudrais être aussi sûr d'avoir ce comté que je le suis de pouvoir le bien gouverner ; car enfin j'ai autant de cœur qu'un autre, et plus de corps que beaucoup d'autres ; et je serais aussi bien roi dans mes États que qui que ce soit dans les siens ; et l'étant, je ferais ce que je voudrais ; et faisant ce que je voudrais, je ferais à ma fantaisie, et faisant à ma fantaisie, je serais heureux et content, et quand on est heureux et content, on n'a rien à désirer, tout est dit et vienne l'État, et adieu jusqu'au revoir, comme dit l'aveugle à son camarade. — Ces philosophies, comme vous dites, Sancho, répondit le chanoine, ne sont pas trop mauvaises ; toutefois il y a beaucoup à dire sur cette question des comtés. — Je ne sais pas bien ce qu'il reste tant à dire, répliqua vivement don Quichotte ; pour moi, je me guide sur l'exemple que m'a donné le grand Amadis de Gaule, qui fit son écuyer comte de l'Ile-Ferme : ainsi donc, je puis sans le moindre scrupule faire comte Sancho Pança, qui est un des meilleurs écuyers qu'ait jamais eus aucun chevalier errant. »

Le chanoine resta confondu des folies raisonnées (si la folie admet la raison) que venait de débiter don Quichotte, du récit des aventures du chevalier du Lac, de l'impression produite en lui par les mensonges de ses livres, comme aussi de la simplicité de Sancho et de sa confiance dans la promesse de son maître.

CHAPITRE XXXII

De la rare aventure des pénitents que don Quichotte termina
à la sueur de son front.

En ce moment, les valets du chanoine revenaient de l'hôtellerie avec le mulet chargé de provisions, à la grande satisfaction de Sancho, qui déjà, trouvant la conversation un peu longue, s'apercevait que ventre affamé n'a pas d'oreilles. En voyant approcher le terme de son jeûne, il se rappela d'avoir ouï dire à son maître que l'écuyer d'un chevalier errant ne doit jamais perdre l'occasion de se remplir l'estomac, qu'il n'a que trop le loisir de faire digestion, qu'il lui arrive souvent de se trouver engagé dans une forêt tellement épaisse qu'il lui faudrait six jours pour s'en tirer, et qu'en pareil cas, s'il n'avait pas une besace bien garnie, il pourrait y demeurer, ainsi que cela s'est vu plus d'une fois, desséché comme une momie. Don

Quichotte l'y encouragea, en lui disant : « Tu es dans le vrai, Sancho, va donc où tu voudras, et mange tant que tu pourras; quant à moi, je me tiens pour rassasié, et n'ai besoin que de la réfection de l'âme. » Les convives se servirent, en guise de table et de nappe, d'un tapis étendu sur l'herbe du pré ; et, s'étant assis à l'ombre de quelques arbres, ils dînèrent en cet endroit, pour que le charretier profitât, comme nous l'avons dit, du frais et abondant pâturage qui se trouvait près de là.

Ils avaient à peine achevé le repas, et ils étaient encore tous réunis, quand ils entendirent le son d'une trompette, mais si triste et si lugubre, qu'ils tournèrent la tête du côté d'où il venait. Ils virent alors descendre le long d'une côte un grand nombre d'hommes vêtus de blanc, à la manière des pénitents. Il est bon de dire que, comme cette année-là les nuages avaient refusé à la terre leur rosée, on faisait dans tous les endroits de cette contrée des prières, des rogations et des pénitences, pour implorer la bonté du Ciel et la faveur de quelques pluies ; et à cet effet les habitants d'un hameau voisin se rendaient processionnellement à un saint ermitage situé sur le versant de la colline qu'ils descendaient alors.

Don Quichotte n'eut pas plutôt aperçu l'étrange costume des pénitents, que, sans se rappeler qu'il en avait vu cent fois en sa vie, il s'imagina que c'était quelque aventure, et qu'il lui était réservé de la poursuivre, comme au seul chevalier errant de la troupe. Une image couverte de deuil, que portaient les pénitents, le confirma dans cette rêverie ; il crut que c'était quelque princesse que de félons et discourtois malandrins emmenaient par force. Saisi de cette pensée, il court promptement à Rossinante, qui paissait tranquillement, le bride, et se met en selle ; il demande son épée à Sancho, embrasse son écu, et dit à haute voix à tous ceux qui étaient présents : « C'est maintenant, valeureuse compagnie, que vous allez voir combien il importe au monde qu'il y ait des gens professant la chevalerie errante; c'est à cette heure, dis-je, que vous saurez par mes actions, et par la liberté que je vais rendre à cette dame captive, l'estime qu'on doit avoir pour les chevaliers errants. »

En disant cela, il pressa des talons Rossinante, car d'éperons il n'en avait point, et au grand trot de son coursier, que nous n'avons jamais vu galoper, il s'en alla donner dans les pénitents, malgré tous les efforts que purent faire le curé et le chanoine pour le retenir, et sans s'arrêter aux clameurs de Sancho, qui criait de toute sa force : « Où donc courez-vous, seigneur don Quichotte? Avez-vous le diable au corps pour marcher ainsi contre notre sainte religion catholique? et ne voyez-vous point que c'est une procession de pénitents, et que la figure qu'ils portent sur ce brancard est celle de la Vierge immaculée? Seigneur, prenez garde à ce que vous faites; car vous ne vous en doutez guère. » Sancho se fatiguait en vain, et ses remontrances se perdirent en l'air. Son maître s'était si fort mis en tête de délivrer la dame en deuil, qu'il n'entendait pas une parole; et eût-il entendu, il ne se serait pas retourné, même pour obéir au roi.

Il arriva donc tout près de la procession, et, arrêtant Rossinante, qui ne demandait pas mieux, il cria d'une voix rauque et troublée : « Arrêtez, ô vous qui vous masquez sans doute pour cacher vos mauvais desseins, et écoutez ce que je vais vous dire. » Les premiers qui s'arrêtèrent furent ceux qui portaient l'image; et l'un des quatre prêtres qui chantaient les litanies, voyant l'étrange figure de don Quichotte, la maigreur de Rossinante, et tout ce qu'il y avait de risible dans cet ensemble : « Mon frère, lui répondit-il, si vous avez quelque chose à nous dire, faites hâte, parce que ces pauvres gens ont les épaules brisées, et nous n'avons pas le loisir d'entendre plus de deux paroles. — Je n'ai qu'un mot à dire, répondit don Quichotte; c'est que sur-le-champ vous mettiez en liberté cette belle dame, dont les larmes et la physionomie contristée font assez connaître que vous lui avez fait quelque outrage, et que vous l'emmenez malgré elle; quant à moi, qui suis venu au monde pour empêcher de semblables violences, je ne puis consentir à vous laisser aller que vous ne lui ayez rendu la liberté, qu'elle réclame avec tant de raison. »

Il n'en fallut pas davantage pour faire connaître à tous ces hommes à quel point don Quichotte était privé de sens, et ils ne purent s'empêcher de rire; mais c'était mettre le feu aux poudres; et le chevalier, tirant l'épée, courut furieux vers le brancard. Un des porteurs, laissant la charge à ses compagnons, se jeta devant don Quichotte, et lui présenta une fourche qui servait de support au brancard quand la procession s'arrêtait. Sa fourche fut rompue en deux au premier choc par un grand coup d'épée; mais avec le tronçon qui lui restait, il frappa si rudement le chevalier sur l'épaule droite, celle que l'écu ne pouvait couvrir, que don Quichotte roula par terre, fort maltraité. Sancho, qui avait toujours suivi son maître, arriva là-dessus tout essoufflé; et, le voyant en si mauvais état, il cria au paysan de s'arrêter, que c'était un pauvre chevalier enchanté qui de sa vie n'avait fait de mal à personne.

Ce ne furent pas les cris de Sancho qui retinrent le paysan; mais comme il vit que don Quichotte ne remuait plus ni pied ni main, il crut l'avoir tué; et, retroussant le pan de sa robe dans sa ceinture, il s'enfuit à travers champs comme un lièvre. Ceux de la compagnie de don Quichotte étant arrivés en même temps, les gens de la procession, qui les virent accourir et qui aperçurent parmi eux des archers armés d'escopettes, conçurent des craintes sur les suites de cet événement; ils se rangèrent vite en rond autour de l'image, et relevant leurs capuchons, les pénitents avec leurs disciplines, et les prêtres avec les chandeliers, attendirent l'assaut dans la résolution de se bien défendre et même d'attaquer au besoin. Mais la fortune en ordonna mieux qu'ils ne le pensaient. Pendant que Sancho s'était jeté sur le corps de son maître qu'il croyait mort, faisant la plus triste et la plus grotesque lamentation du monde, le curé fut reconnu par un de ses confrères qui conduisait la procession, ce qui calma les esprits de part et d'autre. Le premier ayant appris à l'autre ce qu'était don Quichotte, ils allèrent aussitôt, suivis des pénitents, voir si le pauvre chevalier respirait encore. Ils trouvèrent Sancho tout en larmes, qui lui parlait en ces termes :

« O fleur de la chevalerie, qui as vu le cours de tes années

si noblement remplies interrompu par un seul coup de bâton !
O l'honneur de ta race, la gloire et la splendeur de toute la
Manche et du monde entier, que tu laisses orphelin par ta
mort, et livré à la merci des malfaiteurs, qui n'auront plus à
redouter la punition de leurs crimes ! O libéral par-dessus tous
les Alexandres, toi qui, pour huit mois de service seulement,
m'avais donné la meilleure île de tout l'Océan ! O humble avec
les superbes, et arrogant avec les humbles; audacieux dans les
périls, patient dans les outrages, amoureux sans sujet, imitateur des bons, fléau des méchants, ennemi des pervers; en un
mot, chevalier errant, ce qui est tout dire !... »

Les plaintes et les gémissements de Sancho firent revivre don
Quichotte; et ses premières paroles furent celles-ci : « Celui qui
est éloigné de vous, incomparable Dulcinée, est exposé à de
plus grandes misères. Aide-moi, ami Sancho, ajouta-t-il, à
me remettre sur le chariot enchanté; je ne suis pas en état de
me tenir en selle sur Rossinante, car j'ai l'épaule toute brisée.
— Je le ferai de bon cœur, mon cher maître, répondit Sancho;
allons, retournons à notre village avec ces messieurs qui nous
veulent du bien; là nous préparerons une autre sortie qui nous
donnera plus de gloire et de profit. — Cela est fort bien dit,
Sancho, répondit don Quichotte; la prudence exige que nous
laissions passer la mauvaise influence des astres. » Le chanoine,
le curé et le barbier ne manquèrent pas d'applaudir à cette
résolution; et, après s'être bien divertis des simplicités de
Sancho, ils replacèrent don Quichotte sur le chariot comme il
était auparavant. La procession se remit en ordre, et prit le
chemin de l'ermitage; les archers ne voulurent pas aller plus
loin, et le curé leur paya leur salaire; le chanoine pria instamment le curé de lui donner des nouvelles de don Quichotte, et
poursuivit son voyage. Enfin ils se séparèrent tous, et il ne
demeura que le curé, le barbier, don Quichotte et Sancho, et
le bon Rossinante, qui avait pris les événements avec autant de

patience que son maître. On accommoda don Quichotte dans la cage, sur une botte de foin ; et le charretier, ayant attelé ses bœufs, suivit avec son flegme ordinaire le chemin que lui désigna le curé. Enfin, au bout de six jours, ils arrivèrent au village, un dimanche, en plein midi, lorsque tous les habitants étaient réunis sur la place que traversa la charrette ; ils furent fort étonnés d'apercevoir leur compatriote dans un pareil équipage. Un petit garçon se détacha de la foule, et alla donner de ses nouvelles à la nièce et à la gouvernante, en disant que leur oncle et maître venait d'arriver, jaune et décharné, couché sur un tas de foin dans une charrette à bœufs. Ce fut pitié que d'entendre les cris de ces bonnes dames et les malédictions qu'elles donnèrent de nouveau aux livres de chevalerie, de voir les soufflets dont elles se frappèrent le visage ; et ces scènes recommencèrent quand elles virent don Quichotte franchir le seuil de la maison.

Au bruit de ce retour, la femme de Sancho Pança, qui savait que son mari avait suivi don Quichotte en qualité d'écuyer, accourut des premières, et, rencontrant Sancho, lui demanda tout d'abord si son âne allait bien. « Il se porte mieux que son maître, répondit Sancho. — Dieu soit loué, dit-elle, de la grâce qu'il m'a faite ! mais contez-moi donc à cette heure tout ce que vous avez gagné dans votre vie écuyère, mon ami ; où est le cotillon que vous m'apportez ; où sont les souliers pour nos enfants ? — Je n'apporte rien de tout cela, femme, répondit Sancho ; mais j'apporte d'autres choses qui sont de bien plus grande importance. — Ah ! vous me faites beaucoup de plaisir, dit la femme : et montrez-les-moi donc ces choses de plus grande importance, mon ami ; j'ai envie de les voir pour me réjouir un peu le cœur, que j'ai toujours eu triste et mécontent pendant les siècles de votre absence. — Je te les montrerai à la maison, femme, répondit Sancho ; contente-toi pour le présent d'espérer que, s'il plaît à Dieu, nous irons encore une autre fois chercher des aventures, et que tu me verras bientôt comte ou gouverneur d'une île, je dis d'une des meilleures qui soit sur cette terre, et non pas d'un îlot. — Dieu le veuille, mon homme ! nous en avons grand besoin ; mais qu'est-ce que c'est que cela, des îles ? Je ne connais pas cela. — Le miel n'est pas pour la bouche de l'âne, répondit Sancho ; tu le sauras quand il sera temps, femme, et tu seras bien étonnée de t'entendre dire Votre Seigneurie par tous tes vassaux. — Qu'est-ce que vous dites là, Sancho, de seigneurie, et de vassaux, repartit Thérèse Pança. — Ne sois pas si pressée, Thérèse, répondit Sancho, qu'il te suffise de savoir que je dis vrai, et bouche close ; apprends seulement en passant qu'il n'y a pas un plus grand plaisir au monde que d'être l'écuyer d'un chevalier errant qui va chercher les aventures. A la vérité, celles qu'on rencontre ne tournent pas toujours comme on voudrait bien, et sur cent il y en a quatre-vingt-dix-neuf qui vont de travers. Je le sais par expérience, femme ; il y en a où j'ai été berné, d'autres où l'on m'a roué de coups : et avec tout cela c'est une chose bien agréable d'aller chercher fortune en grimpant sur des montagnes, en traversant des forêts, au milieu des buissons et des rochers, visitant des châteaux et se faisant héberger dans les hôtelleries, sans jamais payer un maravédis. »

Telle était la conversation de Sancho et de sa femme, pendant que la nièce et la gouvernante déshabillaient don Quichotte et le couchaient dans son lit antique, et que lui les regardait l'une et l'autre avec des yeux égarés, comme un homme qui ne sait où il est. Le curé recommanda à la nièce d'avoir grand soin de son oncle, et de prendre garde surtout qu'il ne fît quelque nouvelle escapade, lui racontant la peine qu'on avait eue à le ramener à la maison. En cet endroit les deux dames se remirent à crier de plus belle et à fulminer encore une fois contre les livres de chevalerie, et elles allèrent jusqu'à conjurer le Ciel de précipiter au fond de l'abîme les auteurs de tant d'impostures et d'extravagances. Enfin elles ne songèrent qu'à surveiller attentivement le bon gentilhomme, continuellement alarmées de la crainte de le perdre sitôt qu'il serait en meilleure santé. C'est ce qui ne manqua pas d'arriver, comme elles l'appréhendaient, et comme nous le verrons dans le suite de cette histoire.

FIN DE LA PREMIÈRE PARTIE

L'INGENIEUX CHEVALIER

DON QUICHOTTE

DE LA MANCHE

SECONDE PARTIE

CHAPITRE I

Qui traite de la notable dispute qu'eut Sancho Pança
avec la nièce et avec la gouvernante de don Quichotte, et d'autres
événements plaisants.

E curé et le barbier furent près d'un mois sans aller voir don Quichotte, de crainte de faire revivre ses folies passées. Ils ne laissaient pourtant pas de visiter la nièce et la gouvernante, à qui ils recommandaient toujours de bien traiter don Quichotte, et de lui donner une nourriture propre à fortifier le cœur et le cerveau, d'où venait sans doute tout son mal. Elles répondirent qu'elles agissaient ainsi, et qu'elles continueraient avec d'autant plus de persévérance qu'elles s'apercevaient par moments qu'il semblait avoir tout à fait recouvré son bon sens. Cette nouvelle causa une grande joie au curé et au barbier ; ils attribuèrent ce résultat à l'enchantement qu'ils avaient imaginé, et que nous avons raconté dans le dernier chapitre de la première partie de cette grande et fidèle histoire. Cependant, comme ils tenaient la guérison pour impossible, ils résolurent d'aller voir don Quichotte, afin de s'en assurer par eux-mêmes, après avoir arrêté de concert qu'ils ne lui diraient pas un mot de chevalerie, de peur de rouvrir une blessure encore toute récente.

Ils se rendirent donc chez lui; ils le trouvèrent assis sur son lit, en camisole de laine verte, avec un bonnet rouge sur la tête, et le corps si sec et si basané qu'il ressemblait à une momie. Il les reçut très-bien, et répondit à leurs questions sur sa santé avec beaucoup de sens et en termes choisis. Après avoir parlé quelque temps de choses indifférentes, ils en vinrent insensiblement aux matières politiques et à la façon de bien gouverner, tantôt réformant une coutume, tantôt corrigeant un abus, et s'érigeant en législateurs modernes, ni plus ni moins que Lycurgue ou Solon; enfin ils refirent l'État, comme s'ils l'eussent remis à la forge et sur l'enclume. Don Quichotte parla sur tout cela avec tant de sagesse, que ses deux examinateurs ne doutèrent plus qu'il ne fût rentré dans la plénitude de son jugement. La nièce et la servante, présentes à cette conversation, versaient des larmes de joie, et ne pouvaient se lasser de rendre grâces à Dieu en voyant une telle lucidité d'esprit. Mais le curé, changeant son dessein primitif, qui était de ne point toucher la corde de la chevalerie, voulut compléter l'épreuve, et voir si la guérison était réelle ou apparente; il en arriva donc de fil en aiguille à rapporter quelques nouvelles venues de la cour, entre autres que le Turc faisait de formidables préparatifs de guerre, et qu'on ne savait sur quel point viendrait s'abattre cet orage; mais que toute la chrétienté en était alarmée, et que le roi faisait pourvoir à la sûreté de Malte et des côtes de Naplès et de Sicile.

« Le roi agit en guerrier prudent, répondit don Quichotte,

et cette précaution le met à couvert des surprises de l'ennemi ; mais si Sa Majesté prenait mon avis, je lui indiquerais un moyen auquel elle est sans doute éloignée de songer à cette heure. » A peine le curé eut-il entendu ces paroles, qu'il se dit à part lui : Que Dieu te vienne en aide, pauvre don Quichotte ; car, si je ne me trompe, tu vas retomber au plus creux de ta démence. Le barbier, qui avait fait la même réflexion, ne laissa pas de demander quelle était cette importante mesure, et il ajouta que ce pourrait bien être un de ces impertinents avis qu'on ne manque jamais de donner aux princes. « Mon avis, seigneur raseur, n'a rien d'impertinent ; il est tout à fait pertinent, au contraire. — Ce que j'en dis, répliqua le barbier, c'est parce que l'expérience nous a démontré que la totalité ou du moins la plupart de ces expédients que l'on conseille à Sa Majesté sont impossibles ou ridicules, et contraires au roi et au gouvernement. — Soit ; mais le mien, repartit don Quichotte, n'est ni impossible ni ridicule ; c'est le plus facile, le plus juste, le plus simple et le plus convenable qui puisse tomber dans la pensée d'un donneur de conseils. — Vous devriez déjà nous l'avoir appris, seigneur don Quichotte, dit le curé. — Franchement, répondit don Quichotte, je ne prendrais pas plaisir à le dire aujourd'hui, et que dès demain matin le grand conseil en fût informé, et qu'ainsi un autre pût recueillir les éloges et le prix dus à mon invention. — Pour moi, dit le barbier, je jure, ici-bas comme devant Dieu, que je n'en parlerai ni au roi, ni à Roch, ni à homme qui vive ; serment que j'ai appris dans la *romance* du curé, où l'on découvre au roi le larron auteur du vol de ses cent doublons et de sa bonne mule qui allait si bien l'amble. — Je ne connais pas cette histoire, dit don Quichotte ; mais je m'en fie à un serment, et au seigneur barbier que je tiens pour un homme d'honneur. — En tout cas, je me porte fort pour lui, dit le curé, et je réponds qu'il n'en ouvrira pas la bouche, sous telle peine que de droit. — Et vous, seigneur curé, quelle est votre caution? dit don Quichotte. — Mon caractère, répondit le curé, qui me fait une loi de garder un secret.

— Eh bien donc, dit alors don Quichotte, qu'y a-t-il à faire en cette occasion, si ce n'est que le roi fasse publier à son de trompe que tous les chevaliers errants de son royaume aient à se réunir à la cour à jour nommé, et quand il n'en paraîtrait qu'une demi-douzaine, il pourrait bien y en avoir parmi eux tel qui viendrait tout seul à bout de toutes les forces du Turc. Dieu m'entend, et je n'en dis pas davantage.

— Miséricorde! s'écria la nièce; que je meure si mon oncle n'a encore envie d'être chevalier errant! — Oui, oui, répondit don Quichotte, je suis chevalier errant, et chevalier errant je mourrai; et que le Turc descende ou monte quand il voudra, et qu'il déploie toute sa puissance; je le répète, Dieu m'entend. » Une fois que l'entretien se fut engagé sur ce terrain, le pauvre gentilhomme prouva que son retour à la santé rendait à son incurable manie toute sa force et tout son empire. Les raisonnements de ses deux amis ne purent contre-balancer dans son cerveau l'influence des lectures dont il s'était nourri, et dont il s'appuyait pour combattre ses contradicteurs avec une énergie nouvelle. Leur entretien s'était prolongé quelque temps, lorsqu'ils entendirent la nièce et la gouvernante, qui n'avaient pas tardé à quitter la conversation, pousser de grands cris dans la cour.

Le bruit qu'ils entendaient venait de ce que Sancho Pança frappait à la porte et faisait tous ses efforts pour entrer, demandant à voir son maître, et de ce que la nièce et la gouvernante s'y opposaient de toute leur force, en criant : « Que nous veut donc ce vagabond? Allez-vous-en chez vous, l'ami, vous qui débauchez notre seigneur et qui lui faites courir les grands chemins. — Gouvernante de Satan, répondit Sancho, c'est moi qu'on débauche, c'est à moi qu'on fait courir les grands chemins, c'est moi qu'on emmène par le monde, et vous vous trompez de moitié dans ce que vous dites; c'est lui qui m'a arraché de chez moi en m'enjôlant avec de belles paroles, et en me promettant une île qui est encore à venir. — Que males îles t'étouffent, Sancho maudit! reprit la nièce. Et que veux-tu dire avec tes îles? C'est sans doute quelque chose à manger, gourmand, glouton que tu es? — Non pas à manger, dit Sancho, mais à gouverner, et meilleur que quatre villes et que toute une province. — N'importe, répondit la gouvernante, tu n'entreras pas ici, boîte à malices, sac à méchancetés; allez, allez-vous-en gouverner votre maison et labourer votre terre, et laissez là vos îles et vos îlots. »

Le curé et le barbier riaient de bon cœur en entendant ce plaisant trio. Mais don Quichotte, craignant que Sancho ne lâchât la bride à sa langue et à une foule de sottises qui ne seraient peut-être pas à l'avantage de son maître, fit taire la gouvernante et sa nièce, et ordonna qu'on le laissât entrer. Sancho entra donc; et le curé et le barbier prirent aussitôt congé de don Quichotte, désespérant de sa guérison, tant ils le voyaient infatué de ses idées folles et de sa malencontreuse chevalerie. Quand ils furent sortis, le premier dit à l'autre : « Vous verrez, compère, que, lorsque nous y penserons le moins, notre gentilhomme prendra encore la poudre d'escampette. — Je n'en doute pas, répondit le barbier; mais ce qui m'étonne, c'est moins la folie du chevalier que la simplicité de son écuyer, qui croit si fermement à son île, que rien ne peut le détromper. — Que Dieu les guérisse tous deux! dit le curé. Quant à nous, tenons-nous à l'affût pour voir ce que deviendra cet échafaudage d'extravagances, construit par le chevalier et l'écuyer, si semblables l'un à l'autre, qu'on les dirait fondus dans le même moule. — Je suis de cet avis, dit le barbier; mais je voudrais bien savoir tout ce qui à cette heure va se tramer entre eux. — Il ne faut pas s'en mettre en peine, répliqua le curé, nous le saurons bien par la nièce et par la gouvernante ; elles ne se feront pas faute d'être aux écoutes. »

Cependant don Quichotte se renferma dans sa chambre avec Sancho. Quand ils furent seuls : « Je suis fâché, Sancho, dit don Quichotte, que tu aies dit et que tu répètes que c'est moi qui t'ai tiré de ta chaumière, quand tu sais bien que je ne suis pas davantage resté chez moi. Nous sommes partis ensemble, et ensemble nous avons cheminé ; nous avons l'un et l'autre éprouvé même fortune et couru même chance ; et si tu as été berné une fois, cent fois on m'a roué de coups : voilà l'avantage que j'ai sur toi. — Il n'y avait en cela que justice, répondit Sancho, puisque, suivant votre dire, les mésaventures sont le partage des chevaliers errants, plutôt que de leurs écuyers. — Tu te trompes, Sancho, dit don Quichotte, d'après cet axiome : *Quando caput dolet*... — Seigneur, je n'entends point d'autre langue que la mienne, repartit Sancho. — Je veux dire, reprit don Quichotte, que quand la tête est malade, tout le corps en souffre. Ainsi, étant ton maître, je suis le chef ou la tête du corps, dont tu fais partie comme mon serviteur ; de telle façon que je ne puis recevoir de mal qu'il n'en retombe sur toi, comme tu n'en saurais avoir sans que j'en ressente. — Cela devrait bien être ainsi, répondit Sancho ; mais pendant qu'on me bernait, moi, pauvre membre, ma tête était derrière la muraille, qui, sans éprouver aucun mal, me regardait voler en l'air ; et puisque les membres doivent prendre part aux douleurs de la tête, il me semble que la tête devrait en revanche prendre part aux souffrances des membres. — Crois-tu, Sancho, dit don Quichotte, que je ne souffrais pas pendant qu'on te bernait ? Garde-toi de le dire comme de le penser, et sois persuadé que je souffrais alors dans mon esprit plus que toi dans tout ton corps. Mais laissons cela pour le moment ; nous y reviendrons à loisir, et nous viderons la question.

« Dis-moi, je te prie, ami Sancho, en quels termes parle-t-on de moi dans le pays? Dans quel crédit suis-je auprès des paysans, des gentilshommes, des chevaliers? Que dit-on de ma valeur, de mes hauts faits, de ma courtoisie? Et quel est le sentiment général sur le dessein que j'ai formé de rétablir et de remettre dans son premier lustre l'ordre tombé en oubli de la chevalerie errante? Enfin, Sancho, je veux que tu me dises tout ce qui est venu à tes oreilles, et cela sans exagérer le bien, sans amoindrir le mal, comme il convient à un loyal serviteur, dont le devoir est de rapporter à ses maîtres la vérité la plus sincère, celle que le respect et l'adulation n'ont point altérée. Et il est bon que tu saches, ami Sancho, que si les souverains pouvaient envisager la vérité dépouillée des ornements de la flatterie, nous verrions régner d'autres siècles ; notre temps ne passerait plus pour l'âge de fer, quoique j'espère bien qu'il deviendra l'âge d'or. Profite de cet avertissement pour me parler avec sagesse et droiture des choses que je t'ai demandées. — Je le ferai bien volontiers, seigneur, reprit Sancho ; mais à la condition que Votre Grâce ne se fâchera point de ce que je lui dirai, puisqu'elle veut que je lui présente les choses à nu, ou sans autre parure que celle sous laquelle je les ai vues. — Je t'assure que je ne me fâcherai point, dit don Quichotte ; parle librement et sans aucun détour.

— Je vous dirai donc d'abord, seigneur, que chacun vous tient pour le plus grand fou qui soit au monde, et moi pour non moins insensé. Les gentilshommes disent que, sortant des limites de votre condition, vous vous êtes arrogé le *don*, et que vous vous êtes fait chevalier avec quatre ceps de vigne et deux arpents de terre, un haillon par devant et l'autre par derrière. Les chevaliers voient de mauvais œil les gentilshommes se confondre avec eux, surtout les gentilshommes écuyers qui noircissent leurs souliers à la fumée, et qui raccommodent des chausses noires avec de la soie verte. — Cela ne me regarde nullement, dit don Quichotte : je suis toujours proprement vêtu et ne porte point d'habits rapiécés; déchirés, cela pourrait être, mais plutôt par les armes que par le temps. — Quant à ce qui touche votre valeur, votre courtoisie, vos exploits et votre entreprise, les opinions varient. Les uns disent : Il est fou, mais amusant ; les autres : Il est vaillant, mais malheureux ; d'autres : Il est courtois, mais extravagant; enfin ils en disent tant et de toutes sortes, que, par ma foi, ils ne vous laissent pas une place saine.

— Tu vois, Sancho, dit don Quichotte, que plus le mérite est éminent, plus il est persécuté. Peu de grands hommes des siècles passés ont échappé aux atteintes de la calomnie. Jules César, ce sage et vaillant capitaine, a passé pour un ambitieux, et on lui a reproché du laisser-aller dans ses habits et dans ses mœurs. On a taxé d'ivrognerie Alexandre, ce héros qui, par tant de belles actions, a mérité le nom de Grand. Hercule, malgré ses innombrables travaux, a été traité de voluptueux et d'efféminé. On a dit de don Galaor, frère d'Amadis, qu'il était querelleur ; et d'Amadis, qu'il pleurait comme une femme. Ainsi, mon pauvre Sancho, parmi les calomnies qui ont poursuivi tant d'hommes illustres, les miennes peuvent bien trouver place, pourvu qu'il n'y en ait pas plus que tu ne m'en as dit. — Ah ! morguienne, voilà le nœud, reprit Sancho. — Eh quoi ! ce n'est pas fini ? demanda don Quichotte. — Il reste la queue à écorcher, répliqua Sancho ; jusqu'ici ce ne sont que tourtes et gâteaux ; mais si Votre Grâce veut connaître tout au long les *colonies* qu'on débite sur son compte, je vais vous querir quelqu'un qui les contera toutes sans qu'il en manque une obole. Hier soir est arrivé le fils de Barthélemy Carrasco, qui vient d'étudier à Salamanque, où il s'est fait recevoir bachelier ; et comme j'allais le voir pour lui offrir la bienvenue, il m'a dit que votre histoire courait déjà imprimée par le monde sous le titre de *l'Ingénieux Chevalier don Quichotte de la Manche*. Il a ajouté que j'y étais aussi sous mon propre nom de Sancho

Pança, et jusqu'à madame Dulcinée du Toboso qu'on y a fourrée, et d'autres choses qui se sont passées seulement entre vous et moi, et qui m'ont fait faire bien des signes de croix, tant j'ai été étonné que cet historien ait pu les apprendre. — Il faut assurément, dit don Quichotte, que ce soit quelque sage enchanteur qui ait écrit cette histoire ; car ces gens-là n'ignorent rien de ce qu'ils ont à écrire. — Si vous voulez, seigneur, que je fasse venir le bachelier, je vais le chercher, et je vous l'amène à tire-d'aile. — Tu me feras grand plaisir, ami, dit don Quichotte ; ce que tu m'as dit va me tenir le bec dans l'eau, et je ne mangerai morceau qui me plaise jusqu'à ce que je sois exactement informé. » Sancho partit sur-le-champ, et revint promptement avec le bachelier. Alors s'engagea entre eux trois le plus plaisant entretien.

CHAPITRE II

Du risible colloque qui eut lieu entre don Quichotte, Sancho Pança et le bachelier Samson Carrasco.

Don Quichotte demeura tout pensif en attendant le bachelier Carrasco, par qui il devait apprendre des nouvelles de lui-même, mises en livre, comme Sancho le lui avait dit. Il ne pouvait se persuader qu'on eût déjà écrit cette histoire, et que ses exploits chevaleresques se répandissent en feuilles imprimées, pendant que son épée fumait encore du sang de ses ennemis. Il s'imagina que quelque sage, poussé par la bienveillance ou bien par la haine, devait avoir fait tout cela par enchantement, soit pour glorifier ses exploits et les élever au-dessus de ce qu'avait accompli jusqu'alors la chevalerie, soit pour les avilir et les ravaler en les assimilant aux faits et gestes du moindre écuyer dont on eût jamais écrit l'histoire. Cependant, disait-il, s'il est vrai que cette histoire existe comme appartenant à la chevalerie errante, elle doit nécessairement être éloquente, relevée, noble, magnifique et véritable. Il trouva dans cette pensée quelque consolation ; mais quand il se rappela le nom de Cid, que Sancho avait prononcé, et quand il réfléchit que l'auteur était More, et qu'il n'y avait aucune véracité à attendre de ce peuple hâbleur, imposteur et faussaire, il fut tenté de désespérer. Il craignait que cet écrivain n'eût parlé de ses amours en termes peu convenables, et faits pour compromettre la réputation de sa dame Dulcinée du Toboso. Il était enfoncé et noyé dans ces réflexions, quand arriva Sancho, amenant Carrasco, qu'il reçut avec une grande civilité.

Le bachelier n'était pas de grande taille, bien qu'il s'appelât Samson ; son humeur était narquoise, sa physionomie pâle, son intelligence fine et aiguisée. Il avait environ vingt-quatre ans, le visage rond, le nez camard et la bouche grande, tous signes d'un esprit malin et qui ne se fait pas scrupule de se divertir aux dépens d'autrui, comme il ne tarda pas à le prouver. Sitôt qu'il vit don Quichotte, il se jeta à genoux devant lui, en disant : « Que Votre Grandeur, seigneur don Quichotte, me donne ses mains à baiser ; car, par l'habit de Saint-Pierre que je porte, quoique je n'aie encore reçu que les quatre premiers ordres, je jure que vous êtes un des plus fameux chevaliers errants qui aient jamais été et qui seront jamais sur toute la circonférence de la terre. Grâces soient rendues à Cid Hamet Benengeli pour le soin qu'il a pris d'écrire l'histoire de vos valeureux exploits ; et honneur aussi à l'homme de goût qui a eu l'idée de la traduire de l'arabe en castillan, pour l'amusement de l'univers entier.

— Il est donc vrai, répondit don Quichotte en l'engageant à se lever, qu'on a écrit mon histoire, et que c'est un More qui en est l'auteur ? — Cela est si vrai, seigneur, repartit Carrasco, qu'à l'heure qu'il est j'évalue à plus de douze mille exemplaires ce qui s'en est imprimé en Portugal, à Barcelone et à Valence ; on dit même qu'on a commencé à l'imprimer à Anvers, et je ne fais point de doute qu'on ne l'imprime un jour partout, et qu'on ne la traduise dans toutes les langues. — Une des plus agréables choses, dit don Quichotte, qui puissent arriver à un homme éminent et vertueux, c'est de se voir, de son vivant, jouir d'une bonne renommée et des honneurs de l'impression. — Oh ! pour l'estime et la réputation, repartit le bachelier, Votre Grâce l'emporte sur tous les chevaliers errants ; aussi l'auteur more et son traducteur n'ont-ils eu qu'à peindre au naturel votre courage à affronter le péril, votre résignation dans l'adversité, votre patience à souffrir les revers et les blessures, la pureté de vos amours platoniques avec madame dona Dulcinée du Toboso. — Jamais, interrompit Sancho, je n'ai entendu donner le *don* à madame Dulcinée ; et sur ce point déjà l'histoire est en défaut. — Cette objection a peu d'importance, répondit le bachelier. — Assurément, ajouta don Quichotte ; mais dites-moi, je vous prie, seigneur bachelier, parmi mes exploits, quels sont ceux dont cette histoire fait le plus de cas ? — Les avis sont partagés à cet égard, répondit Carrasco, de même que les goûts. Les uns estiment par-dessus tout l'aventure des moulins à vent, que Votre Grâce prit pour des géants ; les autres, celle des moulins à foulon. Ceux-ci se prononcent pour l'aventure des deux armées qui se trouvèrent depuis être deux troupeaux de moutons ; ceux-là, pour l'histoire du mort qu'on menait à Ségovie ; il y en a qui tiennent pour celle de la délivrance des forçats, d'autres pour celle des géants bénédictins, d'autres enfin pour le combat avec le Biscayen. — Et dites-moi, je vous prie, seigneur bachelier, interrompit encore Sancho, n'est-il point parlé dans cette histoire de l'aventure des Yangois, quand Rossinante alla chercher de la laine et revint tondu ? — Il n'y manque rien, répondit Samson ; le savant auteur n'a rien laissé au fond de son écritoire, pas même les cabrioles que le bon Sancho fit dans la couverture. — Je ne fis pas de cabrioles dans la couverture, répliqua Sancho, mais dans l'air, et beaucoup plus que de besoin. — A mon sens, dit don Quichotte, il n'y a point d'histoire au monde qui n'ait ses hauts et ses bas, principalement les histoires de la chevalerie, qui ne peuvent pas n'être composées que d'événements heureux. — Quoi qu'il en soit, reprit Carrasco, certains lecteurs de ce livre disent qu'il serait à souhaiter que l'auteur eût négligé une partie de ces innombrables coups de bâton que le seigneur don Quichotte a reçus en diverses rencontres. — C'est pourtant bien dans la vérité de l'histoire, dit Sancho. — L'auteur aurait pu, en effet, dit don Quichotte, les omettre sans cesser d'être impartial ; il n'est pas nécessaire de relater des circonstances qui ne changent ni n'altèrent le fond, quand elles tendent au discrédit du héros. Par exemple, Énée n'avait pas autant de piété que Virgile lui en prête, ni Ulysse toute la prudence que lui attribue Homère. — Rien de plus vrai, répliqua Carrasco ; mais autre chose est d'écrire en poëte, ou d'écrire en historien : le poëte a toute liberté de conter ou de chanter les choses, non comme elles sont, mais comme elles devraient être ; tandis que l'historien doit les rapporter non comme elles devraient être, mais comme elles ont été, sans rien retrancher, sans rien ajouter à la vérité. — Puisque le seigneur more, dit Sancho, se met à dire des vérités, certes, parmi les coups de bâton de mon maître doivent figurer les miens ; car jamais on ne lui a pris la mesure du dos, sans qu'on me l'ait prise à moi pour tout le corps ; mais cela ne m'étonne pas, puisque, comme le dit Sa Grâce, tous les membres participent à la souffrance de la tête. — Vous raillez, Sancho, dit don Quichotte ; sur ma foi, la mémoire ne vous manque que quand vous le voulez bien. — Et comment diable en manquerais-je pour les coups de bâton, repartit Sancho, quand les meurtrissures sont encore toutes fraîches sur mes côtes? — Taisez-vous, Sancho, dit don Quichotte, et n'interrompez pas le seigneur bachelier, que je prie de poursuivre le récit de ce qui me concerne dans cette histoire.

— Et moi aussi, dit Sancho, puisqu'on dit que j'en suis un des principaux parsonnages. — Dites personnages, ami Sancho, reprit Carrasco. — Encore un redresseur de langues? Au train dont nous allons, nous ne sommes pas près de finir. — Dieu me damne, Sancho, continua le bachelier, si vous n'avez le second rôle dans cette histoire; il y a même bien des gens qui attachent plus de prix à vous entendre parler que le plus huppé de tous ceux qui y paraissent; quoique, d'un autre côté, quelques-uns vous trouvent par trop crédule quand vous regardez comme possible que le seigneur don Quichotte ici présent vous octroie le gouvernement d'une île. — Il y a encore de l'huile dans la lampe, repartit don Quichotte; avec de l'âge et de l'expérience, Sancho deviendra plus propre à être gouverneur et plus capable qu'il ne l'est aujourd'hui. — Pardieu, seigneur, dit Sancho, l'île que je ne saurais pas gouverner à mon âge, je ne la gouvernerais point à l'âge de Mathusalem; mais le pire, c'est que cette île, dont je ne serais pas embarrassé, ne se trouve point, et qu'on ne sait où l'aller prendre. — Recommandez-vous à Dieu, dit don Quichotte, tout ira bien, et peut-être mieux que vous ne pensez; mais il ne remue pas une feuille à l'arbre sans la volonté de Dieu. — Cela est vrai, dit Carrasco, quand il plaira à Dieu, Sancho aura aussi bien cent îles qu'une seule à gouverner. — Ma foi, dit Sancho, j'ai vu par le monde des gouverneurs qui ne me viennent pas à la semelle; et malgré tout on leur donne de la *seigneurie,* et ils sont servis en vaisselle plate. — Ce ne sont pas des gouverneurs d'îles, répondit Carrasco; leurs gouvernements ne sont pas aussi importants, et les premiers doivent avant toute chose savoir la grammaire. — Il n'est pas question de grand'mère, repartit Sancho; mais brisons là, Dieu donnera à chacun ce qu'il lui faut, et ce n'est pas à nous de choisir. Au bout du compte, seigneur bachelier, je suis bien aise que celui qui a écrit cette histoire ait parlé de moi de façon à ne pas ennuyer le lecteur; car, foi de bon écuyer, s'il eût dit de moi des choses mal sonnantes pour un vieux chrétien, j'aurais crié à étourdir les sourds. Il est bon de faire attention à ce qu'on dit des gens, et à ne pas leur mettre sur le dos à tort et à travers la première chose qui vous passe par l'esprit.

— Je crains, dit don Quichotte, que cette histoire ne soit pas l'œuvre d'un savant, mais de quelque ignorant hâbleur qui se sera mis à la bâcler tant bien que mal, à tel point qu'elle ne puisse être comprise sans un commentaire. — Il n'en est rien, répondit Carrasco; elle est si claire, qu'elle ne présente aucune difficulté. Les enfants la parcourent, les jeunes gens la lisent, les hommes la goûtent et les vieillards la préconisent; enfin elle est tellement lue, feuilletée et apprise par cœur, et par toutes sortes de gens, qu'en voyant passer un roussin efflanqué, chacun crie : « Voilà Rossinante ! » Mais ceux qui s'adonnent avec le plus d'ardeur à cette lecture, ce sont les pages; il n'y a point d'antichambre de grand seigneur où il n'y ait un *Don Quichotte;* dès que quelqu'un le laisse, un autre le prend; les uns le demandent, les autres s'en emparent. En un mot, cette histoire est le passe-temps le plus agréable et le plus innocent qu'on puisse choisir; on n'y saurait trouver un mot déshonnête, ni une pensée qui ne soit parfaitement catholique. — Si elle était écrite dans un autre sens, dit don Quichotte, elle ne serait pas véridique; or un historien qui ment mérite d'être brûlé comme un faux monnayeur. Mais je ne sais de quoi l'auteur s'est avisé d'aller mettre dans cette histoire des nouvelles et des contes étrangers au sujet, comme s'il n'avait pas assez de matière; il aurait dû se rappeler le proverbe : De paille et de foin, etc. Quand il n'aurait parlé que de mes pensées, de mes soupirs, de mes larmes, de mes désirs honnêtes et de mes entreprises hardies, il aurait pu remplir un énorme volume. En somme, dit don Quichotte, ce qui me regarde dans le livre n'a pas dû plaire à beaucoup de gens. — Au contraire, repartit Samson, comme le nombre des fous est infini, il y a aussi un nombre infini de gens qui prennent plaisir à vous lire. Il y en a qui reprochent à l'auteur de manquer de mémoire ; on sait bien que l'âne de Sancho lui fut dérobé, mais on ne sait pas comment il le retrouva ; on le revoit à quelque temps de là sur son âne, sans qu'on ait dit qu'il l'a retrouvé. On demande aussi ce que fit Sancho des cent écus d'or qu'il trouva dans la valise de Cardenio, au fond de la Sierra-Morena ; on regrette d'ignorer comment il les employa : c'est une lacune essentielle dans l'ouvrage.

— Seigneur bachelier, répondit Sancho, je ne suis pas maintenant en état de vous faire des contes ni de vous rendre des comptes ; je me sens pris d'une telle défaillance d'estomac qu'il faut que je me restaure avec deux coups de vin vieux. Je retourne au logis, où ma femme m'attend ; dès que j'aurai fini de dîner, je reviendrai vous satisfaire, vous et tout le monde, sur la perte de l'âne comme sur l'emploi des cent écus. » Puis, sans attendre la réponse et sans ajouter un mot, il regagna son gîte.

Don Quichotte pria le bachelier de rester à faire pénitence avec lui ; le bachelier accepta l'invitation. On ajouta à l'ordinaire une couple de pigeons ; à table, on ne parla que de chevalerie, et Carrasco se mit à l'unisson de son hôte. Le repas fini, on fit la sieste ; pendant ce temps-là Sancho revint, et l'on reprit l'entretien interrompu.

« Vous désirez savoir, seigneur bachelier, dit Sancho, quand, comment et par qui mon âne me fut pris : je vais vous le dire. La même nuit où nous entrâmes dans la Sierra-Morena, fuyant la Sainte-Hermandad, par suite de la malencontreuse aventure des galériens et de celle du défunt qu'on transportait à Ségovie, nous entrâmes, mon maître et moi, dans un fourré, où, lui appuyé sur sa lance et moi monté sur mon grison, nous nous endormîmes comme si nous eussions été couchés sur de bons lits de plume, tant nous étions fatigués et moulus par nos dernières batailles. Pour ma part, je dormis si profondément, que mon larron, quel qu'il fût, eut tout le loisir de planter quatre pieux aux quatre coins du bât pour le supporter, et de tirer l'âne par-dessous sans que je le sentisse. — Et la chose n'est ni difficile ni nouvelle, interrompit don Quichotte; il en arriva tout autant à Sacripant, quand, au siège d'Albraque, ce grand larron qu'on appelait Brunel s'y prit de la même manière pour lui dérober son cheval entre les jambes. — Le jour vint, poursuivit Sancho, et, au premier mouvement que je fis en m'éveillant, les bâtons manquèrent sous moi, et je tombai à terre tout de mon long. Je cherchai mon âne, et ne le vis pas; alors je me pris à pleurer et à faire de telles lamentations, que si l'historien les a oubliées, il peut bien compter n'avoir rien fait qui vaille. Au bout de quelques jours, en cheminant avec madame la princesse Micomicona, je reconnus mon âne, et l'homme qui était dessus, en habit de bohémien, Ginès de Passamont, ce vaurien fieffé, que mon maître et moi avions délivré de la chaîne. — Ce n'est pas en cela que consiste l'erreur, dit Carrasco; mais en ce que l'auteur représente Sancho sur son grison avant d'avoir dit qu'il l'eût retrouvé. — A cela je ne sais que répondre, si ce n'est que l'auteur s'est trompé; il se pourrait encore, repartit Sancho, que ce fût une bévue de l'imprimeur.

— Il y a apparence, dit Carrasco ; mais que devinrent les cent écus? — Je les ai employés, répondit Sancho, pour mes propres besoins, pour ceux de ma femme et de mes enfants; et cela est cause que ma femme a pris en patience toutes mes allées et venues au service de monseigneur don Quichotte; et par ma foi, si, après une si longue absence, j'étais rentré sans mon âne et sans denier ni maille, je n'avais qu'à bien me tenir. Si l'on en veut savoir davantage, me voici pour répondre au roi lui-même en personne ; et qu'on ne se mette pas en peine de ce que j'ai rapporté ou de ce que j'ai dépensé ; si les coups de bâton que j'ai attrapés dans ces voyages m'étaient payés en argent, et à raison de quatre maravédis la pièce, cent autres écus ne parferaient pas la moitié du compte ; et que chacun mette la main sur la conscience, au lieu de s'ingérer de prendre le blanc pour le noir ou le noir pour le blanc ; chacun est comme Dieu l'a fait, et bien souvent pire.

— J'aurai soin, repartit Carrasco, d'avertir l'auteur, afin qu'il n'oublie pas de mettre dans son livre, s'il l'imprime de nouveau, ce que vient de dire le bon Sancho ; cela ne pourra manquer de relever l'ouvrage, et de beaucoup. — Y a-t-il d'autres choses à reprendre dans cette légende, seigneur bachelier ? demanda don Quichotte. — Peut-être encore en quelques endroits, répondit le bachelier, mais de peu d'importance. — Et l'auteur, dit don Quichotte, promet-il une seconde partie ? — Oui, sans doute, il en promet une, répondit Carrasco ; mais il convient qu'il ne l'a pas encore trouvée, et qu'il ne sait où la prendre ; on va d'ailleurs disant que les secondes parties n'ont jamais rien valu, et quelques-uns ajoutent qu'il faut s'en tenir à ce qui a été fait sur don Quichotte : toutes ces raisons font douter qu'il y ait une continuation. Cependant les gens qui aiment à rire demandent à cor et à cri des *quichottades*. Que don Quichotte agisse et que Sancho parle bien ou mal, disent-ils, nous serons contents. — Et quel parti prend l'auteur ? demanda don Quichotte. — Il est bien décidé, répliqua Samson, s'il découvre cette histoire, pour laquelle il fait les recherches les plus diligentes, à la livrer sur-le-champ à la presse, poussé en cela beaucoup plus par l'intérêt que par les éloges qui peuvent lui en revenir. — Quoi ! dit Sancho, l'auteur ne songe qu'à l'argent et à l'intérêt ! alors ce sera merveille s'il réussit ;

il ne va faire que gâcher et bousiller comme les tailleurs la veille de Pâques; car une besogne faite à la course n'atteint jamais la perfection requise. Que ce seigneur more, ou quelqu'il soit, fasse attention à lui; car, mon maître et moi, nous lui taillerons tant d'étoffe en matière d'événements et d'aventures, qu'il n'aura pas de peine à composer non-seulement une, mais cent autres parties. Il s'imagine sans doute, le bonhomme, que nous sommes ici à dormir sur la paille; mais il verra de quel bois nous nous chauffons. Tout ce que je veux dire, c'est que si mon maître voulait suivre mon conseil, nous serions déjà en campagne à défaire les griefs et à redresser les torts, selon les us et coutumes des chevaliers errants. »

A peine Sancho avait-il achevé ces paroles, qu'ils entendirent les hennissements de Rossinante; don Quichotte, les regardant comme un heureux présage, résolut aussitôt de faire une nouvelle sortie dans l'espace de trois à quatre jours. Il déclara son intention au bachelier, en demandant à celui-ci quel chemin il lui conseillait de prendre. « Si vous voulez m'en croire, répondit Samson, vous irez du côté de Saragosse, où dans peu de jours, à l'occasion de la fête de Saint-Georges, auront lieu des joutes solennelles. Là il y aura de la gloire à acquérir; car, en l'emportant sur les chevaliers d'Aragon, vous pourrez dire que vous l'emportez sur tous les chevaliers du monde. » Il le loua en même temps de son généreux dessein, et l'engagea à ne pas s'exposer aussi souvent aux périls, parce que sa vie n'était pas à lui, mais aux affligés et aux malheureux qui avaient besoin du secours de son bras.

« Et voilà précisément ce qui me fait pester, seigneur Samson, s'écria Sancho; mon maître s'attaque à cent hommes armés, comme un enfant goulu à une demi-douzaine de melons. Eh! morbleu! il y a temps pour aller en avant, et temps pour faire retraite; et il n'est pas toujours l'heure de sonner la charge. Suivant ce que j'ai ouï dire, et, je crois, à mon maître lui-même, entre la couardise et la témérité il y a un milieu, qui est la valeur. Ainsi je ne veux ni qu'il fuie sans motif, ni qu'il marche contre vent et marée. Mais, avant tout, je dois l'avertir que, s'il compte m'emmener, il se chargera de tout ce qui sera bataille ; je ne m'engage qu'à prendre soin de sa personne pour ce qui concerne la propreté et la nourriture ; en cela il sera servi au doigt et à l'œil. Quant à prétendre que j'aille mettre l'épée à la main, fût-ce contre des paysans et des vilains, il ne faut pas qu'il y pense. Voyez-vous, seigneur bachelier, je ne songe point à passer dans le monde pour un brave, mais pour le meilleur et le plus loyal écuyer qui ait jamais servi chevalier errant ; et si, en retour de mes bons et nombreux services, il plaît à monseigneur don Quichotte de m'octroyer une des îles qui se présenteront sur son passage, je lui en conserverai une grande reconnaissance ; s'il ne me la donne pas, je m'en retournerai nu comme je suis venu au monde ; et le pain que j'ai à manger, je ne le trouverai peut-être pas moins bon sans gouvernement que si j'étais gouverneur ; que sais-je, après tout, si dans ces gouvernements le diable ne me tend point quelque croc-en-jambe, pour me faire trébucher à me casser le nez et les dents ? Sancho je suis né, et Sancho je pense mourir. Ce n'est pas que si le Ciel m'envoyait de son plein gré, sans trop d'efforts ni de dangers, une de ces îles, ou quelque chose de semblable, je fusse assez nigaud pour la repousser ; car, comme on dit : Si l'on te donne la génisse, passe-lui la corde au cou ; et, Si le bien frappe à ta porte, ne la lui ferme pas au nez. — Foi de bachelier, ami Sancho, dit Samson, vous parlez comme un prédicateur ; mais prenez confiance en Dieu et dans le seigneur don Quichotte, qui vous donnera non-seulement une île, mais un royaume. — Le plus comme le moins, répondit Sancho ; et soyez sûr, seigneur bachelier, que le royaume que me donnera mon maître ne tombera pas dans un sac troué ; je me suis déjà tâté le pouls, et je me sens de force à gouverner îles et royaumes, comme je le lui ai dit maintes fois. — Prenez garde, Sancho, répliqua Carrasco, les honneurs changent les mœurs : peut-être, en vous voyant gouverneur, méconnaîtrez-vous la mère qui vous a mis au monde. — Bon pour les gens nés de rien, dit Sancho, mais non pour ceux qui ont sur le cœur plusieurs couches de vieux chrétiens, comme je les ai ; faites-en l'essai, et vous verrez si je boude. — Dieu le veuille, dit don Quichotte, et j'espère que nous le verrons bientôt ; car le gouvernement ne sera pas long à venir, et il me semble déjà le voir paraître. »

Cela dit, ils fixèrent le départ à la huitaine. Don Quichotte pria instamment Samson Carrasco de le tenir secret, et notamment de le cacher au curé et à maître Nicolas, ainsi qu'à sa nièce et à sa gouvernante, de peur qu'ils ne vinssent traverser cette honorable et vaillante résolution. Carrasco le lui promit, et prit congé de don Quichotte, non sans obtenir de lui sa parole de l'informer à l'occasion de ses aventures bonnes ou mauvaises. Ils se quittèrent là-dessus, et Sancho alla faire ses préparatifs d'entrée en campagne.

CHAPITRE III

Du profond et plaisant entretien qui eut lieu entre Sancho Pança et sa femme Thérèse Pança, et d'autres événements dignes d'heureuse mémoire.

Le traducteur de notre histoire, en arrivant à ce chapitre, déclare qu'il le tient pour apocryphe, parce que Sancho y parle sur un ton plus relevé qu'on ne devait attendre de son esprit borné, et qu'il y dit des choses trop déliées pour venir de son fonds; toutefois il n'a pas laissé de le traduire pour satisfaire aux obligations de son métier. Il poursuit donc ainsi :

Sancho rentra chez lui si content et si réjoui, que sa femme s'en aperçut du plus loin qu'elle le vit paraître; si bien qu'elle lui demanda avec empressement : « Eh! qu'y a-t-il, mon ami, que vous revenez si joyeux? — Femme, répondit Sancho, s'il plaisait à Dieu, je voudrais bien n'être pas aussi content que je le parais. — Je ne vous comprends pas, mon mari, répliqua Thérèse; car, toute sotte que je suis, je ne sache pas qu'on puisse être fâché d'être content. — Voici le fait, Thérèse. Ce qui me réjouit, c'est la résolution que j'ai prise de rentrer au service de mon maître don Quichotte, lequel va pour la troisième fois partir à la recherche d'aventures, et de me mettre en marche avec lui, puisque ainsi le veut la nécessité, en même temps que l'espoir qui me sourit de trouver cent autres écus comme ceux que nous avons employés; mais ce qui m'attriste, c'est d'avoir à me séparer de toi et de mes enfants. Si Dieu voulait me donner de quoi vivre dans ma maison, sans me mouiller les pieds et sans courir par monts et par vaux, ce qu'il pourrait faire à peu de frais et avec sa seule volonté, il est clair que ma joie serait de meilleur aloi, puisque celle que j'éprouve est affaiblie par le déplaisir de te quitter : j'avais donc raison de dire que je serais bien aise de ne pas être content. — Sur l'honneur, Sancho, dit Thérèse, depuis que vous êtes dans vos chevaleries, vous parlez d'une façon si embrouillée, qu'il n'y a pas moyen de vous entendre. — Si Dieu m'entend, femme, lui qui entend toutes choses, répliqua Sancho, cela suffit; mais laissons cela. Faites attention, ma chère, à avoir grand soin du grison ces trois jours-ci, afin qu'il soit en état de tenir la campagne : doublez-lui son ordinaire, visitez le bât et tout le harnois; car ce n'est pas à la noce que nous allons, mais faire le tour du monde, nous mesurer avec des géants, des endriagues et des lutins, entendre des sifflements, des hurlements, des mugissements et des rugissements ; et tout cela ne serait que des roses si nous n'avions à répondre à des muletiers Yangois et à des Mores enchantés. — Je me doute bien, répondit Thérèse, que les écuyers errants ne mangent pas du pain volé ; aussi prierai-je Notre-Seigneur qu'il vous tire promptement de cette passe difficile.

— Voyez-vous, femme, reprit Sancho, si je ne croyais pas me réveiller, avant qu'il soit longtemps, gouverneur de quelque île, je tomberais mort sur-le-champ. — Oh ! nenni, mon homme, s'écria Thérèse, vive la poule encore qu'elle ait la pépie ! Vivez tant seulement, et au diantre tous les gouvernements de la terre. Vous êtes venu au monde sans gouvernement, sans gouvernement vous avez vécu jusqu'à cette heure, et sans gouvernement vous sortirez d'ici-bas quand il plaira à Dieu. Il y en a d'autres que vous qui vivent sans gouvernement ; et pour cela ils ne laissent pas d'exister, et ils ne sont pas rayés de la liste des vivants. La meilleure de toutes les sauces, c'est l'appétit ; et comme il ne manque pas aux pauvres, ils mangent toujours avec plaisir. Cependant, Sancho, si d'aventure il vous tombe sous la main quelque gouvernement, n'oubliez pas votre femme ni vos enfants. Faites attention que Sanchico a déjà quinze ans révolus, et il est temps qu'il aille à l'école si son oncle l'abbé veut en faire un homme d'Église, et aussi que Mari-Sancha n'en mourra pas pour être mariée ; m'est avis même qu'elle n'a pas moins d'envie d'un mari que vous d'un gouvernement. — Sur ma foi, femme, repartit Sancho, si Dieu m'accorde quelque chose qui ressemble à un gouvernement, je veux que Mari-Sancha fasse un mariage si huppé qu'on ne lui donnera que son dû en l'appelant Votre Seigneurie. — Oh ! non pas, s'il vous plaît, Sancho, répondit Thérèse ; mariez-la avec son égal, cela est bien plus sage que de changer ses sabots en escarpins, et sa jupe de serge en vertugadin de soie ; si, au lieu de l'appeler Marion et de la tutoyer, vous lui donnez du *don* et de la *seigneurie*, la pauvre fille n'y sera plus, et à chaque instant elle tombera dans des balourdises qui feront voir la corde de sa grossière étoffe. — Tais-toi, sotte, interrompit

Sancho, tout cela est l'affaire de deux à trois ans; ensuite les bonnes manières et la dignité lui viendront comme de source; d'ailleurs qu'importe? Vienne la seigneurie, et le reste comme il pourra.

— Mesurez-vous à votre aune, Sancho, reprit Thérèse, et ne songez pas à prendre un vol trop haut; rappelez-vous plutôt le proverbe qui dit : Mouche l'enfant de ton voisin, et mets-le dans ta maison. Vraiment ce serait une jolie chose que nous allassions marier notre fille avec quelque fils de comte ou de baron, qui, à la première mouche qui le piquerait, lui chanterait pouille, en l'appelant vilaine et en la renvoyant à la charrue de son père et à la quenouille de sa mère ! Non, sur ma vie, ce n'est pas pour cela que je l'ai élevée. Apportez-moi seulement de l'argent, et je me charge du soin de la marier ; nous avons ici Lope Tocho, fils de Jean Tocho ; c'est un garçon de bonne mine, et que nous connaissons ; je sais qu'il ne regarde pas d'un mauvais œil la petite ; c'est là son affaire, elle sera fort bien avec lui qui est son égal ; nous ne la perdrons pas de vue, et nous serons tous ensemble, père, enfants, petits-enfants et gendre ; et la paix et la bénédiction du Ciel sera parmi nous. Mais n'allez pas me la marier dans ces palais et dans ces cours, où elle ne comprendrait rien et où elle ne pourrait jamais se reconnaître.

— Oui-da, bête que vous êtes, femme de Barabbas, s'écria Sancho, veux-tu, sans rime ni raison, m'empêcher de marier ma fille avec quelqu'un qui me donne des grands seigneurs pour héritiers? Mais écoute, Thérèse, j'ai toujours ouï dire à mes grands parents que celui qui ne sait pas profiter de la fortune quand elle vient ne doit pas se plaindre quand elle s'en va ; devons-nous donc, à cette heure qu'elle frappe à notre porte, la lui fermer au nez? Non, laissons-nous conduire par ce vent favorable qui enfle nos voiles. (C'est cette manière de parler de Sancho, et ce qu'il va débiter encore, qui font dire au traducteur qu'il tient ce chapitre pour apocryphe.)

« Comment! tu ne comprends pas, ignorante, que je doive donner à corps perdu dans quelque gouvernement d'un bon produit, qui nous tire de la boue, et me mette à même de marier notre fille à qui il me plaira? Ne seras-tu donc pas flattée de t'entendre appeler toi-même dona Thérèse Pança, et d'être assise à l'église sur des tapis et des coussins, en dépit de toutes les femmes de hidalgos du village? Préfères-tu rester toujours au même point, sans croître ni diminuer, comme une figure de décoration? Mais n'en parlons plus, Marion sera comtesse, quoi que tu en puisses dire. — Prenez bien garde à ce que vous dites, mon mari, repartit Thérèse ; j'ai bien peur que ce comté ne soit la perdition de votre fille ; vous en ferez tout ce que vous voudrez, une duchesse, une princesse, mais jamais de mon consentement. J'ai toujours aimé l'égalité, et je ne saurais souffrir une morgue déplacée. On m'a donné au baptême le nom tout court et tout simple de Thérèse, sans aucune addition ni enjolivement ; mon père s'appelait Cascajo ; je m'appelle Thérèse Pança, parce que je suis votre femme, car je devrais m'appeler Thérèse Cascajo ; mais où sont les rois, là vont les lois. Tant y a que je suis bien contente de mon nom, et que je ne veux point qu'on le grossisse, de peur qu'il ne me pèse trop ; je ne veux pas non plus donner à gloser aux gens, en m'habillant à la baronne ou à la gouvernante. Vraiment ils ne manqueraient pas de dire aussitôt : « Voyez comme elle fait la fière, cette gardeuse de pourceaux ! Pas plus tard qu'hier elle filait sa quenouille d'étoupes, et elle allait à la messe avec son cotillon relevé en guise de mante ; aujourd'hui la voilà qui se promène en vertugadin, et la tête haute, comme si nous ne la connaissions pas. » Que Dieu me conserve mes cinq ou six sens, ou enfin ceux que j'ai, et j'espère bien ne jamais me trouver à pareille fête. Pour vous, mon ami, faites-vous gouverneur, ou tout ce qu'il vous plaira, et rengorgez-vous à votre aise ; mais par la mémoire de ma mère, ni moi ni ma fille nous ne ferons un pas hors de notre village : une femme d'honneur est comme une jambe cassée, elle reste à la maison, et les honnêtes filles se divertissent en travaillant. Allez à vos aventures avec votre don Quichotte, et nous laissez avec les nôtres, que Dieu rendra bonnes, moyennant que nous le serons nous-mêmes ; et, à ce propos, je ne sais où il a pris ce *don,* que ni son père ni son grand-père n'ont jamais porté.

— Il faut bien, répliqua Sancho, que tu aies dans le corps quelque démon familier. Que le Ciel confonde la femme avec toutes les choses qu'elle vient d'enfiler les unes au bout des autres, et qui n'ont ni pied ni tête ! Quel rapport ont avec ce que j'ai dit ces Cascajo, ces vertugadins, et ce tas de proverbes ?

Viens çà, insensée, ignorante ; je puis bien t'appeler ainsi, puisque tu n'entends pas raison et que tu fuis ton bonheur. Si je te disais qu'il faut que ma fille se jette du haut en bas d'une tour, ou qu'elle coure le monde comme faisait l'infante Urraca, tu aurais raison de te fâcher ; mais si en un clin d'œil je l'affuble d'un *don* et d'une *seigneurie,* si je la tire du chaume pour la faire asseoir sous un dais garni de plus de coussins qu'il n'y a d'Almohades à Maroc, pourquoi ne pas te ranger à mon avis ? — Vous me demandez pourquoi, mon homme ? C'est à cause du proverbe qui dit : Qui te couvre te découvre. On ne jette qu'en passant les yeux sur le pauvre, et on les fixe sur le riche ; si ce riche fut jadis pauvre, on ne cesse d'en murmurer et d'en médire ; car les médisants courent les rues, aussi nombreux que des essaims d'abeilles. — Écoute-moi bien, Thérèse ; peut-être n'auras-tu de ta vie rien entendu de semblable ; ce que je vais te dire n'est pas de moi, ce sont les paroles du prédicateur qui est monté en chaire ce carême dans notre paroisse. Il disait, si j'ai bonne mémoire, que les choses présentes, et qui sont devant nos yeux, s'offrent bien mieux à notre esprit et y règnent avec plus d'autorité que les choses passées (tous ces raisonnements de Sancho font naître chez le traducteur de nouveaux doutes sur l'authenticité de ce chapitre, comme excédant la capacité de Sancho, lequel poursuit ainsi) ; de sorte que, quand nous voyons une personne bien équipée, vêtue de riches habits, entourée de valets, il semble que nous soyons entraînés, bon gré, mal gré, à lui porter du respect, alors même que notre souvenir nous rappelle la position infime, soit de naissance, soit de fortune, où nous l'avons vue ; en pareil cas, le présent est tout, le passé n'est plus rien. Et si celui que la fortune a tiré de sa bassesse pour l'élever au faîte de la prospérité (ce sont les expressions du prédicateur) est d'ailleurs libéral et courtois avec tout le monde, s'il ne veut disputer le pas à ceux qui sont de noblesse ancienne, sois bien sûre,

Thérèse, que personne ne se rappellera ce qu'il fut, mais qu'on tiendra compte de ce qu'il est, à l'exception des envieux qui ne respectent rien. — Décidément, Sancho, je ne vous comprends pas, repartit Thérèse ; faites ce qu'il vous plaira, et ne me rompez plus la tête avec vos harangues et vos rhétoriques ; et si vous êtes révolu à faire ce que vous dites... — C'est résolu qu'il faut dire, femme, et non pas révolu, interrompit Sancho. — Ne disputons pas sur les mots, mari, reprit Thérèse ; je parle comme il plaît à Dieu, et je n'y cherche pas finesse. Je veux dire que si vous vous obstinez à être gouverneur, vous emmeniez avec vous votre fils Sancho, pour lui apprendre de bonne heure à tenir un gouvernement ; car il est bon que les enfants apprennent le métier de leurs pères. — Quand je serai gouverneur, dit Sancho, je l'enverrai quérir par la poste, et je t'enverrai en même temps de l'argent ; je n'en manquerai pas alors, car il n'y a personne qui en pareil cas ne veuille en prêter ; fais-le habiller de sorte qu'on ne le prenne pas pour ce qu'il est, mais pour ce qu'il doit être. — Vous n'avez qu'à envoyer de l'argent, dit Thérèse, et je l'habillerai comme un prince. — Or çà, femme, dit Sancho, demeurons donc d'accord que notre fille sera comtesse. — Le jour que notre fille sera comtesse, s'écria Thérèse, je voudrais la voir à cent pieds sous terre. Mais, encore une fois, faites ce que vous aviserez ; car nous autres femmes nous naissons toutes avec la charge d'obéir à notre mari, fût-ce un butor. »

Là-dessus, la pauvre femme se prit à pleurer à chaudes larmes, comme si elle eût vu porter sa fille en terre. Sancho l'apaisa en lui assurant que, bien qu'il dût faire sa fille comtesse, il ne la ferait toutefois que le plus tard possible. Ainsi se termina leur conversation, et Sancho se rendit aussitôt chez don Quichotte pour mettre ordre à leur départ.

CHAPITRE IV

De ce qui se passa entre don Quichotte, sa nièce et sa gouvernante,
et c est ici un des plus importants chapitres de toute l'histoire.

Pendant que Sancho Pança et Thérèse Cascajo, sa femme, se livraient à la conversation que nous venons de rapporter, la nièce et la gouvernante de don Quichotte ne restaient pas oisives. Mille indices divers leur annonçaient que leur oncle et maître méditait une troisième escapade, et qu'il allait retomber dans les erreurs de sa chevalerie errante. Elles cherchaient par tous les moyens possibles à le détourner de cette fâcheuse pensée ; mais c'était battre le fer à froid, ou prêcher dans le désert. Après bien des raisonnements qu'elles employèrent auprès de lui, la gouvernante en vint à lui dire : « En vérité, seigneur, si Votre Grâce ne prend pas pied dans sa maison et ne peut pas s'y tenir tranquille, si elle ne cesse d'aller par monts et par vaux comme une âme en peine, cherchant ce qu'on appelle des aventures, et ce qui serait mieux nommé des malencontres, je ne pourrai m'empêcher d'aller jeter les hauts cris auprès de Dieu et du roi pour qu'ils y apportent du remède. — Je ne sais pas bien, ma mie, dit don Quichotte, ce que Dieu et le roi pourront répondre à tes plaintes ; mais je sais que si j'étais le roi, je me dispenserais d'accueillir cette multitude d'impertinentes requêtes qui lui arrivent tous les jours ; une des plus grandes corvées de la royauté, suivant moi, c'est l'obligation d'écouter tout le monde ; et, pour ma part, je ne voudrais pas que mes affaires lui donnassent le moindre embarras. — Mais dites-nous, seigneur, reprit la gouvernante, n'y a-t-il pas de chevaliers à la cour de Sa Majesté ? — Oui, sans doute, repartit don Quichotte, et beaucoup; et il est nécessaire qu'il y en ait pour l'ornement du trône et pour relever l'éclat de la grandeur royale. — Et ne feriez-vous donc pas mieux, répliqua la gouvernante, d'être un de ces chevaliers-là, qui à poste fixe, et sans quitter la cour, servent leur seigneur et roi?

— Écoute, ma chère, répondit don Quichotte, tous les chevaliers ne peuvent pas être courtisans, ni tous les courtisans ne peuvent ni ne doivent être chevaliers errants; il en faut de toutes sortes dans le monde. Mais, quoique nous soyons tous chevaliers, il y a bien de la différence des uns aux autres; car les courtisans voyagent par tout le monde en regardant la carte, sans quitter leurs appartements ni l'enceinte du palais, sans bourse délier, sans endurer la chaleur ni le froid, la soif ni la faim; tandis que nous autres, qui sommes les vrais chevaliers errants, exposés au soleil, à la froidure, à l'air, à toutes les intempéries du ciel, le jour et la nuit, à pied et à cheval, nous mesurons avec nos jambes l'étendue de la terre. Ce n'est pas en peinture, mais au naturel, que nous voyons l'ennemi; en toute occasion nous l'attaquons, sans nous arrêter à des bagatelles et à ces lois qui règlent les rencontres; sans nous inquiéter, par exemple, si les lances ou les épées sont de même longueur, si l'adversaire porte sur lui quelque amulette ou quelque charme secret, si le soleil doit être ou non partagé, et autres cérémonies de ce genre qui se pratiquent dans les combats singuliers, toutes choses que tu ignores et que je sais parfaitement. Ce que tu ignores aussi, et ce qu'il est bon que tu saches, c'est que le chevalier errant ne doit jamais connaître la peur, eût-il devant lui dix géants dont les têtes dépasseraient les nues, dont les jambes seraient deux énormes tours, les bras semblables à des mâts de grands vaisseaux, l'œil gros comme une roue de moulin et ardent comme un four à vitre. Sa contenance sera dégagée, et son cœur inébranlable; il n'hésitera point à les attaquer, à les presser, à les vaincre et à les terrasser en un clin d'œil, fussent-ils couverts des écailles d'un certain poisson qu'on dit être plus dures que le diamant, eussent-ils pour armes, au lieu d'épées, des cimeterres en acier de Damas ou des massues garnies de pointes d'acier, comme j'en ai vu plus de deux fois. Je vous dis tout cela, ma bonne, afin que vous voyiez qu'il y a chevaliers et chevaliers ; et il serait bon que les princes en fissent la différence, et rendissent justice aux chevaliers errants, parmi lesquels il s'en est trouvé, comme nous le lisons dans leurs histoires, qui ont sauvé un et même plusieurs royaumes. — Mais, mon seigneur, dit en ce moment la nièce, songez donc que tout ce que vous citez des chevaliers errants n'est que fable et mensonge ; et que si l'on ne brûle ces histoires, encore serait-il bon qu'on leur mît à chacune un *sanbenito* ou une marque particulière, pour les signaler comme infâmes et corruptrices des bonnes mœurs. — Par le Dieu qui me fait vivre ! s'écria don Quichotte, si tu n'étais ma propre nièce comme fille de ma sœur, je t'infligerais un tel châtiment pour le blasphème que tu viens de proférer, que le monde entier en entendrait parler. Comment ! se peut-il bien qu'une petite morveuse, qui est à peine en état de faire quelques mailles de filet et de tenir ses fuseaux, ait l'audace de mêler ses propos et sa censure dans les histoires des chevaliers errants ? Et que dirait le seigneur Amadis s'il t'entendait parler de la sorte ? Il te pardonnerait sans doute ; car c'était le plus humble et le plus courtois des chevaliers de son temps, et de plus le champion des demoiselles. Mais tel autre aurait pu te le faire payer cher ; car ils n'ont pas tous la même urbanité : il y en a de grossiers et de félons. Ne sont pas chevaliers accomplis tous ceux qui en prennent le titre ; il y en a en or fin, d'autres en alliage ; c'est la pierre de touche qui distingue ceux qui le sont de ceux qui n'en ont que l'apparence. — Merci de ma vie ! s'écria la nièce, vous en savez si long, seigneur oncle, qu'au besoin vous pourriez monter en chaire ou prêcher dans les carrefours ; et néanmoins vous donnez dans d'étranges aberrations, dans des extravagances notoires. — Je te promets, ma nièce, que si ces pensées chevaleresques n'absorbaient tous mes sens, il n'y a rien que je ne fusse en état de faire. »

En ce moment, on entendit frapper à la porte ; et comme on demanda qui appelait, Sancho Pança répondit que c'était lui. A peine la gouvernante eut-elle reconnu sa voix, qu'elle courut se cacher pour ne pas le voir : tant elle l'avait en horreur. La nièce lui ouvrit, et son maître don Quichotte le reçut à bras ouverts ; puis il s'enferma avec lui dans sa chambre, où ils eurent un nouvel entretien, qui ne le cède en rien au précédent.

A peine la gouvernante les eut-elle vus se claquemurer ensemble, qu'elle devina leur dessein ; et, ne doutant pas que cette conférence n'eût pour résultat une troisième sortie, elle prit sa mante, et, le cœur gros et plein d'amertume, elle s'en alla rejoindre le bachelier Samson Carrasco, qui, par son beau langage et ses relations d'amitié toutes fraîches avec son maître, lui semblait propre à dissuader celui-ci de son projet insensé. Elle le trouva se promenant dans la cour de sa maison, et dès qu'elle l'eut aperçu, elle se laissa tomber à ses pieds tout essoufflée et fort chagrine. « Qu'y a-t-il, madame la gouvernante ? dit Carrasco, lorsqu'il la vit donner de telles marques de désespoir. Que vous est-il donc arrivé, que vous paraissez sur le point de rendre l'âme ? — Rien, seigneur Samson, répondit-elle, si ce n'est que mon maître s'en va ; oh ! bien sûr, il s'en va. — Comment ! il s'en va ? demanda Samson. Est-ce qu'il s'est brisé quelque chose dans le corps ? — Non, répondit-elle, il s'en va par la porte de sa folie ; je veux dire, seigneur bachelier de mon âme, qu'il veut s'échapper encore une fois, et ce sera la troisième de compte fait, pour chercher par le monde ce qu'il appelle des aventures, et ce que je ne comprends pas qu'on puisse nommer ainsi. La première fois, on nous l'a ramené couché en travers sur un âne et moulu de coups ; la seconde, il était sur une charrette à bœufs, enfermé dans une cage, où il se figurait être enchanté. Il était si défait qu'il n'eût pas été reconnu par la mère qui l'a mis au monde; si maigre, si blême, les yeux tellement enfoncés dans les profondeurs de la tête, qu'il m'a fallu, pour le faire revenir un peu, dépenser plus de six cents œufs, comme Dieu le sait, et tout le monde, et mes poules qui sont là pour dire si je mens. — Oh! pour cela, je le crois, reprit le bachelier; elles sont si bonnes, si bien nourries et si bien élevées, qu'elles ne diraient pas une chose pour une autre, quand elles devraient crever. Ainsi, madame la gouvernante, c'est là tout, et il n'y a pas d'autre accident que ce que vous redoutez de la part du seigneur don Quichotte? — Non, seigneur, répondit-elle. — En ce cas, continua le bachelier, ne vous mettez point en peine; retournez-vous-en chez vous; tenez-moi prêt quelque chose de chaud à manger; chemin faisant, récitez, si vous la savez, l'oraison de sainte Apolline; je ne tarderai pas à vous rejoindre, et vous verrez merveilles. — Miséricorde! répliqua la gouvernante, vous me parlez de l'oraison de sainte Apolline? Ce n'est pas aux dents que mon maître a mal, c'est à la cervelle. — Je sais ce que je dis, madame la gouvernante, repartit Carrasco, et ne vous amusez pas à disputer avec moi; ignorez-vous que je suis bachelier de Salamanque, et que je n'ai plus d'épreuve à subir? » Là-dessus, la gouvernante partit, et Samson alla sur-le-champ trouver le curé, pour conférer avec lui de ce qui se dira en son temps.

Pendant que don Quichotte et Sancho restèrent enfermés, il y eut entre eux la conversation suivante, que l'histoire rapporte de point en point avec la plus grande fidélité. Sancho dit à son maître : « Seigneur, j'ai maintenant relui ma femme à me laisser aller avec Votre Grâce partout où il vous conviendra de me mener. — C'est réduit que tu veux dire, et non pas relui, interrompit don Quichotte. — Une ou deux fois déjà, si j'ai bonne mémoire, répondit Sancho, je vous ai prié, seigneur, de ne pas me reprendre sur les mots, pour peu que vous entendiez ce que je veux vous dire; si vous ne l'entendez pas, dites-moi : Sancho, ou diable, je ne t'entends pas; et si je ne deviens pas plus clair, alors vous pourrez me relever, car je suis très-focile. — Je ne t'entends pas, Sancho, dit aussitôt don Quichotte, et je ne sais ce que signifie : Je suis très-focile. — Très-focile, reprit Sancho, veut dire que je suis... eh bien... comme ça... — Je t'entends de moins en moins, repartit don Quichotte. — Si vous ne m'entendez pas, répliqua Sancho, je ne sais comment dire, je n'en sais pas davantage, et que Dieu me soit en aide. — Ah! bon, j'y suis, reprit don Quichotte, tu veux dire que tu es si docile, si facile, si traitable, que tu prendras bien ce que je te dirai, et feras ce que je te commanderai. — Je parierais, dit Sancho, que vous m'avez tout d'abord deviné et compris, et que vous avez voulu me troubler pour me faire dire deux cents bêtises. — Peut-être, répondit don Quichotte; mais enfin, que dit Thérèse ? — Thérèse dit, répliqua Sancho, qu'il faut que je lie bien le doigt avec vous, que quand les barbes se taisent les papiers parlent, que défiance est mère de sûreté, et qu'un Tiens vaut mieux que deux Tu l'auras; et moi j'ajoute : Conseil de femme vaut peu ou prou, et qui le néglige est un fou. — J'en dis autant, répondit don Quichotte; mais continue, Sancho; car en ce moment tu parles comme un oracle.

— Je dis donc, poursuivit Sancho, et Votre Grâce le sait mieux que moi, que nous sommes aujourd'hui et que demain nous ne serons plus, que l'agneau s'en va aussi vite que le mouton, et que personne ne peut espérer sur terre plus d'heures que Dieu ne lui en a accordé; car la mort est sourde, et quand elle frappe aux portes de notre vie, c'est toujours en grande hâte, et sans se laisser arrêter par les prières ni les violences, par les sceptres ni les mitres, selon le dire de tout le monde et ce qui se prêche en chaire. — Tout cela est vrai, répondit don

Quichotte ; mais je ne sais où tu en veux venir. — J'en veux venir, reprit Sancho, à ce que Votre Grâce me fixe pour chaque mois un salaire bien convenu pour tout le temps que je serai à votre service, et que ce salaire me soit payé régulièrement sur vos revenus ; j'aime mieux cela que des gratifications qui viennent tard, ou qui ne viennent pas à propos, ou qui ne viennent pas du tout : et avec le mien, que Dieu m'assiste. Finalement je veux savoir ce que je gagne, peu ou beaucoup ; car c'est sur un œuf que la poule en pond d'autres, plusieurs peu font un beaucoup, et tandis qu'on gagne on ne perd pas. Il est certain que si, contre mon attente et mon espoir, il vous arrivait de me donner l'île que vous m'avez promise, je ne suis ni ingrat ni âpre à la curée ; je voudrais donc qu'on évaluât le revenu de cette île, et qu'on le rabattît de mes gages. — Ami Sancho, dit don Quichotte, à bon rat, bon chat. — Vous voulez dire, je gage, répliqua Sancho : A bon chat, bon rat ; mais peu importe, puisque vous m'avez compris. — Et si bien compris, poursuivit don Quichotte, que j'ai pénétré le fond de ta pensée, et que je sais quel est le but vers lequel tu décoches les innombrables flèches de tes proverbes. Écoute, Sancho ; je ne ferais pas difficulté de t'assigner un salaire, si j'avais trouvé dans quelque histoire de chevalier errant un exemple qui me révélât ou qui me laissât seulement entrevoir par la moindre ouverture ce que leurs écuyers gagnaient par mois ou par an ; mais, quoique j'aie lu la plupart de ces histoires, si ce n'est toutes, je ne me rappelle rien de semblable. Tout ce que je sais, c'est que leurs services étaient récompensés, et que, lorsqu'ils y pensaient le moins, si la fortune avait souri à leurs maîtres, ils étaient gratifiés d'une île ou de quelque chose d'équivalent, et pour le moins d'un titre et d'une seigneurie. Si, avec cette perspective, il vous convient de rentrer à mon service, soit, j'y consens ; mais si vous vous imaginez que j'irai porter la main sur les antiques et respectables usages de la chevalerie errante, vous vous trompez du tout au tout. Ainsi donc, mon cher Sancho, vous n'avez qu'à vous en retourner chez vous, et à informer votre Thérèse de mes intentions; s'il vous plaît de me servir à merci, et si cela lui agrée, rien de mieux; sinon, nous n'en serons pas moins bons amis; tant que le grain ne manquera pas au colombier, les pigeons ne lui manqueront pas non plus; et remarquez, mon cher, que mieux vaut bonne espérance que mauvaise possession, et bonne demande que mauvais payement. Je vous parle ainsi, Sancho, pour vous prouver que je puis aussi faire pleuvoir sur vous une grêle de proverbes; et je vous répète pour la dernière fois que si le cœur ne vous en dit pas, et si vous n'êtes pas tenté de courir les mêmes chances que moi, je ne manquerai pas d'écuyers plus obéissants, plus zélés, moins empruntés et moins bavards que vous. »

Lorsque Sancho eut connaissance de la ferme résolution de son maître, il sentit sa vue se troubler et son cœur défaillir; car il avait cru jusque-là que pour tout l'or du monde son maître ne se déciderait pas à partir sans lui. Tandis qu'il restait pensif et indécis, arriva Samson Carrasco, et avec lui la nièce et la gouvernante, curieuses d'entendre les raisons avec lesquelles il persuaderait à leur seigneur de ne pas se lancer de nouveau à la poursuite des aventures. Samson, gausseur infatigable, l'embrassant comme la première fois, lui dit d'une voix haute et sonore : « O fleur de la chevalerie errante! ô lumière resplendissante des armes, honneur et miroir de la nation espagnole! fasse le Dieu tout-puissant que celui ou ceux qui voudraient empêcher ta troisième sortie et te mettre des bâtons dans les roues s'égarent eux-mêmes dans le labyrinthe de leurs désirs, et ne trouvent pas d'issue pour leurs mauvais desseins! » Puis se tournant vers la gouvernante : « Vous pouvez, lui dit-il, vous dispenser de réciter l'oraison de sainte Apolline; car je sais qu'en vertu d'un arrêt irrévocable des étoiles, le seigneur don Quichotte doit en revenir à l'exécution de ses hautes et nouvelles pensées. J'engagerais donc fortement ma conscience, si je n'intimais audit chevalier de ne pas tenir plus longtemps contraintes et enchaînées la force de son bras valeureux et la bonté de son cœur invincible, attendu que tout retard de son fait suspend le redressement des torts, la défense des orphelins, la vengeance des filles persécutées, la protection des veuves et l'appui des femmes mariées, et autres choses de même sorte qui touchent, appartiennent et ressortissent à la chevalerie errante. Or donc, voyons, mon seigneur don Quichotte, aussi brave que beau, que la grandeur de Votre Grâce se mette en route aujourd'hui plutôt que demain; s'il manque quelque chose pour assurer l'exécution de votre projet, je suis là pour y suppléer, et tout prêt à m'y mettre corps et biens; et si besoin était que je servisse d'écuyer à Votre Magnificence, je tiendrais le fait pour une bonne fortune sans exemple. »

Au même instant, don Quichotte, se tournant vers Sancho, lui dit : « Eh bien! avais-je tort d'affirmer que nous ne chômerions pas d'écuyers? Tu vois qui s'offre à l'être; c'est en personne l'incomparable bachelier Samson Carrasco, l'éternel et intarissable boute-en-train des écoles de Salamanque, sain d'esprit et de corps, agile, discret, sachant supporter le froid comme le chaud, la faim comme la soif, en un mot, réunissant toutes les conditions requises pour être écuyer de chevalier errant. Mais Dieu me garde, pour satisfaire mon désir, de renverser la colonne des lettres, de briser le vase des sciences, de couper dans sa racine la palme éminente des arts libéraux! Que le nouveau Samson reste dans sa patrie pour l'honorer, ainsi que les cheveux blancs de ses vieux parents; quant à moi, je me contenterai du premier écuyer qui se présentera, puisque Sancho ne daigne plus me suivre. — Si vraiment, je daigne, s'écria Sancho d'une voix attendrie et les larmes aux yeux; je ne suis pas de ceux dont on pourra dire : Il a mangé mon pain, et il m'a faussé compagnie. Je ne viens point d'une race ingrate ; tout le monde sait, et surtout les gens de mon village, ce que furent les Panças dont je descends. Je connais, par des paroles et par des effets, le désir que vous avez de me faire du bien ; et si je me suis trop avancé au sujet de mes gages, ç'a été pour complaire à ma femme : aussi bien, quand elle s'est mis une chose en tête, il n'y a pas de cercle qui étreigne un tonneau aussi fortement qu'elle vous presse pour obtenir de vous ce qu'elle veut. Mais au fait l'homme doit être homme, et la femme rester femme ; et puisque je suis homme, ce que je ne saurais nier, je veux l'être aussi chez moi, malgré qu'on en ait. Ainsi tout ce qu'il y a à faire, c'est que Votre Grâce dispose son testament avec son codicille de telle façon qu'il ne puisse pas être évoqué, et mettons-nous en route sur-le-champ, pour ne pas laisser en souffrance la conscience du seigneur Samson, laquelle, dit-il, l'oblige à presser Votre Grâce de sortir une troisième fois par le monde. Pour moi, je m'offre de nouveau à vous servir fidèlement et loyalement, aussi bien pour le moins qu'aucun écuyer de chevalier errant des temps passés et présents. »

Le bachelier fut tout étonné de la manière de parler de Sancho ; car, quoique ayant lu la première histoire de don Quichotte, jamais il ne l'avait cru aussi plaisant qu'il y était représenté. Mais en l'entendant parler d'un testament et d'un codicille qu'on ne pût évoquer, au lieu de révoquer, il ajouta foi à tout ce qu'il avait lu sur son compte, le tint dès lors pour un des plus illustres fous du siècle, et se demanda s'il s'était jamais vu dans le monde deux cerveaux plus détraqués que ceux du maître et du valet. Enfin don Quichotte et Sancho s'embrassèrent en signe de réconciliation ; et avec l'agrément et le bon plaisir du grand Carrasco, qui en ce moment était leur oracle, il fut arrêté que le départ aurait lieu sous trois jours, pendant lesquels on ferait toutes les dispositions nécessaires, comme, par exemple, de trouver une salade à visière, don Quichotte voulant à toute force la porter ainsi. Samson s'offrit à lui en procurer une, sachant qu'elle ne lui serait pas refusée par un de ses amis à qui elle appartenait, et qu'elle aurait seulement besoin d'être dérouillée et fourbie.

La nièce et la gouvernante accablèrent de malédictions le bachelier; elles s'arrachaient les cheveux, s'égratignaient la figure, à la façon des pleureuses, et se lamentaient sur ce départ, comme si c'eût été l'enterrement de leur seigneur. L'intention de Samson en l'excitant à faire une troisième sortie s'expliquera par la suite de cette histoire; elle résultait d'une consultation donnée par le curé et le barbier, avec lesquels il avait conféré. En résumé, pendant ces trois jours, don Quichotte et Sancho se pourvurent de ce qui leur parut convenable. Sancho apaisa sa femme; don Quichotte, sa nièce et sa gouvernante; et un soir, à la chute du jour, sans être vus de personne, si ce n'est de Carrasco, qui voulut les accompagner à une demi-lieue du village, ils s'acheminèrent vers le Toboso, don Quichotte sur son excellent coursier, Sancho sur sa monture accoutumée, le bissac bien fourni de provisions et la bourse garnie d'argent que son maître lui avait remis pour parer aux événements. Samson embrassa don Quichotte, et le supplia de l'informer de son sort, heureux ou malheureux, afin qu'il eût à s'en réjouir ou à s'en attrister, comme l'amitié lui en faisait une loi : ce dont il obtint la promesse. Puis Samson reprit le chemin du village, et les deux aventuriers, celle de la grande cité du Toboso.

CHAPITRE V

Où l'on rapporte ce qui arriva à don Quichotte lorsqu'il allait voir sa dame Dulcinée du Toboso.

DON QUICHOTTE et Sancho se trouvèrent seuls; et à peine le bachelier les eut-il quittés, que Rossinante se mit à hennir et le grison à lui répondre : ce que le maître et l'écuyer regardèrent comme un heureux présage. Pour dire toute la vérité, les braiments de l'âne furent plus vigoureux et plus prolongés que les hennissements du cheval : d'où Sancho inféra que sa bonne fortune devait surpasser celle de son maître, se fondant sur je ne sais quelle astrologie judiciaire, quoiqu'on ne dise pas s'il était versé dans cette science. On lui entendit seulement dire que, quand il trébuchait ou tombait, il regrettait d'être sorti de chez lui, parce que c'était signe de souliers déchirés ou de côtes rompues ; et en cela, quelque simple qu'il fût, il n'était pas loin de compte. « Ami Sancho, lui dit son maître, la nuit s'obscurcit à mesure que nous avançons, de telle sorte que nous aurons de la peine à découvrir au point du jour le Toboso, où j'ai résolu de me rendre avant d'entreprendre aucune aventure. Là je recevrai la bénédiction et prendrai congé de la sans pareille Dulcinée; moyennant quoi je tiens pour certain que je mènerai à bonne fin les tentatives les plus périlleuses, parce qu'en ce monde rien ne donne de la vaillance aux chevaliers errants comme de se voir favorisés de leurs dames. — Je le crois aussi, répondit Sancho ; mais je regarde comme difficile que Votre Grâce puisse lui parler et se rencontrer avec elle en un lieu convenable pour recevoir sa bénédiction, à moins qu'elle ne vous l'envoie par-dessus les murs de la basse-cour où je la vis la première fois, quand je lui portai la lettre qui lui annonçait les folies et les extravagances auxquelles vous vous livriez dans le cœur de la Sierra-Morena. — Des murs de basse-cour ! s'écria don Quichotte ; et c'est là que tu prétends avoir vu cette gentillesse, cette beauté au-dessus de tous les éloges ! Tu te trompes; ce ne pouvaient être que galeries, corridors ou balcons de palais somptueux et royaux. — Tout ce que vous voudrez, répondit Sancho ; pour moi, à moins que je n'aie perdu la mémoire, je crois bien avoir vu des murs de basse-cour. — Au surplus, allons-y, Sancho, reprit don Quichotte, et de quelque façon que je la voie, soit par-dessus des murs, soit par des fenêtres, soit à travers des treillis et des palissades de jardin, peu importe ; pourvu qu'un rayon du soleil de sa beauté arrive jusqu'à mes yeux, il éclairera mon esprit et fortifiera mon âme, de manière à ce que je reste sans rival pour la sagesse et la vaillance. — Par ma foi, seigneur, répliqua Sancho, quand j'ai vu ce soleil de madame Dulcinée du Toboso, il n'était pas si brillant qu'il pût en jaillir des rayons ; peut-être cela tenait-il à ce qu'elle vannait son blé, et que la poussière épaisse qui s'élevait obscurcissait l'éclat de son visage. — Quoi ! reprit don Quichotte, tu persistes, Sancho, à penser et à dire que madame Dulcinée se livrait à un exercice auquel doit demeurer étrangère toute personne de qualité, réservée naturellement pour des occupations et des délassements conformes à sa position ? Tu as donc perdu de vue ces vers du poëte, quand il décrit les travaux qu'exécutaient dans leurs demeures de cristal ces quatre nymphes qui, sortant des ondes du Tage et s'asseyant sur ses rives verdoyantes, se mirent à tisser leurs riches toiles avec l'or, les perles et la soie ? Tel devait être le labeur de ma dame quand tu la vis, à moins que quelque jaloux enchanteur ne se fasse un malin plaisir de transformer tout ce qui m'est cher. Ainsi je crains que dans cette histoire imprimée de mes hauts faits, qui, dit-on, court le monde, si par hasard elle a pour auteur quelque sage qui soit mon ennemi, celui-ci n'ait mis certaines choses en place d'autres, et mille mensonges contre une vérité, s'oubliant à raconter des faits étrangers à une histoire véritable. O envie, source de maux infinis, ver rongeur de toutes les vertus ! Les vices, Sancho, portent avec eux un certain charme ; mais l'envie ne laisse après elle que le dégoût, l'amertume et la rage. — C'est ce que je dis aussi, repartit Sancho ; et je gagerais que dans cette légende ou histoire que le bachelier Carrasco dit avoir lue, mon honneur va deci et delà, balayant les rues comme une voiture qui verse ;

et pourtant, foi d'honnête homme, je n'ai jamais médit d'aucun enchanteur, et je n'ai pas assez de biens pour exciter l'envie. Il est très-vrai que je ne manque pas tout à fait de malice, et que j'ai même une certaine dose de rouerie ; mais tout cela est couvert par le vaste manteau de ma simplicité, toujours naturelle et dépouillée d'artifice. Et quand il n'y aurait que ma ferme et inébranlable croyance en Dieu et à tout ce qu'enseigne la sainte Église catholique romaine, et ma haine mortelle contre les Juifs, pour cela seul les historiens devraient avoir pitié de moi et me bien traiter dans leurs écrits. Mais qu'ils disent ce que bon leur semblera, nu je suis venu au monde, nu je suis demeuré ; ni perte ni gain ; et quant à me voir mis dans des livres et à passer de main en main, je me soucie comme d'une figue de ce qu'ils peuvent dire sur mon compte. »

Ce fut dans cet entretien et d'autres du même genre qu'ils passèrent la nuit et la journée du lendemain, sans qu'il leur arrivât rien de digne d'être rapporté, et cela au grand déplaisir de don Quichotte. Enfin, le jour suivant, à la tombée de la nuit, ils découvrirent la grande cité du Toboso ; cette vue porta l'allégresse dans le cœur de don Quichotte, en même temps que la tristesse chez Sancho ; car il ne connaissait nullement la maison de Dulcinée et n'avait de sa vie vu la dame, se trouvant sous ce rapport au même point que son maître : de telle sorte qu'ils étaient également troublés, l'un par le désir de la voir, l'autre pour ne pas l'avoir vue ; et Sancho ne savait ce qu'il aurait à faire quand le chevalier l'enverrait au Toboso. Finalement don Quichotte résolut de ne faire son entrée qu'à nuit close ; en attendant, ils se tinrent sous des chênes voisins du Toboso ; puis, l'heure venue, ils entrèrent dans la ville, où il leur arriva des événements qui méritent ce nom.

Il était minuit environ, quand don Quichotte et Sancho se mirent en marche et entrèrent dans le Toboso. Le village était plongé dans le silence du repos, et tous ses habitants dormaient, comme on dit, à jambe étendue. La nuit était à moitié claire, trop claire au goût de Sancho, qui aurait bien voulu que l'obscurité fournît une excuse à son embarras. On n'entendait aux alentours que des aboiements de chiens qui assourdissaient don Quichotte et effrayaient Sancho. De temps en temps un âne brayait, des cochons grognaient, des chats miaulaient, et tous ces cris différents s'augmentaient par l'absence de tout autre bruit. L'amoureux chevalier n'en tira pas bon augure; toutefois il dit à son écuyer : « Mon fils Sancho, conduis-moi au palais de Dulcinée; peut-être la trouverons-nous encore éveillée. — A quel palais voulez-vous donc que je vous mène, par le corps du soleil ! répondit Sancho, puisque l'endroit où j'ai vu Sa Grandeur n'était qu'une bicoque ? — Alors c'est qu'elle s'était retirée dans quelque coin de son alcazar, pour se divertir en liberté au milieu de ses demoiselles, suivant la coutume des grandes dames et des princesses. — Seigneur, reprit Sancho, si vous voulez absolument, quoi que j'en puisse dire, que la maison de madame Dulcinée soit un alcazar, est-ce là d'aventure l'heure pour trouver la porte ouverte? Irons-nous faire vacarme pour qu'on nous reçoive, au risque de mettre tout le monde en alarme et en rumeur? Ferons-nous comme ces gens qui frappent et crient à certaines maisons, et qui y entrent à toute heure de nuit ? — Cherchons d'abord l'alcazar de porte en porte, dit don Quichotte; et quand nous l'aurons trouvé, je te dirai ce que nous aurons à faire. Mais tiens, Sancho, à moins que je n'aie la berlue, je soupçonne que cette grosse et sombre masse qu'on découvre d'ici doit être le palais de Dulcinée. — En ce cas, que Votre Grâce nous conduise; c'est peut-être cela ; mais je le verrais de mes yeux et le toucherais de mes mains, que je ne le croirais pas plus que je ne crois qu'il fait jour à cette heure. »

Don Quichotte marcha en avant; et, après avoir fait quelque deux cents pas, il rencontra cette masse qui projetait une grande ombre ; il distingua une tour élevée, et reconnut alors que cet édifice ne pouvait être un alcazar, mais bien l'église principale du village. « Sancho, dit-il, c'est l'église qui est devant nous. — Je le vois bien, répondit Sancho, et Dieu veuille que nous n'y trouvions pas aussi notre sépulture ; car ce n'est pas bon signe que de courir les cimetières à pareille heure ; et de plus j'avais dit à Votre Grâce, si j'ai bonne mémoire, que la maison de cette dame doit être située dans une ruelle sans issue. — Maudit soit l'imbécile ! dit don Quichotte ; et où as-tu pris que les palais fussent bâtis dans des culs-de-sac ? — Seigneur, reprit Sancho, à chaque village chaque usage, peut-être est-ce la mode au Toboso de construire dans des culs-de-sac les palais et les monuments ; aussi je supplie Votre Grâce de me laisser chercher dans les rues et dans les ruelles qui s'offriront à moi ; il peut se faire que je découvre dans quelque coin cet alcazar, que je donnerais de bon cœur aux chiens, tant il nous fait courir et valeter. — Parle avec respect, Sancho, des choses qui concernent ma dame ; chômons la fête en paix, et ne jetons pas le manche après la cognée. — Je me contiendrai, seigneur, répondit Sancho ; mais quelle patience ne me faut-il pas quand vous voulez que, pour une fois que j'ai vu la maison de votre dame, je la trouve du premier coup au milieu de la nuit, tandis que vous ne pouvez la reconnaître après l'avoir vue des milliers de fois ! — Tu me feras damner, Sancho, s'écria don Quichotte. Ne t'ai-je pas dit et redit, chien d'hérétique, que de ma vie je n'ai vu l'incomparable Dulcinée, que je n'ai jamais passé le seuil de son palais, et que c'est seulement par ouï-dire que je suis amoureux, et sur sa grande réputation de sagesse et de beauté ? — J'entends, dit Sancho, et je dois vous dire que, si vous ne l'avez pas vue, je ne l'ai pas vue plus que vous. — Cela n'est pas possible, repartit don Quichotte ; car, en me rapportant sa réponse à ma lettre, tu m'as dit l'avoir trouvée criblant du blé. — Ne vous arrêtez pas à cela, seigneur, répliqua Sancho ; vous saurez que c'est aussi par ouï-dire que je l'ai visitée et que j'ai rapporté sa réponse ; car je me doute autant de ce que c'est que madame Dulcinée que de donner un coup de poing dans le ciel. — Sancho, répondit don Quichotte, la plaisanterie a son temps, passé lequel elle est fort mal venue ; je puis dire que je n'ai jamais vu madame Dulcinée et que je ne lui ai jamais parlé, sans que tu te croies obligé de dire la même chose au rebours de la vérité. »

Ils en étaient là de leur conversation, quand ils virent passer auprès d'eux un homme avec deux mules ; au bruit que faisait sur le sol la charrue traînée par ces animaux, ils supposèrent que ce devait être un laboureur qui s'était levé de grand matin pour se rendre au travail ; ils avaient deviné juste. Cet homme s'en allait en chantant ce vieux *romance :*

> Vous eûtes du fil à retordre,
> Français, le jour de Roncevaux.

« Que je meure, Sancho, dit don Quichotte en l'entendant, s'il doit cette nuit nous arriver rien de bon ! N'entends-tu pas ce que chante ce manant ? — Sans doute, je l'entends ; mais qu'est-ce que Roncevaux a de commun avec nos affaires ? Il pourrait aussi bien chanter le *romance* de Calaïnos : ce serait tout un, pour le bien ou le mal qui peut nous en revenir. »

En ce moment le villageois se rapprocha d'eux, et don Quichotte le questionna : « Pourriez-vous me dire, mon bon ami (que Dieu vous soit en aide !), où sont situés dans ce pays les palais de la sans pareille princesse dona Dulcinée du Toboso ? — Seigneur, répondit le gars, je ne suis pas de l'endroit ; il y a peu de jours que je m'y trouve, au service d'un riche laboureur qui m'emploie aux travaux des champs. La maison en face est habitée par le curé et par le sacristain ;

ils sauront bien vous indiquer l'un ou l'autre la demeure de cette princesse, puisqu'ils ont la liste de tous leurs paroissiens ; pour ma part, je ne connais ici aucune princesse, mais force bourgeoises et femmes de qualité, qui peuvent bien être princesses chacune dans leur maison. — C'est de ce nombre, mon cher, dit don Quichotte, que doit se trouver celle dont je vous parlais. — Cela se peut bien, repartit le passant ; mais le jour vient, adieu. » Et là-dessus, touchant ses bêtes, il n'attendit pas d'autres questions.

Sancho, voyant son maître indécis et assez mécontent, lui dit : « Seigneur, le jour approche, il ne serait pas convenable que le soleil nous surprît dans la rue. Il vaut mieux que nous sortions de la ville, et que Votre Grâce se tienne dans quelque bouquet de bois du voisinage où je vous rejoindrai avant la fin du jour ; et je ne laisserai pas un coin dans tout le pays sans y chercher la maison ou le palais de Madame. J'aurais bien du malheur si je ne la découvrais pas ; ayant donc trouvé Sa Seigneurie, je lui dirai où et comment vous attendez ses ordres et ses instructions, afin que vous puissiez la voir sans que son honneur et sa réputation en reçoivent la moindre atteinte. — Voilà, Sancho, dit don Quichotte, peu de mots qui renferment une infinité de bonnes raisons. L'avis que tu viens de me donner, je l'accepte et l'agrée de bien bon cœur. Viens, mon fils, allons chercher un endroit qui puisse me servir de retraite ; puis tu reviendras, comme tu le disais, chercher ma dame, la voir et lui parler : j'espère de sa courtoisie et de son bon esprit les plus merveilleuses faveurs. »

Sancho brûlait d'envie d'attirer don Quichotte hors du village, par la crainte que ce mensonge qu'il avait forgé dans la Sierra-Morena au sujet de la réception de Dulcinée ne vînt à se découvrir au grand jour ; aussi eut-il hâte de quitter la place et d'emmener son maître, à une lieue de là, dans un bosquet où don Quichotte se tint caché, pendant que son ambassadeur revenait au Toboso, où il lui arriva des choses également dignes d'attention et de crédit.

CHAPITRE VI

Où l'on raconte la manière industrieuse dont Sancho s'y prit pour enchanter madame Dulcinée, avec d'autres événements aussi risibles que véritables.

L'AUTEUR de cette grande histoire, arrivé au récit de ce que contient le présent chapitre, dit qu'il voudrait bien le passer sous silence dans la crainte qu'on n'y ajoute pas foi, parce que les folies de don Quichotte y sont portées à la dernière limite, et même qu'elles la dépassent de deux traits d'arbalète ; mais enfin, malgré ces scrupules, il les a écrites telles qu'elles se sont passées, sans ajouter ni retrancher à sa relation un atome de la vérité, et sans tenir aucun compte des imputations de mensonge qu'on pourrait lui adresser. Bien lui en a pris ; car la vérité épure les choses, loin de les altérer ; elle surnage au-dessus du mensonge comme l'huile sur l'eau.

Poursuivant donc sa narration, il dit que quand don Quichotte se fut enfoncé dans le bosquet, dans la chênaie, ou dans le bois voisin du grand Toboso, il ordonna à Sancho de repartir pour la ville, et lui défendit de se présenter devant lui sans avoir parlé de sa part à sa dame, sans lui avoir demandé de daigner se laisser voir du chevalier son esclave, et lui donner sa bénédiction, afin qu'il pût, grâce à elle, espérer les plus brillants succès dans ses téméraires et périlleuses entreprises. Sancho lui promit d'exécuter tous ses ordres, et de lui rapporter une réponse non moins bonne que la première. « Va, mon fils, et ne te laisse pas éblouir par les rayons du soleil de beauté que tu vas chercher. Heureux par-dessus tous les écuyers du monde, garde le souvenir de la façon dont elle t'aura reçu ; observe bien si elle change de couleur pendant que tu accompliras ta mission, si elle se trouble et s'attendrit en entendant mon nom, si du haut de la riche estrade où son rang l'a placée, elle se laisse tomber sur des coussins ; dans le cas où elle serait debout, remarque bien si elle ne s'appuie pas tantôt sur un pied, tantôt sur l'autre ; si elle ne répète pas deux ou trois fois la réponse qu'elle te donnera ; si son ton ne passe pas du doux à l'amer, de l'aigre au tendre ; si elle ne porte pas la main à ses cheveux pour les arranger, quoiqu'ils n'en aient pas besoin. Enfin, ami, examine tous ses mouvements et tous ses gestes, parce que si tu me les rapportes tels qu'ils auront été, je pénètrerai les secrets les plus intimes de son cœur en ce qui touche mes amours ; car, Sancho, il est bon que tu saches, si tu ne le sais déjà, qu'entre amants les mouvements extérieurs sont de fidèles messagers qui apportent des nouvelles de ce qui se passe dans le fond de l'âme. Pars, mon fils, guidé par une fortune plus heureuse que la mienne, et ramené par un succès meilleur que celui que j'attends et que je redoute dans cette amère solitude où tu me laisses.

— Oui, je pars, et je reviendrai promptement, dit Sancho ; mais, mon seigneur, laissez se dilater ce pauvre petit cœur, qui en ce moment ne doit pas être plus gros qu'une noisette. Songez qu'on a coutume de dire que bon courage rompt mauvaise fortune, et que là où il n'y a pas de lard, il n'y a pas de croc ; et l'on dit encore : Le lièvre part quand on y pense le moins. Je dis cela, parce que, si cette nuit nous n'avons pu trouver les palais de madame Dulcinée, maintenant qu'il fait jour j'espère les trouver sans les chercher, et quand je les aurai trouvés, je me charge du reste. — Certes, Sancho, dit don Quichotte, tes proverbes arrivent toujours à propos dans nos conversations ; puisse-t-il en être de même de ce que je désire ! »

Là-dessus, Sancho tourna le dos et poussa le grison, tandis que don Quichotte, toujours à cheval, restait appuyé sur ses étriers et sur la hampe de sa lance, la tête pleine de tristes rêveries. Nous le laisserons là pour accompagner Sancho, qui s'en allait non moins pensif et empêché que son maître : si bien qu'à peine sorti du bois, il se retourna, et n'apercevant plus don Quichotte il mit pied à terre, et s'asseyant contre un arbre, il commença à se parler à lui-même : Ah çà, frère Sancho, sachons un peu où vous allez. Est-ce à la recherche d'un âne que vous avez perdu ? — Non, certainement. — Eh bien ! qu'allez-vous donc chercher ? — Je vais chercher... rien moins qu'une princesse belle comme le soleil et comme tous les astres du firmament. — Et où donc, Sancho, pensez-vous trouver ce que vous dites là ? — Où ? dans la grande cité du Toboso. — Bien. De la part de qui allez-vous la chercher ? — De la part du fameux chevalier don Quichotte de la Manche, qui redresse les torts, donne à manger à celui qui a soif, et à boire à celui qui a faim. — Tout cela est à merveille ; et savez-vous où elle demeure, Sancho ? — Mon maître dit que ce doit être dans quelque palais de roi, ou dans quelque magnifique alcazar. — Et l'avez-vous jamais vue d'aventure ? — Ni moi ni mon maître ne l'avons vue. — Et croyez-vous donc que les gens du Toboso, s'ils soupçonnaient votre intention d'escamoter leurs princesses et débaucher leurs dames, fussent si mal avisés de vous administrer une bonne bastonnade, de façon à ne vous laisser sur le corps aucune place nette ? — En vérité, ils n'auraient pas précisément tort, s'ils ne voulaient considérer que, comme dit la chanson, je ne suis qu'un messager qui ne mérite pas de châtiment. — Ne vous y fiez pas, Sancho, la gent manchoise est très-honorable, mais très-peu endurante, et il ne fait pas bon à lui chatouiller les côtes. Vive Dieu ! s'ils vous flairent tant seulement, vous n'êtes pas à la noce. — Aïe de moi ! et au diantre les affaires ! Pourquoi donc aller chercher midi à quatorze heures pour le plaisir d'autrui? Autant vaut demander Marion à Ravenne ou le bachelier à Salamanque, que Dulcinée au Toboso. C'est le diable qui m'a jeté dans tout cela.

Tel fut le soliloque de Sancho, et voici la conclusion qu'il en tira : Au surplus, reprit-il, il y a remède à tout, hormis à la mort, sous le joug de laquelle nous devons tous passer, malgré que nous en ayons, quand notre dernière heure a sonné. Mon maître est fou à lier, comme il me l'a prouvé mille fois ; et quant à moi, je ne le lui cède guère ; je suis même plus insensé que lui, moi qui l'accompagne et qui le sers, si toutefois le proverbe a raison de dire : Dis-moi qui tu hantes, je te dirai qui tu es ; ou bien : Non avec qui tu nais, mais avec qui tu pais. Puisqu'il est fou, et d'une folie à prendre une chose pour une autre, le blanc pour le noir et le noir pour le blanc, comme il a fait en disant que des moulins à vent étaient des géants, que des troupeaux de moutons étaient deux armées ennemies, et autres bévues de la même force, il ne sera pas bien difficile de lui faire accepter pour la dame Dulcinée la première paysanne qui me tombera sous la main. S'il ne veut pas le croire, je le jurerai ; s'il jure à son tour, je jurerai de plus belle ; s'il persiste, je m'obstinerai encore plus fort, de manière à avoir le dernier, quoi qu'il arrive. Peut-être se dégoûtera-t-il de me donner de semblables commissions, en voyant ce qui lui en revient ; ou bien il est capable de s'imaginer que quelque malin enchanteur, voulant lui servir un plat de son métier, aura transformé sa dame pour le faire endêver.

A l'aide de ces réflexions, Sancho se sentit l'esprit en repos, et tint son affaire pour bien arrangée. Il resta couché sous son arbre jusque dans l'après-midi, pour faire supposer à don Quichotte qu'il avait eu le temps d'aller et de revenir ; et telle fut sa chance, que, lorsqu'il se leva pour enfourcher le grison, il vit venir de son côté trois villageoises, qui sortaient du Toboso, montées sur trois ânes ou sur trois ânesses : l'auteur ne s'explique pas sur ce point; mais on doit croire que c'étaient des bourriques, monture habituelle des femmes de la campagne. Du reste, le fait est de peu d'importance, et ne mérite pas qu'on s'arrête pour le vérifier.

Bref, aussitôt que Sancho eut aperçu les paysannes, il prit le trot pour aller rejoindre son maître, qu'il trouva exhalant des soupirs et d'amoureuses lamentations. Celui-ci n'eut pas plutôt aperçu son écuyer qu'il s'empressa de le questionner : « Qu'y a-t-il, ami Sancho? Devrai-je marquer ce jour d'une pierre blanche ou d'une pierre noire? — Vous ferez mieux, répondit Sancho, de le marquer en rouge comme les affiches de collége, afin que cela soit plus visible. — Ainsi, reprit don Quichotte, tu m'apportes de bonnes nouvelles? — Si bonnes, répliqua Sancho, que vous n'avez autre chose à faire que de piquer Rossinante et de sortir dans la plaine pour voir madame Dulcinée, qui vient du Toboso avec deux de ses demoiselles pour visiter Votre Grâce. — Dieu tout-puissant! s'écria don Quichotte, que me dis-tu là, ami Sancho! de grâce, ne va pas me tromper, et n'en impose pas par de fausses joies à ma tristesse trop réelle. — Quel profit aurais-je à vous tromper, repartit Sancho, la vérité étant si près de se découvrir? En avant, seigneur, et vous allez voir venir votre maîtresse vêtue et parée comme il lui appartient de l'être. Elle et ses dames sont comme des châsses en or; elles ne sont que perles, diamants, rubis et tissus de brocart à dix rangs de hauteur; leurs cheveux, flottant sur leurs épaules et se jouant au gré du vent, sont comme autant de rayons du soleil; elles montent trois caquenées tachetées qui sont superbes à voir. — Haquenées, tu veux dire, Sancho. — Entre caquenées et haquenées, reprit Sancho, la différence n'est pas grande; mais enfin, qu'elles soient montées sur ce qu'elles voudront, ce sont les plus galantes dames qu'on puisse voir, surtout notre dame Dulcinée, qui est à se pâmer devant elle. — Allons, mon fils Sancho, et comme étrennes pour ces nouvelles aussi bonnes qu'inespérées, je te promets le meilleur du butin que je gagnerai dans ma première aventure ; et si cela ne te suffit pas, j'y ajouterai les poulains que me donneront cette année mes trois juments, qui sont, comme tu le sais, près de mettre bas dans la prairie communale de notre pays. — Je me contente des poulains, répondit Sancho ; car je ne sais pas ce que sera le butin de notre première aventure. »

A ces mots, ils sortirent du bois, et aperçurent près de là les trois paysannes. Don Quichotte embrassa du regard toute la route du Toboso ; et, ne voyant que trois villageoises, il se troubla et demanda à Sancho s'il avait laissé les princesses hors de la ville. « Comment, hors de la ville? s'écria Sancho ; est-ce que vous avez les yeux derrière la tête, pour ne pas voir que ce sont elles-mêmes qui s'avancent, resplendissantes comme le soleil en plein midi? — Je ne vois rien, Sancho, dit don Quichotte, que trois paysannes montées sur trois bourriques. — Alors que le bon Dieu me débarrasse du diable! Est-il possible que trois haquenées, comme vous les appelez, aussi blanches que la neige, vous paraissent être des bourriques! Que la barbe me tombe, si cela est vrai. — Je te dis, ami, répéta don Quichotte, que ce sont des ânes ou des ânesses, comme je suis don Quichotte, et toi Sancho Pança ; du moins, c'est là ce que je vois. — Taisez-vous, seigneur, et ne dites pas de ces choses-là ; ouvrez plutôt les yeux, et venez faire vos révérences à votre dame, qui est tout près de nous. »

En disant cela, il se mit en devoir de recevoir les trois paysannes ; sautant en bas de son âne, il prit par le licou la monture de l'une des trois, et, se jetant à terre sur les deux genoux : « Reine, princesse et duchesse de la beauté, dit-il, que Votre Altesse et Votre Grandeur daigne admettre dans sa faveur et dans ses bonnes grâces ce chevalier votre esclave, qui est là immobile comme un marbre, privé de mouvement et de respiration, de se voir en votre magnifique présence. Je suis, moi, Sancho Pança, son écuyer ; et lui est l'égaré chevalier don Quichotte de la Manche, autrement dit le chevalier de la Triste-Figure. » En ce moment, don Quichotte avait déjà fléchi le genou auprès de Sancho, et regardait avec des yeux hagards et sortant de la tête celle que Sancho appelait des noms de dame et de reine ; et comme il ne découvrait en elle qu'une fille de campagne, pas même de fort bonne mine, car elle était mafflée et camarde, il resta pensif et stupéfait, sans desserrer les lèvres.

Les autres paysannes étaient tout ébahies de voir ces deux hommes, si différents de tournure, à genoux devant leur compagne et lui barrant le passage. Enfin celle-ci, rompant le silence et faisant la moue : « Rangez-vous, et nous laissez filer ; car nous sommes pressées. » A quoi Sancho répondit : « O princesse et dame universelle du Toboso, comment votre cœur magnanime n'est-il pas touché en voyant prosterné devant votre sublime présence la colonne et l'arc-boutant de la chevalerie errante ? » L'une des deux autres femmes, entendant ces paroles : « Viens un peu que je t'étrille, dit-elle, bourrique de mon beau-père ; voyez-vous la façon dont ces beaux messieurs se gaussent des paysannes, comme si nous ne savions pas dire pouilles aussi bien qu'eux ? Passez votre chemin, et nous laissez passer le nôtre ; autrement gare à vous ! — Lève-toi, Sancho, dit alors don Quichotte ; je vois que la fortune, qui ne se rassasie pas de mes souffrances, s'est emparée de toutes les avenues par lesquelles il pourrait arriver quelque contentement à cette âme misérable que renferme mon corps. Et toi, dernier terme de la perfection, parangon des grâces de l'humanité, unique remède de ce cœur affligé qui t'adore, puisque le malveillant enchanteur qui me poursuit a jeté sur mes yeux des nuages et des cataractes, puisqu'il a pour eux seuls et non pour d'autres dénaturé tes charmes incomparables et changé ton visage en celui d'une pauvre paysanne, si même il ne m'a prêté les formes de

Les paysannes étaient tout ébahies de voir ces deux hommes
à genoux devant leur compagne.

quelque monstre pour que je te fisse horreur; oh! ne laisse pas pour cela de me regarder avec douceur et tendresse, et considère ma soumission et mon abaissement devant ta beauté contrefaite comme une preuve d'humilité de ce cœur qui t'adore.
— A d'autres, par mon grand-père! riposta la villageoise; je n'ai que faire de toutes ces balivernes. Otez-vous de là, que nous passions, vous nous ferez plaisir. » Sancho se retira, et la laissa continuer, ravi du succès de son stratagème.

A peine la paysanne qui avait joué le rôle de Dulcinée fut-elle en liberté, qu'elle piqua sa haquenée avec un bâton armé d'une pointe et la lança au galop dans la prairie; mais la bourrique, se sentant aiguillonnée plus que de coutume, se mît à lâcher des ruades, de telle façon qu'elle jeta par terre la princesse Dulcinée. Don Quichotte accourut pour la relever, et Sancho pour arranger et sangler le bât qui avait tourné sous le ventre de la monture. Le bât ayant été remis en place, don Quichotte voulut prendre dans ses bras sa dame enchantée pour la replacer sur sa bête; mais elle lui épargna cette peine; car, après s'être relevée, elle recula de quelques pas, prit son élan, et, appuyant les deux mains sur la croupe de l'âne, elle retomba en selle, plus légère qu'un oiseau, et posée comme un homme à califourchon. « Par saint Roch! s'écria Sancho, notre dame est leste comme un émérillon; elle en remontrerait au plus adroit écuyer cordouan ou mexicain; elle a franchi d'un bond l'arçon de derrière, et sans éperons elle fait courir sa haquenée comme un zèbre; et ses demoiselles, par ma foi, ne restent pas en arrière; tout cela vole comme le vent. » Rien n'était plus vrai; car, voyant Dulcinée remontée sur sa bête, elles poussèrent les leurs, et firent un temps de galop d'une bonne demi-lieue sans se retourner.

Don Quichotte les suivit quelque temps des yeux, et quand il eut cessé de les voir, se tournant du côté de Sancho : « Que t'en semble? lui dit-il. Suis-je assez persécuté par les enchanteurs! Et vois jusqu'où vont leur haine et leur acharnement, puisqu'ils ont voulu me priver de la joie de contempler ma dame en sa propre personne. Oui, je suis né pour être le modèle des malheureux, pour servir de but et de point de mire à toutes les flèches de la mauvaise fortune. Et remarque bien, Sancho, que ces traîtres ne se sont pas contentés de transformer Dulcinée, mais qu'ils ont voulu lui donner les traits bas et ignobles d'une paysanne, et que de plus ils lui ont ôté ce qui est particulier aux grandes dames, cette bonne odeur qui leur vient des fleurs et des parfums parmi lesquels elles passent leur vie; car tu sauras, Sancho, que lorsque je me suis approché de Dulcinée pour la replacer sur sa haquenée (selon toi, car pour moi je n'ai vu qu'une bourrique), elle m'a envoyé une odeur d'ail cru qui m'a empoisonné et m'a soulevé le cœur. — O canaille! s'écria Sancho, ô enchanteurs malveillants et malintentionnés, quand donc vous verrai-je tous enfilés par les ouïes comme une brochette de sardines! Vous savez beaucoup, vous pouvez beaucoup, et vous ne faites que du mal. Ne vous suffisait-il pas, veillaques, d'avoir changé les perles des prunelles de ma princesse en noix de liége, et ses cheveux de l'or le plus fin en crin roux comme une queue de vache, en un mot, d'avoir dénaturé tout ce qu'elle a de beau, sans aller encore toucher à son odeur? Par là, du moins, nous pouvions soupçonner ce qui était caché sous cette vilaine écorce; quoique, à dire vrai, je n'aie nullement remarqué sa laideur, mais uniquement sa beauté, que relevait encore un signe à la lèvre droite, et qui semblait être placé là tout exprès. — Je le crois, ami, repartit don Quichotte; la nature n'a rien mis en Dulcinée qui ne soit la perfection même; et ces signes dont tu parles sont autant d'astres et d'étoiles resplendissantes. Mais dis-moi, Sancho, ce que tu as redressé, et qui me semblait un bât, était-ce une selle plate ou une selle de femme? — C'était bien une selle à la genette, avec une couverture de campagne, qui valait la moitié d'un royaume tant elle était riche. — Et dire que je n'ai rien vu de tout cela ! reprit don Quichotte ; oui, je le répète et le répèterai toujours, je suis le plus infortuné des hommes. »

Sancho avait grand'peine à ne pas pouffer de rire en écoutant les extravagances de son maître, si habilement dupé par ses railleries. Enfin, après quelques autres discours, ils remontèrent tous les deux sur leurs bêtes, et prirent le chemin de Saragosse, où ils espéraient se trouver pour les fêtes qui se célèbrent chaque année dans cette illustre cité. Mais, avant qu'ils s'y rendissent, il leur arriva des choses si nombreuses, si neuves et si extraordinaires, qu'elles méritent d'être rapportées et d'être lues, comme le verra celui qui voudra poursuivre.

CHAPITRE VII

De l'étrange aventure qui arriva au vaillant don Quichotte avec le char, ou la charrette, des Cortès de la Mort.

Don Quichotte s'en allait cheminant tout pensif, songeant au mauvais tour que lui avaient joué les enchanteurs en donnant à Dulcinée les dehors d'une paysanne de mauvaise façon, et il cherchait quel serait le moyen de lui rendre sa forme primitive. Ces réflexions l'absorbaient à tel point, que sans y faire attention il lâcha la bride à Rossinante, lequel, sentant la liberté qu'on lui laissait, s'arrêtait à chaque instant pour paître l'herbe fraîche et abondante qui se trouvait sous ses pas. Sancho le tira de sa rêverie en lui disant : « Seigneur, les chagrins n'ont pas été faits pour les bêtes, mais pour les hommes ; et pourtant, quand les hommes s'y abandonnent sans mesure, ils deviennent des bêtes. Ainsi donc, relevez-vous, reprenez courage, serrez la bride à Rossinante, éveillez-vous, et redevenez gaillard comme il sied aux chevaliers errants. Que diantre est ceci? Que signifie cet abattement où je vous vois? Sommes-nous ici, ou en France? Que Satan emporte toutes les Dulcinées du monde! car la santé d'un seul chevalier errant vaut mieux que tous les enchantements et que toutes les transformations de la terre.

— Tais-toi, tais-toi, Sancho, répondit don Quichotte d'une voix assez forte; tais-toi, dis-je, et garde-toi de blasphémer contre cette dame enchantée, dont la disgrâce et l'infortune viennent de moi seul : l'envie que me portent les méchants a rejailli sur elle et causé ses malheurs. — C'est aussi ce que je dis, repartit Sancho; car, pour qui l'a vue hier et la voit aujourd'hui, il y a de quoi pleurer. — Tu peux bien en parler, toi Sancho, puisque tu l'as vue dans toute la perfection de sa beauté, et que la magie ne s'est pas étendue jusqu'à te troubler la vue et à te cacher ses attraits; c'est contre moi seul et contre mes yeux que s'est concentrée toute la force du venin. Mais au milieu de tout cela il m'est venu une réflexion : c'est que tu m'as mal dépeint sa beauté. Si je m'en souviens bien, tu m'as parlé des perles de ses yeux, or des yeux de perles sont plutôt ceux d'un poisson que ceux d'une dame. A ce que j'imagine, ceux de Dulcinée doivent être comme de vertes émeraudes, fendus en amande, et surmontés de deux arcs-en-ciel en guise de sourcils. Quant à ces perles, fais-les passer des yeux aux dents; car sans doute tu te seras mépris, et tu auras confondu les uns avec les autres. — Cela peut bien être, répliqua Sancho; car le trouble que vous a causé sa laideur, je l'ai ressenti, moi, par l'effet de sa beauté. Mais recommandons-nous à Dieu, qui seul prévoit tout ce qui doit se passer dans cette vallée de larmes, dans ce mauvais monde où nous sommes, et où l'on trouve à grand'peine quelque chose qui soit sans mélauge de méchanceté, d'astuce et de fourberie. Un point m'embarrasse plus que tous les autres, seigneur, c'est de savoir quelle sera la marche à suivre quand Votre Grâce vaincra quelque géant ou quelque chevalier, et que vous l'enverrez se prosterner devant la beauté de madame Dulcinée. Où la trouvera-t-il ce pauvre diable de géant, ou ce pauvre malheureux chevalier vaincu ? Il me semble déjà que je les vois errer par le Toboso, comme des badauds, cherchant madame Dulcinée; et quand ils la rencontreraient au beau milieu de la nuit, ils ne la reconnaîtraient pas plus que mon père. — Peut-être, Sancho, repartit don Quichotte, l'enchantement ne s'étendra-t-il pas jusqu'à retirer la connaissance de Dulcinée aux vaincus qui se présenteront devant elle. Au surplus, le premier ou les deux premiers que je vaincrai nous serviront à en faire l'expérience ; car je leur ordonnerai de venir me rendre compte de ce qui leur sera arrivé à cet égard. — Fort bien, répondit Sancho, par ce moyen nous saurons ce que nous désirons apprendre; et si notre princesse n'est invisible que pour vous, c'est vous qui serez le malheureux et non pas elle. Mais qu'elle se tienne en joie et en santé; nous autres, de notre côté, nous aviserons, nous nous tirerons d'affaire le mieux possible, cherchant nos aventures et laissant le temps aller son train, comme le meilleur de tous les médecins pour les maladies petites ou grandes. »

Don Quichotte se disposait à répondre à Sancho Pança; mais il en fut empêché par la rencontre d'une charrette qui traversait le chemin, chargée de divers personnages ayant les plus étranges physionomies. Celui qui conduisait les mules et faisait fonctions de charretier était un démon affreux à voir. La charrette était découverte, sans toile et sans osier. La première figure qui se présenta à don Quichotte fut celle de la Mort; elle portait un visage humain. Près d'elle se tenait un ange avec de grandes ailes peintes. De l'autre côté, on voyait un empereur ayant sur la tête une couronne qui semblait être d'or. Aux pieds de la

Mort était assis le dieu Cupidon, sans bandeau sur les yeux, mais portant l'arc, le carquois et les flèches. Venait ensuite un chevalier armé de pied en cap, si ce n'est qu'au lieu d'un morion ou d'une salade il avait sur la tête un chapeau couvert de plumes de toutes couleurs. Puis enfin, par derrière, d'autres personnages de costumes et d'aspects différents.

Cette apparition soudaine troubla tant soit peu don Quichotte, et jeta l'effroi dans l'âme de Sancho; mais le premier ne tarda pas à se féliciter, croyant se trouver aux prises avec quelque nouvelle et périlleuse aventure. Exalté par cette pensée, et

comme un homme prêt à tout affronter, il se planta devant la charrette, et d'une voix haute et menaçante : « Charretier, cocher, diable, où qui que tu sois, dis-moi promptement qui tu es, où tu vas, quelle espèce de gens tu mènes dans ta carriole, qui ressemble moins à une voiture ordinaire qu'à la barque à Caron. » Le diable, arrêtant son chariot, lui répondit très-doucement : « Seigneur, nous sommes des acteurs de la troupe d'Angulo le Mauvais ; c'est aujourd'hui l'octave de la Fête-Dieu ; ce matin, nous avons joué, dans un village qui est derrière cette hauteur, la comédie des *Cortès de la mort ;* et cette après-midi nous devons la représenter dans un endroit qu'on aperçoit d'ici. Comme nous en sommes tout près, pour n'avoir pas la peine de nous déshabiller et de nous rhabiller, nous voyageons avec nos costumes de théâtre. Ce jeune homme fait la Mort, cet autre un ange ; cette femme qui est celle du directeur est costumée en reine, un autre en soldat, cet autre en empereur, moi en démon. Je fais un des principaux personnages de la pièce, parce que dans la troupe c'est moi qui suis chargé des premiers rôles. Si Votre Grâce a quelque autre question à m'adresser, vous n'aurez qu'à parler, et je saurai vous répondre avec compétence ; en ma qualité de démon, je ne suis étranger à rien.

— Foi de chevalier errant, dit don Quichotte, quand j'ai vu ce chariot, je me suis cru en présence de quelque grande aventure ; mais j'avoue maintenant qu'il faut toucher du doigt les apparences pour se désabuser. Allez en paix, bonnes gens, faites votre fête, et dites-moi si je puis vous être utile en quelque chose ; je le ferai de bon cœur et de bonne grâce, car dès mon enfance j'ai beaucoup aimé les déguisements de théâtre, et dans ma jeunesse j'étais passionné pour la comédie. »

Au milieu de ces pourparlers, arriva un homme de la troupe, couvert d'oripeaux avec force grelots, et portant au bout d'un bâton trois vessies gonflées. En approchant de don Quichotte, ce farceur se mit à jouer du bâton, frappant la terre de ses vessies, et faisant résonner ses grelots dans ses bonds capricieux. Cette étrange vision effraya tellement Rossinante, que, sans que son maître pût le retenir, il prit le mors aux dents, et se sauva à travers champs avec une légèreté que ne promettait pas sa structure anatomique. Sancho, qui vit le danger que courait son maître d'être désarçonné, sauta en bas de son âne et en toute hâte vola à son secours. Mais il ne put arriver si vite qu'il ne le trouvât couché à terre, côte à côte avec Rossinante, qui l'avait entraîné dans sa chute : conséquence ordinaire et résultat final des gaietés entreprenantes de ce généreux coursier.

Mais à peine Sancho eut-il abandonné sa monture, que le démon aux vessies en frappa le roussin, après lui avoir sauté sur le dos; l'animal, excité par le bruit et par la peur bien plus que par le mal, se sauva dans la campagne jusqu'au village où son cavalier se rendait pour la fête. Sancho regardait la course de son âne et la position de don Quichotte, étendu sur le sol; il ne savait à laquelle des deux nécessités il devait obéir d'abord, mais en écuyer fidèle et bien avisé il sentit l'amour de son maître l'emporter sur sa tendresse pour sa bête; pourtant, chaque fois qu'il voyait les vessies s'élever et retomber sur la croupe du baudet, c'étaient pour lui de mortelles angoisses, et il eût mieux aimé recevoir ces coups sur la prunelle de ses yeux que de savoir atteint un seul poil de la queue de son âne.

Dans cette pénible perplexité, il s'approcha de la place où gisait don Quichotte, beaucoup plus maltraité qu'il ne l'aurait voulu; et tout en l'aidant à se remettre en selle : « Seigneur, lui dit-il, le diable a emmené l'âne. — Quel diable? fit don Quichotte. — Le diable aux vessies. — Je saurai bien le lui reprendre, poursuivit don Quichotte, fût-il caché au fin fond des enfers. Suis-moi, Sancho, la charrette va lentement; les mules répondront pour la perte du grison. — Il n'y a que faire de prendre cette peine, seigneur, répondit Sancho; calmez votre colère ; le diable, à ce qu'il me semble, a laissé là le baudet, qui revient de notre côté. » Cela était vrai ; car le diable et l'âne, étant tombés ensemble, à l'instar de don Quichotte et de Rossinante, s'en allaient, l'un vers le village, l'autre vers son maître. « Quoi qu'il en soit, dit don Quichotte, il ne sera pas mal de châtier l'insolence de ce démon sur quelqu'un de la charrette, fût-ce l'empereur qui me tombât sous la main. — Gardez-vous-en bien, répliqua Sancho, et ne vous prenez jamais de querelle avec les baladins : c'est une espèce favorisée. Ce sont des gens de gaieté et de plaisir ; tout le monde les aime et leur prête de l'appui. — Soit, repartit don Quichotte ; mais il ne sera pas dit que cet histrion se moquera de moi, parce qu'il sera protégé de tout le genre humain. » A ces mots, il se retourne du côté de la charrette, qui approchait déjà du village, et se met à crier tout en marchant : « Arrêtez, troupe bouffonne et réjouie ; je vais vous faire voir comment on doit traiter les ânes ou autres montures des écuyers de chevaliers errants. »

Les cris de don Quichotte étaient si forts, que les gens de la charrette les entendirent et en comprirent le sens. En un instant la Mort fut en bas de la charrette, puis l'empereur, puis le diable conducteur, ainsi que l'ange, sans même en excepter la reine ni le dieu Cupidon ; tous se munirent de pierres et se rangèrent en bataille, en attendant don Quichotte sur la pointe de leurs armes. Notre chevalier, qui vit leurs dispositions et leurs bras levés dans le dessein de faire une vigoureuse décharge, serra la bride à Rossinante, et réfléchit au moyen d'attaque qui exposerait le moins sa personne. Sancho arriva au moment où son maître était encore arrêté, et se préparant à charger le bataillon bien rangé : « Il serait par trop fou, dit-il, de tenter une pareille entreprise. Songez bien que contre la soupe du ruisseau il n'y a pas d'autre arme défensive qu'une cloche de bronze ; songez aussi qu'il y a plus de témérité que de bravoure à attaquer seul une armée en tête de laquelle marche la Mort, où combattent des empereurs, et qui a pour auxiliaires les bons et les mauvais anges ; et si ces considérations ne suffisent pas à vous faire rester tranquille, contentez-vous de savoir, à n'en pouvoir douter, que dans tout ce monde-là, quoiqu'ils se donnent des airs de princes, de rois et d'empereurs, il ne se trouve pas un seul chevalier errant.

— C'est maintenant, Sancho, répondit don Quichotte, que tu viens de toucher le point qui peut et qui doit changer ma détermination. Je ne puis ni ne dois tirer l'épée, ainsi que je te l'ai dit maintes fois, contre quiconque n'est pas armé chevalier ; c'est ton affaire à toi, Sancho, si tu comptes avoir satisfaction de l'affront fait à ton roussin ; le cas échéant, je te donnerai d'ici mes encouragements et d'utiles avis. — Il n'y a lieu, seigneur, répliqua Sancho, à tirer vengeance de personne ; ce n'est pas d'ailleurs le fait d'un bon chrétien que de venger ses injures ; et je m'arrangerai avec mon âne pour qu'il remette son offense aux mains de ma volonté, qui est de passer en paix le reste des jours que le Ciel m'accordera. — Puisque telle est la résolution, répliqua don Quichotte, que tu prends en homme bienveillant, sage, chrétien et sincère, laissons là ces ombres, et allons chercher des aventures plus dignes de ce nom : cette contrée me paraît de taille à ne pas nous en laisser chômer, même des plus merveilleuses. »

Là-dessus il tourna bride ; Sancho alla chercher son âne ; la Mort et son escadron volant remontèrent dans leur charrette et poursuivirent leur chemin : telle fut l'heureuse issue de la formidable aventure du chariot de la Mort. Grâces en soient rendues au salutaire conseil que Sancho Pança donna à son maître, auquel était réservée le jour suivant une autre aventure non moins intéressante avec un amoureux chevalier errant.

CHAPITRE VIII

*De l'étrange aventure qui arriva au valeureux don Quichotte
avec le brave chevalier des Miroirs.*

La nuit qui suivit le jour de la rencontre de la Mort, don Quichotte et Sancho la passèrent sous des arbres hauts et feuillus. Suivant le conseil de son écuyer, don Quichotte mangea des provisions que portait le baudet; et pendant le souper Sancho dit à son maître : « Il faut convenir que j'aurais fait une grande sottise si j'avais choisi pour ma gratification les dépouilles venant de votre première aventure, en place des poulains de vos trois juments. Au fait, mieux vaut moineau en main qu'épervier qui vole. — Pourtant, Sancho, répondit don Quichotte, si tu m'avais laissé mener les choses à ma guise, tu aurais eu pour ta part de butin tout au moins la couronne d'or de l'impératrice et les ailes peintes de Cupidon, que je lui aurais arrachées à rebrousse-poil pour te les mettre en main. — Jamais les sceptres ni les couronnes des empereurs de théâtre, dit Sancho, ne furent en or pur; ce n'est que de l'oripeau et du clinquant. — Cela est vrai, répondit don Quichotte; les accoutrements de la comédie ne doivent pas être d'une matière fine; ils doivent être simulés et apparents, comme la comédie elle-même. »

Leur entretien se prolongea une partie de la nuit. Enfin Sancho se sentit venir l'envie de tirer les portières de ses yeux, comme il disait quand le sommeil le gagnait; il débâta son âne, et lui laissa prendre librement une abondante pâture. Quant à Rossinante, il ne lui ôta pas sa selle, obéissant en cela à l'ordre exprès de son seigneur, qui voulait que, pendant tout le temps qu'ils seraient en campagne et qu'ils ne coucheraient pas sous un toit, Rossinante ne fût pas dessellé. C'était un antique usage établi et observé par les chevaliers errants : ôter la bride et l'accrocher à l'arçon, passe; mais la selle jamais. C'est ce que fit Sancho ; après quoi, il lui donna la même liberté qu'au roussin, dont l'union avec Rossinante fut si intime, si unique, qu'on l'a comparée à l'amitié de Nisus et d'Euryale, ou à celle d'Oreste et de Pylade. Enfin Sancho s'endormit profondément sous un liége, et don Quichotte sous un chêne aux branches vigoureuses.

Il n'y avait pas longtemps qu'il sommeillait, lorsque se fit entendre derrière lui un bruit qui l'éveilla. Il se leva subitement, se mit à regarder et à écouter dans la direction du bruit, et aperçut deux cavaliers, dont l'un, se laissant couler de la selle, dit à l'autre : « Ami, mets pied à terre, et débride les chevaux ; ce lieu, à ce qu'il me semble, est propre à leur fournir une nourriture abondante, et à moi la solitude et le calme qui conviennent à mes pensées. » Ces mots ne furent pas plutôt prononcés, qu'il s'étendit à terre, et dans ce mouvement il fit résonner les armes qu'il portait sur lui. Ce fut pour don Quichotte l'indice certain d'un chevalier errant ; aussi, s'approchant de Sancho qui dormait, il le tira par le bras, et, l'ayant éveillé non sans peine, il lui dit tout bas :

« Frère Sancho, nous tenons une aventure. — Dieu nous l'envoie bonne ! répondit Sancho ; mais où est-elle donc, seigneur, madame l'aventure ? — Où, Sancho ? reprit don Quichotte ; tourne les yeux, et regarde : tu verras là couché à terre un chevalier errant, qui, à ce que je puis croire, n'est pas trop en train de rire ; car je l'ai vu descendre de cheval et s'étendre sur l'herbe en témoignant de la tristesse ; c'est alors que le bruit de ses armes s'est fait entendre. — Après ? dit Sancho : où voyez-vous qu'il y ait là une aventure ? — Je ne veux pas dire, repartit don Quichotte, que ce soit là une aventure faite et parfaite ; c'en est du moins le commencement, et c'est ainsi qu'elles commencent toujours. Mais écoute, le voilà qui accorde son luth ; sans doute il se prépare à chanter quelque chose. — En ce cas, répondit Sancho, ce doit être un chevalier amoureux. — Il n'y a pas de chevalier errant qui ne le soit, dit don Quichotte ; prêtons l'oreille : par le fil de son chant nous tirerons le peloton de sa pensée ; car c'est la plénitude du cœur qui fait agir la langue. » Sancho allait répliquer ; mais il fut interrompu par la voix du chevalier du Bois, qui n'était remarquable ni en bien ni en mal.

L'amoureux chevalier termina son chant par un *hélas !* qui semblait venir du plus profond de son cœur ; puis, au bout de quelques instants, d'une voix dolente et langoureuse : « O la plus belle, s'écria-t-il, et la plus ingrate de toutes les femmes ! Quoi ! sérénissime Casildée de Vandalie, souffriras-tu donc toujours que ce chevalier ton esclave se consume et s'épuise en d'éternelles pérégrinations et en d'âpres et rudes travaux ? Ne te suffit-il pas que je t'aie fait confesser pour la reine de la beauté par tout ce qu'il y a de chevaliers dans la Navarre, le Léon, l'Aragon, la Castille, et enfin dans la Manche ? — Pour cela, non, dit alors don Quichotte ; j'en suis de la Manche, et jamais je n'ai rien confessé de semblable, rien d'aussi contraire à la beauté de ma dame ; tu le vois, ce chevalier extravague ; mais écoutons, peut-être se dévoilera-t-il tout à fait. — Il le fera, je n'en doute pas, dit Sancho ; car je ne sais si dans un mois il aura fini de se plaindre. »

Pourtant il n'en fut pas ainsi ; le chevalier du Bois, ayant cru entendre qu'on parlait près de lui, sans poursuivre le cours de ses lamentations, se leva, et dit à haute voix et d'un ton poli : « Qui va là ? Quelles gens êtes-vous ? Comptez-vous au nombre des heureux ou des affligés ? — Des affligés, répondit don Quichotte. — Eh bien ! venez à moi, reprit le chevalier du Bois, et vous pourrez dire que vous avez rencontré la tristesse et l'affliction en personne. » Don Quichotte, frappé de tant de politesse et de sensibilité, s'approcha sur-le-champ; Sancho en fit autant. Le chevalier larmoyant prit don Quichotte par le bras en lui disant : « Asseyez-vous, seigneur chevalier; car pour reconnaître que vous l'êtes, et de ceux qui professent la chevalerie errante, il me suffit de vous avoir trouvé dans ce lieu, où la solitude et le serein vous tiennent seuls compagnie, lit naturel et demeure ordinaire des chevaliers errants. — Je suis bien chevalier de la profession que vous dites, répondit don Quichotte; et quoique les chagrins et les soucis aient pris domicile dans mon âme, ils n'en ont pas banni la compassion que je ressens pour les misères d'autrui. Selon ce que j'ai pu recueillir de vos chants, vos infortunes proviennent de l'amour qui vous tient pour cette belle ingrate dont le nom s'est fait jour dans vos plaintes. »

Lorsque les deux chevaliers s'entretenaient durement assis sur la terre, ils étaient près l'un de l'autre, en paix et en bon accord, comme si au lever du jour ils n'eussent pas dû se casser la tête. « Seigneur chevalier, demanda celui du Bois à don Quichotte, seriez-vous par bonheur amoureux? — Par malheur je le suis, répondit don Quichotte, quoique les peines qui viennent d'affections bien placées doivent plutôt être tenues pour des faveurs que pour des disgrâces. — Cela est vrai, répliqua celui du Bois, si notre raison et notre entendement n'étaient pas troublés par les dédains, qui à la longue ressemblent à de la vengeance. — Je n'en ai jamais éprouvé de ma dame, dit don Quichotte. — Non certes, ajouta Sancho qui se trouvait près de là; car elle est douce comme un agneau et tendre comme du beurre. — Cet homme est votre écuyer? demanda le chevalier du Bois. — Lui-même, répondit don Quichotte. — C'est la première fois, répliqua celui du Bois, que je vois un écuyer qui ose se mêler à la conversation de son maître. Voilà le mien, qui est grand comme père et mère; je défie qu'on puisse prouver qu'il a jamais ouvert la bouche là où je parlais. — Eh bien ! ma foi, moi j'ai parlé, dit Sancho, et je parlerai devant d'autres... et même...; mais restons-en là, nous gâterions les choses. »

Alors l'écuyer du Bois tira Sancho par le bras et lui dit : « Allons-nous-en tous les deux dans quelque coin où nous puissions parler à cœur ouvert et comme bon nous semblera; laissons nos maîtres se conter leurs amours, et le soleil se coucher sur leur conversation. — A la bonne heure, soit, dit Sancho ; je vous dirai qui je suis, et vous verrez si je puis compter parmi les écuyers les plus parlants. » Les deux écuyers s'écartèrent, et il s'établit entre eux un colloque aussi plaisant que fut grave celui de leurs maîtres.

Les chevaliers et les écuyers étaient donc séparés les uns des autres, et se racontaient ceux-ci leurs vies, et ceux-là leurs amours. L'histoire rapporte d'abord l'entretien des serviteurs, et ensuite celui des maîtres ; elle dit donc que l'écuyer du Bois débuta en ces termes en parlant à Sancho : « C'est une rude vie que nous menons, mon maître, nous autres écuyers de chevaliers errants ; en vérité, nous mangeons notre pain à la sueur de nos fronts, comme nos premiers pères quand Dieu les maudit. — On peut bien dire aussi, ajouta Sancho, que nous le mangeons à la glace de nos corps ; car qui est plus exposé au chaud et au froid que nous autres misérables écuyers de la chevalerie errante? Et encore si nous avions toujours à manger, le mal serait moindre ; car le pain allége le chagrin. Mais il nous arrive parfois de voir un ou deux jours se passer sans que nous déjeunions autrement que du vent qui souffle. — Tout cela peut se porter et se supporter, dit celui du Bois, par l'espoir de la récompense ; car nul chevalier errant n'est si malencontreux ou si ingrat, que son écuyer ne se voie promptement gratifié par lui de quelque bonne île à gouverner, ou de quelque comté de bon aloi. — Pour moi, repartit Sancho, j'ai déjà déclaré à mon maître que je me contentais du gouvernement d'une île, et il est si noble et si libéral, qu'il me l'a promise mainte et mainte fois. — Moi, dit celui du Bois, avec un canonicat je me tiendrai pour payé de mes services, et mon maître y a déjà pourvu. — Eh quoi! votre maître, dit Sancho, est donc un chevalier ecclésiastique, pour accorder de telles grâces à de fidèles écuyers? Le mien est tout simplement laïque, quoique quelques personnes sages, mais alors suivant moi mal avisées, lui aient donné le conseil de se faire archevêque, lui qui ne voulait pas être autre chose qu'empereur. Je tremblais alors qu'il ne lui prît la fantaisie d'être d'Église, sentant mon insuffisance à y occuper des bénéfices. — En vérité, vous avez tort, dit celui du Bois; les gouvernements insulaires ne sont pas tous d'une bonne espèce; il y en a de tortus, de pauvres, de tristes; et le mieux conditionné porte encore avec lui une lourde charge d'embarras et de soucis, que prend sur ses épaules le malheureux auquel il est échu. Mieux vaudrait mille fois, pour nous autres qui faisons le maudit métier de servir, nous retirer chez nous et y passer le temps en des exercices plus agréables, comme la chasse ou la pêche. — Oui certes, répondit Sancho, et tous les jours je prie Dieu qu'il me tire du péché mortel, ou, ce qui est la même chose, de ce périlleux office d'écuyer dans lequel je me suis jeté pour la seconde fois; alléché et leurré par une bourse de cent ducats que j'ai trouvée un jour dans le cœur de la Sierra-Morena. Depuis lors le diable me met sans cesse devant les yeux un sac plein de doublons que je crois à chaque pas tenir en poche, que je prends dans mes mains, que j'emporte à la maison, dont j'achète du bien, dont je me fais des revenus pour vivre comme un prince. Dans les instants où je pense à cela, je trouve plus faciles et plus légers les tracas que j'éprouve avec mon fou de maître, qui, je le sais à n'en pas douter, tient plus de l'insensé que du chevalier. — On a raison de dire, répliqua l'écuyer du Bois, que la convoitise défonce le sac. Mais si vous parlez de fous, il n'y en a pas au monde de plus fieffé que mon maître; car il est de ceux qui disent : Les peines d'autrui tuent l'âne. — Serait-il amoureux par hasard? — Eh ! oui, répondit celui du Bois ; il est épris d'une certaine Casildée de Vandalie, la plus cruelle dame que la terre ait portée. Mais ce n'est pas seulement de ce pied-là qu'il cloche ; il a d'autres chiens à fouetter, comme on le verra bientôt.

— Il n'y a pas, dit Sancho, de chemin si uni qu'on n'y puisse buter. Chez le voisin on cuit des fèves, chez nous c'est à pleines chaudronnées ; et la folie doit avoir plus de commensaux que la sagesse. Mais s'il est vrai de dire : Peine partagée, peine soulagée, je pourrai me consoler avec Votre Grâce, puisqu'elle sert un maître aussi timbré que le mien. — Timbré, oui, répondit celui du Bois ; mais vaillant, et malin par-dessus tout. — Oh ! ce n'est plus là le mien, reprit Sancho ; il n'a pas l'ombre de malice, et son âme est ouverte comme un vase ; il ne sait faire du mal à personne, et veut du bien à tout le monde. Un enfant lui persuadera qu'il fait nuit en plein midi ; c'est pour cela que je l'aime comme mes petits boyaux, et que je m'attache à lui, malgré toutes ses extravagances. — Avec tout cela, mon cher maître, si l'aveugle conduit l'aveugle, ils courent gros risque de tomber tous les deux dans le fossé. Nous ferions mieux de décamper et de retourner à nos affaires ; car chercher les aventures, ce n'est pas en rencontrer toujours de bonnes. »

Tout en parlant, Sancho laissait voir que sa bouche se séchait. Le charitable écuyer du Bois s'en aperçut et lui dit : « Il me semble qu'à force de parler la langue commence à nous coller au palais. Mais j'ai là, pendu à l'arçon de ma selle, un spécifique propre à la décoller, et qui n'est pas par trop mauvais. » En disant cela, il se leva et revint bientôt avec une dame-jeanne pleine de vin et un pâté d'une demi-aune de long ; il renfermait un lapin tout entier. Sancho crut qu'il y avait dedans, non pas un chevreau, mais un bouc. « Voilà, s'écriat-il, vos provisions de voyage! — A quoi pensiez-vous donc? répondit l'autre; me preniez-vous d'aventure pour un va-nupieds? Oh! j'emporte sur la croupe de mon cheval meilleure ration qu'un général en campagne. »

Sancho ne se fit pas prier pour manger; à la faveur de l'obscurité, il portait à sa bouche d'énormes morceaux; en un mot, il ne faisait que tordre et avaler. « En vérité, disait-il, vous êtes un écuyer féal et loyal, grand et magnifique, ainsi que le prouve ce banquet, qu'on dirait tombé ici par enchantement. Ce n'est pas comme moi, pauvre diable, qui ne porte dans mon bissac qu'un morceau de fromage, et encore si dur, qu'il pourrait casser la tête à un géant, et qui a pour toute compagnie quatre douzaines de caroubes avec autant de noix et de noisettes, grâce à la pénurie de mon maître et à l'opinion qu'il s'est faite et à laquelle il se conforme, que les chevaliers errants ne doivent se sustenter qu'avec des fruits secs et des herbes des champs.

— Sur mon honneur, frère, répliqua l'écuyer du Bois, mon estomac n'est pas fait aux chardons, aux poires sauvages ni aux racines des montagnes. Permis à nos maîtres de se chausser en tête des opinions et des lois chevaleresques, et de manger à leur guise; quant à moi, je porte toujours à l'arçon de ma selle pour le besoin des viandes froides et cette dame-jeanne. J'ai pour elle tant de tendresse et de fidélté, qu'à tout moment je la couvre de baisers. » En disant cela, il la remit à Sancho, qui, la portant à sa bouche, resta un quart d'heure à regarder les étoiles, et à la fin hocha la tête en poussant un grand soupir : « Malepeste ! s'écria-t-il, celui-là est catholique, ou je ne m'y connais guère. Dites-moi, maître, par ce que vous avez de plus cher, n'est-il pas de Ciudad-Real? — Vous êtes, parbleu, un fin gourmet; il en vient en droite ligne, et il compte déjà quelques années. Mais à quoi vous sert ici pareil talent?

Cessons d'aller à la quête des aventures ; et quand nous avons des miches, ne courons pas après des tourtes ; retournons à nos chaumières, c'est là que Dieu nous trouvera s'il a affaire à nous. Je suivrai mon maître jusqu'à Saragosse, et là nous aviserons. »

A la longue, nos deux écuyers burent et bavardèrent si bien, que le sommeil vint à propos pour lier leurs langues et pour modérer leur soif ; quant à l'éteindre, c'était chose impossible. Ainsi, tenant à eux deux la bouteille presque vide, et ayant encore la bouche pleine, ils demeurèrent endormis ; et nous les laisserons en cet état pour raconter ce qui se passa entre le chevalier du Bois et celui de la Triste-Figure.

CHAPITRE IX

Où se poursuit l'aventure du chevalier du Bois, et où se raconte et s'explique qui étaient ledit chevalier et son écuyer.

ENTRE autres propos qui furent échangés par don Quichotte et par le chevalier du Bois, celui-ci dit au premier : « Enfin, seigneur chevalier, sachez que ma destinée, ou, pour mieux dire, mon choix m'a rendu amoureux de la sans pareille Casildée de Vandalie ; je l'appelle ainsi, parce qu'en effet, elle n'a point d'égale pour la taille, la tournure et la beauté. Eh bien, elle m'a exposé à une foule de périls, me promettant toujours que celui que j'entreprenais me conduirait à l'accomplissement de mes honnêtes désirs. Dernièrement elle m'a ordonné de parcourir toutes les provinces d'Espagne, et de faire confesser à tous les chevaliers errants qui se trouveraient sur mon passage, qu'elle est la mieux partagée de toutes les femmes pour la beauté, et que je suis le plus vaillant comme le plus amoureux chevalier de l'univers. Dans ce but j'ai déjà visité la plus grande partie du royaume, et vaincu une foule de chevaliers qui avaient eu l'audace de me contredire ; mais ce que j'apprécie et ce dont je me glorifie par-dessus tout, c'est d'avoir vaincu en combat singulier ce si fameux chevalier don Quichotte de la Manche, et de lui avoir arraché l'aveu que ma Casildée est plus belle que sa Dulcinée. Aussi, par cette seule victoire, je me regarde comme vainqueur de tous les chevaliers du monde, puisque ce même don Quichotte dont je parle les avait tous vaincus, et que sa renommée et son honneur ont désormais passé dans ma personne. C'est donc pour mon compte, et comme m'appartenant, que courent maintenant les innombrables exploits du don Quichotte sus-mentionné. »

Don Quichotte demeura confondu en entendant ces paroles étranges, dont il fut mille fois tenté de lui donner le démenti ; déjà même le mot était sur le bord de ses lèvres ; mais il se contint comme il put, afin de lui faire confesser ce mensonge de sa propre bouche. Il lui dit avec calme : « Que Votre Grâce, seigneur chevalier, ait vaincu un grand nombre de chevaliers errants en Espagne et même dans le monde entier, je n'ai rien à en dire ; mais que vous ayez vaincu don Quichotte de la Manche, il m'est permis d'en douter. Il serait possible que ce fût quelqu'un qui lui ressemblât, quoique peu lui ressemblent. — Comment ! interrompit le chevalier du Bois, par le ciel qui est sur nos têtes, j'ai combattu don Quichotte, je l'ai vaincu, je l'ai amené à merci. C'est un homme de taille élevée, sec de visage, aux membres longs et maigres, aux cheveux grisonnants, au nez aquilin et recourbé, à la moustache allongée, noire et tombante. Son nom de guerre est le *Chevalier de la Triste-Figure*, et il emmène comme écuyer un paysan nommé Sancho Pança. Il presse les flancs et serre le frein d'un fameux coursier appelé Rossinante, et enfin il a pour dame de ses pensées une certaine Dulcinée du Toboso, appelée dans le temps Aldonza Lorenço, de même que la mienne, ayant nom Casilda et étant Andalouse, a reçu de moi le nom de Casildée de Vandalie. Si toutes ces preuves ne suffisent pas pour attester ma véracité, voici mon épée qui lui assurera crédit auprès du plus incrédule.

— Arrêtez un peu, seigneur chevalier, dit don Quichotte, et veuillez écouter ce que j'ai à vous dire. Sachez d'abord que ce don Quichotte dont vous parlez est mon meilleur ami, que c'est un autre moi-même; et le signalement si exact et si clair que vous m'en avez donné ne me permet pas de douter que ce soit lui que vous ayez vaincu. D'un autre côté, je vois de mes yeux et touche de mes mains que ce ne peut pas être lui; mais comme il a beaucoup d'ennemis parmi les enchanteurs, et particulièrement un qui s'est fait une habitude de le persécuter, l'un d'eux aura pu emprunter sa figure pour se laisser vaincre et le dépouiller ainsi de la renommée que ses hauts faits de chevalerie lui ont acquise et méritée sur toute la surface de la terre. Et, pour vous confirmer le fait, j'ajouterai qu'il y a deux jours, ces mêmes enchanteurs ses ennemis ont transformé la personne de la belle Dulcinée du Toboso en une laide et sale paysanne; ils auront également transformé don Quichotte. Et si tout cela était insuffisant pour vous convaincre de la vérité que je vous déclare, voici don Quichotte lui-même qui la soutiendra les armes à la main, à pied ou à cheval, ou de telle façon qu'il vous plaira. » Et en prononçant ces mots, il se mit debout et porta la main à son épée, pour voir quelle résolution prendrait le chevalier du Bois.

Celui-ci, sans s'émouvoir davantage, répondit sur-le-champ: « Le bon payeur ne se plaint point de donner des gages; celui qui a su vous vaincre transformé peut bien espérer de triompher de vous sous votre forme naturelle; mais comme il ne convient pas que des chevaliers cachent leurs faits d'armes dans l'obscurité de la nuit, à l'instar des malfaiteurs, attendons le jour, pour que nos actions se voient à la clarté du soleil. La condition du combat sera que le vaincu demeurera à la merci du vainqueur, et que celui-ci en fera ce que bon lui semblera, pourvu qu'il soit séant à un chevalier de se soumettre à ce qui lui sera prescrit. — Je suis satisfait de reste d'un tel arrangement, » répondit don Quichotte.

Cela dit, ils se dirigèrent du côté de leurs écuyers, qu'ils trouvèrent ronflant dans la même position où le sommeil les avait gagnés. Ils les éveillèrent et leur ordonnèrent de tenir les chevaux en état, attendu qu'au lever du soleil ils auraient à se livrer un combat singulier, sanglant et à outrance. En entendant ces mots, Sancho demeura saisi de surprise et d'effroi, et tout tremblant pour la vie de son maître, ayant ouï raconter mille prouesses du chevalier du Bois par l'écuyer son confrère; toutefois les deux écuyers s'en allèrent sans souffler chercher leurs bêtes, qui déjà s'étaient flairées et ne se quittaient plus.

Comme ils cheminaient, celui du Bois dit à Sancho : « Vous savez sans doute, frère, que, suivant la coutume des chevaliers d'Andalousie, les témoins ne restent pas les bras croisés pendant que les combattants se coupent la gorge; je vous dis cela afin que vous vous teniez pour averti que, tandis que nos maîtres s'escrimeront, nous ferons aussi notre partie. — Une semblable coutume, seigneur écuyer, répondit Sancho, peut bien être de mise parmi des coupe-jarrets et des fanfarons comme ceux dont vous parlez; mais parmi les écuyers de chevaliers errants, pas que je sache; du moins je n'ai jamais entendu citer un pareil usage à mon maître, qui sait par cœur tous les règlements de la chevalerie. Et quand bien même ce serait une loi pour les écuyers de ferrailler en même temps que leurs maîtres, je n'entends pas m'y conformer; j'aime mieux payer l'amende infligée aux écuyers pacifiques, laquelle, je crois bien, ne doit pas passer deux livres de cire; elle me reviendra moins cher que le linge et la charpie qu'il me faudrait pour panser ma tête, que je tiens déjà pour fendue en deux. Bien plus, je n'ai pas d'épée pour croiser le fer, et jamais de ma vie je n'en ai porté. — A cela je sais un remède, répliqua celui du Bois ; j'ai ici deux sacs de toile de même mesure ; nous en prendrons chacun un, et nous nous battrons ainsi à armes égales.

— A la bonne heure, de cette façon-là, soit, répondit Sancho ; un tel combat servira plutôt à nous épousseter qu'à nous faire du mal. — Oh ! ce n'est pas cela, reprit l'autre ; nous allons commencer par mettre dans chacun d'eux, pour que le vent ne les emporte pas, une demi-douzaine de cailloux bien propres, bien arrondis et du même poids ; de cette manière nous pourrons nous frotter sans nous faire le moindre mal. — Merci de ma vie ! repartit Sancho ; sont-ce là les martes zibelines et les cardes de coton avec lesquelles vous voulez nous garantir les os et la tête ? Sachez bien, mon doux maître, que quand vous y mettriez des cocons de soie, je ne me battrais pas davantage. Que nos maîtres se battent tant qu'ils voudront ; mais pour nous, vivons et buvons ; laissons au temps à user nos vies, sans nous ingénier à les mener à fin avant que leur terme soit venu, et qu'elles tombent de maturité. — Avec tout cela, reprit celui du Bois, encore nous battrons-nous bien, ne fût-ce qu'une demi-heure. — Nenni-da, répondit Sancho ; je ne suis pas assez incivil, assez ingrat pour aller me quereller, pour si peu que ce soit, avec celui qui m'a donné à boire et à manger. Et d'ailleurs, n'ayant ni pique ni dépit, comment diable irais-je me battre sans rime ni raison ?

— Oh ! si ce n'est que cela, dit celui du Bois, je vous trouverai bien un moyen : avant la bataille, je m'approcherai tout doucement de Votre Grâce, je vous donnerai trois ou quatre bons soufflets à vous jeter à la renverse, et je réussirai ainsi à réveiller votre colère, eût-elle le sommeil plus dur qu'un loir.

— Eh bien, moi, j'en sais un autre qui le vaut : je couperai une trique, et avant que vous réveilliez ma colère, j'endormirai si bien la vôtre à coups de bâton, qu'elle ira s'éveiller dans l'autre monde, où l'on sait que je ne suis pas homme à me laisser frotter le museau par qui que ce soit. Mais que chacun s'occupe de son affaire ; et le mieux est de n'éveiller la colère de personne, parce que nul ne sait ce que les autres ont dans l'âme ; et tel va chercher de la laine qui s'en revient tondu ; et Dieu bénit la paix et maudit les querelles ; et si un chat excité et acculé peut devenir un lion, Dieu sait en quoi je pourrais me changer, moi qui suis un homme. Et ainsi dès à présent, seigneur écuyer, je vous signifie que je mets sur votre compte tout le dommage qui peut résulter de notre batterie. — C'est bien, répliqua celui du Bois ; demain il fera jour, s'il plaît à Dieu, et nous aviserons. »

Comme ils achevaient leur conversation, les oiseaux commençaient à gazouiller sur les arbres, et par leurs chants joyeux et variés semblaient saluer l'aurore. A peine les premiers rayons du jour eurent-ils permis d'apercevoir et de distinguer les objets, que tout d'abord les yeux de Sancho rencontrèrent le nez de l'écuyer du Bois ; or ce nez était d'une telle taille, qu'il lui ombrageait la moitié du corps. On le dépeint, en effet, comme étant d'une grandeur démesurée, recourbé vers le milieu, couvert de verrues, d'un ton violet comme une aubergine, et se prolongeant deux doigts plus bas que la bouche. L'immensité, la couleur, les verrues et la bosse de ce nez lui faisaient une figure si affreusement laide, qu'à cette vue Sancho se mit à trembler des pieds et des mains comme un enfant qui tombe du haut mal, et qu'il se proposa d'accepter deux cents soufflets plutôt que de lâcher la bride à sa colère et que d'avoir maille à partir avec cet horrible personnage.

Don Quichotte, de son côté, jeta un coup d'œil sur son adversaire, qui déjà avait son casque sur la tête et la visière baissée, ce qui l'empêcha de voir son visage ; mais il put juger que c'était un homme membru et de taille moyenne. Par-dessus ses armes il portait un surcot ou une casaque qui paraissait être d'un tissu de fil d'or, semé de miroirs brillants en forme de petites lunes ; costume plein de recherche et d'élégance. Tout autour de son casque voltigeaient à profusion des plumes vertes, blanches et jaunes ; sa lance, qu'il avait appuyée contre un arbre, était grosse et longue, et terminée par un fer acéré de plus d'un palme. Don Quichotte regarda tout et remarqua tout ; et il conclut de cet examen que ce devait être un chevalier de grande force. Mais il ne fut pas pour cela saisi de terreur comme Sancho Pança ; au contraire, s'adressant d'un ton dégagé au chevalier des Miroirs : « Si votre ardente soif de combattre, dit-il, ne vous ôte rien de votre courtoisie, je vous demande en son nom de lever un instant votre visière, afin que je voie si votre bonne mine répond à votre contenance. — Que vous sortiez vaincu ou vainqueur de cette entreprise, seigneur chevalier, répondit celui des Miroirs, vous aurez pour me considérer le temps et l'espace nécessaires ; et si dans ce moment je ne puis me rendre à votre désir, c'est que je croirais faire un tort notable à la belle Casildée de Vandalie en tardant, seulement le temps de hausser ma visière, à vous faire confesser ce que je soutiens, comme vous le savez. — Dites-moi du moins, reprit don Quichotte, pendant que nous montons à cheval, si je suis bien ce don Quichotte que vous prétendez avoir vaincu. — A cela je vous répondrai, répliqua celui des Miroirs, que vous ressemblez au chevalier que j'ai vaincu comme un œuf ressemble à un autre œuf ; mais, d'après ce que vous me dites de la persécution des enchanteurs, je n'oserais affirmer si vous êtes ou non la même personne. — Cela me suffit, dit don Quichotte, pour comprendre votre erreur ; mais pour la dissiper complétement, qu'on amène nos chevaux, et en moins de temps qu'il ne vous en fallait pour lever votre visière, avec l'aide de Dieu, de ma dame et de mon bras, je verrai votre figure, et vous me direz si je suis le don Quichotte que vous vous figurez avoir vaincu. »

Sur cela, coupant court à la conversation, ils enfourchèrent leurs montures, et don Quichotte fit tourner bride à Rossinante afin de prendre le champ convenable pour marcher contre son adversaire, qui exécutait la même manœuvre ; mais il avait à peine fait vingt pas, que le chevalier des Miroirs le rappelait pour lui dire : « N'oubliez pas, seigneur chevalier, que la condition du combat est que le vaincu, comme cela s'est déjà dit, restera à la discrétion du vainqueur. — Je le sais, répondit don Quichotte, mais sous la réserve qu'il ne sera rien imposé au vaincu qui sorte des limites de la chevalerie. — Cela est entendu, » reprit le chevalier des Miroirs.

En ce moment, l'étrange nez de l'écuyer s'offrit à la vue de don Quichotte, qui n'en fut pas moins frappé que Sancho ; si bien qu'il le prit pour un monstre, ou pour quelque homme d'une espèce inconnue et inusitée en ce monde. Sancho, voyant son maître prêt à fournir sa carrière, ne voulut pas rester seul avec ce grand vilain nez, dans la crainte qu'une chiquenaude qu'il appliquerait sur le sien ne décidât du sort de leur querelle, et que du coup, ou simplement de la peur, il ne se vît terrassé. Il s'en alla près de son maître, s'accrochant à un étrier de Rossinante ; et quand il vit que don Quichotte allait se retourner : « Je supplie Votre Grâce, dit-il, de vouloir bien, avant la rencontre, m'aider à monter sur ce liége, d'où je pourrai voir plus à mon aise que par terre le rude engagement que vous allez avoir avec ce chevalier. — Dis plutôt, Sancho, répondit don Quichotte, que tu veux monter sur les gradins pour assister sans danger à la course des taureaux. — A dire vrai, repartit Sancho, le nez démesuré de cet écuyer m'inspire de l'effroi, et je ne me soucie guère de me trouver tête à tête avec lui. — Ce nez est tel, en effet, qu'il m'intimiderait si j'étais autre que je ne suis ; viens donc, je t'aiderai à monter où tu voudras. »

Tandis que don Quichotte s'arrêtait pour aider à Sancho à grimper dans l'arbre, le chevalier des Miroirs avait pris du champ ; supposant que don Quichotte en avait fait autant, sans attendre le son de trompe ou aucun autre signal, il tourna son cheval, qui ne semblait pas plus vaillant que Rossinante, et de toute sa vitesse, qui n'était qu'un trot moyen, il marcha à la rencontre de son ennemi ; mais voyant celui-ci occupé à hisser Sancho sur son liége, il retint la bride et s'arrêta au milieu de la carrière, à la grande satisfaction du cheval, qui déjà ne pouvait plus bouger. Don Quichotte, qui se figura voir son adversaire fondre sur lui à toutes jambes, donna vigoureusement de l'éperon dans les côtes efflanquées de Rossinante, et le fit partir d'un tel train, que, selon l'histoire, et cette fois seulement, il prit le galop, lui qui n'avait jamais poussé au delà du trot son allure la plus accélérée. Cet emportement inaccoutumé le précipita sur le chevalier des Miroirs, qui enfonçait ses éperons dans le ventre de sa monture sans pouvoir la faire avancer d'un seul pas. Ce fut dans cette circonstance opportune que don Quichotte arriva sur son ennemi ; il le trouva embarrassé de son cheval et non moins empêtré de sa lance, qu'il ne pouvait parvenir à mettre en arrêt. Don Quichotte, qui ne s'inquiétait pas de ces petites difficultés, vint, sans péril et à peu de frais, heurter le chevalier des Miroirs avec une telle violence, que celui-ci, contre son gré, vida les arçons et roula à terre, sans remuer ni pied ni jambe pas plus que s'il était mort.

A peine Sancho l'eut-il vu tomber, qu'il se laissa glisser en bas de son arbre, et qu'il courut rejoindre son maître en toute hâte. Celui-ci avait mis pied à terre, s'était jeté sur le chevalier des Miroirs, et, lui détachant les lanières du casque pour voir s'il n'était pas mort, ou pour lui donner de l'air si par hasard il lui restait encore un souffle de vie, il aperçut... : qui pourrait dire ce qu'il aperçut sans jeter la surprise, l'étonnement et la stupeur dans l'âme de ceux qui l'apprendront?... il aperçut, dit l'histoire, la figure, les traits, le visage, la physionomie du bachelier Samson Carrasco en propre personne ; et, à cette vue,

il s'écria à haute voix : « Arrive, Sancho ; viens voir ce que tu ne pourras croire en le voyant ; viens, mon fils, et regarde ce que peut la magie, ce que peuvent les sorciers et les enchanteurs. »

Sancho s'avança, et lorsqu'il reconnut les traits du bachelier, il se mit à faire mille signes de croix et à dire autant de patenôtres. Au milieu de tout cela, le chevalier désarçonné ne

donnait aucun signe de vie ; alors Sancho dit à don Quichotte :
« Mon avis, seigneur, est que, sans autre forme de procès,
Votre Grâce lui enfonce son épée dans la bouche, à celui-là qui
ressemble au bachelier Samson Carrasco ; peut-être réussirez-
vous à tuer ainsi un des enchanteurs vos ennemis. — Tu as raison, répondit don Quichotte ; c'en sera toujours un de moins. »
Et déjà il tirait son épée pour mettre à exécution le conseil de
Sancho, quand accourut l'écuyer des Miroirs, dépouillé du nez
qui enlaidissait son visage, et criant de toutes ses forces : « Arrêtez, seigneur don Quichotte, prenez garde à ce que vous faites;
celui qui est étendu à vos pieds est le bachelier Samson Carrasco, un de vos amis, et je suis son écuyer. » Sancho, ne lui
retrouvant plus sa laideur première, lui dit : « Et le nez ? —
Il est là dans ma poche, » répondit l'autre. Et portant la main
à sa poche du côté droit, il en tira un nez en carton verni, à
la façon des masques, et tel que nous l'avons dépeint. Sancho
examinait l'écuyer en ouvrant de grands yeux, et il finit par
s'écrier du ton de la surprise : « Eh ! Vierge Marie ! n'ai-je pas
devant moi Thomas Cecial, mon voisin et mon compère ? —
Vraiment oui, répondit l'écuyer au nez absent, je suis bien
Thomas Cecial, compère et ami Sancho, et je vais vous conter
tout de suite les artifices, les ruses et les détours qui m'ont
amené ici ; mais en attendant priez et suppliez votre maître qu'il
ne touche, ne maltraite, ne frappe, ni ne tue le chevalier des
Miroirs qui est là couché à ses pieds, parce que c'est, sans qu'il
en puisse douter, le téméraire et malavisé bachelier Samson
Carrasco, notre compatriote. »

Cependant le chevalier des Miroirs revenait à lui ; le voyant
remuer, don Quichotte lui mit sur le front la pointe de son épée
en lui disant : « Vous êtes mort, chevalier, si vous ne confessez
que la sans pareille Dulcinée du Toboso l'emporte en beauté sur
votre Casildée de Vandalie ; en outre, vous avez à promettre,
si vous survivez à ce combat et à cette chute, de vous rendre au

Toboso, de vous présenter de ma part devant elle, pour qu'elle dispose de vous selon son bon plaisir. Si elle vous laisse votre liberté, vous reviendrez me trouver, guidé par la trace de mes exploits, et me rendre compte de ce qui se sera passé. Ces conditions sont conformes à ce qui s'est dit entre nous avant le combat, elles n'ont rien de contraire aux règles de la chevalerie errante. Vous devez aussi confesser et croire que ce chevalier que vous avez vaincu n'était ni ne pouvait être don Quichotte de la Manche, mais quelque autre qui lui ressemblait ; de même que je confesse et crois que vous n'êtes pas Samson Carrasco, quoique vous en ayez l'apparence, et que ce sont mes ennemis qui ont voulu m'opposer sa figure pour tempérer la fougue de ma colère et me forcer à user avec modération de ma victoire.

— Je confesse et je crois tout ce que vous croyez et confessez, répliqua l'éreinté chevalier des Miroirs ; mais, de grâce, laissez-moi me relever, si tant est que je le puisse, car je suis passablement écloppé. »

Don Quichotte l'aida à se relever, avec l'assistance de l'écuyer Thomas Cecial, que Sancho ne quittait pas des yeux, et auquel il adressait des questions dont les réponses attestaient ce qu'il était en réalité ; mais la crainte des enchanteurs l'empêchait d'ajouter foi à la vérité qui frappait sa vue. Finalement le maître et le valet demeurèrent dans cette erreur ; le chevalier des Miroirs et son écuyer, honteux et malencontreux, quittèrent les autres pour aller à la recherche d'un endroit où l'on pût panser les côtes froissées de Carrasco. Don Quichotte et Sancho se remirent en route vers Saragosse ; là l'histoire les abandonne pour raconter qui étaient le chevalier des Miroirs et son écuyer au nez gigantesque.

Elle rapporte donc que lorsque le bachelier alla trouver don Quichotte pour l'engager à reprendre le cours de ses expéditions délaissées, ce fut après avoir délibéré avec le curé et le barbier sur le moyen de forcer don Quichotte à se tenir tranquillement dans sa maison, sans courir les aventures à tort et à travers. De cette consultation il résulta, suivant l'avis unanime et l'opinion particulière de Carrasco, qu'il fallait bien laisser partir don Quichotte, puisque le retenir était chose impossible ; mais qu'ensuite Samson irait à sa rencontre sous la forme d'un chevalier errant, qu'il ne manquerait pas de motif pour en venir aux mains avec lui, et qu'il n'aurait pas de peine à le vaincre, après convention préalable que le vaincu se mettrait à la merci du vainqueur. Don Quichotte ainsi vaincu recevrait du bachelier chevalier l'ordre de retourner vers son village et dans son manoir, avec défense d'en sortir avant deux années révolues, sauf nouvel ordre. Il était évident que don Quichotte exécuterait fidèlement cette condition par respect pour les lois de la chevalerie ; et il pouvait arriver que pendant sa reclusion il oubliât ses vanités, ou qu'on y trouvât remède. Carrasco accepta cette mission, et il reçut pour remplir le rôle d'écuyer l'offre de Thomas Cecial, compère et voisin de Sancho Pança, homme de bon sens et de bonne humeur. Samson s'arma comme nous l'avons vu, et Thomas Cecial s'affubla d'un nez postiche pour ne pas être reconnu de son compère lorsqu'ils se rencontreraient. Puis ils prirent la route que suivait don Quichotte ; ils le retrouvèrent peu d'instants après l'aventure du char de la Mort, et enfin ils le rejoignirent dans le bois où se passa tout ce que vient de voir le lecteur ; et sans l'étrange pensée de don Quichotte que le bachelier n'était pas le bachelier, celui-ci n'eût jamais pu prendre son degré de licencié, et cela pour n'avoir pas trouvé le nid là où il croyait mettre la main sur les oiseaux.

Thomas Cecial, reconnaissant la malheureuse issue de leur plan de campagne, dit au bachelier : « Seigneur Samson Carrasco, nous n'avons que ce que nous méritons ; il est facile de concevoir et d'aborder une entreprise, mais il est souvent plus difficile d'en sortir. D'une part, un fou ; de l'autre, un homme sensé : l'un s'en va en santé et en gaieté, l'autre confondu et moulu. Maintenant quel est le plus fou, ou de celui qui n'y peut mais, ou de celui qui l'est de son plein gré? — La différence qui existe entre ces deux fous, c'est que le premier le sera toujours, et que le second cessera de l'être quand il en aura assez. — Puisqu'il en est ainsi, répliqua Thomas, j'ai voulu être fou quand je me suis fait l'écuyer de Votre Grâce; mais présentement je veux ne plus l'être et m'en retourner à la maison. — C'est votre affaire, repartit Samson; mais de compter que je rentrerai chez moi sans avoir roué de coups le seigneur don Quichotte, c'est compter sans votre hôte; pour le moment, ce n'est pas le désir de lui rendre la raison qui me pousse à sa recherche, mais l'espoir d'une revanche; et la douleur que je ressens dans les côtes ne laisse pas place à des pensées plus charitables. »

Tout en causant, ils arrivèrent à un village où par bonheur se trouva un frater pour panser l'infortuné Carrasco. Thomas Cecial le quitta et retourna chez lui, laissant le bachelier préparer sa vengeance.

CHAPITRE X

Où se révèle au dernier point la bravoure inouïe de don Quichotte, dans l'aventure des lions qu'il mena à bonne fin.

Don Quichotte poursuivait son chemin, le cœur plein d'allégresse et d'enivrement; s'imaginant être, par suite de sa dernière victoire, le plus valeureux chevalier errant de son siècle et du monde entier, il tenait pour achevées avec le même succès autant d'aventures qu'il pourrait désormais s'en présenter. Il ne faisait plus état des enchantements ni des enchanteurs; il ne se souvenait plus des innombrables bastonnades qu'il avait reçues dans le cours de ses chevaleries, ni de la grêle de pierres qui lui avait emporté la moitié des dents, ni de l'ingratitude des galériens, ni de l'audacieuse attaque des muletiers Yangois. Il se disait qu'en définitive, s'il trouvait un moyen, un expédient, un procédé pour désenchanter sa dame Dulcinée, il n'aurait plus rien à envier à aucun chevalier errant des siècles passés.

Il marchait plongé dans ces réflexions, quand Sancho lui dit : « Ne vous semble-t-il pas singulier, seigneur, que j'aie sans cesse devant les yeux ce nez énorme, extravagant, du voisin Thomas Cecial ? — Crois-tu donc par hasard, Sancho, répondit don Quichotte, que le chevalier des Miroirs était le bachelier Carrasco, et que son écuyer était Thomas Cecial, ton compère ? — Je ne sais qu'en dire, reprit Sancho; mais ce qu'il y a de sûr, c'est que le signalement qu'il m'a donné de ma maison, de ma femme et de mes enfants, ne pouvait me venir de nul autre que lui; et sa figure, le nez à part, était bien celle de Thomas Cecial, tel que je l'ai vu mainte et mainte fois dans notre village, où nous ne sommes séparés que par le mur mitoyen; c'était aussi le même son de voix. — Parlons raison, Sancho, répliqua don Quichotte; voyons, qui croira jamais que le bachelier Samson Carrasco puisse venir en chevalier errant, avec armes offensives et défensives, m'offrir le combat? Suis-je par hasard son ennemi? Lui ai-je jamais donné l'occasion de me prendre en haine? Suis-je son rival, et professe-t-il les armes, pour être jaloux de la gloire que j'y ai acquise? — Mais alors, seigneur, répondit Sancho, que dire de cette ressemblance frappante du chevalier, quel qu'il soit, avec le bachelier Carrasco, et de son écuyer avec mon compère Thomas Cecial? S'il y a enchantement, comme vous le prétendez, n'y avait-il pas dans le monde deux autres individus dont ils pussent prendre l'apparence? — Tout cela n'est qu'artifice et complot des perfides magiciens qui me poursuivent, et qui, prévoyant ma victoire en cette rencontre, se sont arrangés de façon à ce que le chevalier vaincu présentât les traits de mon ami le bachelier, et que l'attachement que j'ai pour lui vînt se placer entre la vigueur de mon bras et le tranchant de mon épée, modérer mon légitime courroux, et me forcer à épargner la vie de celui qui attentait à la mienne par la ruse et la trahison. Tu sais de science certaine, ami, combien il leur est facile de transformer les visages, de changer le beau en laid et le laid en beau, puisque tu as vu de tes propres yeux, il n'y a pas deux jours, la beauté et la gentillesse de l'incomparable Dulcinée dans tout leur charme naturel, tandis que je n'avais, moi, devant les yeux qu'une laide et grossière paysanne aux yeux chassieux et à l'haleine infectée d'ail. »

Pendant qu'ils conversaient ainsi, Sancho demanda à son maître la permission d'aller trouver des bergers qui étaient près de la route, occupés à traire leurs brebis. Mais à peine Sancho avait pu les joindre pour en obtenir un peu de lait et quelques fromages, qu'il s'entendait appeler à grands cris par don Quichotte. Il quitta donc brusquement les bergers, et, piquant de toutes ses forces son grison, accourut auprès de son maître, qui avait aperçu de loin sur la route un chariot pavoisé de bannières royales, et qui s'attendait à une effroyable et extravagante aventure. Pressé par les cris de don Quichotte, ne sachant que faire de ses fromages ni où les mettre, et ne voulant pas perdre un bien qu'il avait payé, il imagina de les loger dans le casque qu'il tenait à la main, et, après avoir fait ce chef-d'œuvre, il revint près de notre chevalier pour voir ce que celui-ci voulait de lui. Dès qu'il se fut rapproché : « Ami, donne-moi mon casque, lui dit don Quichotte ; car ou je me connais peu en aventures, ou j'en aperçois une qui m'oblige à prendre les armes. »

Sancho porta les yeux de tous les côtés, et ne découvrit rien autre chose qu'un chariot qui venait devant eux, avec deux ou trois petites banderoles, ce qui lui fit supposer que ce chariot portait de l'argent du trésor royal. Il en parla dans ce sens à don Quichotte, qui n'y ajouta pas foi, et qui poursuivit : « L'homme pris au dépourvu est à moitié vaincu ; je ne perdrai rien à me mettre en garde, car je sais par expérience que j'ai des ennemis visibles et invisibles, sans que je puisse savoir dans quel temps, dans quel lieu, ni sous quelles formes ils songent à m'attaquer. » Puis, se tournant vers Sancho, il lui demanda son casque ; celui-ci, n'ayant pas le temps d'en retirer les fromages, le lui donna tel quel. Don Quichotte, sans s'aviser de ce qui était dedans, le posa sur sa tête en toute hâte ; et, comme les fromages se trouvèrent pressés et écrasés, il s'en exprima aussitôt le petit-lait, qui coula le long du visage et de la barbe de don Quichotte. « Qu'est ceci ? dit-il tout troublé à Sancho ; on dirait que mon crâne s'amollit, que ma cervelle se fond, ou que je sue de la tête aux pieds. S'il est vrai que je sue, pardieu, ce n'est pas de peur, quelque terrible que doive être l'aventure qui se prépare. Donne-moi de quoi m'essuyer ; car l'eau qui inonde mon front me tombe dans les yeux et me rend aveugle. » Sancho lui donna un mouchoir sans autre explication, et rendit grâces au Ciel de ce que son maître n'avait pas deviné le mot de l'énigme. Don Quichotte s'essuya, et ôta son casque pour voir ce qui lui rafraîchissait ainsi la tête ; il aperçut cette bouillie blanche, il l'approcha de son nez, et, après l'avoir flairée, il s'écria : « Par la vie de ma dame Dulcinée du Toboso, ce sont des fromages que tu as fourrés là, traître, impertinent, écuyer mal appris ! » Sancho répondit avec un sang-froid hypocrite : « Si ce sont des fromages, que Votre Grâce me les donne, et je les mangerai ; ou bien que le diable les mange, lui qui les a mis où ils sont. Croyez-vous que j'aurais eu le front de salir votre salade ? A d'autres, vous n'y êtes pas. En vérité, seigneur, à ce que je puis comprendre, je dois avoir aussi des enchanteurs qui me persécutent, comme étant une partie de vous-même ; ils auront placé là ces immondices pour changer cette patience en colère, et faire qu'elle me broie les côtes, comme de coutume. Mais cette fois ils auront perdu leur peine, et je me fie assez au bon esprit de mon maître pour penser qu'il aura vu que je n'ai ni fromage, ni lait, ni rien de semblable, et que, si je l'avais, je le mettrais plutôt dans mon estomac que dans son casque.

— Tout cela peut être, » dit don Quichotte. Et, à ces mots, s'étant essuyé le visage, la barbe et la tête, ainsi que le dedans de sa salade, il s'en coiffa, s'affermit sur ses étriers, prépara son épée, saisit sa lance, et s'écria : « Maintenant, avienne que pourra, je me sens de force à combattre Satan lui-même. »

En ce moment arriva le char aux banderoles ; il ne portait d'autres personnes que le charretier, monté sur une de ses mules, et un homme assis sur le devant de la voiture. Don Quichotte leur barra le chemin en disant : « Où allez-vous, frères ? Quelle est cette charrette ? Que menez-vous dedans ? Que signifient ces banderoles ? » A quoi répondit le charretier : « La charrette est à moi ; elle transporte, enfermés dans leurs cages, deux beaux lions que le gouverneur d'Oran envoie au palais du roi pour être offerts à Sa Majesté ; ces bannières sont celles du roi notre maître, elles annoncent quelque chose qui lui appartient. — Et vous dites que ces lions sont grands ? reprit don Quichotte. — Tellement grands, repartit le conducteur assis sur le devant, que jamais animaux de cette taille n'ont passé d'Afrique en Espagne ; je puis vous le garantir, moi qui en fais mon métier. Il y a un mâle et une femelle ; le mâle est dans la cage de derrière, et la femelle dans celle de devant ; en ce moment ils sont affamés, car ils n'ont rien mangé de la journée. Ainsi, que Votre Grâce se range ; nous avons besoin d'arriver promptement dans un endroit où nous puissions leur donner de la nourriture. — A moi ces lionceaux, et à l'heure qu'il est? dit don Quichotte avec un léger sourire ; eh bien, soit ; les gens qui me les envoient verront si je suis homme à avoir peur d'un lion. Descendez, l'ami ; et puisque vous êtes le gardien, ouvrez-moi ces cages, et lâchez-moi ces bêtes ; c'est en rase campagne que je leur ferai savoir ce qu'est don Quichotte de la Manche, au mépris et à la confusion des enchanteurs qui les ont mis à mes trousses. Et dépêchez-vous d'ouvrir, si vous ne voulez qu'avec ma lance je vous cloue contre votre chariot. »

Le charretier, voyant le parti pris de ce fantôme armé, lui dit : « Veuillez, de grâce, seigneur, souffrir que je deselle mes mules, et que je me mette à l'abri avant que les lions gagnent le large ; s'ils me les tuaient, je serais ruiné sans ressource, car je ne possède que ce chariot et son attelage. — Descends et détèle vite, homme incrédule, répondit don Quichotte ; mais tu verras bientôt que c'est peine perdue, et que tu pouvais t'épargner tout ce soin. » Le charretier mit pied à terre et dételâ en toute hâte, tandis que le gardien disait à haute voix : « Je vous prends à témoin, vous tous ici présents, que c'est comme contraint et forcé que j'ouvre les cages et que je lâche les lions ; et je déclare à ce seigneur que tout le mal et dommage qui en pourra résulter sera pour son compte ; sans préjudice de mon salaire et sous la réserve de tous mes droits. Mettez-vous en sûreté avant que j'ouvre ; pour moi, je suis sûr de ne pas éprouver de mal. »

Lorsque Sancho vit ce qui se préparait, il vint tout en larmes se jeter aux pieds de son maître, le conjurant d'abandonner une telle entreprise, auprès de laquelle celle des moulins à vent et celle des foulons n'étaient que tourtes et pain mollet, de même que tous ses précédents exploits. « Faites attention, seigneur, disait-il, qu'ici il n'y a ni enchantement ni rien de semblable ; car j'ai vu à travers les barreaux et les fentes de la cage une griffe de lion véritable, et par là je juge qu'il doit être gros comme une montagne. — La peur qui te tient, répondit don Quichotte, est capable de te le faire trouver au moins aussi gros que la moitié du monde. Retire-toi, Sancho, et laisse-moi faire ; si je succombe, rappelle-toi notre convention d'ancienne date : tu te rendras auprès de Dulcinée, et je ne t'en dis pas davantage. » Puis il renouvela ses menaces au gardien ; ce qui fit que Sancho piqua son grison, et le charretier ses mules, l'un et l'autre ayant hâte de s'éloigner le plus possible du chariot avant que les lions fussent en liberté.

Sancho pleurait déjà la mort de son maître, croyant le voir cette fois dans les griffes du lion ; il maudissait sa mauvaise fortune, et appelait fatale l'heure où il avait eu la pensée de rentrer à son service ; mais tout en pleurant et en se lamentant, il ne laissait pas de pousser le grison, afin de s'éloigner du chariot. Lorsque le gardien vit que ceux qui avaient pris le parti de s'enfuir étaient déjà à distance, il réitéra ses remontrances et ses sommations à don Quichotte, qui lui répondit qu'il l'avait entendu, mais que c'était une peine inutile et qu'il eût à se dépêcher. Pendant le temps que mit cet homme à ouvrir la première cage, don Quichotte délibéra s'il devait livrer bataille à pied ou à cheval, et finalement il se détermina à combattre à pied, craignant que la vue des lions n'effrayât Rossinante. Il sauta donc à bas de son cheval, jeta sa lance, embrassa sa rondache, et, tirant son épée, il s'en alla pas à pas, avec une contenance assurée et un courage intrépide, se placer devant le chariot, se recommandant de toute son âme, d'abord à Dieu, et ensuite à sa dame Dulcinée.

Parvenu à cet endroit de sa véridique histoire, l'auteur ne peut s'empêcher de s'écrier : « O brave par delà toute limite,
« ô valeureux don Quichotte de la Manche, miroir où peuvent
« se regarder tous les preux de la terre, nouveau don Manuel
« de Léon, qui fut l'honneur et la gloire de la chevalerie espa-

L'animal ouvrit la gueule, fit un long bâillement, et tirant une langue de
deux pieds, il s'en débarbouilla les yeux et toute la face.

« gnole! En quels termes raconterai-je cet effroyable exploit,
« et comment pourrai-je le rendre croyable pour les siècles à
« venir? Oh! quels éloges conviendraient et répondraient à ta
« valeur, quand ils entasseraient hyperboles sur hyperboles?
« Toi seul, à pied, intrépide et magnanime, n'ayant pour toute
« arme qu'une épée, et non à lame de Tolède, pour toute dé-
« fense qu'un écu, et non du plus fin ni du plus brillant acier,
« tu es là attendant de pied ferme les deux lions les plus re-
« doutables qu'aient jamais enfantés les forêts africaines. Que
« tes exploits te servent de louanges, héroïque Manchois; quant
« à moi, je renonce à les célébrer, car les mots me manquent
« pour le faire dignement. » Ici s'arrête l'exclamation de l'auteur, qui reprend ainsi le fil de son récit.

Quand le gardien vit que don Quichotte s'était mis en garde, il jugea qu'il ne pouvait faire autrement que de lâcher le lion mâle, sous peine d'encourir la disgrâce du bouillant et audacieux chevalier; il ouvrit donc entièrement la dernière cage, dans laquelle était enfermé le lion, qui lui parut d'une taille monstrueuse et d'un aspect formidable. La première chose que fit l'animal fut de se retourner dans sa cage, puis de se tirer en étendant ses pattes et en allongeant ses griffes. Ensuite il ouvrit la gueule, fit un long bâillement, et tirant une langue de deux pieds, il s'en débarbouilla les yeux et toute la face. Cela fait, il mit sa tête hors de sa cage, il promena de tous les côtés deux yeux rouges comme des charbons ardents, d'un air à faire reculer la témérité en personne. Don Quichotte seul le regardait fixement, formant des vœux pour qu'il sautât en bas du chariot et pour engager la lutte avec lui, et pensant bien le tailler en pièces.

Voilà jusqu'à quelle extrémité il poussa la folie; mais le généreux animal, sans s'arrêter à des bravades puériles, après avoir porté ses regards à droite et à gauche, comme nous l'avons dit, tourna le dos à don Quichotte, et du plus grand sang-froid se recoucha dans sa cage. A cette vue, don Quichotte ordonna au gardien de le frapper à coups de bâton pour l'exciter et le faire sortir. « Je n'en ferai rien, dit le gardien ; car si je l'irritais, ce serait sur moi qu'il se jetterait d'abord. Que Votre Grâce, seigneur chevalier, se contente de ce qu'elle a fait ; c'est le dernier mot en matière de vaillance, et ne tentez pas une seconde fois la fortune. L'animal peut sortir, si bon lui semble, puisque sa porte est ouverte ; mais s'il n'est pas sorti encore, il ne sortira pas d'aujourd'hui. Votre grandeur d'âme s'est clairement manifestée ; jamais aucun combattant, si brave qu'il fût, n'a été tenu à plus qu'à défier son ennemi et à l'attendre sur le terrain. — Tu as raison, ami, répondit don Quichotte ; ainsi ferme la porte, et délivre-moi un certificat aussi authentique que possible de ce que tu viens de me voir faire : que tu as ouvert au lion, que je l'ai attendu, qu'il n'est pas sorti, que je l'ai attendu encore, que derechef il s'est refusé à sortir, et qu'enfin il est retourné se coucher. Je ne dois rien de plus ; arrière donc les enchanteurs, et que Dieu soit en aide à la raison, à la justice et à la véritable chevalerie ; tu peux fermer, comme je te l'ai dit, pendant que je vais faire signe aux fuyards, afin qu'ils viennent entendre de ta propre bouche le récit de mon exploit. »

Le gardien ne se fit pas répéter cet ordre ; et don Quichotte, plaçant un mouchoir blanc au bout de sa lance, rappela par ce moyen les fugitifs, qui ne cessaient de tourner la tête à chaque pas, tout en gagnant du terrain et en se serrant l'un contre l'autre. Sancho aperçut le signal, et s'écria : « Je veux être étranglé, si mon maître n'est vainqueur de ces bêtes féroces ; car le voilà qui nous appelle. » Ils s'arrêtèrent tous les deux, et reconnurent que c'était bien don Quichotte qui leur faisait signe ; se rassurant peu à peu, ils se rapprochèrent jusqu'à ce qu'ils purent distinguer la voix de don Quichotte, qui les appelait. Ils arrivèrent enfin près du chariot, et alors don Quichotte dit au conducteur : « Allons, frère, réattelez vos mules et remettez-vous en route. Et toi, Sancho, donne-lui deux écus d'or à partager avec le gardien, pour les dédommager du temps que je leur ai fait perdre. — Je les donnerai volontiers, dit Sancho ; mais les lions, que sont-ils devenus ? Sont-ils morts ou vivants ? »

Alors le gardien des lions se mit à leur raconter en détail et de point en point le dénoûment de cette affaire, exaltant à outrance le courage de don Quichotte, dont la vue, disait-il, avait frappé de terreur le redoutable animal. « Que t'en semble, Sancho ? dit don Quichotte ; et que peuvent les enchanteurs contre le vrai courage ? Permis à eux de m'enlever la chance favorable ; mais la valeur et la résolution, jamais. » Sancho donna les deux écus, le charretier attela ses mules, le gardien baisa les mains à don Quichotte pour le remercier de sa munificence, et lui promit de raconter cette incomparable prouesse au roi lui-même, quand il le verrait à la cour. « Si par hasard, ajouta don Quichotte, Sa Majesté demande qui a fait pareille chose, vous lui direz que c'est le *chevalier des Lions;* car je veux que dorénavant ce nom remplace celui que j'ai porté jusqu'à ce jour, de chevalier de la Triste-Figure ; en cela je me conforme à l'antique usage des chevaliers errants, qui changeaient de nom au gré de leur fantaisie ou suivant l'occasion. » Le chariot se remit en route ; don Quichotte et Sancho continuèrent aussi leur chemin.

CHAPITRE XI

Où l'on raconte les noces de Camache le Riche, ainsi que l'aventure de Basile le Pauvre.

Don Quichotte et Sancho n'étaient qu'à une petite distance du lieu où s'était passée la rencontre des lions, quand ils furent rejoints par deux espèces de clercs ou d'étudiants, accompagnés de quatre laboureurs, tous les quatre montés sur des ânes. Les uns et les autres furent saisis de la même surprise dont étaient frappés tous ceux qui voyaient don Quichotte pour la première fois, et ils mouraient d'envie de savoir quel pouvait être cet homme si différent de tous les autres. Don Quichotte les salua, et lorsqu'il eut appris qu'ils suivaient la même direction que lui, il leur offrit de cheminer de compagnie, et leur demanda de ralentir le pas de leurs bêtes pour le mettre à l'unisson de celui de Rossinante. Afin de leur complaire, il leur fit connaître en peu de mots ce qu'il était de sa personne et de sa profession, celle de chevalier errant, allant à la recherche des aventures dans les quatre parties du monde. Il leur apprit de plus qu'il s'appelait de son propre nom don Quichotte de la Manche, et qu'il avait pour surnom le *chevalier des Lions*.

Tout cela pour les laboureurs était du grec ou du jargon; mais non pour les étudiants, qui jugèrent promptement la faiblesse de cerveau du chevalier; toutefois ils le regardaient avec une sorte d'admiration mêlée de respect, et l'un d'eux lui dit : « Seigneur chevalier, si Votre Grâce n'a pas de route déterminée, comme n'en ont pas d'habitude ceux qui cherchent les aventures, venez avec nous, vous verrez une des noces les plus belles et les plus riches qu'on ait jamais célébrées dans toute la Manche, et à plusieurs lieues à la ronde. » Don Quichotte leur demanda si c'étaient celles de quelque prince, pour qu'ils en parlassent dans ces termes. « Non, répondit l'étudiant, ce sont simplement celles d'un paysan et d'une paysanne; mais le paysan est l'homme le plus riche du pays, et la paysanne est la plus belle fille qu'on ait jamais vue. Les apprêts de cette cérémonie sont magnifiques et tout à fait nouveaux; et elle doit se faire dans un pré voisin du village de la fiancée, qu'on appelle Quitérie la Belle, et le fiancé se nomme Camache le Riche. Elle a dix-huit ans; il en a vingt-deux; leurs familles se valent;

quoique des curieux qui ont dans la mémoire la filiation du monde entier accordent sous ce rapport l'avantage à celle de la future; mais on n'y regarde pas de si près, et l'argent a le pouvoir de boucher bien des brèches. En effet, ce Camache est libéral; il lui a passé par l'esprit de faire couvrir de branches le pré dans toute son étendue, de telle façon que, si le soleil voulait visiter l'herbe fraîche dont le sol est tapissé, il aurait de la peine à y pénétrer. Toutes sortes de danses, qu'il a fait composer pour cette occasion, embelliront la fête; mais ce qui surtout la rendra mémorable, c'est le désespoir du malheureux Basile. Ce Basile est un jeune berger du même village que la belle Quitérie, où leurs parents demeuraient porte à porte. Depuis qu'ils sont devenus grands, le père de Quitérie a pris le parti d'interdire à Basile l'entrée de sa maison; et en même temps il l'a fiancée au riche Camache, ne jugeant pas sortable son union avec un homme moins pourvu des dons de la fortune que de ceux de la nature. Pour parler de lui sans envie, c'est le garçon le plus leste que nous connaissions, grand tireur de barre, lutteur vigoureux et grand joueur de balle; il court comme un daim, saute mieux qu'un cabri, et abat les quilles comme par enchantement. Il chante comme une alouette, pince de la guitare à la faire parler, et par-dessus tout manie l'épée comme le plus habile.

— N'eût-il pas d'autre talent que celui-là, interrompit don Quichotte, ce garçon méritait d'épouser non la belle Quitérie, mais la reine Genièvre elle-même, si elle était encore de ce monde, au nez et à la barbe de Lancelot et de tous ceux qui voudraient s'y opposer. — Vous n'avez qu'à dire cela à ma femme, s'écria alors Sancho, qui jusque-là avait écouté en silence; car elle va toujours répétant qu'il ne faut se marier qu'avec son égal, suivant le proverbe qui dit: Chaque brebis avec sa pareille. Ce que je voudrais, moi, c'est que ce brave Basile, pour lequel je me sens déjà de l'affection, épousât cette dame Quitérie; et que Dieu bénisse dans ce monde et dans l'autre (il voulait dire le contraire) ceux qui empêchent les gens de se marier quand ils en ont envie. — Si tous ceux qui s'aiment bien pouvaient se marier, dit don Quichotte, que deviendrait le droit qu'ont les parents de les établir quand et avec qui ils le jugent convenable? Et si le choix d'un mari était laissé au libre arbitre des filles, l'une prendrait le valet de son père, un autre le premier venu qu'elle verrait passer dans la rue, la tête haute et se rengorgeant, encore que ce ne fût qu'un spadassin éhonté. L'attachement et l'amour aveuglent facilement les yeux de l'esprit, si nécessaires pour nous guider dans le choix d'un état; il n'en est aucun qui nous expose à plus d'erreurs que le mariage; aussi faut-il beaucoup de circonspection et une grâce particulière du Ciel pour rencontrer juste. Voulez-vous faire un long voyage? avant de vous mettre en route, la prudence vous conseillera de rechercher une compagnie agréable et sûre. Pourquoi n'agirait-il pas avec la même précaution, celui qui doit cheminer toute sa vie jusqu'à la dernière station qui est la mort, surtout lorsque cette compagnie doit être de tous les lieux et de tous les moments? La femme légitime n'est pas une marchandise qu'on puisse, après l'avoir acquise, rendre, traquer ou revendre; c'est un accessoire inséparable, qui dure autant que la vie; c'est un lacs qui, une fois jeté à notre cou, devient un nœud gordien, lequel ne peut être dénoué et que doit trancher la faux de la Mort. Je pourrais dire bien des choses sur ce sujet; mais j'ai hâte de savoir si le seigneur licencié a quelque chose à ajouter pour finir l'histoire de Basile. »

A quoi répondit l'étudiant, bachelier ou licencié, comme l'avait qualifié don Quichotte : « Il ne me reste rien à dire, si ce n'est que depuis le moment où Basile a appris le mariage de Quitérie avec Camache le Riche, on ne lui a pas entendu tenir un propos raisonnable, on ne l'a pas vu rire une seule fois; toujours triste et rêveur, et se parlant à lui-même, il montre par les indices les plus certains qu'il a perdu l'esprit. Il mange peu et ne vit que de fruits ; il dort, si tant est qu'il dorme, sur la terre, à la manière des bêtes ; de temps en temps il porte les yeux au ciel, ou bien il les fixe à terre avec une telle immobilité, qu'on dirait une statue habillée dont l'air agite les vêtements. Enfin il donne des preuves si évidentes de sa passion, que nous tous qui le connaissons, nous craignons que le *oui* que doit prononcer demain la belle Quitérie ne soit l'arrêt de sa mort.

— Dieu y mettra ordre, dit alors Sancho ; car s'il donne la blessure, il donne aussi l'onguent ; personne ne connaît ce qui doit arriver ; d'aujourd'hui à demain il se passera des heures, et il ne faut qu'un moment pour que la maison croule ; j'ai vu en même temps le soleil luire et la pluie tomber ; et tel se couche en santé, qui le lendemain ne peut plus bouger. Et, dites-moi, quelqu'un peut-il se vanter d'avoir mis un clou à la roue de la fortune ? Non, assurément ; et entre le oui et le non de la femme je n'essaierais pas de mettre seulement la pointe d'une aiguille, car elle n'y entrerait pas. Accordez-moi que Quitérie est de bonne volonté et de bon cœur pour Basile, et je vous donnerai en retour un sac plein de bonnes chances ; car l'amour, à ce qu'on dit, voit les choses avec des lunettes qui changent le cuivre en or, la pauvreté en richesse et la chassie en perles.

— Eh ! où diable en veux-tu venir, Sancho maudit ? s'écria don Quichotte ; quand une fois tu t'es mis à enfiler des proverbes et des contes, personne au monde n'en verrait la fin, si ce n'est Judas, qui te puisse emporter ! Dis-moi, animal, que veux-tu dire avec tes clous, tes roues, et tout le reste ? — Oh ! si l'on ne me comprend pas, je ne m'étonne plus que mes sentences soient traitées de sottises ; mais n'importe, je m'entends, moi, et je sais qu'il n'y a pas tant de bêtises dans ce que j'ai dit ; et d'ailleurs n'êtes-vous pas toujours, mon seigneur, le

contrôleur et le friscal de mes paroles et même de mes actions?
— Fiscal, et non friscal, prévaricateur que tu es en matière de bon langage, dit don Quichotte; et que Dieu puisse te confondre! — Que Votre Grâce ne se fâche pas contre moi, répliqua Sancho; vous savez que je n'ai pas été élevé à la cour, et que je n'ai pas étudié à Salamanque, pour m'apercevoir d'une lettre que j'ajoute ou que j'ôte à mes mots. »

Pendant qu'ils devisaient ainsi, tout en s'acheminant vers le village de Quitérie, le jour tombait; et il faisait nuit lorsqu'ils approchèrent du terme de leur voyage. Avant d'arriver, ils crurent voir en deçà du village un ciel resplendissant d'innombrables étoiles. Ils entendirent en même temps les sons confus, mais harmonieux, de divers instruments, tels que flageolets, tambourins, psaltérions, luths, cornemuses et tambours de basque. Lorsqu'ils se trouvèrent tout auprès, ils virent que les arbres d'une ramée qu'on avait plantée à l'entrée du pays étaient chargés de luminaires que le vent épargnait; car il soufflait alors avec si peu de force, que les feuilles des arbres semblaient ne pas remuer. Enfin le contentement et l'allégresse régnaient seuls sur toute l'étendue de cette prairie. Bon nombre de travailleurs étaient occupés à élever des gradins, d'où l'on pût le lendemain voir commodément les représentations et les danses pour lesquelles ce lieu avait été choisi comme le théâtre des noces du riche Camache et des funérailles de Basile. Don Quichotte ne voulut pas y entrer, malgré les instances de ses compagnons de voyage; il donna pour raison, très-valable selon lui, que les chevaliers errants avaient pour coutume de dormir au milieu des champs et des forêts plutôt que sous l'abri des toits, et même que sous les lambris dorés. Puis il se détourna un peu de la route, au grand regret de Sancho, qui appréciait les douceurs d'un bon gîte.

A peine la blanche Aurore avait-elle permis au brillant Phébus de sécher par l'ardeur de ses rayons les perles liquides de sa chevelure dorée, que don Quichotte, secouant la paresse de ses membres, se mit sur pied et appela son écuyer Sancho, qui ronflait encore. En voyant ce qui en était et avant de l'éveiller, il s'écria : « O bienheureux par-dessus tous ceux qui respirent sur la surface de la terre, puisque, sans faire envie et sans en éprouver, tu dors d'un sommeil calme, que ne troublent ni les enchanteurs ni les enchantements ! dors, je le répète et ne puis trop le répéter, puisque tu n'es point tenu continuellement en éveil par les soucis de l'amour, par la pénible sollicitude d'une dette échue, par la nécessité d'assurer à ta pauvre famille la nourriture du lendemain. Jamais l'ambition ne t'aiguillonne, ni la vaine pompe du monde ne te fatigue; car les limites de tes désirs ne s'étendent pas au delà du soin de ton grison; quant à celui de ta personne, c'est sur moi qu'il repose, juste contre-poids que la nature et l'usage ont imposé aux maîtres. Le valet sommeille, et laisse son seigneur veiller et réfléchir aux moyens de le sustenter, d'améliorer son sort et de le rémunérer. Que le ciel soit de bronze, qu'il refuse à la terre la rosée qui la féconde, peu lui importe; il sait qu'il appartient de le nourrir dans la stérilité et dans la disette à celui qu'il a servi dans l'abondance et dans la fertilité. »

A tout cela Sancho ne répondait rien; car il dormait, et ne se serait pas réveillé tout à l'heure, si don Quichotte ne l'eût tiré de cet état en le touchant de sa lance. Il ouvrit enfin les yeux, mais comme un homme appesanti et engourdi par le sommeil; et, portant ses regards dans tous les sens : « De ce côté de la ramée, dit-il, il vient, si je ne m'abuse, une odeur et un parfum, plutôt de tranches de jambon rôties que de thym et d'iris. Sur l'honneur, noces qui s'annoncent par un fumet aussi agréable doivent être grassement pourvues. — Fi ! glouton que tu es ! dit don Quichotte, lève-toi vite; allons à ces épousailles; nous verrons ce que fera Basile le dédaigné. —

Qu'il fasse ce qu'il voudra, répliqua Sancho; s'il n'était pauvre, il épouserait Quitérie. Qu'est-ce que de n'avoir pas un sou vaillant, et de vouloir se marier dans les nuages? En bonne foi, seigneur, je suis d'avis que le pauvre doit se contenter de ce qu'il trouve, et ne pas aller chercher midi à quatorze heures. Je gagerais un bras que Camache pourrait enterrer Basile sous ses réaux; et, s'il en est ainsi, Quitérie serait bien niaise de renoncer aux galas et aux joyaux que lui a donnés et que lui donnera Camache, pour un tireur de barre ou de fleuret comme Basile. Ce n'est pas sur un beau coup de barre ou sur une belle botte d'escrime qu'on trouve à la taverne une chopine de vin. Foin des talents et des grâces qui ne se vendent pas sur le marché; quand ils se rencontrent avec les écus, ils ont une tout autre mine. Sur un bon fondement on peut bâtir une bonne maison; et en fait de fondement, il n'y a rien de tel que l'argent. — Au nom de Dieu, Sancho, mets fin à ta harangue; je crois, en vérité, que si l'on te laissait poursuivre celles que tu entames à tout bout de champ, le temps te manquerait pour manger et pour dormir, tant tu en emploierais à parler. — Si Votre Grâce avait bonne mémoire, répliqua Sancho, elle se rappellerait les articles du contrat passé entre nous au moment de cette dernière sortie que nous avons faite; l'un d'eux portait que je serais libre de parler autant que je le voudrais, à condition que ce ne fût ni contre le prochain, ni contre le respect dû à mon maître; et je ne crois pas avoir jusqu'ici contrevenu à cet article. — Je ne me rappelle rien de semblable, dit don Quichotte; mais en admettant cette convention, j'exige que tu te taises et que tu viennes; car déjà les instruments que nous avons entendus hier soir recommencent à égayer les vallons, et sans doute le mariage se célèbrera pendant la fraîcheur de la matinée plutôt que pendant la chaleur du jour. »

Sancho obéit; il sella Rossinante et bâta son âne; puis,

montés sur leurs bêtes, ils entrèrent au petit pas sous la ramée. Le premier objet qui frappa la vue de Sancho, ce fut un bœuf tout entier embroché dans un tronc d'ormeau ; le foyer sur lequel on devait le faire rôtir contenait une petite montagne de bois ; autour de ce foyer étaient rangées six marmites qui n'avaient pas été taillées sur le patron ordinaire, car chacune d'elles engloutissait des moutons entiers qui semblaient n'être que des pigeonneaux. Les lièvres dépouillés et les volailles plumées pendaient aux arbres de tous côtés, prêts à être plongés dans les marmites. Des oiseaux et du gibier de toute sorte étaient aussi suspendus aux branches des arbres et exposés à l'air. Sancho compta par soixante des outres qui, comme on le vit bientôt, étaient toutes remplies de vins généreux. Il y avait encore des pains blancs entassés comme le blé dans la grange ; les fromages empilés ressemblaient à un mur de briques ; et deux chaudrons d'huile, grands comme ceux des teinturiers, servaient à faire des fritures qu'on retirait ensuite avec deux fortes pelles pour les plonger dans un bain de miel. Les cuisiniers et les aides de cuisine passaient le nombre de cinquante ; tous étaient propres, alertes et contents.

Sancho Pança considérait cela avec ravissement, et y prenait le plus vif intérêt. De prime abord il se sentit alléché par les marmites, auxquelles il eût de bon cœur emprunté un bouillon ; puis les outres attirèrent son attention ; puis les beignets qu'on retirait de la poêle. Enfin, n'y tenant plus, il accosta un des cuisiniers de service, et avec une politesse mêlée de convoitise, il le pria modestement de permettre qu'il trempât une mouillette de pain dans une des marmites. « Frère, lui répondit le cuisinier, cette journée-ci est de celles où la faim perd tous ses droits, grâce au riche Camache. Mettez pied à terre ; voyez si vous trouverez quelque cuiller à pot ; puis vous écumerez une poule ou deux, et grand bien vous fasse. — Je n'en vois pas, répondit Sancho. — Attendez, reprit le cuisinier, comme vous voilà empêché pour peu de chose ! » Et, tout en disant cela, il plongea une casserole dans une des marmites, et il en tira trois poules et deux oies. « Mangez cela, l'ami, dit-il à Sancho, et rompez le jeûne avec cette écume, sans préjudice du dîner qui viendra en son temps. — Mais je n'ai rien pour la mettre, répondit Sancho. — Eh bien, reprit le cuisinier, prenez tout, la casserole et ce qu'elle contient; Camache est trop riche et trop joyeux pour y regarder. »

Tandis que Sancho mettait le temps à profit, don Quichotte regardait entrer par un coin de la ramée douze laboureurs, montés sur douze belles juments et vêtus d'habits de fête. Ils firent leur entrée en bon ordre et en s'écriant : « Vivent Camache et Quitérie, lui le plus riche, et elle la plus belle qu'il y ait au monde! » En entendant ces acclamations, don Quichotte se dit aussitôt : On voit bien que ces gens-là ne connaissent pas ma Dulcinée; car s'ils l'avaient vue, ils seraient un peu plus sobres de louanges pour leur Quitérie. Un instant après, il vit déboucher sur plusieurs points de la ramée des chœurs de ballets de tous genres, les uns composés de jeunes gens et de danseurs à l'épée, les autres de blondes et charmantes jeunes filles, qui toutes montraient autant de décence sur leur visage que d'agilité dans leurs pieds. Puis vinrent de ces danses arrangées et qu'on appelle parlantes, parmi lesquelles don Quichotte remarqua une lutte entre l'Amour et l'Intérêt, dans laquelle les armes dorées de ce dernier finissaient par l'emporter sur les traits acérés de Cupidon.

« Je gagerais, dit alors don Quichotte à Sancho, que celui qui a composé cette danse s'entend à faire des satires; au surplus, il y a fort bien encadré les talents de Basile et la richesse de Camache. — Ma foi, dit Sancho, je tiens pour Camache, et à lui le coq. — On voit bien, répliqua don Quichotte, que tu es un vilain, et de ceux qui crient: Vive le vainqueur. — Je ne sais pas bien pour qui je suis, répliqua Sancho ; mais ce que je sais, c'est que jamais les marmites de Basile ne me donneront une écume aussi succulente que celles de Camache. » En disant ces mots, il fit voir la casserole remplie de volailles, et se mit à manger avec plaisir et appétit. « Ma foi, poursuivit-il, nargue de Basile et de tous ses talents ! Car autant vous valez, autant vous avez ; et autant vous avez, autant vous valez. Il n'y a au monde que deux familles, comme disait une de mes grand'mères, l'*avoir* et le *n'avoir pas,* et elle était pour l'avoir. Au jour d'aujourd'hui, seigneur, on tâte plutôt le pouls à l'avoir qu'au savoir ; un âne couvert d'or fait meilleure figure qu'un cheval bâté. J'en reviens donc à dire que je me range du côté de Camache, dont les marmites ont pour écume des oies et des poules, des lièvres et des lapins ; tandis que celles de Basile ne sont que de la ripopée.

— As-tu fini ta harangue? dit don Quichotte. — J'aurai fini pour peu qu'elle vous ennuie ; autrement, si vous ne vous jetiez pas à la traverse, j'avais de la besogne taillée pour trois jours. — Que Dieu m'accorde la grâce, reprit don Quichotte, de ne pas mourir sans t'avoir vu devenir muet. — Au train dont nous allons, répliqua Sancho, avant que Votre Grâce en soit là, je pourrai bien mâcher la terre ; et alors il pourra se faire que je sois muet à ne pas prononcer une parole jusqu'au jugement dernier. — Quand cela serait, répondit don Quichotte, ton silence n'arriverait jamais au niveau de ton bavardage ; jamais tu ne te tairas autant que tu as parlé, que tu parles et que tu parleras toute ta vie. D'ailleurs il y a une raison naturelle qui veut que je meure avant toi ; je ne pense donc jamais te voir muet, même en buvant et en dormant, la seule chose que je puisse espérer. — En bonne foi, seigneur, il ne faut pas se fier à la décharnée, je veux dire à la Mort, qui dévore aussi bien l'agneau que la brebis ; et j'ai entendu dire à notre curé qu'elle frappait d'un pied égal les palais altiers des rois et les humbles chaumières des pauvres. Cette dame-là a plus de puissance que de vergogne ; elle n'est nullement dégoûtée ; elle ramasse tout, mange de tout, et garnit sa besace de gens de toute sorte, de tout âge et de tout rang. Ce n'est pas de ces moissonneurs qui font la sieste ; elle fauche et recueille à toute heure l'herbe verte comme la sèche ; elle n'a pas l'air de mâcher, tant elle absorbe et engloutit tout ce qui s'offre devant elle, pressée qu'elle est par une faim canine et insatiable ; et quoiqu'elle n'ait pas de ventre, on la dirait hydropique et altérée de toutes les vies, comme s'il s'agissait d'avaler une jarre d'eau fraîche. — Assez, Sancho, pas un mot de plus, s'écria don Quichotte ; restons-en là, de crainte de déchoir. Tout ce que tu viens de dire sur la mort en termes rustiques vaut, en vérité, tout ce que pourrait dire un bon prédicateur. Je te le répète, Sancho, si, de même que tu as un heureux naturel, tu avais du savoir, tu pourrais t'en aller par le monde prêcher des choses fort agréables. — Bien prêche qui bien vit, répondit Sancho ; je ne connais pas d'autre tologie. — Et tu n'en as pas besoin, interrompit don Quichotte. Mais ce que je ne viendrai jamais à bout de comprendre, c'est que, la crainte de Dieu étant le commencement de la sagesse, toi qui as moins de crainte de Dieu que d'un lézard, tu en saches si long. — Seigneur, riposta Sancho, que Votre Grâce soit juge de ses chevaleries, mais non pas de la bravoure ou de la poltronnerie des autres ; car j'ai tout autant la crainte de Dieu qu'aucun enfant de la paroisse ; et laissez-moi, s'il vous plaît, dire un mot à cette écume : tout autre discours serait superflu, et il pourrait nous en être demandé compte en l'autre vie. » Là-dessus il livra un nouvel assaut à sa casserole, et de si bon appétit, que celui de don Quichotte s'en éveilla, et sans nul doute il lui serait venu en aide, s'il n'en eût été empêché par ce que nous ne pouvons dire que tout à l'heure.

CHAPITRE XII

Où se poursuivent les noces de Camache, avec d'autres aventures intéressantes.

Don Quichotte et Sancho n'avaient pas encore achevé la conversation rapportée dans le chapitre précédent, quand il se fit un grand bruit de voix; ces cris étaient poussés par les cavaliers qui marchaient à la rencontre des futurs conjoints. Ceux-ci, au milieu d'instruments de toutes sortes, arrivaient accompagnés du curé et de leurs familles, et suivis de la compagnie la plus choisie du village voisin, tous en habits de fête. Lorsque Sancho aperçut la mariée, il s'écria : « Par ma foi, ce n'est pas là une mise de paysanne, mais bien plutôt de dame de palais. Et quels cheveux ! S'ils ne sont pas postiches, de ma vie je n'en ai vu d'aussi longs ni d'aussi blonds. Que dites-vous de sa taille et de sa tournure ? Il semble que ce soit un palmier qui s'avance chargé de ses dattes, à voir tous les joyaux qui pendent à ses cheveux et à son cou. Sur l'honneur, c'est une fille accomplie, et qui ne craint pas les épilogueurs. » Don Quichotte riait dans sa barbe des éloges naïfs de Sancho; toutefois il se disait que, sauf sa dame Dulcinée du Toboso, jamais il n'avait vu une beauté aussi parfaite. Quitérie paraissait un peu pâle, suite ordinaire de la mauvaise nuit que passent les fiancées en préparant leurs parures de noces pour le lendemain. Les époux se dirigeaient vers une estrade élevée sur un des côtés de la prairie et ornée de tapis et de branchages : c'était là que les époux devaient se donner la main, et d'où ils devaient assister aux danses et aux divertissements.

Au moment où ils arrivaient en cet endroit, ils entendirent

derrière eux de grands cris, du milieu desquels on distinguait ces mots : « Attendez, attendez, gens inconsidérés et trop pressés d'en finir ! » A ces mots proférés à haute voix, tout le monde tourna la tête, et s'aperçut qu'ils venaient d'un homme vêtu d'une casaque noire bordée de bandes cramoisies. Il portait sur la tête une couronne de cyprès funéraire, et dans la main un long bâton. Lorsqu'il se rapprocha, chacun reconnut en lui Basile, et attendit en silence la suite de ses cris et de ses paroles, redoutant quelque fâcheux résultat de sa présence en un pareil moment. Enfin il arriva haletant devant les deux époux ; il ficha en terre son bâton, qui était armé d'une pointe d'acier ; puis le visage décoloré, les yeux fixés sur Quitérie, il lui adressa ces paroles d'une voix tremblante et sépulcrale : « Tu n'ignores pas, ingrate Quitérie, que, suivant la sainte loi à laquelle nous obéissons, tu ne peux, tant que je vivrai, prendre un époux. Mais, rejetant loin de toi les obligations que tu as contractées envers mes honnêtes intentions, tu veux rendre maître de ce qui m'appartient un autre plus riche et plus heureux que moi. Eh bien, pour que son bonheur soit assuré (non pas qu'il le mérite, mais parce que le Ciel le veut ainsi), je ferai disparaître tout obstacle, en cessant de me placer entre vous deux. Vive, vive, le riche Camache ! Puisse-t-il couler avec l'ingrate Quitérie de longs et d'heureux jours ! Et meure le pauvre Basile, puisque sa pauvreté devait le conduire à l'infortune et au tombeau ! »

A ces mots, il ressaisit son bâton, en tira une épée à laquelle il servait de fourreau, et, appuyant la poignée par terre, il se jeta vivement sur la pointe, qui ressortit ensanglantée derrière son dos ; et il tomba à terre inondé de sang. Ses amis se précipitèrent pour lui porter secours, touchés de ses malheurs et de sa fin déplorable ; don Quichotte, quittant Rossinante, accourut, et, le prenant dans ses bras, reconnut qu'il respirait encore. Basile, revenant un peu à lui, dit alors d'une voix faible et plaintive : « Si tu voulais, cruelle Quitérie, dans cette fatale extrémité, m'accorder ta main comme épouse, ma témérité trouverait son excuse dans le bonheur que j'aurais d'être à toi. »

Le curé, qui entendit ces mots, l'engagea à s'occuper du salut de son âme plutôt que de la satisfaction de ses désirs, et à demander pardon à Dieu de ses péchés et de sa funeste détermination. Basile répondit qu'il ne se confesserait point que Quitérie ne lui eût promis sa main ; que le contentement lui donnerait alors des forces pour se confesser.

Don Quichotte, entendant la requête du mourant, s'écria à haute voix que Basile demandait une chose fondée en justice et en raison, et de plus très-praticable ; et que le seigneur Camache ne serait pas plus déshonoré en acceptant pour femme la veuve du valeureux Basile, que s'il la prenait de la main de son père. Il ne s'agissait que d'un *oui* de plus ou de moins à prononcer, sans autre conséquence, puisque le lit nuptial devait être un tombeau.

Camache écoutait tout cela dans un grand trouble d'esprit, ne sachant que dire ni que faire ; mais il fut si vivement pressé par les amis de Basile, ceux-ci le prièrent avec tant d'instances de consentir à un arrangement qui sauvait l'âme d'un moribond, qu'il se sentit ébranlé et obligé de dire à Quitérie qu'il y prêtait la main, puisque son bonheur n'en serait retardé que d'un instant. Quant à Quitérie, les larmes, les prières, les raisons de tout genre, et de plus l'intervention du curé l'amenèrent à donner son consentement, et à déclarer, sur la demande de Basile, que c'était de son plein gré et de son libre mouvement qu'elle lui accordait sa main. Pendant ce temps-là, Sancho se disait tout bas : Voilà un garçon qui, pour être mortellement blessé, en dit bien long ; il faudrait couper court à tous ces compliments et songer à son âme ; car il me semble qu'il l'a plutôt sur le bout de la langue qu'entre les dents.

Tandis que Basile et Quitérie se tenaient par la main, le curé, tout attendri, leur donna sa bénédiction, en appelant la faveur du Ciel sur l'âme du nouveau marié. Aussitôt celui-ci se leva lestement, et retira, par un mouvement rapide, l'épée à laquelle son corps servait de fourreau. Tous les assistants furent frappés de stupeur, et quelques-uns, plus simples que les autres, crièrent au miracle. « Non, ce n'est point un miracle, répondit Basile ; c'est de l'invention et de l'adresse. » Le curé, tout interdit, voulut tâter la blessure, et il reconnut que la lame n'avait point traversé la chair ni les côtes de Basile, mais bien un tuyau en fer qu'il s'était ajusté sur le côté, et qui contenait, comme on l'a su depuis, du sang préparé de manière à ne pouvoir se figer. Enfin le curé, Camache et la plupart des personnes présentes virent bien qu'elles étaient dupes d'une supercherie. La mariée ne prit pas trop mal la plaisanterie ; au contraire, comme elle entendait dire à quelqu'un de l'assemblée que le mariage était frauduleux et non valide, elle jugea à propos de le confirmer, d'où chacun conclut qu'il y avait eu accord entre eux pour cette catastrophe simulée.

Camache et ses partisans en éprouvèrent un tel dépit, qu'ils chargèrent leurs bras du soin de leur vengeance immédiate ; bon nombre d'entre eux dégainèrent leurs épées et se portèrent contre Basile, en faveur duquel d'autres épées furent tirées aussitôt. Don Quichotte prit les devants ; monté sur son cheval, la lance en arrêt, et bien couvert de sa rondache, il écartait tout le monde sur son passage. Sancho, qui ne s'était jamais plu en de semblables rencontres, courut se cacher au milieu des marmites, dont il avait conservé un si doux souvenir et qu'il regardait comme un asile inviolable.

« Arrêtez, arrêtez, seigneurs ! s'écriait don Quichotte ; Quitérie est à Basile, et Basile est à Quitérie, par la volonté du Ciel ; personne ne les séparera, si puissant qu'il soit ; car l'homme ne peut disjoindre ceux que Dieu a unis. D'ailleurs celui qui voudrait le tenter aurait d'abord à passer par le fer de cette lance. » En achevant ces mots, il la brandit avec tant de force et d'adresse, qu'il frappa de terreur tous ceux qui ne le connaissaient pas. D'un autre côté, le dédain de Quitérie et les conseils du curé, homme prudent et sensé, réussirent à apaiser Camache et ceux de son parti ; ils remirent l'épée dans le fourreau, et s'en prirent plutôt à la facilité de Quitérie qu'à l'ingénieuse tromperie de Basile.

Camache finit donc par se consoler, la paix se rétablit entre les champions et les tenants de Basile ; et Camache, pour prouver qu'il restait sans regrets et sans rancune, voulut que les fêtes se poursuivissent comme si le mariage s'était réellement accompli. Toutefois Basile, son épouse et leurs amis se retirèrent, emmenant avec eux don Quichotte, qu'ils tinrent pour un homme d'honneur et de courage. Sancho Pança se sentit seul atteint par le découragement, quand il vit fuir devant lui les fêtes et le festin splendide qui ne devaient finir qu'avec le jour. Il suivit donc d'un œil morne son maître, qui cheminait avec la compagnie de Basile, laissant derrière lui ces marmites dont il n'emportait que le souvenir, et dont la glorieuse abondance n'était plus représentée à ses yeux que par la casserole déjà plus d'à moitié vidée ; ainsi ce fut tout triste et tout rêveur, quoique rassasié, qu'il guida son baudet sur les pas de Rossinante.

CHAPITRE XIII

Où l'on raconte la grande aventure de la caverne de Montesinos, située au cœur de la Manche, à laquelle aventure donna une heureuse fin le vaillant chevalier don Quichotte.

GRANDES et nombreuses furent les marques de reconnaissance que prodiguèrent à don Quichotte les deux époux, qui lui devaient tant pour la défense de leur cause ; louant sa sagesse à l'égal de sa valeur, ils le tinrent pour un Cid quant aux armes et pour un Cicéron quant à l'éloquence. Le bon Sancho se refit pendant trois jours aux dépens des nouveaux mariés, desquels on apprit que la feinte blessure de Basile n'avait pas été un moyen concerté avec Quitérie, mais imaginé par lui seul et secondé par l'événement, comme il l'espérait. Il avoua qu'à la vérité il avait communiqué son plan à quelques amis, dont l'aide lui était nécessaire pour soutenir sa supercherie.

« On ne peut ni ne doit, dit don Quichotte, appeler de ce nom les moyens qui tendent à une honnête fin ; or, pour les amants, c'est le but par excellence que de se marier. Il est bon toutefois de considérer que le plus grand ennemi de l'amour est la faim, c'est-à-dire une nécessité incessante. L'amour, en effet, n'est que joie, contentement, réjouissance ; ses adversaires naturels sont donc la pauvreté et le besoin. Ce que j'en dis a pour objet d'engager le seigneur Basile à laisser de côté les talents qu'il possède, lesquels sont bons pour lui procurer de la renommée, mais non de l'argent ; et à faire fortune par des voies légitimes et industrieuses, qui s'offrent toujours aux hommes prudents et appliqués. Pour le pauvre honorable (si tant est qu'un pauvre puisse être honoré) une femme belle est un joyau, avec lequel, si on le lui enlève, on lui enlève aussi et on lui tue l'honneur. La femme belle et honnête dont le mari est pauvre mérite d'avoir pour couronne les lauriers victorieux et les palmes triomphales. La beauté, par elle-même, attire la convoitise de tous ceux qui la regardent et la connaissent ; elle est comme l'appât préféré sur lequel s'abattent l'aigle royal et tous les oiseaux de haute volée ; si à la beauté se joignent l'indigence et la détresse, elle sera alors assaillie par les corbeaux, par les éperviers et par tous les oiseaux de proie ; et celle qui tient bon contre toutes ces attaques est bien digne d'être nommée la couronne de son mari. Écoutez, sage Basile, ajouta don Quichotte ; ce fut l'opinion de je ne sais plus quel philosophe, qu'il n'y avait au monde qu'une seule femme bonne ; mais il donnait à chacun le conseil de croire que c'était la sienne, pour demeurer dans une pleine satisfaction. Moi, je ne suis pas marié, et jusqu'à ce jour la pensée ne m'en est pas encore venue ; pourtant je me hasarderais à donner, si l'on m'en demandait, des avis sur la manière de se choisir une femme. Je conseillerais d'abord de regarder à la réputation plutôt qu'à la fortune ; et pour avoir bon renom il ne suffit pas à une femme vertueuse de l'être, il lui faut encore le paraître. En effet, les actes de légèreté et d'étourderie qu'une femme commet ouvertement lui font plus de tort que des fautes réelles, mais secrètes. Si tu mets dans ta maison une honnête femme, il te sera facile de maintenir et même de fortifier sa vertu ; si tu en prends une qui soit vicieuse, tu auras bien de la peine à l'amender ; car on ne passe pas aisément d'un extrême à l'autre, du mal au bien : je ne donne pas le fait pour impossible, mais je le crois au moins fort difficile. »

Sancho écoutait de toutes ses oreilles, et disait à part lui : Quand je dis des choses qui ont de la moelle et de la substance, mon maître prétend que je pourrais m'en aller, une chaire à la main, prêcher par le monde fort agréablement ; mais, à mon tour, je dis de lui que quand il se met à enfiler des sentences et à donner des conseils, non-seulement il peut prendre une chaire dans chaque main, mais même à chaque doigt, et aller de place en place en dégoiser à bouche que veux-tu. Diantre soit du chevalier errant qui en sait si long ! Je m'imaginais qu'il savait tout juste ce qui concerne ses chevaleries ; mais je vois qu'il est de tous les écots, et qu'il n'y a pas de gamelle où il ne puisse piquer sa fourchette. Sancho murmurait ces paroles entre ses dents ; son maître, l'entendant à demi, lui dit : « Que marmottes-tu là, Sancho ? — Je ne marmotte rien, répliqua Sancho ; je me disais seulement à moi-même que je regrette de n'avoir pas entendu, avant de me marier, ce que Votre Grâce vient de dire, je serais peut-être d'avis que le bœuf se lèche mieux quand il est en liberté. — Quoi ! ta Thérèse est-elle donc si méchante, Sancho ? dit don Quichotte. — Elle n'est pas précisément méchante, répondit Sancho ; mais elle n'est pas non plus très-bonne, pas aussi bonne du moins que je le voudrais. — Tu as tort, Sancho, reprit don Quichotte, de mal parler de ta femme; car, au demeurant, elle est la mère de tes enfants. — Nous ne nous devons rien, seigneur, répliqua Sancho; elle ne se fait pas faute de médire de moi quand l'idée lui en prend, et surtout quand elle est jalouse; car dans ces moments-là je défierais bien à Satan d'y pouvoir tenir. »

Enfin, après qu'ils eurent passé ainsi trois jours avec les nouveaux mariés, chez lesquels ils furent régalés et servis comme des personnes royales, don Quichotte demanda à Basile de lui indiquer un guide qui le conduisît à la caverne de Montesinos, ayant le plus grand désir d'y pénétrer, et de voir de ses propres yeux si les merveilles qu'on en racontait aux alentours étaient véritables. Basile lui répondit qu'il lui donnerait pour guide un de ses cousins, étudiant renommé et lecteur très-assidu des livres de chevalerie, qui le mènerait volontiers jusqu'à l'entrée de la caverne, et lui ferait voir aussi les lagunes de Ruidera, célèbres non-seulement dans la Manche, mais dans toute l'Espagne. Il ajouta qu'il pourrait avoir avec lui d'agréables conversations; car c'était un garçon qui savait faire des livres pour les imprimer et les adresser aux princes. Le cousin parut monté sur une bourrique dont le bât était couvert d'un petit tapis mélangé. Sancho sella Rossinante, bâta le grison, remplit son bissac auquel tint compagnie la besace du cousin, également bien pourvue; puis, se recommandant à Dieu et prenant congé de leurs hôtes, ils cheminèrent dans la direction de la fameuse grotte de Montesinos.

Tout en marchant, don Quichotte demanda à son guide de quel genre et de quelle condition étaient ses études, ses exercices et sa profession. Celui-ci répondit que sa profession était celle d'humaniste, que ses études et ses exercices consistaient à composer, pour les livrer à l'impression, des livres qui tous étaient aussi utiles qu'agréables au public. L'un s'intitulait le

Livre des Livrées ; il y avait représenté sept cent trois livrées, avec leurs couleurs, chiffres et devises ; les chevaliers de la cour pouvaient y chercher et y prendre, pour les jours de fêtes et de réjouissances, ce qui leur conviendrait le mieux dans cette collection, sans les aller mendier, et sans s'alambiquer, comme on dit, le cerveau pour en découvrir de conformes à leurs désirs. « En effet, j'en possède à l'usage du jaloux, du dédaigné, de l'oublié, de l'absent, qui leur iront comme un gant. J'ai aussi un autre livre que je compte intituler les Métamorphoses, ou l'Ovide espagnol ; il est d'invention neuve et originale. Imitant Ovide dans le genre burlesque, j'explique ce qu'ont été la Giralda de Séville, l'ange de la Madeleine, l'égout de Vecinguerra à Cordoue, les taureaux de Guisanda, la Sierra-Morena, les fontaines de Leganitos et de Lavapiès à Madrid, sans oublier celles du Pou, du Tuyau doré et de la Prieure ; le tout avec des allégories, des métaphores et des traductions, en vue de surprendre, de récréer et d'instruire tout à la fois. J'ai encore un autre livre que j'appelle Supplément à Polydore Virgile, qui traite des diverses inventions ; c'est un ouvrage où il y a force recherches et érudition, et où je rétablis et décris dans un style élégant les faits de quelque importance que Polydore a omis. Il a oublié par exemple de nous faire connaître celui qui le premier dans le monde eut un catharre ; mais je l'indique au pied de la lettre, et je m'appuie de l'autorité de plus de vingt-cinq auteurs. Voyez si j'ai bien travaillé, et de quelle utilité dans le monde doit être un pareil livre ! »

Sancho, qui n'avait pas perdu un mot du discours du cousin, lui adressa la parole : « Seigneur, lui dit-il, que Dieu vous donne bonne chance dans l'impression de vos livres ! Sauriez-vous me dire..., et vous le saurez sans doute, puisque vous savez tout..., quel est le premier homme qui s'est gratté la tête ? Pour moi, je pense que ce dut être notre père Adam.

— Sans contredit, répondit l'autre, indubitablement Adam devait avoir une tête et des cheveux ; cela étant, et comme il était aussi le premier homme du monde, il a bien dû se gratter quelquefois. — Je le crois aussi, reprit Sancho ; mais dites-moi maintenant quel a été le premier voltigeur ? – En vérité, frère, je ne suis pas à même de résoudre la question sur l'heure ; il faut pour cela quelque étude, que je ferai dès que je retournerai là où sont mes livres ; je vous satisferai à la prochaine occasion, car j'espère que ce n'est pas la dernière fois que nous nous voyons. — Oh ! bien, seigneur, ne prenez pas cette peine ; car je viens de trouver la réponse à ma demande. Sachez que le premier voltigeur a été Lucifer, parce que, lorsqu'il fut précipité du ciel, il tomba en voltigeant au fond des abîmes. — Vous avez raison, ami, dit le cousin. — Cette question et cette réponse, ajouta don Quichotte, ne sont pas de toi, Sancho ; tu les tiens de quelque autre. — Taisez-vous, seigneur, répliqua Sancho ; sur ma foi, si je me mets à demander et à répondre, je n'aurai pas fini d'ici à demain. Soyez tranquille ; pour demander des bêtises et répondre sur le même ton, je n'ai pas besoin d'aller querir de l'aide chez les voisins. — Tu en as dit, Sancho, reprit don Quichotte, plus long que tu n'en sais ; bien des gens se tourmentent pour apprendre et vérifier des choses qui, une fois apprises et vérifiées, ne profitent pas pour une obole à l'intelligence ou à la mémoire. »

Ces propos divertissants et d'autres du même genre firent passer la journée. Ils se logèrent pour la nuit dans un petit village qui, au dire du cousin, n'était pas à plus de deux lieues de la caverne de Montesinos ; il ajouta que si don Quichotte était bien décidé à y descendre, il fallait se pourvoir de cordes pour s'attacher et se laisser glisser dans ses profondeurs. Don Quichotte dit à cela que, dût-il plonger au fond de l'abîme, il voulait aller jusqu'au bout. Ils achetèrent donc une centaine de brasses de corde, et le lendemain, vers les deux heures, ils étaient rendus à la caverne, dont l'ouverture est large et spacieuse, mais couverte d'épines, de figuiers sauvages, de ronces et de broussailles, si épaisses et si croisées en tout sens qu'elles la cachaient entièrement aux regards.

Arrivés au bord, ils mirent pied à terre ; Sancho et le cousin s'occupèrent à lier bien solidement don Quichotte avec les cordes ; et pendant qu'ils les lui passaient autour du corps, Sancho lui dit : « Regardez bien, mon seigneur, à ce que vous faites ; n'allez pas vous enterrer tout vif, ni vous suspendre comme une cruche qu'on met au frais dans un puits : vous n'êtes pas chargé d'aller sonder cette caverne, qui n'est pas bonne pour servir de cachot à un chrétien. — Attache, et tais-toi, Sancho, répondit don Quichotte ; c'était précisément une entreprise comme celle-là qui me revenait de droit. — Seigneur, lui dit le guide, examinez bien et scrutez avec cent yeux tout ce qui se trouve là dedans ; peut-être y découvrirez-vous des choses bonnes à mettre dans mon livre de métamorphoses. — L'instrument est en de telles mains, dit Sancho, qu'elles sauront en tirer des sons. » Cela dit, et don Quichotte ayant été bien attaché (non sur l'armure, mais sur le pourpoint), celui-ci s'écria : « Nous avons commis une grande étourderie en ne nous munissant pas d'une clochette qu'on aurait attachée à la corde tout près de moi, et dont le son vous aurait avertis que je descendais et que j'étais vivant ; mais il n'est plus temps : ainsi, que la main de Dieu me conduise ! » A ces mots, il se jeta à genoux, et fit à voix basse une prière pour demander à Dieu son appui et une heureuse réussite dans cette entreprise, neuve et périlleuse, au moins à l'apparence ; puis, élevant la voix, il dit : « O toi qui es maîtresse de mes mouvements et de mes actions, illustre et sans pareille Dulcinée du Toboso, si le destin porte à tes oreilles les prières et les requêtes de ton amant fortuné, je te conjure, au nom de ta beauté inouïe, de les exaucer ; leur unique objet est de te prier de ne point me refuser ta faveur et ta protection, qui me sont si nécessaires à cette heure. Je vais me précipiter, m'enfoncer, m'engloutir au sein de l'abîme ouvert devant moi, dans la seule vue de faire connaître au monde que, si tu me favorises, il n'est rien d'impossible que je ne tente et que je n'achève. »

Puis il s'approcha de l'entrée, et vit qu'on ne pouvait pénétrer qu'en s'ouvrant de force un passage. Prenant donc son épée, il se mit à couper et à abattre dans les broussailles qui obstruaient l'ouverture ; mais le bruit et le retentissement de ces coups firent sortir une nuée de corbeaux et de corneilles, si épaisse et si rapide dans son vol, que don Quichotte en fut renversé ; et s'il eût eu foi aux augures, au lieu d'être un bon catholique, il y aurait vu un fâcheux présage et se serait éloigné de ce lieu de malheur. Enfin, comme il n'en sortait plus de corbeaux ni d'oiseaux de nuit (car dans le nombre il s'était trouvé des chauves-souris), Sancho et le cousin lui lâchèrent de la corde, et le laissèrent couler doucement au fond de l'antre effroyable. Au moment où il mit le pied sur le bord du gouffre, Sancho lui donna sa bénédiction et fit sur lui mille signes de croix, en disant : « Que Dieu veille sur toi, fleur, crème et quintessence des chevaliers errants ; va, brave par excellence, bras d'airain, cœur d'acier ; encore une fois que Dieu te guide et te ramène sain et sauf à la lumière de cette vie que tu quittes pour t'ensevelir dans les ténèbres ! » Le cousin fit des prières et des invocations du même genre. Don Quichotte criait pour qu'on lui donnât de la corde sans intervalle, mais on ne la lâchait que peu à peu ; et quand sa voix, qui arrivait comme par un tuyau, cessa de se faire entendre, les cent brasses de corde étaient entièrement déroulées. Sancho et le cousin furent alors d'avis de remonter don Quichotte, qui ne pouvait aller plus bas ; cependant ils laissèrent s'écouler environ une demi-heure. Au bout de ce temps, ils se mirent à retirer la corde, mais avec une grande facilité et sans sentir le moindre poids, ce qui leur fit supposer que don Quichotte était resté dans la caverne. Telle était la pensée de Sancho, qui pleurait amèrement, et tirait en toute hâte pour vérifier ce doute; mais, arrivés à environ quatre-vingts brasses, ils commencèrent à sentir quelque pesanteur, ce qui leur causa une grande joie. Enfin il ne restait plus qu'une dizaine de brasses, lorsqu'ils aperçurent distinctement don Quichotte, auquel Sancho cria sur-le-champ : « Mon bon seigneur, soyez le bienvenu; nous pensions déjà que vous étiez resté là pour y fonder votre race. »

Don Quichotte ne disait mot, et quand ils l'eurent entièrement remonté, ils virent qu'il avait les yeux fermés comme un homme endormi. Ils l'étendirent à terre, lui délièrent ses cordes, tout cela sans l'éveiller. Enfin ils le tournèrent et le retournèrent, le secouèrent et le manièrent si bien, qu'après un bon bout de temps il revint à lui, s'étendant les membres comme s'il sortait d'un profond et pesant sommeil. Alors, regardant autour de lui d'un œil effaré : « Dieu vous pardonne, mes amis, dit-il; vous m'avez arraché à la plus délicieuse vue, à la vue la plus agréable dont jamais homme ait pu jouir. Je viens, en effet, de reconnaître que toutes les joies de ce monde passent comme une ombre ou un songe, ou qu'elles se flétrissent comme la fleur des champs. O infortuné Montesinos ! ô Durandart si malheureusement blessé! ô peu chanceuse Bélerme! ô plaintif Guadiana ! et vous, tristes filles de Ruidera, dont les eaux ne sont autres que les larmes versées par vos beaux yeux ! » Le cousin et Sancho écoutaient fort attentivement les paroles de don Quichotte, qui les prononçait comme si avec une immense douleur il les eût tirées du fond de ses entrailles. Ils le supplièrent de leur en expliquer le sens, et de leur rapporter ce qu'il avait vu dans cet enfer. « Enfer, dites-vous? reprit don Quichotte; ne vous servez pas de ce nom, qui n'est nullement mérité, ainsi que vous allez le voir. » Il demanda quelque chose à manger, disant qu'il mourait de faim. Le tapis du cousin fut étendu sur l'herbe verte, les provisions tirées du bissac, et tous les trois, en bons compagnons, goûtèrent et soupèrent tout ensemble. Quand le tapis fut enlevé, don Quichotte s'écria : « Que personne ne se lève, mes enfants, et prêtez-moi toute votre attention. »

CHAPITRE XIV

Des admirables choses que l'incomparable don Quichotte raconta qu'il avait vues dans la profonde caverne de Montesinos, et dont l'impossibilité et la grandeur font que l'on tient cette aventure pour apocryphe.

Il était environ quatre heures du soir ; le soleil, caché par des nuages qui amortissaient l'éclat de sa lumière et tempéraient l'ardeur de ses rayons, permettait à don Quichotte de raconter, sans chaleur et sans fatigue, à ses deux illustres auditeurs ce qu'il avait vu dans la grotte de Montesinos. Il débuta dans les termes suivants :

« A douze ou quatorze hauteurs d'homme du fond de cette caverne, à main droite, se trouve un vide, une cavité, pouvant contenir un grand chariot attelé de ses mules. Une faible lueur y pénètre par quelques fentes fort éloignées, puisqu'elles sont ouvertes à la surface du sol. J'ai aperçu cette cavité dans un moment où j'étais las et attristé de me voir, suspendu à une corde, descendre dans cette région obscure sans suivre une route fixe et arrêtée ; cela me détermina à y entrer pour me reposer un peu. Je vous criai de ne plus me lâcher de corde que je ne vous en avertisse ; mais probablement vous ne m'entendîtes pas. Je me mis alors à rouler la corde que vous m'envoyiez toujours, et j'en fis une sorte de siége sur lequel je m'assis tout pensif, méditant sur ce que j'avais à faire pour gagner le fond, n'ayant plus personne qui me retînt. Pendant que j'étais plongé dans ces réflexions et dans cette incertitude, je fus gagné sur-le-champ, et sans m'y attendre, par un sommeil des plus profonds; puis, au moment où j'y pensais le moins, et sans savoir pourquoi ni comment, je m'éveillai, et me trouvai au milieu de la plus belle, de la plus agréable, de la plus délicieuse prairie qu'ait pu créer la nature ou l'imagination la plus féconde. J'ouvris les yeux, et me les frottai pour voir si je n'étais pas endormi; mais je reconnus que j'étais bien réellement éveillé. Non content de cela, je me tâtai la tête et la poitrine, pour m'assurer si c'était bien moi-même qui étais là, ou quelque vain fantôme, quelque contrefaçon de ma personne; mais le toucher, le sentiment, les raisonnements suivis que je faisais en moi-même, me convainquirent que j'étais dans cet endroit et dans ce moment-là ce que je suis ici présentement.

« Alors s'offrit à ma vue un splendide et royal palais, dont les murs et les cloisons semblaient être d'un cristal clair et diaphane. Deux grandes portes s'ouvrirent; et j'en vis sortir et s'avancer vers moi un vénérable vieillard, vêtu d'un manteau violet qui traînait à terre. Sa poitrine et ses épaules étaient entourées d'un chaperon collégial en satin vert. Une toque milanaise en velours noir lui couvrait la tête, et sa barbe blanche se prolongeait plus bas que sa ceinture. Il ne portait aucune arme; il tenait à la main un rosaire dont les grains étaient plus gros que des noix, et les dizains comme des œufs d'autruche. Sa contenance, sa démarche, sa prestance grave et l'ampleur de toute sa personne, tout en lui, dans les détails comme dans l'ensemble, me frappa de surprise et d'admiration. Il s'approcha de moi, et dès l'abord il m'embrassa étroitement et me dit : « Depuis longues années, vaillant chevalier don Quichotte de la « Manche, nous tous qui demeurons enchantés dans ces soli- « tudes, nous t'attendons pour que tu fasses connaître au

« monde ce qu'enserre et recèle l'antre profond dans lequel tu
« as pénétré, et qui s'appelle la caverne de Montesinos :
« exploit réservé comme ne pouvant être entrepris que par
« ton invincible cœur et ton merveilleux courage. Viens avec
« moi, illustre seigneur, je te veux montrer les prodiges que
« renferme ce palais transparent, dont je suis le gouverneur et
« gardien à perpétuité; car je suis Montesinos lui-même, dont
« la caverne a pris le nom. »

« A peine m'eut-il dit qu'il était Montesinos, que je lui demandai s'il était vrai, comme on le racontait là-haut sur terre, qu'il eût arraché avec une petite dague le cœur de son grand ami Durandart du fond de sa poitrine, pour le porter à madame Bélerme, suivant la recommandation de Durandart mourant. Il me répondit que cela était vrai de tout point, excepté quant à la dague ; car ce n'en était pas une, mais un poignard poli et pointu comme une alène. — Alors, interrompit Sancho, ce devait être un poignard de Ramon de Hoces, de Séville. — Je n'en sais rien, poursuivit don Quichotte; mais cela me semble impossible, puisque l'armurier que tu cites n'est que d'hier, et que l'événement dont je parle s'est passé à Roncevaux, il y a bien plus longtemps. Au surplus, cette particularité est sans importance; elle ne peut altérer la vérité ni le fond de cette histoire. — En aucune façon, ajouta le cousin ; continuez donc, seigneur don Quichotte; car j'éprouve le plus grand plaisir à vous entendre. — Je n'en ai pas moins à vous faire ce récit, reprit don Quichotte. Je dis donc que le vénérable Montesinos me conduisit au palais de cristal, où, dans une salle basse, tout en albâtre et d'une fraîcheur délicieuse, se trouvait un tombeau de marbre travaillé de main de maître, sur lequel je vis étendu tout de son long un chevalier, non en bronze, ni en marbre, ni en jaspe, tels qu'on en voit sur d'autres monuments, mais véritablement en chair et en os. Il tenait sa main droite (qui me sembla nerveuse et douée de tous les attri-

buts de la force) posée sur le côté du cœur. Avant que je fisse aucune question à Montesinos, celui-ci, me voyant regarder avec surprise l'homme du tombeau, me dit : « Voilà mon ami
« Durandart, fleur et miroir des vaillants et amoureux cheva-
« liers de son temps; il est retenu ici enchanté, comme moi et
« tant d'autres, hommes et femmes, par Merlin, l'enchanteur
« français, qui passait pour être fils du diable. Pour moi, je
« ne pense pas qu'il fût fils du diable ; car je crois qu'il en
« savait plus long que Satan, et qu'il lui aurait donné des
« points. Comment et pourquoi nous a-t-il enchantés? C'est ce
« que tout le monde ignore; le temps le dira, et ce moment-là
« n'est pas loin, j'imagine. Ce qui m'étonne, c'est que je sais,
« à n'en pouvoir pas plus douter que du jour qui luit à cette
« heure, que Durandart a cessé de vivre entre mes bras, et
« qu'après sa mort j'ai enlevé son cœur de mes propres mains;
« et, en vérité, il devait peser deux livres, si les naturalistes ont
« raison de dire que l'homme chez lequel le cœur est grand est
« doué de plus de bravoure que celui chez lequel il est petit.
« Tout s'étant passé ainsi, et ce chevalier étant réellement
« mort, comment se fait-il que parfois encore il pousse des
« soupirs et des plaintes comme s'il était vivant? » A ces mots, le malheureux Durandart jeta un grand cri, et dit d'une voix lente :

« O mon cousin Montesinos, la dernière prière que je vous
« adressai, ce fut qu'après que je serais mort et que mon âme
« aurait quitté mon corps, vous portassiez mon cœur à Bélerme,
« en me l'arrachant de la poitrine, soit avec un poignard, soit
« avec une dague. »

« Le vénérable Montesinos n'eut pas plutôt entendu ces paroles, qu'il se jeta à genoux devant le misérable chevalier, et lui dit les yeux pleins de larmes : « J'ai déjà fait, seigneur Du-
« randart, mon très-cher cousin, ce que vous m'avez prescrit
« à l'heure fatale de votre défaite ; je vous ai détaché le cœur

« le mieux que j'ai pu, sans en laisser la moindre parcelle dans
« votre poitrine ; je l'ai essuyé avec un mouchoir de dentelle ;
« sans perdre un instant, je me suis rendu en France, après
« vous avoir déposé dans le sein de la terre, et avoir versé tant
« de larmes, qu'elles ont suffi à me laver les mains et à effacer
« les traces de votre sang. Pour surcroît de preuves, cousin de
« mon âme, dans le premier village que je traversai à ma
« sortie de Roncevaux, je saupoudrai votre cœur de quelques
« grains de sel pour qu'il ne sentît pas mauvais, et pour qu'il
« arrivât, sinon parfaitement frais, du moins bien conservé en
« présence de la dame Bélerme, qui, avec vous et moi, avec
« Guadiana votre écuyer, avec la duègne Ruidera, ses sept filles
« et ses deux nièces, et bon nombre de nos amis et connais-
« sances, se trouve ici enchantée par le sage Merlin depuis bien
« des années. Quoiqu'il y en ait maintenant plus de cinq cents
« de révolues, personne n'est mort parmi nous ; il ne nous
« manque que Ruidera, ses filles et ses nièces, lesquelles, ne
« cessant de pleurer, ont attendri Merlin et ont été changées
« par lui en autant de lagunes qui, dans le monde des vivants
« et dans la province de la Manche, s'appellent les lagunes de
« Ruidera. Quant à Guadiana votre écuyer, qui pleurait aussi
« votre disgrâce, il est devenu un fleuve appelé de son même
« nom, lequel, arrivé à la surface du sol et voyant un autre
« soleil que celui de son ciel, fut pris d'un tel regret de vous
« quitter, qu'il se replongea dans les entrailles de la terre ; mais
« comme il faut obéir à sa pente naturelle, de temps en temps
« il reparaît, et se montre à la face du soleil et des hommes.
« Ce que je vous dis maintenant, ô mon cousin, je vous l'ai
« maintes fois dit et répété ; et, comme vous ne répondez pas,
« j'en conclus que vous ne pouvez m'entendre, ou que vous
« ne m'en croyez pas sur parole ; et Dieu sait à quel point cela
« me chagrine. Présentement je veux vous donner des nou-
« velles qui, si elles n'apportent pas de soulagement à votre

« affliction, ne peuvent du moins l'aggraver en aucune ma-
« nière. Sachez que vous avez en votre présence (ouvrez les
« yeux, et vous le verrez) ce noble chevalier sur lequel le sage
« Merlin a prophétisé tant et de si grandes choses, ce don
« Quichotte de la Manche, dis-je, qui a ressuscité, avec un
« plus vif éclat que dans les siècles passés, la chevalerie
« errante oubliée de nos jours. Par son moyen et par sa fa-
« veur, il pourrait arriver que nous fussions désenchantés ;
« car les grandes actions sont toujours réservées aux grands
« hommes. — Et quand il n'en serait pas ainsi, mon cousin,
« répondit d'une voix basse et étouffée l'affligé Durandart, je
« dirais : Patience, et mêlons les cartes. » Puis, se tournant
sur le côté, sans ajouter un mot, il retomba dans son silence
accoutumé.

« En ce moment, on entendit de grands cris, et des plaintes
accompagnées de profonds gémissements et de sanglots entre-
coupés. Je tournai la tête, et je vis, à travers les murailles de
cristal, défiler dans une autre salle une procession de belles
demoiselles placées sur deux rangs, toutes vêtues de deuil, et
coiffées de turbans blancs, à la manière des Turcs. Au bout de
chaque file venait une dame (ainsi que le faisait supposer la
gravité de sa prestance) également habillée de noir, avec un
voile blanc si long qu'il balayait la terre. Son turban était deux
fois plus gros que ceux des autres dames; elle avait des sourcils
qui se joignaient, le nez épaté, la bouche grande, mais les
lèvres vermeilles. Ses dents, que par moments elle laissait voir,
semblaient être rares et mal rangées, mais blanches comme des
amandes dépouillées. Elle tenait à la main un linge très-fin,
dans lequel, à ce que je pus entrevoir, était un cœur de chair
de momie, tant il était sec et ratatiné. Montesinos m'apprit que
toute cette procession était composée de serviteurs de Durandart
et de Bélerme, qui se trouvaient là enchantés avec leurs seigneurs; et que la dernière personne, celle qui portait le cœur

enveloppé dans un linge, était la dame Bélerme, laquelle, quatre jours de la semaine, renouvelait avec ses demoiselles la même procession, en récitant, d'une voix plaintive, des chants funèbres sur le cœur de son lamentable cousin. Il ajoutait que si elle m'avait paru laide, ou du moins inférieure à sa réputation de beauté, cela tenait aux mauvaises nuits et aux pires journées qu'elle passait dans son enchantement, comme on pouvait en juger d'après son teint pâle et ses yeux fatigués : effet inévitable du douloureux spectacle qui lui rappelait sans cesse la fin de son malheureux amant; qu'autrement sa beauté, sa grâce et ses charmes seraient à peine égalés par ceux de la grande Dulcinée du Toboso, si renommée, non-seulement dans les environs, mais dans le monde entier.

« Halte-là ! m'écriai-je alors; je vous arrête ici, seigneur don
« Montesinos; que Votre Grâce conte son histoire tout simple-
« ment; vous savez que toute comparaison est odieuse, et il ne
« s'agit pas ici d'établir de parallèle. La sans pareille Dulcinée
« du Toboso est ce qu'elle est, et la dame dona Bélerme est
« aussi ce qu'elle est et ce qu'elle a été; n'allons pas plus loin.
« — Seigneur don Quichotte, me répondit-il, que Votre Grâce
« veuille bien m'excuser; je conviens que j'ai eu tort, et que
« je ne devais pas dire qu'à peine la dame Dulcinée égalerait
« la dame Bélerme; il me suffisait d'avoir soupçonné, sur je
« ne sais quels indices, que vous êtes son chevalier, pour me
« mordre la langue plutôt que de faire un rapprochement avec
« quoi que ce soit, si ce n'est avec le ciel même. »

« Grâce à cette satisfaction que me donna le grand Montesinos, je sentis mon cœur s'apaiser et se remettre de l'émotion que j'avais éprouvée en entendant comparer ma dame à Bélerme. — Je m'étonne même, dit Sancho, que vous ne lui ayez pas grimpé sur le corps au bon homme, que vous ne lui ayez pas moulu les os et arraché la barbe jusqu'au dernier poil. — Non, non, ami Sancho, reprit don Quichotte, en cela j'eusse

26

mal agi ; nous sommes tous tenus de respecter les vieillards, même quand ils ne sont pas chevaliers ; à plus forte raison quand ils le sont, et enchantés par-dessus le marché. Nous avons du reste échangé bon nombre de demandes et de réponses, pour lesquelles nous sommes quittes l'un envers l'autre. — Je ne sais vraiment, seigneur don Quichotte, dit le cousin, comment Votre Grâce, dans le peu de temps qu'elle est restée là-bas, a pu voir tant de choses, questionner et répondre sur tant de points. — Combien donc y a-t-il que je suis descendu ? demanda don Quichotte. — Un peu plus d'une heure, répondit Sancho.

— Cela ne se peut pas, répliqua don Quichotte, puisque j'y ai vu venir la nuit et ensuite le jour, et cela à trois reprises ; de façon qu'à mon compte je ne suis pas demeuré moins de trois jours dans ces lieux profondément cachés à notre vue. — Ce que dit là mon seigneur doit être vrai, repartit Sancho ; en effet, comme toutes choses arrivent pour lui par enchantement, peut-être ce qui nous paraît une heure lui aura-t-il semblé trois jours et autant de nuits. — Ce sera sans doute cela, dit don Quichotte. — Mais, seigneur, Votre Grâce n'a-t-elle rien mangé pendant ce temps-là ? demanda le cousin. — Pas une seule bouchée, répondit don Quichotte ; je n'ai pas eu besoin, et n'y ai pas même pensé. — Les enchantés mangent-ils ? reprit le cousin. — Non, ils ne mangent pas, repartit don Quichotte, et ne font pas non plus leurs nécessités majeures ; mais on croit que leurs ongles, leur barbe et leurs cheveux continuent à pousser. — Et dorment-ils d'aventure, les enchantés, mon seigneur ? demanda Sancho. — Non certes, répliqua don Quichotte ; du moins, durant les trois jours que j'ai séjourné parmi eux, aucun n'a cloué l'œil, ni moi non plus.

— C'est ici que s'encadre bien le proverbe : Dis-moi qui tu hantes, je te dirai qui tu es. Votre Grâce fréquente des enchantés qui jeûnent et veillent ; qu'y a-t-il d'étonnant à ce qu'elle ne mange ni ne dorme avec eux ? Mais pardonnez-moi, mon bon seigneur, d'avoir dit tout ce que je viens de dire ; car Dieu m'emporte, j'allais dire le diable, si j'en crois le premier mot. — Comment? s'écria le cousin, le seigneur don Quichotte est incapable de mentir; et d'ailleurs, quand il l'eût voulu, jamais il n'aurait eu le temps de forger et d'inventer ce million de mensonges. — Je ne crois pas du tout que mon maître mente, reprit Sancho. — Eh! que crois-tu donc? demanda don Quichotte. — Je crois, continua Sancho, que ce Merlin, ou ces enchanteurs qui ont enchanté toute la bande que Votre Grâce dit avoir vue et connue là-bas, vous ont fourré dans la caboche tout ce brouillamini que vous venez de nous débiter et tout ce qu'il vous reste à nous conter encore. — Cela pourrait être, Sancho, repartit don Quichotte; mais cela n'est pas : car ce que j'ai rapporté, je l'ai vu de mes yeux et touché de mes mains. Mais que diras-tu quand je t'apprendrai que, parmi les merveilles infinies que m'a montrées Montesinos (je te les raconterai petit à petit et en temps opportun dans le cours de notre voyage, car toutes ne sont pas ici de saison), il m'a fait voir trois villageoises qui allaient, dans ces délicieuses campagnes, sautant et gambadant comme des chèvres ; et qu'à peine les eus-je aperçues,. que je reconnus l'une d'elles pour la sans pareille Dulcinée du Toboso, et les deux autres pour ces mêmes paysannes qui l'accompagnaient, et que nous accostâmes à la sortie du Toboso? Je demandai à Montesinos s'il les connaissait; il me répondit que non, mais qu'il supposait que ce pouvait être quelques grandes dames enchantées, qui depuis peu de jours avaient paru dans ces prairies ; que du reste je ne devais pas m'en étonner, parce qu'il y avait là beaucoup d'autres dames, des siècles passés et présents, enchantées sous des figures aussi diverses qu'étranges, entre autres la reine Genièvre et sa duègne Quintagnone, celle qui, suivant les paroles du *romance,* versait du vin à Lancelot quand il revint de Bretagne. »

Lorsque Sancho entendit son maître tenir un pareil langage,

il faillit en perdre l'esprit ou en crever de rire. Comme il savait le fin mot de l'enchantement supposé de Dulcinée, dont il était l'inventeur et l'unique témoin, il acheva de se convaincre irrévocablement que son maître était hors de sens et fou de tout point; il lui dit donc : « Maudits soient l'heure, la saison et le jour, mon cher patron, où vous êtes descendu dans l'autre monde! et maudit soit surtout l'instant où vous avez fait la rencontre du seigneur Montesinos, qui vous renvoie tel que nous vous voyons! Vous vous trouviez bien ici, avec votre jugement tout entier, tel que Dieu vous l'avait donné, débitant des sentences et donnant des conseils à chaque pas, non point comme à cette heure où vous venez nous conter les extravagances les plus pommées qui se puissent imaginer. — Je te connais, Sancho, répondit don Quichotte, pour ne faire aucun cas de tes paroles. — Ni moi non plus de celles de Votre Grâce, répliqua Sancho ; battez-moi, tuez-moi, si vous voulez, pour ce que je vous ai dit et pour ce que je compte vous dire, si vous ne pensez vous-même vous amender dans vos propos. Mais dites-moi, je vous prie, pendant que la paix règne entre nous, à quels signes avez-vous reconnu madame votre maîtresse? Si vous lui avez parlé, que lui avez-vous dit, et qu'a-t-elle répondu? — Je la reconnus, repartit don Quichotte, à ce qu'elle portait les mêmes vêtements que lorsque tu me l'as fait voir. Je lui parlai, mais elle ne me répondit mot; elle me tourna même le dos, et s'enfuit avec une telle vitesse, qu'une flèche n'aurait pu l'atteindre. Je voulus la suivre, et je l'eusse fait, si Montesinos ne m'eût conseillé de ne pas me donner une fatigue inutile, et ne m'eût averti que l'heure approchait où il convenait que je quittasse la caverne. Il me dit en même temps qu'il me ferait savoir, à une époque ultérieure, comment ils devaient être désenchantés, lui, Bélerme, Durandart et tous leurs compagnons. Mais ce qui me fit le plus de peine de toutes les choses que j'ai vues et observées là-bas, c'est que, pendant

le temps où je causais avec Montesinos, une des deux compagnes de la malheureuse Dulcinée s'approcha de moi sans que je la visse, et me dit d'une voix faible et émue, et les yeux remplis de larmes : « Ma maîtresse Dulcinée du Toboso baise les
« mains à Votre Grâce, et supplie Votre Grâce de lui faire celle
« de lui faire savoir comment vous vous portez ; en même
« temps, comme elle se trouve dans une nécessité urgente, elle
« conjure Votre Grâce, avec toutes les instances possibles, de
« vouloir bien lui prêter, sur ce cotillon neuf en cotonnade que
« voici, une demi-douzaine de réaux, ou ce que vous aurez sur
« vous ; elle vous donne sa parole de vous les restituer à très-
« court terme. »

« Un semblable message me surprit étrangement ; je me tournai vers Montesinos, et lui dis : « Est-il possible, seigneur,
« que la nécessité se fasse sentir même des enchantés de haut
« rang ? — Croyez-moi, seigneur don Quichotte de la Manche,
« me répondit-il, ce qu'on nomme nécessité se rencontre et
« s'étend partout, atteint tous les hommes, et n'épargne pas
« même les enchantés. Puisque madame Dulcinée du Toboso
« vous envoie demander ces six réaux, et que d'ailleurs le gage
« paraît valable, vous n'avez qu'à les lui donner ; car à coup
« sûr elle doit se trouver dans une grande presse. — Je ne veux
« point de gage, dis-je alors ; et quant à lui remettre ce qu'elle
« me demande, cela ne m'est pas possible ; car je n'ai pour
« tout potage que quatre réaux, » ceux que tu me donnas l'autre jour, Sancho, pour faire l'aumône aux pauvres que je rencontrerais sur ma route. Je les lui donnai, en disant : « Assu-
« rez bien, ma chère, à votre dame, que ses peines retombent
« sur mon cœur, et que je voudrais être un Crésus pour y
« porter remède ; qu'elle sache qu'il ne peut, qu'il ne doit y
« avoir pour moi ni repos ni santé, tant que je serai privé de
« sa charmante vue et de son aimable conversation, et que je
« la supplie très-humblement de vouloir bien se laisser voir et

« entretenir par son captif serviteur et désolé chevalier. Vous
« lui direz aussi que, quand elle y pensera le moins, elle enten-
« dra parler d'un vœu et d'un serment faits par moi, à la ma-
« nière de ceux que prononça le marquis de Mantoue pour ven-
« ger son neveu Baudouin, quand il le trouva près d'expirer
« dans la montagne; lesquels vœu et serment consistaient à ne
« pas manger pain sur nappe, avec une kyrielle d'autres obli-
« gations, jusqu'à ce que son neveu fût vengé. Et moi, je ferai
« celui de ne pas m'arrêter et de parcourir les sept parties du
« monde, avec plus d'exactitude que ne fit l'infant don Pedro
« de Portugal, jusqu'à ce que je l'aie désenchantée. — Tout
« cela, et davantage encore, est bien dû par Votre Grâce à ma
« maîtresse, » me répondit la demoiselle; et prenant les quatre
réaux, au lieu de me tirer sa révérence, elle fit une cabriole et
sauta en l'air à plus de six pieds de haut.

— Oh! juste Dieu! s'écria Sancho en poussant un grand cri, est-il possible de voir rien de pareil, et que les enchanteurs et les enchantements possèdent une telle puissance, qu'ils aient changé le sain et droit jugement de mon maître en une folie si bien conditionnée! O seigneur, seigneur, pour l'amour du Ciel, que Votre Grâce s'observe et prenne soin de son honneur; gardez-vous de donner créance à ces billevesées qui vous troublent et vous altèrent le bon sens. — Comme tu me veux du bien, Sancho, je comprends que tu parles ainsi; mais comme en même temps tu n'as aucune expérience des choses de ce monde, tout ce qui présente quelques difficultés, tu le juges impossible. Mais le temps va toujours, ainsi que je te l'ai déjà dit, et je te conterai quelques-unes des particularités de mon séjour dans la caverne; elles te convaincront que celles que j'ai déjà rapportées sont d'une vérité qui n'admet ni réplique ni discussion. »

CHAPITRE XV

Où l'on rapporte la plaisante histoire du joueur de marionnettes.

Le cousin demeura tout étonné de la hardiesse de Sancho, aussi bien que de la patience de son maître; il attribua à la joie qu'éprouvait don Quichotte d'avoir vu Dulcinée, encore qu'elle fût enchantée, la disposition débonnaire qu'il montrait dans cette circonstance; autrement Sancho avait tenu certains propos et lâché quelques paroles qui auraient pu lui attirer pour réponse une volée de coups de bâton; il trouvait enfin qu'il avait été osé jusqu'à l'impertinence. S'adressant au chevalier, il lui dit : « Seigneur don Quichotte de la Manche, je compte pour parfaitement employée la tournée que j'ai faite avec Votre Grâce; j'y ai gagné deux choses : la première, de faire votre connaissance, ce que je tiens pour une bonne fortune; la seconde, d'avoir appris ce que renferme cette admirable grotte de Montesinos, ainsi que les transformations du Guadiana et des lagunes de Ruidera, qui me serviront pour mon Ovide espagnol. » Don Quichotte le remercia d'avoir bien voulu lui servir de guide; puis ils se séparèrent, le cousin retournant du côté de son village, don Quichotte s'acheminant avec Sancho vers le but qu'il s'était proposé.

A la fin de la journée, le maître et l'écuyer arrivèrent à la porte d'une hôtellerie où ils résolurent de passer la nuit. Dans le même moment, s'y présentait un homme ayant l'œil gauche et une partie de la joue couverts d'un taffetas vert, et entièrement vêtu de peau de chamois, bas et hauts-de-chausses, et pourpoint. « Seigneur hôte, dit celui-ci, y a-t-il place chez vous? — Palsembleu! dit l'hôte, c'est maître Pierre; nous voilà assurés d'une bonne soirée. Soyez le bienvenu ; mais où donc est votre théâtre ? Je ne le vois pas. — Il va venir, répondit l'homme chamois ; j'ai voulu prendre les devants, afin de savoir s'il y avait place. — Je congédierais le duc d'Albe en personne, repartit l'hôte, pour loger maître Pierre ; nous avons ici assez de monde pour faire les frais de votre représentation. — A la bonne heure, répondit l'homme à l'emplâtre ; je modèrerai le prix, et pourvu que je paye ma dépense, je me tiendrai pour satisfait ; je vais presser le pas de ma charrette. » Là-dessus il sortit. Don Quichotte s'informa aussitôt de ce qu'étaient l'homme et son théâtre. « C'est, répondit l'hôte, un fameux joueur de marionnettes, qui depuis quelques jours parcourt la Manche Aragonaise ; le sujet du spectacle qu'il fait voir est Mélisandre mise en liberté par l'illustre don Gaïferos ; c'est une des meilleures histoires et des mieux représentées qui depuis plusieurs années se soient vues dans cette partie du royaume. »

En ce moment, maître Pierre revint avec un singe qui disait la bonne aventure, et avec la charrette qui portait son théâtre ; et quelques instants après on vint avertir don Quichotte que le théâtre était monté, et prier Sa Grâce d'assister à la représentation, comme chose digne d'être vue. « Allons, dit don Quichotte, se levant aussitôt ; allons voir le théâtre de maître Pierre, qui sans doute nous offrira quelque nouveauté. — Comment quelque nouveauté ? répliqua maître Pierre ; vous n'en verrez pas moins de soixante mille ; je promets à Votre Grâce, mon seigneur don Quichotte, que c'est une des choses les plus curieuses qu'il y ait au monde ; au surplus ne vous fiez qu'aux effets, et nullement aux paroles. Voyons, la main à l'œuvre ; car il est déjà tard, et nous avons beaucoup à faire, à dire et à montrer. Don Quichotte et Sancho le suivirent dans la pièce où le théâtre était déjà installé et découvert, et éclairé de tous côtés par une multitude de petites bougies. Maître Pierre alla se cacher derrière la scène pour faire mouvoir toutes les figures de son mécanisme; en dehors se plaça un jeune garçon employé par maître Pierre comme interprète et démonstrateur; celui-ci tenait à la main une baguette avec laquelle il désignait les personnages à mesure qu'ils paraissaient. Quand tous les gens de l'hôtellerie se furent assis ou plantés devant le théâtre, don Quichotte et Sancho occupant les meilleures places, le truchement commença à débiter ce qui va suivre.

Tous se turent, Tyriens et Troyens; c'est-à-dire, tous ceux qui se trouvaient devant la scène restaient comme pendus à la bouche de l'interprète, quand tout à coup se firent entendre au fond du théâtre des timbales, des trompettes et des décharges d'artillerie. Ce bruit cessa promptement, et alors le jeune garçon éleva la voix et commença en ces termes : « Cette histoire véri-
« table, que nous avons l'honneur de représenter ici devant
« Vos Grâces, est tirée mot pour mot des chroniques françaises
« et des *romances* espagnols qui vont de bouche en bouche et
« que les enfants se redisent dans les rues. Elle traite de la
« liberté que donna le seigneur don Gaïferos à son épouse
« Mélisandre, qui était retenue captive par les Mores, en Es-
« pagne, dans la ville de Sansuegna, aujourd'hui Saragosse.
« Voyez, seigneurs, comme don Gaïferos est occupé à jouer
« aux dames. Ce personnage que vous voyez là avec la couronne
« sur la tête, c'est l'empereur Charlemagne, père adoptif de la
« dame Mélisandre, lequel, impatienté de l'insouciance et de
« l'inaction de son gendre, s'apprête à le gourmander. Et re-
« marquez bien avec quelle force et quelle vivacité il le répri-
« mande; on dirait qu'avec son sceptre il va lui administrer
« une demi-douzaine de taloches; quelques-uns même assurent
» qu'il les lui donna, et bien appliquées, et qu'il ajouta : « Je
« vous en ai dit assez, prenez garde à vous. » Maintenant re-
« gardez comme l'empereur tourne le dos, et laisse dans un
« grand dépit Gaïferos, qui, transporté de colère, renverse la

« table et les dames, demande ses armes bien vite, et prie son
« cousin Roland de lui prêter sa bonne épée Durandal; et com-
« ment Roland, au lieu de la lui prêter, lui propose de l'as-
« sister dans la rude entreprise qu'il va tenter. Mais le valeu-
« reux Gaïferos repousse cette offre, en disant qu'il suffira à la
« délivrance de sa femme, fût-elle cachée au fin fond des en-
« trailles de la terre; et là-dessus il prend son armure et part
« sur-le-champ.

« Présentement tournez les yeux vers cette tour qui s'élève
« là-bas; elle vous représente une des plus hautes tours de
« l'alcazar de Saragosse, qui s'appelle aujourd'hui l'Aljaférie.
« Cette dame qui paraît à un balcon, vêtue à la moresque, est
« la sans pareille Mélisandre, qui de là porte incessamment ses
« regards vers le chemin de la France, et se console de sa cap-
« tivité en pensant à son époux et à Paris. Voyez cette figure
« qui paraît à cheval, enveloppée dans un grand manteau ;
« c'est celle de don Gaïferos lui-même qu'attend son épouse.
« Toujours placée au balcon de la tour, elle s'adresse à son
« époux et lui dit : « Chevalier, si vous allez en France, infor-
« mez-vous de don Gaïferos. » Voyez comme aussitôt celui-ci
« se découvre, et comme Mélisandre, par ses démonstrations de
« joie, annonce qu'elle l'a reconnu. La voilà qui se laisse couler
« en bas du balcon pour monter en croupe derrière son mari ;
« mais, ô malheur! sa jupe s'est accrochée à un des fers du
« balcon, et elle reste suspendue en l'air. Heureusement le Ciel
« miséricordieux nous vient en aide dans les moments de
« presse. Don Gaïferos s'approche, il l'attire à lui, sans s'in-
« quiéter de sa jupe qu'il risque de déchirer, et la fait enfin
« descendre jusqu'à terre; puis il l'enlève, la campe à cali-
« fourchon sur son cheval, lui recommande de se cramponner
« solidement en lui passant les bras autour du corps, vu que
« la dame Mélisandre n'est pas faite à cette manière de che-
« vaucher. Allez en paix, couple sans pareil de véritables

« amants; arrivez sans encombre dans votre patrie, et puis-
« siez-vous y couler des jours tranquilles et prolongés comme
« ceux de Nestor. »

— Doucement, mon garçon, s'écria en ce moment maître Pierre; ne t'élève pas trop haut : la chute serait à craindre. »

L'interprète ne répondit point à cette interruption, et il continua son récit.

« Des yeux auxquels rien n'échappe avaient aperçu la fugue
« de Mélisandre; on en instruisit le roi more Marsilio, qui fit
« aussitôt sonner l'alarme. Voyez avec quelle ardeur toute la
« ville se met en mouvement, au son des cloches qui s'agitent
« dans les tours des mosquées. »

— Oh! pour cela non, s'écria don Quichotte; quant à ce qui est des cloches, maître Pierre commet là une lourde bévue; car les Mores n'en font pas usage. »

Maître Pierre cessa aussitôt de sonner les cloches, et dit : « Seigneur don Quichotte, que Votre Grâce ne s'arrête pas à ces bagatelles, et ne prenne pas les choses trop au pied de la lettre. Ne voyons-nous pas tous les jours représenter des comédies pleines d'invraisemblances et d'absurdités, et qui pour cela n'en fournissent pas moins une heureuse carrière, au milieu de l'attention, des applaudissements et de l'enthousiasme des spectateurs? Poursuis, mon garçon; pourvu que ma poche se remplisse, peu m'importe de débiter des sottises plus nombreuses que les atomes du soleil.

— Rien n'est, pardieu, plus vrai, » dit don Quichotte.

L'enfant continua.

« Voyez toute cette brillante cavalerie qui s'élance à la pour-
« suite du couple catholique. Écoutez ces trompettes, ces clai-
« rons qui sonnent, ces tambours et ces timbales qui roulent;
« je tremble qu'on ne les rattrape et qu'on ne les ramène
« attachés à la queue de leur cheval, ce qui serait horrible à
« voir. »

Don Quichotte n'eut pas plutôt vu cette horde de Mores et entendu ce tintamarre, qu'il jugea de son devoir de prêter secours aux deux fugitifs ; il s'écria donc d'une voix retentissante et en se levant debout : « Je ne consentirai jamais qu'en ma présence on taille ainsi des croupières à un chevalier aussi dévoué, aussi hardi que le fameux don Gaïferos. Halte-là ! canaille maudite, cessez vos poursuites ; sinon, c'est à moi que vous allez avoir affaire. Aussitôt dit, aussitôt fait ; il tire son épée, d'un seul élan arrive tout auprès du théâtre, et là, avec une furie sans égale, fait pleuvoir sur la bande moresque une grêle de coups d'épée ; terrassant les uns, décapitant les autres, estropiant celui-ci, mutilant celui-là ; il déchargea, entre autres, un si violent coup de taille de haut en bas, que maître Pierre n'eut que le temps de se jeter à plat ventre ; autrement sa tête volait comme si elle eût été de pain d'épice.

Maître Pierre avait beau crier à tue-tête : « Arrêtez, arrêtez donc, seigneur don Quichotte ! prenez garde que tous ceux que vous abattez, que vous tuez et que vous pourfendez, ne sont pas des Mores en chair et en os, mais des poupées de carton ! Voyez donc, pécheur que je suis ! que vous détruisez et saccagez tout mon bien ! » Mais don Quichotte allait toujours son train ; les coups d'estoc, de taille et de revers, tombaient drus et serrés comme des gouttes d'orage. Enfin, en moins de deux *Credo*, le théâtre s'écroula avec toutes ces figures hachées comme chair à pâté, le roi Marsilio fort maltraité, et l'empereur Charlemagne la tête et la couronne en deux morceaux. L'assemblée des spectateurs en fut effrayée, le singe s'enfuit sur le toit de l'hôtellerie, et Sancho lui-même fut saisi d'une terreur extrême, n'ayant jamais, de son aveu, vu son maître transporté d'une aussi violente colère. Après cette complète destruction du théâtre, don Quichotte commença à se calmer un peu. « Je voudrais bien, dit-il, tenir ici tous ceux qui ne croient pas ou ne veulent pas croire à l'utilité de la chevalerie errante. Voyez, si je ne

Il tire son épée, et avec une furie sans égale il fait pleuvoir sur la bande moresque une grêle de coups d'épée.

m'étais pas trouvé présent, ce qu'il serait avenu du brave don Gaïferos et de la belle Mélisandre ; sans aucun doute, à l'heure qu'il est, ces chiens les auraient déjà rattrapés et leur auraient fait un mauvais parti. En résumé, vive la chevalerie errante par-dessus toute chose !

— A la bonne heure, répondit maître Pierre d'une voix dolente ; qu'elle vive, et que je meure, moi, malheureux que je suis, qui puis dire avec le roi Rodrigue : « Hier j'étais sei- « gneur de toute l'Espagne, et aujourd'hui il n'existe pas une « tourelle qui soit à moi ! » Il n'y a qu'une demi-heure, qu'un instant, je me suis vu possesseur d'empereurs et de rois ; mes écuries étaient remplies de chevaux, et mes coffres de bijoux ; à présent je me trouve ruiné, désolé, pauvre et mendiant, et tout cela grâce à la fureur aveugle de ce chevalier qui passe pour redresser les torts, protéger les orphelins, et se livrer à toutes sortes d'œuvres charitables, et dont les bonnes intentions m'ont fait défaut à moi seul ; mais que Dieu soit béni dans les plus hautes régions des cieux ! Enfin il était réservé au chevalier de la Triste-Figure de me défigurer les miennes. »

Les doléances de maître Pierre attendrirent Sancho, qui lui dit : « Cesse de pleurer et de te lamenter, car tu me brises le cœur ; sache que mon maître est un bon catholique, un chrétien scrupuleux, et que, s'il reconnaît t'avoir causé quelque dommage, il saura t'en donner une réparation satisfaisante. — Que le seigneur don Quichotte, repartit maître Pierre, me paye seulement une partie du dégât, je me tiendrai pour content, et il s'assurera le repos de l'âme, lequel ne saurait exister pour celui qui retient le bien d'autrui contre la volonté du véritable possesseur, et qui se refuse à le restituer. — Cela est vrai, dit don Quichotte ; mais jusqu'ici je ne sache pas avoir rien à vous. — Comment donc ! reprit maître Pierre, et ces débris épars sur le sol nu et stérile, qui les a semés et anéantis, si ce n'est la force invincible de votre bras ? A qui appartenaient-ils dans leur premier état, si ce n'est à moi? Avec quoi gagnais-je ma vie, si ce n'est avec eux?

— Je finirai par croire tout à fait, dit alors don Quichotte, comme je l'ai déjà cru maintes fois, que ces enchanteurs qui me persécutent ne font d'autre métier que de me mettre sans cesse devant les yeux des figures naturelles, qu'ils transforment selon ce qu'ils veulent me faire voir. Je vous affirme sur l'honneur, seigneurs qui m'écoutez, que tout ce qui s'est passé là m'a paru être des événements véritables, que j'ai cru avoir devant les yeux Mélisandre, don Gaïferos, Marsilio et Charlemagne. C'est là ce qui a enflammé ma colère, et c'est pour remplir ma mission de chevalier errant que j'ai voulu porter secours aux fuyards. Ce dont vous avez été témoins, je l'ai donc fait à bonne intention; et si la chose a mal tourné, ce n'est pas ma faute, mais bien celle des méchants qui me poursuivent sans relâche. Au surplus, et quelle qu'en soit la cause, je me condamne moi-même aux dépens; que maître Pierre voie ce que je lui dois pour ses figures endommagées; je le lui payerai sur-le-champ en monnaie de Castille de bon aloi et ayant cours. »

Maître Pierre s'inclina et répondit : « Je n'attendais pas moins de l'incomparable charité du valeureux don Quichotte de la Manche, le véritable protecteur et appui des nécessiteux et des vagabonds. Que le seigneur hôte et que le grand Sancho nous servent d'arbitres et d'appréciateurs. » L'hôte et Sancho acceptèrent cette mission, et passèrent ainsi en revue tous les personnages maltraités par don Quichotte, allouant quatre réaux et demi pour le roi Marsilio qui avait la tête de moins, cinq réaux et un quart pour l'empereur Charlemagne coupé en deux parties, deux réaux et douze maravédis pour la belle Mélisandre qui avait perdu le nez et un œil, et ainsi des autres victimes de la chevalerie errante.

Enfin, la bourrasque étant complétement dissipée, tous soupèrent en paix, et comme de bons compagnons, aux frais de don Quichotte, qui se montra libéral en tout point. Maître Pierre, peu disposé à avoir de nouvelles explications avec don Quichotte, qu'il avait appris à connaître (car il n'était autre que Ginès de Passamont), se leva avant le jour, rattrapa son singe, et, ramassant les débris de son théâtre, s'en alla chercher fortune ailleurs. L'hôte, qui ne connaissait pas don Quichotte, fut également surpris de ses extravagances et de sa libéralité. Sancho le paya largement d'après l'ordre de son maître, et tous les deux, lui ayant dit adieu sur les huit heures du matin, quittèrent l'hôtellerie pour continuer leur chemin.

CHAPITRE XVI

De ce qui avint à don Quichotte avec une belle chasseresse.

LE lendemain, vers l'heure du coucher du soleil, à la sortie d'un bois, don Quichotte aperçut plusieurs personnes, qu'il reconnut, après s'en être approché, pour être des chasseurs au vol. Il distingua parmi elles une belle dame, montée sur un palefroi ou sur une haquenée d'une parfaite blancheur, que relevaient encore des harnais verts et une selle garnie d'argent; la dame portait un faucon sur le poing gauche. Aussitôt il dit à Sancho : « Cours, mon fils, cours dire à la dame du palefroi et du faucon que le chevalier des Lions lui baise les mains, et se met à sa discrétion pour ce qu'il lui plaira de me commander; et fais bien attention à ce que tu diras; surtout ne va pas entrelarder ton message de quelques proverbes de ton cru. — A d'autres, répondit Sancho ; est-ce la première fois de ma vie que je porte des ambassades à de grandes dames? — Je ne sache pas que tu en aies porté, du moins de mon fait, à d'autres qu'à ma dame Dulcinée. — Soit, répliqua Sancho; mais le bon payeur ne craint pas les gages, en bonne maison le couvert est bientôt mis; et à bon entendeur peu de paroles; je veux dire qu'on trouve en moi un peu de tout. — Va donc, dit don Quichotte, et que Dieu te conduise. »

Sancho partit au grand trot du grison, arriva promptement devant la belle chasseresse, descendit de sa monture, et se mettant à genoux devant elle : « Noble dame, ce chevalier que vous voyez là-bas, et qui s'appelle le chevalier des Lions, est mon maître; je suis son écuyer, et l'on me nomme dans sa maison Sancho Pança. Ledit chevalier des Lions, ci-devant de la Triste-Figure, m'envoie prier Votre Grandeur de lui accorder la permission, sauf votre agrément et votre bon plaisir, de mettre à exécution son désir, qui n'est autre, à ce qu'il dit et comme je n'en doute pas, que de servir votre éminente beauté et votre haute fauconnerie; en quoi faisant, Votre Seigneurie fera une chose qui tournera à son profit, et mon maître en recevra toute joie et contentement. — Assurément, répondit la dame, voilà un message parfaitement rempli; levez-vous, mon ami, et allez dire à votre maître qu'il sera le bienvenu, et que nous nous mettons à sa disposition, le duc mon époux ainsi que moi, dans une maison de plaisance que nous avons ici près. Mais dites-moi, bon écuyer, n'est-ce pas sur votre maître qu'il circule une histoire imprimée, qui s'appelle *l'Ingénieux chevalier don Quichotte de la Manche?* Et n'a-t-il pas pour dame de son âme une certaine Dulcinée du Toboso? — C'est lui-même, Madame, répondit Sancho, et son écuyer, qui se trouve ou doit se trouver dans cette histoire, c'est moi, à moins qu'on ne m'ait changé en nourrice, je veux dire à l'impression. — Tout cela est pour le mieux, reprit la duchesse. Dites donc à votre maître que rien ne pouvait me causer plus de joie que son arrivée dans mes domaines. » Sancho retourna auprès de son maître pour lui porter cette réponse favorable. La duchesse et son mari, qui avaient lu la première partie de cette histoire, et qui étaient au courant des extravagantes idées de don Quichotte, l'attendirent avec une grande envie de le connaître, et avec le projet arrêté de se conformer à son humeur, et de le traiter sur le pied de chevalier errant tout le temps qu'il resterait avec eux.

En ce moment parut don Quichotte, la visière levée ; et comme il se disposait à mettre pied à terre, Sancho se hâta d'aller lui tenir l'étrier ; mais telle fut sa disgrâce, qu'en descendant de son âne il se prit le pied dans un cordon du bât sans pouvoir se dépêtrer, et qu'il resta ainsi accroché, ayant le visage collé sur le sol. Don Quichotte, pensant que Sancho lui tenait déjà l'étrier, roula en bas entraînant la selle, non sans une grande confusion, ni sans maudire Sancho, qui de son côté restait toujours suspendu les pieds en l'air. Le duc se précipita au-devant de don Quichotte, après l'avoir fait relever par ses chasseurs. « Je regrette, lui dit-il en l'embrassant, que cette première visite soit marquée par un accident désagréable ; mais la négligence des serviteurs en amène souvent de plus graves. — Celui qui me vaut l'avantage de vous voir, ô vaillant prince, répondit don Quichotte, ne saurait être regrettable, ma chute m'eût-elle entraîné jusqu'au fond des abîmes. Mon écuyer s'entend mieux à délier sa langue pour dire des méchancetés qu'à attacher solidement une selle ; mais dans quelque position que je me trouve, tombé ou debout, à pied ou à cheval, je serai toujours à votre service et à celui de madame la duchesse, votre digne épouse, la reine universelle de la beauté et de la courtoisie. — Doucement, seigneur don Quichotte, là où règne madame Dulcinée du Toboso, il ne reste pas de louanges pour d'autres beautés. »

Sancho, qui avait dégagé son pied et qui se trouvait près de là, ne laissa pas à son maître le temps de répondre. « On ne peut nier que madame Dulcinée du Toboso ne soit très-belle ; mais quand on y pense le moins on fait lever le lièvre, et j'ai ouï dire que ce qu'on appelle la nature est comme un potier qui, ayant fait un beau vase, peut en faire deux, trois et même cent ; je veux dire que madame la duchesse n'est pas en reste pour la beauté avec madame Dulcinée du Toboso. — Il faut que Votre Grandeur sache bien, dit alors don Quichotte, que jamais écuyer de chevalier errant n'a débité autant de paroles ni de bouffonneries que le mien ; et si Votre Altesse veut en faire l'épreuve pendant quelques jours, certes il ne me démentira pas. — Tant mieux, répliqua le duc, car beaucoup de bons mots exigent beaucoup de paroles. Si le chevalier des Lions veut bien m'accompagner à mon château, qui est près d'ici, il y recevra l'accueil si justement dû à son éminente personne, et que nous réservons d'habitude aux chevaliers errants qui s'y arrêtent.

Pendant ce temps-là, Sancho avait sellé et sanglé Rossinante. Don Quichotte remonta sur son cheval, et le duc sur un beau coursier ; la duchesse était entre eux deux ; ainsi placés, ils reprirent le chemin du château. La duchesse voulut que Sancho marchât à côté d'elle, parce qu'elle goûtait beaucoup ses propos plaisants. Sancho ne se fit pas prier, et, s'étant mêlé à eux, il se mit en quatrième dans la conversation, au grand plaisir du duc et de la duchesse, enchantés d'héberger le chevalier et l'écuyer.

L'histoire rapporte qu'avant qu'on arrivât au château le duc prit les devants, et donna des ordres à tous ses gens pour que don Quichotte fût accueilli d'une certaine façon. Dès que celui-ci parut aux portes avec la duchesse, il s'y présenta aussitôt deux laquais ou palefreniers, vêtus d'une robe de velours cramoisi qui leur tombait jusqu'aux pieds ; ils prirent don Quichotte dans leurs bras sans qu'il s'en aperçût, le mirent à terre et lui dirent : « Que Votre Grandeur aille maintenant aider madame la duchesse à descendre de sa haquenée. » Don Quichotte s'empressa de s'y rendre ; mais il y eut un combat de politesses et de cérémonies, dans lequel la duchesse conserva l'avantage, en se refusant à donner une charge inutile à un aussi illustre chevalier. Le duc vint donc lui faire mettre pied à terre. Quand ils entrèrent dans la grande cour, deux belles demoiselles s'avancèrent vers don Quichotte, et lui jetèrent sur les épaules un manteau d'écarlate ; puis en un instant les galeries de la cour se garnirent des valets et des femmes du château, qui s'écrièrent à haute voix : « Bienvenue soit la fleur et la crème des chevaliers errants ! » Alors ils versèrent à grands flots sur don Quichotte et sur leurs nobles seigneurs des flacons d'eaux parfumées. De ce jour, don Quichotte se tint pour chevalier errant véritable, et non fantastique, se voyant traité conformément à tout ce qu'il avait lu sur la chevalerie des temps antérieurs.

Quant à Sancho, abandonnant le grison, il s'était collé à la duchesse et était entré avec elle dans le château. Mais bientôt il fut pris d'un scrupule pour avoir laissé son âne tout seul, et, accostant une vénérable dame qui s'était approchée avec d'autres pour recevoir la duchesse, il lui dit à demi-voix : « Dame Gonzalez, ou quel que soit le nom de Votre Grâce... — Mon nom est dona Rodriguez de Grijalba, interrompit la duègne ; mais qu'y a-t-il pour votre service, mon cher ? — Je voudrais que Votre Grâce me fît celle d'aller en dehors de la porte du château ; vous y verriez un âne qui m'appartient. Vous me feriez le plaisir de le faire conduire ou de le conduire vous-même à l'écurie ; car le pauvre animal est un peu craintif, et n'a pas l'habitude de rester seul. — Si le maître est aussi courtois que le valet, répondit la duègne, nous sommes bien tombés. Allez, frère, et que le Ciel vous confonde, vous et qui vous amène ; occupez-vous de votre âne, et retenez bien que les duègnes de cette maison ne sont pas faites pour un pareil métier. — Sur ma foi, répliqua Sancho, j'ai pourtant ouï dire à mon maître, qui est un fureteur d'histoires, que, lorsque Lancelot vint de Bretagne, les dames prirent soin de lui, et les duègnes de son coursier; et pour ce qui est de mon âne, je ne le troquerais pas contre le roussin du seigneur Lancelot. — Frère, reprit la duègne, si vous aimez à plaisanter, gardez vos bouffonneries pour ceux qui les goûtent et qui les payent; de moi vous ne tirerez rien de mieux qu'une figue. — Au moins, repartit Sancho, sera-t-elle bien mûre; car si vous jouiez sur le nombre de vos années, vous ne perdriez pas pour un point de plus ou de moins. — Rustre mal-appris, riposta la duègne toute rouge de colère, si je suis vieille ou non, c'est à Dieu que j'en dois compte et non pas à vous, veillaque, mangeur d'ail. » Le duc et la duchesse, ayant entendu ces propos, s'informèrent du motif de la querelle, et après l'avoir apaisée, ils rassurèrent Sancho sur le sort de son âne, en lui promettant qu'il en aurait à bouche que veux-tu, et serait traité à l'égal de son maître.

Au milieu de ces discours, qui étaient fort du goût de tous les assistants, excepté de don Quichotte, on fit entrer le chevalier dans une salle richement tendue de brocart d'or. Six demoiselles lui ôtèrent ses armes, et firent auprès de lui l'office de pages, toutes bien instruites du rôle qu'elles avaient à jouer. Don Quichotte désarmé resta avec ses hauts-de-chausses serrés, son pourpoint de chamois, sec, long et décharné, ses deux joues si creuses qu'elles se touchaient en dedans : physionomie tellement étrange, que si les demoiselles qui le servaient n'eussent retenu leur envie de rire, conformément aux ordres formels qu'elles avaient reçus, il y avait de quoi en mourir. Elles lui demandèrent de se laisser passer une chemise; mais il n'y voulut point consentir, disant que les chevaliers errants suivaient les règles de la décence, de même que celles de la valeur. Don

Quichotte s'habilla donc seul ou avec l'aide de Sancho ; il prit son baudrier avec son épée, couvrit ses épaules du manteau d'écarlate, et posa sur sa tête une toque de satin vert que les demoiselles lui avaient présentée. Sous cet accoutrement il entra dans la grande salle, où il trouva les demoiselles rangées sur deux files en nombre égal. Puis parurent douze pages précédés du maître d'hôtel, pour le conduire à la table où l'attendaient ses hôtes. Ils le prirent au milieu d'eux, et le menèrent solennellement dans une autre salle où était dressé un repas somptueux.

Le duc offrit le haut bout à don Quichotte, qui le refusa d'abord, mais qui, cédant aux instances du duc, finit par accepter cet honneur. Sancho assistait à toutes ces cérémonies, plein d'admiration pour les hommages qu'on prodiguait à son maître. « Si Vos Grâces, dit-il, veulent bien le permettre, je leur raconterai une histoire arrivée dans mon village au sujet de places à table. » Don Quichotte sentit, à ces mots, un frisson lui courir par tout le corps, tant il redoutait que Sancho ne lâchât quelque sottise. Sancho comprit ce mouvement, et reprit : « Ne craignez pas que je m'oublie dans des propos hors de saison ; j'ai encore présents à l'esprit vos conseils sur ce qui est de parler plus ou moins, bien ou mal. — Je ne me souviens de rien, Sancho, répondit don Quichotte ; dis ce qu'il te plaira, mais dis-le vite. — Eh bien donc, il avint un jour qu'un gentilhomme que je connais comme mes deux mains, car nous demeurons à une portée d'arquebuse l'un de l'autre, invita à dîner un pauvre mais honnête laboureur. Ce laboureur étant arrivé chez ce gentilhomme qui l'avait invité, et comme ils allaient s'attabler, le laboureur voulait laisser au gentilhomme la place d'honneur, et celui-ci insistait pour qu'elle fût occupée par le laboureur, disant qu'il était le maître chez lui. Enfin le gentilhomme impatienté, mettant les deux mains sur les épaules au laboureur, le força de s'asseoir en lui disant : « Asseyez-vous, manant; quelle que soit ma place, je tiendrai toujours le haut bout. » Voilà le conte; et, sur ma foi, je ne le crois pas tout à fait hors de propos. »

Don Quichotte changea plusieurs fois de couleur, au point que son teint brun en fut tout jaspé. Ses hôtes, qui avaient compris la malice de Sancho, continrent leur envie de rire, dans la crainte que don Quichotte ne lâchât la bride à sa colère; et pour détourner la conversation, comme pour éviter de semblables sottises de la part de Sancho, la duchesse demanda à don Quichotte s'il avait des nouvelles de Dulcinée. Le duc, s'adressant à Sancho, le pria de lui dire si son maître ne lui avait pas promis une île. « Oui, certes, répondit Sancho, et je crois en être digne autant que qui que ce soit. Je suis de ceux qui disent : Réunis-toi aux bons, et tu seras des leurs; ou bien : Non avec qui tu nais, mais avec qui tu pais; ou bien encore : A bon arbre bon ombrage. Je suis attaché à un bon maître; depuis plusieurs mois je vis en sa compagnie, et un jour je le vaudrai, s'il plaît à Dieu. Vive lui ! vive moi ! Les empires ne lui manqueront pas à commander, pas plus qu'à moi les îles à gouverner. — Non certainement, ami Sancho, dit le duc; et moi, au nom du seigneur don Quichotte, je vous donne le gouvernement d'une île que j'ai vacante en ce moment et qui n'est pas de rebut. — A genoux, Sancho! s'écria don Quichotte, et baise les pieds à Son Excellence pour la faveur qu'elle t'accorde. » Sancho ne se fit pas presser pour obéir.

Le repas étant fini, quatre demoiselles entrèrent; l'une portait un bassin d'argent, l'autre une aiguière, la troisième deux blanches et fines serviettes posées sur son épaule; la quatrième, ayant les manches relevées jusqu'au coude, tenait dans ses mains (qui ne pouvaient manquer d'être blanches) une boule de savon napolitain. Celle du bassin le plaça avec grâce et désinvolture sous le menton de don Quichotte, lequel, sans souffler, mais non sans s'étonner d'une semblable cérémonie, crut que l'usage du pays était de laver la barbe au lieu des mains. Il tendit donc son menton autant qu'il put, et la demoiselle à l'aiguière se mit à verser de l'eau, tandis que celle du savon lui frottait la barbe de toute sa force, couvrant d'une

mousse blanche non-seulement le menton, mais tout le visage et même les yeux du docile chevalier, qui fut obligé de les fermer. Le duc et la duchesse n'étaient pas prévenus de cette toilette, et ils attendaient avec curiosité la fin de ce singulier lavage. Don Quichotte faisait pendant cette opération la plus étrange et la plus risible figure qu'on puisse imaginer, avec ce cou long et noir, ces yeux fermés et cette barbe pleine de savon. Il fallut aux assistants les plus grands soins pour ne pas pouffer de rire ; et les demoiselles qui avaient inventé cette malice n'osaient regarder leurs seigneurs, lesquels étaient près d'éclater de colère ou de rire, et ne savaient s'ils devaient encourager ou punir une telle audace. Finalement on acheva de le laver, on l'essuya lentement ; après quoi, les quatre jeunes filles, faisant un profond salut, se disposaient à sortir, quand le duc fit mine de se soumettre à la même cérémonie, pour que don Quichotte ne conçût aucun soupçon,

Sancho, qui avait prêté la plus grande attention à tous les détails du savonnage, se demandait si ce n'était pas aussi l'usage de laver la barbe aux écuyers. La duchesse, se doutant de la pensée qui l'occupait, lui dit qu'elle ordonnerait aux jeunes filles de le savonner, et même de le lessiver au besoin. Elle commanda au maître d'hôtel de lui donner ce qu'il demanderait et de lui obéir ponctuellement en toute chose. Le maître d'hôtel répondit que les volontés du seigneur Sancho seraient fidèlement exécutées, et il l'emmena avec lui pour le faire dîner.

Le duc et la duchesse s'entretinrent ensuite quelque temps avec don Quichotte, mais ils furent troublés dans leur conversation par un grand bruit et des cris nombreux qui se firent entendre dans le palais. Au même instant Sancho entra dans la salle, tout effaré, ayant le cou entouré d'un torchon en guise de bavette, et à ses trousses plusieurs marmitons et autres garçons de la valetaille, dont l'un portait une écuelle d'eau qu'à sa couleur sale on reconnaissait pour avoir servi à laver la vaisselle. Ce garnement poursuivait Sancho, voulant à toute force lui placer l'écuelle sous sa barbe, qu'un autre se disposait à lui laver. « Qu'est ceci ? s'écria la duchesse ; et que voulez-vous à ce brave homme ? Comment ! vous ne songez donc pas qu'il est nommé gouverneur ?

— Madame, répondit le vaurien de barbier, ce seigneur ne veut pas se laisser laver, comme c'est l'usage et comme ont fait son maître et monseigneur le duc. — Si certes, je le veux bien, répondit Sancho très-courroucé, pourvu que ce soit avec des serviettes plus propres, de l'eau plus claire et des mains moins sales. D'ailleurs j'ai la barbe nette, et je n'ai que faire de semblables rafraîchissements. Quiconque s'avisera de venir me laver ou me toucher un poil de la tête, je veux dire de la barbe, parlant par respect, je lui donnerai un tel coup de poing qu'il marquera sa place sur le crâne : et de semblables cérémonies et savonnages sont bien plutôt des mystifications que des signes de bon accueil. »

La duchesse se pâmait de rire à voir la colère et à entendre les discours de Sancho. Quant à don Quichotte, il n'était pas très-flatté de voir son écuyer entortillé d'un torchon sale et harcelé par cette tourbe de marmitons. Aussi saluant profondément le duc et la duchesse, comme pour leur demander la permission de parler à cette canaille, il dit d'une voix grave : « Holà ! mes maîtres, laissez, de grâce, ce garçon et vous en retournez d'où vous venez, à moins que vous ne préfériez prendre une autre route. Mon écuyer est tout aussi propre que qui que ce soit, et vos vases ne sont pas de mise avec lui ; croyez-moi, laissez-le tranquille, car ni lui ni moi n'avons goût à de pareilles plaisanteries. — Qu'ils viennent s'y frotter, poursuivit Sancho, je m'en arrangerai comme il fait nuit à cette heure. D'ailleurs qu'on prenne un peigne, et qu'on me le passe dans la barbe ; si l'on y trouve quelque chose qui annonce la malpropreté, je consens à ce que l'on me l'arrache. »

Alors, sans pouvoir s'empêcher de rire, la duchesse prit la parole : « Sancho Pança, dit-elle, a raison cette fois comme toujours. Il est propre, et n'a nul besoin de se laver ; si nos usages ne lui conviennent pas, il est libre. Quant à vous, ministres de la propreté, vous avez fait preuve de négligence, je pourrais dire d'audace, en présentant à un tel personnage et à une barbe aussi respectable, au lieu d'aiguières et de fontaines en or pur, au lieu de fine toile de Hollande, des écuelles de cuisine et des torchons d'office; mais en gens mal nés et malappris, et comme de véritables malandrins que vous êtes, vous savez mal dissimuler votre haine contre les écuyers de chevaliers errants. » Les marmitons et le maître d'hôtel, qui les avait suivis, crurent que la duchesse parlait sérieusement; ils s'empressèrent donc d'ôter à Sancho le torchon dont ils lui avaient entouré le cou, et ils se retirèrent pleins de confusion.

Sancho, délivré de ce grand péril, alla se jeter à deux genoux devant la duchesse, et lui dit : « De grandes dames on attend de grandes faveurs; je veux dire que si Votre Grâce veut me commander de prendre possession de mon gouvernement, je mettrai moins de temps à obéir qu'il ne lui en faudra pour me donner cet ordre. Si pourtant Votre Seigneurie me retire sa promesse, Dieu m'a placé plus bas, et peut-être cela tournera-t-il au profit de ma conscience. Je ne suis pas assez simple pour ne pas comprendre le proverbe qui dit : Pour son malheur la fourmi s'est vu pousser des ailes. Il se pourrait que Sancho écuyer allât plus droit au ciel que Sancho gouverneur; et l'on fait d'aussi bon pain ici qu'en France, et la nuit tous chats sont gris; et assez malheureux est celui qui n'a pas déjeuné à deux heures du soir; et il n'y a pas d'estomac deux fois plus grand qu'un autre, et qu'on ne puisse remplir, comme on dit, de paille et de foin; et les oiseaux des champs ont Dieu pour pourvoyeur; et quatre aunes de gros drap de Cuença tiennent plus chaud que quatre aunes de drap fin de Ségovie; et pour sortir de ce monde et aller en terre, le prince passe par le même sentier que le manœuvre, et le corps du pape n'occupe pas plus de place que celui du sacristain, quoique l'un soit plus grand que l'autre; car, pour entrer dans la fosse, force nous est de nous serrer et de nous ramasser, malgré que nous en ayons; et bonsoir la compagnie. J'en reviens à dire que si Votre Grâce me trouve trop bête pour me donner l'île, je suis trop sage du moins pour en prendre souci. J'ai ouï dire que derrière la croix se tient le diable, et que n'est pas or tout ce qui reluit.

— Le bon Sancho n'ignore pas, répliqua la duchesse, qu'un chevalier tient toujours sa promesse, même au prix de sa vie. Le duc, mon époux et seigneur, quoiqu'il ne soit pas de la chevalerie errante, accomplira sa parole quant à l'île promise, en dépit de l'envie et de la méchanceté. — Pour ce qui est de bien gouverner, repartit Sancho, on peut s'en fier à moi ; je suis charitable de mon naturel, et j'ai pitié des pauvres : à celui qui pétrit on ne doit pas voler sa pâte. Mais, par le jour qui m'éclaire, qu'on ne vienne pas me jeter des dés pipés ; je suis un vieux chien, je me connais en appels, et je me remue quand il faut. Je chasse le brouillard quand il m'offusque, et je sais où le soulier me blesse. Je veux dire que les braves gens trouveront chez moi bon accueil ; mais les méchants n'y auront jamais accès. Du reste, il me semble qu'en matière de gouvernement il n'y a que le premier pas qui coûte ; et peut-être dans quinze jours en saurai-je aussi long sur ce métier-là que sur les travaux de la terre dans lesquels j'ai été élevé. — Vous avez raison, Sancho, répondit la duchesse ; personne n'a la science infuse, et c'est avec les hommes, non avec les pierres, qu'on fait les évêques. »

Enchantée de tous les propos de Sancho, elle l'envoya se reposer, et alla rendre compte au duc de la conversation qui venait d'avoir lieu. Puis ils se concertèrent sur les tours qu'ils pourraient jouer au chevalier de la Manche et à son écuyer, et ils en trouvèrent de si bien imaginés et de si ingénieux, qu'ils firent naître les meilleures aventures de cette grande histoire.

CHAPITRE XVII

Qui rapporte la découverte qu'on fit des moyens
à employer pour désenchanter la sans pareille Dulcinée du Toboso ;
ce qui est une des plus fameuses aventures de ce livre.

C'était avec un charme inépuisable que le duc et la duchesse entendaient la conversation de don Quichotte et de Sancho Pança. Ce dont la duchesse s'étonnait le plus, c'était de la simplicité de Sancho, à qui elle avait réussi à faire croire comme un fait avéré que Dulcinée du Toboso était enchantée, quand lui-même était l'enchanteur et l'auteur de cette machination. Résolus à faire à leurs hôtes quelque plaisanterie ayant l'apparence d'aventure, ils distribuèrent les rôles à tous leurs gens et leur donnèrent les instructions nécessaires. Ils projetèrent de mener don Quichotte et Sancho à une grande chasse, avec un équipage de piqueurs et de chiens aussi nombreux qu'aurait pu le mener une tête couronnée.

Le jour de la chasse étant arrivé, don Quichotte prit ses armes ; Sancho se revêtit d'un habillement qu'on lui offrit, et qu'il accepta avec l'arrière-pensée de le vendre à l'occasion ; puis il se mêla à la troupe des chasseurs, monté sur son âne, dont il ne voulut pas se séparer. On se rendit dans un bois situé entre deux collines. A peine les chasseurs s'étaient-ils postés, qu'ils virent accourir, harcelés par les chiens, un sanglier monstrueux dont la bouche jetait de l'écume et dont les dents et les défenses claquaient avec bruit. Dès que don Quichotte l'aperçut, il tira l'épée, embrassa son écu, et se prépara bravement à le recevoir. Le duc en fit autant avec son épieu, et la duchesse les eût prévenus tous deux, si elle n'eût été retenue par son mari. Le seul Sancho, à la vue du redoutable animal, abandonna son âne et prit ses jambes à son cou ; puis il essaya de grimper sur un grand chêne. Mais ce fut vainement ; arrivé à la moitié de l'arbre, et saisissant une branche pour monter jusqu'en haut, il fut assez malheureux pour qu'elle se rompît, et que dans sa chute elle le laissât suspendu à un tronçon sans qu'il pût toucher la terre. Quand il se vit dans cette position, quand il sentit craquer son pourpoint neuf, et quand il songea qu'il pouvait se trouver sur le passage du sanglier, il se mit à pousser de tels cris de détresse, que tous ceux qui l'entendaient sans le voir le crurent déjà sous la dent de quelque bête féroce.

Enfin l'animal succomba sous l'épieu de plus d'un chasseur. Don Quichotte tourna la tête aux cris de Sancho, qu'il avait bien reconnus ; il l'aperçut pendu à l'arbre, la tête en bas, et près de lui le grison, qui ne l'avait pas abandonné dans le danger. Don Quichotte décrocha son écuyer, qui, se voyant libre et sentant le sol sous ses pieds, eut encore à regretter le dommage éprouvé par son habit. Sancho montra à la duchesse les plaies de son costume, et lui dit : « Si c'eût été une chasse au lièvre ou aux oiseaux, mon pourpoint ne serait pas en cette fâcheuse situation. Pour mon compte, je ne comprends pas le plaisir qu'on éprouve à attendre un animal qui, s'il vous atteint avec ses défenses, peut vous ôter la vie. Je me rappelle un ancien *romance* qui dit : « Puisses-tu être mangé des ours « comme Favila ! » — C'était, dit don Quichotte, un roi goth, qui, chassant dans les montagnes, fut dévoré par un de ces animaux. — C'est ce que je dis, reprit Sancho ; et je ne voudrais pas que les princes et les rois courussent de semblables dangers pour un plaisir qui n'en devrait pas être un, puisqu'il consiste à tuer un animal qui ne l'a mérité par aucun méfait.

—Vous êtes dans l'erreur, Sancho, répondit le duc ; la grande chasse est le plus utile de tous les exercices pour les rois et pour les princes. La chasse est l'image de la guerre ; elle a ses stratagèmes, ses ruses, ses embuscades, pour triompher sans risque de son ennemi. Changez donc, Sancho, d'opinion à cet égard ; et quand vous serez gouverneur, livrez-vous à la chasse, vous y gagnerez au centuple. — Pour cela non, répondit Sancho, le bon gouverneur doit avoir jambe rompue et garder la maison ; il ferait beau voir des gens pressés par leurs affaires arriver chez lui fatigués, pendant qu'il s'amuserait à courir le gibier ! c'est pour le coup que les choses tourneraient au besaigre. Par ma foi, seigneur, la chasse et les autres passe-temps sont faits pour les fainéants, et non pour les gouverneurs. Le seul divertissement que je compte me permettre, c'est une partie de triomphe à Pâques, et une partie de boules les dimanches et les fêtes ; quant à toutes ces chasses-là, elles ne s'arrangent ni avec mes goûts ni avec ma conscience.

— Plaise à Dieu, Sancho, dit le duc, qu'il en soit toujours ainsi ! car entre le dire et le faire il y a du chemin. — Qu'il y ait ce qu'il y aura, répliqua Sancho, le bon payeur ne craint pas de donner des gages ; on fait plus avec l'aide de Dieu qu'en se levant de grand matin ; le ventre fait aller les pieds, et non les pieds le ventre ; je veux dire que si Dieu m'assiste, et si je remplis mon devoir avec bonne intention, sans aucun doute je gouvernerai mieux qu'un gerfaut ; et qu'on me mette le doigt dans la bouche, on verra si je serre ou non. — Maudit sois-tu de Dieu et de tous les saints du paradis, Sancho maudit ! s'écria don Quichotte. Quand donc viendra le jour où, comme je te l'ai dit bien des fois, je te verrai mettre de côté tes proverbes, et parler un langage suivi et raisonnable. »

Au milieu de ces conversations et d'autres également amusantes, la nuit survint. Lorsque l'obscurité eut succédé au crépuscule, soudain les quatre coins de la forêt semblèrent être en feu. On entendit de tous côtés des trompettes et autres instruments de musique guerrière, comme si la forêt était traversée par de nombreuses troupes de cavalerie. Le duc se troubla, la duchesse pâlit, don Quichotte s'étonna, Sancho fut épouvanté ; il n'y eut pas jusqu'à ceux qui connaissaient la cause de ce bruit qui ne se sentirent remués. Le silence et la peur avaient gagné tout le monde, lorsque apparut un courrier en costume de diable, sonnant, non dans une trompe ordinaire, mais dans un cornet d'une grandeur démesurée, dont il tirait un son rauque et formidable. « Holà ! frère courrier, lui cria le duc, qui êtes-vous? Où allez-vous? Quelles sont ces troupes qui traversent la forêt ? » Le courrier répondit d'une voix étrange et horrible : « Je suis le diable ; je vais à la recherche de don Quichotte de la Manche ; les gens qui me suivent sont une troupe d'enchanteurs qui conduisent sur un char triomphal la sans pareille Dulcinée du Toboso; elle vient enchantée, avec le brave Français Montesinos, donner à don Quichotte des instructions pour la désenchanter, cette pauvre dame. — Si vous étiez en effet le diable, reprit le duc, comme vous le dites et comme vous sembleriez l'être, vous auriez déjà reconnu ce chevalier don Quichotte de la Manche, qui est devant vous. — Au nom de Dieu et sur ma conscience, répondit le diable, je n'y faisais pas attention ; j'ai tellement la tête farcie d'affaires, que je perdais de vue la principale, celle qui m'a amené ici. — Voilà, remarqua Sancho, un diable honnête homme et bon chrétien, puisqu'il jure par le nom de Dieu et sur sa conscience ; je vois maintenant qu'il y a de braves gens partout, même en enfer. »

En ce moment, le démon, sans mettre pied à terre, dirigeant ses regards vers don Quichotte : « Chevalier des Lions, dit-il (puissé-je te voir entre leurs griffes !), je te suis envoyé par le malheureux et vaillant chevalier Montesinos, pour te dire de sa part que tu l'attendes dans le lieu même où je te rencontrerai, parce qu'il amène avec lui celle qu'on nomme Dulcinée du Toboso, dans le dessein de t'indiquer le moyen à employer pour la désenchanter. N'ayant rien de plus à te dire, je ne m'arrêterai pas davantage. Que les démons comme toi te fassent compagnie, et que les bons anges demeurent avec ces seigneurs. » A ces mots, il sonna dans son énorme cor, et tourna le dos sans attendre de réponse.

La surprise ne fit que s'accroître chez tout le monde, et particulièrement chez don Quichotte et chez Sancho, chez celui-ci surtout, quand il vit qu'au mépris de la vérité on voulait que Dulcinée fût enchantée. Comme don Quichotte réfléchissait à ces événements, le duc lui dit : « Est-ce que Votre Grâce compte attendre ? — Pourquoi non ? répondit le chevalier ; j'attendrai ici de pied ferme, quand tout l'enfer viendrait m'attaquer. — Pour moi, dit Sancho, j'aperçois un autre diable, et si j'entends encore pareille musique, j'attendrai ici comme je suis en Flandre. »

Cependant la nuit était devenue complétement obscure. On vit courir dans le bois des lueurs semblables à celles qui s'exhalent de la terre. En même temps on entendit un bruit effroyable dans le genre de celui que produisent les roues massives des charrettes à bœufs, dont le grincement aigre et criard ferait, dit-on, fuir les loups et les ours. Don Quichotte eut besoin de recueillir tout son courage pour tenir bon ; quant à Sancho, le sien ne fit pas une longue résistance ; il tomba évanoui aux pieds de la duchesse, qui lui fit jeter de l'eau au visage. Il revint à lui dans le moment où arrivait près de là le char aux roues bruyantes. Il était traîné d'un pas lent par quatre bœufs, couverts de draperies noires, et portant, attachée à chaque corne, une longue torche allumée. Dans le haut du chariot était un siége élevé, sur lequel on voyait assis un vieillard vénérable, avec une barbe longue et blanche comme la neige. Il était vêtu d'une robe de boucassin noir, et avait pour conducteurs deux démons habillés de la même étoffe, et si affreusement laids, que Sancho, les ayant aperçus, ferma les yeux pour ne pas les revoir. Le char s'arrêta devant la compagnie; le vieillard se leva de son siége, et dit d'une voix haute : « Je suis le sage Alquife, l'ami d'Urgande-la-Méconnue. » Puis il continua sa route.

A peu de distance de là, le chariot cessa de marcher, ce qui mit fin au bruit fatigant des roues. Bientôt, à la place de ce bruit, on n'entendit plus que les sons d'une musique douce et harmonieuse, qui réjouit fort Sancho et lui sembla de bon augure. « Madame, dit-il aussitôt à la duchesse, dont il ne s'éloignait ni d'un pas ni d'une minute, là où il y a de la musique, il ne saurait y avoir de mal. — Il en est de même des lumières et de la clarté, répondit la duchesse. — La lumière produit le feu, repartit Sancho, et le feu peut devenir un incendie, tandis que la musique est toujours un signe de fêtes et de réjouissances. — Nous verrons bien, » dit don Quichotte, qui ne perdait rien de leur conversation.

Au son de cette musique agréable et cadencée, ils virent s'approcher un char triomphal, traîné par six mules brunes couvertes de housses en toile blanche, et montées chacune par un pénitent, également vêtu en blanc et tenant à la main une grande torche de cire allumée. Le haut et les côtés de cet immense char portaient douze autres pénitents, blancs aussi comme la neige. Sur un trône élevé dans le milieu du char, était assise une nymphe entourée des mille plis d'une gaze d'argent, sur laquelle étincelaient d'innombrables étoiles d'or : ce qui formait un costume sinon fort riche, au moins très-brillant. Sa tête était enveloppée d'un voile léger et transparent, qui laissait entrevoir le plus gracieux visage de jeune fille. Son âge ne paraissait pas atteindre vingt ans, ni rester au-dessous de dix-sept. Près d'elle se tenait un personnage enveloppé d'une robe traînante en velours, ayant la tête couverte d'un voile noir.

Lorsque le char fut arrivé juste en face du duc et de don Quichotte, la musique cessa. Alors le personnage à la longue robe, se levant sur le char, écarta son vêtement et son voile, et laissa voir la figure même de la Mort, horrible et décharnée. Don Quichotte fut ébranlé, et Sancho saisi de terreur; le duc et la duchesse éprouvèrent un sentiment d'effroi. Cette Mort vivante, se tenant debout, prononça d'une voix lente et d'une langue engourdie les paroles suivantes :

« Je suis Merlin, prince de la magie, monarque et dépositaire
« de la science zoroastrique, l'émule du temps et des siècles,
« qui voudraient ensevelir dans l'oubli les exploits des cheva-
« liers errants, dont je suis et dont j'ai toujours été l'ami. Dans
« les sombres demeures du Destin, où je m'occupais à tracer des
« caractères et des signes cabalistiques, est parvenue jusqu'à
« moi la voix plaintive de la belle et incomparable Dulcinée du
« Toboso.

« J'ai appris son enchantement et sa disgrâce, sa transfor-
« mation de noble dame en grossière paysanne. Je me suis
« senti touché par la pitié, et, renfermant mon âme dans cette
« hideuse enveloppe, après avoir compulsé cent mille volumes
« de ma science infernale, je viens apporter le remède qui con-
« vient à un tel mal, à une telle douleur.

« O toi, gloire et honneur de tous ceux qui revêtent la tu-
« nique d'acier et de diamant, lumière, flambeau, guide, bous-
« sole de quiconque, méprisant le sommeil honteux et la plume
« oisive, se soumet au rude et sanglant métier des armes; pour
« que ta Dulcinée recouvre sa première figure, il faut que
« Sancho, ton fidèle écuyer, se donne trois mille trois cents
« coups de fouet sur ses deux grosses et larges fesses, mises à
« nu, de façon qu'il lui en cuise. Telle est la résolution des
« auteurs de sa disgrâce, que je suis venu, mes seigneurs,
« vous faire connaître. »

— Merci de ma vie ! s'écria Sancho, je me donnerai, non pas trois mille, mais trois coups de l'espèce dont il s'agit, tout comme trois coups de couteau. Au diable cette manière de désenchanter, et je ne sais pas ce qu'ont à voir mes fesses avec les enchantements. Pardieu, si le seigneur Merlin n'a pas découvert d'autre procédé pour désenchanter madame Dulcinée, elle pourra bien quitter ce monde tout enchantée. — Et moi, s'écria don Quichotte, je vais vous prendre, don vilain, don mangeur d'ail, et vous attacher à un arbre, nu comme votre mère vous a mis au monde, et vous administrer, non pas trois mille trois cents, mais six mille six cents coups, et si bien payés, qu'il n'en manquera pas un au compte ; et ne me répliquez pas, ou je vous arrache l'âme. — Doucement, interrompit Merlin, les choses ne doivent pas se passer ainsi ; c'est de bonne grâce et de son plein gré que Sancho doit se donner ces coups, et de plus à son loisir ; car on ne lui fixe aucun terme. Cependant il pourra racheter la moitié de sa pénitence, s'il veut recevoir ces coups d'une main étrangère, fût-elle un peu pesante. — Ni étrangère, ni mienne, ni pesante, ni à peser, repartit Sancho ; aucune main ne me touchera. Est-ce moi, par hasard, qui ai mis au monde madame Dulcinée, pour que mes fesses portent la peine du mal qu'ont fait ses yeux ? C'est au seigneur mon maître, qui l'appelle à tout bout de champ ma vie, mon âme, mon soutien, mon espoir, de se faire fouetter pour elle, et de remplir toutes les formalités nécessaires pour son désenchantement ; mais moi, me fouetter ? *abernuncio.*

— C'est *abrenuncio* qu'il faut dire, reprit le duc, et non comme vous dites. — Oh ! seigneur, laissez-moi, répondit Sancho ; je n'en suis pas maintenant à regarder à toutes ces finesses, ni à une lettre de plus ou de moins ; je suis trop tracassé de ces coups que je dois ou qu'on doit me donner, et qui m'empêchent de savoir ce que je dis ou ce que je fais. Est-ce que je me soucie, moi, que madame Dulcinée soit ou non désenchantée ? Et puis, de quelle singulière façon s'y prend-on pour me solliciter ? Les injures m'arrivent les unes sur les autres, comme s'il n'existait pas un proverbe qui dit qu'une âne chargé d'or monte légèrement la montagne, que les présents brisent les rochers, et qu'un Tiens vaut mieux que deux Tu l'auras. Et mon maître, qui aurait dû me flatter, m'amadouer, pour me rendre plus doux que de la laine cardée, ne vient-il pas dire qu'il m'attachera nu à un arbre et qu'il me doublera la dose des coups? Ces âmes charitables devraient considérer que ce n'est pas un écuyer, mais un gouverneur, qu'il s'agit de fustiger. — Oh bien! sur mon honneur, ami Sancho, dit le duc, si vous ne vous adoucissez autant qu'une poire molle, il est impossible que vous preniez possession du gouvernement. Il me siérait bien, ma foi, d'envoyer à mes insulaires un gouverneur barbare, aux entrailles pétrifiées, qui ne cède ni aux prières des illustres chevaliers, ni aux ordres des sages enchanteurs! En résumé, Sancho, ou vous vous fouetterez, ou l'on vous fouettera, ou vous ne serez pas gouverneur. — Seigneur, répondit Sancho, n'obtiendrai-je donc pas deux jours de répit pour réfléchir et prendre u⟨n⟩ parti? — Impossible, s'écria Merlin; c'est ici, dans ce lieu et dans ce moment, que cette affaire doit se décider. — Allons, bon Sancho, dit la duchesse, prenez courage, et rappelez-vous que vous avez mangé le pain du seigneur don Quichotte, que nous devons tous aimer et servir pour ses excellentes qualités et ses exploits de chevalerie. D'ailleurs trois mille trois cents coups, c'est ce que tout écolier, et non des plus mutins, embourse chaque mois. Dites oui, frère, acceptez cette pénitence; laissez les diableries au diable et la peur au poltron, et bon cœur abat mauvaise fortune, comme vous le savez de reste. »

A toutes ces instances Sancho ne savait répondre que par des paroles décousues : « Seigneur Merlin, dit-il, quand le diable est venu ici en courrier, il remettait à mon maître un message du seigneur Montesinos, qui devait lui apporter ici le moyen de désenchanter madame Dulcinée ; mais nous n'avons encore vu ni Montesinos ni son ombre. — Le diable, ami Sancho, répliqua Merlin, est un ignorant et un franc vaurien. C'est moi qui l'ai envoyé à la recherche de votre maître, et non pas Montesinos, qui est encore dans sa grotte, attendant son désenchantement, dont le dernier mot n'est pas dit. Ce que vous avez de mieux à faire, c'est de vous donner cette discipline, qui, croyez-moi bien, sera aussi profitable à votre âme qu'à votre corps : à votre âme, parce qu'en cela vous ferez œuvre de bon chrétien ; à votre corps, parce qu'étant de complexion sanguine vous agirez sagement en vous tirant un peu de sang. — Il y a déjà assez de médecins au monde, repartit Sancho, sans que les enchanteurs se mettent de la partie ; mais enfin, puisque c'est l'avis de chacun, et quoique je n'en voie guère la nécessité, je consens à me donner les trois mille trois cents coups, à la condition que je me les donnerai quand et comme il me plaira, sans aucune limite de jours ni de temps ; seulement je tâcherai de remplir cet engagement le plus tôt possible, afin que le monde jouisse de la beauté de madame Dulcinée du Toboso, qui est très-belle, à ce qu'il paraît, et ce dont je ne me doutais pas. Une autre condition, c'est que je ne serai pas obligé de me tirer du sang avec la discipline, et que si quelques coups tenaient du chasse-mouche, ils ne laisseraient pas d'entrer en ligne. *Item,* si je me trompe, le seigneur Merlin, qui sait tout, en fera le compte et me donnera avis du plus ou du moins. — Il n'y aura pas à s'occuper de l'excédant, répondit Merlin ; car, le nombre une fois atteint, madame Dulcinée sera désenchantée à l'instant même, et elle ne manquera pas, en femme reconnaissante, de venir remercier et récompenser Sancho de sa bonne action. — Eh bien donc, à la grâce de Dieu ! s'écria Sancho, je donne la main à ma propre disgrâce, sous les réserves énoncées. »

A peine Sancho eut-il prononcé ces dernières paroles, que

la musique exécuta de nouvelles fanfares, accompagnées de décharges de mousqueterie. Don Quichotte se jeta au cou de Sancho, qu'il embrassa avec effusion; le duc et la duchesse, ainsi que tous les assistants, manifestèrent la joie la plus vive; enfin le char se remit en marche, et, en passant devant eux, la belle Dulcinée fit une profonde révérence à Sancho.

Cependant l'aurore commençait à paraître, fraîche et riante; les fleurs des champs secouaient et redressaient leurs tiges; les ruisseaux roulaient en murmurant leur liquide cristal sur les cailloux aux mille couleurs, et portaient aux rivières leur tribut constant. La terre joyeuse, le ciel clair, l'air pur, la lumière éclatante, tout promettait que le jour, qui déjà marchait sur les talons de l'aurore, serait brillant et serein. Satisfaits de leur chasse et du succès de leurs projets si habilement et si heureusement conduits, le duc et la duchesse regagnèrent le château, bien résolus à poursuivre des plaisanteries qu'ils plaçaient au-dessus de tout autre divertissement.

CHAPITRE XVIII

Où l'on raconte l'étrange et inimaginable aventure de la duègne Doloride, autrement dite comtesse Trifaldi.

Il y avait chez le duc un majordome facétieux et jovial; c'était lui qui avait représenté le personnage de Merlin, qui avait mis en scène cette aventure et déguisé un page en Dulcinée. Par l'ordre de ses maîtres, il prépara une autre invention du genre le plus plaisant et le plus original.

Le lendemain, la duchesse demanda à Sancho s'il avait commencé la pénitence qui lui avait été imposée pour le désenchantement de Dulcinée. Il répondit qu'il avait déjà entamé cette besogne, et que la nuit derrière il s'était donné cinq coups. La duchesse lui demanda avec quoi il se les était donnés. « Avec la main, répondit-il. — Cela s'appelle des claques, reprit-elle, et non des coups. Je ne pense pas que ces ménagements soient du goût du sage Merlin. Il faudra, Sancho, que vous vous fabriquiez une bonne discipline, garnie de nœuds et de pointes, qui se fassent bien sentir ; la délivrance d'une aussi grande dame ne s'obtiendrait pas à si peu de frais. — Que Votre Seigneurie, répondit Sancho, me fournisse quelque discipline ou quelque cordelette convenable, et je m'en servirai sur moi-même, pourvu que cela ne me fasse pas trop de mal ; car Votre Grâce saura que, bien que campagnard, je suis très-douillet, et il n'est pas juste que je me déchire pour le service d'autrui. — A la bonne heure, repartit la duchesse ; demain je vous donnerai une discipline qui fera juste votre affaire, et qui s'appropriera à la délicatesse de votre chair comme si c'était sa propre sœur. »

A la suite de ce court entretien, ils se rendirent dans un jardin où l'on devait dîner ce jour-là. Le dîner achevé, la table desservie, le duc et la duchesse voulurent jouir quelques instants de la savoureuse conversation de Sancho. Mais bientôt le son perçant d'un fifre se fit entendre, joint au bruit sourd et discordant d'un tambour. Chacun parut être ému par cette triste et martiale harmonie, surtout don Quichotte, qui ne pouvait se tenir en place, tant il se sentit troublé. Quant à Sancho, la peur le fit recourir à son refuge ordinaire, qui était la jupe de la duchesse ; et, à dire vrai, cette musique avait des accents lugubres. Au milieu de la surprise générale, on vit entrer et s'avancer dans le jardin deux hommes vêtus de robes de deuil si longues qu'elles traînaient à terre ; chacun d'eux frappait sur un grand tambour, également couvert de drap noir. A côté d'eux marchait le joueur de fifre, accoutré d'une façon non moins sombre. Derrière ces trois hommes venait un personnage de taille gigantesque, enveloppé dans un ample manteau noir, dont la queue se prolongeait démesurément. Un large baudrier, attaché par-dessus sa robe, soutenait un énorme cimeterre dont la poignée était noire ainsi que son fourreau. Le voile noir et transparent qui couvrait son visage laissait voir une barbe longue et blanche comme la neige. Il marchait d'un pas lent, et réglé sur le son des tambours. Sa haute taille, sa démarche et son cortége aussi noir que lui-même, tout concourait à frapper de stupeur ceux qui le regardaient. Avec cette gravité solennelle, il arriva devant le duc, qui, debout au milieu des autres spectateurs, l'observait d'un regard attentif ; et il se jeta à ses genoux. Mais le duc ne consentit point à ce qu'il parlât avant de s'être relevé. Ce monstrueux épouvantail se remit donc sur ses pieds ; puis il écarta le voile qui cachait son visage, et découvrit la barbe la plus blanche, la plus touffue, la plus immense, la plus horrible que l'œil humain eût aperçue jusque-là. Enfin il arracha du fond de sa large poitrine des accents graves et sonores, et, tournant ses regards vers le duc, il lui adressa ces paroles :

« Haut et puissant seigneur, mon nom est Trifaldin de la Blanche Barbe. Je suis écuyer de la comtesse Trifaldi, autrement appelée la duègne Doloride, au nom de laquelle je viens en ambassade auprès de Votre Grandeur, pour demander à Votre Magnificence qu'elle ait pour bon et agréable que ladite duègne vienne lui raconter ses disgrâces, qui sont bien les plus singulières et les plus étonnantes que l'imagination la plus contristée du monde ait jamais pu concevoir. Mais avant tout elle désire savoir si votre château renferme en ce moment le vaillant, l'invincible chevalier don Quichotte de la Manche, à la recherche duquel elle s'en vient, à pied et à jeun, depuis le royaume de Candaye jusque dans vos États, ce qui peut bien passer pour un miracle ou pour un tour de force en fait d'enchantement. Elle se tient à la porte de cette forteresse ou maison de plai-

sance, et n'attend pour entrer que votre agrément. J'ai dit. »
A ces mots il toussa, promena ses deux mains dans sa barbe
de haut en bas, et demeura attendant avec calme la réponse
du duc.

« Bon écuyer Trifaldin de la Blanche Barbe, répliqua celui-ci,
il y a déjà un certain nombre de jours que nous avons connaissance de la disgrâce de madame la comtesse Trifaldi, à laquelle
les enchanteurs ont fait prendre le nom de la duègne Doloride.
Vous pouvez lui dire, merveilleux écuyer, qu'elle entre, puisqu'ici se trouve le valeureux chevalier don Quichotte de la
Manche, dont la profession généreuse lui assure toute espèce
d'aide et d'appui. Il vous est loisible d'ajouter de ma part que,
si ma protection lui est nécessaire, elle ne lui fera pas défaut,
quand même je n'y serais pas tenu par ma qualité de chevalier,
laquelle m'oblige à défendre toute espèce de femme, surtout les
duègnes veuves, opprimées et dolentes, comme doit l'être Sa
Seigneurie. » Ces mots étaient à peine prononcés, que Trifaldin
fléchit le genou jusqu'à terre, et, faisant un signe aux tambours
et au fifre, il quitta le jardin du même pas et avec le même son
qu'en venant, laissant tout le monde ébahi de son allure et de
son étrange équipage.

Se tournant alors vers don Quichotte, le duc lui dit : « Enfin,
illustre chevalier, les ténèbres de l'ignorance et de la méchanceté ne peuvent cacher ni obscurcir l'éclat de la valeur. A peine
y a-t-il six jours que Votre Bonté habite ce château, et déjà
viennent vous chercher, du fond des régions les plus reculées,
non dans des carrosses ou sur des dromadaires, mais à pied
et à jeun, les malheureux, les affligés, confiants dans votre
bras tout-puissant pour trouver le remède à leurs peines et à
leurs souffrances, grâce à ces prodigieux exploits dont le bruit
court et se répand sur toute la surface du globe. — En effet,
seigneur, reprit don Quichotte, le soulagement aux maux, le
secours aux nécessités, la défense des jeunes filles, la consola-

tion des veuves, ne sont le fait ni des gens de robe, ni des sacristains de paroisse, ni du gentilhomme qui n'a jamais franchi la limite de son village, ni du courtisan oisif qui, sans cesse en quête de nouvelles, tient plus à raconter les exploits des autres qu'à faire parler des siens. De tels soins n'appartiennent qu'aux chevaliers errants ; aussi je rends grâces au Ciel, qui m'a accordé la faveur d'en être, et je tiens pour bien gagné tout ce qui peut m'échoir de fatigues et de travaux dans ce noble exercice. Que cette duègne vienne donc, et qu'elle demande ce qu'il lui plaira : je lui délivrerai le remède qu'elle attend de la force de mon bras et de l'intrépide résolution de mon cœur. »

Le duc et la duchesse furent charmés de voir don Quichotte entré si avant dans leurs intentions ; mais Sancho crut devoir prendre la parole à ce sujet. « Je ne voudrais pas, dit-il, que cette dame duègne vînt donner quelque croc-en-jambe à mon gouvernement ; car j'ai ouï dire à un apothicaire de Tolède, qui parlait comme un chardonneret, que partout où intervenaient des duègnes il ne pouvait rien arriver de bon. » A cela dona Rodriguez, qui était présente, répondit vivement : « Madame la duchesse a à son service des duègnes qui pourraient être comtesses, si le sort l'eût permis ; mais comme le veulent les rois, ainsi vont les lois. Pourtant qu'on ne dise pas de mal des duègnes, surtout de celles qui sont vieilles filles ; car, bien que je ne sois pas du nombre, je comprends tout l'avantage d'une duègne fille sur une duègne veuve ; comme on dit, à celui qui nous a tondues, les ciseaux lui sont restés dans la main. — Malgré tout, reprit Sancho, il y a tellement à tondre chez les duègnes, suivant mon barbier, qu'il vaut mieux ne pas remuer le riz, encore qu'il prenne au fond du pot. — De tout temps, repartit dona Rodriguez, les écuyers ont été nos ennemis ; comme ils hantent les antichambres, dont ils sont les démons familiers, ils nous y voient passer à chaque instant ; et pendant les moments assez nombreux qu'ils n'emploient pas en prières, ils médisent de nous, déterrant nos os et enterrant notre réputation. — Ma bonne doña Rodriguez, interrompit la duchesse, a grandement raison ; mais il faut qu'elle attende une autre occasion pour se défendre, elle et les autres duègnes, pour confondre la mauvaise opinion de ce méchant apothicaire, et pour extirper celle qui a pris racine dans le cœur du grand Sancho. » Celui-ci répondit : « Depuis que les fumées de gouverneur me sont montées au cerveau, les vertiges d'écuyer m'ont quitté, et je fais cas de toutes les duègnes du monde comme d'une figue sauvage. » La conversation se serait prolongée sur le même sujet, si les sons du fifre et des tambours ne s'étaient fait entendre de nouveau, ce qui annonçait l'entrée de la duègne Doloride.

Derrière les lugubres musiciens, commencèrent à défiler dans le jardin jusqu'à douze duègnes, alignées sur deux rangs, vêtues de larges robes de serge, avec des coiffes de mousseline blanche si longues qu'elles ne laissaient voir que le bas de la robe. Derrière elles venait la comtesse Trifaldi, donnant la main à l'écuyer Trifaldin de la Blanche Barbe. Les douze duègnes et la dame marchaient au pas de procession, le visage couvert de voiles noirs, non transparents comme celui de Trifaldin, mais, au contraire, d'un tissu tellement serré, qu'on ne pouvait rien apercevoir au travers. Quand le bataillon des duègnes se montra au complet, le duc et la duchesse, ainsi que don Quichotte, se levèrent de leurs siéges, en même temps que tous les spectateurs de ce majestueux cortége. Les douze duègnes s'arrêtèrent, et formèrent une haie au milieu de laquelle s'avança la Doloride sans quitter la main de Trifaldin. Aussitôt le duc, la duchesse et don Quichotte firent une douzaine de pas en se portant à sa rencontre ; mais elle se jeta les deux genoux à terre, et d'une voix plutôt forte et enrouée que douce et délicate :

« Que Vos Grandeurs, dit-elle, aient la bonté de faire moins de politesse à leur humble serviteur, je veux dire à leur humble servante ; car je suis affligée à tel point que je ne saurais répondre comme je le dois. Ma disgrâce étrange, à nulle autre pareille, a emporté mon entendement je ne sais où ; mais il faut que ce soit fort loin, car plus je le cherche, moins je le trouve.

— Celui-là en serait bien complétement privé, madame la comtesse, dit le duc, qui ne reconnaîtrait dans votre personne un mérite suffisant, sans en demander davantage, pour attirer à lui toute la crème de la courtoisie, toute la fleur des plus exquises civilités. » Puis, lui offrant la main pour la relever, il la fit asseoir à côté de la duchesse, qui l'accueillit également avec la plus gracieuse affabilité. Don Quichotte gardait le silence, et Sancho mourait d'envie de voir le visage de la Trifaldi et de quelqu'une de ses duègnes ; mais cela fut impossible, tant qu'elles ne le découvrirent pas de leur plein gré.

Il y eut un moment de silence, et l'on ne savait qui le romprait le premier, quand la duègne Doloride prit la parole : « J'ai la confiance, dit-elle, puissantissime seigneur, bellissime dame, et vous tous sagissimes assistants, que ma peinissime trouvera dans vos cœurs valeureusissimes un accueil non moins humain que généreux et compatissant ; car elle est faite pour amollir le marbre, fondre le diamant et attendrir les cœurs de l'acier le plus dur. Mais avant qu'elle parvienne à vos ouïes, je pourrais dire à vos oreilles, je voudrais que vous me fissiez savoir si dans ce cercle, dans cette assemblée, dans cette compagnie, ne se trouvent pas l'illustrissime chevalier don Quichotte de la Manchissime et son écuyérissime Pança. — Le Pança, dit Sancho avant que personne eût le temps de répondre, le voilà ; et voilà aussi le don Quichottissime ; vous pouvez donc, douloureusissime duégnissime, dire tout ce que vous voudrissime ; car nous sommes tous prêts et disposissimes à nous montrer vos serviteurissimes. »

Alors don Quichotte se leva, et s'adressant à la Doloride :

« Si vos infortunes, ô dame trop affligée, vous permettent la moindre espérance de remède, grâce à la force ou à la valeur de quelque chevalier errant, voici les miennes, qui, bien que faibles et bornées, sont tout entières à votre service. Je suis don Quichotte de la Manche, dont la tâche est d'assister tous les nécessiteux ; ainsi donc vous n'avez nullement besoin, Madame, de recourir à des préambules pour obtenir la bienveillance ; le mieux est de raconter vos disgrâces tout simplement et sans détours. Elles seront entendues par des oreilles qui sauront, sinon y remédier, du moins y compatir. »

A ces mots, la duègne Doloride voulut se jeter aux pieds de don Quichotte ; elle s'y jeta en effet, et, faisant de grands efforts pour les embrasser, elle dit : « Devant ces pieds et devant ces jambes je me prosterne, ô chevalier invaincu, comme devant les bases et les colonnes de la chevalerie errante : je veux les baiser, ces pieds, puisque de leurs pas dépend le soulagement de mes misères, ô valeureux errant dont les exploits véritables dépassent et effacent les fabuleuses prouesses des Amadis, des Bélianis et des Esplandian ! Et toi, poursuivit-elle en se tournant vers Sancho et en lui prenant la main, le plus loyal écuyer qui jamais, dans les siècles passés et présents, ait suivi un preux chevalier, toi dont la bonté est plus longue que la barbe de Trifaldin mon fidèle compagnon, tu peux bien te vanter, en servant le grand don Quichotte, de servir en abrégé toute la phalange des chevaliers qui ont manié les armes depuis que le monde est monde. Je te conjure, au nom de ta bonté fidélissime, d'être pour moi auprès de ton maître un bienveillant intercesseur, afin qu'il vienne promptement en aide à une comtesse humilissime et infortunissime.

— Que ma bonté, Madame, répondit Sancho, soit aussi grande et aussi longue que la barbe de votre écuyer, cela fait fort peu de chose à l'affaire ; mais ce qui m'importe, c'est que mon âme ne quitte pas cette vie sans porter barbe et moustaches ; car des barbes d'ici-bas, il m'en chaut peu ou point. Du reste, sans tant de supplications et de câlineries, je prierai mon maître (qui m'aime bien, surtout dans ce moment-ci, et pour cause) de favoriser et d'assister Votre Grâce en tout ce qu'il pourra. Mais voyons, ouvrez-nous votre cœur, et jouons cartes sur table ; contez-nous vos peines, et laissez-nous faire ; nous saurons bien nous entendre. »

Le duc et la duchesse étouffaient de rire pendant ce colloque, comme des gens qui tenaient les fils de cette aventure ; ils admiraient aussi l'habileté et la fourberie de la Trifaldi. Celle-ci, s'étant relevée et rassise, prit la parole en ces termes :

« Le fameux royaume de Candaye, situé entre la grande Tabrobane et la mer du Sud, à deux lieues au delà du cap Comorin, eut jadis pour souveraine dona Magoncia, veuve du roi Archipiel. De leur mariage naquit l'infante Antonomasie, héritière du royaume, laquelle s'éleva et grandit sous ma tutelle et mon enseignement, parce que j'étais la plus ancienne et la principale duègne de sa mère. Or il avint que, les jours se succédant, la jeune Antonomasie atteignit ses quatorze ans, et en même temps un degré de beauté que la nature n'aurait pu dépasser. Peut-être supposera-t-on que chez elle l'esprit n'était pas à l'avenant. Point du tout ; elle était sensée autant que belle, et c'était la plus belle fille du monde, comme elle doit l'être encore, si le Destin jaloux et les inexorables Parques n'ont pas tranché la trame de sa vie. Mais sans doute ils ne l'auront pas fait ; le Ciel ne peut laisser couper en verjus la plus belle grappe que la terre ait produite. Cette beauté, que ma langue est inhabile à célébrer dignement, fut recherchée en mariage par une foule de princes indigènes ou étrangers. Dans le nombre, un simple chevalier, qui avait accès à la cour, osa élever ses pensées jusqu'au firmament de cette merveilleuse beauté, encouragé dans ses vues présomptueuses par sa jeunesse, sa tournure, ses agréments, des talents nombreux, et un esprit heureux et facile. Car je dois informer Vos Grandeurs, si ces détails ne leur semblent pas trop fastidieux, qu'il jouait d'une guitare à la faire parler, qu'il était poëte et danseur, et de plus qu'il savait fabriquer des cages d'oiseaux de manière à en faire ressource dans un cas pressant.

« Ce malandrin, ce vagabond perfide, voulut d'abord s'emparer de mon esprit et conquérir mes bonnes grâces. Ce qui fit chanceler ma volonté, ce furent certains couplets que je l'entendis chanter une nuit, m'étant placée derrière une fenêtre grillée qui donnait sur une ruelle où il se promenait. Ses couplets me parurent de perles, et sa voix douce comme un baume. Certes, si j'avais été la bonne duègne que je devais être, ces fades inspirations de clair de lune ne m'auraient pas touchée, et je n'aurais pas pris à la lettre ces façons de parler : *Je vis en mourant, je brûle dans la glace, je tremble au milieu de la flamme, j'espère sans espoir, je m'éloigne et je reste,* ainsi que d'autres absurdités du même genre. Mais enfin j'eus l'imprudence de faire concevoir à Clavijo (c'était le nom du chevalier) l'espérance de se voir préféré à ses rivaux.

« La reine dona Magoncia, ayant eu connaissance de cette indiscrète promesse faite à un jeune homme de condition tellement inférieure à celle de l'héritière du royaume, entra dans un si violent accès de colère, qu'au bout de trois jours nous l'enterrâmes. — Sans doute elle était morte? demanda Sancho. — Cela est même certain, répondit Trifaldin; à Candaye on vous enterre mort, et non pas vivant. — On a déjà vu, seigneur écuyer, répliqua Sancho, enterrer un homme que l'on croyait mort; et il me semblait que la reine Magoncia aurait mieux fait de s'évanouir que de mourir; car avec la vie il y a remède à tout. Il s'agissait d'ailleurs pour sa fille d'épouser un chevalier accompli, et en vérité le mal n'était pas grand. Suivant les principes de mon seigneur et maître, qui est ici présent et qui ne me laisserait pas mentir, de même qu'avec des hommes lettrés on fait des évêques, de même aussi avec des chevaliers, pour peu qu'ils soient errants surtout, on fait des rois et des empereurs. — Tu dis vrai, Sancho, répondit don Quichotte ; un chevalier errant, s'il a deux doigts de bonne fortune, est en passe de devenir du jour au lendemain un des plus puissants seigneurs de la terre. Mais que la dame Doloride veuille bien poursuivre ; car j'entrevois qu'il lui reste à conter l'amer de cette histoire jusqu'ici assez douce. — S'il reste l'amer ! répondit la comtesse ; hélas ! oui ; et si amer, qu'en comparaison la coloquinte est du sucre, et le laurier du miel.

« La reine étant donc morte, et non pas évanouie, nous l'enterrâmes ; mais à peine l'avions-nous couverte de terre et lui avions-nous adressé le dernier adieu, que soudain,

Qui pourrait sans frémir entendre un tel récit ?

on vit paraître sur la fosse de la reine, montant un cheval de bois, le géant Malambrun, cousin germain de Magoncia, le plus cruel des enchanteurs. Pour venger la mort de sa cousine germaine, pour punir les téméraires prétentions de don Clavijo, et sans avoir égard à l'innocence d'Antonomasie, il les laissa tous deux frappés d'enchantement sur le lieu même de la sépulture de la reine : elle métamorphosée en une guenon de bronze, et lui en un affreux crocodile d'un métal inconnu. Entre eux deux s'éleva une colonne, également de métal, portant en langue syriaque l'inscription suivante, d'abord traduite dans l'idiome candayesque, et présentement dans la langue castillane :

« Ils ne recouvreront point leur première forme, ces deux
« audacieux amants, tant que le vaillant Manchois ne se sera
« pas mesuré avec moi en combat singulier ; car c'est à sa
« grande valeur que les destins réservent cette aventure
« inouïe. »

« Ensuite il tira de son fourreau un large et énorme cimeterre ; puis, me prenant par les cheveux, il fit mine de vouloir me fendre la gorge et me trancher la tête au ras du cou. Je me troublai, ma voix s'affaiblit ; je me crus à ma dernière heure. Pourtant, faisant effort sur moi-même, je lui dis d'une voix tremblante tant et de telles choses, que je le fis surseoir à l'exécution de son rigoureux châtiment. Enfin il fit amener devant lui toutes les duègnes du palais, qui sont celles que vous voyez ici, et après nous avoir reproché notre faute en termes exagérés, après avoir blâmé les habitudes des duègnes, leurs artifices et leurs menées, faisant peser sur toutes la faute dont j'étais seule coupable, il dit qu'il ne voulait pas nous infliger la peine capitale, mais une punition plus lente et, pour ainsi dire, éternelle. Au moment où il cessa de parler, nous sentîmes toutes s'ouvrir les pores de notre visage, qui nous piquaient comme si l'on y eût enfoncé des pointes d'aiguille ; nous y portâmes la main, et nous nous trouvâmes telles que vous allez voir. »

Alors la Doloride et ses compagnes écartèrent les voiles qui les cachaient, et découvrirent leurs figures entièrement couvertes de barbes rousses, noires, blanches ou mélangées. Cette vue sembla porter la surprise chez le duc et la duchesse, et la stupéfaction chez don Quichotte et Sancho, ainsi que chez le reste des assistants.

« Voilà, reprit la Trifaldi, de quelle façon nous a traitées ce vaurien mal-appris de Malambrun, qui a donné à nos peaux douces et veloutées l'aspect rude et repoussant d'une hure ; et plût au Ciel qu'il eût fait voler nos têtes d'un coup de son monstrueux cimeterre, plutôt que d'assombrir l'éclat de nos visages par ces odieuses soies qui les recouvrent ! Car enfin, mes seigneurs (je voudrais en vous parlant faire deux fontaines de mes yeux, que la douleur a rendus secs comme du chaume), où pourrait se montrer une duègne barbue ? Quel père, quelle mère assez tendre aura pitié d'elle? Qui lui viendra en aide? Si, avec un teint lisse et martyrisé par toutes sortes de pommades et d'ingrédients, elle a peine à trouver chaussure à son pied, que sera-ce quand elle mettra à découvert un visage touffu comme une forêt vierge? O duègnes mes compagnes, sous quelle étoile fatale et en quel moment maudit sommes-nous venues au monde! » En achevant ces mots, elle sembla tomber en défaillance.

A cette vue, Sancho s'écria : « Je jure, foi d'homme de bien, et sur l'âme de mes aïeux les Panças, que je n'ai jamais vu ni entendu, que mon maître ne m'a jamais raconté et qu'il n'a pu concevoir dans la fécondité de son cerveau une aventure semblable à celle-ci. Que mille Satans te confondent, maudit enchanteur et géant de Malambrun ! Ne pouvais-tu punir autrement ces pauvres pécheresses qu'en leur faisant venir de la barbe au menton? Ne valait-il pas mieux leur fendre le nez du haut en bas, au risque de les faire nasiller, que de les rendre ainsi barbues? Et peut-être encore n'ont-elles pas le moyen de se faire raser? — Oh! cela est bien vrai, seigneur, répondit une des douze; nous n'avons pas de quoi payer le barbier; et si le seigneur don Quichotte n'y met bon ordre, nous irons en terre avant d'être barbifiées. — Je m'arracherais la mienne en pays de Mores, s'écria don Quichotte, si je ne réussissais à vous délivrer des vôtres. »

En ce moment la Trifaldi revint à elle, et dit : « Le doux son de votre promesse, valeureux chevalier, a frappé mes oreilles au milieu de ma pâmoison, et m'a fait retrouver l'usage de mes sens; souffrez que je vous supplie derechef, illustre errant et indomptable guerrier, de mettre en œuvre votre parole magnanime. — Cela ne dépendra pas de moi; voyons, Madame, que dois-je faire? mon courage est tout prêt à vous servir. — Voici le fait, reprit la Doloride : d'ici au royaume de Candaye, si l'on y va par terre, il y a cinq mille lieues, à une ou deux près ; mais à vol d'oiseau, en ligne droite à travers les airs, il n'y en a que trois mille deux cent vingt-sept. Il est bon que vous sachiez que Malambrun, s'il est de parole, doit envoyer au chevalier qui se présentera comme notre libérateur une monture un peu meilleure et moins vicieuse que les chevaux de retour ; car c'est ce même cheval de bois sur lequel le vaillant Pierre enleva la jolie Maguelone. On le dirige avec une cheville fixée sur son front, en guise de mors ; et il vole à travers l'espace avec une telle rapidité, qu'on le dirait emporté par tous les diables. Ce qu'il y a de bon avec ce cheval, c'est qu'il ne mange pas, qu'il ne dort pas, qu'il n'use pas de fers, et qu'il va l'amble par les airs sans porter d'ailes ; à tel point que son cavalier peut tenir à la main une tasse pleine d'eau sans en répandre une goutte, tant son pas est doux et posé ; c'est pour cela que la jolie Maguelone se plaisait tant à chevaucher sur son dos. — Quant à cheminer doucement, dit Sancho, mon âne n'a pas son pareil, encore qu'il n'aille pas dans les airs ; mettez-le sur le plancher des vaches, et il défiera tous les ambles de la terre. »

Tout le monde se mit à rire. La Doloride poursuivit : « Le cheval en question, si tant est que Malambrun veuille mettre fin à notre disgrâce, une demi-heure après la nuit close sera là devant nous ; il nous fera voir à ce signe qu'il sait la trouvaille que j'ai faite du chevalier que je cherchais. — Et combien ce cheval porte-t-il de personnes? demanda Sancho. — Deux, répondit la Doloride : l'une en selle, l'autre en croupe ; la plupart du temps ce sont le chevalier et son écuyer, à moins qu'il n'y ait une demoiselle enlevée. — Je voudrais bien savoir, dame Doloride, dit Sancho, quel est le nom de ce cheval. — Son nom, répondit-elle, n'est pas le même que celui du cheval de Bellérophon, qui s'appelait Pégase ; ni que celui du cheval d'Alexandre le Grand, qui s'appelait Bucéphale. Il ne se nomme point Brilledor, comme celui de Roland ; ni Bayard, comme celui de Renaud de Montauban ; ni Frontin, comme celui de Roger ; ni Pyroïs ou Phlégon, comme s'appelaient, dit-on, les chevaux du Soleil ; ni même Orelia, nom du cheval sur lequel le malheureux Roderic, dernier roi des Goths, livra la bataille où il perdit la couronne et la vie. — Je gage, interrompit Sancho, que, puisqu'on ne lui a donné aucun de ces noms fameux, on n'a eu garde non plus de lui donner celui du cheval de mon maître, Rossinante, mieux nommé qu'aucun de ceux qui viennent d'être cités.

— Cela est vrai, reprit la comtesse barbue. Cependant le sien n'est pas mal trouvé ; il s'appelle Clavilègne le Zéphyr, ce qui indique à la fois qu'il est de bois, qu'on le dirige à l'aide d'une cheville, et enfin que sa course est rapide comme le vent ; ce nom peut donc aller de pair avec celui de Rossinante. — En effet, il me revient assez, dit Sancho ; mais dites-moi, je vous prie, avec quel frein et quelle bride on gouverne ce cheval. — J'ai déjà dit, répliqua la Trifaldi, que c'est avec une cheville. En la tournant dans un sens ou dans un autre, le cavalier fait aller son cheval où il veut, tantôt dans les hautes régions de l'air, tantôt rasant la terre, tantôt dans ce milieu que doit garder tout homme dont les actions sont sagement réglées. — Je serai curieux de le voir, dit Sancho ; mais croire que je monterai dessus, en selle ou en croupe, c'est demander des poires à un ormeau. C'est à peine si je puis me tenir sur mon grison, enfoncé dans un bât plus moelleux que la soie ; et l'on veut que j'enfourche une croupe de bois sans coussin ni tapis ! Pardieu, je n'ai pas envie de me faire moudre pour ôter la barbe à personne ; que chacun se rase comme il l'entend. D'ailleurs je ne compte pas accompagner mon maître dans un aussi long voyage ; et je ne suppose pas qu'il en soit de cette barbification comme du désenchantement de madame Dulcinée. — Si fait, ami, repartit la Doloride ; à telles enseignes que sans vous il n'y a rien à faire. — Va-t'en voir s'ils viennent, s'écria Sancho; et qu'ont donc à démêler les écuyers avec les aventures de leurs maîtres? La gloire est-elle pour eux seuls, et pour nous toute la peine? Mort de ma vie ! encore si les historiens disaient : « Tel chevalier a mis à fin « telle et telle aventure, mais avec l'aide d'un tel, son écuyer, « sans lequel il lui était impossible de l'achever. » Au lieu de cela, ils écrivent tout simplement : « Don Paralipomenón « de Trois-Étoiles a fini l'aventure de six lutins, » sans mentionner la personne de son écuyer, qui a pourtant pris part à tout ; et cela, comme s'il n'eût jamais été de ce monde. J'en reviens donc à dire, seigneurs, que mon maître peut s'en aller tout seul, et grand bien lui fasse. Quant à moi, je resterai ici à tenir compagnie à madame la duchesse ; peut-être, quand il reviendra, trouvera-t-il l'affaire de madame Dulcinée en bonne voie de conclusion ; car je compte, à titre de passe-temps, dans les moments de loisir, ne pas me ménager la peau.

— Avec tout cela, bon Sancho, dit la duchesse, vous devez accompagner votre maître, si cela est nécessaire, et si tous les honnêtes gens vous en prient ; il ne peut se faire que, par une frayeur mal fondée, vous laissiez les visages de ces dames affublés de la sorte ; ce serait une mauvaise action. — A d'autres, je le répète, répliqua Sancho ; passe encore s'il s'agissait de secourir quelque demoiselle recluse ou quelque jeune fille de la Doctrine ; en pareil cas on pourrait courir quelque risque. Mais pour débarrasser le menton de ces dames ! miséricorde ! J'aimerais mieux voir toutes les duègnes de la terre, depuis la plus petite jusqu'à la plus grande, avec des barbes de bouc. — Vous avez une dent contre les duègnes, ami Sancho, dit la duchesse ; et vous prenez trop à la lettre l'opinion de l'apothicaire de Tolède. Eh bien, vous ne leur rendez pas justice. Il y a dans ma maison des duègnes faites pour servir de modèles aux autres ; et voilà ma chère dona Rodriguez qui ne me démentira pas. — Il suffit que Votre Excellence veuille bien le dire, répondit dona Rodriguez ; et Dieu sait la vérité sur toutes choses ; il sait aussi que, bonnes ou mauvaises, barbues ou imberbes, nos mères nous ont enfantées comme les autres femmes ; et puisque Dieu nous a mises au monde, il a eu ses raisons ; et c'est de sa miséricorde que je me soucie, et non des barbes de qui que ce soit. — C'en est assez, dame Rodriguez, dit don Quichotte ; et vous, dame Trifaldi et compagnie, j'espère que le Ciel regardera vos infortunes d'un œil secourable, et que Sancho fera ce que je lui commanderai. Maintenant vienne Clavilègne, vienne Malambrun, et je doute qu'il se trouve au monde un rasoir pour couper vos barbes avec la même facilité que mon épée fera voler la tête du traître enchanteur.

— Dieu soit loué ! s'écria alors la Doloride, et que toutes les étoiles des rayons célestes, tournées vers Votre Grandeur, magnanime chevalier, versent dans votre âme toute prospérité et toute vaillance, pour que vous deveniez le rempart et le bouclier de l'engeance honnie et vilipendée des duègnes, engeance abhorrée des apothicaires, frondée par les écuyers, escroquée par les pages. O géant Malambrun, qui, tout magicien que tu es, sais tenir fidèlement ta promesse, envoie-nous sur-le-champ la sans pareille Clavilègne ; car si la chaleur arrive et nous surprend avec nos barbes, malheur, malheur à nous ! »

Ces dernières paroles furent prononcées par la Trifaldi avec une telle sensibilité, qu'elles arrachèrent des larmes à tous les assistants, et que les yeux de Sancho lui-même en furent humectés ; il résolut donc du fond du cœur de suivre son maître au bout du monde, s'il pouvait à ce prix faire tomber la toison de ces vénérables visages.

CHAPITRE XIX

De la venue de Clavilègne, avec la fin de cette longue aventure.

Bientôt la nuit survint, et avec elle le moment fixé pour l'arrivée du fameux cheval Clavilègne. Déjà don Quichotte, le croyant en retard, perdait patience, et concluait de ce que Malambrun tardait à l'envoyer, ou qu'il n'était pas le chevalier destiné à cette aventure, ou que l'enchanteur n'osait engager la lutte avec lui. Mais tout à coup voilà qu'on vit entrer dans le jardin quatre sauvages ayant le corps entouré de feuilles de lierre, et portant sur leurs épaules un grand cheval de bois. Ils le posèrent à terre sur ses pieds, et l'un des sauvages dit : « Qu'il monte sur cette machine, le chevalier qui en aura le courage ! — Je le veux bien, dit Sancho ; mais comme je n'ai pas de courage et que je ne suis pas chevalier, ce n'est pas moi qui y monterai. » Le sauvage poursuivit : « Et que son écuyer, s'il en a un, monte en croupe. Il peut se fier au valeureux Malambrun ; il n'aura à redouter de lui aucun artifice, et rien autre chose que le tranchant de son épée. Il n'y a qu'à tourner cette cheville qu'il a sur le cou ; il les emportera à travers les airs, à l'endroit où les attend Malambrun. Mais pour que l'élévation prodigieuse de la route ne leur cause pas de vertiges, ils devront se couvrir les yeux jusqu'à ce que le cheval hennisse ; ce sera signe que le voyage est achevé. » Cela dit, les sauvages quittèrent Clavilègne, et se retirèrent par où ils étaient venus.

Aussitôt que la Doloride eut aperçu le cheval : « Valeureux chevalier, dit-elle à don Quichotte d'une voix larmoyante, Malambrun a tenu sa promesse ; le cheval est prêt. Nous sentons pousser nos barbes, et nous te conjurons par chacun de leurs poils de nous tondre et de nous raser, puisqu'il ne s'agit pour toi que de monter sur ce cheval avec ton écuyer, et de donner un heureux commencement à ce voyage d'un genre nouveau. — Ainsi ferai-je, dame comtesse Trifaldi, répondit don Quichotte, de tout cœur et de plein gré, sans prendre ni coussins, ni éperons, ni rien qui m'arrête; tant est grand mon désir de vous voir, à vous, Madame, ainsi qu'aux duègnes vos compagnes, le visage net et lisse. — Quant à moi, dit Sancho, je n'en ferai rien, ni bon gré ni mal gré; et si ce rasement ne peut avoir lieu sans que je monte en croupe, mon maître peut bien chercher un autre écuyer qui le suive dans les nues, et ces dames un autre moyen de se polir le menton; car je ne suis pas un sorcier pour courir ainsi à travers les airs. Et que diraient mes insulaires, s'ils apprenaient que leur gouverneur est allé se promener dans le pays des vents? Autre chose encore; comme il y a d'ici à Candaye trois mille et tant de lieues, si le cheval vient à se lasser ou le géant à se raviser, il ne nous faudra pas moins d'une demi-douzaine d'années pour nous en revenir, et alors il n'y aura au monde d'îles ni d'îlots qui me connaissent. D'ailleurs, comme on dit, dans le retard est le danger; et quand on te donne la génisse, passe-lui la corde; j'en demande pardon aux barbes de ces dames, mais saint Pierre est bien à Rome; je veux dire que je me trouve parfaitement dans cette maison, où l'on me fait si bonne mine, et dont le maître ne m'a promis rien moins que de me faire gouverneur.

— Ami Sancho, dit alors le duc, l'île que je vous ai promise n'est ni mobile ni fugitive; elle a des racines si profondément enfoncées dans les abîmes de la terre, qu'on ne pourrait avec les plus vigoureux coups de collier ni l'arracher, ni même l'ébranler. Mais vous savez comme moi qu'il n'est aucun office d'une certaine importance qui ne s'achète au prix de quelque pot-de-vin plus ou moins rond; celui que je prétends obtenir pour ce gouvernement, c'est que vous alliez avec votre seigneur don

Quichotte mettre la dernière main à cette mémorable aventure. Soit que Clavilègne vous ramène avec sa vitesse accoutumée, soit que la fortune contraire vous oblige à voyager à pied, comme un pèlerin, de gîte en gîte, dès que vous reviendrez, vous retrouverez votre île où vous l'avez laissée, et vos insulaires aussi désireux que jamais de vous recevoir comme gouverneur. Ma volonté sera toujours la même ; et en douter, seigneur Sancho, ce serait faire une notable injure à l'envie qui me tient de vous servir. — Pas un mot de plus, seigneur, interrompit Sancho ; je ne suis qu'un pauvre écuyer, et tant de courtoisies m'accablent. Que mon maître monte, qu'on me bande les yeux, et qu'on me recommande à Dieu ; qu'on me dise encore si, quand je serai dans ces hauteurs, je pourrai invoquer Notre-Seigneur ou les anges, pour qu'ils me protégent. — Vous pouvez, Sancho, dit la Doloride, vous recommander à Dieu, ou à qui bon vous semblera ; car Malambrun, quoique enchanteur, est chrétien ; il fait ses enchantements avec sagacité et avec mesure, et sans se compromettre avec personne. — Eh bien, dit Sancho, que Dieu me soit en aide, et la très-sainte Trinité de Gaëte. — Depuis la mémorable aventure des foulons, dit don Quichotte, jamais je n'ai vu à Sancho une aussi grande frayeur qu'en ce moment ; si j'étais superstitieux comme tant d'autres, sa pusillanimité me ferait venir la chair de poule. Mais arrivez ici, Sancho ; avec la permission de ces seigneurs, je désire vous dire deux mots à part. »

Tirant alors Sancho à l'écart et l'emmenant sous des arbres du jardin, il lui prit les deux mains et lui dit : « Tu vois, frère Sancho, le long voyage qui nous attend ; Dieu sait quand nous en reviendrons, et ce que les affaires nous laisseront de temps et de facilité. Je voudrais donc que sur-le-champ tu te retirasses dans ta chambre, sous prétexte de faire tes préparatifs de départ, et que là, en un tour de main, tu te donnasses, à valoir sur les trois mille trois cents coups auxquels tu t'es engagé, par exemple un à-compte de cinq cents : ce serait autant de fait ; et besogne commencée est à moitié finie. — Pardieu ! s'écria Sancho, il faut bien, seigneur, que vous ayez l'esprit à l'envers ; comme on dit, tu me vois dans la presse, et tu me demandes ma fille en mariage ! Je vais chevaucher sur une table rase, et c'est ce moment-là que vous prenez pour que je m'écorche le derrière ! En vérité, en vérité, vous n'êtes pas raisonnable ; allons tout de suite barbifier ces duègnes, et au retour je vous promets, sur ma parole, de m'acquitter avec tant de zèle de mon obligation, que Votre Grâce se tiendra pour satisfaite ; je n'en dirai pas davantage. — Cette promesse, bon Sancho, reprit don Quichotte, me suffit et me console, et je crois que tu l'accompliras ; car, pour être un peu borné, tu n'en es pas moins véridique. — Je ne suis pas vert, repartit Sancho, je suis plutôt brun ; mais quand je serais mélangé, je tiendrais toujours ma parole. »

Ils se dirigèrent vers Clavilègne. Au moment de l'enfourcher, don Quichotte dit à Sancho : « Bande-toi les yeux, et monte ; celui qui nous envoie chercher de si loin ne peut avoir l'intention de nous tromper, pour le peu d'honneur qui lui reviendrait de surprendre notre confiance ; et si tout arrivait au rebours de ce que j'imagine, aucune malice ne pourra obscurcir la gloire d'une aussi grande entreprise. — Allons, seigneur, dit Sancho, j'ai sur le cœur les barbes et les larmes de ces dames, et je ne mangerai bouchée qui me profite jusqu'à ce que je les voie dans leur état naturel. Que Votre Grâce monte d'abord et se bande les yeux ; si je vais en croupe, il est clair que je ne dois monter qu'après celui qui sera en selle. — Tu as raison, » répliqua don Quichotte. Et, tirant de sa poche un mouchoir, il pria la Doloride de le lui serrer sur les yeux : cela fait, il l'ôta et dit : « Si j'ai bonne mémoire, j'ai lu dans Virgile que le palladium de Troie était un cheval de bois que les Grecs présentèrent à la déesse Pallas, et qui était plein de gens armés qui saccagèrent la ville. Il serait donc bon de s'assurer d'abord de ce que Clavilègne a dans le ventre. — Ce n'est pas la peine, dit la Doloride, j'en réponds, et je sais que Malambrun n'est ni perfide ni artificieux. Que Votre Grâce, seigneur don Quichotte, monte sans crainte; je prends à ma charge tout le mal qui arriverait. »

Don Quichotte jugea que tout ce qu'il pourrait désormais alléguer pour sa sûreté tournerait au discrédit de sa vaillance; il monta donc sans autre objection sur Clavilègne, et il essaya la cheville, qui tournait avec facilité. Il n'avait pas d'étriers, et ses jambes pendaient de toute leur longueur, ce qui lui donnait l'apparence d'une figure peinte, ou tissue dans une de ces tapisseries de Flandre qui représentent un triomphe romain. Sancho se mit à son tour en devoir de monter, ce qu'il fit de mauvaise grâce et comme en rechignant. Il s'accommoda le mieux qu'il put sur la croupe, qu'il ne trouva nullement moelleuse, mais au contraire fort dure. Il demanda au duc s'il était possible de lui prêter quelque coussin ou quelque oreiller, soit qu'on le prît sur l'estrade de la duchesse, soit qu'on l'empruntât au lit d'un page; car la croupe de ce cheval semblait plutôt être de marbre que de bois. La Trifaldi, prenant la parole, dit que Clavilègne ne souffrait sur son dos aucun harnais ni aucune espèce d'ornement, mais que Sancho était libre de monter à la manière des femmes, et qu'ainsi il sentirait moins la dureté de la monture. Sancho profita de l'avis, et, faisant ses adieux à tout le monde, il se laissa bander les yeux. Mais bientôt il enleva son bandeau, et, jetant des regards attendris et dolents sur les personnes réunies dans le jardin, il les supplia de lui venir en aide à grand renfort de *Pater* et d'*Ave,* s'ils voulaient rencontrer la même assistance dans des moments aussi critiques.

Ce que voyant don Quichotte : « Drôle, s'écria-t-il, es-tu par hasard pendu au gibet, ou te crois-tu arrivé à ta dernière heure, pour en venir à de pareilles supplications ? N'es-tu pas, créature lâche et abâtardie, au même endroit où se trouva jadis la jolie Maguelone, et d'où elle descendit, non pas pour se faire enterrer, mais pour devenir reine de France, si les histoires ne mentent pas? Et moi qui suis à tes côtés, ne puis-je donc marcher de front avec le valeureux Pierre qui a pressé ces flancs que je presse aujourd'hui ? Cache-toi la vue, animal sans cœur, et que la frayeur qui te tient ne passe pas ta bouche, du moins en ma présence. — Eh bien donc, qu'on me bande, » dit Sancho.

Enfin on leur couvrit les yeux, et don Quichotte, étant bien en place, fit jouer la cheville. A peine y eut-il touché du bout des doigts, que toutes les duègnes et tous les assistants élevèrent la voix en criant : « Dieu te guide, vaillant chevalier ! Dieu t'accompagne, écuyer intrépide ! Vous voilà fendant les airs avec la rapidité d'une flèche, frappant de surprise et d'admiration tous ceux qui vous regardent d'en bas. Tiens-toi ferme, valeureux Sancho, et ne te balance pas comme cela ; prends garde de tomber, car ta chute serait pire que celle de l'imprudent jeune homme qui voulut conduire le char du Soleil son père. » Sancho, qui entendit clairement ces paroles, se rapprochant de son maître et le serrant dans ses bras, lui dit : « Comment se fait-il, seigneur, que nous soyons si haut, quand leurs voix nous arrivent comme s'ils parlaient à deux pas de nous ? — Ne te règle pas là-dessus, Sancho, repartit don Quichotte ; comme ces aventures de haute volerie se passent en dehors des choses ordinaires, tu verras et tu entendras de mille lieues tout ce que tu voudras. Mais ne me serre pas tant, car tu m'étouffes ; et en vérité, je ne vois pas ce qui peut te troubler et t'effrayer ; car, pour moi, je puis bien jurer que de ma vie je n'ai rencontré une monture dont le pas fût aussi doux ; c'est à tel point que nous semblons ne pas bouger de place. Bannis toute crainte, ami ; les choses vont de droit fil, et nous avons le vent en poupe.

— Rien n'est plus vrai, répliqua Sancho; car de ce côté-là il vient un vent si vif, qu'on dirait que j'ai mille soufflets à mes trousses. »

Sancho ne se trompait pas; on l'éventait avec de grands soufflets. Cette aventure avait été si bien ordonnée par le duc et la duchesse et par leur majordome, que rien ne manquait à sa perfection. Don Quichotte commença aussi à sentir la brise. « Sans doute, dit-il à Sancho, nous devons entrer maintenant dans la seconde région de l'air, où prennent naissance la grêle et la neige. C'est dans la troisième que s'engendrent le tonnerre, la foudre et les éclairs ; si nous continuons à monter du même train, nous arriverons bientôt à la région du feu, et je ne sais plus comment retenir la cheville pour ne pas monter jusqu'à un point où nous serions embrasés. » En ce moment, on leur approchait de la figure de légères étoupes, aussi faciles à enflammer qu'à éteindre et attachées au bout d'un long roseau. Sancho, sentant la chaleur, dit aussitôt : « Que je meure si nous ne sommes pas dans le pays du feu, ou tout près ; car une partie de ma barbe sent déjà le roussi, et je suis d'avis de me découvrir pour voir où nous sommes. — N'en fais rien, Sancho ; celui qui s'est chargé de nous conduire doit compte de nous. Peut-être d'ailleurs faisons-nous ces pointes vers le ciel pour nous abattre tout d'un coup sur le royaume de Candaye, comme fait le gerfaut quand il chasse le héron, afin de forcer sa proie si haut qu'elle s'élève ; et quoiqu'en apparence nous n'ayons quitté le jardin que depuis une demi-heure, crois-moi, nous devons avoir déjà fait un bon bout de chemin. — Je ne sais ce qu'il en est, dit Sancho ; mais ce que je puis dire, c'est que si cette dame Madelon ou Maguelone s'est contentée de la croupe sur laquelle je suis, cela prouve qu'elle n'avait pas la chair bien tendre. »

Toute cette conversation de nos deux héros arrivait, sans qu'il y manquât un mot, aux oreilles du duc et de la duchesse, ainsi que des personnes du jardin, qui y prenaient un plaisir extrême. Pour clore dignement cette aventure aussi étrange que bien fabriquée, on mit le feu avec des étoupes à la queue de Clavilègne ; et à l'instant le cheval, qui était rempli de fusées et de pétards, éclata en l'air avec un grand bruit, et jeta sur le sol don Quichotte et Sancho à demi brûlés. Déjà l'escadron des duègnes, la Trifaldi et sa suite, avait disparu du jardin ; ceux qui étaient restés gisaient comme s'ils eussent perdu connaissance. Don Quichotte et Sancho se relevèrent écloppés ; et regardant autour d'eux, ils furent très-surpris de se retrouver dans le même jardin d'où ils étaient partis, et de voir tant de gens étendus par terre. Mais leur étonnement fut bien autre quand ils aperçurent plantée dans le sol, à un bout du jardin, une longue lance à laquelle était suspendu avec deux cordons de soie verte un parchemin blanc et uni, portant écrit en grosses lettres d'or :

« L'illustre chevalier don Quichotte de la Manche a achevé
« et parachevé l'aventure de la comtesse Trifaldi, autrement
« nommée la duègne Doloride, et compagnie, et cela pour l'a-
« voir seulement tentée. Malambrun se donne pour pleinement
« satisfait et content de tout point : les barbes des duègnes sont
« irrévocablement rasées, et les rois don Clavijo et Antonomasie
« revenus à leur premier état. Maintenant, que l'écuyère fusti-
« gation s'accomplisse; la blanche colombe se verra délivrée
« des odieux faucons qui la poursuivent, et recueillie dans les
« bras de son tendre tourtereau. Ainsi l'a ordonné le sage Mer-
« lin, proto-enchanteur de tous les enchanteurs. »

Don Quichotte n'eut pas plutôt lu cet écrit, qu'il comprit clairement qu'il était question du désenchantement de Dulcinée; et rendant grâces au Ciel d'avoir accompli avec aussi peu de risques un aussi grand exploit, et ramené à leur netteté première les visages des duègnes, qui étaient devenues invisibles, il s'approcha de l'endroit où le duc et la duchesse étaient encore comme étourdis, et prenant par la main le duc, il lui dit : « Allons, courage, courage, bon seigneur; tout cela n'est rien, et l'aventure est finie sans coup férir, comme le prouve l'écriteau que voilà. » Le duc feignit de revenir à lui petit à petit, comme un homme qui sort d'un sommeil pénible. Ainsi firent la duchesse et tous les assistants, et cela avec de telles marques de surprise et d'effroi, qu'on était tenté de prendre pour véritable ce qui n'était qu'une plaisanterie. Le duc, les yeux à demi fermés, lut l'écriteau, puis s'en alla, les bras ouverts, embrasser don Quichotte, en lui déclarant qu'il était le plus vaillant chevalier qu'aucun siècle eût encore produit. Pendant ce temps-là, Sancho cherchait la Doloride, curieux de voir quel visage elle avait sans sa barbe, et si elle était aussi belle que sa bonne mine l'annonçait d'ailleurs; mais on lui dit que dès le moment où Clavilègne était tombé tout en feu à travers les airs, l'escouade des duègnes avait disparu avec la Trifaldi, mais la barbe parfaitement rase jusque dans la racine.

La duchesse lui demanda comment ce long voyage s'était passé pour lui. Sancho lui répondit : « Je sentis que nous allions volant, comme le disait mon maître, dans la région du feu, et je voulus me mettre un peu les yeux à découvert; mais mon maître, à qui j'en demandai la permission, n'y consentit point. Alors, moi qui ai toujours été passablement curieux, et qui ai la manie de manger du fruit défendu, tout doucement, et sans que cela parût, je relevai un tant soit peu, du côté du nez, le mouchoir qui me cachait la vue, et de cette façon j'aperçus la terre, qui en tout ne me parut pas plus grosse qu'un grain de moutarde; et les hommes qui marchaient dessus étaient à peu près de la force d'une noisette; ce qui montre à quelle élévation nous nous trouvions alors. — Ami Sancho, dit la duchesse, faites bien attention à ce que vous dites; ce n'est pas la terre que vous avez vue, mais les hommes qui marchaient dessus; il est clair que si la terre vous a paru un grain de moutarde, et chaque homme une noisette, un seul homme pouvait couvrir toute la terre. — C'est vrai, répondit Sancho; mais, avec tout cela, je l'ai aperçue par un petit coin, et je l'ai vue tout entière. — Prenez garde encore, Sancho, que par un petit coin on ne peut voir dans son entier un objet qu'on regarde.

— Je n'entends rien à ces malices, dit Sancho ; tout ce que je sais, c'est qu'il est bon que Votre Seigneurie comprenne que, comme nous volions par enchantement, par enchantement aussi je pouvais bien voir toute la terre et tous les hommes, de quelque façon que je m'y prisse pour les regarder. Si vous ne croyez pas cela, vous ne croirez pas non plus qu'en dégageant mon bandeau du côté du sourcil, je me vis si voisin du ciel qu'il n'y avait pas entre nous plus d'un palme et demi de distance ; et je vous jure, Madame, qu'il est d'une bonne grandeur. Il arriva que nous allions dans la direction des Sept-Chèvres ; et, comme dans mon enfance j'ai été chevrier, des que je les vis, il me prit fantaisie de causer un instant avec elles ; et, sur Dieu et sur mon âme, si j'eusse résisté à cette envie, j'aurais cru en mourir. Qu'est-ce que je fais donc ? Sans rien dire à personne, pas même à mon seigneur, je descends en tapinois de dessus Clavilègne, et je me mets à converser trois bons quarts d'heure avec les chèvres, qui sont gentilles comme des giroflées ou n'importe quelle autre fleur ; et Clavilègne resta tranquille tout ce temps-là.

— Mais pendant que Sancho s'entretenait avec les chèvres, demanda le duc, que faisait le seigneur don Quichotte ? » Celui-ci répondit : « Comme tous ces événements se passent en dehors du cours naturel des choses, je conçois que Sancho dise ce qu'il dit ; quant à moi, je déclare que ni par en haut, ni par en bas, je ne me suis découvert, et que je n'ai vu ni ciel, ni mer, ni terre, ni sables. Il est bien vrai que j'ai senti que je passais par la région de l'air, puis que j'approchais de celle du feu ; mais que nous soyons allés plus loin, je n'en crois rien. En effet, la région du feu étant située entre celle de la lune et la dernière limite de celle de l'air, nous ne pouvions arriver au ciel où sont les chèvres dont parle Sancho, sans être embrasés ; or, comme nous ne le sommes pas, Sancho a rêvé, ou il a menti. — Je ne rêve ni ne mens, répliqua Sancho ; on n'a qu'à me demander le signalement de ces chèvres, et l'on verra si je dis ou non la vérité. — Eh bien, dit la duchesse, donnez-le-nous ce signalement. — Il y en a, reprit Sancho, deux vertes, deux roses, deux bleues et une mélangée. — C'est une nouvelle espèce de chèvres, dit le duc, et dans nos contrées terrestres on n'en connaît pas de ces couleurs. — C'est tout simple, dit Sancho, les chèvres du ciel ne peuvent pas ressembler à celles de la terre. — Dites-moi, Sancho, reprit le duc, parmi ces chèvres se trouvait-il un bouc? — Non, seigneur, répondit Sancho; j'ai ouï dire qu'ils ne passent pas les cornes de la lune. »

On ne le poussa pas davantage de questions sur son voyage, quand on vit qu'il se promenait par tout le ciel et donnait des nouvelles de ce qui s'y passait, sans avoir quitté le jardin. Ainsi se termina l'aventure de la duègne Doloride, qui donna au duc et à la duchesse de quoi rire, non-seulement pour ce moment, mais pour toute leur vie, et à Sancho de quoi conter pendant des siècles, s'il eût vécu jusque-là.

CHAPITRE XX

Des conseils que don Quichotte donna à Sancho Pança avant que celui-ci allât gouverner l'île, avec d'autres choses fort remarquables.

Telle fut la satisfaction qu'éprouvèrent le duc et la duchesse de l'heureuse et amusante issue de l'aventure de la Doloride, qu'ils résolurent de ne pas s'en tenir là en fait de plaisanteries, voyant cette disposition merveilleuse à les prendre au sérieux. Ayant donc tracé d'avance la ligne que leurs gens et leurs vassaux devraient suivre à l'égard de Sancho et au sujet du gouvernement de l'île promise, le lendemain du jour où Clavilègne prit son vol, le duc dit à Sancho qu'il eût à se préparer et à se costumer pour ses fonctions de gouverneur, parce que ses insulaires l'attendaient comme la pluie au mois de mai. Sancho s'inclina, et lui répondit : « Depuis que je suis descendu du ciel, depuis que de ses hauteurs j'ai regardé la terre et l'ai vue si petite, j'ai senti se modérer cette si grande envie que j'avais d'être gouverneur. Et, en effet, quel honneur y a-t-il à commander sur un grain de moutarde? Quelle dignité, quel empire, que le gouvernement d'une demi-douzaine d'hommes gros comme des noisettes! car c'est là tout ce qu'il m'a semblé en voir. Si Votre Seigneurie voulait me donner la moindre portion du ciel, fût-elle d'une demi-lieue, je la prendrais avec plus de plaisir que la première île du monde. — Songez, ami Sancho, répondit le duc, que je ne puis disposer en faveur de personne d'une portion quelconque du ciel, pas même large comme l'ongle; car Dieu s'est réservé à lui seul de telles faveurs. Tout ce que je puis vous donner et ce que je vous donne, c'est une île faite et parfaite, bien arrondie, bien conditionnée, extraordinairement fertile et abondante, dans laquelle, pour peu qu'on sache son pain manger, on peut gagner à la fois les biens d'ici-bas et ceux d'en haut.

— Eh bien, soit, répondit Sancho; vienne l'île, je me démènerai tant pour bien gouverner, qu'en dépit des méchants je veux aller droit au ciel; et ce n'est pas envie de sortir de ma chaumière pour m'élever aux nues, mais parce que je désire savoir quel goût a le gouvernement. — Si vous en tâtez une fois, Sancho, dit le duc, vous vous mangerez les doigts ensuite; car c'est chose fort douce que de commander et de se faire obéir. A coup sûr, quand votre maître sera devenu empereur (et il y a gros à parier qu'il le deviendra au train dont vont les choses), on ne l'arrachera pas de là comme on voudra, et il regrettera au fond du cœur le temps qu'il aura passé sans l'être. — Seigneur, répliqua Sancho, j'imagine qu'il est bon de commander, ne fût-ce qu'à un troupeau de moutons. — Qu'on m'enterre et vous aussi, Sancho, repartit le duc, si vous n'êtes savant sur tout point. J'espère donc que vous serez un gouverneur à l'avenant de ce que promet votre bonne judiciaire. Mais restons-en là; et remarquez bien que c'est demain même que vous allez prendre possession du gouvernement de l'île; dès ce soir on vous arrangera comme il convient que vous paraissiez, et l'on vous pourvoira de tout ce que votre départ vous rend nécessaire. — Qu'on m'habille comme on voudra, dit Sancho; de toute façon je serai toujours Sancho Pança. — Sans doute, reprit le duc; cependant le costume doit être approprié à l'office ou à la dignité de celui qui le porte; et il ne serait pas bien qu'un jurisconsulte fût vêtu comme un soldat, ni un soldat comme un prêtre. Vous, Sancho, vous serez vêtu, moitié en lettré, moitié en capitaine, parce que, dans l'île que je vous donne, les armes et les lettres ont la même importance. — Pour ce qui est des lettres, j'en ai peu, répondit Sancho, car je ne sais pas même l'A B C; mais pour faire un bon gouverneur, il me suffit de savoir par cœur le *Christus*. Quant aux armes, je me servirai de celles qu'on me donnera, jusqu'à ce que je tombe; et Dieu me protége! — Rappelez-vous bien tout cela, observa le duc, et vous serez infaillible. »

Don Quichotte arriva dans ce moment-là. Dès qu'il apprit ce qui se passait et le prochain départ de Sancho pour son gouvernement, il le prit par la main avec l'agrément du duc, et l'emmena dans sa chambre, désirant lui donner des conseils sur la conduite qu'il aurait à tenir dans l'exercice de sa charge. Il ferma la porte, fit asseoir près de lui Sancho presque de force, et lui dit d'une voix magistrale :

« Ami Sancho, je rends au Ciel d'infinies actions de grâces, de ce que, avant même que j'aie rencontré une chance heureuse, la bonne fortune vient s'offrir et se livrer à toi. Moi qui comptais sur les faveurs du sort pour payer tes services, je me trouve encore au seuil de la carrière, et toi, avant le temps et contre tout calcul fondé en raison, tu te vois au comble de tes désirs. Il en est qui corrompent, importunent, sollicitent, veillent, supplient, provoquent, sans obtenir ce qu'ils poursuivent; un autre arrive qui, sans savoir pourquoi ni comment, se trouve pourvu de l'office que recherchaient tant de compétiteurs : c'est tout à fait le cas et le lieu de dire qu'en fait de prétentions il n'y a qu'heur et malheur. Toi qui n'es, à vrai dire, auprès de moi qu'un butor, voilà que, sans te lever matin et sans passer de nuits, sans prendre, en un mot, la moindre peine, et par cela seul que la chevalerie errante a soufflé sur toi, tu te réveilles ni plus ni moins que gouverneur d'une île, rien que cela. Ce que je t'en dis, Sancho, c'est afin que tu ne t'avises pas d'attribuer à tes mérites la faveur qui t'échoit, et que tu rendes grâces au Ciel, qui a si bien arrangé les choses, puis à la grandeur que renferme en soi la profession de la chevalerie errante. Le cœur disposé à croire ce que je t'ai dit, prête, ô mon fils, ton attention à ce Caton qui veut te conseiller, qui veut être ton pilote et ta boussole, pour te diriger et te conduire au port à travers cette mer orageuse sur laquelle tu vas t'embarquer; car les grands emplois et les hautes positions ne sont qu'un profond abîme de troubles et de dangers.

« D'abord, ô mon fils, tu devras craindre Dieu ; car cette crainte est le principe de la sagesse, et la sagesse te sauvera de l'erreur.

« En second lieu, porte toujours ta vue sur ce que tu es, et cherche à te connaître toi-même; car c'est là la première et la plus difficile de toutes les sciences. Te connaissant, tu ne t'enfleras pas comme la grenouille qui voulut s'égaler au bœuf; s'il en était autrement, que ta folle vanité cesse de faire la roue, et souviens-toi que tu as gardé les pourceaux dans ton pays. — Cela est vrai, dit Sancho, mais quand j'étais enfant ; devenu grand garçon, ce sont les oies qu'on m'a fait garder, et non les pourceaux ; mais il me semble que cela importe peu, car tous ceux qui gouvernent ne sortent pas de souches royales. — Sans doute, repartit don Quichotte ; c'est ce qui fait que ceux qui ne sont pas de noble origine doivent tempérer par une douce aménité la gravité des fonctions qu'ils exercent ; guidés par la prudence, ils échapperont à ces murmures malicieux auxquels chacun est exposé.

« Fais gloire, Sancho, de l'humilité de ta naissance, et ne pense jamais t'abaisser en disant que tu es d'une famille de laboureurs ; en voyant que tu n'en rougis pas, personne ne s'avisera de t'en faire rougir. Fais plus de cas d'être un humble homme de bien qu'un pécheur superbe. Le nombre est immense de ceux qui, partis d'une basse extraction, se sont élevés aux premiers échelons de l'Église et du pouvoir, et je pourrais t'en citer des exemples jusqu'à satiété. Sois convaincu, Sancho, que si tu prends la vertu pour guide, si tu poursuis la pratique des actions vertueuses, tu n'auras rien à envier aux descendants de princes et de seigneurs ; car la noblesse se transmet, et la vertu s'acquiert, et la vertu vaut par elle-même ce que le sang ne peut valoir.

« Cela étant et devant être, si par hasard tu reçois dans ton île la visite de quelqu'un de tes parents, ne le rebute pas et ne lui fais pas d'affront ; tu devras au contraire l'accueillir, l'héberger et le choyer. Par ce moyen, tu satisferas le Ciel, qui ne veut pas que personne méprise ce qu'il a fait, et tu rempliras le vœu d'une nature bien ordonnée.

« Si tu emmènes ta femme avec toi (et il n'est pas bien que ceux qui résident dans leurs gouvernements restent longtemps séparés de leurs femmes), aie soin de la faire instruire et endoctriner, et d'adoucir sa rudesse native ; car tout ce que gagnera un gouverneur par sa propre sagesse, peut être perdu et détruit par la sottise et la grossièreté de sa femme.

« Si par hasard tu deviens veuf, ce qui peut arriver, et que ton emploi te procure une seconde femme de condition plus relevée, ne la prends pas telle qu'elle te serve d'amorce et de ligne à pêcher, tout en faisant la mijaurée. Car je te le dis en toute vérité, la femme du magistrat ne recevra rien dont son mari n'ait à rendre compte au jugement suprême; il payera au quadruple, après sa mort, les articles dont il se sera déchargé durant sa vie.

« Ne prends jamais pour règle la loi du bon plaisir; laisse-la aux ignorants, qui prétendent avoir assez de sagacité pour en faire usage.

« Accorde aux larmes du pauvre plus de compassion, mais non pas plus de justice qu'aux réclamations du riche.

« Applique-toi à discerner la vérité à travers les promesses et les offrandes du riche, comme à travers les plaintes et les importunités du pauvre.

« Toutes les fois que l'équité le permettra, n'accable pas le coupable de toute la rigueur de la loi; et souviens-toi que la réputation de juge inflexible n'est pas meilleure que celle de juge complaisant.

« Si parfois tu laisses plier la verge de la justice, que ce ne soit pas sous le poids des présents, mais sous celui de la compassion.

« Quand il t'arrivera de prononcer dans la cause d'un de tes ennemis, écarte le souvenir de ton injure, et reporte ta pensée sur la vérité du fait.

« Ne te laisse point aveugler par ta passion dans les affaires des autres; les erreurs que tu commettrais seraient le plus souvent sans remède, ou ne se répareraient qu'aux dépens de ta considération et même de ta fortune.

« Si quelque femme belle vient te demander justice, ferme

les yeux à ses larmes et l'oreille à ses gémissements ; examine à loisir le fond de sa demande, si tu ne veux que ta raison et ta droiture se perdent dans ses plaintes et dans ses soupirs.

« Celui auquel tu infligeras un châtiment corporel, ne le maltraite pas en paroles ; la peine du supplice suffit à ce malheureux, sans qu'on y ajoute les reproches.

« Dans le coupable qui tombera sous ta juridiction, considère le misérable soumis aux conditions de notre nature dépravée ; et en tout ce qui dépendra de toi, sans blesser des intérêts contraires, montre-toi à son égard charitable et clément : car, bien que les attributs de Dieu soient tous égaux, la miséricorde brille à nos yeux d'un éclat plus vif encore que la justice.

« Si tu suis, Sancho, ces règles et ces préceptes, tes jours seront longs, ta renommée éternelle, ta récompense complète, ta félicité indicible. Tu marieras tes enfants suivant tes désirs ; ils auront des titres, eux et leurs descendants. Tu vivras en paix et béni de tous ; au dernier terme de la vie et d'une vieillesse douce et prolongée, la mort empruntera, pour te fermer les yeux, les mains tendres et affectueuses de tes arrière-petits-enfants. Ce que je viens de te dire a pour but d'orner ton âme ; maintenant écoute ce que j'ai à te prescrire pour l'ornement de ton corps. »

Qui aurait entendu le discours de don Quichotte sans le prendre pour un homme aussi droit d'esprit que de cœur ? Mais, comme on l'a dit maintes fois dans le cours de cette grande histoire, il ne divaguait que sur ce qui touchait la chevalerie, et sur tous les autres points il montrait un entendement sain et lucide ; de telle façon qu'à chaque instant ses œuvres dépréciaient son jugement, et son jugement démentait ses œuvres. Dans la seconde partie des conseils qu'il donna à Sancho, il fit preuve d'une grâce parfaite, et mit en relief à la fois son esprit et sa folie. Sancho l'écoutait avec une attention soutenue, et s'efforçait de conserver dans sa mémoire tous ces avis, en homme qui pensait à les suivre, pour mener à bien l'enfantement de son gouvernement. Don Quichotte reprit en ces termes :

« Pour ce qui concerne la manière dont tu dois gouverner ta personne et ta maison, la première chose que je te recommande, Sancho, c'est d'être propre, et de te couper les ongles, au lieu de les laisser pousser à la façon de certaines gens assez ignorants pour s'imaginer que de grands ongles font la beauté de la main, comme si cette excroissance et cette allonge qu'ils s'abstiennent de retrancher ne ressemblait pas à des griffes ou à des serres plutôt qu'à des ongles : sale et étrange manie.

« Garde-toi, Sancho, de te montrer en désordre et débraillé : la négligence dans la tenue dénote un caractère mou et indolent, à moins qu'elle ne soit un moyen de dissimulation, comme chez Jules César.

« Sonde avec prudence les ressources de ton office ; s'il te permet de donner une livrée à tes gens, donne-la-leur convenable et solide, plutôt que voyante et magnifique ; et partage-la entre tes serviteurs et les pauvres. Je veux dire, si tu as l'intention d'habiller six pages, habilles-en trois, et trois pauvres avec eux. Tu auras ainsi des pages pour le ciel, et d'autres pour la terre. C'est une nouvelle manière de former sa livrée dont les glorieux ne se sont pas encore avisés.

« Ne mange ni ail ni oignon, de peur que tes habitudes rustiques ne se trahissent par cette odeur. Marche posément ; parle avec lenteur, mais non de façon à paraître t'écouter toi-même ; car toute affectation est à éviter.

« Dîne peu, et soupe moins encore ; la santé de tout le corps se prépare dans l'officine de l'estomac.

« Bois avec tempérance ; songe que l'excès du vin ne sait ni garder un secret, ni tenir une parole.

« Fais attention, Sancho, à ne pas manger des deux mâchoires à la fois.

« Abstiens-toi aussi de mêler à tes conversations cette multitude de proverbes dont tu as l'habitude de les entrelarder ; si les proverbes sont de courtes sentences, la plupart du temps les tiens sont tellement tirés par les cheveux, qu'ils ressemblent moins à des sentences qu'à des coq-à-l'âne. — Dieu seul peut m'en guérir, répliqua Sancho ; j'ai dans la tête plus de proverbes qu'il n'y en a dans un livre, et je n'ai pas plutôt la bouche ouverte, qu'ils s'y précipitent tous ensemble et se disputent à qui sortira ; ma langue prend alors le premier venu, qu'il arrive ou non à propos. Mais désormais j'observerai de n'employer que ceux qui conviendront à la gravité de ma position ; parce qu'en bonne maison la nappe est bientôt mise, et celui qui donne les cartes n'est pas celui qui les coupe, et celui qui sonne le tocsin est à l'abri du feu, et donner et recevoir sont deux... — Bien, bien, Sancho, reprit don Quichotte, c'est à merveille ; enchâsse, enlace, entasse tes proverbes, puisque tu as la bride sur le cou : ma mère me gronde, et je fouette le sabot. Je viens de te dire que tu eusses à te corriger de tes proverbes, et voilà qu'au même instant tu en défiles une kyrielle qui ont rapport avec ce que nous disons comme les montagnes d'Ubeda. Remarque bien, Sancho, que je ne blâme point un proverbe qui vient à point ; mais de les enfiler et de les accumuler à tort et à travers, cela donne à la conversation une allure lourde et triviale.

« Quand tu monteras à cheval, ne te renverse pas le corps sur l'arçon de derrière ; n'étends pas les jambes droites et roides, et écartées des flancs du cheval ; mais ne te laisse pas aller non plus comme si tu étais sur ton roussin. A la manière de monter on distingue le véritable cavalier du garçon d'écurie.

« Prends du sommeil à dose modérée ; celui qui ne se lève pas avec le soleil ne jouit pas de la journée ; souviens-toi, Sancho, que la diligence est mère du succès, et que la paresse, son ennemie, n'atteint jamais au but d'une légitime ambition.

« Il me reste à te donner un dernier conseil, qui, bien

qu'étranger à la tenue de ta personne, mérite de se caser dans ta mémoire aussi utilement que tous les autres que je t'ai donnés jusqu'ici : c'est de ne jamais disputer sur les lignages, du moins de ne pas les comparer entre eux ; cela t'obligerait nécessairement à établir des préséances ; et la famille que tu abaisserais te prendrait en horreur, sans que celle que tu élèverais t'en sût aucun gré.

« Ton habillement devra se composer de chausses entières, d'un large pourpoint, d'un manteau encore un peu plus ample ; quant aux grègues, elles ne conviennent pas aux chevaliers, ni aux gouverneurs.

« Voilà, Sancho, les conseils qui jusqu'à présent me sont venus à la pensée. Avec le temps et suivant les occasions, je t'enverrai d'autres avis, tout autant que tu auras soin de m'instruire de la situation de tes affaires.

— Seigneur, répondit Sancho, je vois bien que tout ce que Votre Grâce vient de dire, ce sont choses bonnes, sacrées et profitables ; mais à quoi me serviront-elles, si je ne m'en rappelle aucune ? Je veux bien, pour ce qui est de ne pas me laisser pousser les ongles et de me remarier, le cas échéant, que cela ne me passe pas de l'esprit ; mais toutes ces balivernes, cet amphigouri et cet entortillement, je ne m'en souviens et ne m'en souviendrai pas plus que des nuages de l'an passé. Ainsi il sera bon de me les donner par écrit ; car, bien que je ne sache ni lire ni écrire, je les donnerai à mon confesseur pour qu'il me les inculque et me les remémore quand besoin sera. — Ah ! pécheur que je suis ! dit don Quichotte, qu'un gouverneur est mal venu à ne savoir ni lire ni écrire ! Rappelle-toi, Sancho, que pour un homme ne pas savoir lire, ou être gaucher, prouve deux choses : ou qu'il est né de parents très-bas placés, ou qu'il est d'un naturel mauvais et rebelle à l'usage et à l'enseignement. C'est un grand défaut que tu as là, et il faudrait au moins que tu apprisses à signer. — Je sais bien signer mon nom, répondit

Sancho ; lorsque j'étais bedeau dans mon village, j'ai appris à faire des lettres comme celles dont on marque les ballots, et on m'a dit que cela faisait mon nom ; d'ailleurs je ferai semblant d'avoir la main droite paralysée, et quelqu'un signera pour moi. Et puis, il y a un remède à tout, hormis à la mort ; et comme je tiendrai le bâton du commandement, je ferai ce qu'il me plaira. Celui dont le père est alcade... et moi je serai gouverneur, ce qui est bien au-dessus d'alcade ; ainsi donc approchez, et vous verrez ; sinon, qu'on me renie et qu'on me calomnie ; et ceux qui vont chercher de la laine reviennent souvent tondus, et celui que Dieu aime, sa maison s'en aperçoit ; et les sottises du riche passent dans le monde pour des maximes de sagesse ; et quand je le serai, puisque je serai gouverneur, et libéral en même temps comme j'ai le projet de l'être, il n'y aura en moi nul défaut qui paraisse. Autrement, faites-vous miel, et les mouches vous sureront ; autant tu as, autant tu vaux, disait ma grand'mère ; et d'un homme bien nanti jamais tu n'auras raison.

— Oh ! que le Ciel te confonde, Sancho maudit ! Que soixante mille diables t'emportent, toi et tes proverbes ! Depuis une heure tu en débites à perdre haleine, et chacun d'eux me donne la torture. Je te garantis qu'ils te mèneront tout droit à la potence ; ils soulèveront tes vassaux contre toi, et te feront perdre ton gouvernement. Dis-moi, ignorant, où vas-tu les prendre ? et comment les appliques-tu ? Moi qui, pour en trouver un et le placer à propos, travaille et sue comme si je creusais la terre. — Pardieu ! seigneur notre maître, vous vous fâchez pour bien peu de chose. A qui diable fais-je du tort en me servant de mon bien, moi qui n'en possède pas d'autre, qui n'ai pas le moindre coin de terre, mais des proverbes, et toujours des proverbes ? Maintenant en voici quatre qui se présentent, à point nommé, comme des poires dans un panier ; mais je ne les dirai pas, car en fait de bouche close on nomme Sancho. — Tu n'es pas, toi, ce Sancho-là, interrompit don Quichotte ; non-seulement tu ne sais pas te taire, mais tu ne déparles pas, et cela sans rime ni raison. Du reste, je suis curieux de savoir quels sont ces quatre proverbes qui s'offraient à toi si fort à propos; car j'ai beau fouiller dans ma mémoire, qui n'est pas trop mauvaise, je ne rencontre rien de semblable. — Que voulez-vous de mieux que ceux-ci : « Entre deux dents mâchelières ne fourre jamais le doigt ; » et à « Sortez de chez moi, ma femme n'a point affaire à vous », il n'y a rien à répondre ; et « Que la cruche donne contre la pierre, ou la pierre contre la cruche, tant pis pour la cruche », qui viennent tous comme marée en carême ? Que personne ne se frotte à son gouverneur ou à celui qui le commande ; car il en sortira avec les étrivières, comme celui qui met le doigt entre deux dents mâchelières ou autres, peu importe. A ce qu'ordonne le gouverneur il n'y a rien à répondre, pas plus qu'à « Sortez de chez moi, ma femme n'a point affaire à vous ». Quant à celui de la pierre et de la cruche, il est visible pour un aveugle. Il faut encore que celui qui voit le fétu dans l'œil de son voisin voie la poutre qui est dans le sien, pour qu'on ne dise pas à propos de lui : La pelle se moque du fourgon ; et Votre Grâce n'ignore pas que le sot en sait plus long chez lui que le sage chez les autres.

— Pour cela non, Sancho, répliqua don Quichotte, le sot n'en sait pas plus long chez lui que chez les autres, et sur les fondements de la sottise on ne peut asseoir aucun édifice raisonnable. Mais laissons cela, Sancho ; si tu gouvernes mal, à toi sera la faute, et à moi la honte. Je me console en songeant que j'ai fait mon devoir, et que je t'ai conseillé avec sincérité et avec toute la sagesse qui est en moi ; cela me libère de mon obligation et de ma promesse. Dieu te guide, Sancho, et te gouverne en ton gouvernement ; et qu'il me tire, moi, du scrupule qu'il me laisse, celui de te voir culbuter avec ton île, alors que je pourrais le prévenir en découvrant au duc ce que tu es, en lui disant que toute ta grosse personne n'est autre chose qu'un sac à proverbes et à malices. — Seigneur, repartit Sancho, si Votre Grâce trouve que je ne suis pas de taille pour ce gouvernement, je l'abandonne sur l'heure ; car je tiens plus au petit bout de l'ongle de mon âme qu'à mon corps tout entier. Sancho vivra aussi bien avec du pain et un oignon pour tout régal, que le gouverneur avec des perdrix et des chapons ; d'ailleurs, quand on dort, tous les hommes sont égaux, grands ou petits, pauvres ou riches ; et que Votre Grâce y songe, vous verrez que c'est vous qui m'avez mis en tête de gouverner, car je m'entends en fait de gouvernement d'îles tout comme une buse ; et si vous pensez que, pour être gouverneur, le diable doive m'emporter, j'aime mieux aller Sancho au ciel que gouverneur en enfer. — Pardieu, Sancho, dit don Quichotte, ces dernières paroles te rendent, selon moi, digne de gouverner un millier d'îles ; tu as un bon naturel, et sans cela le savoir n'est rien qui vaille ; recommande-toi à Dieu, et tâche de ne pas errer par le premier mouvement ; je veux dire, aie toujours la ferme et inébranlable résolution d'aller droit au but en toute circonstance, car le Ciel favorise les bonnes intentions. Mais allons dîner ; car je crois que Leurs Seigneuries nous attendent. »

CHAPITRE XXI

Comment Sancho Pança fut conduit à son gouvernement
de quelle manière il prit possession de son île,
et commença à gouverner.

Au sortir de table, le jour même où don Quichotte avait donné ses conseils à Sancho, il employa la soirée à les mettre par écrit, pour que Sancho n'eût plus qu'à se les faire lire. Mais à peine les eut-il remis à celui-ci, qu'il les perdit ; finalement ils tombèrent dans les mains du duc, qui les communiqua à la duchesse; et tous les deux admirèrent encore une fois en don Quichotte ce singulier mélange de folie et de raison. Laissant leur plaisanterie suivre son cours, ils envoyèrent ce soir-là Sancho, accompagné d'une nombreuse escorte, au village qui devait être son île.

Celui qui avait mission de le conduire était un majordome du duc, homme d'un esprit fin et plaisant, le même qui avait joué avec tant d'habileté le personnage de la comtesse Trifaldi. Doué de ce talent naturel, et bien stylé par ses maîtres sur la manière de s'y prendre avec Sancho, il s'acquitta à merveille de son nouveau rôle. Aussitôt que Sancho eut aperçu les traits de ce majordome, il se figura voir le visage de la Trifaldi, et se tournant vers son maître : « Seigneur, dit-il, il faut que le diable m'emporte d'ici, où je suis comme un juste et un croyant, si Votre Grâce ne convient pas que la figure de ce majordome du duc est la même que celle de la Doloride. » Don Quichotte, ayant regardé avec attention le majordome, dit à Sancho : « Je ne vois pas qu'il y ait de quoi te donner au diable, Sancho, ni en juste ni en croyant (et je ne sais pas ce que tu veux dire par là). De ce que le visage du majordome est le même que celui de la Doloride, il ne s'ensuit pas pour cela que le majordome soit la Doloride. S'il l'était, nous nous trouverions dans une confusion extrême; et ce n'est pas le lieu de procéder à cette vérification, qui nous jetterait dans des labyrinthes inextricables. Crois-moi, ami, ce que nous avons à demander en ce moment à Notre-Seigneur, c'est qu'il nous délivre des méchants sorciers et des malins enchanteurs. — Ce n'est point une plaisanterie, seigneur; je l'ai entendu parler, et il m'a semblé que la voix de la Trifaldi me cornait aux oreilles. Je veux bien garder cela pour moi; mais je ne m'en tiendrai pas moins pour averti, et je verrai si je ne découvre pas quelque indice qui confirme ou détruise mes soupçons. — Tu feras bien, dit don Quichotte, et tu me donneras avis de ce que tu pourras découvrir à ce sujet, comme de tout ce qui t'arrivera dans ton gouvernement. »

Enfin Sancho sortit, accompagné d'une foule nombreuse. Il était vêtu d'une toge, et par-dessus d'un ample manteau de camelot fauve, avec une toque du même. Il montait un mulet à l'écuyère; et derrière lui, par ordre du duc, marchait son âne, couvert de harnais et d'ornements en soie tout battants neufs. Sancho se retournait de temps à autre pour regarder son âne, dont la compagnie le rendait si heureux, qu'il n'aurait pas troqué avec l'empereur d'Allemagne. En prenant congé du duc et de la duchesse, il leur baisa les mains, et reçut la bénédiction de son seigneur, qui la lui donna en pleurant, tandis que Sancho sanglotait comme un enfant.

Sancho arriva bientôt avec son cortége à un village d'environ mille habitants, un des meilleurs qui se trouvassent dans les possessions du duc : on lui fit croire que c'était là l'île Barataria. A la porte du bourg, qui avait une enceinte, le corps municipal sortit à sa rencontre; les cloches furent mises en mouvement, et tous les habitants firent de grandes démonstrations d'allégresse; on le conduisit avec pompe à l'église principale pour rendre grâces à Dieu; puis, à la suite de quelques cérémonies burlesques, on lui remit les clefs du village, et on le reconnut gouverneur à vie de l'île Barataria. Le costume, la barbe, la taille courte et trapue du nouveau gouverneur, excitaient la surprise de ceux qui n'avaient pas le fin mot de cette aventure, et de ceux-là mêmes qui étaient au courant de la chose, et le nombre en était grand. Finalement, au sortir de l'église, on le conduisit à la salle de justice, on l'installa sur le siége du juge, et le majordome lui dit : « C'est un antique usage dans cette île, seigneur et gouverneur, que celui qui en prend possession ait à répondre à une question qu'on lui pose, et qui d'habitude est tant soit peu entortillée et embarrassante; par la réponse qui y est faite, le peuple tâte

On lui remit les clefs du village, et on le reconnut gouverneur à vie de l'île Barataria.

le pouls à l'esprit de son gouverneur et en sonde la portée ; et par suite il se réjouit ou s'attriste de son avénement. »

Pendant que le majordome parlait ainsi à Sancho, celui-ci fixait ses regards sur de grandes lettres inscrites sur la muraille en face de son siége ; et comme il ne savait pas lire, il demanda ce que c'était que ces peintures. On lui répondit : « Seigneur, ici est écrit et noté le jour où Votre Seigneurie a pris possession de cette île ; et l'inscription dit : « Aujourd'hui, tel jour « de tel mois et de telle année, a pris possession de cette île le « seigneur don Sancho Pança. Puisse-t-il en jouir un grand « nombre d'années ! » — Et qui appelle-t-on don Sancho Pança ? demanda Sancho. — C'est Votre Seigneurie, répondit le majordome ; car il n'est entré dans cette île aucun autre Pança que celui qui occupe en ce moment le siége de la justice. — Faites attention, frère, que je ne porte pas le *don*, et que personne ne l'a porté dans ma famille ; on m'appelle Sancho Pança tout court ; mon père s'appelait Sancho, et Sancho mon grand-père, et tous ont été des Panças, sans autre addition de *don* ou de *doña*. Il faut qu'il y ait dans cette île autant de *dons* que de pierres ; mais suffit, Dieu m'entend, et il pourra bien se faire, si je garde seulement quatre jours ce gouvernement, que j'éloigne ces *dons*, que leur grand nombre doit rendre plus importuns que des moustiques. Maintenant voyons la question du seigneur majordome, et j'y répondrai de mon mieux, que le peuple en prenne ou non souci. »

Au même instant, deux hommes entrèrent dans la salle de justice ; l'un était vêtu en paysan, l'autre portait des ciseaux à la main et semblait être un tailleur. Le tailleur prit la parole : « Seigneur gouverneur, dit-il, nous venons devant vous, moi et ce villageois, parce qu'hier ce brave homme entra dans ma boutique (sauf le respect dû à la compagnie, et, par la grâce de Dieu, je suis tailleur juré) ; et, me mettant en main un morceau de drap, il me demanda s'il y en avait assez pour lui faire

31

un chaperon. Ayant mesuré le drap, je lui répondis qu'il y en avait assez. Il dut alors supposer, comme je me le figurai avec raison, que je voulais lui voler une partie de son étoffe, se fondant sur sa propre malice et sur la mauvaise réputation des tailleurs, et il me demanda de voir s'il n'y en aurait pas pour deux. Je devinai sa pensée, et je lui dis que oui; pour lui, persistant dans sa mauvaise intention, il se mit à ajouter des chaperons, et moi des oui, si bien que nous arrivâmes jusqu'à cinq chaperons. Il sort de chez moi, où il est venu les chercher; je les lui livre, et il ne veut pas me payer la façon; il prétend, au contraire, que je dois lui payer son drap ou le lui rendre. — Tout s'est-il bien passé ainsi, frère? demanda Sancho au paysan. — Oui, seigneur, répondit ce dernier; mais que Votre Grâce se fasse représenter les cinq chaperons qu'il m'a faits. — Volontiers, » répondit le tailleur; et, sortant la main de dessous son manteau, il fit voir cinq chaperons qui couvraient l'extrémité de ses cinq doigts. « Voici, dit-il, les cinq chaperons que me réclame ce bonhomme; et, sur Dieu et sur ma conscience, il ne m'est rien resté du drap, et je suis prêt à faire examiner le travail par les syndics de la maîtrise. »

Tous les assistants se mirent à rire de cette multitude de chaperons et de l'étrangeté de ce procès. Après quelques instants de réflexion, Sancho dit : « Il me semble que ce jugement n'a pas besoin de longs délais, et qu'il peut se prononcer à dire d'expert; voici donc quelle est ma sentence : Le tailleur perdra ses façons, et le villageois son drap. Qu'on porte les chaperons aux prisonniers, et tout sera dit. »

Si cette sentence, qui fut exécutée, excita le rire des assistants, leur admiration fut légitimement acquise à celle de la bourse du berger qui vint ensuite. Deux hommes âgés se présentèrent devant le gouverneur. L'un tenait à la main, en guise de bâton, une tige de roseau; l'autre, qui n'avait pas de bâton, parla ainsi : « Seigneur, j'ai prêté à ce brave homme, il y a déjà un brin de temps, dix écus d'or pour l'obliger, à condition qu'il me les rendrait dès que je les lui demanderais. Nombre de jours se sont écoulés sans que je les lui demandasse, ne voulant pas l'exposer par ma réclamation à un embarras plus grand que celui qui l'avait amené à me faire cet emprunt; cependant, le voyant peu empressé à s'acquitter, je lui en parlai plusieurs fois. Maintenant il ne se contente pas de me refuser le remboursement, il nie sa dette; il soutient que jamais je ne lui ai prêté ces dix écus, ou que si je les lui ai prêtés, il me les a rendus. Je n'ai aucun témoin du prêt, ni de la restitution, puisqu'elle n'a pas eu lieu; je voudrais que Votre Grâce lui déférât le serment; s'il jure qu'il me les a rendus, je l'en tiens quitte ici et devant Dieu. — Qu'avez-vous à répondre, l'homme au bâton? dit Sancho. — Je conviens, répondit le vieillard, qu'il me les a prêtés; mais que Votre Grâce abaisse la verge de justice, et puisqu'il s'en rapporte à mon serment, j'affirmerai que je les lui ai bien réellement et véritablement remis et restitués. »

Le gouverneur abaissa la verge; alors le vieillard, comme embarrassé de son bâton, pria l'autre de le tenir pendant qu'il prêterait serment; puis, étendant la main sur la croix de la verge, il déclara qu'il était bien vrai qu'on lui avait prêté les dix écus qu'on lui réclamait; mais qu'il les avait rendus de la main à la main, et que c'était par inadvertance sans doute qu'on renouvelait de temps en temps cette demande. Là-dessus, le grand gouverneur engagea le créancier à répliquer à son adversaire, s'il y avait lieu. Celui-ci se borna à dire que sans aucun doute son débiteur devait dire la vérité, car il le tenait pour homme de bien et pour bon chrétien; que, pour lui, probablement il avait oublié les circonstances du remboursement, mais que dorénavant il n'en serait plus question. Le débiteur reprit son bâton, s'inclina et sortit de la salle d'audience. Sancho le voyant partir ainsi sans attendre son reste, et considérant l'air résigné du demandeur, laissa tomber sa tête sur sa poitrine, et, posant l'index de la main droite sur son front, il réfléchit quelques instants, puis releva la tête et ordonna qu'on rappelât le vieillard au bâton, qui avait déjà pris le large. On le ramena. En le voyant, Sancho lui dit : « Donnez-moi ce bâton, ami, j'en ai besoin. — Bien volontiers, seigneur ; le voici, » répondit le bonhomme. Et il le lui remit.

Sancho le donna à l'autre vieillard, en lui disant : « Allez en paix ; vous êtes payé. — Comment? répondit le vieillard ; ce bâton vaut-il par hasard dix écus d'or? — Oui, dit le gouverneur, ou je ne suis qu'un âne bâté ; mais on va voir si je m'entends ou non en fait de gouvernement. » Là-dessus il ordonna que devant tout le monde on brisât et on ouvrît la canne ; cela se fit, et dans l'intérieur on trouva les dix écus d'or. Tous les assistants furent dans l'admiration, et considérèrent leur gouverneur comme un nouveau Salomon. On lui demanda comment il avait soupçonné que le roseau renfermait les dix écus ; il répondit que cela venait de ce que le vieillard avait d'abord déposé le bâton entre les mains de son adversaire, et qu'après avoir juré qu'il avait réellement restitué le prêt, il s'était hâté de reprendre sa canne : d'où l'on peut conclure que les gouvernants, ne fussent-ils que des sots, ont parfois pour les guider la grâce divine. « J'ai d'ailleurs, ajouta-t-il, entendu conter au curé de mon village une histoire du même genre ; et j'ai la mémoire bonne, si bonne qu'il n'y en aurait pas une pareille dans toute l'île, n'était que j'oublie souvent tout ce que je voudrais me rappeler. » Finalement les deux vieillards s'en allèrent, l'un confus, l'autre satisfait ; tout le monde demeura émerveillé ; et celui qui enregistrait les paroles, les faits et les gestes de Sancho, ne savait s'il devait le considérer comme un fou ou comme un sage.

Après l'audience, on conduisit Sancho Pança dans un palais somptueux, et dans une grande salle où se trouvait une table royalement servie. Dès que Sancho eut mis le pied dans cette salle, on entendit sonner des fanfares, et quatre pages s'avancèrent pour la cérémonie du lavement des mains, dans laquelle il apporta beaucoup de gravité. La musique cessa, et Sancho s'assit au haut bout de la table, qui n'avait qu'un seul siége et qu'un seul couvert. Debout, à côté de lui, vint se placer un personnage qu'on reconnut pour un médecin, et qui tenait en main une baguette de baleine ; puis on enleva une toile aussi blanche que fine qui recouvrait les fruits et les plats de toute espèce dont la table était chargée. Un homme, en costume ecclésiastique, donna la bénédiction, et un page plaça sous le menton de Sancho une bavette à frange. Un autre, qui faisait les fonctions de maître d'hôtel, mit devant lui une assiette de fruits; mais à peine Sancho eut-il mangé une bouchée, que, le médecin abaissant la baguette sur le bord de l'assiette, elle fut desservie avec une prodigieuse vitesse. Aussitôt le maître d'hôtel approcha un autre plat, dont Sancho se disposa à goûter; mais il n'y avait pas seulement touché, que le plat fut enlevé par un page avec la même prestesse que l'assiette de fruits. Quand Sancho vit cela, il porta ses regards tout autour de lui, et demanda à haute voix s'il s'agissait d'attraper les morceaux à la volée. L'homme à la baleine répondit : « Seigneur, vous ne pouvez manger autrement que suivant les us et coutumes des îles qui ont des gouverneurs. Moi, seigneur, je suis médecin, et médecin salarié du gouverneur de cette île; je pense à sa santé beaucoup plus qu'à la mienne, étudiant et observant jour et nuit la constitution du gouverneur, afin d'être en mesure de le guérir s'il tombe malade. Ma tâche principale est d'assister à ses repas, de lui laisser manger ce qui me paraît lui convenir, et de lui interdire ce que je crois contraire à son estomac. C'est ainsi que j'ai fait enlever les fruits comme étant d'une nature trop humide; et l'autre mets, comme excessivement échauffant et contenant des épices faites pour exciter la soif; parce que celui qui boit beaucoup dénature et anéantit le liquide essentiel dans lequel consiste la vie.

— De cette façon, répliqua Sancho, ce plat de perdreaux rôtis, qui me semble convenablement assaisonné, ne saurait me faire aucun mal? — Le seigneur gouverneur, repartit le médecin, n'en mangera pas tant que j'aurai vie. — Et pourquoi donc? reprit Sancho. — Parce que, poursuivit le médecin, notre maître Hippocrate, la boussole et le flambeau de la science, dit dans un de ses aphorismes : « Toute indigestion est mauvaise;

mais l'indigestion de perdrix est la pire de toutes. » — S'il en est ainsi, dit Sancho, que le seigneur docteur examine tous les plats qui sont sur la table, et qu'il me dise quels sont ceux qui me feront le plus de bien ou le moins de mal ; après cela, qu'il m'en laisse manger sans que sa baguette s'en mêle ; car, par ma vie de gouverneur (que Dieu m'en laisse la jouissance), je meurs de faim, et m'empêcher de manger, malgré le dire du docteur, et ne lui en déplaise, c'est m'ôter la vie plutôt que me la conserver.

— Votre Grâce a raison, seigneur gouverneur, reprit le médecin. Ainsi mon avis est que vous ne mangiez pas de ce ragoût de lapin, qui est un manger difficile à digérer; ni de ce morceau de veau, dont vous pourriez goûter, s'il n'était rôti et en daube ; mais tel qu'il est, cela ne se peut pas. — Ce grand plat qui fume, dit Sancho, c'est, ce me semble, une *olla podrida;* et parmi toutes les choses qui y entrent, il est impossible qu'il ne s'en trouve pas qui me plaisent et me conviennent. — *Absit,* s'écria le médecin ; loin de nous une pensée aussi malencontreuse ; il n'y a au monde rien de plus contraire à l'estomac qu'une olla podrida. C'est chose qu'il faut laisser aux chanoines, aux recteurs de colléges ou aux noces de village, et proscrire des tables de gouverneurs, où doivent régner l'élégance et la délicatesse. En voici la raison : les médecines simples ont toujours été préférées aux médecines composées, parce qu'on ne peut pas se tromper dans les simples, ce qui peut, au contraire, arriver pour les composées, en altérant les doses des médicaments qui s'y confondent. Ce dont le seigneur gouverneur doit faire maintenant son repas, s'il s'en fie à moi, c'est d'une centaine d'oublies et de quelques tranches de coin bien fines ; voilà ce qui lui fortifiera l'estomac, et qui aidera à sa digestion. »

A ces mots, Sancho se renversa sur le dos de son siége, et, regardant fixement le médecin, lui demanda d'un ton grave comment il s'appelait et où il avait étudié. « Seigneur gouver-

neur, répondit le médecin, je m'appelle le docteur Pedro Recio
d'Aguero ; je suis natif d'un village appelé Tirteafuera, entre
Caracuel et Almodovar-del-Campo, à main droite ; j'ai pris mes
degrés à l'université d'Osuna. — Eh bien ! s'écria Sancho enflammé de colère, seigneur docteur Pedro Recio de mauvais

augure, natif de Tirteafuera, à main droite en allant de Caracuel à Almodovar-del-Campo, gradué à l'université d'Osuna,
quittez de céans au plus vite ; sinon, je jure, devant le soleil qui
m'éclaire, que je prends un gourdin et qu'à coups redoublés je
chasse de l'île, en commençant par vous, tous les médecins qui

s'y trouvent, au moins tous ceux que je regarde comme des ignorants ; car pour les médecins sensés, instruits et prudents, je les placerai très-haut et les honorerai comme des êtres divins. Et, je le répète, que Pedro Recio décampe sur-le-champ, ou je prends cette chaise sur laquelle je suis assis, et je la lui casse sur la tête. Si l'on m'en demande compte à la résidence, je me justifierai en disant que j'ai cru servir Dieu en tuant un mauvais médecin, bourreau de la république. Et qu'on me donne à manger, ou qu'on me reprenne ce gouvernement ; car un emploi qui ne remplit pas le ventre à celui qui l'occupe ne vaut pas deux fèves. » Le docteur, quelque peu effrayé de la grande colère du gouverneur, voulut vider la place. Mais en ce moment on entendit sonner dans la rue un cornet de poste. Le maître d'hôtel, s'approchant de la fenêtre, revint en disant : « C'est un courrier de mon seigneur le duc ; sans doute il apporte quelque dépêche importante. »

Le courrier entra tout essoufflé, couvert de sueur et de poussière ; il tira de son sein une lettre qu'il remit aux mains du gouverneur ; Sancho la passa au majordome, en lui ordonnant de lire la suscription, qui était conçue en ces termes : « A don Sancho Pança, gouverneur de l'île Barataria, pour lui être remis en mains propres, ou à son secrétaire. » « Qui est ici mon secrétaire ? demanda Sancho. — C'est moi, répondit un des assistants ; c'est moi, je sais lire et écrire, et je suis Biscayen. — Avec cette qualité de plus, dit Sancho, vous pourriez servir de secrétaire à l'Empereur lui-même. Ouvrez cette lettre, et voyez ce qu'elle dit. » Le secrétaire de fraîche date, ayant lu la lettre, dit qu'il s'agissait d'une affaire à traiter en particulier. Sancho fit évacuer la salle, en n'y laissant que le majordome et le maître d'hôtel ; les autres, y compris le médecin, se retirèrent. Alors le secrétaire lut la dépêche, qui disait :

« Il est venu à ma connaissance, seigneur don Sancho Pança,

« que des ennemis de ma personne et de votre île doivent lui
« livrer nuitamment un furieux assaut ; vous aurez donc à
« veiller et à vous tenir sur le qui-vive, de crainte de surprise.
« Je sais également, par des espions très-sûrs, que quatre per-
« sonnes déguisées se sont introduites dans votre résidence
« pour vous ôter la vie, parce qu'on redoute votre esprit péné-
« trant. Ayez donc l'œil au guet, observez bien ceux qui vous
« approchent pour vous parler, et ne mangez rien de ce qu'ils
« vous présenteront. Je me tiendrai prêt à vous secourir, si
« vous vous trouvez dans l'embarras. Agissez en toute chose
« conformément à ce qu'on attend de votre savoir-faire.

« De cet endroit, le 16 août, à quatre heures du matin.

« Votre ami, LE DUC. »

Sancho demeura stupéfait, et tous les assistants parurent l'être comme lui. Se tournant vers le majordome, Sancho lui dit : « Ce qu'il y a maintenant à faire, et cela au plus vite, c'est de mettre dans un cul de basse-fosse le docteur Recio ; car si quelqu'un doit me faire périr, c'est lui, et de la mort la plus horrible, celle de la faim. — Je suis aussi d'avis que Votre Grâce ne touche à rien de ce qui est sur la table, quoique la plupart de ces plats aient été servis par des religieuses ; car, comme on dit, derrière la croix se tient le diable. — Je ne dis pas non, répondit Sancho ; qu'on me donne donc pour le présent un morceau de pain avec quatre livres de raisin ; on n'aura pas pu y glisser du poison, et je ne puis vivre sans manger. D'ailleurs, si nous devons nous préparer à livrer bataille, il faut avant tout nous garnir l'estomac, vu que ce sont les boyaux qui portent le cœur, et non le cœur qui porte les boyaux. Vous, secrétaire, répondez au duc mon seigneur, et dites-lui qu'on remplira ses ordres de point en point. Vous donnerez de ma part un baisemain à madame la duchesse, et un autre, pen-

dant que vous y serez, à mon seigneur don Quichotte de la
Manche, afin qu'il voie que je ne suis pas un ingrat. Ensuite,
comme un bon secrétaire et un bon Biscayen, vous pourrez
ajouter tout ce qui vous plaira et qui viendra à point. Maintenant qu'on enlève cette nappe et qu'on me donne à manger;
après quoi, j'attendrai de pied ferme tout ce qui se présentera
devant moi et dans mon île d'espions, d'assassins et d'enchanteurs. »

Enfin le docteur Pedro Recio d'Aguero de Tirteafuera promit
à Sancho de le laisser souper ce soir-là, au risque d'enfreindre
tous les aphorismes d'Hippocrate. Le gouverneur, satisfait de
cette assurance, attendit avec une impatience extrême la venue
de la nuit et l'heure du souper. Le temps lui sembla s'être arrêté dans sa marche. Toutefois le moment si ardemment désiré
finit par arriver; on lui servit un miroton de bœuf à l'oignon
et deux pieds d'un veau déjà hors d'âge. Il se régala avec ces
plats mieux qu'il ne l'eût fait avec des francolins de Milan, des
faisans de Rome, du veau de Sorrente, des perdreaux de Moron
ou des oies de Lavajos. Tout en soupant, il se tourna vers le
médecin et lui dit : « Dorénavant, seigneur docteur, ne vous
évertuez pas à me donner des plats recherchés ni des mets
exquis; ce serait sortir de son ornière mon estomac, habitué à
se nourrir de chèvre, de bœuf, de lard, de salé, de navets et
d'oignons. Si par hasard on lui donne une cuisine de prince,
il ne l'accepte qu'avec défiance, parfois même avec dégoût. Ce
que le maître d'hôtel a de mieux à faire, c'est de me servir des
pots-pourris; car, tout pourris qu'ils sont, ils n'en sentent pas
moins bon pour cela, et l'on peut y mêler tout ce qu'on veut,
pourvu que cela puisse se manger. Je lui en saurai gré, et
même je lui en tiendrai compte quelque jour. Et que personne
ne se moque ici de moi, parce que nous sommes ou nous ne
sommes pas; et vivons tous, et mangeons en paix comme de
bons compagnons; car quand Dieu fait luire le jour, c'est pour

tout le monde. Je veux gouverner cette île en respectant le droit et en le faisant respecter. Que chacun ici ait l'œil ouvert et se tienne sur ses gardes ; car je vois que le diable se met de la partie ; mais si l'on me laisse faire, on verra merveille. Autrement, faites-vous miel, et les mouches vous mangeront.

— Assurément, seigneur gouverneur, dit le maître d'hôtel, Votre Grâce a raison dans tout ce qu'elle vient de dire, et, au nom de tous les insulaires, je proteste de l'exactitude, de l'attachement et du bon vouloir avec lequel ils vous serviront ; l'agréable façon de gouverner dont vous avez usé dès votre début ne peut faire présager de leur part aucun acte ni aucune pensée contraire à ce qui vous est dû. — Je le crois, répondit Sancho, ils auraient tort d'agir ou de penser différemment ; et, je le répète, il faut qu'on ait soin d'assurer ma subsistance et celle de mon grison ; c'est là le point essentiel et l'affaire capitale. »

CHAPITRE XXII

Où l'on raconte l'aventure du page qui porta le message à Thérèse Pança, femme de Sancho.

Peu d'instants avant de prendre possession du gouvernement de Barataria, Sancho avait écrit, ou plutôt fait écrire à sa femme une lettre conçue en ces termes :

LETTRE

DE SANCHO PANÇA A THÉRÈSE PANÇA, SA FEMME

« Tu sauras, Thérèse, que j'ai résolu que tu irais en carrosse ;
« cela est essentiel, et toute autre manière d'aller est bonne
« pour les chats. Tu es femme de gouverneur ; vois si quel-
« qu'un t'ira aux chevilles. Je t'envoie ci-joint un habit de
« chasse vert, dont m'a fait cadeau madame la duchesse ;

« arrange-toi de façon que notre fille y trouve une jupe et un
« corsage. Don Quichotte mon maître passe dans ce pays pour
« un fou sensé et plaisant, et on me loge à la même enseigne.
« Le sage Merlin a mis la main sur moi pour le désenchante-
« ment de Dulcinée du Toboso, qui s'appelle là-bas Aldonza
« Lorenço ; moyennant trois mille trois cents moins cinq coups
« d'étrivière que j'aurai à me donner, elle sera désenchantée
« comme la mère qui l'a mise au monde. Tu n'en diras rien
« à personne, parce que si tu mets la chose aux voix, les uns
« diront que c'est blanc, et les autres que c'est noir. D'ici à peu
« de jours, je partirai pour mon gouvernement, où je vais avec
« un grandissime désir de faire de l'argent, désir qui, dit-on,
« est celui de tous les nouveaux gouverneurs. Je tâterai le ter-
« rain, et je te dirai si tu dois, ou non, venir me rejoindre. Le
« grison va bien, et se recommande à toi ; je ne songe pas à
« m'en séparer, quand même je deviendrais Grand Turc. Ma-
« dame la duchesse te baise mille fois les mains ; envoie-lui-en
« deux mille en retour ; car, comme dit mon maître, rien ne
« coûte moins que des compliments. Il n'a pas plu à Dieu de
« m'envoyer une mallette avec cent écus comme celle de l'autre
« fois ; mais que cela ne te chagrine pas, ma Thérèse ; car celui
« qui sonne les cloches est à l'abri ; et tout cela passera dans
« la lessive du gouvernement. Une chose pourtant me met en
« peine : c'est qu'une fois qu'on en a goûté, on s'en mangerait
« le bout des doigts. Dans ce cas-là, ce ne serait pas tout profit,
« quoique les estropiés et les manchots trouvent leur canonicat
« en demandant l'aumône. Ainsi, de toute manière, tu seras
« riche, et ta chance est bonne. Que Dieu te la donne comme il
« en a le pouvoir, et qu'il me garde pour te servir.

« De ce château, le 20 de juillet 1614.

« Ton mari le gouverneur,

« Sancho Pança. »

La duchesse, persistant dans son dessein de s'amuser de don
Quichotte et de prolonger ce passe-temps, dépêcha le page qui
avait joué le rôle de Dulcinée dans la scène du désenchantement
(et il est à remarquer que Sancho avait totalement perdu de vue
son engagement au milieu des occupations de son gouvernement) vers Thérèse Pança, avec une lettre de Sancho et une de
sa propre main, et de plus un grand collier de corail dont elle
lui faisait présent. L'histoire rapporte que ce page n'était rien
moins que gauche et endormi; pour être agréable à ses maîtres,
il partit de bonne grâce pour se rendre au village de Sancho.
Arrivé près de là, il avisa un groupe de femmes occupées à
laver sur le bord d'un ruisseau. Il leur demanda si elles connaissaient dans le pays une nommée Thérèse Pança, femme d'un
certain Sancho Pança, écuyer d'un chevalier appelé don Quichotte de la Manche. Cette question était à peine faite, qu'une
jeune fille, qui lavait comme les autres, se leva et dit : « Cette
Thérèse Pança, c'est ma mère; ce Sancho est le seigneur mon
père; et ce chevalier est notre maître. — En ce cas, Mademoiselle, venez et introduisez-moi auprès de votre mère; car je
lui apporte une lettre et un présent du seigneur votre père. —
Très-volontiers, mon seigneur, » répondit la jeune fille, qui
paraissait avoir environ quatorze ans. Et laissant à une de ses
compagnes la robe qu'elle lavait, sans se coiffer ni se chausser,
car elle avait les jambes nues et les cheveux flottants, elle marcha en sautillant devant le cheval du page. « Venez, seigneur,
dit-elle à celui-ci, notre maison est à l'entrée du village, et ma
mère est en peine, parce qu'elle n'a pas reçu depuis nombre de
jours des nouvelles du seigneur mon père. — Eh bien, dit le
page, je lui en apporte de si bonnes, qu'elle aura à en rendre
grâces à Dieu. »

A la fin, tout en sautant, causant et gambadant, la jeune
fille arriva au village, et, avant de passer le seuil de la maison,
elle cria à la porte : « Sortez, mère Thérèse, sortez, sortez;

voici un seigneur qui apporte des lettres et d'autres choses de la part de mon bon père. » A ces cris, Thérèse Pança sortit, filant une quenouille de chanvre, et vêtue d'un jupon brun, fort court, avec un corsage pareil et une chemise montante. Elle n'était pas encore vieille, elle ne passait pas de beaucoup la quarantaine ; du reste, robuste, droite, nerveuse et hâlée. Dès qu'elle aperçut sa fille suivie d'un page à cheval : « Qu'y a-t-il, petite ? lui dit-elle ; et quel est ce seigneur ? — C'est un serviteur de madame dona Thérèse Pança, » dit le page. Et aussi-

tôt, mettant pied à terre, il alla s'agenouiller respectueusement devant madame Thérèse, en disant : « Que Votre Grâce, madame doña Thérèse, veuille bien me donner ses mains à baiser, comme propre et légitime épouse du seigneur don Sancho Pança, le propre gouverneur de l'île Barataria. — Eh! bon Dieu! n'en faites rien, et ne restez pas ainsi, s'écria Thérèse; je ne suis qu'une pauvre paysanne, fille d'un laboureur, femme d'un écuyer errant, et non d'un gouverneur quelconque. — Votre Grâce, répondit le page, est la dignissime épouse d'un gouverneur archidignissime; et comme preuve de cette vérité, qu'elle reçoive cette lettre et ce présent. » En même temps il tira de sa poche un collier de corail monté en or, et il le lui passa au cou en disant : « Cette lettre est du seigneur gouverneur; cette autre est, ainsi que ce collier de corail, de madame la duchesse, qui m'a envoyé vers vous. »

Thérèse demeura stupéfaite, et sa fille de même. « Je veux mourir, dit la jeune fille, si notre seigneur don Quichotte n'a passé par là; c'est lui qui aura donné à mon père le gouvernement où le comté qu'il lui avait tant de fois promis. — Précisément, répliqua le page; c'est à la considération du seigneur don Quichotte que le seigneur Sancho est présentement gouverneur de l'île Barataria, comme on peut le voir par cette lettre. — Votre Grâce voudrait-elle bien me la lire, seigneur gentilhomme? reprit Thérèse; je sais filer, mais pour lire, je n'en suis pas. — Ni moi non plus, ajouta Sanchica; mais attendez un moment, je vais aller chercher quelqu'un pour lire cette lettre, soit le curé lui-même, soit le bachelier Samson Carrasco, qui viendront de bon cœur pour apprendre des nouvelles de mon père. — Il n'y a besoin d'appeler personne, repartit le page; moi, je ne sais pas filer, mais je sais lire, et je vais en faire la lecture. » En effet, il lut d'un bout à l'autre celle qu'on a déjà vue; puis il prit celle de la duchesse, qui s'exprimait ainsi :

« Amie Thérèse,

« Les bonnes qualités de cœur et d'esprit de votre mari
« Sancho m'ont portée et déterminée à prier le duc mon
« époux de lui donner le gouvernement d'une des îles nom-
« breuses qu'il possède. D'après ce que j'ai appris, il gou-
« verne comme un gerfaut, ce qui me remplit de joie, ainsi
« que mon seigneur le duc. Je rends mille fois grâces au Ciel
« de ne m'être pas trompée en le désignant pour ce gouver-
« nement; car il faut que madame Thérèse sache combien il
« est difficile de rencontrer un bon gouverneur en ce monde;
« et Dieu veuille me donner autant de bonté qu'il a accordé
« d'habileté à Sancho! Je vous envoie, ma chère, un collier
« de corail monté en or, et je voudrais qu'il fût de perles
« orientales; mais, comme on dit, celui qui te donne un os
« ne souhaite pas ta mort : un temps viendra où nous nous
« connaîtrons, où nous nous verrons; et Dieu sait ce qu'alors
« il aviendra. Recommandez-moi à votre fille Sanchica, et
« assurez-lui de ma part qu'elle se tienne pour dit qu'au
« moment où elle y pensera le moins, je la marierai haute-
« ment. On dit que dans votre pays il y a de gros glands bons
« à manger; envoyez-m'en deux douzaines; venant de vous, ils
« auront du prix pour moi. Écrivez-moi longuement; donnez-
« moi des nouvelles de votre santé, de votre condition; et si
« vous avez besoin de quelque chose, vous n'avez qu'à deman-
« der, vous serez servie à souhait. Que Dieu vous ait en sa
« garde!

« De cet endroit, votre amie qui vous aime bien,

« LA DUCHESSE. »

« Ah! dit Thérèse après avoir entendu cette lettre, quelle
bonne dame! comme elle est simple et tout unie! C'est avec

de telles dames que je veux être enterrée, et non, avec les femmes de hidalgos de ce pays-ci, qui, à cause de leur qualité, s'imaginent que le vent ne doit pas les toucher, et qui se rendent à l'église avec une démarche de reine, et croiraient se déshonorer si elles regardaient une paysanne. Voilà cette bonne dame qui, toute duchesse qu'elle est, m'appelle son amie, et me traite comme si j'étais son égale. Pour ce qui est des glands, seigneur, je lui en enverrai une mesure, et si gros, qu'on viendra les voir comme une merveille. A cette heure, Sanchica, occupe-toi de régaler ce seigneur. Aie soin de son cheval, va chercher des œufs à l'écurie, coupe une bonne tranche de lard, et faisons-le dîner comme un prince, en récompense des bonnes nouvelles et de la bonne mine dont il est porteur. Pendant ce temps-là, je vais sortir pour faire part aux voisines de notre contentement, ainsi qu'à notre père le curé et à maître Nicolas le barbier, qui ont été et qui sont encore de si bons amis de ton père. — Oui, ma mère, je n'y manquerai pas, répondit Sanchica ; mais songez que vous aurez à me donner la moitié de ce collier, car je ne crois pas madame la duchesse assez simple pour vous le donner à vous seule. — Il est pour toi tout entier, fille, répondit Thérèse ; laisse-le-moi seulement porter quelques jours au cou ; car rien que de le voir, cela me réjouit le cœur. — Vous vous réjouirez de nouveau, dit le page, quand vous verrez le paquet que renferme ce portemanteau ; c'est un habit du plus fin drap que le gouverneur a porté à la chasse un seul jour, et qu'il envoie à Sanchica pour son usage. — Qu'il vive mille années, s'écria Sanchica, et celui qui l'apporte tout autant, et même deux mille au besoin ! »

Thérèse sortit alors, les lettres à la main et le collier au cou, frappant les lettres du revers de la main, comme si c'eût été un tambour de basque. Elle rencontra par hasard le curé et Samson, et leur dit en sautant de joie : « Par ma foi, à présent qu'il n'y a plus de parent pauvre, nous tenons un petit gouvernement ; et à cette heure, que la plus huppée des femmes de hidalgos vienne s'en faire accroire avec moi, je la recevrai comme il faut. — Qu'y a-t-il donc, Thérèse Pança ? Quelles folies nous débitez-vous ? Et quels sont ces papiers que vous tenez ? — Toute la folie, s'il y en a, c'est que ces lettres sont de duchesses et de gouverneurs, que ce collier qui est à mon cou est de corail fin, que les *Ave* et les *Pater* sont en or pur, et que je suis gouverneuse. — Nous vous comprendrons avec l'aide de Dieu, Thérèse ; car nous ne savons ce que vous voulez dire. — Vous pouvez le voir, » dit-elle en leur remettant les lettres. Le curé les lut à haute voix, de manière que Samson Carrasco les entendît ; puis ils se regardèrent l'un l'autre, fort étonnés de cette lecture. Le bachelier demanda qui avait apporté ces lettres. Thérèse répondit qu'ils pouvaient venir chez elle, qu'ils y trouveraient le porteur de ce message, qui était un jeune garçon de toute beauté, et qui lui apportait un autre présent de plus grande valeur encore. Le curé lui ôta le collier du cou, regarda plus d'une fois les coraux, qu'il reconnut pour fins, et, redoublant de surprise, il dit : « Par l'habit que je porte, je ne sais que dire ni que penser de ces lettres et de ces présents ; d'une part, je juge au doigt et à l'œil que ces grains de corail sont de belle qualité ; d'un autre côté, je vois une duchesse qui demande deux douzaines de glands. — C'est une fusée un peu embrouillée, dit Samson ; mais allons voir ce messager ; il nous aidera peut-être à éclaircir les difficultés qui nous arrêtent. »

Ils s'acheminèrent donc, en compagnie de Thérèse. Ils trouvèrent le page occupé à cribler un peu d'orge pour sa monture, et Sanchica coupant un morceau de lard pour le fricasser avec des œufs et pour donner au page de quoi dîner. Ils furent frappés de la bonne tenue et des façons de ce jeune homme, et, après un échange de salutations courtoises, Samson le pria de

leur donner des nouvelles de don Quichotte, ainsi que de
Sancho Pança. Encore qu'ils eussent lu, dirent-ils, les lettres
de Sancho et de madame la duchesse, ils n'en étaient pas moins
intrigués, et ne pouvaient deviner cette énigme du gouvernement de Sancho, et notamment d'une île, sachant que toutes
celles de la Méditerranée appartenaient à Sa Majesté. « Que le
seigneur Pança soit gouverneur, répondit le page, cela est hors
de doute ; que ce soit d'une île ou non, c'est ce dont je ne
saurais vous répondre ; tout ce que je puis vous dire, c'est que
le bourg a plus de mille habitants. Pour ce qui est des glands,
madame la duchesse est tellement simple et sans façon, qu'il
lui est arrivé d'emprunter un peigne à une voisine. Il faut
que Vos Grâces sachent bien que les dames d'Aragon, quoique
d'aussi haute naissance, ne sont pas fières et pointilleuses
comme celles de Castille ; elles traitent les gens avec plus de
bonhomie. »

Au milieu de cette conversation, Sanchica arriva avec un
panier plein d'œufs. « Dites-moi, demanda-t-elle au page, le
seigneur mon père porte-t-il des hauts-de-chausses depuis
qu'il est gouverneur ? — Je ne l'ai pas remarqué, dit-il ; mais
cela est probable. — Ah ! mon Dieu, reprit Sanchica, que j'aurai de plaisir à le voir ainsi, moi qui en ai envie depuis que je
suis au monde ! — Comment donc ! vous le verrez avec tout
cela, repartit le page ; et quand il aura gouverné une couple de
mois, il ne cheminera plus que la figure couverte. »

Le curé et le bachelier s'aperçurent de reste que le page se
moquait ; toutefois la finesse des coraux et l'habit de chasse envoyé par Sancho (car Thérèse le leur avait fait voir) boulever-
saient leurs idées. Ils n'en rirent pas moins de l'envie de Sanchica, et de Thérèse surtout, lorsqu'elle leur dit : « Seigneur
curé, guettez, je vous prie, quelqu'un qui aille à Madrid ou à
Tolède, pour qu'il m'achète un vertugadin rond, fait et parfait,
à la mode et des meilleurs qui se puissent ; car, en vérité, je

tiens à faire honneur au gouvernement de mon mari autant qu'il sera en mon pouvoir ; et, pour peu que je me fâche, je m'en irai à la cour, voire même en carrosse comme tant d'autres ; car enfin, avec un mari gouverneur, on peut bien se passer cette dépense et la soutenir. — Plût à Dieu, mère, interrompit Sanchica, que ce fût aujourd'hui plutôt que demain, quand bien même on devrait dire en me voyant assise dans le carrosse avec ma mère : « Tiens, voyez donc cette petite pécore, la « fille de ce mangeur d'ail, comme elle se carre, comme elle « s'allonge dans son carrosse ! ne dirait-on pas une papesse ? » Mais peu importe qu'ils se crottent les pieds, pourvu que les miens ne portent pas à terre. Foin des envieux et des médisants ! pourvu que j'aie les pieds chauds, je leur permets de rire. Est-ce bien dit, mère ? — Comment ? c'est parler d'or, fille, répondit Thérèse ; toutes ces aubaines, et d'autres encore plus grandes, le bon Sancho me les a prophétisées ; et tu verras qu'il ne sera pas content que je ne sois comtesse ; dans la route du bonheur il n'y a que le premier pas qui coûte. J'ai souvent ouï dire à ton père, qui est aussi le père aux proverbes : Quand on te donnera la génisse, passe-lui la corde au cou ; quand on te donnera un gouvernement, prends-le ; un comté, embourse-le ; et si l'on te dit *tiens, tiens,* en te jetant quelque bon morceau, ramasse-le encore ; autrement dors, ferme l'oreille aux bonnes fortunes qui viendront frapper à ta porte. — Eh ! qu'est-ce que ça me fait à moi, reprit Sanchica, qu'on dise en me voyant glorieuse et gourmée : Une fois que le chien s'est vu des chausses, il a méconnu son compagnon ? »

Quand le curé entendit ces propos, il s'écria : « En vérité, je ne puis m'empêcher de croire que tous ces Panças sont venus au monde ayant chacun dans le corps un sac de proverbes ; je ne connais aucun d'eux qui n'en débite à tout instant et à tout propos. — C'est la vérité, dit le page, que le seigneur gouverneur Sancho en sème à chaque pas ; et quoiqu'ils n'arrivent pas toujours parfaitement à point, ils n'en font pas moins de plaisir, et Leurs Seigneuries le duc et la duchesse les goûtent beaucoup. — Votre Grâce, mon seigneur, dit le bachelier, persiste donc à affirmer que ce gouvernement est réel, et qu'il existe au monde une duchesse qui écrit ces lettres et envoie ces présents? Car pour nous, bien que nous ayons touché les présents et lu les lettres, nous n'y croyons pas; et nous regardons cela comme le fait de notre compatriote don Quichotte, qui pense que tout se passe autour de lui par enchantement. Aussi je dirais presque que je veux palper et tâter Votre Grâce pour m'assurer si vous êtes un ambassadeur fantastique, ou bien un homme en chair et en os. — Tout ce que je sais de moi, seigneur, répondit le page, c'est que je suis un ambassadeur véritable, que le seigneur Sancho Pança est un gouverneur effectif, que mes seigneurs le duc et la duchesse pouvaient lui donner et lui ont donné ce gouvernement, et que, d'après ce que j'ai ouï dire, ledit Sancho Pança s'y comporte merveilleusement. Qu'il y ait ou qu'il n'y ait pas là enchantement, c'est ce que Vos Grâces peuvent discuter entre elles; quant à moi, je n'en sais pas davantage, et j'en fais le serment par la vie de mes père et mère, qui sont bien portants et que j'aime et chéris de tout mon cœur. — Cela peut bien être, répliqua le bachelier; néanmoins *dubitat Augustinus*. — Doute qui voudra, repartit le page; tout cela est pourtant conforme à la vérité, qui surnage au-dessus du mensonge comme l'huile au dessus de l'eau. Au surplus, que l'un de vous vienne avec moi, et vos yeux verront ce que vos oreilles ne veulent pas croire. — C'est à moi de faire ce voyage, s'écria Sanchica; que Votre Grâce me prenne en croupe sur son cheval, j'irai volontiers voir le seigneur mon père. — Les filles des gouverneurs, répondit le page, ne s'en vont point ainsi seules par les chemins; elles marchent toujours accompagnées de carrosses et de litières et d'une nombreuse suite de gens. — Pardine, dit Sanchica, j'irai tout aussi bien sur une bourrique que dans un carrosse ; je ne fais pas tant la mijaurée. — Tais-toi, petite, dit Thérèse ; tu ne sais ce que tu dis, et ce seigneur a raison ; autres temps, autres gens ; à Sancho Sancha, au gouverneur la dame, si je ne me trompe. — Dame Thérèse en dit plus qu'elle ne pense, dit le page ; mais qu'on me donne à dîner, et qu'on m'expédie promptement ; car je compte m'en retourner ce soir.

— Votre Grâce, dit alors le curé, viendra faire pénitence avec moi ; car dame Thérèse a plus de bonne volonté que de bonnes raisons pour bien servir un si digne hôte. » Le page commença par refuser ; mais en définitive et dans son intérêt il se rendit ; le curé fut charmé de l'emmener pour le faire jaser sur les nouveaux exploits de don Quichotte. Le bachelier s'offrit à écrire les réponses de Thérèse ; mais celle-ci, qui le connaissait comme tant soit peu goguenard, ne voulut pas le mêler dans ses affaires. Elle donna donc un gâteau et deux œufs à un moinillon qui savait écrire ; celui-ci lui écrivit deux lettres, l'une pour son mari, l'autre pour la duchesse, tirées toutes les deux de sa propre cervelle.

CHAPITRE XXIII

De la belle conclusion qu'eut le gouvernement de Sancho Pança.

IMAGINER qu'en ce monde les choses doivent demeurer dans le même état, c'est croire l'impossible ; au contraire, tout y semble marcher en rond ou à la ronde. Au printemps succède l'été, à l'été l'automne, à l'automne l'hiver, et à l'hiver le printemps ; c'est ainsi que le temps tourne sur cette roue perpétuelle. Seule, la vie humaine court à son terme plus légère que le temps, sans espoir de se renouveler, si ce n'est dans l'autre vie, qui n'a point de limites. Cette légèreté, cette instabilité de la vie présente, de même que la durée éternelle de la vie future, beaucoup de gens, dépourvus de la lumière de la foi, et avec le seul secours de la lumière naturelle, l'ont facilement comprise. Mais ici nous voulons parler de la rapidité avec laquelle se termina, se consuma, s'anéantit et s'évanouit comme une fumée ou comme une ombre le gouvernement de Sancho.

La septième nuit depuis sa prise de possession, il était dans son lit, rassasié, non de pain ni de vin, mais de rendre des jugements, de donner des avis, de faire des arrêtés et de publier des ordonnances. Déjà le sommeil, plus fort que la faim, commençait à lui clore les paupières, quand il entendit un grand bruit de cloches et de voix, comme si toute l'île s'écroulait ; il se mit sur son séant, et prêta l'oreille pour tâcher de deviner la cause de ce vacarme effroyable. Non-seulement il ne put rien démêler, mais ce tapage se grossit bientôt du son des tambours et des trompettes.

Plein de trouble et d'épouvante, il se jeta en bas de son lit, passa ses pieds dans des pantoufles à cause de la fraîcheur du sol, et sans se couvrir d'une robe de chambre ni d'aucune espèce de vêtement, il ouvrit la porte de sa chambre. Au même instant il vit accourir, le long des corridors, plus de vingt personnes portant à la main des torches allumées et des épées nues, et criant à tue-tête : « Aux armes ! aux armes ! seigneur gouverneur ; l'île est envahie par d'innombrables ennemis, et nous sommes perdus si votre habileté et votre vaillance ne viennent à notre secours. » C'est avec ce brouhaha, ce tintamarre et cette véhémence qu'ils arrivèrent à l'endroit où Sancho demeurait, tout étourdi et stupéfait de ce qu'il voyait et entendait. L'un d'eux lui dit alors : « Que Votre Seigneurie s'arme promptement, si elle ne veut pas se perdre et perdre l'île du même coup.

— A quoi bon prendre les armes ? répondit Sancho ; est-ce que j'entends quelque chose à des armes et à des secours ? Mieux vaut laisser ce soin à mon maître don Quichotte, qui les expédiera en deux tours de main et nous tirera de cette passe ; quant à moi, pécheur que je suis, je ne me sens pas fait pour de pareilles crises. — Seigneur gouverneur, s'écria un autre, quelle faiblesse est-ce là ! Que Votre Grâce s'arme au plus vite ; nous lui apportons ici des armes offensives et défensives ; sortez sur la place, soyez notre guide et notre capitaine, comme vous en avez le droit en votre qualité de gouverneur. — Eh bien donc, que l'on m'arme, » répliqua Sancho.

Aussitôt ses gens apportèrent deux vastes boucliers dont ils s'étaient pourvus, et les lui appliquèrent par-dessus sa chemise, sans lui laisser le loisir de prendre aucun autre vêtement. Ainsi couvert d'un bouclier par devant et d'un autre par derrière, il passa ses bras par des échancrures pratiquées à cet effet ; puis on le lia fortement avec des cordes ; de telle façon qu'il resta muré et emboîté, droit comme une flèche, sans pouvoir fléchir le genou ni faire un seul pas. Ensuite on lui mit en main une lance, sur laquelle il s'appuya pour pouvoir se tenir debout. Dans cet équipage, on lui dit de marcher en avant, afin de guider et d'enflammer les autres, comme la boussole, le fanal et le flambeau qui devait donner aux choses une heureuse direction. « Eh ! merci de moi ! comment donc voulez-vous que je marche, répondit Sancho, quand je ne puis jouer des rotules, claquemuré que je suis entre ces deux planches qui me pressent les chairs ? Ce qu'il y a à faire, c'est de m'enlever à bras, et de me placer debout ou en travers derrière quelque poterne que je défendrai de ma lance ou de mon corps. — En avant, seigneur gouverneur, c'est la crainte plutôt que les planches qui vous roidit les jambes ; sus, finissez-en de vous remuer ; il se fait tard, les ennemis augmentent, les cris redoublent, et le péril s'accroît. »

Poussé par ces incitations et ces reproches, le pauvre gouverneur essaya de bouger; mais il ne réussit qu'à donner tout de son long à terre, et si pesamment, qu'il se crut brisé par morceaux. Il resta là comme une tortue enserrée dans sa carapace, ou comme un morceau de lard entre deux huches, ou bien encore comme une barque engravée sur le rivage. Loin que cette malicieuse engeance en eût compassion, ils éteignirent leurs torches, renforcèrent leurs cris, et, passant et repassant sur le pauvre Sancho, ils donnèrent sur les pavois qui le couvraient

d'innombrables coups d'épées, au risque de lui faire un très-mauvais parti, s'il n'eût rentré et ramassé sa tête entre cette double enveloppe, où le pauvre gouverneur, étroitement resserré, suait à grosses gouttes, priant Dieu de le délivrer d'un si grand péril. Les uns trébuchaient, les autres roulaient sur lui; l'un d'eux alla jusqu'à se planter pendant quelque temps sur son corps, et là, comme sur une élévation de terrain, il commandait les troupes et criait d'une voix forte : « Ici les nôtres; l'ennemi se porte par là, qu'on garde cette poterne; qu'on barre cette porte; coupez ces escaliers; apportez des pots à feux, de la poix, de la résine, des chaudières d'huile bouillante; qu'on étende des matelas dans les rues. » Enfin il nommait tout d'un trait les divers engins, instruments et moyens de guerre avec lesquels on a coutume de défendre une ville assiégée. Le pauvre Sancho, moulu et broyé, entendait et souffrait tout cela, se disant tout bas : S'il plaisait à Dieu que cette île fût perdue sans retour, ou que je fusse ou mort, ou délivré de cette rude angoisse! Le Ciel exauça sa prière; et, au moment où il s'y attendait le moins, il entendit des voix qui criaient : « Victoire! victoire! les ennemis tournent le dos. Allons, seigneur gouverneur, mettez-vous sur pieds; venez jouir du triomphe, et partager les dépouilles arrachées à l'ennemi par la vaillance de cet invincible bras. — Relevez-moi, » dit alors d'une voix dolente Sancho l'endolori. On le releva, et dès qu'il fut debout : « L'ennemi que j'ai vaincu, dit-il, je veux qu'on me le cloue sur le front. Il ne s'agit pas pour moi de partager des dépouilles, mais de prier et de supplier quelque ami, si j'en ai un parmi vous, de me donner un verre de vin, car j'ai le gosier desséché, et de m'essuyer, car je fonds en eau. » On l'essuya, on lui apporta du vin, on délia les boucliers, et on le déposa sur son lit, où il s'évanouit par suite de la peur, du trouble et de la fatigue qu'il avait éprouvés.

Déjà les auteurs de cette plaisanterie se prenaient à regretter de l'avoir poussée si loin; mais, en le voyant revenir à lui, ils sentirent se dissiper la crainte que sa défaillance leur avait causée. Il demanda quelle heure il était; on lui répondit que le jour commençait à paraître. Sans ajouter un seul mot, il se mit à s'habiller, toujours dans le plus grand silence. Chacun le regardait, et se demandait à quoi il voulait en venir avec ces apprêts. Ayant enfin achevé de se vêtir, ce qu'il ne put faire que petit à petit, et trop moulu pour aller vite en besogne, il se dirigea vers l'écurie, où le suivirent tous ceux qui se trouvaient là. S'approchant du grison, il lui passa ses bras autour du cou, lui donna sur le front un baiser de paix, et lui dit les larmes aux yeux : « Venez, mon compagnon et mon ami, vous qui avez partagé mes fatigues et mes misères; tant que nous avons vécu ensemble, je n'ai pas eu d'autre pensée que de raccommoder vos harnais, de nourrir votre gentille personne; alors heureux étaient mes heures, mes jours et mes années. Depuis que je vous ai quitté, depuis que j'ai monté sur les tours de l'ambition et de l'orgueil, il m'est entré dans l'âme mille misères, mille souffrances et quatre fois plus de soucis. » Tout en lui tenant ce langage, il s'en allait bâtant et bridant son âne, sans que personne lui dît une parole.

Son âne étant complétement harnaché, il se hissa, non sans peine, sur son dos, et s'adressant alors au majordome, au secrétaire, au maître d'hôtel, au docteur Pedro Recio, en un mot, à tous les assistants : « Place, place, mes seigneurs, dit-il; laissez-moi reprendre ma liberté; laissez-moi retourner à ma vie passée qui me ressuscitera de cette mort présente. Je ne suis pas né pour être gouverneur, pour défendre îles ni cités contre les attaques de leurs ennemis. Je m'entends mieux à labourer ou à bêcher la terre, et à tailler la vigne, qu'à faire des lois et à sauver provinces ou royaumes. Saint Pierre est bien à Rome; autrement dit, chacun est à sa place lorsqu'il fait le métier pour lequel il est né. Une faucille me va mieux à la main qu'un sceptre de gouverneur; et j'aime mieux me nourrir de soupe à l'oignon que d'être à la merci d'un impertinent médecin qui me fait mourir de faim; comme aussi j'aime mieux, en conservant ma liberté, m'étendre l'été à l'ombre d'un chêne, et l'hiver me couvrir d'une peau de chèvre, que de renfermer entre deux draps de Hollande les soucis du gouvernement et me garnir de martres zibelines. Je baise les mains à Vos Grâces, et je les prie de dire au duc mon seigneur que nu je suis venu au monde, nu je me trouve : je ne perds ni ne gagne. Je veux dire que je suis entré dans ce gouvernement sans un maravédis et que j'en sors de même, bien au rebours de ce qu'ont coutume de faire les gouverneurs d'îles. Rangez-vous, et laissez-moi passer ; je vais me frotter les côtes, que je crains d'avoir toutes brisées, grâce aux ennemis qui cette nuit se sont promenés sur moi.

— Il n'en sera pas ainsi, seigneur gouverneur, dit le docteur Recio ; je donnerai à Votre Grâce une potion contre les chutes et les meurtrissures, qui vous rendra promptement toute votre vigueur première. A l'égard des repas, je vous promets de modifier mon régime, et de vous laisser manger abondamment et à votre guise. — Ta, ta, c'est du réchauffé, répliqua Sancho ; je resterai ici tout comme je me ferai Turc. Non, non, on ne me jouera pas deux fois le même tour. Pardieu ! j'ai autant d'envie de garder ce gouvernement-ci ou d'en prendre un autre, me fût-il offert entre deux plats, que de m'envoler au ciel sans ailes. Je suis de la famille des Panças, qui tous sont têtus ; et quand une fois ils ont dit non, quand ce serait oui, ils le soutiendraient mordicus à la barbe du monde entier. Laissons dans cette écurie les ailes de la fourmi, qui ne m'ont élevé en l'air que pour être mangé par les hirondelles et les autres oiseaux ; revenons-en à marcher terre à terre ; et si les pantoufles de maroquin piqué n'ornent plus nos pieds, les chaussures de corde ne leur manqueront jamais. Chaque brebis avec sa pareille ; et il ne faut pas allonger la jambe plus qu'il n'y a de drap ; et qu'on me laisse passer, car il se fait tard.

— Seigneur gouverneur, dit alors le majordome, nous laisserions bien volontiers partir Votre Grâce, malgré tout le chagrin que nous aurons de vous perdre ; car votre esprit et votre conduite chrétienne nous portent à vous regretter. Mais on sait que tout gouverneur est obligé, avant de quitter le siége de son gouvernement, à faire résidence pour rendre ses comptes. Que Votre Seigneurie s'y conforme pour les huit jours pendant lesquels elle a rempli cet office, et ensuite qu'elle se retire avec la paix de Dieu. — Personne n'a de comptes à me demander, repartit Sancho, si ce n'est le duc mon seigneur ; je vais le rejoindre, et je compterai avec lui de clerc à maître. D'ailleurs, sortant tout nu de ce gouvernement, je n'ai pas besoin de donner d'autres preuves que j'ai gouverné comme un ange. — Pardieu ! le grand Sancho a raison, dit le docteur Recio ; et je suis d'avis que nous le laissions se rendre auprès du duc, qui aura grand plaisir à le voir. » Tous se rallièrent à cette opinion ; on le laissa partir, en lui offrant d'abord de l'accompagner, et ensuite de lui fournir tout ce qui lui serait agréable pour sa personne et commode pour son voyage. Sancho répondit qu'il ne voulait qu'un peu d'orge pour le grison, et un demi-fromage avec un demi-pain pour lui ; que, le chemin étant très-court, il n'avait pas besoin d'autres provisions. Tous lui prodiguèrent des embrassements qu'il leur rendit en pleurant à chaudes larmes ; et il les laissa aussi étonnés de ses discours que de la promptitude et de la sagesse de sa détermination.

CHAPITRE XXIV

Qui traite de choses se rapportant à cette histoire, et non à aucune autre.

ALORS que ces faits s'accomplissaient à Barataria, don Quichotte continuait à jouir de l'hospitalité du duc et de la duchesse, non sans rencontrer quelques aventures que lui suscitaient ses hôtes, résolus à s'amuser jusqu'au bout aux dépens du chevalier de la Manche. Il écrivait à Sancho, et lui transmettait la suite de ses judicieux conseils pour le gouvernement de son île ; et déjà Sancho lui avait fait répondre par son secrétaire, en recommandant à celui-ci d'écrire ce qu'il lui dicterait, sans ajouter ni retrancher la moindre chose.

Un jour que don Quichotte était à table avec le duc et la duchesse, le repas allait finir, lorsque, pour le leur faire achever gaiement et pour leur servir un bon plat de dessert, entra dans la salle le page qui avait servi de messager auprès de Thérèse, épouse du gouverneur Sancho Pança. Son arrivée causa une grande joie au duc et à la duchesse, curieux d'apprendre ce qui lui était arrivé dans son voyage. On le questionna donc ; mais le page répondit qu'il ne pouvait, publiquement ni en peu de mots, donner les explications qu'on lui demandait ; que Leurs Excellences trouvassent bon de différer jusqu'au moment où elles seraient seules, et qu'elles se divertissent en attendant à lire les lettres qu'il leur rapportait. En même temps il tira deux lettres, et les remit dans les mains de la duchesse. L'une portait en suscription : « Lettre pour « Madame la duchesse telle, je ne sais où ; » l'autre : « A mon « mari Sancho Pança, gouverneur de l'île Barataria, à qui « Dieu accorde plus d'années qu'à moi. » Les mains démangeaient à la duchesse de l'envie d'ouvrir cette lettre ; elle l'ouvrit donc, la lut pour elle seule ; puis, voyant que le duc et les assistants pouvaient l'entendre, elle en donna lecture à voix haute.

LETTRE

DE THÉRÈSE PANÇA A LA DUCHESSE

« J'ai reçu bien du contentement, Madame, de la lettre que
« Votre Grandeur m'a écrite, et qui en vérité était fortement

« désirée de ma part. Le collier de corail est tout à fait bien,
« et l'habit de chasse de mon mari n'est pas pire. De ce que
« Votre Seigneurie a fait gouverneur Sancho, mon conjoint,
« tout ce village s'en est réjoui, quoique personne ne veuille
« y croire, principalement le curé, maître Nicolas le barbier,
« et le bachelier Samson Carrasco; mais à moi cela ne me
« fait rien, car pourvu que les choses soient comme elles
« sont, que chacun en glose à sa façon. Cependant, pour
« dire la vérité, si je n'avais vu arriver les coraux et l'habit,
« je serais encore à y croire, parce que dans le village ils
« tiennent tous mon mari pour un nigaud, et hormis pour
« gouverner un troupeau de chèvres, ils ne peuvent imaginer
« pour quel genre de gouvernement il est bon. Que Dieu l'as-
« siste et le dirige comme il voit que ses enfants en ont
« besoin! Pour moi, dame de mon âme, je suis bien résolue,
« avec la permission de Votre Grâce, à mettre cette bonne
« aubaine dans ma maison, et à m'en aller à la cour allongée
« dans un carrosse, pour brûler les yeux aux mille envieux
« qui déjà se mettent après moi. Et ainsi je supplie Votre
« Excellence de mander à mon mari qu'il m'envoie quelques
« pièces de monnaie, et que cela en vaille la peine; car à la
« cour l'argent va grand train. Le pain y vaut un réal, et la
« viande trente maravédis la livre, que ça fait frémir. Si par
« hasard il ne veut pas que j'y aille, qu'il m'en avise sans
« perdre de temps; car les pieds me grillent de me mettre en
« route. Mes amies et mes voisines me disent que si nous
« allons à la cour, ma fille et moi, pimpantes et pompon-
« nées, il arrivera que mon mari sera connu par moi, et non
« pas moi par lui, et que plus d'un s'en ira demandant:
« Quelles sont les dames de ce carrosse? Un de mes valets
« répondra: La femme et la fille de Sancho Pança, gouver-
« neur de l'île Barataria; et c'est ainsi que Sancho sera connu,
« et moi honorée, et à Rome pour tout. Je regrette autant

« qu'on le puisse que cette année on n'ait pas récolté de glands
« dans le pays ; j'en envoie cependant à Votre Altesse un demi-
« boisseau, que je suis allée moi-même ramasser et choisir
« un à un sur la montagne ; je n'ai pu en trouver de plus
« gros, et je voudrais qu'ils fussent comme des œufs d'au-
« truche.

« Que Votre Magnificence n'oublie pas de m'écrire ; je pren-
« drai souci de la réponse, en vous informant de ma santé et
« de tout ce que j'aurai à vous apprendre de ce pays, où je
« reste à prier Dieu qu'il garde Votre Grandeur, et qu'il ne
« m'oublie pas. Ma fille Sancha et mon fils baisent les mains
« à Votre Grâce.

« Celle qui a encore plus d'envie de voir Votre Seigneurie
« que de lui écrire,

« Votre servante,

« Thérèse Pança. »

Grande fut la joie de tous les auditeurs, principalement celle du duc et de la duchesse, en entendant la lettre de Thérèse Pança. La duchesse demanda à don Quichotte s'il était d'avis qu'on pût ouvrir la lettre adressée au gouverneur, et qu'elle imaginait devoir être excellente. Don Quichotte dit qu'il l'ouvrirait pour leur être agréable ; il le fit donc, et voici ce qui était écrit :

LETTRE

DE THÉRÈSE PANÇA A SANCHO PANÇA, SON MARI

« J'ai reçu ta lettre, cher Sancho de mon âme, et je te
« promets et te jure, foi de chrétienne et catholique, que je
« n'ai pas été à plus de deux doigts de devenir folle de con-

« tentement. Vois-tu, ami, quand j'ai entendu dire que tu
« étais gouverneur, j'ai failli en tomber morte sur la place ;
« car tu sais qu'on dit qu'une joie subite peut tuer aussi bien
« qu'une grande douleur. Ta fille Sanchica n'a pas pu se rete-
« nir, tant elle était transportée. J'avais devant les yeux l'habit
« que tu m'as envoyé, et au cou les coraux de madame la
« duchesse ; je tenais les lettres en main et j'étais en présence
« du messager, et avec tout cela je croyais et m'imaginais
« que tout ce que je voyais et touchais n'était qu'un songe :
« et, en effet, comment se figurer qu'un gardeur de chèvres
« pût devenir un gouverneur d'îles ? Tu sais bien, ami, que
« ma mère disait : Il faut beaucoup vivre pour voir beaucoup.
« Je pense donc voir davantage si je vis plus longtemps ; je
« ne désespère pas de te voir fermier de la gabelle ou de l'oc-
« troi ; offices qui envoient au diable ceux qui ne s'y com-
« portent pas bien, mais où il y a en fin de compte de l'ar-
« gent à recevoir et à manier. Madame la duchesse te dira le
« désir que j'ai d'aller à la cour ; songes-y, et donne-moi ton
« avis ; je chercherai à te faire honneur en me montrant en
« carrosse.

« Le curé, le barbier, le bachelier et jusqu'au sacristain se
« refusent à croire que tu sois gouverneur ; ils disent que tout
« cela est imposture ou affaire d'enchantement, comme tout ce
« qui touche ton maître don Quichotte. Samson dit qu'il veut
« t'aller chercher pour te tirer le gouvernement de la tête, et
« pour ôter à don Quichotte la folie qui lui tient le cerveau ;
« moi, je ne fais autre chose que rire, regarder mon collier, et
« prendre mesure de la jupe que je compte faire à notre fille
« avec ton habit. J'ai envoyé quelques glands à madame la
« duchesse ; que ne sont-ils d'or ! Envoie-moi quelques colliers
« de perles, si c'est l'usage d'en porter dans ton île.

« Les nouvelles du pays sont, que la Berrueca a marié sa
« fille à un méchant peintre qui est venu dans le village pour

« peindre ce qui se trouverait. Le conseil lui avait commandé
« de peindre les armes du roi sur la porte de la municipalité.
« Il a demandé deux ducats, qu'on lui a avancés ; il a travaillé
« huit jours, au bout desquels rien n'était fait ; il a fini par
« dire qu'il ne s'amusait pas à peindre des babioles, et il a
« rendu l'argent : cela n'empêche pas qu'il ne se soit marié à
« titre de bon ouvrier. Il est vrai qu'il a quitté le pinceau pour
« prendre la pioche, et qu'il va aux champs comme un gentil-
« homme. — Le fils de Pedro Lobo a reçu les ordres mineurs
« et la tonsure pour se faire prêtre ; cela est venu aux oreilles
« de Minguilla, la petite-fille de Mingo Silvato, qui a fait une
« demande contre lui, comme en ayant reçu promesse de ma-
« riage : voilà ce que disent les mauvaises langues. — Cette
« année il n'y a pas d'olives, et l'on ne trouve pas dans le vil-
« lage une seule goutte de vinaigre. — Sanchica fait du filet,
« et gagne par jour huit maravédis net ; elle les met dans une
« tirelire pour aider à son trousseau ; mais actuellement qu'elle
« est fille de gouverneur, tu lui donneras une dot, sans qu'elle
« ait besoin d'y travailler. — La fontaine de la place est à sec.
« — Le tonnerre est tombé sur la potence ; autant en arrive à
« toutes les autres ! — J'attends une réponse à la présente, et
« ta décision pour mon voyage à la cour. Sur ce, que Dieu te
« garde autant d'années que moi, si ce n'est davantage, car je
« ne voudrais pas te laisser sans moi dans ce monde.

« Ta femme,

« Thérèse Pança. »

Ces lettres furent suivies d'éloges, de rires, de marques d'estime et d'admiration. La duchesse s'éloigna pour apprendre du page ce qui lui était arrivé dans le pays de Sancho. Le page le lui conta de point en point, sans omettre le moindre détail. Il lui remit les glands, et de plus un fromage que Thérèse lui avait donné pour très-bon, meilleur même que ceux de Tronchon. La duchesse le reçut avec le plus grand plaisir, au milieu duquel nous la laisserons pour voir ce qu'il était avenu, depuis la fin de son gouvernement, du grand Sancho, fleur et miroir de tous les gouverneurs insulaires.

Sancho, moitié triste, moitié content, revenait sur le grison rejoindre son maître, dont la compagnie lui souriait plus que le gouvernement de toutes les îles du monde. Il ne put arriver ce jour-là au château du duc; il en était encore à une demi-lieue environ, lorsque la nuit le surprit. Bien qu'elle fût close et obscure, comme on était alors en été, il ne s'en mit pas en peine, et il s'écarta un peu de la route pour attendre le jour. Mais son sort malencontreux voulut qu'en cherchant une place pour s'y accommoder de son mieux, il tombât avec son âne dans un fossé profond qui se trouvait au milieu de bâtiments en ruine. Pendant les instants que dura sa chute, il se recommanda à Dieu du fond de son cœur, pensant qu'il ne s'arrêterait qu'au plus creux de l'abîme. Toutefois il n'en fut pas ainsi; car à trois toises environ le grison prit pied, et Sancho se trouva sur lui sans avoir reçu aucun mal ni aucune blessure. Il se palpa tout le corps, et retint son haleine pour voir s'il était intact, ou endommagé sur quelque point. Se voyant sain et sauf, entier et catholique de santé, il ne se lassait pas de remercier Dieu de la grâce qu'il lui avait faite, alors qu'il croyait être brisé en mille morceaux. Puis il se mit à tâter avec les mains les parois du fossé pour voir s'il lui serait possible d'en sortir sans secours étranger; mais il reconnut qu'elles étaient unies et sans saillie aucune, ce dont Sancho s'affligea profondément, surtout lorsqu'il entendit son âne se plaindre d'une voix douloureuse et attendrissante; et en vérité ce n'était pas pour peu ni de parti pris, car il n'était pas trop bien équipé.

« Hélas! s'écria alors Sancho Pança, combien d'événements

imprévus surgissent à chaque pas pour ceux qui vivent dans ce
misérable monde ! Eût-on jamais dit que le même homme qui
hier trônait comme gouverneur d'une île, commandant à ses
serviteurs et à ses vassaux, se verrait aujourd'hui enseveli dans
une basse-fosse sans personne pour l'entendre, sans aucun serviteur ni vassal pour lui prêter secours ! Il nous faudra donc
périr ici de faim, moi et ma monture, si nous ne mourons
avant cela, lui tout meurtri et moulu, moi abîmé dans ma
douleur. Et je ne serai pas si heureux que le fut mon maître
don Quichotte, quand il descendit dans la caverne de Montesinos
l'enchanté, où l'on est, dit-il, traité mieux que chez soi, et où
il semble qu'il y ait toujours draps au lit et nappe sur table. Là
il eut, à son dire, de belles et attrayantes visions ; et moi, je ne
compte guère voir ici autre chose que des crapauds et des couleuvres. Malheureux que je suis ! voilà donc où m'ont conduit
mes folies et les rêveries de mon imagination. Pour quiconque
retirera d'ici mes os (quand le Ciel jugera à propos qu'on les
découvre), nets, blancs et bien raclés, ainsi que ceux du grison, il sera facile de nous reconnaître, pour peu qu'on sache
déjà que Sancho Pança et son âne ne se sont jamais quittés.
Misérables que nous sommes encore une fois ! Notre mauvaise
étoile ne nous a pas permis de mourir dans notre patrie et parmi
les nôtres, où, en supposant que notre disgrâce fût sans remède,
nous trouverions quelqu'un pour y compatir, et à notre heure
dernière pour nous fermer les yeux. O toi, mon compagnon et
mon ami, comme j'ai indignement payé tes bons services ! Pardonne-moi, et demande à la fortune, du mieux que tu pourras,
qu'elle nous tire de ce mauvais pas où nous sommes engagés
l'un et l'autre ; je promets, si cela arrive, d'orner ta tête d'une
couronne de laurier, ni plus ni moins que si tu étais un poëte
lauréat, et de doubler ta ration. »

CHAPITRE XXV

Des choses arrivées à Sancho pendant sa route,
et d'autres aussi bonnes à voir.

Telles étaient les lamentations de Sancho Pança, et son âne l'écoutait sans mot dire, tant étaient grandes la détresse et la stupeur du pauvre animal Enfin, la nuit s'étant passée au milieu de ces angoisses et de ces plaintes, vint le jour dont la brillante clarté fit voir à Sancho qu'il lui était impossible, de toute impossibilité, de sortir de son puits sans y être aidé. Il se mit à pousser des gémissements et des cris pour voir s'ils seraient entendus; mais c'était crier dans le désert, car il ne se trouvait dans les environs personne aux oreilles de qui sa voix pût parvenir; il se tint donc définitivement pour mort. L'âne restait étendu la bouche en l'air, Sancho s'arrangea pour le remettre sur ses pieds; mais à peine put-il s'y tenir. Tirant de son bissac, qui avait partagé la catastrophe de sa chute, un morceau de pain, il le donna au grison, qui ne prit pas mal la chose, en lui disant, comme s'il était en état de l'entendre : « Avec du pain tout mal est vain. » Au même instant, il aperçut dans un coin du fossé une ouverture par laquelle une personne pouvait passer en se ramassant et en se courbant. Il se dirigea de ce côté, et entra à quatre pattes dans le trou, qui allait en s'agrandissant; il vit qu'il était large et spacieux; et ce qui le mit à même de faire cette reconnaissance, ce fut un rayon de soleil qui pénétrait par ce qu'on pouvait appeler le toit de cet endroit, et qui éclairait tout l'intérieur du trou. Il vit en outre que ce puits communiquait à une autre cavité assez profonde. Revenant sur ses pas, il prit une pierre, et se mit à élargir le trou en abattant de la terre ; il en vint ainsi en peu de temps à faire un passage suffisant pour l'âne. Il le tira donc par la bride, et s'avança dans la grotte pour chercher à découvrir quelque autre issue. Il marchait parfois à tâtons, et d'autres fois à demi-jour, mais jamais sans trembler. Dieu tout-puissant, se disait-il, ce qui pour moi est malencontre serait une aventure pour mon maître don Quichotte. Ces profondeurs et ces grottes, il les tiendrait pour des jardins fleuris et pour les palais de Galiana, et il s'attendrait à trouver, au sortir de cet obscur défilé, quelque prairie émaillée de fleurs ; tandis que moi, pauvre diable, privé de conseils et dépourvu de courage, je crains à chaque instant de voir s'entr'ouvrir sous mes pas quelque gouffre plus profond que celui-ci et qui m'engloutira sans retour : mal qui viens seul, sois le bien venu. De cette manière et avec ces tristes pensées, il estima qu'il avait cheminé une bonne demi-lieue, au bout de laquelle il découvrit une lumière douteuse ; il lui sembla que ce devait être la clarté du jour pénétrant par quelque ouverture ; il en conclut qu'il allait trouver une issue à ce chemin, qui d'abord lui avait paru n'aboutir qu'à l'autre vie.

Or il arriva que, don Quichotte étant sorti le matin du château, monté sur Rossinante, et promenant dans le libre espace des champs ses pensées amoureuses et ses rêves d'immortelle renommée, sa monture vint à poser le pied si près d'une profonde excavation, que, si son cavalier ne lui eût fortement serré la bride, l'un et l'autre allaient y tomber. Heureusement il la retint, et la chute n'eut pas lieu. Don Quichotte s'approchant encore davantage du bord, sans mettre pied à terre, sonda de l'œil la profondeur de ce trou. Pendant qu'il regardait ainsi, de grands cris se firent entendre, et en prêtant attentivement l'oreille, il put distinguer qu'on disait : « Hé ! là-haut ! y a-t-il quelque chrétien qui m'écoute ? quelque charitable chevalier qui ait compassion d'un pécheur enterré vif, d'un malheureux gouverneur dégouverné ? » Don Quichotte crut entendre la voix de Sancho Pança ; il en demeura confondu et atterré. Élevant la voix autant qu'il pouvait, il cria : « Qui donc est là-bas? Qui se plaint ainsi ? — Et qui serait-ce, et qui se plaindrait, répondit la voix, sinon le désolé Sancho Pança, gouverneur, pour ses péchés et grâce à sa mauvaise étoile, de l'île Barataria, après avoir été écuyer du fameux chevalier don Quichotte de la Manche ? » Ces mots redoublèrent la surprise et l'effroi de don Quichotte, et sur-le-champ il lui vint à l'esprit que Sancho Pança devait être mort, et que c'était son âme en peine dont il entendait les plaintes. Tout à cette pensée, il s'écria : « Je te conjure, par ce qui peut toucher un chrétien catholique, de me dire qui tu es ; si tu es une âme souffrante, indique-moi ce que j'ai à faire pour toi ; puisque ma profession a pour but de secourir et de protéger ici-bas tous les infortunés, pourquoi ne prêterais-je pas mon assistance à ceux de l'autre monde, qui ne peuvent s'aider eux-mêmes ? — A ce compte, répliqua-t-on, vous qui me parlez, vous devez être mon seigneur don Quichotte, et le son de votre voix me prouve que vous ne pouvez être autre que lui. — Oui, sans doute, je suis don Quichotte, celui qui a fait serment de secourir et d'aider dans leurs nécessités les vivants et les morts ; ainsi donc, dis moi qui tu es, sans me laisser l'esprit en suspens ; si tu es mon écuyer Sancho, si tu as quitté ce monde, pourvu que les diables ne t'en aient pas emporté et que la miséricorde de Dieu t'ait placé dans le purgatoire, notre sainte mère l'Église catholique romaine a des indulgences suffisantes pour te tirer de tes angoisses, et pour ma part je les payerai, s'il le faut, de toute ma fortune. Explique-toi donc, et fais-toi connaître. — Je jure, reprit-on, seigneur don Quichotte, par la naissance de qui Votre Grâce voudra, que je suis bien votre écuyer Sancho Pança, et que jamais de ma vie je ne suis mort ; mais qu'ayant planté là mon gouvernement pour choses et pour causes qu'il serait trop long de vous exposer ici, je suis tombé hier soir dans ce trou, où je suis encore ainsi que mon âne, qui ne me laissera pas mentir, puisqu'il est là près de moi. » Chose singulière, comme si l'âne eût compris ce que venait de dire Sancho, il se mit au même instant à braire avec tant de vigueur, que la caverne tout entière en retentit. « Voilà ce qui s'appelle un témoignage ! s'écria don Quichotte ; je reconnais ce braiement comme si je l'avais mis au monde, et ta voix aussi, ami Sancho. Attends, je me rends en hâte au château du duc, et j'amènerai quelqu'un pour te tirer d'ici, où sans doute tes péchés t'ont fait choir. — Allez vite, dit Sancho, et que Votre Grâce revienne bien promptement ; car je ne puis plus longtemps demeurer ainsi enterré vif, et la peur me tue. »

Don Quichotte le laissa, et courut au château conter au duc et à la duchesse l'accident de Sancho Pança. Ils en furent passablement surpris ; mais ils pensèrent qu'il devait être tombé par une ouverture de ce souterrain qui existait de temps immémorial ; ce qu'ils eurent peine à comprendre, c'était que Sancho Pança eût abandonné son gouvernement sans qu'ils eussent reçu avis de son retour. En fin finale, comme on dit, on porta des cordes et des grues, et, non sans beaucoup de monde et beaucoup de peine, on parvint à tirer de ces ténèbres Sancho ainsi que son âne, et à les ramener à la lumière du jour. Un étudiant dit en voyant cela : « C'est ainsi que les mauvais gouverneurs devraient quitter leurs gouvernements, comme ce pécheur sort du fond de l'abîme, mourant de faim, blême et la bourse vide à ce que je suppose. » Sancho, qui entendit ces paroles, dit à son tour : « Frère médisant, il y a huit ou dix jours que j'ai commencé à gouverner l'île dont j'étais chargé ; durant tout ce temps, je n'ai pas eu peut-être une heure pour me rassasier de pain ; des médecins m'ont persécuté ; les ennemis m'ont broyé les os ; je n'ai eu le loisir ni de lever ni de recouvrer des impôts ; et, les choses étant ainsi, je ne méritais pas, ce me semble, de sortir de cette façon. Mais l'homme propose, et Dieu dispose ; et Dieu sait ce qui est le mieux et ce qui convient à chacun ; et il faut prendre le temps comme il vient ; et il ne faut pas dire : Fontaine, je ne boirai pas de ton eau ; et où l'on croit qu'il y a du lard, il n'y a pas même de croc pour le pendre ; et comme Dieu me comprend, suffit, je n'en dirai pas davantage, quoique cela me fût facile. — Ne te fâche pas, Sancho, lui dit don Quichotte, et ne prends pas de souci de ce que tu entendras dire ; car ce serait à n'en pas finir. Viens avec la conscience calme, et laisse dire aux autres ce qu'ils voudront ; prétendre enchaîner les mauvaises langues, c'est la même chose que de vouloir mettre des portes aux champs. Si le gouverneur sort riche de son poste, on dit de lui que c'est un voleur ; s'il en sort pauvre, on le traite de niais et de maladroit. — A coup sûr, répondit Sancho, je devrai plutôt passer cette fois pour un sot que pour un fripon. »

En devisant de la sorte, ils arrivèrent au château, entourés d'enfants et de curieux en grand nombre. Déjà le duc et la duchesse attendaient à une des entrées le retour de don Quichotte et de Sancho. Ce dernier ne voulut pas aller rendre visite au duc avant d'avoir arrangé sa monture dans l'écurie, parce que, disait-il, elle avait passé une mauvaise nuit dans son auberge. Ensuite il monta auprès de ses seigneurs, et s'étant mis à genoux devant eux : « Pour obéir à Vos Seigneuries, dit-il, et sans que je l'eusse aucunement mérité, je suis allé pour gouverner votre île Barataria, où nu je suis entré, d'où je suis sorti nu, sans perte ni gain. Si j'ai bien ou mal gouverné, il y a eu des témoins qui pourront le dire librement. J'ai résolu des points douteux, j'ai jugé des procès, toujours mourant de faim ; ainsi le voulait le docteur Pedro Recio, natif de Tirteafuera, médecin insulaire et gouvernemental. Les ennemis nous ont attaqués de nuit, et nous ont mis en grand péril ; les gens de l'île disent que s'ils sont demeurés libres et victorieux, ils le doivent à la valeur de mon bras ; que Dieu les protége suivant qu'ils disent la vérité ! En résumé, j'ai soupesé pendant ce temps-là les charges et les devoirs qu'entraîne avec soi le gouvernement, et j'ai reconnu que mes épaules n'étaient pas faites pour les porter ; ce ne sont là fardeaux pour mes reins, ni flèches pour mon carquois. De peur donc que le gouvernement ne me jetât de côté, j'ai voulu mettre de côté le gouvernement, et hier matin j'ai quitté l'île comme je l'avais prise, sans qu'il y eût rien de changé aux rues, aux toits ni aux maisons. Je n'ai fait aucun emprunt, ni pris part à aucun bénéfice ; et bien que j'eusse le dessein de faire quelques ordonnances fort utiles, je n'en ai fait aucune, craignant qu'elles ne fussent pas observées ; car, en pareil cas, en faire ou n'en pas faire c'est tout un. J'ai quitté l'île, comme je l'ai dit, sans autre escorte que celle de mon âne ; je suis tombé dans un trou, et je l'ai parcouru dans toute sa longueur, jusqu'à ce matin que la lumière du soleil m'a fait apercevoir une issue ; mais elle n'était pas commode, et si le Ciel ne m'eût dépêché mon seigneur don Quichotte, j'y serais resté jusqu'à la fin du monde. Ainsi donc, mes seigneurs duc et duchesse, vous voyez devant vous votre gouverneur Sancho Pança, qui, en dix jours seulement qu'il a tenu le gouvernement, a gagné de savoir qu'il ne donnerait pas une obole pour être gouverneur, non d'une île, mais du monde entier. Cela bien établi, je baise les mains à Vos Grâces, et imitant les petits garçons qui disent dans leurs jeux : « Saute de « là, et donne-moi ta place, » je saute du gouvernement, et je repasse au service de mon seigneur don Quichotte ; car avec lui, encore que je mange quelquefois mon pain au milieu des transes, du moins j'en mange mon soûl ; et pourvu que j'aie le ventre plein, peu m'importe que ce soit de choux ou de perdrix. »

Ainsi se termina la longue harangue de Sancho, pendant

laquelle don Quichotte avait mille fois craint qu'il ne dît des sottises ; quand il vit que Sancho s'en était tiré à si bon marché, il en rendit grâces au Ciel du fond de son cœur. Le duc embrassa Sancho, et lui dit qu'il regrettait de toute son âme qu'il eût si promptement quitté le gouvernement, et ajouta qu'il ferait en sorte de lui donner dans ses domaines un office de moindre charge et de meilleur profit. La duchesse l'embrassa également, et ordonna qu'on prît soin de lui ; car il faisait mine d'être tout moulu et tout écloppé.

CHAPITRE XXVI

Qui raconte de quelle manière don Quichotte prit congé du duc, et des aventures qui se succédèrent après la sortie du château.

LE duc et la duchesse n'eurent pas à se repentir du tour joué à Sancho Pança dans le gouvernement dont ils l'avaient investi. Ce jour-là même le majordome revint, qui leur rapporta de point en point presque toutes les paroles et actions dites ou faites par Sancho dans ce peu de jours ; il finit en leur retraçant l'assaut de l'île, la frayeur de Sancho et sa retraite. Ils ne furent pas médiocrement divertis par tous ces détails.

Cependant don Quichotte jugea qu'il était à propos de sortir de l'oisiveté prolongée au sein de laquelle il s'oubliait dans ce château. Il s'imaginait que sa personne faisait grandement faute au monde, tandis qu'il restait plongé et engourdi au milieu des délices de tout genre que ses hôtes lui prodiguaient comme à un chevalier errant ; et il croyait avoir à rendre au Ciel un compte sévère de son inaction et de sa paresse. En conséquence, il demanda au duc et à la duchesse la permission de les quitter. Ils la lui donnèrent, mais avec tous les signes du plus grand déplaisir. La duchesse remit à Sancho Pança les lettres de sa femme, qui lui arrachèrent des pleurs. Qui eût pu penser, se dit-il alors, que les grandes espérances déposées dans le cœur de ma femme par les nouvelles de mon gouvernement n'aboutiraient qu'à me voir retourner aujourd'hui à la recherche des aventures avec mon maître don Quichotte? Quoi qu'il en soit, je suis content que ma Thérèse ait su faire voir qui elle était, en envoyant des glands à la duchesse ; autrement elle se serait montrée peu reconnaissante, et j'en serais très-marri. Ce qui me tranquillise aussi, c'est que ce cadeau ne pourra recevoir le nom de pot-de-vin ; car, lorsqu'il a été envoyé, j'étais déjà en possession du gouvernement ; et il est naturel que celui qui reçoit un bienfait en témoigne sa gratitude, ne fût-ce qu'avec des bagatelles.

Telles étaient les réflexions de Sancho le jour de son départ. Don Quichotte, qui la veille au soir avait fait ses adieux à ses hôtes, sortit dès le matin, et parut tout armé sur l'esplanade du château. Tous les habitants se portèrent aux galeries pour le regarder ; le duc et la duchesse en firent autant. Sancho était monté sur le grison, avec son bissac, sa valise et des provisions de bouche ; sa joie était au comble, parce que le majordome, le même qui avait représenté la Trifaldi, lui avait mis dans la main une bourse contenant deux cents écus d'or pour subvenir aux besoins de la route, ce que son maître ignorait encore.

Quand don Quichotte fut en rase campagne, il lui sembla qu'il se retrouvait dans son centre, et que son ardeur se ranimait pour reprendre et poursuivre ses entreprises de chevalerie. Se tournant du côté de Sancho : « Ami, lui dit-il, la liberté est un des dons les plus précieux que les hommes aient reçus du Ciel ; ni les trésors que recèle la terre, ni ceux que recouvrent les flots ne peuvent l'égaler. Pour la liberté, comme pour l'honneur, il faut savoir risquer sa vie ; car il n'est point de plus grand mal que l'esclavage. Je te dis cela, Sancho, à propos de l'abondance et de la profusion dont nous jouissions dans cette résidence que nous venons de quitter. Eh bien ! au milieu de ces banquets somptueux et de ces boissons glacées, je me croyais toujours aux prises avec la faim, parce que je n'en usais pas avec la même aisance que j'eusse fait chez moi ; en effet, l'obligation de reconnaître des grâces et des bienfaits sont des liens qui ôtent à l'esprit toute allure franche et indépendante. Heureux celui à qui le Ciel a donné un morceau de pain, et qui n'a que le Ciel à en remercier ! — Quoi qu'en dise Votre Grâce, répondit Sancho, il ne serait pas bien à nous de ne tenir aucun compte des deux cents écus d'or que le majordome du duc m'a remis dans une bourse, et que je porte sur le cœur comme un baume fortifiant contre ce qui peut avenir. Nous ne rencontrerons pas toujours des châteaux où l'on nous régalera, et les auberges à bastonnades pourront bien revenir sur l'eau. »

Le chevalier et l'écuyer errants cheminaient depuis quelques heures en devisant de la sorte, lorsqu'un chevalier armé de toutes pièces, portant peinte sur sa poitrine une lune resplendissante, et venant à leur rencontre, s'arrêta à distance convenable pour être entendu, et, s'adressant à don Quichotte, lui dit à voix haute : « Illustre chevalier, et jamais assez vanté don Quichotte de la Manche, je suis le chevalier de la Blanche-Lune, que ses exploits inouïs rappelleront peut-être à ta mémoire. Je viens me mesurer avec toi et éprouver la force de ton bras, résolu à te faire savoir et confesser que ma dame, quelle qu'elle soit, est incomparablement plus belle que ta Dulcinée du Toboso. Si tu reconnais de bonne grâce cette vérité, tu auras la vie sauve, et tu m'épargneras la peine de te l'ôter. Si nous en venons aux mains et que je sois vainqueur, la seule satisfaction que j'exige, c'est que, déposant les armes et renonçant aux aventures, tu te retires et te renfermes dans ton village pendant un an, pour y vivre, sans toucher une épée, dans un doux repos, profitable à la conservation de ta fortune et au salut de ton âme. Si je suis vaincu, ma tête sera à ta discrétion, mes armes et mon cheval t'appartiendront, et la renommée de mes hauts faits augmentera la tienne. Vois à prendre parti, et réponds-moi vite ; car cette affaire devra être bâclée avant la fin du jour. »

Don Quichotte demeura étonné et interdit de l'arrogance du chevalier de la Blanche-Lune, et du sujet de son défi ; il lui répondit d'un ton calme et posé : « Chevalier de la Blanche-Lune, vous dont les prouesses me sont encore inconnues, je vous ferai jurer que vous n'avez jamais vu l'illustre Dulcinée. Si vous l'aviez vue, vous n'auriez point risqué une semblable démarche ; sa vue vous aurait désabusé, parce qu'il n'y a jamais eu et qu'il ne peut y avoir aucune beauté à mettre en ligne avec la sienne. Ainsi, sans vous dire que vous avez menti, et en affirmant seulement que vous êtes dans l'erreur, j'accepte votre défi et les conditions que vous avez énoncées, et cela sur-le-champ, pour ne pas laisser expirer le délai fixé par vous. Je ne fais qu'une réserve : c'est que vos prouesses ne passent pas sur mon compte ; car je ne sais ce qu'elles sont, et je me contente de ma renommée, quelle qu'elle soit. Prenez donc du champ autant que vous en voudrez ; ainsi ferai-je, et ce que Dieu aura donné, que saint Pierre le bénisse. »

Aussitôt, sans qu'aucune trompette ou qu'aucun instrument de guerre leur donnât le signal, ils tournèrent la bride à leurs chevaux. Celui du chevalier de la Blanche-Lune étant le plus léger des deux, le chevalier atteignit don Quichotte aux deux tiers de la carrière, et le heurta avec une telle force, que, sans le secours de sa lance qu'il sembla relever tout exprès, Rossinante et son maître donnèrent ensemble à terre, où ils roulèrent lourdement. Son adversaire courut promptement sur lui, et lui appuyant sur la visière la pointe de son arme : « Vous êtes vaincu, chevalier, dit-il, et de plus vous êtes mort, si vous ne confessez les conditions de notre rencontre. » Don Quichotte, étourdi et moulu, répondit sans lever sa visière, d'une voix faible et sépulcrale : « Dulcinée du Toboso est la plus belle des femmes, et moi le plus malheureux des chevaliers ; c'est là une vérité à laquelle ma faiblesse ne peut préjudicier. Pousse ta lance, chevalier, et ôte-moi la vie après m'avoir ôté l'honneur. — Certes, je n'en ferai rien, dit celui de la Blanche-Lune ; vive, vive dans toute son intégrité la réputation de beauté de madame Dulcinée du Toboso ! Je ne demande qu'une chose : c'est que le grand don Quichotte se retire dans son village pendant une année, ou le temps que je lui fixerai, aux termes des conventions faites avant notre combat. » Don Quichotte répondit que, puisqu'on ne lui demandait rien qui fût au détriment de Dulcinée, il s'acquitterait de tout le reste en loyal et véritable chevalier. Cette déclaration faite, celui de la Blanche-Lune tourna bride et disparut.

Don Quichotte, auquel Sancho découvrit le visage, était pâle et inondé d'une sueur froide. Rossinante était si maltraité, qu'il ne pouvait faire un mouvement. Sancho, triste et déconcerté, ne savait que dire ni que faire. Cette aventure lui semblait être un songe ; il croyait encore voir là une affaire d'enchantement. Il voyait son maître vaincu, et condamné à demeurer un an sans toucher à des armes. Il se représentait comme terni le glorieux éclat de ses hauts faits, et les espérances de ses anciennes promesses dissipées comme la fumée par le souffle du vent. Il craignait que Rossinante ne restât estropié et son maître disloqué : heureux du moins si la cervelle se redressait aux dépens des membres. Enfin il réussit, non sans beaucoup d'efforts, à mettre sur pieds le cavalier et la monture ; puis il chercha à consoler son maître, triste, morne, pensif et abattu par le souvenir de sa défaite. « Seigneur, lui disait-il entre autres propos, relevez la tête et reprenez courage ; rendez grâces au Ciel qui, en vous laissant terrasser, n'a pas souffert que vous eussiez une seule côte brisée ; Votre Grâce sait bien que quand il y a à donner il y a à recevoir, et qu'on ne trouve pas toujours le lard là où est le croc ; ainsi faites la figue au médecin, puisqu'il n'est pas besoin de lui pour guérir cette maladie. Retournons chez nous, et cessons d'aller chercher des aventures dans des pays et des endroits que nous ne connaissons pas ; à tout prendre, c'est moi qui perds le plus, si vous êtes le plus maltraité. J'ai dépouillé avec le gouvernement le désir d'être gouverneur ; mais je n'ai pas abandonné la fantaisie d'être comte, qui jamais ne sera satisfaite si Votre Grâce renonce à être roi en quittant la profession de chevalier errant ; et c'est ainsi que mes chances tourneront en fumée. — Tais-toi, Sancho, tu vois bien que ma retraite forcée ne doit durer qu'un an ; ce terme arrivé, je n'aurai rien de plus pressé que d'en revenir à mon honorable exercice, et alors je ne manquerai ni de royaume à conquérir, ni de comté à t'octroyer. — Dieu vous entende, reprit Sancho, et que le péché se bouche les oreilles ; car, je l'ai plus d'une fois entendu dire, mieux vaut bonne espérance que mauvaise possession. »

Laissons là pour un instant nos deux aventuriers se débattre contre leur nouvelle mésaventure, et voyons ce qu'était le chevalier de la Blanche-Lune, d'où il venait et ce qu'il était devenu après sa victoire. Ce glorieux champion n'était autre que celui qui trois mois auparavant, sous le nom du chevalier des Miroirs, avait abordé don Quichotte avec l'intention de le combattre et l'espoir de le vaincre sans lui faire de mal, mais dont le plan avait échoué, et qui s'en était retourné chez lui vaincu, confus et moulu. En un mot, c'était Samson Carrasco, qui, touché de compassion pour la folie de don Quichotte, avait tenté de nouveau de le ramener chez lui et de l'y retenir quelque temps, espérant que cet intervalle suffirait pour le guérir. Le bachelier s'était enquis, auprès du page porteur de la lettre à Thérèse, du lieu où se trouvait don Quichotte ; il s'était procuré un cheval et une nouvelle armure, et il avait fait peindre sur son écu l'astre dont il avait emprunté le nom. Cet équipage avait été mis sur le dos d'un mulet, conduit par un paysan ; cette fois l'écuyer n'était pas Thomas Cecial, que don Quichotte ou Sancho auraient facilement reconnu. Arrivé au château du duc, Samson y fut informé de la route qu'ils avaient prise ; en outre, on lui raconta tous les tours qu'on avait joués à l'un et à l'autre. Ayant pris congé du duc, il rejoignit don Quichotte, et, après l'engagement d'où il était sorti victorieux, il avait regagné son village, satisfait de ce dernier résultat.

Mais retournons à don Quichotte, que nous retrouverons sur le lieu de sa défaite. « Ici fut Troie ! s'écriait-il. Ici ma mauvaise chance, et non ma couardise, m'a ravi toutes mes gloires ; ici le sort a usé envers moi de ses tours et de ses retours ; ici mes hauts faits se sont obscurcis ; ici enfin mon bonheur a succombé pour toujours ! » Sancho, entendant ces plaintes, lui dit : « Seigneur, le propre des grandes âmes est de résister aux douleurs de la disgrâce, comme aux joies de la prospérité. J'en juge par moi-même ; car si j'étais joyeux quand je me suis vu gouverneur, je n'en suis pas plus triste aujourd'hui que je vais à pied comme un simple écuyer. J'ai souvent ouï dire que ce qu'on appelle par ici la Fortune est une femme fantasque, enivrée, et par-dessus tout aveugle, qui ne sait ce qu'elle fait, qui elle abaisse ni qui elle élève. — Tu es réellement philosophe, Sancho, et tu parles en homme de sens ; je ne sais qui t'a appris toutes ces choses. Ce que je puis te dire, c'est qu'il n'y a point de Fortune ici-bas, et que les événements bons ou mauvais ne sont pas le résultat du hasard, mais d'une providence particulière du Ciel ; de là vient, comme on a coutume de le dire, que chacun est l'artisan de son bonheur. Je l'avais été du mien, mais non pas avec toute la prudence nécessaire ; aussi ma présomption m'a-t-elle tourné à mal. Je devais penser que contre la grandeur colossale du cheval de mon adversaire la faiblesse de Rossinante ne pourrait lutter. Je n'ai pas reculé cependant ; j'ai fait ce que j'ai pu, mais j'ai vidé les arçons ; toutefois, si j'ai perdu l'honneur, je n'ai pas pour cela oublié la fidélité que je dois à ma parole. Quand j'étais chevalier errant, audacieux et intrépide, mon bras accréditait mes œuvres ; aujourd'hui, modeste piéton, j'accréditerai ma parole par mon exactitude à accomplir ma promesse. Marchons donc, ami Sancho, et allons passer chez nous cette année de noviciat ; dans notre retraite, nous trouverons des forces nouvelles pour reprendre le métier des armes, auquel je ne renoncerai jamais. » La journée se passa au milieu de ces propos et d'autres analogues à leur situation, sans que leur voyage rencontrât aucun obstacle.

Si une foule de pensées avaient assiégé don Quichotte avant sa défaite, un bien plus grand nombre encore vinrent l'assaillir après sa chute. Il était alors à l'ombre d'un arbre, et là ses réflexions le harcelaient et s'abattaient sur lui comme les mouches sur le miel. Les unes avaient pour objet le désenchantement de Dulcinée, les autres la vie qu'il aurait à mener dans sa retraite forcée. Il s'entretenait tour à tour avec son fidèle serviteur de ces deux sujets de méditation qui remplissaient son esprit. « Pardieu ! seigneur, lui dit Sancho, vous êtes bien en état de vous laisser aller à des pensées amoureuses ! — Sancho, répondit don Quichotte, mon souvenir ne peut s'éloigner un seul instant de Dulcinée, à qui tu fais tort par les retards que tu mets à te fouetter, à châtier ces chairs que je voudrais voir mangées des loups, et qui aiment mieux se garder pour les vers que de s'employer au soulagement de cette pauvre dame. — Seigneur, repartit Sancho, à vous parler franchement, j'ai peine à croire que les coups que je me donnerais eussent quelque chose à voir avec le désenchantement des enchantés ; c'est comme si l'on disait : Tu as mal à la tête, frotte-toi le genou. Je gagerais que dans toutes les histoires que Votre Grâce a lues, et qui traitent de la chevalerie errante, elle n'a jamais vu un seul désenchantement opéré par des claques. Mais enfin, que ce soit oui ou que ce soit non, je me les donnerai quand le cœur m'en dira, et quand il se présentera une occasion convenable. — Plaise à Dieu qu'il en soit ainsi, reprit don Quichotte, et que tu comprennes l'obligation qui pèse sur toi de venir en aide à ma dame, qui est la tienne, puisque tu es à moi.

« Sais-tu, Sancho, poursuivit don Quichotte, quelle est la pensée qui me tient en ce moment? Si ce projet te souriait, je voudrais que nous nous fissions bergers, au moins pendant toute la durée de ma pénitence. J'achèterai quelques brebis et toutes les choses nécessaires aux occupations pastorales ; je m'appellerai le berger Quichottiz, et toi le berger Pancino. Nous irons à travers les montagnes, les bois et les prairies, chantant par ici, soupirant par là, buvant au liquide cristal des fontaines, ou des limpides ruisseaux, ou des rivières profondes. Les chênes nous donneront d'une main prodigue leurs fruits doux et abondants ; le liége nous offrira l'appui de son tronc vigoureux, le saule son ombre, la rose son parfum ; les prairies, des tapis émaillés de mille couleurs ; l'air, son haleine fraîche et pure ; les étoiles et la lune, leurs clartés qui percent les ténèbres de la nuit ; le chant nous prêtera ses charmes, la joie sa douce mélancolie, Apollon ses vers, l'amour ses inspirations qui pourront nous rendre célèbres, non-seulement dans les siècles présents, mais dans l'éternité des âges futurs. — Par ma foi, s'écria Sancho, cette vie me sied et me duit à merveille ; et je suis sûr que le bachelier Samson Carrasco et maître Nicolas le barbier n'auront pas à réfléchir longtemps pour se faire bergers avec nous. Dieu veuille même qu'il ne prenne pas fantaisie au curé d'entrer dans la bergerie, tant il est de bonne humeur et disposé à se divertir.

— Ce que tu dis là est très-possible, Sancho, répondit don Quichotte. Si le bachelier entre dans la corporation pastorale, comme je n'en doute pas, il pourra s'appeler le berger Samsonnin, ou Carrascon; le barbier s'appellera Nicolaso; quant au curé, je ne sais pas bien quel nom nous lui donnerons, si ce n'est un dérivé de son titre, et dans ce cas nous le nommerions le berger Curiambro. Les bergères pour lesquelles nous soupirerons, nous leur choisirons des noms comme on choisit des poires; et comme celui de ma dame s'adapte à une bergère aussi bien qu'à une princesse, je n'aurai pas besoin de me casser la tête pour lui en trouver un nouveau. Toi, Sancho, tu t'arrangeras à cet égard comme tu voudras. — Je ne compte pas, répliqua Sancho, lui en donner d'autre que celui de Teresona, qui conviendra à son embonpoint et se rapprochera de son véritable nom, puisqu'elle s'appelle Thérèse; d'ailleurs, en la célébrant dans mes vers, je montrerai la chasteté de mes désirs, car je n'irai pas chercher mon pain dans la huche du voisin. Le curé n'aura pas de bergère, cela serait d'un mauvais exemple; et si le bachelier en veut une, il y pourvoira. — Dieu soit loué! dit don Quichotte; quelle vie sera la nôtre, ami Sancho! — Ah! seigneur, dit Sancho, j'ai si peu de chance, que je crains de ne jamais voir venir ce jour-là. Ma fille Sanchica nous apportera le dîner à la bergerie. Oui-da; mais prenons-y garde; les bergers ne sont pas tous simples, et il y en a de malicieux : je ne voudrais pas qu'elle vînt chercher de la laine et qu'elle s'en retournât tondue. Les désirs malhonnêtes courent les champs aussi bien que les rues, et ils se glissent dans les chaumières comme dans les palais. Mais qui ôte la cause ôte le péché; quand les yeux ne voient pas, le cœur n'est pas pris; et mieux vaut le saut de la haie que les prières des bonnes âmes. — Assez de proverbes, Sancho, dit don Quichotte; le premier venu de ceux que tu as dits suffisait pour exprimer ta pensée. Mainte fois je t'ai averti que tu en étais trop prodigue, et que tu ne savais pas te tenir en bride quand tu les débitais; mais je vois bien que c'est prêcher dans le désert : Ma mère me châtie, et je fouette ma toupie. — Et moi, repartit Sancho, je vois bien que vous faites comme la poêle qui dit au chaudron : Ote-toi de là, moricaud. Vous me reprochez de faire des proverbes, et vous les enfilez deux à deux. — Remarque, Sancho, reprit don Quichotte, que je les fais venir à propos, et que, quand je les cite, ils vont comme une bague au doigt; tandis que toi tu les tires par les cheveux, et tu les traînes plutôt que tu ne les amènes. Si j'ai bonne mémoire, je t'ai déjà dit que les proverbes sont de courtes sentences tirées de l'expérience et de l'observation des sages de tous les temps; et le proverbe qui vient hors de saison est moins une sentence qu'une balourdise. Mais laissons cela ; le jour baisse, quittons la grande route, et cherchons un gîte pour passer la nuit. Dieu sait ce qui nous attend demain. »

Ils s'éloignèrent, soupèrent tard et mal, au grand regret de Sancho, qui envisageait les misères de la chevalerie errante parmi les forêts et les montagnes, en retour de l'abondance que l'on rencontre parfois dans les châteaux et dans les bonnes maisons, comme aux noces de Camache ou dans la résidence du duc. Mais enfin, considérant qu'il n'est pas toujours jour ni toujours nuit, il passa celle-ci à dormir, et son maître à veiller.

CHAPITRE XXVII

De ce qui arriva à don Quichotte et à son écuyer Sancho, retournant à leur village.

Quoique la lune fût au ciel, la nuit était assez obscure. Elle se trouvait dans un endroit d'où l'on ne pouvait la voir;

car il prend parfois à madame Diane la fantaisie d'aller se promener aux antipodes, et alors elle laisse dans l'ombre nos montagnes et nos vallons. Don Quichotte satisfit aux lois de la nature en faisant un premier somme, sans en faire un second ; quant à Sancho, il n'en fit jamais deux ; car son sommeil durait du soir au matin, signe d'une bonne constitution et de l'absence de soucis. Ceux de don Quichotte, au contraire, l'éveillèrent à tel point qu'il appela Sancho et lui dit : « J'admire ton heureuse liberté d'esprit, et je croirais que tu es fait de marbre ou de bronze, tant tu es dépourvu de mouvement et de sentiment. Moi, je veille pendant que tu dors, je pleure quand tu chantes, et je tombe d'inanition alors que tu es repu et gorgé de nourriture. Le fait des bons serviteurs est de partager les peines de leurs maîtres, et de ressentir ce qu'ils éprouvent, ne fût-ce que par bienséance. Contemple la sérénité de cette nuit et la solitude où nous nous trouvons ; tout cela nous invite à couper notre sommeil par quelques moments de veille. De grâce, lève-toi, mets-toi un peu à l'écart, puis de bon cœur et de plein gré donne-toi deux ou trois cents claques à valoir sur le désenchantement de Dulcinée. Quand tu te les seras administrées, nous passerons ensemble le reste de la nuit à chanter, moi les tourments de l'absence, toi ta constance inaltérable ; débutant de cette façon dans la vie pastorale que nous devons mener dans notre village. — Seigneur, répondit Sancho, je ne suis pas un religieux pour me lever au beau milieu de la nuit et me donner de la discipline ; je ne goûte pas non plus ce passage subit de la douleur des coups au charme de la musique. Que Votre Grâce me laisse donc dormir et ne me talonne plus pour que je me fouette ; car vous me feriez jurer de ne jamais toucher au pan de mon pourpoint, et à plus forte raison à ma peau. — O cœur endurci ! s'écria don Quichotte, ô écuyer inexorable ! ô pain mal gagné, et faveurs mal entendues que celles que je t'ai faites et que je compte te faire ! Grâce à moi tu t'es vu gouverneur, et tu te vois près d'être comte ou quelque chose d'équivalent ; et cela pas plus tard qu'au bout de l'année qu'il nous reste à passer ; car *post tenebras spero lucem*. — Je ne comprends pas, interrompit Sancho ; ce que je sais bien, c'est que, tant que je dors, je n'ai ni crainte, ni espérance, ni fatigue, ni gloire. Honneur à celui qui a inventé le sommeil, manteau qui enveloppe toutes les pensées humaines, nourriture qui ôte la faim, eau qui calme la soif, feu qui tiédit la froidure, fraîcheur qui tempère l'ardeur du soleil, enfin monnaie générale qui paye toutes choses, balance et contre-poids qui rend le berger égal au roi, le simple égal au sage. Le sommeil n'a qu'un mauvais côté, c'est, d'après ce que j'ai ouï dire, qu'il ressemble à la mort ; car entre l'homme endormi et celui qui est trépassé la différence n'est pas grande. — Jamais, Sancho, dit don Quichotte, je ne t'ai entendu parler avec autant d'élégance qu'à cette heure, et je reconnais par là toute la vérité du proverbe que je t'ai entendu répéter quelquefois : Non avec qui tu nais, mais avec qui tu pais. — Mort de ma vie ! notre maître, s'écria Sancho, est-ce moi qui enfile des proverbes maintenant ? Il me semble qu'il vous en tombe de la bouche, et non pas pour un ; seulement les vôtres arrivent à point, et les miens viennent pêle-mêle ; mais enfin ce sont toujours des proverbes.

— Je reviens, ami, reprit don Quichotte, au désenchantement de Dulcinée, et je dis que comme toute peine mérite salaire, si tu voulais, je te donnerais de tes coups d'étrivière un prix aussi avantageux que possible. Reste à savoir si la paye ne nuirait pas à la guérison, et je ne voudrais pas que la récompense arrêtât l'effet du remède. Au surplus, on ne risque rien d'en essayer ; vois, Sancho, ce que tu demandes pour cela, et fouette-toi sans retard ; tu feras toi-même le compte et te payeras de tes mains, puisque tu as mon argent. » De telles

offres firent ouvrir à Sancho des yeux et des oreilles larges d'une aune ; il consentit du fond de son cœur à se fouetter de bonne grâce, et il dit à son maître : « Eh bien, seigneur, je suis tout prêt à satisfaire vos désirs, puisque j'y trouve mon profit ; et si je me montre intéressé, c'est ma tendresse pour ma femme et pour mes enfants qui m'y oblige. Dites-moi combien je recevrai de vous pour chaque coup que je me donnerai.
— Si je devais te payer, dit don Quichotte, en raison de l'importance et de la nature du mal et du remède, ni le trésor de Venise ni les mines du Potosi ne suffiraient à me libérer. Règle-toi sur ce que je possède, et fixe toi-même un prix pour chaque coup. — Le total de ces coups, continua Sancho, est de trois mille trois cent et tant ; je m'en suis déjà donné cinq, tout le surplus est à faire. Mettons les cinq pour l'appoint, et disons qu'il en reste en somme ronde trois mille trois cents ; à un quartillo la pièce (et personne au monde ne m'en ferait rien rabattre), cela fait bien trois mille trois cents quartillos. Les trois mille font quinze cents demi-réaux, qui font sept cent cinquante réaux ; les trois cents font cent cinquante demi-réaux, ou soixante-quinze réaux, lesquels, ajoutés aux sept cent cinquante, font en tout huit cent vingt-cinq réaux. Je défalquerai cette somme de ce que j'ai à vous, et je rentrerai chez moi riche et content, mais en revanche bien fouetté. Aussi on ne pêche pas de truites sans se mouiller les chausses...; mais j'en ai trop dit.

— Oh! béni sois-tu, aimable Sancho ! s'écria don Quichotte. Combien de grâces n'aurons-nous pas à te rendre, Dulcinée et moi, tous les jours que le Ciel nous accordera ! Si elle revient à son premier état (et elle ne peut pas manquer d'y revenir), son infortune se changera en bonheur, et ma défaite en un glorieux triomphe. Vois, Sancho, quand tu veux commencer la pénitence ; j'ajoute cent réaux, à condition que tu ne perdras pas de temps. — Quand? répondit Sancho ; cette nuit même, sans faute. Faites en sorte que nous la passions en pleine campagne et à la belle étoile, et je commencerai à m'étriller la peau. »

Elle arriva enfin cette nuit, attendue par don Quichotte avec tant d'anxiété. Il lui semblait que les roues du char d'Apollon s'étaient brisées, et que le jour se prolongeait au delà de sa mesure : comme cela arrive aux gens passionnés, qui ne comptent jamais exactement avec leurs désirs. Enfin ils entrèrent dans un joli bouquet d'arbres qui se trouvait assez près de la route, et là, laissant à vide la selle de Rossinante et le bât du grison, ils s'étendirent sur l'herbe verte, et soupèrent des provisions de Sancho. Aussitôt après le repas, celui-ci, faisant avec le licou ou la sangle de son âne une discipline aussi solide que flexible, se retira à une vingtaine de pas de don Quichotte, au milieu de quelques hêtres. Don Quichotte, le voyant aller d'un pas dégagé et résolu, lui dit : « Ne va pas, ami, te mettre en lambeaux ; aie soin qu'un coup attende l'autre, et ne fournis pas ta carrière avec une telle hâte, que l'haleine te manque à moitié chemin ; je veux dire, ne te frappe pas avec tant d'action, que ta vie ne puisse aller jusqu'au nombre de coups qu'il te faut atteindre ; et afin que tu ne perdes pas la partie pour un point de plus ou de moins, je compterai d'ici, avec les grains de mon chapelet, les coups que tu te donneras. Que le Ciel te favorise à proportion de tes intentions charitables ! — Le bon payeur ne regrette pas ses gages, répondit Sancho ; je compte m'en donner de façon à le bien sentir, sans pourtant que mort s'ensuive : c'est là sans doute le fin mot du miracle que je dois accomplir. »

Cela dit, il ôte ses vêtements et se met nu de la ceinture jusqu'en haut ; puis, saisissant la corde, il commence à entrer en danse, et don Quichotte à compter les coups. Sancho s'en était à peine administré six à huit, quand il lui sembla que le jeu était un peu pesant pour un prix aussi léger ; alors, s'arrêtant un instant, il dit à son maître qu'il y avait dol dans le contrat et qu'il en appelait, parce que des coups de ce calibre valaient un demi-réal au lieu d'un quartillo. — Poursuis, ami Sancho, et ne mollis pas, lui dit son maître ; je double le taux fixé entre nous. — S'il en est ainsi, reprit Sancho, à la grâce de Dieu, et pleuvent les coups de fouet. » Mais le malin se donna de garde de les laisser pleuvoir sur ses épaules ; il les faisait tomber sur des arbres en poussant de temps en temps des soupirs, comme si chaque coup lui arrachait l'âme. Celle de don Quichotte s'attendrit ; il craignit que son attente ne fût trompée par Sancho, qui, dans l'excès de son zèle, pouvait perdre la vie. « Au nom du Ciel ! ami, s'écria-t-il, laissons-en là cette affaire, car le remède me semble par trop rude ; donne-toi le temps de respirer : Zamora n'a pas été prise en une heure. Voilà, de compte fait et sauf erreur, plus de mille coups que tu t'es administrés ; cela suffit pour le moment ; et passe-moi ce terme rustique, l'âne souffre la charge, mais non pas la surcharge. — Nenni, seigneur, répliqua Sancho, je n'entends point de cette oreille-là ; ce n'est pas de moi qu'on dira : Gages payés, bras cassés. Que Votre Grâce s'éloigne un peu, et me laisse m'appliquer seulement un autre millier de coups ; encore deux assauts comme celui-là, l'affaire sera enlevée, et il nous restera des coupons de notre drap. — Puisque tu es en si bon train, dit don Quichotte, que le Ciel t'assiste ; frotte-toi donc, je ne te dérangerai pas davantage. »

Sancho se remit à l'œuvre avec une telle vigueur, que bientôt il eut dépouillé plusieurs arbres de leur écorce, tant il apportait de ferveur dans l'accomplissement de sa tâche. Enfin, poussant un grand cri, et frappant sur un hêtre un coup terrible : « Ici, dit-il, mourra Samson, et avec lui tous tant qu'ils sont. » Don Quichotte accourut sur-le-champ en entendant cette voix lamentable et ce coup furieux ; et s'emparant du licou tordu qui servait à Sancho pour se fouetter, il lui dit :

« A Dieu ne plaise que, pour ma satisfaction, tu t'exposes à perdre une vie qui doit être le soutien de ta femme et de tes enfants. Que Dulcinée attende un moment plus opportun; pour moi, je me renfermerai dans les bornes d'une espérance prochaine, et j'attendrai que tu recouvres de nouvelles forces pour que cette affaire se termine au contentement de tous. — Si Votre Grâce, mon seigneur, l'entend ainsi, répondit Sancho, à la bonne heure, soit; mais jetez-moi, je vous prie, votre manteau sur les épaules, car je suis tout en nage, et je craindrais de me refroidir, comme cela arrive aux flagellants novices. » Don Quichotte se dépouilla aussitôt et resta en justaucorps; quant à Sancho, ainsi couvert, il s'endormit, et ne se réveilla qu'après le lever du soleil. Ils poursuivirent alors leur chemin, et ne s'arrêtèrent que dans un village qui était à trois lieues de là.

Ils descendirent à une auberge, que don Quichotte reconnut pour telle tout d'abord, sans en faire cette fois un château avec fossés, tours, herses et ponts-levis; en effet, depuis sa défaite, il discourait sur toutes choses avec plus de justesse d'esprit, comme nous le verrons par la suite. Ils se logèrent dans une salle basse qui n'avait pour rideaux que de vieilles serges peintes, suivant la mode villageoise. Sur l'une était figuré tant bien que mal l'enlèvement d'Hélène, quand un hôte perfide et audacieux la ravit à Ménélas, son époux. On voyait sur l'autre l'histoire d'Énée et de Didon; celle-ci montée sur le haut d'une tour, faisant avec un drap de lit des signes à son fugitif amant, qui gagnait la pleine mer à toutes voiles, sur une frégate ou sur un brigantin. Don Quichotte fit sur ces deux histoires des remarques différentes : Hélène s'en allait sans trop de déplaisir, elle riait sous cape et d'un petit air narquois; tandis que la belle Didon versait des larmes grosses comme des noix. « Le malheur de ces deux dames est de ne pas être nées dans notre temps, et le mien surtout est de ne pas être venu dans le leur;

car si j'avais rencontré leurs messieurs, Troie n'eût point été embrasée, ni Carthage détruite : je n'aurais eu qu'à occire Pâris pour prévenir de si grands désastres. — Je gagerais, dit Sancho, qu'avant peu il n'y aura pas de cabaret, de bouchon, d'auberge, ni de boutique de barbier, où l'on ne trouve en peinture l'histoire de nos hauts faits. Seulement je voudrais qu'ils fussent tracés par une main plus habile que celle qui a barbouillé ces tableaux. — Tu as raison, Sancho; car ce peintre-ci est de la force d'Orbaneja, un artiste qui résidait à Ubeda. Lorsqu'on lui demandait ce qu'il peignait, il répondait : « Ce qui viendra ; » et si par hasard il avait à peindre un coq, il écrivait au-dessous : « Ceci est un coq, » afin qu'on ne le prît pas pour un renard. C'est de cette façon-là, Sancho, ce me semble, qu'a dû s'y prendre le peintre ou l'écrivain (c'est tout un) qui a mis au jour l'histoire de ce nouveau don Quichotte ; il a dû peindre ou écrire à la grâce de Dieu. Ou bien il aura fait comme un poëte appelé Mauléon, qui, ces années dernières, alla se présenter à la cour. Il répondait sur-le-champ à toutes les questions qu'on lui adressait ; quelqu'un lui ayant donc demandé ce que signifiait *Deum de Deo*, il répondit : « Donne, d'où que vient le don. » Mais laissons cela, et dis-moi, Sancho, si tu comptes cette nuit avancer encore ta besogne, et, dans ce cas-là, si tu préfères opérer à l'abri ou à ciel ouvert.

— Pardieu ! seigneur, répliqua Sancho, pour ce que je pense en faire, autant rester à couvert que d'être en plein champ ; néanmoins j'aimerais à me trouver au milieu des arbres ; il me semble qu'ils me tiennent compagnie, et qu'ils m'aident merveilleusement à supporter ma pénitence. — Pourtant, ami Sancho, reprit don Quichotte, il n'en sera pas ainsi ; afin que tu aies le temps de reprendre des forces, nous réserverons cela pour notre village, où nous arriverons au plus tard après-demain. — Il en sera comme il vous plaira, répondit Sancho ; cependant je voudrais conclure cette affaire dans un bref délai, tandis que j'ai encore le sang échauffé et que la meule est en mouvement; d'ailleurs c'est souvent dans le retard qu'est le danger, et tout en priant Dieu il faut donner du maillet, et un Tiens vaut mieux que deux Tu l'auras, et mieux vaut aussi le moineau en main qu'épervier qui vole. — Assez de proverbes comme cela, Sancho, au nom d'un seul Dieu, dit don Quichotte; et ne retombe pas dans le *sicut erat*. Parle simplement, uniment, et sans phrases entortillées, comme je te l'ai dit plus d'une fois; tu verras que tu y gagneras beaucoup. — Je ne sais quelle mauvaise chance est la mienne, repartit Sancho; je ne saurais dire une raison sans proverbe, et tout proverbe me semble être une raison; mais je me corrigerai, si je le puis. » La conversation en resta là pour cette fois.

CHAPITRE XXVIII

Comment don Quichotte et Sancho arrivèrent à leur village, avec d'autres événements qui ornent et accréditent cette grande histoire.

Toute cette journée-là don Quichotte et Sancho restèrent dans ce même village et dans cette même auberge, où ils attendirent la nuit, celui-ci pour achever en plein air sa tâche de discipline, l'autre pour en voir la conclusion, qui était aussi le but de ses désirs. Pendant ce temps-là il arriva dans l'auberge un voyageur à cheval, accompagné de trois ou quatre serviteurs, dont l'un dit à celui d'entre eux qui paraissait être le maître : « Seigneur don Alvaro Tarfé, Votre Grâce peut bien s'arrêter ici pour y faire la sieste; la maison semble propre et fraîche. » Don Quichotte, ayant entendu ces mots, dit à son écuyer : « Si je ne me trompe, Sancho, en feuilletant cette soi-disant seconde partie de mon histoire[1], j'ai aperçu au passage ce nom de don Alvaro Tarfé. — Cela pourrait bien être, répondit Sancho ; laissons-le descendre de cheval, et ensuite nous l'interrogerons. » Le chevalier mit pied à terre, et l'hôtesse lui donna, vis-à-vis de la chambre de don Quichotte, une pièce basse, garnie comme celle-là d'étoffes peintes. Le chevalier nouveau venu mit un vêtement d'été, et sortit sous le portail de l'auberge, qui était spacieux et aéré, et où il trouva don Quichotte s'y promenant. « Seigneur gentilhomme, lui dit-il, peut-on savoir quel chemin suit Votre Grâce? — Je me rends, répondit don Quichotte, à un village qui est près d'ici et où je réside. Et vous, seigneur? — Moi, reprit le cavalier, je vais à Grenade, ma patrie. — Bon pays, ma foi, repartit don Quichotte. Mais Votre Grâce voudrait-elle bien avoir la courtoisie de me dire son nom? Il m'importe plus que médiocrement de le connaître. — Mon nom, répondit l'étranger, est don Alvaro Tarfé. — Sans nul doute, répliqua don Quichotte, Votre Grâce doit être ce même don Alvaro Tarfé dont il est question dans cette seconde partie de l'histoire de don Quichotte de la Manche, récemment imprimée et mise au jour par un auteur nouveau?

— C'est moi-même, dit ce chevalier ; et ce don Quichotte, le héros de l'histoire, fut mon ami fort intime. C'est moi qui l'ai fait sortir de son pays, ou du moins qui l'ai poussé à se rendre à des joutes qui se préparaient en Saragosse, et auxquelles j'allais moi-même assister. Et, en vérité, je lui ai rendu quelques services ; car, sans moi, le fouet du bourreau aurait fait expier à ses épaules son excès de hardiesse.

— Dites-moi, je vous prie, seigneur Alvaro, si vous trouvez que je ressemble à ce don Quichotte. — Non, en aucune façon, répondit l'étranger. — Et ce don Quichotte, ajouta le nôtre, n'avait-il pas à sa suite un écuyer nommé Sancho Pança? —

---

[1] Allusion à l'œuvre apocryphe du licencié Alonzo Fernandez de Avellaneda.

Oui vraiment, répliqua don Alvaro; et même cet écuyer avait la réputation d'être plaisant; mais pour ma part, je ne lui ai jamais rien entendu dire qui le fût. — Je le crois sans peine, interrompit Sancho; il n'est pas donné à tout le monde de plaisanter agréablement; et ce Sancho que vous dites, seigneur gentilhomme, doit être un veillaque fieffé, un sot en trois lettres, et un fripon par-dessus le marché. Quant à moi qui suis le véritable Sancho Pança, les bons mots ne me coûtent rien, j'en débite comme s'il en pleuvait. Vous n'avez qu'à en faire l'épreuve et à me suivre seulement pendant une année; vous verrez que je les sème à chaque pas, si dru et si menu, que, le plus souvent sans me rendre compte de ce que je dis, je fais rire tous ceux qui m'écoutent. Et le véritable don Quichotte de la Manche, le fameux, le vaillant, le sage, l'amoureux, le défaiseur de torts, le tuteur de pupilles et d'orphelins, l'appui des veuves, celui qui fait mourir d'amour les demoiselles, celui qui a pour dame unique la sans pareille Dulcinée du Toboso, c'est ce seigneur ici présent, c'est mon maître. Tout autre don Quichotte et tout autre Sancho Pança quelconques ne sont que farces et pure rêverie. — Pardieu! mon ami, je vous crois, répondit don Alvaro; car il y a plus de sel dans les quatre mots que vous venez de dire que dans tous les discours que j'ai entendu tenir à l'autre Sancho Pança; et Dieu sait s'il en disait long. Il était plus gourmand que beau parleur, et niais plutôt que facétieux; et je tiens pour avéré que les enchanteurs qui poursuivent don Quichotte le bon ont voulu me persécuter, aussi moi, avec don Quichotte le mauvais. Je ne sais qu'en dire; car j'oserais jurer que j'ai laissé celui-ci enfermé dans la maison des fous à Tolède pour y être traité; et voilà qu'il apparaît ici tout à coup un autre don Quichotte, à la vérité très-différent du mien.

— Je ne sais, dit don Quichotte, si je suis le bon; mais je puis dire que je ne suis pas le mauvais. Pour preuve de ce que j'avance, seigneur don Alvaro, je veux vous apprendre que jamais de ma vie je ne suis allé à Saragosse. Enfin je suis don Quichotte de la Manche, le seul dont la renommée ait à s'occuper, et non pas ce malheureux qui s'est avisé d'usurper mon nom et de se faire honneur de mes pensées. Je supplie donc Votre Grâce, au nom de ce qu'elle se doit comme gentilhomme, de vouloir bien faire devant l'alcade de ce village une déclaration attestant que vous ne m'aviez jamais vu de votre vie jusqu'à ce jour, et que je ne suis pas le don Quichotte imprimé dans la seconde partie, non plus que ce Sancho Pança, mon écuyer, n'est celui que vous avez connu. — Je le ferai bien volontiers, répondit don Alvaro, malgré la surprise où me jettent ces deux don Quichottes et ces deux Sanchos que je vois en même temps, si semblables quant aux noms, si différents par leurs œuvres; c'est à croire et à affirmer que je n'ai pas vu ce que j'ai vu, qu'il n'est rien arrivé de ce qui est arrivé. — Sans doute, dit alors Sancho, vous êtes enchanté comme l'est madame Dulcinée du Toboso; et plût au Ciel que votre désenchantement me coûtât encore trois mille et tant de coups d'étrivière comme ceux que je me donne à son intention; je me les appliquerais sans aucun intérêt. — Je n'entends rien à ces coups, dit don Alvaro. — Cela serait un peu long à vous expliquer, repartit Sancho; mais je vous conterai la chose, chemin faisant, si d'aventure nous allons du même côté. »

Sur ces entrefaites, l'heure du dîner arriva; don Quichotte et don Alvaro se mirent à la même table. Pendant ce temps-là, le hasard amena dans l'auberge l'alcade de l'endroit avec son secrétaire. Don Quichotte l'aborda, et lui présenta une requête exposant qu'il était également conforme à ses droits et à ses intérêts que don Alvaro Tarfé, le gentilhomme qui était là présent, déclarât par-devant Sa Grâce qu'il ne connaissait pas don Quichotte de la Manche, également présent, et que celui-ci n'était pas le même qui se trouvait imprimé dans une histoire intitulée : *Seconde Partie de Don Quichotte de la Manche*, composée par un nommé Avellaneda, natif de Tordesillas. Finalement l'alcade procéda d'une façon régulière ; il reçut la déclaration avec les formes de justice requises dans des cas semblables ; ce qui réjouit infiniment don Quichotte et Sancho ; comme si une pareille constatation leur eût importé beaucoup pour prouver la différence des deux don Quichottes et des deux Sanchos, si bien établie par leurs actes et par leurs paroles.

Force politesses et protestations de dévouement furent échangées entre les deux chevaliers ; et dans cette occasion l'illustre Manchois déploya tant d'esprit et de sens, qu'il réussit à désabuser don Alvaro Tarfé, lequel en vint à se persuader qu'il devait être enchanté, puisqu'il touchait de la main deux don Quichottes si opposés. Le soir venu, ils quittèrent ensemble leur gîte, et trouvèrent, à la distance d'une demi-lieue, deux chemins, dont l'un conduisait au village de don Quichotte, et l'autre était celui qu'avait à suivre don Alvaro. Dans ce court espace de temps, don Quichotte lui raconta la disgrâce de sa défaite, ainsi que l'enchantement de Dulcinée et le remède prescrit pour le faire cesser ; toutes choses qui le frappèrent d'un nouvel étonnement. Puis ils se séparèrent, après s'être embrassés, pour prendre chacun leur chemin.

Cette nuit-là, don Quichotte et Sancho la passèrent au milieu de quelques arbres, afin que celui-ci pût compléter sa pénitence. Il s'y prit de la même façon que la nuit passée ; c'est-à-dire que l'opération se pratiqua au grand dommage des hêtres qu'il dépouilla de leur écorce, et non au détriment de ses épaules ; car il les traita avec de tels ménagements, qu'il n'y avait pas de quoi chasser une mouche qui s'y serait posée. Don Quichotte, dans sa duperie, n'omit pas un seul coup au compte qu'il en fit, et qui se montait, y compris les à-compte précédents, à trois mille vingt-neuf. Le soleil semblait s'être levé de bonne heure pour être témoin de ce sacrifice ; mais il n'eut pas plutôt paru, que nos hommes se remirent en route, s'entretenant de l'erreur dont ils avaient tiré don Alvaro, et se félicitant d'avoir requis sa déclaration en forme authentique.

Ce jour-là et la nuit suivante, ils cheminèrent sans aucun incident digne d'être rapporté, si ce n'est que Sancho acheva définitivement sa besogne ; ce dont notre chevalier se réjouit outre mesure. Il attendait le jour pour voir s'il ne rencontrerait pas sa Dulcinée déjà désenchantée ; et tout le long de sa route, il ne pouvait apercevoir une femme sans aller s'assurer si c'était Dulcinée du Toboso, tenant pour infaillibles et pour inaccessibles au mensonge les promesses de Merlin. La tête remplie de ces pensées et de ces désirs, il monta avec Sancho une côte du haut de laquelle ils découvrirent leur village. A cette vue, Sancho se jeta à genoux et s'écria : « Ouvre les yeux, ô ma chère patrie, et vois revenir à toi Sancho Pança, ton fils, sinon riche, au moins bien fouetté. Ouvre les bras, et reçois aussi ton autre fils don Quichotte, lequel, s'il revient vaincu par un bras étranger, reparaît à tes yeux vainqueur de lui-même ; et, suivant ce qu'il m'a dit, cette victoire est la plus belle de toutes. Je rapporte des espèces ; car si j'ai reçu de vigoureux coups d'étrivière, je ne me suis pas laissé désarçonner. — Laisse là ces folies, Sancho, lui dit son maître, et dirigeons-nous en droite ligne vers notre village, où nous donnerons à notre imagination la clef des champs, pour tracer librement le plan de la vie pastorale que nous comptons mener. » Là-dessus ils descendirent le coteau, et marchèrent vers leur pays.

Dans un petit pré, à l'entrée du village, ils aperçurent le curé et le bachelier Carrasco occupés à lire des prières ; ceux-ci les eurent bientôt reconnus, et vinrent à eux les bras ouverts. Don Quichotte mit pied à terre, et les embrassa avec effusion. Les enfants du pays, avec leurs yeux de lynx auxquels rien n'échappe, accoururent pour les voir en s'écriant entre eux : « Holà ! hé ! vous autres, venez donc, venez voir l'âne de Sancho

Pança, plus galant que Mingo, et la monture de don Quichotte plus efflanquée que jamais ! » Enfin, entourés de cette troupe d'enfants, et accompagnés du curé et du bachelier, ils se dirigèrent vers la maison de don Quichotte ; et là ils trouvèrent sur la porte la nièce et la gouvernante, qui déjà avaient eu vent de son retour. La même nouvelle était arrivée à la femme de Sancho, qui, tout échevelée et à demi vêtue, et amenant par la main sa fille Sanchica, accourut à la rencontre de son mari. Elle s'attendait à le trouver paré et requinqué comme un gouverneur. « Eh quoi ! lui dit-elle en le voyant, est-ce ainsi que vous revenez, mari, les pieds crottés et enflés ! Vous ressemblez moins à un gouverneur qu'à un vagabond. — Tais-toi, Thérèse ; il ne suffit pas toujours qu'il y ait le croc pour qu'on trouve le lard ; allons-nous-en chez nous, et là je t'en conterai de belles. J'apporte de l'argent, c'est là le principal ; je l'ai gagné par mon industrie, et sans faire tort à personne. — Vous apportez de l'argent, mon bon mari ? dit Thérèse ; que vous l'ayez gagné par ici ou par là, ou n'importe comment, vous n'aurez pas fait autrement que tout le monde. » Sanchica se jeta au cou de son père, et lui demanda s'il lui rapportait quelque chose, ajoutant qu'elle l'attendait comme la pluie au mois de mai. Elle le prit d'un côté par sa ceinture, tirant l'âne de l'autre main ; Thérèse se tenait de l'autre côté ; et ils s'en allèrent ainsi à leur maison, laissant don Quichotte chez lui au pouvoir de sa nièce et de sa gouvernante, et en compagnie du curé et du bachelier.

Don Quichotte s'enferma sur-le-champ avec ses deux amis ; il leur raconta en peu de mots sa défaite, l'obligation qu'il avait contractée de demeurer toute une année dans son village sans en sortir, engagement qu'il comptait remplir à la lettre, ne voulant pas s'en écarter d'un atome, pour obéir avec ponctualité aux lois formelles de la chevalerie errante. Il avait songé, leur dit-il, à se faire berger pendant cette année-là, à vivre dans l'attrayante solitude des champs, où il pourrait, la bride sur le cou, donner carrière à ses amoureuses pensées, tout en professant et en pratiquant les vertus pastorales. Il les suppliait, s'ils n'avaient rien de mieux à faire, et s'ils n'étaient retenus par des occupations importantes, de vouloir bien lui servir de compagnons. Il avait le projet d'acheter un troupeau de brebis assez nombreux pour justifier le titre de bergers qu'ils devaient prendre ; et le point capital de cette affaire était déjà résolu ; car il leur avait trouvé à tous des noms qui leur iraient comme de cire. « Et quels sont ces noms ? demanda le curé. — Je m'appellerai, répondit le chevalier, le berger Quichottiz ; le bachelier, le berger Carrascon ; vous, seigneur curé, le pasteur Curiambro ; et Sancho Pança, le berger Pancino. »

Les bras leur tombèrent quand ils virent don Quichotte atteint de cette nouvelle manie. Dans la crainte qu'il ne s'échappât une autre fois de son village pour retourner à ses chevaleries, espérant d'ailleurs que dans le cours de cette année il pourrait être guéri, ils acquiescèrent à sa résolution, et, feignant de prendre pour sagesse ce qui était folie, ils s'offrirent à lui pour partager ses exercices champêtres. « De plus, dit Samson Carrasco, comme je suis poëte, et non des moins célèbres, ce qui est connu du monde entier, je composerai à tout bout de champ des poésies pastorales ou chevaleresques, ou toute autre qui se présentera à mon imagination, pour passer le temps dans ces retraites où nous allons errer. Mais le point le plus urgent, seigneurs, c'est que chacun de nous choisisse le nom de la bergère qu'il pense célébrer dans ses vers ; puis nous ne laisserons pas un arbre, si dur qu'il soit, sans y graver ce nom, suivant les us et coutumes des bergers amoureux.

— Cela est à merveille, dit don Quichotte ; quant à moi, je n'ai pas à courir après le nom d'une bergère supposée, puisque j'ai sous la main la sans pareille Dulcinée du Toboso, gloire de ces rives, ornement de ces prairies, fleur de la beauté, modèle de la grâce, en un mot, digne sujet de toute louange, allât-elle jusqu'à l'hyperbole. — Rien n'est plus vrai, dit le bachelier ; mais nous autres nous chercherons des bergerettes moins accomplies et plus faciles à rencontrer. Si nous n'en trouvons pas, nous leur donnerons les noms de ces bergères gravées et imprimées qui courent le monde, Philis: Amaryllis, Diane, Phléris, Ga'athée, Bélisarde. Puisqu'on les vend en place publique, rien ne nous empêche de les acheter et de nous les approprier. Si ma dame, ou pour mieux dire ma bergère, s'appelle Anne, par exemple, je la célèbrerai sous le nom d'Anarda ; Françoise s'appellera Francenia ; Lucie, Luscinde, et ainsi des autres. Si Sancho Pança entre dans notre confrérie, il pourra chanter sa femme Thérèse sous le nom de Teresaïna. » Don Quichotte sourit à ce dernier nom. Le curé vanta infiniment cette honnête et louable résolution, et s'offrit de nouveau à lui tenir compagnie tout autant que le lui permettraient les nécessités de son ministère. Là-dessus ils le quittèrent, non sans lui conseiller et sans le prier de prendre soin de sa santé, et de ne rien épargner de ce qui pouvait lui être bon.

Le hasard fit que la nièce et la gouvernante entendirent la conversation des trois amis. Dès que les autres eurent quitté la place, elles entrèrent ensemble chez don Quichotte. « Qu'est-ce là, seigneur oncle ? lui dit la nièce. Au moment où nous pensions que vous veniez pour vivre chez vous dans la retraite et y passer une vie calme et honorée, voilà que vous voulez vous jeter dans de nouveaux labyrinthes, et jouer à *berger qui t'en viens, berger qui t'en vas;* en vérité, la paille est trop dure à cette heure pour en faire des chalumeaux. — Et comment, ajouta la gouvernante, Votre Grâce pourra-t-elle s'habituer, en plein champ, aux ardeurs de l'été, aux nuits d'hiver et aux hurlements des loups ? Jamais ; c'est un métier fait pour des hommes robustes, endurcis, élevés à la fatigue dès les langes et le maillot : mal pour mal, mieux vaut encore être chevalier errant que berger. Tenez, seigneur, croyez-moi; ce n'est pas l'estomac rassasié de pain et de vin que je vous donne ce conseil; c'est à jeun, avec mes cinquante ans révolus : restez chez vous, prenez soin de votre bien, confessez-vous souvent, aidez les pauvres; et s'il vous en arrive du mal, qu'il retombe sur ma tête. — Bien, bien, assez comme cela, mes filles, répondit don Quichotte, je sais ce que j'ai à faire. Menez-moi au lit, car je ne me sens pas très-bien; et faites état que, chevalier ou berger errant, je ne cesserai de veiller à ce qui vous sera nécessaire, comme vous le verrez par mes œuvres. » Et les deux bonnes filles qu'elles étaient, la nièce et la gouvernante, le mirent au lit, où elles lui donnèrent à manger et le régalèrent de leur mieux.

CHAPITRE XXIX

Comment don Quichotte tomba malade, du testament qu'il fit, et de sa mort.

Comme les choses humaines ne sont point éternelles, qu'elles vont toujours en déclinant depuis leur commencement jusqu'à leur dernier terme, et principalement la vie de l'homme; comme don Quichotte n'avait reçu du Ciel aucun privilége pour arrêter la sienne dans son cours, il arriva, quand il y pensait le moins, à cette limite extrême qui est la mort. Soit chagrin causé par le sentiment de sa défaite, soit arrêt de la Providence qui en ordonnait ainsi, il fut pris d'une forte fièvre, qui le tint au lit durant six jours. Pendant ce temps-là, il fut visité à plusieurs reprises par le curé, le bachelier et le barbier, ses amis ; et son bon écuyer Sancho Pança ne quitta pas un seul instant son chevet. S'accordant tous à supposer que la douleur d'avoir été vaincu, et celle de ne pas voir libre et désenchantée Dulcinée du Toboso, l'avaient mis en cet état, ils employaient tous les moyens possibles pour l'égayer. Le bachelier l'engageait à prendre courage, et à se lever dès qu'il le pourrait pour commencer la vie pastorale, disant qu'il avait déjà composé à ce sujet une églogue qui laisserait bien loin toutes celles de Sannazar ; et qu'il avait acheté de ses deniers, à un berger de Quintanar, deux beaux chiens pour garder le troupeau, l'un nommé Barcino, l'autre Butron.

Mais rien ne pouvait dissiper la tristesse de don Quichotte. Ses amis appelèrent un médecin ; celui-ci tâta le pouls, dont il ne fut pas satisfait, et il recommanda qu'à tout événement on s'occupât du salut de l'âme, celui du corps étant en danger. Don Quichotte entendit ces paroles avec calme et résignation ; il n'en fut pas de même de sa gouvernante, de sa nièce et de son écuyer, qui se mirent à fondre en larmes, comme s'ils le voyaient déjà mort devant eux. L'avis du médecin fut qu'une mélancolie provenant de causes secrètes le conduisait au tombeau. Don Quichotte pria qu'on le laissât seul, en disant qu'il voulait prendre un peu de repos. Chacun s'étant retiré, il dormit tout d'une traite, comme on dit, pendant plus de six heures ; ce qui fit craindre à la nièce et à la gouvernante qu'il ne passât dans ce sommeil. Il s'éveilla enfin, et, élevant la voix, il s'écria : « Béni soit le Dieu tout-puissant pour le bien qu'il m'a fait ! Sa miséricorde n'a pas de bornes ; elle n'est point arrêtée ni affaiblie par les péchés des hommes. » La nièce prêta une oreille attentive aux propos de son oncle, qui lui semblèrent plus raisonnables que de coutume, au moins depuis sa maladie. « Seigneur, lui demanda-t-elle, qu'est-ce que dit Votre Grâce ? Y a-t-il du nouveau ? De quelles miséricordes, de quels péchés parlez-vous ? — Les miséricordes, ma nièce, répondit don Quichotte, sont celles que Dieu vient de m'accorder en cet instant, et, comme je l'ai dit, sans tenir compte de mes péchés. Maintenant je me sens le jugement libre, lucide et dégagé des épaisses vapeurs de l'ignorance, qu'avait accumulées sur moi cette funeste et continuelle lecture des détestables livres de chevalerie. Je reconnais aujourd'hui leurs extravagances et leurs impostures ; ce qui m'afflige, c'est d'être désabusé si tardivement, qu'il ne me reste plus le temps de faire pénitence en lisant de ceux qui sont la lumière de l'âme. Je me sens, ma nièce, à l'article de la mort ; je voudrais en faire une moins mauvaise que ma vie, et ne pas laisser après moi la réputation de fou ; car, si je l'ai été, je veux que cette vérité soit effacée par mes derniers moments. Appelez, ma chère, mes bons amis le curé, le bachelier Samson Carrasco et maître Nicolas le barbier ; je veux me confesser et faire mon testament. »

Le nièce n'eut pas la peine de les faire chercher ; car ils entrèrent alors tous les trois. Don Quichotte les eut à peine aperçus, qu'il s'écria : « Faites-moi vos compliments, mes dignes seigneurs ; je ne suis plus don Quichotte de la Manche, mais Alonzo Quijano, que mon caractère a fait surnommer le Bon. Je suis désormais l'ennemi déclaré d'Amadis de Gaule, et de l'innombrable phalange des gens de son lignage ; les profanes histoires de la chevalerie errante me sont odieuses ; je reconnais mon égarement et le danger où m'a jeté leur lecture ; et, grâce à la miséricorde divine, redevenu sage à mes dépens, je les ai en exécration. » Quand les trois amis entendirent ce langage, ils le crurent atteint de quelque folie nouvelle. « Comment ! seigneur don Quichotte, lui dit Carrasco, est-ce dans le moment où nous avons la nouvelle du désenchantement de madame Dulcinée que vous venez ainsi changer de gamme ! Est-ce à l'heure de nous faire bergers, et de passer notre vie à chanter comme des princes, que vous songez à vous faire ermite ! Taisez-vous, au nom de Dieu ! revenez à vous, et ne contez plus de ces sornettes. — Celles qui m'ont occupé jusqu'ici, répliqua don Quichotte, n'ont été que trop réelles pour mon malheur ;

j'espère qu'au moment suprême, avec l'aide du Ciel, elles tourneront à mon profit. Je sens, mes seigneurs, que je marche à grands pas vers ma dernière heure ; laissons là les plaisanteries ; j'ai besoin d'un prêtre pour me confesser, et d'un notaire pour recevoir mon testament. Au point où j'en suis, l'homme ne doit pas jouer avec son âme ; le seigneur curé pourra me confesser, et je vous supplie d'aller pendant ce temps-là chercher le notaire. »

Ils se regardèrent entre eux, étonnés des raisonnements de

don Quichotte; ils commencèrent par en douter, mais ils en vinrent à y croire. Un des signes qui leur firent conjecturer qu'il approchait de sa fin, ce fut la facilité avec laquelle il passa de la folie à la raison. Aux propos que nous avons rapportés il en ajouta d'autres, si bien exprimés, si sensés et si chrétiens, que toute incertitude cessa, et qu'ils le tinrent pour rentré dans la plénitude de son jugement. Le curé fit sortir tout le monde, et, resté seul avec don Quichotte, il le confessa. Le bachelier alla à la recherche du notaire, et l'amena promptement, ainsi que Sancho Pança. Celui-ci avait appris par Samson l'état dans lequel se trouvait son maître; lorsqu'il arriva, et qu'il trouva la gouvernante et la nièce tout en pleurs, il éclata en sanglots et versa des larmes abondantes. La confession achevée, le curé sortit de la chambre en disant : « Alonzo Quijano le Bon est véritablement dans sa raison; mais il n'est pas moins vrai qu'il se meurt; nous pouvons entrer pour qu'il fasse son testament. » Ces paroles donnèrent une forte secousse à la gouvernante, à la nièce et au bon écuyer Sancho, dont les pleurs et les sanglots redoublèrent; car, ainsi que nous l'avons dit plus d'une fois, soit qu'il s'appelât simplement Alonzo Quijano le Bon, soit qu'il fût devenu don Quichotte de la Manche, il avait toujours été de mœurs douces et d'un commerce facile; aussi était-il chéri non-seulement des gens de sa maison, mais de tous ceux qui le connaissaient.

Le notaire entra avec les autres, et écrivit le protocole du testament. Don Quichotte mit son âme en règle avec toutes les circonstances que la religion chrétienne exige en pareil cas; enfin, arrivant aux legs, il dit :

« *Item*, ma volonté est, relativement à quelques fonds restés entre les mains de Sancho Pança, lequel dans ma folie j'ai pris pour mon écuyer, que, comme il y a eu entre nous quelques articles de recettes et de dépenses, on ne lui en demande aucun compte et qu'il lui en soit donné décharge; s'il y a de l'excédant après qu'il se sera payé de ce que je lui dois, ce reliquat lui appartiendra, et grand bien lui fasse, quoique cela doive être fort peu de chose. Si, étant fou, je lui procurai le gouvernement d'une île, je voudrais, aujourd'hui que je suis de sens rassis, lui donner celui d'un royaume, comme il le mériterait par la droiture de son âme et la constance de son zèle. »

Se tournant alors vers Sancho, il ajouta : « Pardonne-moi, ami, de t'avoir rendu aussi fou que moi, et de t'avoir fait participer à l'erreur où j'étais moi-même sur le compte des chevaliers errants, qui n'existent pas et n'ont jamais existé dans le monde. — Ah! mon bon seigneur, répondit Sancho tout en larmes, ne mourez pas encore ; suivez mon conseil, et vivez de longues années ; car la plus grande folie que puisse faire un homme sur cette terre, c'est de se laisser mourir sans rime ni raison, sans que personne lui ôte la vie, et sous la seule atteinte de la tristesse. Voyons, pas de fainéantise ; quittez ce lit, et allons aux champs, vêtus en bergers, comme nous l'avons décidé ; qui sait si, derrière quelque buisson, nous ne trouverons pas madame Dulcinée désenchantée à dire d'expert? Si c'est de regret d'être vaincu que Votre Grâce se meurt, jetez-en la faute sur moi, et dites-vous que si j'avais mieux sanglé Rossinante, vous n'auriez pas été renversé. D'ailleurs vous avez pu voir dans vos livres de chevalerie que c'est un cas très-ordinaire que des chevaliers se culbutent les uns les autres, et que le vaincu d'aujourd'hui sera demain le vainqueur. — Cela est parfaitement exact, ajouta Samson, et le bon Sancho Pança est tout à fait dans la vérité sur ce point. — Doucement, seigneurs, reprit don Quichotte, et ne nous pressons pas tant ; car aux nids de l'an passé on ne trouvera pas d'œufs cette année. J'ai été fou, et je suis sage ; au lieu d'être don Quichotte de la Manche, je suis à cette heure, comme je l'ai dit, Alonzo Quijano le Bon ; puissent mon repentir et ma sincérité me rendre l'estime que Vos Grâces ont eue pour moi. Maintenant, que le seigneur notaire veuille bien poursuivre.

« *Item*, j'institue pour ma légataire universelle ma nièce Antonia Quijana, ici présente, qui entrera en possession de tout mon bien, après qu'on aura prélevé sur le plus liquide le montant des dispositions qui seront à remplir. Et, en premier lieu, je désire qu'on acquitte les gages de ma gouvernante pour le temps qu'elle aura passé à mon service, et en sus vingt ducats pour un habillement. Je désigne pour mes exécuteurs testamentaires le seigneur curé et le seigneur bachelier Samson Carrasco, ici présents.

« *Item*, ma volonté est que si ma nièce Antonia Quijana désire se marier, elle épouse un homme qui, d'après une constatation formelle, sera reconnu ne pas savoir ce que c'est que les livres de chevalerie. Dans le cas où il serait prouvé qu'il en a lu, et où ma nièce persisterait néanmoins à le prendre pour mari, j'entends qu'elle perde tout ce que je lui aurai légué; mes exécuteurs testamentaires l'emploieront en œuvres pies, à leur volonté.

« *Item*, je supplie les seigneurs susdits que, si par bonheur ils viennent à découvrir l'auteur présumé d'une histoire qui circule sous le titre de *Seconde Partie des exploits de don Quichotte de la Manche*, ils lui demandent pardon de ma part, et cela le plus humblement qui se puisse, de lui avoir involontairement donné l'occasion d'écrire tant et de si grosses sottises qu'il a fait; car j'emporte de cette vie le remords de lui en avoir fourni le sujet. »

Le testament clos, il se sentit pris d'une syncope, et s'étendit tout de son long dans son lit. Tout le monde s'effraya, et lui prodigua des secours; il vécut trois jours encore, mais ses forces diminuaient à chaque instant. La maison était bouleversée, et pourtant la nièce n'en perdait pas un coup de dent, la gouvernante sablait le vin du moribond, et Sancho Pança prenait son parti : tant il est vrai que l'héritage efface ou tempère les regrets ! Enfin arriva pour don Quichotte le moment suprême, après qu'il eut reçu tous les sacrements, et maudit à diverses reprises, en termes énergiques, les livres de chevalerie. Le notaire, qui l'assistait, déclara que jamais, dans aucun livre de chevalerie, il n'avait vu un chevalier errant mourir dans son lit tranquillement et en bon chrétien comme don Quichotte. Celui-ci, au milieu des larmes et des gémissements des personnes présentes, rendit l'esprit. Le curé demanda alors au notaire une attestation certifiant qu'Alonzo Quijano le Bon, généralement connu sous le nom de don Quichotte de la Manche, était passé de vie à trépas, et cela de mort naturelle.

FIN

TABLE DES CHAPITRES

PREMIÈRE PARTIE

Avis du traducteur. 5
I. — Qui traite de la condition et des occupations du fameux chevalier don Quichotte de la Manche. 9
II. — Qui traite de la première sortie que fit don Quichotte. 15
III. — Où l'on raconte de quelle agréable manière don Quichotte se fit armer chevalier 22
IV. — De ce qui arriva à notre chevalier lorsqu'il fut sorti de l'hôtellerie. . . 29
V. — De la grande et importante revue que firent le curé et le barbier dans la bibliothèque de notre gentilhomme. — Seconde sortie de don Quichotte. 39
VI. — De l'heureux succès qu'eut le valeureux don Quichotte dans l'épouvantable et incroyable aventure des moulins à vent, et d'autres événements dignes de mémoire. 46
VII. — De la plaisante conversation qu'eurent don Quichotte et Sancho Pança. — De ce qui arriva au chevalier de la Manche avec le biscayen. 54
VIII. — De la désagréable aventure qu'eut don Quichotte avec des muletiers Yangois 63
IX. — De ce qui arriva à don Quichotte dans l'hôtellerie qu'il prenait pour un château 71
X. — Où se poursuivent les innombrables travaux que le brave don Quichotte, avec son bon écuyer Sancho Pança, eut à supporter dans la fatale hôtellerie que, pour son malheur, il avait cru être un château. 76
XI. — Où l'on rapporte le colloque de don Quichotte et de Sancho Pança, et autres aventures dignes d'être racontées 84
XII. — De l'agréable conversation que Sancho eut avec son maître, et de la rencontre qu'ils firent d'un corps mort. 96
XIII. — De l'aventure inouïe qu'acheva le vaillant don Quichotte, avec aussi peu de danger qu'en ait jamais couru aucun chevalier fameux en ce monde. 103
XIV. — Qui traite de la haute aventure et de la riche conquête de l'armet de Mambrin, avec d'autres choses arrivées à notre invincible chevalier. . 117
XV. — De la liberté que don Quichotte rendit à bon nombre de malheureux qu'on emmenait, contre leur gré, là où ils n'avaient pas envie d'aller. . . 130
XVI. — De ce qui arriva au fameux don Quichotte dans la Sierra-Morena, une des plus rares aventures que raconte cette véridique histoire. 135
XVII. — Qui traite des étranges choses qui arrivèrent dans la Sierra-Morena au vaillant chevalier de la Manche, et de l'imitation qu'il fit de la pénitence du Beau-Ténébreux. 143
XVIII. — Où se continuent les raffinements d'amour que fit don Quichotte dans la Sierra-Morena. 153
XIX. — Qui traite de la nouvelle et agréable aventure qui arriva au curé et au barbier, dans la même Sierra-Morena. 161
XX. — Qui traite de l'agréable artifice qu'il y eut à employer pour tirer notre amoureux chevalier de la rude pénitence qu'il s'était imposée. 167
XXI. — Qui traite de l'adresse de la belle Dorothée, avec d'autres choses pleines de charme et d'agrément. . 174
XXII. — Du plaisant entretien qu'eut don Quichotte avec Sancho Pança, son écuyer, et d'autres incidents. . 184
XXIII. — Qui traite de ce qui arriva dans l'hôtellerie à toute la compagnie de don Quichotte. 194
XXIV. — De la terrible et sanglante bataille que don Quichotte livra à des outres de vin rouge. 201
XXV. — Où se poursuit l'histoire de la fameuse infante Micomicona, avec d'autres aventures plaisantes. . . . 210
XXVI. — Qui traite de ce qui se passa dans l'hôtellerie, et de beaucoup d'autres choses dignes d'être connues. . 215
XXVII. — Où se poursuivent les étranges événements de l'hôtellerie, et où l'on achève d'éclaircir le doute sur l'armet de Mambrin et sur le bât de l'âne, avec d'autres aventures non moins véritables. 221
XXVIII. — De la remarquable aventure des archers, et de la grande colère de notre bon chevalier don Quichotte. . 233
XXIX. — De l'étrange manière dont fut enchanté don Quichotte de la Manche, avec d'autres événements fameux. . 242
XXX. — Où le chanoine entreprend de discourir avec don Quichotte sur les livres de chevalerie. 252
XXXI. — Fin de l'intéressante discussion qui eut lieu entre don Quichotte et le chanoine. 262
XXXII. — De la rare aventure des pénitents que don Quichotte termina à la sueur de son front. 268

SECONDE PARTIE

I. — Qui traite de la notable dispute qu'eut Sancho Pança avec la nièce et avec la gouvernante de don Quichotte, et d'autres événements plaisants. . . 277
II. — Du risible colloque qui eut lieu entre don Quichotte, Sancho Pança, et le bachelier Samson Carrasco. . . 285
III. — Du profond et plaisant entretien qui eut lieu entre Sancho Pança et sa femme Thérèse Pança, et d'autres événements dignes d'heureuse mémoire. 288
IV. — De ce qui se passa entre don Quichotte, sa nièce et sa gouvernante; et c'est ici un des plus importants chapitres de toute l'histoire. 304
V. — Où l'on rapporte ce qui arriva à don Quichotte lorsqu'il allait voir sa dame Dulcinée du Toboso. 314
VI. — Où l'on raconte la manière industrieuse dont Sancho s'y prit pour enchanter madame Dulcinée, avec d'autres événements aussi risibles que véritables. 322
VII. — De l'étrange aventure qui arriva au vaillant don Quichotte avec le char, ou la charrette, des Cortès de la Mort. 331
VIII. — De l'étrange aventure qui arriva au valeureux don Quichotte avec le brave chevalier des Miroirs. 339
IX. — Où se poursuit l'aventure du chevalier du Bois, et où se raconte et s'explique qui était ledit chevalier et son écuyer. 347
X. — Où se révèle au dernier point la bravoure inouïe de don Quichotte, dans l'aventure des lions qu'il mena à bonne fin. 362
XI. — Où l'on raconte les noces de Camache le Riche, ainsi que l'aventure de Basile le Pauvre. 369
XII. — Où se poursuivent les noces de Camache, avec d'autres aventures intéressantes. 381
XIII. — Où l'on raconte la grande aventure de la caverne de Montesinos, située au cœur de la Manche, à laquelle aventure donna une heureuse fin le vaillant chevalier don Quichotte. . . 386
XIV. — Des admirables choses que l'incomparable don Quichotte raconta qu'il avait vues dans la profonde caverne de Montesinos, et dont l'impossibilité et la grandeur font que l'on tient cette aventure pour apocryphe. 395
XV. — Où l'on rapporte la plaisante histoire du joueur de marionnettes. . . 407
XVI. — De ce qui avint à don Quichotte avec une belle chasseresse. 415
XVII. — Qui rapporte la découverte qu'on fit des moyens à employer pour désenchanter la sans pareille Dulcinée du Toboso ; ce qui est une des plus fameuses aventures de ce livre. . . 428
XVIII. — Où l'on raconte l'étrange et inimaginable aventure de la duègne Doloride, autrement dite comtesse Trifaldi. 438
XIX. — De la venue de Clavilègne, avec la fin de cette interminable aventure. 455
XX. — Des conseils que don Quichotte donna à Sancho Pança avant que celui-ci allât gouverner l'île, avec d'autres choses fort remarquables. . 466
XXI. — Comment Sancho Pança fut conduit à son gouvernement ; de quelle manière il prit possession de son île, et commença à gouverner. 478
XXII. — Où l'on raconte l'aventure du page qui porta le message à Thérèse Pança, femme de Sancho. 492
XXIII. — De la pénible conclusion qu'eut le gouvernement de Sancho Pança. . 503
XXIV. — Qui traite des choses qui se rapportent à cette histoire, et non à aucune autre. 510
XXV. — Des choses arrivées à Sancho pendant sa route, et d'autres aussi bonnes à voir. 518
XXVI. — Qui raconte de quelle manière don Quichotte prit congé du duc, et des aventures qui se succédèrent après la sortie du château. . 524
XXVII. — De ce qui arriva à don Quichotte et à son écuyer Sancho, retournant à leur village. 534
XXVIII. — Comment don Quichotte et Sancho arrivèrent à leur village, avec d'autres événements qui ornent et accréditent cette grande histoire. 542
XXIX. — Comment don Quichotte tomba malade, du testament qu'il fit, et de sa mort. 551

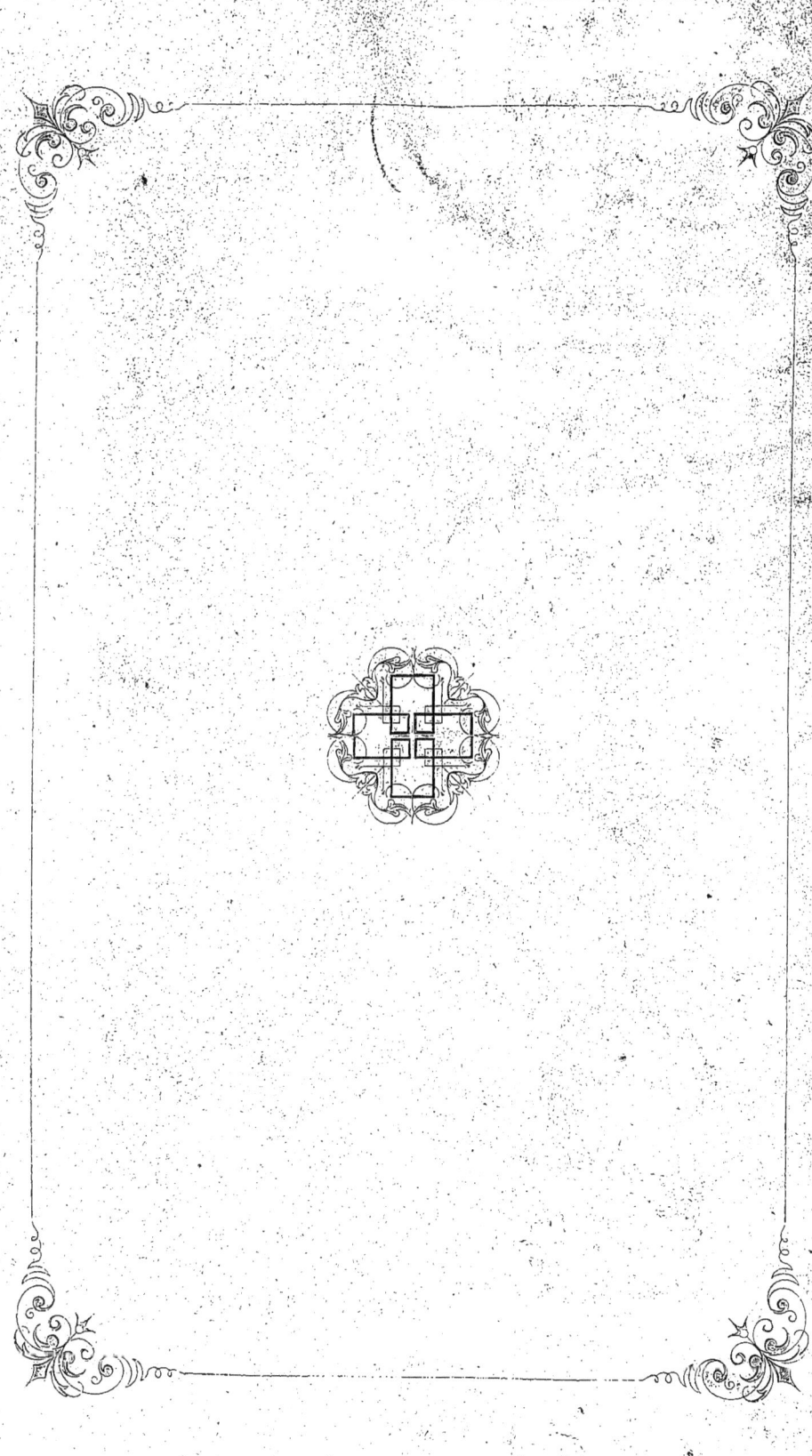

www.ingramcontent.com/pod-product-compliance
Lightning Source LLC
Chambersburg PA
CBHW070357230426
43665CB00012B/1159